谨以此书献给敬爱的——刘丰名教授、陶才碧师母

上海政法学院学术文库

备用信用证与银行担保法律与实务

谢可训◎著

中国政法大学出版社

2023·北京

图书在版编目（ＣＩＰ）数据

备用信用证与银行担保法律与实务/谢可训著. —北京：中国政法大学出版社，2023.3
ISBN 978-7-5764-0276-6

Ⅰ.①备… Ⅱ.①谢… Ⅲ.①信用证－金融法－研究－中国②银行法－研究－中国③担
保法－研究－中国 Ⅳ.①D922.281.4②D923.24

中国版本图书馆 CIP 数据核字(2022)第 006087 号

出 版 者　中国政法大学出版社

地　　址　北京市海淀区西土城路 25 号

邮寄地址　北京 100088 信箱 8034 分箱　邮编 100088

网　　址　http://www.cuplpress.com（网络实名：中国政法大学出版社）

电　　话　010-58908285(总编室) 58908433（编辑部）58908334(邮购部)

承　　印　保定市中画美凯印刷有限公司

开　　本　720mm×960mm　1/16

印　　张　32.5

字　　数　530 千字

版　　次　2023 年 3 月第 1 版

印　　次　2023 年 3 月第 1 次印刷

定　　价　139.00 元

上海政法学院学术著作编审委员会

序

大学者，大学问也。唯有博大学问之追求，才不负大学之谓；唯有学问之厚实精深，方不负大师之名。学术研究作为大学与生俱来的功能，也是衡量大学办学成效的重要标准之一。上海政法学院自建校以来，以培养人才、服务社会为己任，坚持教学与科研并重，专业与学科并举，不断推进学术创新和学科发展，逐渐形成了自身的办学特色。

学科为学术之基。我校学科门类经历了一个从单一性向多科性发展的过程。法学作为我校优势学科，上海市一流学科、高原学科，积数十年之功，枝繁叶茂，先后建立了法学理论、行政法学、刑法学、监狱学、民商法学、国际法学、经济法学、环境与资源保护法学、诉讼法学等一批二级学科。2016年获批法学一级学科硕士点，为法学学科建设的又一标志性成果，法学学科群日渐完备，学科特色日益彰显。以法学学科发端，历经数轮布局调整，又生政治学、社会学、经济学、管理学、文学、哲学，再生教育学、艺术学等诸学科，目前已形成以法学为主干，多学科协调发展的学科体系，学科布局日臻完善，学科交叉日趋活跃。正是学科的不断拓展与提升，为学术科研提供了重要的基础和支撑，促进了学术研究的兴旺与繁荣。

学术为学科之核。学校支持和鼓励教师特别是青年教师钻研学术，从事研究。如建立科研激励机制，资助学术著作出版，设立青年教师科研基金，创建创新性学科团队，等等。再者，学校积极服务国家战略和地方建设，先后获批建立了中国-上海合作组织国际司法交流合作培训基地、最高人民法院民四庭"一带一路"司法研究基地、司法部中国-上海合作组织法律服务委员会合作交流基地、上海市"一带一路"安全合作与中国海外利益保护协同创新中心、上海教育立法咨询与服务研究基地等，为学术研究提供了一系列重要平台。以这些平台为依托，以问题为导向，以学术资源优化整合为举措，涌现了一批学术骨干，取得了一批研究成果，亦促进了学科的不断发展与深化。在巩固传统学科优势的基础上，在国家安全、国际政治、国际司法、国际贸易、海洋法、人工智能法、教育法、体育法等领域开疆辟土，崭露头角，获得了一定的学术影响力和知名度。

学校坚持改革创新、开放包容、追求卓越之上政精神，形成了百舸争流、百花齐放之学术氛围，产生了一批又一批科研成果和学术精品，为人才培养、社会服务和文化传承与创新提供了有力的支撑。上者，高也。学术之高，在于挺立学术前沿，引领学术方向。"论天下之精微，理万物之是非"。潜心学术，孜孜以求，探索不止，才能产出精品力作，流传于世，惠及于民。政者，正也。学术之正，在于有正气，守正道。从事学术研究，需坚守大学使命，锤炼学术品格，胸怀天下，崇真向美，耐得住寂寞，守得住清贫，久久为功，方能有所成就。

好花还须绿叶扶。为了更好地推动学术创新和学术繁荣，展示上政学者的学术风采，促进上政学者的学术成长，我们特设立上海政法学院学术文库，旨在资助有学术价值、学术创新和学术积淀的学术著作公开出版，以褒作者，以飨读者。我们期望借助上海政法学院学术文库这一学术平台，引领上政学者在人类灿烂的知识宝库里探索奥秘、追求真理和实现梦想。

3000年前有哲人说：头脑不是被填充的容器，而是需要被点燃的火把。那么，就让上海政法学院学术文库成为点燃上政人学术智慧的火种，让上政学术传统薪火相传，让上政精神通过一代一代学人从佘山脚下启程，走向中国，走向世界！

愿上海政法学院学术文库的光辉照亮上政人的学术之路！

上海政法学院校长　刘晓红

内容摘要
ABSTRACT

在国际商事交易中，由于交易当事人特别是债权人面临各式各样的风险，为满足交易当事人控制风险的需要，银行凭借其得天独厚的资产及信誉上的优势，为交易提供各种形式的担保来保障交易顺利开展。独立类型的担保能为债权人提供较大的保障，并且使银行的担保责任明确而简便，因而在实践中越来越受到青睐。担保的这种独立化趋势在美国的特定环境下被赋予信用证的外在形式后，就产生了一种新的金融品种——备用信用证。备用信用证已经在全球范围内得到了越来越广泛的使用。

本书以对备用信用证为研究核心，运用备用信用证与独立保函等相关制度相比较、各实务惯例与相关立法相比较的比较分析方法，从法学、经济学及社会学等多学科视角进行观察，从时间和空间、动态和静态等不同维度展开研究，揭示备用信用证制度发展和运作的内在规律，并探讨与之相关的法律问题，最后对中国的相关法律与实务进行了较为深入的研究和评析。

全书分总论、分论、专论和余论，共计八章。

导言和前两章是总论。导言和第一章主要介绍备用信用证的基本概念和特征。通过梳理信用证发展的历史源流以及对备用信用证与相关制度的比较分析，以期在宏观背景下对备用信用证进行准确厘定。第二章探讨信用证制度的运行支柱、原则及价值目标。在单据交易和银行信用这两大运行支柱的基础上，导出信用证制度中的三大原则即独立性原则、表面相符原则和欺诈例外原则，进而明确信用证法律和实务中存在确定性、灵活性和快捷性三大价值目标。这些原则目标适用于包括备用信用证在内的各类信用证。

第三章和第四章是分论。第三章对信用证所涉当事方及其相互间关系展开法律分析，理清这些关系于各方当事人明确自身的权利、义务和责任意义重大。第四章从动态角度对备用信用证业务流程中的相关问题进行研究。重点分析具体操作中备用信用证与商业信用证的不同做法。

第五章和第六章为专论。第五章对备用信用证业务中的一些特别问题进行了专题讨论，包括不可抗力、非延即付式请求、反担保、非单据条件以及支款权转让与款项让渡等。第六章对信用证实务中争议最大和矛盾最尖锐的欺诈问题进行专门探讨。主要通过比较美国、英国、中国等相关国家的相关法律及实践，对信用证欺诈特别是备用信用证欺诈的种类和主体等问题进行分析，并对欺诈的救济方式进行了总结。

第七章和第八章为余论。第七章对与备用信用证有关的重要国内法、国际惯例以及国际公约进行了总结性的归纳和分析，重点突出了国际商会针对备用信用证的专门惯例《国际备用信用证惯例》（ISP98）。最后一章落脚于介绍我国在备用信用证领域的相关实践和存在的问题。特别是对 2005 年《最高人民法院关于审理信用证纠纷案件若干问题的规定》和 2016《最高人民法院关于审理独立保函纠纷案件若干问题的规定》这两个相关司法解释进行了评述。

目 录 / CONTENTS

总 论

导　言 ·· 003

　第一节　信用证的历史沿革 ·· 003

　第二节　备用信用证与银行担保制度的经济背景 ·················· 007

第一章　备用信用证概说 ·· 013

　第一节　备用信用证的概念 ·· 013

　第二节　备用信用证的周边比较 ··· 040

　第三节　备用信用证的性质与特征 ·· 057

　第四节　备用信用证的利弊分析 ··· 075

第二章　信用证制度的原则和价值目标 ···································· 082

　第一节　信用证制度运行的两大支柱 ····································· 082

　第二节　独立性原则 ··· 092

　第三节　表面相符原则 ·· 099

　第四节　信用证制度中的诚信问题 ·· 123

　第五节　信用证制度中的价值目标 ·· 134

分　论

第三章　信用证安排下的当事人及其法律关系 ··················· 151

第一节　备用信用证下的当事人 ························· 151

第二节　信用证安排下中间银行的介入 ··············· 158

第三节　信用证银行的抵销权和代位权 ··············· 184

第四节　受益人的默示担保责任 ··························· 193

第五节　信用证交易与基础合同的关系 ··············· 196

第六节　联合/共享备用信用证 ··························· 201

第四章　备用信用证业务的运作流程 ······················· 209

第一节　概　述 ·· 209

第二节　备用信用证的开立和生效 ····················· 210

第三节　备用信用证的修改和取消 ····················· 228

第四节　备用信用证下的单据 ··························· 236

第五节　备用信用证下单据的选用 ····················· 252

第六节　备用信用证下的交单 ··························· 258

第七节　备用信用证下的审单 ··························· 284

第八节　审单不符的后续处理 ··························· 293

专　论

第五章　备用信用证业务中的特别问题 ··················· 309

第一节　不可抗力 ·· 309

第二节　非延即付式请求 ································· 314

第三节　反担保的相关实践 ······························ 322

第四节　非单据条件 ······································ 333

第五节　支款权转让与款项让渡 ·························· 346

第六节　适用法律和司法管辖 ·························· 355

第七节　其他特别问题 ······························ 359

第六章　信用证欺诈及其救济 ·························· 363

第一节　对信用证欺诈的基本认识 ···················· 363

第二节　备用信用证下的特殊风险与利益冲突 ············ 373

第三节　欺诈的种类与主体 ·························· 380

第四节　信用证欺诈中的银行 ························ 394

第五节　欺诈的证明与救济 ·························· 406

余　论

第七章　备用信用证的国际实践 ······················ 437

第一节　国际商会《见索即付保函统一规则》 ············ 439

第二节　国际商会《跟单信用证统一惯例》 ·············· 442

第三节　联合国《独立保函与备用信用证公约》 ·········· 448

第四节　《美国统一商法典》信用证篇 ················ 455

第五节　国际商会《国际备用信用证惯例》 ·············· 458

第八章　备用信用证的中国实践 ······················ 470

第一节　相关实践与法律 ···························· 470

第二节　《信用证司法解释》评述 ···················· 476

第三节　《独立保函司法解释》评述 ·················· 483

主要参考文献 ···································· 503

后　记　在不经意的下一个转弯 ······················ 508

总　论

导　言

第一节　信用证的历史沿革

信用证的历史源远流长。早在埃及、古希腊、腓尼基、罗马帝国及文艺复兴时期的欧洲,银行家们可能就在使用类似的文书。在 1200 年之前,信用证制度的雏形已经成为英国商法的组成部分,到了 18 世纪,它们已经融入了英国普通法之中。信用证很久以来也是美国法律的组成部分。[1]

一、信用证的早期发展

早在 13 世纪,英国国王就曾给其派往罗马的使者签发旅行信用证(traveller's letter of credit),目的是使他们能够取得现款而不必携带大量金钱。这是一种为了方便旅行者在旅行目的地费用的支出而委托银行开立的一种光票信用证,它是信用证最古老的形式。旅行信用证的开证申请人也即信用证的受益人。开证申请人应在开证行有一定金额的存款。委托银行开证,旅行信用证上应列明指定的代理行或联行名单,以便受益人在各地的指定银行取款。除信用证外,另备有一张印鉴,被指定的银行核对收据上的签字和信用证的印鉴是否相符。近年来,由于比旅行信用证更方便的旅行支票得到了普及,旅行信用证基本上很少使用。[2]

---

〔1〕　See John F. Dolan, *The law of Letter of Credit*: *Commercial and Standby Credits*, Warren, Gorham & Lamont, 1996, p. 4.

〔2〕　参见〔日〕东京银行编:《贸易与信用证》,中国银行译,中国金融出版社 1989 年版,第 41 页。

英国工业革命后，工业资本需要寻求和扩大海外市场，与此同时，交通工具的改善和航海业日趋发达，促进了国际贸易的进一步繁荣和活跃，国际贸易中的交易方式也随之发生了较大变革。代表货物权利的货运单据和诸多贸易习惯的产生，为商人们提供了信用担保和资金融通的新机会。一战以前，国际贸易大多局限在相互熟悉和信任的商人之间进行，一战的爆发使许多原有的合同无法履行，习以为常的商业信用摇摇欲坠，商人们希望寻找新的贸易伙伴，但都苦于没有建立相互信任的契机。加之 20 世纪 30 年代世界性经济危机的影响，商业信用普遍不佳，从而有利于商业信用证的推广应用。已经成熟了的银行资本借机以自己强有力的信用介入到国际贸易和商业之中，为促进国际贸易的交易安全打开了新的视野。

起初是作为贸易支付与融资手段的商业信用证被广泛应用于国际贸易特别是有形的商品贸易之中。1920 年，美国的纽约与波士顿地区的银行界召开了"纽约银行家商业信用证会议"，讨论并制定了跟单信用证标准格式。随后，欧洲各国乃至国际商会这样的国际组织争相效仿。信用证开始进入规范化、制度化和统一化的新阶段。

信用证使买卖双方的利益都得以最大化。以承兑信用证为例，一方面在卖方发货给买方之后，希望能尽快获得价款。为此卖方开出了附随提单、保险单以及发票等的汇票，并凭该跟单汇票向中间银行办理贴现。这样，卖方在买方正常付款之前就获得了价款。中间银行及时将汇票提示承兑，并在承兑之前，拥有单据及其所表彰的货物作为质押担保。另一方面，买方可能不愿意在转卖货物之前就支付价款。如果汇票以买方为付款人，在买方的承兑到期并付款之前卖方或中间银行可能不愿意交付单据。但如果买方安排一家信誉良好的开证银行来承兑汇票的话，中间银行可能愿意在开证行作出承兑时即交付单据，此后，中间银行便拥有开证行的付款承诺——如果采用汇票形式的话——这是可以流通并马上贴现的。开证行拥有货权凭证作为自己所负承兑责任之担保，而买方可以安排货物的转卖。在承兑之前，货权凭证是担保物；在承兑之后，开证行的信誉就是担保物。[1]这样，信用证一方面使卖方能够尽快获得支付，另一方面又使买方能够延迟付款直到它可以取得货

---

〔1〕 See Richard King, *Gutteridge and Megrah's Law of Bankers' Commrecial Credits*, Routledge, 2001, p. 4.

物之时。

二、备用信用证的出现

进入 20 世纪后，为了适应国际商事交易多元化与复杂化的发展趋势，信用证亦出现种种变化与新模式。信用证逐渐开始在国际贸易以外的许多场合得到使用，备用信用证就是在 20 世纪中期作为传统的商业信用证的一种衍生物（derivative）应运而生的。[1]

备用信用证是美国人的发明，它产生于美国银行界为绕开美国银行法的限制拓展银行业务的需要，是一种规避型金融创新的产物。美国 1864 年《国民银行法》限定了银行被授权从事的业务范围。据此，一般认为银行无权作为保证人或担保人为他人的债务承担责任，以免影响银行的清偿能力，故开具担保（issue guarantees）被视为越权（ultra vires），并被认为是保险与担保公司（insurance and bonding companies）的专属领域，履约型的担保完全成为一种专门行业即担保业（surety bond industry）。该行业受美国保险委员会严格管制，在其承保政策及地域范围方面都比较保守。

二战以后，由于美国的工商企业界热衷于提高和扩大国际贸易量，国际市场也急需为国际性合同提供履行担保的手段，所以银行的客户对担保的需求量很大，如果不开立担保，就无法实现为客户提供全方位服务的承诺。为了回避法律上的禁区并克服担保业的保守，美国银行开始以开立信用证的方式以担保其客户的潜在债务，这种做法逐渐得到认同。一些法院的判例甚至明确支持银行这样做的权利并强制执行这些文书下的义务。为了区别于传统的商业信用证，也为了强调这类承诺的独立性质，银行引入了"备用信用证"这一术语。[2]直到 20 世纪 60 年代末期，由于担心其法律效力，使用备用信用证的客户还为数不多。但 20 世纪 70 年代以来，备用信用证业务发展呈井喷之势，据此开出的美元贷款累计达数十亿美元之巨。在此期间，美国货币

---

〔1〕　参见李双元主编：《国际经济贸易法律与实务新论》，湖南大学出版社 1996 年版，第 52~53 页。

〔2〕　这种新文据一开始被称为"guaranty letter of credit"，但很快改成了"standby letter of credit"，因为在美国的法律语言中，"guarantee"或"guaranty"指的是从属性的担保，而"guaranty"这一术语也不太恰当地让人想起加予美国银行之上的限制，而"备用信用证"称谓的使用可以突出承诺的独立性而避免与一般的从属性担保相混淆。

监理署办公室（The Office of the Comptroller of Currency，OCC）[1]通过了一系列规章并最终于 1977 年 5 月正式批准备用信用证的使用。

根据 1977 年 5 月 OCC 的《解释规定》（Interpretive Ruling），银行开出的信用证如满足以下条件即为有效：（1）银行对其承担的开证义务必须收取费用或有其他商业上的对价；（2）银行对其所承担的义务必须规定具体的到期日或期限；（3）银行所承担的义务只能限于规定的金额，而不能承担无限的责任；（4）银行的义务仅限于在受益人提示指定的单据时付款，而没有义务确定有争议的事实问题或法律问题；（5）要求银行开出信用证的客户必须承担无条件的义务，以同样的条件把银行所付出的款项还给银行。这样，银行以备用信用证形式为提供担保的权利实际上得到了官方的承认。

备用信用证为受益人提供了一种比保证书（surety bond）[2]更现成可用的资金来源，备用信用证的使用实际上也为金融机构进入担保业打开了后门。在 20 世纪 70 年代后期到 80 年代，加拿大的贷款机构也大举进入备用信用证领域。尽管这种信用证的发展可能在很大程度上要归结于美国的商业实践在加拿大市场上的影响，但开立备用信用证的实践在加拿大的发展仍可表明，正是信用证的特征使这种信用证在某些情况下有较担保更大的内在吸引力。人们可以根据以下事实得出这一结论：与它们的美国伙伴不同，加拿大的特许银行（chartered banks）被明确授予从事开具担保业务的权利。然而，加拿大特许银行成为了备用信用证的国内最大市场来源，尽管它们也可以为客户提供银行担保。[3]

1996 年 2 月，美国的 OCC 对上述解释规定作了最终修订，它授权国民银行在适用的法律与法律认可的习惯规则范围之内开立信用证及凭单据付款的"其他独立承诺"，如银行担保。OCC 声明此次修改的目的是：为了反映现代的市场标准和行业惯例，并以"独立承诺"来取代"信用证"这一术语。该规定非排他地列举了国民银行可以据以开出独立承诺的法律与习惯规则，如《美国统一商法典》的第 5 篇（UCC5），《跟单信用证统一惯例》国际商会第

---

〔1〕 OCC 系美国财政部下属机构，负责对约 2600 家联邦银行（national banks）予以监管，监管方式包括检查，批准或驳回对银行执照、分支机构或合并的申请，关闭不合规银行以及对银行实务的监管。

〔2〕 保证书是担保的一种，它代表保证人的第二性义务，独立性原则对其不适用。

〔3〕 See Kevin McGuinnces, *The Law of Guarantee*, Lexis Nexis, 1992, p. 814.

500 号出版物（UCP500），《独立保函与备用信用证公约》（UNCITRAL 公约）。

新规定认可了 OCC 长期存在的惯例，它允许国民银行在信用证中规定"永久"（evergreen）条款，但银行要保留凭通知取消的权利；新规定还准许国民银行在适用的法律许可的范围内并遵照新的规定开立两方信用证；它还规定了银行开立独立承诺最起码的"安全性与合理性考虑"。该次修订表明了美国银行在权限上的重大变化。[1] 因此美国的国民银行既能以独立担保的形式又能以备用信用证的形式发行信贷（issue credits）。

此外，UCC5，即《信用证篇》是世界上调整信用证的唯一国内立法，它既适用于普通的商业信用证，也适用于备用信用证。为了适应法律与实务在信用证领域的变化，美国对 1952 年的 UCC5（以下简称原 UCC5）作了修订，1995 年的修订本（以下称新 UCC5）体现了强调其与国际惯例相吻合的特点。

国际商会（ICC）的《跟单信用证统一惯例》（UCP）从"400"号开始将备用信用证明确包括在内，这样做的原因一是在于备用信用证在法律上和运作上同一般的跟单信用证差别不大。二是由于跟单信用证领域有全球接受的统一规则 UCP，把备用信用证包含进去有助于促进独立担保实践的标准化与规范化。这样做的效果是明显的，正如《国际备用信用证惯例》（ISP98）的前言中所说，UCP 增强了备用信用证的独立性与单据性特征。它还为审核单据提供了标准，并为抵制因屈从市场压力而采取容易导致纠纷的做法的现象——如开立无到期日的备用信用证——提供了基础。

然而，备用信用证和一般的跟单信用证的性质和功能等都大不相同，主要针对商业信用证的 UCP 当然不能完全适用于备用信用证，如 UCP 中针对单据的条款大部分不适用于备用信用证。为了针对性地解决 UCP 中不能包括的备用信用证的特有问题，满足备用信用证发展的需要，国际商会进一步制定了 ISP98。

第二节　备用信用证与银行担保制度的经济背景

从以上备用信用证的历史沿革可知，备用信用证出现的直接原因是美国

---

[1]　See John F. Dolan, *The Law of letter of Credit*：*Commercial and Standby Credits*，Warren，Gorham & Lamont，1996，p. 153.

的银行监管。但其出现还有更深层次的原因，这主要体现在以下几个方面：

一、信用风险的存在与控制风险的需要

国际经济交往中存在的风险一向是交易各方所关心的问题。二战以后，国际经济交往的规模不断扩大，贸易方式越来越多样化和复杂化，大宗交易如工程项目承包、机械设备安装、基础设施的招标、国际借贷与项目融资等，其交易持续的时间长，牵涉到的问题多而复杂。[1]由于交易对象之间往往互不熟悉，对对方的能力和信用都缺乏了解和信任，因此不同类型的交易中的债权人可能面临不同的风险：

1. 进口商的风险。通常情况下，进口商采用招标的方法，寻找国外合适的出口商，但存在着中标的出口商不与进口商签约的风险；在签约以后，还可能存在出口商不适当履行或迟延履行的风险；或者进口商已经预付部分货款，它可能面临出口商不履约外加不归还预付款的风险。这时，进口商可能会要求出口商提供银行为其开立的投标、履约、偿还预付款保函或与之具有同等功能的备用信用证。另外，在工程承包过程中，工程中的隐性瑕疵问题的存在与解决，给业主带来了很大的挑战，在此种情况下让承包商开出一份维修保函来为工程质量提供担保也许是较为恰当的。

2. 出口商的风险。在一项长期交易中，出口商可能长期处于一种特殊的付款风险之中。在利用一般的商业信用证来防范进口商的不付款风险之外，出口商也可以根据情况选择要求进口商提供银行为其开立付款保函或开出备用信用证。

3. 贷款人的风险。为了防范借款人不能偿还贷款的信贷风险，贷款人在借贷协议中往往会规定一项先决条件，即要求借款人通过银行提供以贷款人为受益人的保函或备用信用证。

除了上述人为因素带来的风险之外，还有诸如自然灾害、政治和社会动乱、战争、禁运和外汇管制等不可抗力因素带来的风险，这些风险的普遍存在使债权人的利益面临极大的挑战。而传统的保证合同由于其固有的不利因素（如保证人承担责任的第二性、保证人享有先诉抗辩权等）不能为债权人提供满意的保障，故而无法满足现代国际交易的需要。为了防范风险，维护

---

〔1〕 参见贺绍奇：《国际金融担保法律理论与实务》，人民法院出版社 2001 年版，第 10~11 页。

自身的利益，债权人转而寻求更有力的担保方式或法律手段。银行由于其信用和财务状况的强盛，在国际经济交往中占据举足轻重的地位，因而信用担保的主体越来越集中到银行，国际信用担保越来越依赖于银行的支持。所以，债权人就要求债务人通过银行提供独立于基础交易的担保，并将担保银行作为第一债务人而确立其直接追索权，以免花费过多的时间卷入由于基础交易的纠纷导致的繁琐的诉讼程序。这样，债权人可以在他认为必要的时候，能够较为容易地利用它们获得付款，以便自己的权利更易实现。[1]

此外，开立一种具有独立性质的担保对于提供此类担保的银行而言也有控制风险的作用，因而得到银行的偏爱。银行和担保受益人的看法相同，它也更愿意承担一种简单明确、与基础交易没有联系的法律责任，而不情愿卷入基础交易可能带来的纠纷之中。所以，从二战以后特别是 20 世纪 50 年代以来，银行独立担保合同逐渐被广泛采用，成为银行的主要业务之一。

二、卖方市场逐渐向买方市场的转化

卖方市场逐渐向买方市场转化在某种程度上与中东石油开发密切相关。随着中东石油的发现和大规模的开发，中东许多石油生产国积聚了大量的财富。这些国家利用这些财富进口其需要的商品，为西方国家的剩余商品的出口提供了巨大的市场空间。它们的美元多于它们的国际贸易经验。由于缺乏国际贸易经验，常为出口商所欺诈，不能取得其期待的利益和追还预付款。而且它们发现，通过法院诉讼追讨损失，费时费力，取得债务人违约证明更是异常艰难。另外，在工程承包中，由于承包商承揽工程过多，超过其履约能力，因无法履约而破产，留下未完成的工程，它们的损失无从追偿。在这种情况下，这些国家的政府发包和采购机构坚持要求承包商和出口商提供银行的、无条件的、与基础合同无关联的、独立的、受益人一旦索赔就立即能得到付款的担保形式。

随着石油输出国（OPEC）积存到国际银行的石油美元增多，非石油生产国也能较为容易地从国际上取得这些游资。这些国家利用这些游资大搞国内公共设施建设，因此在 20 世纪 70 年代，中东、非洲、远东、拉丁美洲和东

---

[1] 参见李双元主编：《国际经济贸易法律与实务新论》，湖南大学出版社 1996 年版，第 61~62 页。

欧都进行了大规模的基础建设。这些大型的基础工程建设时间长，涉及主权，且商业风险复杂，因此，发包方和进口方都要求对方银行提供独立性质的担保。[1]

在上述卖方市场逐渐向买方市场的转化的背景下，国际商事交易中的谈判力量也逐渐从卖方向买方转移，市场对于买方的利益表现出越来越多的关注。为了满足以银行担保来保障买方利益的需要，美、日、加等国基于本国的特殊国情，采用信用证形式来为其客户提供担保，使得备用信用证的应用不断扩大和推广。

再从国际商事交易之特征履行的角度看，买方的履行利益更应受到保护。买方自身在交易项下通常负有的是金钱债务，该债务履行的内容和方式比较简单明了。相较而言，作为买方交易对手的卖方属于负有非金钱债务的特征履行方，[2]其义务履行的标的可能包括商品和服务，履行的形式相对复杂多样，履行的周期也可能较长，因而伴随较大的不确定性。所以，对卖方履行得适当或全面与否一般更难以明确判断，从而给买方带来合同监管方面的额外交易成本。不言而喻，卖方的履约能力和信用对于合同的切实履行至关重要，但这种能力和信用本身也是一种不确定性因素，尤其在交易双方可能并不熟悉的国际商事交易的场景下。总的来说，相对于买方而言，卖方的履行行为（或违约与否）更容易引发争议。

最后，买方作为占有商品或服务信息相对较少一方的利益更容易被侵害。众所周知，信息在不同主体间的分布往往是不对称的，由于社会分工和专业化，交易中的一方往往拥有另一方无法知道或无从验证的知识或信息。在交易于当地市场上开展的时期，由于买卖双方相互了解且地位相当，"买者当心"的规则尚具其合理性。但现代商业和科技的性质已使得买方处于不利地位，买方对卖方提供的产品或服务掌握的信息较少，其获取信息的成本也更高，国际商事交易中买方所处的地位正像俗话所说的"隔山买牛"，带着极大

---

〔1〕 参见贺绍奇：《国际金融担保法律理论与实务》，人民法院出版社 2001 年版，第 11 页。

〔2〕 特征履行说（Doctrine of characteristic performance）原是国际私法上的一种学说，是用以确定合同准据法的一种依据，本书借用这一概念以解释在信用证基础交易中申请人和受益人所负义务的不同性质或特征。特征履行方是指在双务合同其所负义务的性质足以使本合同区分于其他合同而得以特定化的一方，一般是非金钱义务的履行方，该方在合同中通常发挥更重要和更基础性的作用。在借款合同等双方均负金钱履行义务的情况下，则可认为使整个交易能得以发生的贷款提供方为特征履行方。

的盲目性和不确定性。在信息严重不对称的背景下，有必要从制度设计上对占有信息较少的一方予以适度倾斜保护，让占有信息更多的一方负担更大的责任，即要求"卖者当心"而非"买者当心"，从而维护信息弱势一方参与交易的信心，这样银行信用的介入也就应运而生了。

正如法谚所云："金钱之所在，法律之所趋。"（Where the money is, where the law is）随着短缺经济下的卖方市场逐渐向剩余经济下的买方市场的转化，在信用证制度上的相应变化就体现为：手握金钱之权杖的买方或进口商则愈益成为接受银行担保的债权人，而输出商品和服务的卖方或出口商愈益沦为需为自身的履约行为提供银行担保的主债务人。易言之，国际商事交易中支付金钱的买方的利益越来越受到重视和保护，并越来越多地扮演着备用信用证下受益人的角色，而提供产品或服务的一方往往成为备用信用证下的申请人。

正因为备用信用证与商业信用证侧重保护的对象不同，所以在外观上看来，备用信用证交易如同传统的商业信用证交易的"镜像（mirror image）"——买方和卖方在两类交易中所处位置正好相反，备用信用证的申请人大多是商品的卖方或服务的供方而不是买方或受方，受益人则大多是买方而非卖方，体现出为买方的利益提供保护的特点。

三、备用信用证自身的优势

在交易中对备用信用证的需求日益增长的最主要的原因在于备用信用证较之商业信用证或保证而言有其自身的优势。

首先，备用信用证比商业信用证具有更广泛的适用性。商业信用证是一种支付工具，用于保证或替代商事交易中的买方向卖方的付款义务。作为一种担保工具，备用信用证可适用于为任何种类的交易提供担保，既可以为买方金钱债务的履行提供担保（商业备用信用证），也可以为卖方的任何非金钱债务的履行提保担保（履约备用信用证），而后者则是普通的商业信用证所无法涵盖的。

其次，备用信用证使用成本比商业信用证更低，手续也更简便。这是因为作为担保工具，备用信用证的开证金额一般仅为担保债务的少量百分比，而商业信用证旨在替代买方向卖方的金钱履行债务，所以开证金额往往是基础合同的全部。而开证费用往往是以开证金额为标准的特定百分比收取，故开证金额越高，开证费用也越高。

收费较低的另一原因也于在备用信用证下银行介入基础交易的程度更低，地位也更为超脱。不妨以商业备用信用证与传统的商业信用证为例作一比较：虽然两者都可以在贸易场合下用于保证买方对卖方的合同价款的支付，但一则对于为特定买方定期供货的出口商来说，得到一份备用信用证来保障未获付款的各期装船的金额就够了；而传统的商业信用证则要求对每一期装船都开出一份信用证或者开立循环信用证。二则商业备用信用证项下仅在买方不付款的情况下才需银行的介入，对该证的实际利用只是一种例外而不是常规，且银行需审查的单据大为减少，它们一般凭卖方提交的索偿要求连同买方未支付合同价款的声明以及发票（副本）作出支付。当然，这也会带来相应的问题，由于费用较低，银行一般不会同意增加其他的条件，如提交提单（副本）、保险单、质检证书及原产地证书。银行认为如果要加入这些单据条件的话，买方应该申请传统的商业信用证。而因卖方所提交的单据通常更不全面，使用商业备用信用证将使买方暴露于较传统商业信用证更大的风险之中。

买方不情愿安排普通的商业信用证，还可能因为卖方往往在买方验收货物前就得到了价款。所以，如果卖方同意的话，买方可以安排备用信用证，使银行仅在买卖双方合同的正常履行受阻时才对卖方负有付款义务。

最后，与从传统的保证公司处获得保证相比，使用备用信用证的手续简便些、费用也低些，银行的责任也更为明确和有限，对受益人的保障显然也更大。

备用信用证概说

第一节　备用信用证的概念

一、备用信用证的定义

（一）何为信用证

1. 信用证的定义。根据《跟单信用证统一惯例》国际商会第 600 号出版物（UCP600）的定义，信用证是指一项不可撤销的安排，无论其名称或描述如何，该项安排构成开证行对相符交单予以兑付的确定承诺。这个定义是涵盖商业信用证和备用信用证的，《跟单信用证统一惯例》国际商会第 400 号出版物（UCP400）、UCP500 及 UCP600 都明确地把备用信用证包括在内。简单地说，信用证是一种基于银行信用的兑付相符交单的确定承诺。兑付（honor，或译承付）通常是金钱的给付，但也可能是移交股票证书等其他行为。信用证一般为促成和促进国际商事交易而开出，该交易相对于信用证交易而言，被称为基础交易（underlying transaction），确立基础交易的权利义务的合同被称为基础合同（underlying contract）。信用证一般涉及三方基本关系，是基础交易之外的第三方受基础交易一方委托以自己的名义向另一方作出的兑付其相符交单的承诺。作出兑付承诺的是信用证的开证人，一般是银行，银行信用的介入是促成基础交易的关键。承诺的对象是信用证的受益人，一般是基础交易中的债权人。信用证是依申请人的请求开立的，申请人在基础交易下对受益人负有义务。信用证的目的是开证人以自己的名义就申请人在基础交易下的义务向受益人保证付款。

2. 信用证下提示的单据。开证人在信用证中对受益人承诺，只要受益人提交信用证规定的单据即予兑付。受益人必须在信用证的到期日前向开证人提示单据。受益人提示的单据包括一张汇票或一份支付命令。作为连结基础交易与信用证交易的桥梁，单据既是基础合同规定的特定事件已经发生的证据，也是信用证规定的凭以付款的依据。这些基础合同中的规定的特定事件在信用证交易中构成能够触发证下付款义务的付款到期事件。这些事件可能是积极事件，如受益人在基础合同项下已经履约；也可能是消极事件，如申请人在基础合同项下的不履约。

单据包括商业单据和金融单据，商业单据中又包括受益人据以主张权利的两类核心单据：货权单据和非货权单据。前者如受益人作为基础交易卖方将货物付运后取得的提单，后者如针对申请人不履约而出具的违约声明。围绕这两类核心单据，还有一些辅助单据，如保险单、发票、商检证书等。其中，商检证书是由独立第三方签发的证明货物与合同相符的证书，这可以将"货不对板"的风险最小化。保险单则可在货损风险转移至买方后，将货物在运输途中灭失或损坏的影响最小化。[1]

金融单据是涉及金钱支付的单据，在信用证项下使用的票据一般是跟单汇票（documentary draft）。根据《美国统一商法典》的第 4 篇（UCC4）第104(a)(6)条之规定，"跟单汇票"是一种提示给受票人（drawee）承兑或付款的汇票，前提是受票人在付款或承兑前接受特定单据。国际贸易中使用的跟单汇票通常是由债权人作成并交付给债务人的支付命令，根据《关于审核UCP600 下单据的国际标准银行实务（ISBP）》（以下简称 ISBP745）第 B8a段的规定，汇票必须由受益人出具并签署。

国际贸易中常用指己汇票作为收款工具，由债权人作为汇票收款人向债务人开出汇票用以收款。[2]由于国际贸易的双方远隔重洋，如先由债务人向债权人作成并交付票据，再由后者备齐单据后持票向付款人请求付款，往来

---

[1] See Bradford Stone, *Uniform Commercial Code*, Law Press China, 2004, p. 525.

[2] 指己汇票又称己受汇票，是一种出票人和收款人同为一人的变式汇票，常在托收和信用证项下被用作收款工具。《日内瓦统一汇票本票法》第 3 条规定，出票人得以自己为收款人。《中华人民共和国票据法》（以下简称《票据法》）中并未规定变式汇票，但中国人民银行印发的《支付结算办法》第 79 条第 1 款规定："商业承兑汇票……也可以由收款人签发交由付款人承兑。"可见我国实践中也承认指己汇票。

周折，多有不便。而指己汇票的出票人即为收款人（债权人），所以汇票一经作成即告成立。由债权人出票并附随单据提示付款，显然更简便高效。如在国际货物买卖的托收业务中，卖方也签发以买方为付款人的汇票，卖方自己作为收款人。承兑后卖方可以在到期日请求付款，也可在到期日之前贴现或背书转让。

除使用上述指己汇票外，信用证下的跟单汇票还有其他一些与信用证交易兼容的自身特色。首先，信用证下的跟单汇票必须有声明依据某某信用证出票（draw under the letter of credit）的出票条款（draw under clause），以说明汇票与某银行在某日期开出的某份信用证之间的关系。汇票本身虽是无条件的支付命令，但信用证却是凭单付款的有条件承诺，跟单汇票的实践使信用证下汇票的付款须以连同汇票提交的单据符合信用证之规定为前提。而受益人将作为支付命令的汇票和作为付款条件的单据一并提交给银行，也可方便后者在通过审单确定付款条件已获满足的前提下作出付款。

其次，与银行信用的性质相对应，信用证下的跟单汇票一般以银行为付款人。UCP600 第 6 条（c）款规定，信用证不得开成凭以申请人为付款人的汇票兑用。相比而言，作为商业信用的托收项下的汇票一般以买方为付款人。ISBP745 第 B18a 段规定："信用证不得开立成凭以申请人为付款人的汇票而兑用。"事实上，信用证下的汇票一般以开证行或其指定的银行为付款人，以强调开证行对受益人的主要责任并体现信用证的独立性。在议付信用证的情况下，付款人不包括议付行，因为议付的含义是对他人应付款项的提前融资，议付行不可能去议付一张以自己为付款人的信用证。

跟单汇票同样也包括即期汇票（sight draft）和远期汇票（time draft），汇票由出票人开出后作为金融单据和信用证下其他单据一起向银行提交，如果提示的单据符合信用证的要求，开证人（或指定银行）就以支付证下金额的方式兑付该项提示。开证人也可以承兑受益人的远期汇票，并同意在汇票到期日付款。受益人提示单据并在信用证下支款，从而获得付款或对其远期汇票的承兑。[1]开证人在认定单据相符后即予付款而无须考察基础交易的实际履行状况，然后再就其已付款项从申请人处获得偿付。至此，受益人、申请

---

[1] See John F. Dolan, *The Law of letter of Credit：Commercial and Standby Credits*, Warren, Gorham & Lamont, 1996. p. 12.

人和开证人的权利、义务或责任均已落实，信用证交易以及信用证为之服务的基础交易这一整个交易链宣告完成。

（二）何为备用信用证

1. 备用信用证的定义。备用信用证是信用证的一种，它主要是用于以赔偿的方式为不履约等消极事件提供担保，以期防"违约"之患于未然，因而不同于在销售交易中作为支付手段的传统的商业信用证。对于备用信用证，美国联邦储备委员会曾规定了较精确的定义，即备用信用证是开证人代表开证申请人对受益人承担某种义务的信用证。该义务是：（1）保证偿付开证申请人的借款、预付款或对其债务负责；（2）保证依开证申请人没有履行债务的任何证明付款；（3）保证因开证申请人在其履行义务方面的任何违约行为而付款。根据 ISP98 的规定，备用信用证在开立后即是一个不可撤销的、独立的、要求单据的，及具有约束力的承诺，被用于支持贷款或预付款在到期或违约时或某一不确定事件发生或不发生时产生的义务的履行。

通俗地说，备用信用证是指一个人（通常指银行）为担保他人（即申请人）特定义务或债务之履行而以信用证形式向受益人开出的凭后者提交之特定单据付款的确定承诺。简而言之，备用信用证是一种以信用证形式开出的银行担保。正因为备用信用证具有的为基础合同的履行（以金钱赔偿方式）提供担保的性质，所以它也被称为担保信用证，而担保任何特定义务或债务的履行的功能定位，也使备用信用证在适用上具有极大的包容性。对于任何合同项下的义务，都可以为担保该义务之履行的目的而开出备用信用证。

2. 备用信用证的特征。从上述定义中不难看出，备用信用证主要具有以下特征：

第一，从性质上看，备用信用证属于跟单信用证的一种，具有跟单信用证凭单付款的一般特点。在跟单信用证下，银行为其客户提供的是"代买单据"服务，其付款仅以信用证为依据，从表面上审查在信用证下提示的单据是否相符，无须理会基础交易的履行或不履行。备用信用证也是独立基础合同之外的具有自足性的文件，受益人在证下提交的单据通常是证明申请人没有履行其义务的单据或文件。

第二，从功能上看，备用信用证具有不同于一般商业信用证的备用性或担保性。民法理论界一般认为，担保是法律规定或当事人约定的保证债务履行的方法和手段。为保证债权的实现，法律一方面致力于扩大可以用来承担责任的财产范围，另一方面也致力于使可以用来承担责任的财产特定化，使之成为服务于特定债务之清偿的手段。[1]

而作为债务人之外的第三人的银行以其信用介入，以开出备用信用证的方式为受益人提供担保，这种做法无疑扩大了责任财产的范围，但同时也实现了责任财产的特定化。这种特定化体现为信用证下的开证金额往往是确定的，而且无论信用证下的款项是否来自申请人，在法律上开证人都是在以自己的款项向受益人作出支付。

一般保证和连带责任保证都以主债务人不履行债务为前提。一般保证又称补充责任保证，一般保证下的保证人既享有程序上的先诉抗辩权，在实体上也只对主债务人无力清偿的部分承担补充性的清偿责任。在连带责任保证下，保证人虽不享有先诉抗辩权，但仍享有主债务人在主合同中对债权人享有的一切实体上的抗辩权以及抵销权。可见即使在连带责任保证情形下，债权人仍需要证明债务人违约，才能请求保证人履行保证义务。[2]可见，无论是就一般保证还是连带责任保证而言，其中都体现了保证对主合同的从属性。

信用证既非一般保证，也非连带责任保证，而是一种独立于主合同（基础合同）的人的担保。在信用证下，担保人（银行）不是债务人（申请人）对债权人（受益人）所负债务的一般保证人，不得援引申请人在基础合同中对受益人享有的抗辩权。受益人无权要求担保人和申请人对基础债务连带承担责任，而只能分别依基础合同要求申请人履行基础义务或依信用证要求担保人履行付款承诺。而且，在向后者要求兑付时，受益人只需提交形式化单据，而无需证明申请人的实际违约。这正是信用证交易与基础交易分离的结果，或者说是信用证独立性的具体体现。

虽然从逻辑上看，银行是受申请人的委托为其担保基础交易项下义务的履行，但是信用证一旦开立，银行即是以自己的名义独立地在信用证下作出承诺。从受益人角度看，它基于基础合同对申请人享有履约请求权，基于信

---

〔1〕　参见孙鹏、肖厚国：《担保法律制度研究》，法律出版社 1998 年版，第 5 页。

〔2〕　参见张勇健、沈红雨：《〈关于审理独立保函纠纷案件若干问题的规定〉的理解和适用》，载《人民司法（应用）》2017 年第 1 期。

用证对银行享有兑付请求权，受益人只能在两者中择一主张权利而不能主张两者兼得，[1]只能依次分别主张权利而不得同时主张权利。[2]依信用证是商业信用证还是备用信用证而定，受益人主张权利的具体对象和顺序也有所不同。

就商业信用证而言，卖方应在先向银行寻求兑付无果的情况下才能转向买方要求付款。一般来说，如果买卖合同规定采用不可撤销信用证方式付款，在信用证开立并被受益人接受的情况下，信用证仅构成有条件的而非绝对的付款。因此，如果银行兑付了信用证下提示的单据，则买方的债务得以解除。如未兑付债务就没有解除，此时卖方可以既向银行又向买方寻求损害赔偿。买方在信用证过期而合格单据未被提交的情况下重新负担债务。这一条件付款规则目前被编纂于《美国统一商法典》（UCC）第 2 篇《买卖篇》第 325 条中，该条规定："（a）买方未提供已商定的信用证，属于违反买卖合同。（b）买方向卖方交付适当的信用证后，买方的付款义务暂时中止。如果信用证被拒付，卖方可在及时通知买方后，要求买方直接付款。"[3]

但条件付款理论对备用信用证并不适用。备用信用证是一种担保工具，而不是支付手段，它仅在主债务人即信用证申请人违约时才被使用。[4]ISP98 将"absolute"（绝对的）视为多余的或不宜使用的术语，并声明如果这样做，只不过是表示备用证是不可撤销的。这就意味着备用信用证并非绝对的付款方式。

---

〔1〕 信用证下开证人或申请人对受益人所负之债实际上是一种不真正连带之债，债务的不履行将引发不真正连带责任。所谓不真正连带责任（the unreal joint liability），是指数个债务人客观上基于不同的行为原因而偶然产生同一损害事实，并且各自独立负有全部清偿债务的责任。具体来说，属于台湾学者史尚宽先生归纳的六种不真正连带责任产生情形中因"数个合同不履行而致损害赔偿发生竞合而产生"的情形。（参见张凤翔：《连带责任的司法实践》，上海人民出版社 2006 年版，第 56 页以下）

〔2〕 从受益人不能向开证人和申请人同时主张权利的意义上讲，信用证并非并存的债务承担。在并存的债务承担下，债权人可以请求已经加入债务的第三人与债务人承担连带责任。正如《中华人民共和国民法典》（以下简称《民法典》）第 552 条的规定："第三人与债务人约定加入债务并通知债权人，或者第三人向债权人表示愿意加入债务，债权人未在合理期限内明确拒绝的，债权人可以请求第三人在其愿意承担的债务范围内和债务人承担连带债务。"而在信用证下，开证人与申请人对受益人各自承担责任而不负连带责任。

〔3〕 潘琪译：《美国统一商法典（中英双语）》，法律出版社 2018 年版，第 59 页。

〔4〕 See Gordon B Graham and Benjamin Geva, "Standby Credit in Canada", *Canadian Business Law Journal*, Vol. 9, 1984, p. 180.

由于备用信用证的担保性，备用信用证下开证人的责任是就申请人的基础义务向受益人担保履行，受益人应先向基础交易项下的交易对手即信用证申请人主张权利，未果后才能转向开证人寻求赔偿。而在商业信用证下，基础交易项下买方的付款责任通过信用证安排转移至由银行承担，故作为受益人的卖方首先向开证人主张凭单付款。这在功能上接近于替代履行，[1] 即申请人与受益人约定将其支付货款义务委托给银行来代为履行，银行代履行之后再转而向申请人寻求偿付，由后者负终局的付款责任。由此可见，虽然两类信用证都涉及银行信用的介入，都由银行独立地对受益人负凭相符单据兑付之责，但银行信用介入的功能、程度和方式，以及在证下所交单据的性质均有所不同。

还需探讨的是，在备用信用证下，受益人理论上应先向申请人主张债权，但在申请人预期违约之时，受益人可否直接转向开证人主张权利？本书认为，这首先取决于备用信用证本身的规定，看其对违约的界定是仅限于实际违约还是也包括预期违约。如果备用信用证一般性地规定受益人在申请人违约时有权索偿，则此时所谓违约也应理解为包括预期违约。因为预期违约旨在使受损害方提前获得法律上的救济，防止其蒙受本来可以避免的损失，一定要等到违约实际发生才给予救济是没有效率的。我国《民法典》第578条规定："当事人一方明确表示或者以自己的行为表明不履行合同义务的，对方可以在履行期限届满前请求其承担违约责任。"

---

　　〔1〕 替代履行是因为债的关系可因第三人之清偿生给付结果而消灭。如《日本民法典》第474条规定："债之清偿，得由第三人为之；但当事人另有约定或债之性质不得由第三人清偿者，不在此限。"在信用证安排中，买方的给付义务由资信更佳的银行代为履行，正是基于买卖双方之间的约定。只要银行的付款满足了债权人即卖方的需要，基础合同下的债权债务关系即告消灭。但如银行因破产等原因而不能满足卖方的需要，则买方的给付义务仍不能免除，债之关系继续存在（参见林诚二：《民法理论与问题研究》，中国政法大学2000年版，第217~218页）。替代履行不同于债务转移，债务人并不因为债权人同意由第三人履行而免除自己在合同项下的责任，第三人如未为清偿，债务人仍须向债权人负责清偿。我国《民法典》第523条也规定："当事人约定由第三人向债权人履行债务，第三人不履行债务或履行债务不符合约定的，债务人应当向债权人承担违约责任。"

　　不过，本书认为，即使就商业信用证而言，基于信用证的独立性，商业信用证虽在事实上具有替代履行买方支付基础合同项下价款的功能，但在法律上却不宜认为银行是在代替买方履行其基础义务，因为银行是在独立履行自己向受益人作出的承诺，而且银行在信用证下所负义务和买方在基础合同项下所负义务的内容也明显不同。此外，如果认为是银行是在代替买方履行基础义务的话，受益人在银行不履行时就不能强制要求银行履行信用证承诺而只能转而向买方主张权利，而这与信用证的实践是不相符的。

那么受益人在申请人丧失履行基础之时可否行使不安抗辩权呢？不安抗辩权是指在双务合同中应当先行履行债务的当事人在有确切证据证明后序履行债务的当事人在缔约后出现足以影响其对待给付的情形下，可以中止履行合同的权利。[1]如果基础合同约定受益人先交货而申请人后付款，但受益人有证据表明申请人有丧失或可能丧失履行能力的情形，此时它能否不履行交货义务而直接转向备用信用证下索偿？本书认为不可以。因为不安抗辩权制度设计的初衷是保护合同的先行履行方在后序履行方有履行不能之虞时的合同利益，主张不安抗辩的先行履行方在另一方已提供适当担保时就应当恢复履行，因为此时先行履行人的权益可以得到相应保障，行使不安抗辩权的基础已经不复存在。[2]同样，由于申请人已以备用信用证的方式事先就为债权人提供了适当的担保，债权人的利益已有充分的保障，它不能再主张不安抗辩而仍应按期履行己方的合同义务，并在对方未实际履行对待给付义务之时利用备用信用证实现自己的权利。

3. 备用信用证的称谓。在美国以外的全球不同地区，不同的担保文本有着五花八门的名称、内容和措辞，这给实务界判断担保的性质带来了极大的困扰。但就美国而言，由于备用信用证的采用，发生文本混淆的风险已经得以避免。

事实上，信用证的名称与法院判定该信用证是担保还是备用信用证没有必然关系，由于名称在一定意义上反映了当事人的意图，固然可作为判断文本性质的一项指引，但在名不符实的情况下，文本的具体内容对文本的定性更加重要。在 Republic National Bank v. Fort Worth National Bank 案中，即使银行将其开出的信用证取名为"信用证"，德州上诉法院仍然判定它是一个担保；而在 Pan-American Bank and Trust Co. v. National City Bank of New York 案中，情况正好相反——银行开出的信用证取名为"担保"，但法院却认为它是一个真正的信用证。[3]

ISP98 对"standby"和"standby letter of credit"进行了区分。ISP98 第1.11（b）条规定："本规则中，'备用信用证'是指本规则试图加以适用的

---

〔1〕 参见徐景和主编：《中华人民共和国合同法通解》，中国检察出版社 1999 年版，第 126 页。

〔2〕 参见我国《民法典》第 527、528 条。

〔3〕 参见陈检："备用信用证起源之谜"，载高祥主编《独立担保法律问题研究》，中国政法大学出版社 2015 年版，第 204 页。

独立承诺。而'备用证'是指受本规则约束的一种承诺。"也就是说，ISP98
并未把"备用证"用作"备用信用证"的简称，而是以前者特指已声明适用
ISP98 的备用信用证，后者则泛指虽未注明适用 ISP98，但却是 ISP98 意欲针
对的一般意义上的备用信用证。

二、备用信用证的种类

（一）备用信用证属于跟单信用证

由于备用信用证下一般不附随提单等商业单据，它曾经被归类于光票信
用证。但主要针对商业信用证而制订的《跟单信用证统一惯例》自 1983 年修
订后，也已正式将备用信用证纳入了该统一惯例。UCP600 第 1 条在有关适用
范围的规定中也表明跟单信用证包括备用信用证。所以，尽管习惯上称跟单信
用证时一般指主要用于商业目的的传统的商业信用证，但把主要用于担保目的
的备用信用证视为与商业信用证用途不同的另一类跟单信用证，是较为合理的。

哈费尔德（Henry Harfield）说过，很明显，两种信用证（备用信用证与
商业信用证）均属跟单信用证。它们的不同之处往往在于法律与管理机构会
基于会计目的（accounting purposes）以不同的方式看待两者，并因此给相关
的一方或他方当事人带来不同的经济效果。但从运作的观点来看，两者没有
很大差别。只要及时提交了所需单据，信用证就应予兑付；如果提交的单据
以及提示的时间与方式不符合信用证的规定，信用证就应被拒付。

的确，备用信用证、商业信用证及光票信用证都属于需要提示单据的跟
单信用证。在实践中，由于术语的使用方式不一而常常引起混淆。有人将跟
单信用证作狭义上的使用，即用于代替商业信用证。有人以另一种方式使用
"跟单"这一术语，如果信用证要求提交的不仅仅是一张汇票或支付命令，他
们便称之为跟单信用证。他们认为，一份仅要求汇票或支付命令而无需其他
单据的信用证是光票信用证（clean credit），例如直接付款信用证，而任何光
票信用证以外的信用证则为跟单信用证。

事实上，所有的信用证都属于跟单信用证，因为它们以提交至少一份单
据作为兑付条件。UCP 没有为单据下定义，ISP98 规定单据包括汇票、索偿要
求、所有权凭证、投资担保、发票、违约证明，等等，其中既包括金融单据

又包括商业单据，[1] UCC5 的定义中也规定"单据"包括"汇票或其他支付命令"。这就明确了索偿要求也是备用信用证项下的单据，根据这个广义的定义，即使光票信用证也属于跟单信用证的一种。差异仅在于履行的职能上的不同，用于履行支付职能的是商业信用证，用于履行担保职能的是备用信用证，这两者在作光票使用（即不需要提交汇票或支付命令之外的单据）时，则可分别称为光票商业信用证（clean commercial letter of credit）与光票备用信用证（clean standby letter of credit），尽管在商业惯例和法庭意见中，这类全称并不经常使用。

信用证交易中的定义不一定总要以同样的方式使用，重要的是信用证交易各当事人的预期能得到满足。尽管实践中人们不总是以同样的方式使用相同的术语，信用证还是极其成功地实现了这一目标。

（二）基于不同功能的备用信用证分类

根据备用信用证所支持的基础交易是不是融资交易，可以把备用信用证分为融资性备用信用证和非融资性备用信用证。这两者大致相当于美国的金融担保备用信用证和履约备用信用证。

美国的管理机构为了计算资本充足率的需要，把信用证分为：金融担保备用信用证、履约备用信用证以及商业信用证。如此区分与其说是出于交易目的，不如说是为了管制目的而作出的描述性分类。

OCC 对金融担保型的备用信用证（financial guarantee-type standby letter of credit）与基于履约的备用信用证（performance-based standby letter of credit）作了区分，根据 OCC 的定义：前者指任何信用证或类似安排，无论其名称与描述为何，只要其代表开证人对受益人的如下不可撤销义务，即：（1）偿还账户方（即申请人）的借款或预收款，或（2）就账户方承担的任何欠款（indebtedness）作出支付，只要账户方未能履行其对受益人的义务。后者指任何信用证或类似安排，无论其名称与描述为何，只要其代表开证人对受益人的如下不可撤销义务，即就账户方在履行其非金融性或商业性义务时的任何

---

　　[1] ICC 的《托收统一规则》将单据分为"金融单据（financial documents）"与"商业单据（commercial documents）"，并作了如下定义：A. "金融单据"即指汇票、期票、支票、付款收据以及用于收款的其他类似的单据。B. "商业单据"即指发票、提单、权利证书及其他的单据以及不属于金融单据的所有单据。

违约作出支付的义务。

ISP98 也出于方便考虑，根据在基础交易中备用信用证的不同功能以及一些不一定涉及备用信用证自身条款的其他因素，对备用信用证作了较 OCC 的规定更为细致的描述性分类。具体分类如下：

1. 履约备用证（Performance Standby LC）——支持申请人的非金钱履行义务，包括对由于申请人在基础交易中不履约而对受益人造成的损失予以赔偿。这种备用信用证与履约保函起到基本相同的作用，主要用于担保承包商在工程承包中的履约义务，以代替一定金额保证金的交存。

2. 预付款备用证（Advance Payment Standby LC）——支持申请人收到受益人预付款后所承担的义务。在一些国际工程承包项目中，业主通常向承包商支付合同总价10%~25%的工程预付款，以便后者购买工程所需的机械设备和材料等。如果承包商没有依约使用这些预付款或依约履行自身义务，就将构成违约。只有通过银行开出以业主为受益人的预付款备用证，承包商才能拿到这些款项。预付款备用证也用于支持一些进出口贸易中出口商因收到进口商支付的预付款而对后者承担的义务。

3. 投标备用证（Tender Standby LC）——支持申请人中标后执行合同的义务，若投标人未能履行合同，开证人须按备用证的规定向受益人履行赔款义务。投标备用证的金额一般为投标报价的1%~5%（具体比例依招标文件规定而定）。投标备用证的目的是保证招标人为对众多竞标进行评标所花的精力和金钱不致浪费，并使招标人免于因放弃其他投标人提交的可能是有利的报价而遭受的损失。

4. 对开备用证或反担保备用证（Counter Standby LC）——支持反担保备用证受益人所开立的另外的备用证或其他承诺。如在工程承包中，有时业主坚持由保证公司提供履约担保（performance bond）。建筑商找到的保证公司为保护自己，可能要求建筑商申请银行开出以保证公司为受益人的备用信用证。银行向受益人，即保证公司允诺凭他提示的即期汇票与证明业主要求履行履约担保的声明付款。在反担保备用信用证项下，业主没有权利。[1]

5. 融资备用证（Financial Standby LC）——如果申请人未偿还借款，开证人承诺偿付受益人。这种备用信用证主要在资本市场上用以保障借款人向

---

〔1〕　参见沈达明编著：《美国银行业务法》，对外经济贸易出版社1995年版，第150页。

债券或商业票据购买人支付借款本息，一般在借款人到期违约时使用。

6. 直接付款备用证（Direct Pay Standby LC）——支持一项基础付款义务，特别是支持与融资备用信用证有关的基础付款义务的到期付款，而无论是否涉及违约。在直接付款备用证下，开证人承诺在还款日或回赎日凭索款要求直接向受益人支付一定金额，该金额可以是本金或利息，也可以是本金加利息。直接付款备用证常用来支持国库债或其他证券等金融票据的发行，它也可用来针对不履约情形，即用于防范证券或债券发行人破产的场合。[1]

这种直接付款备用证使得原来关于备用信用证的定义之争更加激烈。[2]就直接付款备用证的功能而论，由于它被用来作为对金钱之债的主要支付手段，而不是在主要手段失灵时才用的次要或替代方法，所以它在性质上更少具有备用信用证的担保性，而更多具有普通商业信用证的履行性。由于直接付款备用证下开证人的付款义务并不以申请人的违约为前提，所以备用信用证也不能简单地等同于违约担保书。

7. 保险备用证（Insurance Standby LC）——开证人承诺支持申请人对其客户的保险或再保险义务。这类承诺通常是循环的或永久性质的。

8. 商业备用证（Commercial Standby LC）——如果申请人未能以与受益人约定的其他方式付款，则开证人承诺就受益人提供的货物或服务作出偿付。这是买方作为申请人开立的以卖方为受益人的备用信用证。

9. 循环或永久备用证（Revolving or Evergreen Standby LC）——受益人可以在到期日前定期支取特定的信用证金额。循环备用信用证经常被用于为往来应收账款提供担保。例如，一个批发商也许愿意在 50 万美元的无担保额度内为其零售商持续供货，但要求一张循环备用证来为超额部分提供担保。另外，循环备用信用证也常用于受益人是作为申请人的代理人与客户打交道的情形，比如，一家大的德国保险公司（申请人）指示银行向其在里昂的代理人——一家法国当地的保险公司（受益人）——开出一张循环备用信用证，承诺兑付法国受益人提出的所有索赔，从而对法国受益人赔付给在德国保险公司为车辆投保的客户的事故损害赔偿金进行补偿。

---

〔1〕 See Jacob E. Sifri, *Standby Letters of Credit: A Comprehensiue Guide*, Palgrave Macmillan, 2008, p. 10.

〔2〕 参见聂卫东：“《国际备用信用证惯例》（ISP98）述评”，载《国际贸易问题》1999 年第 12 期。

值得注意的是，要对该类信用证下的可用金额进行定量或量化几乎不太可能，因为也许要花费甚至长达数年的时间才能对每笔业务下的责任进行量化，如前述交通事故的情形。所以，这类信用证的有效期比其他类型长得多，且在开证人向受益人作出事先通知之前不能被修改或取消，该通知通常在取消前一个月作出。下例可以说明这种备用信用证的永久性质：本永久备用信用证无需书面修改即可自其开立日后的每年 1 月 1 日起自动循环一年，并能在至少三年时间内一直兑用，除非提前 30 日发出书面取消或修改通知。该通知须由开证人适当签署、以书面形式发出并用挂号邮件寄送。

正是因为循环备用证有效期过长这一风险因素的存在，银行一般不会开出这类信用证，除非它们确信在信用证可兑用期间所支付的任何金额都将获得偿付。[1]

ISP98 的第 2.06（a）条对循环备用证的使用也予以肯定，该条强调如果备用证明确声明该证可因使用金额的增减、到期日的展延等而自动修改，则该修改自动生效，不需任何进一步的通知或备用证明确规定以外的同意。

（三）基于付款方式的备用信用证分类

ISP98 第 2 条第 1 款"开证人和保兑人对受益人的承付义务"中，按兑用方式的不同将备用信用证分为即期付款备用证、延期付款备用证、承兑备用证和议付备用证四种。在这四种方式中，延期付款信用证与承兑信用证体现了受益人对申请人的融资。

1. 即期付款备用证（Sight Payment Standby LC）。这是指付款行在收到与信用证条款相符的单据后立即履行付款义务的备用信用证。这类信用证一般不要求受益人开具汇票，而仅凭受益人提交的单据付款。ISP98 第 2.01 条规定："除非备用证另有规定，开证人应按所要求的金额即期兑付向其作出的提示。"[2]这就说明即期付款是备用信用证的默认兑用形式。与此不同，UCP600 同等对待不用类型兑用形式的信用证。

见索即付保函通常是即期付款，即只要提交相符索赔，5 个工作日内必须付款。然而，赊销贸易项下的付款保函，由于贸易的性质决定发货后将来付

---

〔1〕 See Jacob E. Sifri, *Standby Letters of Credit: A Comprehensiue Guide*, Palgrave Macmillan, 2008, p. 130.

〔2〕 该条同时也规定了备用证可以规定采用的其他支付方式，包括承兑、延期付款和议付方式。

款，因此保函必须是远期付款，即保证卖方在履行了发货义务后，将来得到合同价款的支付，其付款有时超过一年。所以，实务中有延期付款保函（deferred payment guarantee），担保人保证卖方在履行了买卖合同中的义务后，若买方不予付款，担保人到期支付本金及利息。[1]

2. 延期付款备用证（Deferred Payment Standby LC）。延期付款指的是在一个规定的未来日期或在提交单据或装船之类的特定事项发生后的一定时期付款，延期付款备用证指的是付款行收单后按信用证规定的到期日付款的备用信用证。信用证的延期付款方式体现了受益人对申请人的融资，但延期付款备用证不使用汇票，也不作承兑，也被称为无汇票的远期信用证。由于延期付款备用证不需要远期汇票，也就没有"已承兑汇票"这一融资工具，因此受益人不能据以贴现汇票融资，受益人一般只能等到信用证规定的付款到期日方能获得款项，这对受益人相当不利。[2]

如果指定银行在到期日前向受益人预付的话，则该银行可能得不到票据法或信用证法律的保护。就票据法而言，因为延期付款信用证不使用汇票，所以银行无法取得善意持票人的地位；就信用证法律而言，2000 年英国 Banco Santander S. A. v. Banque Paribas 一案（以下简称 Santander 案）的判决曾将在延期付款信用证下办理贴现的银行置于自身利益难获保障的脆弱境地。在该案中，一份提单日后 180 天付款的延期付款信用证由原告保兑，该保兑行在审单合格后凭一份款项让渡书向受益人贴现了远期付款款项，但到期日前发现受益人存在欺诈，故开证行拒绝对保兑行进行偿付。法庭认为开证行在延期付款信用证下对指定银行的授权只是到期付款而非提前支付，开证行相应的偿付责任是到期偿付。[3] 故指定银行提前付款的行为有违开证行的授权，如果在到期前确定发生欺诈，则开证行有权拒付指定银行。

该案引起了较大的争议，美国司法界和银行界人士对于此份判决的评价是：如果此项诉讼依据美国法律判决，其结果可能是两样。[4] 因为，新 UCC5

---

〔1〕 参见阎之大：《URDG758 解读例证与保函实务》，中国文献出版社 2011 年版，第 57 页。

〔2〕 参见徐进亮主编：《国际备用信用证与保函》，对外经济贸易大学出版社 2004 年版，第 97 页。

〔3〕 根据当时适用的 UCP500 第 9 条，对延期付款信用证，开证行承诺"按信用证规定所确定的到期日付款"。

〔4〕 参见于强编著：《UCP600 与信用证操作实务大全》，经济日报出版社 2007 年版，第 81～82 页。

基本上是将延期付款承诺与远期汇票承兑作同等看待的，第 102 条官方评论之第 4 点确认"延期付款承诺"承担的是一种无条件的义务，在技术上不构成承兑，但与远期汇票承兑具有相似的法律效果。第 109 条也将已善意支付价值的"与延期付款义务对应之权利的受让人"和"已承兑汇票的正当持票人"同样作为欺诈抗辩不能对之提起的善意第三人对待。

UCP600 以专门条款对这一争议进行了澄清。该规则第 12 条（b）款明确规定："开证行指定一家银行承兑汇票或者作出延期付款承诺，即为授权该指定银行预付或购买其已承兑的汇票或已作出的延期付款承诺。"这就明确了指定银行对承兑信用证和延期付款信用证这两种远期信用证都可以办理贴现，从而使受益人能在到期日前就能获得融资的便利。这样规定的结果，即使在信用证到期前发现了欺诈，此前已依该授权预付证下款项的指定银行仍受保护，它在信用证到期后仍有权利向开证人主张付款。易言之，从 UCP600 以后，善意提前贴现的延期付款行虽无法得到票据法的保护，但仍可得到信用证法律的保护。这事实上就推翻了英国的上述判例，也使延期付款信用证和承兑信用证之间的差异大大缩小。正因为两者之间的差异已经不大，实践中越来越常见的做法也是采用即期或延期付款的条件付款，而无需提交汇票。[1]

这样，在 UCP600 的规定之后，延期付款信用证和承兑信用证在安全性上已无明显差别，但在流通性上仍有较大差别，承兑信用证的流通性强于延期付款信用证。由于缺乏汇票这样物化的流通载体，延期付款信用证下权利只能按一般民法上债权转让的方式转让，这种转让在方式、对象和范围上均受较大限制，不能以票据交付或背书的特定方式在市场上自由流通，而通常限于被指定延期付款的银行对证下款项进行善意贴现，如上述 Santander 案中便是指定银行以款项让渡书的方式受让取得对证下款项的债权。UCP600 第 12 条仅授权指定银行对延期付款承诺进行预付或购买，意在使受益人在延期付款信用证下也能获得指定银行提供的贴现融资便利。而在承兑信用证下，开证人或指定人一旦承兑了信用证下的跟单汇票，汇票即脱离信用证下的单据而在市场上自由流通，最终的持票人可在汇票到期日向承兑人提示付款，并可在未获付款时凭汇票向受益人追索。

---

〔1〕 延期付款信用证的采用，似乎主要是为了避免支付某些欧洲国家针对汇票征收的印花税。

3. 承兑备用证（Acceptance Standby LC）。承兑备用证下提示的单据必须附随汇票。一般要求受益人提供以开证人为付款人的远期汇票，受益人取得银行承兑汇票后，可以依据票据法要求承兑行到期付款，也可以将汇票出售以提前取得垫款，后者被称为贴现。贴现是指贴现行或贴现公司为购得已承兑汇票，按汇票票面金额扣除至汇票到期日的利息及其他有关费用后，将余额提前垫付给受益人，从而成为汇票正当持票人的业务。通过贴现汇票，受益人可取得融资便利，但如贴现行或贴现公司到期未能从汇票付款人处取得票款，则它享有向受益人索回已垫付款项的权利。[1]

承兑备用证下的受益人由于受到票据法的额外保护，所以一般较之使用延期付款备用证而言更安全。凡开证行承兑者，承兑受益人的汇票，并于到期日支付票款；凡由另一受票银行承兑者，如信用证规定的受票银行对于以其为付款人的汇票不予承兑，应由开证行承兑并在到期日支付受益人出具的以开证行为付款人的汇票；或者，如受票银行对汇票已承兑，但到期不付，则开证行应予支付。[2]

除承兑汇票的贴现给受益人带来融资便利之外，商业承兑信用证下的申请人也可以通过以信托收据向银行借单的方式来"融物"，[3]争取在承兑汇票到期日前出售从受益人处购进的货物，并在已承兑汇票于到期日被提示付款时以销售所得偿付承兑行。在利用信托收据融资的情况下，买方无需支付货款就可以取得提单，但买方的银行就提单和货物取得价金担保权益（purchase-money security interest），买方仅为银行的利益占有货物，而货物构成买方所欠银行贷款（即价金）的担保物。由于承兑备用证下的单据不具备内在价值，这种"融物"的必要性和可能性也就不存在了。

---

〔1〕 参见徐进亮主编：《国际备用信用证与保函》，对外经济贸易大学出版社2004年版，第100~101页。另据中国人民银行颁布的《贷款通则》第9条规定："……票据贴现，系指贷款人以购买借款人未到期商业票据的方式发放的贷款。"该行印发的《商业汇票承兑、贴现与再贴现管理暂行办法》第2条第2款还规定："本办法所称贴现系指商业汇票的持票人在汇票到期日前，为了取得资金贴付一定利息将票据权利转让给金融机构的票据行为，是金融机构向持票人融通资金的一种方式。"

〔2〕 参见顾民：《最新信用证操作指南》，对外经济贸易大学出版社2000年版，第165页。但如上所述，随着UCP600第12规定的出台，承兑信用证与延期付款信用证在安全上的差异已大大缩小。

〔3〕 信托收据（trust receipt）是买方为了换取银行手中的提单而向后者出具的书面凭证，用以表明买方系以银行信托人的身份持有提单或货物以及将货物出售后的货款，而银行作为受益人享有提单项下的相关权益。这种"融物"便利在延期付款商业信用证下亦有适用空间。

4. 议付备用证（Negotiation Standby LC）。"议付（negotiation）"一词在票据法上和信用证法律上有不同的含义。UCC 第 3 篇《流通票据篇》第 201 条将"议付"界定为出票人以外的人通过转让票据占有给另一人的方式使后者成为持票人。UCP600 第 2 条为"议付"所下的定义则是："指定银行在相符交单下，在其应获偿付的银行工作日当天或之前向受益人预付或者同意预付款项，从而购买汇票（其付款人为指定银行以外的其他银行）及/或单据的行为。"故在信用证法律上，议付是对银行在审单相符后对汇票及/或单据给付对价的行为，作审单而不给付对价者不谓议付。其与票据法上的议付不同之处还在于信用证下的议付不必涉及票据转让，仅购买单据也可构成议付。议付信用证要求受益人在规定的日期之前向信用证上指定的本地议付银行交单即可，这一点对受益人有利，只要他及时议付，开证行的付款义务将继续有效，即使单据在信用证期满后才抵达开证行。

信用证的议付仅存在于间接信用证而非直接信用证的情形。如果一份信用证仅规定可在开证行处兑用，而未规定可在另一家银行处兑用，则此类信用证被称为直接信用证（Straight Credit）。直接信用证的规定体现于 UCP600 第 7（a）（i）条即"信用证规定由开证行即期付款、延期付款或承兑"，直接信用证下的受益人只能向开证行直接交单。通常开证行在信用证中注明"我方特向受益人承诺，按信用证条款出具并按规定提示的相符单据将获合理兑付"。尽管在直接信用证下，受益人也可能通过其他银行向开证行交单，但此时的交单行只是受益人的代理行，其法律地位与受益人等同而不具有指定银行的法律地位。该交单行可能仅同意在收妥款项后才向受益人付款，故未支付对价而不构成议付；它也可能同意有保留地垫付款项，并在遭拒付时向受益人追索垫款，该垫款因未获开证人授权而仍不构成议付，故受益人向此种银行的交单并非信用证下的真正交单，作为受益人的代理行向开证行的交单才是，该交单行须按信用证规定的时间和地点提示单据，否则不构成相符提示。

如果一份信用证规定可在开证行外的另一家银行处兑用，则该类信用证被称为间接信用证（Non-straight Credit）。根据 UCP600 第 7 条的规定，在间接信用证下仍默示可在开证行处兑用。也就是说，所有的信用证均可在开证行处兑用。间接信用证涉及开证行之外的、信用证可在其处兑用的另一家银行即指定银行，间接信用证包括付款信用证、承兑信用证和议付信用证。由于议付是指对他人应付款项所作的提前融资，议付信用证亦可兼容即期付款、延期付款或承兑的不同支付方式。议付定义中所谓"向受益人预付或同意预付款项"，其中的"同意预付"即表明远期议付信用证的存在，这种"同意预付"可能以承诺延期付款的方式作出，也可能是以承兑汇票的方式作出。

此外，在直接信用证下，由于向受益人垫款的交单行只是受益人的交单代理人，故在受益人欺诈等情形下，交单行同样不能受到信用证法律的保护。而在开证人授权议付的情形下，开证人负有偿付议付行的责任，且该责任独立于开证人对受益人的责任，[1]即使受益人存在欺诈，善意付款的议付行作为无辜第三人仍能从开证人处获得偿付。换句话说，此时的议付行获得了优于受益人的地位，虽然后者受制于申请人的欺诈抗辩。

三、备用信用证的用途

备用信用证的应用范围极其广泛，它在国际经济的各项交易中都有可能涉及。[2]只要开证申请人（甲方）对受益人（乙方）承担某项义务，若乙方认为从甲方的资信看其履行的承诺不足以为乙方提供足够的安全保障，即可利用备用信用证，由开证行作出承诺，在开证申请人未履行义务时，凭受益人开立的汇票及关于开证申请人未履行义务的声明支付信用证规定的金额。原国际商会银行委员会主席伯纳德·惠布尔（Bernard Wheble）在国际商会411号出版物中说道："备用信用证经常在施工合同或长期基础合同中被用来替代履约担保，但有时也被用于其他目的，例如，用作母公司贷款给子公司的担保，如子公司到期未偿还贷款，备用信用证担保付款；另一方面，备用信用证有时以卖方为受益人，用以担保在卖方履行了规定的卖方义务后，如根据某一预先约定的方法未获付款，该项付款由备用信用证支付。"可见，备用信用证可用于支持各种金融和非金融性交易，不但用于国际工程承包和国际资金融通，也可以用于一般的国际货物买卖，尽管在这种场合下商业信用证通常会被使用。备用信用证还可用于保证对法院可能作出的不利判决的支付。此外，备用信用证不仅广泛适用于国际商事交易，也在国内商事交易中日益发挥重要作用。

---

[1] UCP600 第 7 条（c）款。

[2] 参见左晓东：《信用证法律研究与实务》，警官教育出版社 1993 年版，第 142 页。

（一）在销售交易（Sales transaction）中使用

备用信用证虽然不是主要用于国际货物买卖，但在国际货物买卖中，却也发挥着极其重要的作用。一般的跟单信用证是买方申请开立，以卖方为受益人，目的是清偿货物的价款，而备用信用证则有着不同的功能与目的，它既可以由买方申请开立，也可以由卖方申请开立。

1. 卖方申请开立的以买方为受益人的备用信用证。在卖方的义务履行会涉及较长时间的某些交易中，如交钥匙工程等，确保这种履行的适当性尤其有必要。在国际货物买卖中，卖方的主要义务是按合同的规定交付货物，卖方在这方面的违约表现为不交货、延迟交货或所交货物与合同规定不符。合同中可以规定如果卖方违约，需向买方支付一定的违约金，这一金额的支付就可以用备用信用证来安排。备用信用证实质上是用来保证卖方对双方约定的损害赔偿确实能及时支付，从而促使卖方履行其义务。损害赔偿是卖方违约时买方可以采用的一种主要的救济方法。各国有关法律和1980年《联合国国际货物销售合同公约》中都有这方面的规定。卖方为保证履行其合同中的交货义务，可以向买方开出备用信用证，其金额相当于约定的损害赔偿额。如果卖方履约情况良好，该备用信用证自动失效；如果卖方违约，买方可以开出汇票和关于卖方违约的声明，开证行据此向买方支付。

备用信用证金额完全可以不局限于约定的损害赔偿额而大大高于该项金额并具有惩罚性质，以有效地保证卖方适当履约。英、美等国法院对于合同中约定的违约条款，首先要区别它是罚金（penalty）性质，还是作为预先约定的损害赔偿金（liquidated damages）。如果法院认定合同中约定的金额是对违约者的罚金，则这项罚金条款在法律上是无效的，当一方违约时，对方不能要求得到这笔金额，而只能就其违约所遭受的损失请求损害赔偿。[1]但备用信用证是独立于基础合约之外的自足文件，一旦开立即与基础合约没有任何联系，银行不受基础合约的约束。因此，备用信用证下的金额具有什么性质是无关宏旨的。

卖方还可以在涉及预付款（advance payment）的国际货物买卖中开立备用信用证。在国际货物买卖中，预付款是买方为便于卖方及时供货，或货源

---

〔1〕　我国法律上对违约金也有限制性规定。根据我国《民法典》第585条第2款规定：约定的违约金过分高于造成的损失的，人民法院或者仲裁机构可以根据当事人的请求予以适当减少。

紧缺而卖方议价地位（bargaining power）较强时，在货物发运前预先付给卖方的现金，可以相当于货款额或只是其一部分。为保证买方不因卖方后来违约而遭致损失，防止钱货两空，买方可在合同中规定，要求卖方开立与预付金额等值的备用信用证作为保证。而卖方（开证申请人）为保证自己的利益，在信用证中加列生效条款，规定只有当开证申请人收到预付款时，该备用信用证才生效。如果开证申请人未履行合同义务，受益人（买方）即可根据备用信用证从开证行处收回其预付的现金；如果开证申请人按合同履行了义务，受益人就没有使用备用信用证的必要，信用证自动失效。

2. 买方开立的以卖方为受益人的备用信用证。买方开立的备用信用证服务于买卖合同项下货款的支付，但只是起到担保的作用。在正常的结算程序下仍由买方先支付货款，这同商业跟单信用证是不同的。具体做法是：由买方申请银行以卖方为受益人开出同货款金额相等的备用信用证，卖方发货之后，将各种单据和发票直接寄给买方，如果买方按发票付款，该备用信用证则备而不用；如果买方不按发票支付货款，卖方就可以针对买方提起诉讼，或者根据备用信用证的规定，开立相当于发票金额的汇票，附具关于买方未付款的声明要求银行付款。[1]有些交易中，货物在途时间很短，或者单据（特别是提单）一般要经过一段时间的耽搁后才能得到（在石油贸易中常会有此情形发生），这时采取备用信用证代替商业信用证就有特别的优势。由于单据由卖方直接寄给买方，就避免了将单据先提交给通知行审核后再寄送给开证行二度审核最后才送到开证申请人手中这一程序所造成的进一步耽搁。开证行在买方违约时只审核备用信用证所要求的卖方关于该项违约的声明书（卖方这时候手中可能已经没有了运输单据，因为它已经直接寄交了买方），从而减轻了一般商业信用证所要求的审核各种商业单据的麻烦，相应地，买方必须负担的银行费用也减少了。由于有了备用信用证的担保，如果买方信誉较好的话，卖方也可能在赊销的基础上向买方供货。

（二）非销售交易（non-sales transaction）中使用

1. 投标中的备用信用证。在项目招标中，为保证投标人不撤回报价，中标后不拒绝签订合同，使投标人的投标对其具有约束力，招标人往往在招标

---

〔1〕 参见左晓东：《信用证法律研究与实务》，警官教育出版社 1993 年版，第 144 页。

说明书中规定，所有投标者必须同时缴纳一定的保证金。这时，招标人首先申请开立备用信用证连同其投标书一起送给招标人。根据信用证的规定，如果投标人撤回其报价或中标后拒不签约，招标人作为受益人即可开立汇票连同信用证规定的投标人未遵守其诺言的书面声明，请求开证行支付；如果投标人恪守诺言，未撤回报价，中标后及时与招标人按其报价签订合同，备用信用证就备而不用，由招标人将备用信用证退回开证行注销，或备用信用证因期限已过而失效。值得注意的是，这种备用信用证一般规定银行承担责任的最高限额，因为投标人的报价往往不是一个明确的金额，而是一个滑动的价格，此时作为该价格一定百分比的保证金也就不是很确定，可能会有很大变动，银行为安全起见规定最高责任限额是必要的。

2. 履约中的备用信用证。履约保证金是指合同一方为确保对方在签订合同、履行其义务后要求该方缴纳一定金额作为履约的保证。履约保证金的缴纳可以通过提供备用信用证来代替。前面讲过的卖方开立的以买方为受益人的备用信用证即属这种性质，但更常见的是用于工程承包合同中。在工程承包合同下，业主为防止承包商不履行合同，往往要求承包商缴纳工程价的一定百分比金额作为保证，这时承包商可以不实际缴纳保证金，而开立以业主为受益人的备用信用证，如果承包商未能按合同规定履行义务，受益人就可以根据备用信用证请求银行支付证下款项；如果未发生承包商违约的情况，备用信用证则无须使用而失效。

3. 融资备用信用证。在国际借贷中，贷款人往往要求借款人提供各种担保，以确保其贷款本息能如期收回。国际借贷协议签字后一般不立即生效，而必须等到协议所规定的某些条件已具备时才能生效。这些条件即为先决条件（condition precedent）在这些条件成就之前，借款人没有提取贷款的权利。借款人提供约定的担保就是一项必要的条件，它涉及借贷协议项下全部义务。这种情况下一般由借款人提供银行担保，但作为银行担保的替代，借款人可以申请银行开立以贷款人为受益人相当于所担保贷款金额的备用信用证，以此作为对贷款的担保。根据备用信用证，在开证申请人（借款人）违约时，受益人（贷款人）可以开立汇票并附随有关借款人违约（如到期不偿还本息）的声明，请求开证行按信用证的规定支付约定的金额。银行的付款只能凭表面上符合信用证条款的单据，如违约声明。银行没有义务也没有权利审查事实上是否存在受益人所声称的违约事件。

此外，备用信用证还可用以支持公司发行商业票据（例如利用开立备用信用证的银行的信用等级）或支持公司在长期证券市场上发行公司债券等。

备用信用证用途的扩大，证实了 20 多年前的预测："信用证将用于完成过去需要由履约保证或回购协议所完成的任务"，而"信用证推广到销售领域刚刚开始，其唯一的限度看来在于商人、银行界和律师究竟有多大的创造力，在于有多少经济上的不利因素影响到银行扩大贷款。"

四、备用信用证的功能

备用信用证的功能不同于普通的商业信用证，它一般不用于保证出口商在货物装船后获得付款，而是主要执行保证进口商（受益人）在出口商不能依约交货或提供服务或原料时获得偿付的非支付功能。但它是一种全功能的金融工具，可以用于国际交易的多种场合，执行各种功能。

（一）担保功能

备用信用证又称担保信用证，其首要功能是为基础交易提供担保，即以在申请人违约时向受益人赔付资金的方式保证基础义务的履行，为受益人面临的申请人不履行基础义务的风险提供保障。它虽然一般仅在基础合同的履行出现问题时才被使用，或者说，常常是"备而不用"，但这并不意味着备用信用证对基础合同而言作用不大。备用信用证其一是一种金融媒介型担保，没有备用信用证的担保，陌生人之间的跨国商事交易可能就无法开展起来。其二，备用信用证也在一定程度上保留了保全型担保的特征，起到担保申请人债务履行的保全债权的作用。

从形式上看，备用信用证是以信用证形式出现的银行担保，而担保一旦借用信用证这一成熟的金融工具的形式，就取得了相应的便利：（1）有了不言而喻的独立性。信用证的独立性是信用证制度中已经确立的一项基本原则，相关各方的权利、义务及责任因此也相应地得到了清楚明确的界定。这就把备用信用证和非独立性质的担保明确区分开来。（2）操作规范、有章可循。这是因为信用证领域有从 UCP 到 ISP（《国际备用信用证惯例》）的普遍适用的统一规则。正因为通过备用信用证为债权人提供的担保较之一般的独立担保具有上述明显的优点，它也就更有可能减少不必要的争议并增加当事人之间的信任与合作，其结果是债权人得到更为可靠的保障以及开证人的更乐于介入。

然而，开证人提供的担保当然不同于保险人提供的保险，因为开证人不必像保险人一样承担风险，它有权要求申请人对证下合理支出的款项予以偿还，所以开证人仅是基础交易双方的清算中介人，虽然它对受益人的付款承诺是以自己的名义作出的，但对于申请人来说信用证是一种融资或信贷安排，因为该项资金最终还是要由申请人来承担。

（二）清偿（liquidity）功能

清偿功能是担保功能的具体体现和实现，它使受益人在争议一旦发生时便能获得快速的金钱补偿。由于信用证的独立性，备用信用证形式的担保为受益人带来的好处是明显的。如果基础交易下发生纠纷，受益人只需出具证明违约的单据来直接要求开证人付款，而且备用信用证下所需单据如债务人违约声明等一般比较简单，通常由受益人本人出具即可。一旦受益人认为申请人在基础合同项下违约或备用信用证所担保的风险发生，受益人就可以转而寻求在备用信用证下获得即时支付（immediate payment）。在这个意义上说，备用信用证具有一定程度的等现金性。

当然，在得到实际清偿之前，受益人也利用该项功能向预期可能违约的申请人施加压力，以使申请人按它的要求完成合同，这种持续的压力是促使申请人适当和充分地履行其基础义务的无形威慑。形象地说，此时的备用信用证就像一把悬在申请人头上的达摩克利斯之剑，随时可能在申请人不履约时落下来。

不过，鉴于备用信用证下实际要求付款的比例仅为极少数，与担保基础交易履行的功能相比，在基础交易不履行时的实际清偿并非备用信用证的主要功能，而只是受益人未能在基础合同下实现其权利时的一种替代性的救济手段。

（三）风险分配（allocation of risks）功能[1]

在备用信用证提供之前，基础合同的风险主要由商品或服务的购买方承担，购买方将面临商品或服务提供方的违约风险以及相应的诉讼及执行风险。但备用信用证的提供改变了交易双方之间原有的风险结构，买方在得到银行信用的保障与清偿功能的保护后掌握了主动权，其法律地位得到了加强，卖

---

〔1〕　参见笪恺：《国际贸易中银行担保法律问题研究》，法律出版社 2000 年版，第 31 页。

方反倒处于弱势地位，并面临买方滥用优势地位而实施欺诈的潜在风险。

信用证原本就是基础交易中议价能力较强一方为自己争取到的一种利益保护措施，虽然这一受益的主体可能因具体交易而异。在卖方市场的大背景下，基础交易中的卖方通常是商业信用证下的受益人，它在备齐了包括货权凭证在内的规定单据后，一般只需在当地交单议付就可以获得相应的合同价款，货物不符的风险、诉讼及执行的风险均由申请人/买方来承担。但在买方市场的大背景下，基础交易中的买方成为备用信用证下的受益人，它不需要准备复杂的单据就可以在证下提款，这对申请人/卖方是不利的。

这种不利于申请人的风险分配倾向因受益人提交的单据性质不同而有所差别，风险分配的程度取决于信用证下的规定单据的类型。一般而言，要求提供的单据越少，受益人取得单据越容易，单据中规定的内容越简单，申请人面临的风险越大。反之亦反。在极端的情况下，这种风险的分配会产生一种风险倒置（reversal of risks）的效果：在仅要求提供一份索偿要求的光票备用信用证下，受益人实际上无须提供任何违约证明就可得到付款。如果申请人/债务人认为它已正确履行合同义务，想要重新取回已经支付的款项的话，就会遇到很大的困难。例如，申请人在受益人所在国进行诉讼，会涉及各种风险，诸如举证的责任、费用和诉讼中其他难以预料的事件。即使申请人取得了有利于己的法院判决或仲裁裁决，它同样面临着判决或裁决得不到执行的风险，诸如受益人破产、受益人是一个政府机构、受益人所在国的外汇管制等。在很多案件中，申请人要真正取回已付出的款项，简直是不可能的。

正如法谚如云："现实占有，败一胜九"（Possession is nine points of law），握有现金的受益人因受到"先付款，后争议"（Pay first, argue later）[1]这一程序上的保障而处于绝对的优势地位，故无须再承担没有备用信用证担保时

---

[1] 注意此处的先行付款并非由主债务人自行支付，而是由中立而可靠的第三方即银行以自己的名义来支付。银行由于顾及自身的信誉，也因为其对申请人享有付款之后的追偿权，所以更愿意对受益人付款。但这种付款并不是终局性的，主债务人如认为自己在基础合同项下已正确履行合同，则仍可在基础合同项下起诉受益人以追回所付款项。至于付款返还请求权的法理依据，德国法上认为是基于不当得利。如果法庭或仲裁庭最终判令受益人无权获得补偿并保有该笔款项，这也并不意味着受益人先前的支款构成欺诈，因为就主债务人在主合同项下违约与否尚存争议时的即时补偿权（the right to immediate compensation）正是见索即付保函/光票备用信用证的题中应有之义。因此，即使主债务人的诉讼请求成立，它也只能主张返还款项本身以及自银行付款之日起的利息，而不能主张损害赔偿（See Roeland F. Bertrams, *Bank Guarantees in International Trade*, Kluwer Law International, 2004, p. 64）。

本来要面对的风险和困难。信用证的利益天平显然是向受益人一方倾斜的，但如何避免风险过分集中于一方，防止受益人以欺诈等方式对信用证加以滥用，实现受益人和申请人双方利益之间的基本平衡，是信用证领域中一个值得深入研究的难题。

但也应该认识到，是否选用信用证以及信用证下的单据条件都取决于基础交易当事人自身，也就是说，基础交易中的风险是由当事人自行评估并分配的。一方面，作为金融中介的银行也系接受基础交易当事人的邀请而介入，这一介入只是帮助实现——而非改变——当事人业已安排的风险分配格局。因此，在没有明显过错的情况下，银行无需承担基础交易中的固有风险，如受益人不履约的风险等。另一方面，信用证也存在一定的内在风险，如欺诈风险等。由于信用证是由基础交易当事人决定选用的，所以这类风险也应由当事人而非银行承担。而且，信用证的分配风险功能系通过争端发生时的一种特殊的程序安排——程序位置的颠倒——来实现，在这种程序安排下，受益人享有无需证明其具有实质性权利便能获得即时支付的程序便利，但这种支付并非终局性的，这一金钱在握的优势在此后针对实体争议的终局裁判之中完全可能被否定或推翻。不容否认的是，在赋予受益人一种近乎见索即付的程序便利同时，信用证制度也使申请人负担了较大的成本和不便，对于想要启动和推进诉讼程序的申请人而言，这无疑构成一种心理上和事实上的障碍。

（四）融资功能

作为一种融资工具，备用信用证对申请人和受益人都发挥了提供融资的功能。对申请人而言，在使用融资备用信用证或直接付款备用信用证的场合，通过为借款人（申请人）向贷款人（受益人）提供还款担保或还款本身，可以促成作为基础交易的借贷合同项下的融资。在使用前者的场合，如果证下付款实际发生，备用信用证可以起到延缓申请人之还款的作用；如果证下付款并未实际发生，则备用信用证备而不用，开证人仅以自身的信用便支持了交易的开展。在使用后者的场合，由于开证人的付款不以借款人（申请人）的违约为前提，所以证下付款必然发生，这就构成了对申请人的垫款，使申请人可延后支付而减少了其资金占用。

在基础交易不涉及融资的情况下，由于备用信用证的等现金性，它的开立仍可帮助申请人减少费用支出、获得资金支持或提前收回资金。前者如在使用履约或招/投标备用信用证的场合，如果债务人未能提供备用信用证或其他银行担保，它就必须要提供一定的履约保证金。备用信用证的提供使债权人处于一旦认为对方违约就可获得即时清偿的优势地位，故以备用信用证代替履约保证金并不使债权人的利益受到损害，而债务人的金融地位却得到了明显的改善，债务人只需付出小额的开证手续费就节约了一大笔履约保证金的支出。次者如在预付款备用信用证的场合，由于预付款一般凭预付款备用信用证支付，故备用信用证的开立可以帮助申请人顺利地拿到受益人支付的预付款。后者如在质量维修保函/备用信用证的场合，通过向债权人提供备用信用证以担保其工程质量维修义务，申请人就可以在质保期到期之前就提前收回工程尾款。

对于受益人而言，它可以不顾目前的纠纷而对备用信用证先行兑付，实现资金的融通，它也可以通过转让备用信用证下的权利或收益而获得融资，或通过将备用信用证下款项的让渡，将应付款项作为权利质押，来获得融资方的融资。

（五）增信（credit enhancement）功能

第一，众所周知，信用证是以银行信用嫁接商业信用，以弥补后者的不足。在备用信用证下，债权人在必要时可以转向肯定拥有更大资产的一方——银行来取得付款。这样，基于信用证的提供，债权人就有了两方的资产可作为支付的来源：根据基础合同，它可以要求主债务人的履行；根据信用证，它可以向开证人行使请求权。[1]

第二，备用信用证也有见证的作用，它可以证明当事人的履约能力，从一开始就把不具资格的人排除在外。因为在提供备用信用证以前，开证人会对申请人的资金实力和履约能力进行全面的审查，在得到满意的结果前，开证人是不会作出其付款承诺的，而银行不愿为其开立担保的交易商也不会是一个值得信赖的贸易伙伴。[2]

虽然备用信用证的提供不仅表明当事人的信誉良好，也可使其交易对手

---

〔1〕 See James E. Byrne, *1997 Annual Survey of Letter Of Credit Law & Practice*, The Institute of International Banking Law & Practic, Inc., 1997, p. 56.

〔2〕 参见笪恺:《国际贸易中银行担保法律问题研究》，法律出版社 2000 年版，第 32 页。

感到放心，但备用信用证的见证作用仍然是有限的。比如说，与保证公司不同，银行很少审查承包商的实际技能及其完成复杂的建设工程的技术能力。因此，承包商提供的备用信用证或保函就反映不出承包商的技术水平，故而在为建设工程遴选合格投标人的过程中，也不能将之用作评估承包商技术能力的依据。[1]

备用信用证也常用于作为票据、债券以及其他商业票据的增信工具。由于有信誉可靠的银行为还本付息提供担保，评级公司往往会提高对拟发行票据的信用评级，这样发行人就能以更低的利率和成本销售其票据。

（六）激励功能

信用证制度是手段而不是目的，其目的旨在服务于基础交易，而实现这一目的的手段乃是对基础交易当事人实施奖惩——奖励履约或制裁违约，此即信用证的经济激励功能。信用证脱胎于基础交易，又透过激励反作用于基础交易，从而形成一个反馈回路（feedback loop）。具体而言，商业信用证提供的是一种鼓励守约的正反馈，即从正面奖励受益人在基础交易下的履约行为，银行在证下的付款即是对提交提单等货权凭证的受益人给予的金钱奖赏。相较而言，备用信用证提供的是一种遏制违约的负反馈，即从反面制裁申请人在基础交易下的违约行为，银行在证下的付款乃是对受益人针对不履约的申请人开出的"罚单"的先行吃进，而最终为"罚单"买单的将是申请人。激励履约与制裁违约实为一个硬币的两个方面，无论是针对履约行为的正面激励还是针对违约行为的反面遏制，均诉诸理性人趋利避害的本性，而谋求基础交易顺利展开的良性结果。正是借助这种激励与反馈机制，信用证制度才能有效促进国际贸易的不断发展和繁荣。

不过，在存在信用证欺诈的情形下，由于信用证下提交的单据中所载之基础交易信息完全失真，信用证交易与基础交易之间的牵连关系及反馈回路均被切断，信用证制度的激励功能完全失灵，故有必要启动欺诈例外以阻止受益人在信用证下获得兑付。

---

[1] See Jacob E. Sifri, *Standby Letters of Credit: A Comprehensice Guide*, Palgrave Macmillan, 2008, p. 135.

第二节　备用信用证的周边比较

一、信用证与票据的比较分析

（一）概说

信用证和票据都属于证券的范畴。证券是记载或代表一定民事权利的书面凭证，分为资格证券和有价证券。资格证券是表明持有这种证券的人具有行使一定权利的资格的证券。资格证券的特点是，在一般情形，证券与权利是结合在一起的，行使权利必须持有证券，持有证券就可以行使权利；在特殊情形，只要真正权利人能够证明曾经是他的权利，证券和权利也可以相互分离。有价证券是表示一定的财产权利，权利人行使权利必须持有证券，原则上不得离开证券而行使权利的一种证券。[1]要之资格证券和有价证券均表彰一定的民事权利，差别在于资格证券下的权利和证券可以分离，而有价证券下的权利和证券不可分离。

票据一般指流通票据（negotiable instruments），是一种见票时或在一定时间后无条件地向来人或指定人支付确定数额金钱的委托或承诺。票据中的汇票（包括支票）为委付证券，是一人对他人所作的无条件付款的委托。本票则为自付证券，是由自己作出的无条件付款的承诺。票据属于提示证券，其开立须作成票据并交付占有，持票人凭提示票据主张权利。票据也是返还证券，在获得付款后须返还票据。可见，票据权利与票据本身不可分离，故票据是一种有价证券。

信用证一旦开出即赋予受益人在证下凭相符交单兑付的资格，无论受益人事实上收到信用证与否。除非信用证规定须提交正本，受益人无需凭信用证正本交单，信用证正本退还也不成为信用证项下权利终止的依据。在获得兑付之后，受益人未退还或继续占有信用证也不表明其仍享有信用证下的权利。[2]总之，信用证不以正本提交作为权利行使的前提，也不以正本返还作

---

[1]　参见梁慧星、陈华彬编著：《物权法》，法律出版社 1997 年版，第 43 页。

[2]　ISP98 第 9.05 条规定，在要求付款的权利终止以后，保留备用证正本并不使备用证下的任何权利得以保留。《国际商会见索即付保函统一规则（URDG758）》（以下简称 URDG758）第 25 条（b）款也规定，不管保函是否已退还担保人，保函于有效期届满、保函项下担保金额余额为零或受益人已出具解除保函项下担保责任的确认函时终止。

为权利消灭的依据，信用证所表彰的权利与信用证本身可以分离，所以信用证具有资格证券的特征。

（二）比较分析

信用证和流通票据存在一定相似性，特别是两者都独立于付款请求权赖以产生的基础关系，甚至有学说认为，信用证本身就是一种指示他人向第三人给付金钱的证券，即申请人指示银行向受益人支付金钱。[1]从一方指示另一方向第三方支付这一三方关系的表象来看，信用证与汇票（支票）较为相似，但由于接受指令的受票人（付款人）并无义务付款，所以汇票制度中设置了承兑程序，这一程序在信用证下显然是没有的。信用证下的开证人虽然事实上基于申请人的委托或指令行事，但在法律上却是以自己的名义向受益人作出的单方兑付承诺，信用证一旦开出这种凭相符交单兑付的义务即已确定而无需另作承诺，这一特征似乎又与作为无需承兑的自付证券的本票更为接近。其实，无论汇票还是本票均与信用证存在明显差异，票据与信用证主要存在如下不同之处：

1. 无因或有因性上的不同。票据项下所作的付款委托或承诺都是无因的，仅凭形式完备之票据的出示即可向票据债务人主张付款，无须附随特定货物或单据[2]等作为票据的付款条件，附有此类条件的票据无效。票据的无因性跟票据的设权性、文义性和单务性等其他性质密切相关。无因性区分票据权利的行使和票据权利的取得，旨在将票据关系与其原因关系剥离，[3]或者说使票据持有人的权利（权利行使）与其应履行的对待给付义务（权利取得）

---

〔1〕　参见蔡镇顺等：《国际商法研究》，法律出版社1999年版，第217页。

〔2〕　汇票项下付款义务的无条件性和跟单汇票作为一种附条件的支付工具两者之间并无矛盾。使用跟单汇票的信用证项下会出现因单据不符导致汇票不获承兑或付款的情形，但即便如此，提交单据也不构成汇票项下付款义务的条件，原因在于银行此时尚无付款义务——受票银行并不因受益人的出票行为而当然成为汇票的债务人，其仅在对汇票进行承兑之后才成为汇票的主债务人。换句话说，只有信用证下所附单据相符这一条件满足之后，受票银行方才同意承兑信用证下的跟单汇票，也仅在承兑之后，它才对持票人负有无条件付款的责任，信用证下的有条件付款才转化为票据法上的无条件付款。总之，提交相符单据是受益人在信用证项下的义务而非在票据项下的义务。

〔3〕　我国《票据法》第13条规定，票据债务人不得以自己与出票人或者与持票人的前手之间的抗辩事由，对抗善意持票人。第10条又规定，票据的取得，应当具有真实的交易关系和债权债务关系，必须给付对价。前者确立了持票人依票据记载来行使票据权利的一般规则，后者则规定了在非善意或未给付对价情况下不能合法取得票据权利的例外。

相分离。持有外观上符合法定形式要件的票据即推定其享有权利，除非有相反证据证明其在权利取得上存在恶意。票据具有设权性，票据权利的取得缘于票据的作成与交付，而非基于原因关系。持票人一旦持有票据，即推定其依文义记载享有相应票据权利。[1]票据关系具有单务性，票据行为是一种票据债务人单方负有义务的法律行为。持票人享有单向的请求付款的权利，不存在对票据债务人的对等义务。[2]这种单务性就意味着对票据的支付仅以提示合格票据本身为前提而不得另附条件。票据的支付一旦另附条件，则票据权利势必受制于票据之外特定条件的满足与否，从而给持票人的权利实现带来不确定性，进而影响票据的正常流通。唯票据权利自始明确，才能保证交易的安全和促进票据的流通。

信用证的单据性决定了其有因性。银行同意在凭相符交单向受益人付款的单方承诺，这一承诺一旦发出即生效，因而是无条件的，但银行的兑付以相符交单为前提，故受益人负有向银行作相符交单的对待给付义务。换句话说，与票据关系的单务性不同，信用证下的义务是双向的。[3]受益人在享有支款权的同时，也负有相应的交单义务。由于单据是基础交易情况的抽象体现，单据记载与基础交易之间存在牵连关系，这有别于票据关系之与基础关系的分离。事实上，即使是在光票信用证下也需附随一份最简单的证明文件即汇票或支付命令，而在其他种类信用证下要求的不同单据更体现了对申请

---

〔1〕 票据的文义记载即为持票人权利的外观，法律推定持票人为正当持票人。但文义记载的效力可以以反证推翻，如有证据表明持票人并非善意取得票据，该人就不能取得正当持票人的地位。非善意取得是指持票人知道票据权利存在瑕疵而仍取得票据的情况，主要有：在同属基础关系当事人的直接前后手之间，持票人因对抗辩事由的知情而受其约束（人的抗辩）；在非直接前后手之间，持票人如知其前手票据权利的瑕疵而仍取得票据，则其亦因对抗辩事由的知情而不得成为正当持票人（恶意抗辩）。

〔2〕 参见陈芳：《票据法》，厦门大学出版社2012年版，第120页。

〔3〕 附义务和附条件是不相同的。根据我国《民法典》第158条，附生效条件的民事法律行为，自条件成就时生效。附义务则是民事法律行为已经生效，但履行附有义务。由于除明确附有期限或条件外（如URDG758第4条（c）款规定，受益人有权自保函开立之时或保函约定的开立之后的其他时间或事件起提交索赔。其中的"保函开立后的其他时间"即为所附期限，"保函开立后的其他事件"即为所附条件），信用证一经开立即生效，故开出信用证通常不是附（生效）条件的民事法律行为，作相符交单也并非信用证下所附的条件而是所附的义务。附义务和附条件两者在实践中很容易被混淆。如有观点即认为银行的付款义务具有单务性，但其付款义务是附有条件的，即以相符单据的提示为条件。（参见张勇健、沈红雨："《关于审理独立保函纠纷案件若干问题的规定》的理解和适用"，载《人民司法（应用）》2017年第1期）

人不同程度的保护。信用证下要求提交的单据，正是受益人用以证明基础关系下的约定事由已发生故其有权在信用证下支款的证据，信用证的这种单据性也决定了其有因性，这明显不同于票据的无因性。

2. 流通或非流通性上的不同。票据是物化的流通证券，以物的方式流通且次数不受限制，每一次转让都建立在切断票据债务人对其票据转让人的抗辩的基础之上，且因票据前手要为后手的票据权利的取得负责，故票据转让得越多越好，转让的次数越多，票据上累积的信用也就越多。票据的流通性具有两大特征：一是票据无需通知票据债务人即可转让，持票人凭票据提示主张权利。票据流通以转移物（即票据本身）之占有的方式来实现，票据权利和票据具有一体性或不可分割性，票据成为权利的表征（symbolism），谁持有票据谁就享有相应的权利，向持票人的付款亦解除票据债务人的票据责任。

票据流通的另一特征是适用善意取得制度，善意持票人可不受抗辩事由的约束而获得优于其前手的权利。在一般民法上，一个人不能把自己没有的权利转让给他人；但在票据法上，一个人可以把自己没有的权利转让给他人。具体而言，民法上普通债权的抗辩具有附着性，抗辩权始终附着于债权之上，这被称为"民事债权移转瑕疵移转"规则，债权转让的次数越多，存在的抗辩权越多，新的债权人便处于更加不利的地位，其债权实现的可能性越小。普通民事债权转让的抗辩累积制度，源于普通民事债权的信用一般存在于特定当事人之间，转让不是其常态，故民事抗辩重在保护债务人的利益。[1] 而票据抗辩则不然，票据为流通证券，如果背书转让的次数越多，抗辩权也随之逐渐累积，那么最终持票人的票据权利的实现便缺乏保障。为了维护票据的流通性，票据法规定票据抗辩一般不随票据流通而移转，只限于直接当事

---

〔1〕 债权移转瑕疵移转也是因为债权不同于物权，物权上可基于公示公信原则而适用第三人善意取得制度，而第三人却难以通过善意取得来除去存在于债权之上的瑕疵。但彰显于票据上的债权由于具有物化的外在体现，而在民法上一般被视为动产。作为动产的票据，基于占有而具有权利的外观，只需以特定方式交付即可转让，并可适用善意取得制度。如《日本民法典》第86条第3款规定："无记名证券视为动产"，并通过特别法将上述规定扩张适用于有价证券。德国、瑞士等国的法律也都有票据善意取得的规定（参见史尚宽：《债法各论》，中国政法大学出版社2000年版，第785~788页）。我国《票据法》第12条规定恶意或重大过失取得票据的不得享有票据权利，其反对解释即非恶意或有重大过失取得票据的享有票据权利，故而肯定了票据的善意取得。善意取得的结果便是切断票据抗辩而使善意持票人获得优于其前手的权利，《票据法》第13条第1款是以有"票据债务人不得以自己与出票人或者持票人的前手之间的抗辩事由，对抗持票人"之规定。

人之间有效。[1]按照商事习惯，汇票几乎等于现金，因而不能让原告凭不表现在票面上的某种理由攻击票据的有效性。[2]

信用证是一种指名债权，即由指名的债权人享有的不以交付或背书方式转让的非流通的普通债权，故原则上不能转让，即使允许转让原则上也可能存在次数上的限制，[3]并以取得开证人的同意为前提。虽然信用证也具有所谓等现金性，但这充其量只是受益人手中的现金，而不等同于可在市场中流通的现金。

信用证法律向来将开证人向受益人的义务视为特定的，即指向受益人个人的义务，进而将受益人在信用证下的权利默认为是不可转让的。[4]因此，信用证体现的是特定当事人之间债的关系，只能以普通债权的方式进行转让，不发生善意取得的问题。且出于交易安全的考虑，信用证法律对信用证下转让的限制甚至严于一般民法对普通债权转让的限制。与无因票据仅有单纯权利的转让不同，信用证下的转让有权利义务的概括转让（支款权转让）和单纯权利的转让（款项让渡）两种方式。信用证下的转让不同于票据转让之处一是非经债务人（开证人）同意不得转让，即使在款项让渡这种单纯权利转让的情况下亦然，这体现了信用证下的转让较普通债权一般向债务人发出通知即可转让的做法更为严格之处。另一不同之处是除非存在经开证人授权的善意贴现情形，信用证的转让不适用善意取得，故开证人对原受益人或让渡人享有的抗辩权，也可以向新受益人或受让渡人主张。

正因为信用证是有条件的，所以它不可能是流通票据。此外，并入 UCP 条款的信用证未经开证人的同意不得转让。即使不受 UCP 约束的信用证也可能仅在它们规定自身为可转让时才可以被转让，而且信用证不能通过交付占有或背书来流通。信用证交易中提交给开证人的跟单汇票是流通票据这一事实有时可能引起混淆，但信用证本身并不是一种流通票据。[5]由于信用证制

---

〔1〕 参见陈芳：《票据法》，厦门大学出版社 2012 年版，第 157 页。

〔2〕 沈达明编著：《英美合同法引论》，对外贸易教育出版社 1993 年版，第 167 页。

〔3〕 参见 UCP600 第 38 条（d）款。

〔4〕 See John F. Dolan, *The Law of letter of Credit: Commercial and Standby Credits*, Warren, Gorham & Lamont, 1996. p. 67.

〔5〕 See John F. Dolan, *The Law of letter of Credit: Commercial and Standby Credits*, Warren, Gorham & Lamont, 1996. p. 33.

度下经常可能使用汇票，故票据法对信用证的运作也会产生影响。如信用证下汇票的议付人可以受到票据法的附加保护，购买或议付出票人汇票的议付行在遭拒付时一般享有对出票人的追索权。

3. 对待相对人和第三人的具体制度上的不同。票据法和信用证法律均在规定不保护恶意主张权利的相对人同时，又规定了对善意第三人的保护，但在具体的做法上存在差异。

就不保护恶意相对人而言，实施欺诈的信用证受益人和票据收款人均无法取得相应的支款权。[1]但基于欺诈的止付几乎是不向信用证受益人付款的唯一例外，申请人不得以基础合同项未达到欺诈程度的任何履行瑕疵，来作为不向受益人付款的抗辩事由。而票据法下可以不向收款人付款的情形要宽泛得多，凡是影响基础关系效力的缺乏对价、欺诈、胁迫或错误等抗辩，均可向收款人主张。[2]仅就欺诈而言，两种制度的处理方式亦有差异，在信用证法律下认定受益人欺诈的门槛比在票据法下认定收款人欺诈的门槛更高。信用证下的基础交易（主体是受益人和申请人）与信用证交易（主体是受益人和开证人）相互独立，前一交易中的欺诈本身并不当然构成后一交易中的欺诈。只有在基础交易中的欺诈为实质性且污染了信用证交易的情况下，申请人才可基于基础交易中的欺诈在信用证下要求止付。但在票据法下，由于出票人和收款人既是票据关系中的直接前后手同时也是票据基础关系（原因关系）中的当事人，故以欺诈方式从出票人处取得票据的收款人当然不能够作为善意持票人享有票据权利。如我国《票据法》第 12 条就规定，以欺诈或重大过失取得票据的，不得享有票据权利。

就对善意第三人的保护而言，两种制度存在开放性保护或限定性保护之别。票据法保护的善意第三人即通常所谓正当持票人，它可以是在流通中善意购得票据的任意第三人，无论其前手是否对票据拥有所有权，正当持票人

---

〔1〕　信用证下的受益人是享有证下支款权的初始权利人，其地位大致相当于票据法上作为最初持票人的收款人，但受益人与收款人的法律地位存在实质上的差异。以汇票为例，汇票作为一种付款委托，并不赋予收款人对受票人的强制履行效力，收款人不能强求受票银行付款。但在信用证交易中，受益人有权要求开证人付款，且一旦信用证开出，除非存在欺诈，客户也无权阻止付款。这是因为与流通票据不同，信用证是银行自身的一种有约束力和不可撤销的承诺，而不是银行客户所作的承诺。Douglas G Baird, "Standby Letters of Credit in Bankruptcy", *The University of Chicago Law Review*, Vol. 49, No. 1., 1982, p. 130.

〔2〕　参见《美国统一商法典》第 3 篇第 305 条 "抗辩和扣减权"。

均可基于善意取得完整的票据权利。但信用证不是流通票据，信用证法律只保护经开证人指定或授权为受益人提供融资便利的善意贴现人。易言之，票据法对善意第三人的保护基于善意取得，因而具有开放性。信用证法律对善意第三人的保护以开证人的指定或授权为前提，故具有限定性。具体而言，一方面，由于信用证是非流通的指名债权，未经开证人同意或确认不得转让，自行购买或受让信用证的第三人无法以切断抗辩的方式善意取得信用证项下的权利。即使在信用证（或保函）注明可转让的情况下，受让人也受抗辩事由约束而无法取得善意第三人的地位。[1]款项让渡的情况亦是如此，由于受益人能够让渡给受让渡人的权利仅限于自己在信用证下享有的净款，故受让渡人的法律地位不可能优于受益人。另一方面，由于信用证项下未必使用汇票，信用证法律下的善意第三人又不限于已承兑汇票的正当持票人，地位与正当持票人相当的已善意贴现的议付人、保兑人、延期付款义务下的权利受让人也受信用证法律的保护。

此外，在善意第三人是否需支付价值问题上，两种制度似乎也略有不同。票据法保护的善意第三人须已支付价值而不仅是对价，支付部分价值的仅在已支付价值的范围内受到保护。[2]但在 UCP600 下，"同意预付款项"而未实际给付亦构成议付，这实际上是说信用证下的议付只需对价而不一定要支付价值。这可能反映了银行希望一旦承诺付款后即能确定地从申请人处获得偿付而不受止付禁令影响的意愿。但由于 UCP600 本身不处理欺诈事宜，已同意预付但尚未实际付款的议付行是否能被作为善意第三人受到保护，仍取决于各国欺诈立法的有关规定。新 UCC5 的规定则体现了一定的弹性，其一方面规定只要尚未"兑付"（兑付与否以实际付款为标准）就可以止付，另一方面又允许银行通过在开证合同中与申请人另行明确约定或在信用证文本中改变"兑付"定义（如规定一经承兑即构成兑付）的方式来排除银行在承兑或

---

　　〔1〕　如 URDG758 要求受益人在转让保函时将权利义务一并转让给受让受益人。这就意味着担保人对原受益人享有的包括抗辩权在内的权利，同样可以向受让受益人主张，受让受益人如在基础关系不支持索赔的情况下仍在保函项下提起索赔，就可能构成欺诈。

　　〔2〕　2002 年修订的《美国统一商法典》第 3 篇《流通票据篇》第 303 条区分了价值（value）和对价（consideration），对价可以是履约承诺，而价值必须是已履行的承诺。如甲于 4 月 1 日开出一张支票给收款人乙，乙将支票背书给丙，作为丙于 5 月 1 日将向其提供的货物的首付款。该支票于 4 月 2 日遭拒付。丙并未就支票的取得支付价值，因其尚未向乙交付货物。只有在其已履行交货承诺的范围内，丙才能被视为支付了价值。因是之故，此时的丙并未取得正当持票人的地位。

承诺付款后面临止付禁令的可能性。

4. 其他具体操作上的不同。票据下委托或承诺支付的是金钱，而信用证下承诺兑付的是金钱或其他有价物（items of value）。票据是一种金钱证券，以支付一定的金钱为标的物。因此，票据金额是票据关系的唯一客体。所谓唯一客体，一则要求票据上必须记载票据金额，二则要求不得以金钱以外的给付为标的，如给付现货、股票等。如果票据上没有金额的记载，或者以金钱以外的给付为标的，都不能构成有效的票据。而且，票据上记载的金额须为固定金额，不得浮动不定，如使用"大约"（about）字样等，记载金额不确定的票据无效。[1]而且，票据下一般不允许作部分转让，也不允许部分支款。[2]与票据不同，信用证下兑付的虽然一般是金钱，但也可以是货币记账单位或其他有价物。[3]易言之，给付实物或有价证券也可能构成信用证下的兑付，只要信用证如此规定。而且，信用证金额允许存在一定的伸缩度。[4]此外，除非另有规定，信用证一般允许部分支款，故只要支款不超过信用证金额一般就不构成不符。显然，统一以金钱这种一般等价物作为给付手段并要求金额确定的做法是为了适应票据流通的需要。

此外，作为一种文义证券，票据有严格的形式要求，其中应包括"汇票""本票"文句等如欠缺记载就将导致票据无效的必要记载事项。信用证不是文义证券，本身没有严格的形式要求，信用证甚至不必冠以"信用证"之名，信用证下的兑付也不取决于信用证本身而取决于信用证下附随的单据是否符合信用证的要求。

二、备用信用证与商业信用证的比较分析

（一）概说

备用信用证与商业信用证都是开证人凭信用证规定的单据对受益人作出

---

〔1〕　参见梁英武主编：《中华人民共和国票据法释论》，立信会计出版社1995年版，第66页。

〔2〕　虽然我国法律未明确规定持票人能否部分支款，但鉴于《票据法》要求付款人按票据上记载的金额全部付款，以此反推，可知持票人也无法在汇票下要求部分支款。

〔3〕　ISP98第2.01（e）条。

〔4〕　UCP600第30条专门规定了"约"或"大约"用于信用证金额时的解释原则，即此时允许有关金额有不超过10%的增减幅度。ISP98第3.08（f）条也有类似规定。

兑付的确定承诺。对实践中对两者作出区分不太容易。一份信用证是属于备用信用证还是商业信用证主要取决于当事人是否期望受益人在信用证下支款。如果当事人只是一种当事人期望用于作为申请人的货物买方对受益人支付所欠金额的付款手段（means of payment），该信用证就一般被称为商业信用证；如果当事人期望受益人仅于申请人在基础交易中违约时利用信用证来担保赔付（security for payment），则该信用证一般被称为备用信用证。

商业信用证和备用信用证都是银行基于自身信用向受益人作出的凭单付款的独立承诺，表面上都是在为客户办理"代买单据"业务，目的都是支持基础交易的顺利开展。不过，由于要求的单据及凭以付款的条件、方式不同，银行在不同信用证下发挥的作用或利用信用证支持基础交易的方式也不同。

传统的商业信用证通过奖励履约的方式来为基础交易提供支持，银行在商业信用证下为申请人代买的东西相当于"奖券"——证明受益人在基础交易下履约这一肯定性事项已经发生的单据。银行在付款取得单据后，申请人再向银行付款赎单用以提货，整个交易流程于是得以完成。备用信用证则以处罚违约的方式来为基础交易提供支持，银行在备用信用证下为申请人代买的东西相当于"罚单"——说明申请人在基础交易下违约这一否定性事项已经发生的单据。受益人对备用信用证的兑用并非完成基础合同的必要环节，申请人有义务首先履行其在基础合同项下的义务，只有当申请人不履行其基础义务时，理论上受益人才有权"开出罚单"连同汇票等向银行索赔，然后申请人再向银行进行偿付而最终承担责任。

如果说商业信用证用于替代申请人支付基础交易项下付款义务的话，备用信用证起担保申请人基础义务之履行的作用。受益人一旦利用备用信用证，就表明开证申请人与受益人之间的基础交易出了问题。从这一点来讲，备用信用证发挥着与保函相同的作用，"standby"的原意即为"必要时辅助""备用之物"。可见，备用信用证就是开证行对受益人的一项保证，保证在开证申请人不履行其基础合同义务时，对受益人支付备用信用证金额，具有备用的性质。[1]"备而后用"只是备用信用证业务中的例外，"备而不用"才是备用信用证业务中的常态。因此，备用信用证被认为是担保与一般信用证的混合物。但从法律角度看，备用信用证和一般信用证是相同的，其信用证的性质

---

〔1〕 参见左晓东：《信用证法律研究与实务》，警官教育出版社1993年版，第140~141页。

并未因其作为担保被用于更多样化的商业交易中而有所改变。它可以具备UCP600 第 2 条规定的一个跟单信用证应具备的全部要素，因而具有信用证的一般特点。

商业信用证和备用信用证可以在国际贸易中结合起来使用，从而使买卖双方的利益得到一定程度的平衡。在以卖方为受益人的商业信用证下，单据买卖及独立性原则极大地照顾到卖方获得付款的利益。为了保证卖方的适当履行其在基础合同项下的义务，买方也可要求卖方通过银行出具以买方为受益人的备用信用证作为利益上的补偿，并将备用信用证的开立作为商业信用证生效的条件，从而在买卖双方之间产生一种相互制约的机制。

（二）两者的区别

具体而言，备用信用证和商业信用证具有如下区别：

1. 适用范围不同。备用信用证适用的范围比商业信用证广泛得多。商业信用证通常只用于国际贸易结算领域，用于支付货物价款；而备用信用证作为一种全功能的金融工具，可以广泛适用于所有凡是申请人对受益人负有支付或履行义务的国际经济交易，既用于支持金钱义务也用于支持非金钱义务，为前者作支付保证，为后者提供赔偿金来替代实际履行。备用信用证当然也可用于货物买卖的场合，但此时使用备用信用证的目的并非支付货款，而是为货款的支付提供担保。也就是说，买卖合同项下的买方仍负有支付货款的首要义务，只有在买方未按约支付的情形下，卖方才可以利用备用信用证向开证行支款。简单地说，商业信用证用于履约付款，备用信用证用于违约赔偿。

2. 作用原理不同。商业信用证是一种付款保证，作用在于银行以自己的名义代替贸易合同中的付款义务人（买方）向受益人（卖方）履行付款责任。依《美国统一商法典》第 2 篇第 325 条向卖方交付适当的信用证后买方的付款义务中止（suspend）之规定，开证行的付款义务较之买方而言具有优先性，仅在开证行不能或不愿付款时卖方才可转而向买方主张权利。在约定信用证支付方式的条件下，卖方在履行交货义务后应将相关单据直接提交银行要求付款，银行则应依其在信用证下的承诺凭卖方提交的相符单据作出兑付。

相对而言，备用信用证通常就基础义务的履行向受益人提供违约担保。

在备用信用证被用于支持某项交易的履行时，依信用证条款的规定，银行一般只在债权人提供债务人在基础交易中违约的证明时对受益人作出支付。易言之，如果债务人能守信履约使债权人的原始债权得到满足，备用信用证就可以"备而不用"。故与商业信用证下的付款不是例外而是正常商事交易中的组成部分不同，备用信用证的付款行为一般是基础合同未能正常履行所引起的。"一般信用证，受益人向银行提交提单等押汇文件请求付款，乃为当然所期待。而担保信用状则为开状银行不期待委托人债务之不履行，受益人之请求付款，乃为银行所不期待。"[1]在通常情况下，备用信用证作为担保手段其实际付款仅有或然性，而商业信用证作为支付手段其付款则具当然性。在备用信用证被支用的情况下，大多会引发各方当事人之间的纠纷。正因为商业证具有履行性而备用证具有担保性，两类信用证项下的金额也不相同，商业证项下的金额一般为基础合同的全部价款。而备用证下的金额一般仅为担保债务的少量百分比，且随着基础合同的逐步履行，担保的最大数额也随之减少。[2]相应地，由于开证行一般根据证下可用金额按一定百分比收取开证费，备用信用证的开证费用也相对较少。

3. 单据要求不同。单据的主要作用是通过证明信用证针对的基础交易中某种特定事项的发生或未发生而使受益人有权获得证下款项。两类信用证中单据的具体证明作用不同，所以要求的具体单据类型也截然不同。商业信用证针对的是受益人履约这一肯定性的事项，故受益人需提交能证明自己适当履行基础合同的单证，包括商业发票、货运单、保险单、商检证等积极单据，用以交付货权或提供运输凭证。备用信用证针对的是申请人不履约这一否定性事项的发生，因而其通常只要求提交能证明主债务人未能适当履行基础合同的文件，如借款人违约证明、借款人签发的到期拒付的本票等消极单据，这些单据本身并无交换价值。如果备用信用证被用于保证销售交易中的支付，则一般只需提交商业发票的副本以及表明受益人已交付货物的单据的副本，

---

〔1〕 黄献全：《金融法论集》，辅仁大学法学丛书编辑委员会编，1991 年版，第 40 页。不过准确地说，备用信用证下的受益人请求付款，乃是申请人所不期待。因为在商业信用证下，申请人期待付款是因为能够得到相应的货权。在备用信用证下，申请人在其银行付款后却几乎一无所获，但银行的利益依然受到独立性原则的保护，只要基于相符单据善意兑付银行便可要求申请人偿付。

〔2〕 参见徐进亮主编：《国际备用信用证与保函》，对外经济贸易大学出版社 2004 年版，第 220 页。

而正本单据此前已经提交给申请人了。

4. 开证人的权利保障不同。商业信用证是一种"自我执行"（self-execu-ting）的信用证,[1]利用商业信用证的交易是一种"自我偿还"的交易,卖方在证下向银行提交的提单等单据本身具有内在的经济价值,这些单据在买方付款赎单之前成为自然的担保物,是开证行实现债权的重要保障。而在备用信用证下,债权人要提交的单据只是证明债务人违约的文件。这些证明文件在向借款人行使追偿权时固然能起到一定的证据作用,但除非开证行在出具备用信用证时已要求债务人提供了足够的担保,否则开证行对债务人的追偿权只能作为无担保债权,一旦债务人破产,开证行将处于十分不利的受偿地位。在备用信用证中,银行在付款以后得到的通常仅仅是一张受益人提供的没有任何价值的申请人违约的声明,而且在一般情况下这已经代表了申请人的信用出现了问题甚至已经破产,这意味着银行从申请人处受偿的权利受到了严重的威胁,几乎没有保障。[2]

5. 开证人承担责任的方式不同。虽然从开证人承担的责任的性质来说,两者并无不同,开证人都要承担第一性的付款义务,依据信用证的规定独立地履行自身的债务,而不是代申请人偿还债务。[3]但从开证人承担证下义务与申请人承担基础义务的次序来看,两者却是不相同的。由于商业信用证具有履行性,开证人代为履行申请人在基础合同中的付款义务,故受益人应先向开证人提示单据要求付款,未果时它才能转向申请人寻求付款。而在备用信用证下,基础合同下的义务通常先应由申请人自己来履行（直接付款备用信用证下由开证人向受益人直接履行）,只有在它未履行或履行不充分时受益人才能转向开证人寻求补偿,所以此时开证人的付款义务是第二顺位的,即其位次后于申请人在基础合同下的义务。所以,一般来说,开证人在商业信

〔1〕　参见徐进亮主编:《国际备用信用证与保函》,对外经济贸易大学出版社2004年版,第235页。

〔2〕　"Standby letter of credit: True Letters of Credit or Guarantees: Republic National Bank v Northwest National Bank", 33 sw. L. J. 1301, 1979-1980, p.1310. 转引自陈检:"备用信用证起源之谜",载高祥主编:《独立担保法律问题研究》,中国政法大学出版社2015年版,第173~174页。

〔3〕　这一点在使用备用信用证的场合经常会引起误解,因为备用信用证的开证人一般只在申请人不履约时才承担责任。然而,考虑到信用证的独立性,它向受益人承担责任不以违约的实际发生为前提,而是仅以受益人提交的相符单据为条件,因此,备用信用证下开证人的责任仍是第一性而不是从属于基础合同的。

用证下的义务既是第一性（体现独立性）的又是第一顺位（体现履行性）的，而在备用信用证下的义务则是第一性（体现独立性）和第二顺位（体现担保性）的，后者具有一定的混合性（hybrid）特征。[1]

在商业信用证下，银行为受益人在基础合同项下的货款债权提供付款保证，银行事实上是先行代替买方支付卖方（虽然是以自己的名义），然后再向买方追偿，故银行对受益人承担第一顺位的付款责任。备用信用证下，银行为受益人在基础合同项下的履行利益提供担保，在申请人不履行时由银行提供违约赔偿，因而是以银行信用对商业信用的补充，银行承担的债务也是或然性的，银行对受益人仅承担第二顺位的付款责任，如果申请人在基础合同下依约履行，则银行的付款责任可能根本不会发生，是谓备用信用证的"备而不用"的特性，这种付款的第二顺位与付款的第一属性并不矛盾，在逻辑上，如果受益人没有先行要求申请人履约并提供申请人违约的证据，它无权直接要求银行履行担保责任。所以，商业信用证构成基础合同履行的一部分而备用证是外在于基础合同的履行的，前者是基础合同债务的转移而后者是对基础合同债务的担保。当备用信用证担保的也是申请人向受益人的支付货款责任时，备用证开证行的这种次位责任与商业信用证下开证行的首位责任对比至为明显。

相比而言，普通保证人承担第二性第二位责任，连带保证人承担第二性第一位责任，两种保证均以保全主债务的履行为目的，保证责任的产生以主债务不履行为前提，故其责任只可能是第二性的。普通保证人享有先诉抗辩权，其担责以主债务人的不能履行为前提，故仅负第二顺位的责任；连带保证人不享有先诉抗辩权，其担责以主债务人的不履行为前提，故负第一位责任。商业信用证的开证人负担第一性第一位责任，备用信用证的开证人负第一性第二位责任。两类开证人都以自己的名义对受益人独立负责，仅凭后者提交的单据付款而不以基础合同的履行或不履行为前提，故其责任是第一性的。但备用信用证的要求的单据一般是申请人不履约的声明，单据的这一性质决定了受益人要先向申请人主张权利，未果后再向开证人主张，所以备用

---

〔1〕　按古德（Roy Goode）教授的说法，商业信用证从形式到意图上都是第一位的（both primary in form and intent），而备用信用证形式上是第一位的但在意图上必定是第二位的（primary in form but necessarily secondary in intent）。

信用证下的开证人的责任顺位在基础合同下的申请人之后。

那么，备用信用证下开证人的第一属性和第二顺位的义务如何协调呢？或者说，如果受益人不向申请人先主张权利而直接利用信用证提款，此时是开证人应依备用信用证的第一性付款呢还是依其第二顺位拒付呢？本书认为，由于开证人无审查单据真实性的义务，在受益人作相符提示的情况下，除非已明知欺诈存在，开证人仍应依第一性作出付款。

此外，由于两者的功能以及需要银行介入的程度不同，国际贸易中的当事人可能会基于不同的需要将两者用于不同的场合。商业信用证适用于新开展的贸易及商业关系尚未稳定的类似场合，在贸易和信用实践趋于合理化以后，当事人倾向于回避商业信用证的高成本，从而根据以往的信用记录或借助备用信用证或见索即付保函对违约的担保来采取赊账销售方式。因此，商业信用证更常用于当事人互不了解或者市场阻隔且至少有一方处于经济较不发达地区的场合。[1]因为根据预期银行只需在申请人不履约时才承担责任，备用信用证的使用在一定程度上反映了当事人之间信任的增加。

由于备用信用证较之商业信用证在用途上的广泛性，备用信用证的余额远远超过商业信用证，就业务数量而言，备用信用证与商业信用证的比例是 7∶1。[2]

三、备用信用证与独立保函的比较分析

在美国的实践中使用的备用信用证与欧洲使用的独立保函在功能上等同。一般来说，担保与合同的履行相关联（guaranty concerned with performance），担保人承担责任的前提是要调查基础合同的履行情况；而信用证与单据相关联（letter of credit concerned with documents），开证人应否承担责任仅仅取决于受益人提交的单据是否符合信用证的条件。前者的担保人可能不得不对外部的合同条件负责，后者的开证人只需对信用证本身负责，而不必考虑其他因素。但独立担保函不被认为是一种从属性担保，开具这种担保的银行只依据付款承诺本身的规定来承担责任，特别是以规定单据的提交作

---

〔1〕 See John F. Dolan, "Letter of Credit: A Comparison of UCP500 and the New U. S. Article 5", J. Bus. L. 521, 1999, p. 528.

〔2〕 See Jacob E. Sifri, *Standby Letters of Credit: A Comprehensice Guide*, Palgrave Macmillan, 2008, p. 2.

为引发付款的事件，而不考虑基础合同的条件。因此这种担保与备用信用证极为相似。

备用信用证与独立担保函都是银行以自己的信用向受益人作出的付款承诺，可以用于同样的目的，包含同样的付款条件，两者在功能与机制上（function and mechanics）都无差别：就功能而言，两者都提供担保；就机制而言，两者都遵循独立性原则，付款条件都具有跟单性质。两者之间的差异不体现在法律上，而存在于实务与术语上（practice and terminology）。具体而言，它们有以下几点区别：

1. 产生的历史传统不同。备用信用证是美国商业银行为规避银行法的管制进行金融创新而发明的一种信用担保工具，首先产生于国内市场，起初仅用于担保金钱之债，现主要在美国和受美国银行业惯例影响较大的拉美和远东国家得到使用，此外，一些非美国的银行在开具以美国公司为受益人的担保时也使用备用信用证。而独立担保函是欧洲国家银行普遍提供的一种信用担保服务，使用之初就与国际交易相关联，首先主要用于支持非金钱之债。[1]

2. 适用的法律规范不同。调整备用信用证的规范主要有国际商会2003年修订的UCP600以及1998年的ISP98。从1977年开始，UCP就将备用信用证纳入其适用范围之中。在美国，UCC5也适用于备用信用证。美国货币监理署办公室在1996年修订的《解释规定》中，授权银行"在适用法律或法律认可之实务的范围内开出信用证或其他独立承诺"，这便承认了信用证与其他独立承保具有基本相似性，也使得美国国民银行既能够开具信用证，也能够开具见索即付保函。

在银行保函领域也先后推出过一系列的国际惯例，国际商会关于保函的出版物就有好几本，最早的有关于合约保函的325号出版物（URCG）。325号出版物对见索即付保函加以否定，对索赔条件加以严格限制，目的在于防止滥索。但在现实的贸易中，这种严格限制也降低了它的可接受性，因此325号出版物被采纳的范围非常小，几乎没有人用它。后来国际商会又出版了458号出版物，即《见索即付保函统一规则》（URDG458），它又走了另一个极端，强调担保银行无条件见索即付的赔付责任，458号出版物比较符合现在的

---

〔1〕 See Roeland F. Bertrams, *Bank Guarantees in International Trade*, Kluwer Law International, 2004, pp. 5-6.

国际贸易实务，在一定程度和范围内得到了接受。[1]相对而言，国际商会的第 758 号出版物（URDG758）比较注重在受益人和申请人利益之间的平衡。世界上只有极少数发展中国家对银行独立保函有专门的立法。而且，UCP 不适用于独立保函，但只要当事人愿意，《见索即付保函统一规则》（URDG）可以适用于备用信用证。

3. 两者使用的术语明显不同。备用信用证下当事人主要有：申请人、开证人、受益人；而独立保函中与之对应的称谓则是委托人/主债务人/账户方/申请人、[2]担保人、受益人。全球银行间金融电讯协会（以下简称 SWIFT）[3]在其用于开证的 MT700/710 格式和用于改证所用的 707 格式中，也设置了申请人、受益人和开证行等栏目。虽然 URDG458 和 URDG758 都规定保函应注明申请人、受益人和担保人，但保函使用的 SWIFT MT760 格式过于简单，没有为相关当事人设置专门的栏目，加之信开保函居多，保函中对当事人的表达较为自由，实务中往往依据保函类型的不同按照当事人在基础交易中的角色将"主债务人"（即申请人）与"受益人"叫作"bidder"、"buyer"、"supplier"、"seller"或"contractor"等，而有时只用公司名称而不指明谁是申请人、谁是受益人。因此，包括担保人在内的有关方都需要通过上下文的逻辑判断谁是谁。URDG758 起草组在为该规则推荐使用的保函格式中，已经像 MT700 那样设置了申请人、受益人和担保人等相关栏目。[4]

---

〔1〕　参见《信用证业务监管》编写组：《信用证业务监管》，中国金融出版社 1999 年版，第 8 页。

〔2〕　URDG458 原来使用委托人（principal）的称谓，URDG758 改而使用"申请人（applicant）"，原因是市场反馈显示，在保函实务中使用"applicant"一词以与跟单信用证及备用信用证保持一致的占了绝大多数。例如，某欧洲银行所开立和收到的保函及反担保函使用"applicant"者占 95%。考虑到这三种结算工具经常由公司或中小银行的同一个部门操作，而两个术语指相同的一方，所以，URDG758 选择使用"applicant"取代 URDG458 中的"principal"。另外"principal"有"主债务人"（primary debtor）之意，含有如"次债务人"（subordinate debtor）对比之嫌，因而会使人产生保函开立人仅需承担次要责任的联想。参见阎之大：《URDG758 解读例证与保函实务》，中国文献出版社 2011 年版，第 30 页。为便于讨论，本书一般也以"申请人"来统一指称委托人/主债务人/账户方等相关概念。

〔3〕　SWIFT 是"全球银行金融电讯协会"（Society for Worldwide Interbank Financial Telecommunication）的英文简称。作为一个设于比利时的非营利性机构，它提供了一个使全球金融机构能在一个安全、标准化和可靠的环境中收发与金融交易相关之信息的网络。凡参加 SWIFT 的成员银行，均可使用 SWIFT 办理信用证业务。该协会的成员银行都有自己特定的 SWIFT 代码，即 SWIFT CODE。SWIFT 地址是一个 8 或 11 位的字符串，是一个银行在国际上的识别号码。SWIFT 地址又被称为 BIC（银行识别码），该号相当于各个银行的身份证号。

〔4〕　参见阎之大：《URDG758 解读例证与保函实务》，中国文献出版社 2011 年版，第 136 页。

从对当事人的称谓使用的角度看，备用信用证的称谓更简洁明了，也更明显地反映了超脱于基础合同的独立性色彩。而且，保函本身有独立保函和从属保函之分，保函的使用首先面临一个性质识别的问题。但信用证本身即具有不言而喻的独立性，因为不存在从属信用证一说，所以也就省去了对其作判断和定性的麻烦。

此外，信用证的独立性原则在独立保函中一般被称为自治（autonomy）或抽象（abstraction）原则。

4. 两者在操作中的具体做法有所不同。由于起源的缘故，备用信用证在技术上更接近于商业信用证而不是独立保函。独立保函主要用于建筑工程或基础设施开发与安装工程中，作为对投标或履约担保的替代。它与违约相联系，一般只要求交单人提交一份付款请求书或违约声明书。担保通常由当地的银行发出，并经常以该当地银行为受益人提供反担保。但两个担保之间并无必然联系，在当地担保中的支款不当不一定构成对反担保中支款的抗辩理由。独立保函很少由往来行通知、保兑、支付或议付，而且支款权基本上不会转让，也罕有款项让渡。备用信用证则不是一种严格意义上的违约型文件，因为直接付款条款已被广泛使用。备用信用证通常在请求书之外要求提交多份单据，并且通常由往来行通知、保兑、付款以及议付，备用信用证项下的支款权常被转让，款项让渡亦不罕见。[1]

顾名思义，见索即付保函一般是即期付款，即在提交相符单据后，5 个工作日内付款。一般不存在延期付款或承兑的实践。而信用证是一种更成熟和更多元的融资工具，存在即期付款、延期付款、承兑和议付等多种支付方式，实际中还有买方先付款的预支信用证等，可以适应不同情况下不种主体的融资需要。

5. 对价的要求不同。英美法系国家对于商业合同都有对价要求，对银行保函的要求也不例外。但对于备用信用证，各国均无对价要求，UCP 与 ISP98 对此也未作要求，涵盖商业信用证和备用信用证的新 UCC5 第 105 条亦明确取消了对价要求。

相对于保函而言，备用信用证较容易为银行界掌握，因为对独立、无条件银行保函的性质的认定比较困难。欧洲各国都因为术语和概念使用上的不统一而在实践中引起混乱，而在美国，因为备用信用证的广泛使用，引起的

---

〔1〕 参见聂卫东："《国际备用信用证惯例》（ISP98）述评"，载《国际贸易问题》1999 年第 12 期。

这种混乱就较少。另外，备用信用证已经发展成比一般独立保函使用范围更广泛的一种通用的金融支持工具。然而，总的说来两种信用工具并无实质差异。另外值得关注的是，联合国大会 1995 年签订《联合国独立担保与备用信用证公约》（以下简称备用证公约），表明了独立保函与备用信用证已经出现了融合发展的统一化趋势，ISP98 也避免将备用信用证与独立保函进行区分，而在实践中也很难作这样的区分。在当事人作了明确援引的情况下，URDG758 也同样适用于保函与备用信用证。

6. 备用信用证下存在直接付款的实践。作为备用信用证的一种特殊种类的直接付款备用信用证通常不涉及违约情形，尽管如前所述，它在违约时也可适用。在直接付款备用信用证下，开证人在信用证有效期内仅凭特定受益人的请求即应向其支付特定的款项。[1]这也区别于独立保函，独立保函仅限于为违约提供担保，不存在到期直接付款的实践。

第三节　备用信用证的性质与特征

担保是化解经济风险的法律手段。商业社会对担保的需求从来没有像今天这样急切，以至于给人们留下了这么一个印象："无担保，无交易。"在跨国商业交往中，这一点表现得尤为突出：不同的社会制度、文化背景以及时空的距离导致国际商事交易双方的不信任感远甚于本国交易。但是，各国担保法律之间的差异往往又导致国际担保处于不确定状态，从而阻碍了国际贸易的发展。[2]

如前所述，备用信用证是一种信用证形式的银行担保，它有以下性质或特点：

一、备用信用证是一种新型的人的担保

担保分为物的担保和人的担保（即信用担保）两大类，物的担保是指以债务人或第三人的特定财产来担保债权人债权的实现。人的担保是指第三人以其信用来担保债权人债权的实现，近代法意义上的人的担保专指保证。物

---

〔1〕　Jacob E. Sifri, *Standby Letters of Credit: A Comprehensice Guide*, Palgrave Macmillan, 2008, p. 6.
〔2〕　参见姚毅："评《国际商会备用信用证惯例（ISP98）》"，载《国际经贸探索》2000 年第1 期。

的担保一般要以财产或财产所有权凭证的转移为条件，所以在国际商事交往中，物的担保远没有信用担保应用广泛，尤其是银行及担保公司将开展国际信用担保作为一项专门业务，从而使传统的商业信用转变为银行信用，大大促进了国际信用担保业务的发展，同时也推动了信用担保规则的制定和发展。[1]以备用信用证方式提供的担保属于人的担保或信用担保，它是一种保证，但却明显不同于依赖于基础交易的传统保证，而是一种以银行信用为后盾、具有金融媒介功能的独立担保。

（一）从提供担保的主体看，备用信用证主要是一种由银行提供的法人型担保

债权人为了确保其债权的实现，降低债权的风险，一般会通过扩大责任财产范围和使责任财产特定化的方式来达到目的。而扩大责任财产的范围只能在债务人所有的财产范围外努力，也就是说，扩大责任财产范围将不可避免地扩大责任人的范围。为了保证责任财产对债的担保效力，债权人不单要注重对扩大的责任财产的质量进行选择，而且，更重要的是对扩大的责任人之人格和信用进行选择。[2]由于银行信用较之商业信用的明显优势，拥有雄厚资金和良好信誉的银行理所当然地成为债权人首选的担保提供者。银行的私人服务职能即是补充社会的信用需求。正如 Cardozo 大法官所说：商业银行的中心作用就是用自己的信用（这种信用具有广泛的社会认可性）来代替私人的信用（这种信用在社会上的接纳性是相当有限的）。[3]UCP 直接使用"开证行"的术语来描述开证人，[4]尽管 ISP98 和 UCC5 都规定"开证人"不限于银行，[5]URDG 下的担保人也不限于银行，但备用信用证主要还是由作

---

〔1〕 参见阎之大：《URDG758 解读例证与保函实务》，中国文献出版社 2011 年版，第 2 页。

〔2〕 参见孙鹏、肖厚国：《担保法律制度研究》，法律出版社 1998 年版，第 12~13 页。

〔3〕 转引自陈检："备用信用证起源之谜"，载高祥主编：《独立担保法律问题研究》，中国政法大学出版社 2015 年版，第 192 页。

〔4〕 但 UCP 实务中仍不乏非银行机构开立信用证者，且这一 non-bank 开证的实践由 ICC 在 R505（本书中的"R+数字"是国际商会银行委员会在将其针对特定案例发表的咨询意见正式整理出版时按照案例所涉规则的条款顺序分配的编号。）予以确认，而 SWIFT MT700 也专门为非银行机构开证设置了栏目。

〔5〕 新 UCC5 第 102 条在"开证人"的定义中明确将消费者排除在外，以免作为开证人的消费者由于信用证的独立性而丧失其在消费者交易中本来享有的对债权人的抗辩权。该条的官方评论第 4 点谈道："在消费者交易中作为主债务人或担保人的个人不得成为开证人。"

为法人的银行开出，所以基本上属于银行信用。

（二）从担保的功能看，备用信用证是一种金融媒介型担保

担保按功能可分为主要以保全债权为目的的保全型担保，以及以筹措资金为目的金融媒介型担保。传统的担保基本上属于保全型担保，保全型担保一般是因交易而有担保，担保附随交易产生。金融媒介型担保则是因担保而有交易，担保成为当事人筹措资金的手段来促成交易的开展。备用信用证主要属于后者。

（三）从担保的性质看，备用信用证是一种独立性担保

担保的类型取决于其如何将基础交易并入其中，或者说取决于担保与基础交易的关联程度。传统的人的担保的典型方式是保证，它以主债务的有效存在为前提并从属于主债务，是对主债务的补充。所以保证与基础交易的联系是十分紧密的，它是一种典型的从属性担保。债权人在只有在证明其在基础合同项下权利的有效存在后才能实现在保证合同项下的权利，而保证人则得到法定抗辩权[1]与约定抗辩权的充分保护，在有关基础交易的纠纷解决之前，保证人没有义务对债权人履行其所保证的债务。而备用信用证与见索即付保函等独立于基础交易的担保方式的出现，给债权人提供了更大的保障，使它可以更迅速有效地从担保银行处获得债权实现。此类担保虽然基于基础交易开立，但却独立于基础交易而以交单为条件，担保人不关心基础交易的履行情况，只要债权人提交了备用信用证或独立保函中规定的单据，担保人就应该偿付款项。因此，如果说保证是"在第一个钱袋掏空时可用的第二个钱袋"，那么，这类新型的独立性担保可以说是"在一个钱袋之外随时可用的另一个更大的钱袋"。

二、备用信用证是开证人所作的附交单义务的单方确定承诺

信用证安排或多或少地带有合同的色彩。就银行接受申请人的委托并以

---

[1] 即先诉抗辩权。我国《民法典》第687条对一般保证人先诉抗辩权的规定是，一般保证的保证人在主合同纠纷未经审判或者仲裁，并就债务人财产依法强制执行仍不能履行债务前，有权拒绝向债权人承担保证责任，但是有下列情形之一的除外：（一）债务人下落不明，且无财产可供执行；（二）人民法院已经受理债务人破产案件；（三）债权人有证据证明债务人的财产不足以履行全部债务或者丧失履行债务能力；（四）保证人书面表示放弃本款规定的权利。

自己的名义开出信用证而言，信用证具有行纪合同的特征。就银行向受益人开出信用证而后者以提交单据的行为来表明其接受信用证而言，信用证又类似于悬赏广告，[1]但仅针对特定的相对人即受益人。但无论如何，信用证不能被简单地等同于合同，而是凭开证人的单方意思表示即可产生法律约束力的附义务或负担的特殊的单方行为。[2]在信用证的语境下说，即开证人所作的附有提示相符单据义务的单方确定承诺。就其通常一经开出即产生效力而言，备用信用证跟一般信用证并无差异。

（一）信用证与合同

1. 一般规定。信用证是一种自成一体（sui generis）的文件，不能被简单地视为一般的合同，尽管它由普通法的合同概念独立地发展而来。现行规则都使用"承诺"（undertaking）而非合同一词来描述信用证或独立保函。UCP600 和新 UCC5 将信用证定义为一种兑付相符交单的确定承诺（a definite undertaking），ISP98 将备用证定性为一项不可撤销的、独立的、单据性的及具有约束力的承诺（an irrevocable, independent, documentary, and binding undertaking），URDG758 则将见索即付保函定义为任何经过签字的承诺（any

---

〔1〕 悬赏广告的性质是合同还是单方行为本身也存在争议。我国台湾地区相关规定："以广告声明对完成一定行为之人给付报酬者，对于完成行为之人，负给付报酬之义务。对于不知有广告而完成该行为之人，亦同。"条文当中说道，完成广告所指定行为的人，即使他不知道这个广告，你也应该给他许诺的报酬。据此，悬赏广告仅凭广告人单方的意思表示就具有法律拘束力，所以并非合同而是单方行为（参见梁慧星：《裁判的方法》，法律出版社 2003 年版，第 95 页）。我国《民法典》在悬赏广告问题上的立场则似欠明确。一方面，该法在第三篇（合同）第二章（合同的订立）中的第 499 条规定了悬赏广告，其中也无"不知广告而完成特定行为者亦同"之类规定，似乎将悬赏广告视为合同，这就意味着不知悬赏广告存在者即使完成特定行为，其行为也并非对广告人意思的接受，双方不存在合意，故行为人无权主张报酬。但另一方面，该法又在第 317 条规定"权利人悬赏寻找遗失物的，领取遗失物时应当按照承诺履行义务"，这似乎又将对遗失物的悬赏定位为单方行为，因为权利人兑现悬赏不以遗失物拾得人对悬赏存在的知道为否为前提。当然，上述两个条文可以被理解为一般规定与特别规定之间的关系。

〔2〕 民法将法律行为分为合同（双方行为）和单方行为，合同是由两个意思表示构成的法律行为，单方行为是一个意思表示构成的法律行为。既然信用证下开证人单方作出的意思表示就具有法律拘束力，这就只可能是单方行为，而不是合同（参见梁慧星：《裁判的方法》，法律出版社 2003 年版，第 95 页）。我国《民法典》第 134 条规定："民事法律行为可以基于双方或者多方的意思表示一致成立，也可以基于单方的意思表示成立……"但开出信用证这一单方行为的特殊之处在于其一经开出即产生法律效力，而根据《民法典》137 条之规定，一般的以非对话方式作出的意思表示，于到达相对人时生效。

signed undertaking）。

原 UCC5 曾将信用证定义为"一种允诺"（an engagement），其官方评论第 114 条第 1 点中还明确提到"信用证本质上是开证人与受益人之间的一种合同……"。许多法院把信用证看作一种合同并对其适用被用于其他书面合同的相同解释原则。有的合同法教科书也认为将信用证归之于合同范畴恰如其分。不过，许多学者和业内人士不认为信用证是一种合同，如有文章就指出用"合同"来描述信用证是"不恰当的"。

总之，信用证是否为合同的问题要看具体场合。答案要视提问的原因而定。如果提问是为了确定合同解释的一般原则是否用于信用证，则法院一般都认为信用证是合同并且适用了那些原则。但如果提问是想要确定能否对其适用所有合同法的传统规则如对对价的要求等，那信用证就不是合同。[1]古德教授则认为："抽象支付承诺不涉及要约和承诺（一经开出即被认为具有约束力，除非为受益人所拒绝），不取决于受诺人的对价或信赖（reliance），无需遵守特定的形式要求（如契据），也就既不符合双方合同（bilateral contract）也不符合单方合同（unilateral contract）的定义。"[2]本书也认为，目前的信用证法律更倾向于不把信用证作为合同看待。

2. 信用证不一定构成合同。首先，从对价的角度来看，信用证无须对价。对价（consideration）是普通法的概念，指合同一方为交换其取得的价值而付出的价值，即基于互惠的对待给付，其效果是使承诺人有所得（benefit to promiser），或使受诺人有所失（detriment to promisee）。受诺人要成为债权人，它在接受对方许诺的同时作为交换条件应给予或约定给予对方某些东西。根据普通法系的法律规定，合同要有对价的支持才能有效成立。除以蜡封文书等法定形式作成的契据（deed）外，缺乏对价（failure of consideration）的简式合同（simple contract）是不能被强制履行的。

作为开证人向受益人作出的一项付款承诺，信用证却被认为要么不存在来自受益人的相应对价，要么被认为即使有对价，对价也不能成立，因为它

---

〔1〕 See John F. Dolan. *The Law of letter of Credit: Commercial and Standby Credits*, Warren, Gorham & Lamont, 1996, pp. 5-7.

〔2〕 Roy Goode, "Abstract Payment Undertakings in International Transactions", *Brooklyn Journal of International Law*, Vol. 22, No. 1., 1996, p. 3.

不来自受诺人（受益人），而是来自第三方（银行的客户，即申请人）。[1]不过，可以肯定的是，即使未获得对价，信用证也对开证人构成约束，哪怕开证人未被给付任何金钱或价值——申请人也未支付开证费——以换取其兑付受益人提示的义务。[2]开证人对受益人的承诺在信用证被支用或被受益人利用以前对开证人就已具有约束力。

英国法院在 1922 年的 Urquhart Lindsay & Co. v. Eastern Bank[3]一案与 1923 年的 Scott v. Barclays Bank[4]一案的审理中，都假定开证行的付款责任存在着有效的对价。另在 Dexters, Ltd. v. Schenker & Co. G 一案中，律师虽提出过信用证缺乏有效对价的抗辩，但后来又撤回了抗辩。不过，英国 1999 年的《合同法（第三方权利）》倒为该问题提供了一个解决方案。该法第 1 条规定第三方可以执行意在赋予其利益的合同条款。放到信用证的场景下看就是，开证行根据其与申请人之间开证合同的约定，有义务向第三方即受益人开出信用证并允诺后者以将其用作支款的方式获得利益，这一承诺可由受益人依法实施。结果是，受益人可以要求开证行开出信用证并供其利用，并在后者未如此行事时主张损害赔偿。[5]

但这一思路的问题在于其与 UCP600 第 4 条（a）款"受益人在任何时候都不得利用银行之间或申请人与开证行之间的合同关系"的规定相悖，该规定明显否定了受益人利用申请人与开证行之间的合同作为其权利执行依据的可能性。[6]再者，第三方受益人的请求权一般受债务人能向债权人主张的抗辩的约束，可是信用证受益人不受这些抗辩的约束。即使开证行的客户没有支付约定的收费，诈骗了开证行或废弃了合同，开证行仍应支付汇票。[7]

在美国，普遍接受的观点是"依照商业习惯法开出的信用证，即使受益人与开证人之间缺乏对价，而且即使是凭以开立信用证的受益人合同（往往

---

〔1〕 在保兑行和受益人之间也可能产生对价问题，不过受益人通常会为保兑行的保兑支付费用，这些保兑费无疑构成来自受诺人的对价。

〔2〕 URDG758 第 32 条（c）款规定，担保人不应规定保函以担保人收到其费用为条件。

〔3〕 ［1922］1 KB 318.

〔4〕 ［1923］2 KB 1.

〔5〕 Richard King, *Gutteridge and Megrah's Law of Bankers' Commrecial Credits*, Routledge, 2001, p. 78.

〔6〕 参见房沫：《信用证法律适用问题研究》，中国民主法制出版社 2012 年版，第 39 页。

〔7〕 沈达明编著：《美国银行业务法》，对外经济贸易出版社 1995 年版，第 154 页。

是基础合同）被撤销的情况下，信用证的受益人同样能要求强制履行信用证条款""不可撤销信用证的历史及判例证明了支配信用证法的基本原理是独立于对价的习惯法准则的"。[1]修订前后的 UCC 都在第 105 条明确规定信用证的开立、修改等无须对价，因为尽管"开证人不会不求回报地开出信用证，但不能要求受益人在具体个案中知悉开证人的回报究竟为何或是否确实存在回报，要求受益人对开证人的回报加以证明也是很困难的"[2]，这就在法律上对信用证的对价问题下了定论。

那么，受益人提交的单据是否构成对价呢？应该说，对价是合同成立并具有可执行性的前提，而受益人的交单是信用证开出并生效之后的履行行为，提交相符单据只是受益人在已生效信用证下请求兑付所应负的义务，并不构成受益人向银行支付的对价。如果信用证未曾开出且构成约束，开证人根本就没有接收交单的义务。

更何况，在备用信用证下，受益人提交的单据本身可能是毫无价值的。即使就货权凭证等本身有价值的单据而言，这些单据的价值主要也是针对申请人而言的，[3]它们根据申请人的需要而提供，最终也将转递给申请人。因此，提交的单据本身对银行并无实质上的好处，所以，只有单据之外的东西才可能构成有效的对价，如开证费用的支付等。但如上所述，开证费用是由申请人而不是由受益人支付的。即便认为信用证合同下的对价系由第三方即开证申请人支付，受益人也没有举证证明对价是多少甚至对价存在与否的义务。

既然受益人提交的单据不构成对价，那么卡多佐大法官所主张的欺诈例外的法理依据似乎也就不能成立。他认为在信用证欺诈情况下，由于受益人提交的是"无价值的垃圾"而非合同商品，所以根本不存在对价。

另外，从要约与承诺的角度来看，适用于要约、反要约和承诺的传统合同法原则也不适用于信用证。合同通常是缔约双方意思表示一致的结果，故

---

〔1〕 See Trimble, "The Law Merchant and The Letter of Credit", *Harvard Law Review*, Vol. 61, No. 6. , 1948, p. 981, p. 986, p. 1003.

〔2〕 参见新 UCC5 第 105 条之官方评论。

〔3〕 在申请人不偿付开证人等例外情况下，这些单据作为可变现的担保物对开证人而言仍有价值。但这种价值依然有限，因为开证人实际上并不特别倚重这些担保物。一般来说，银行是在授信额度内为其客户开出信用证的。

在一方接受另一方的订立合同的要约时方才生效，而在受要约人作出承诺之前要约人可以撤销要约。[1]然而，信用证一旦开立即为生效，[2]从而使信用证生效的时间大大提前，这就增加了信用证的确定性，也为受益人提供了进一步的保障。如果把信用证作为合同来分析，则开立信用证属要约，假如承诺只在提交单据时发生，受益人的保障不大。要保障它，合同必须在较早的阶段构成，例如，在通知开证后不久的时刻，且受益人不通知开证银行它受约这件事不应该阻止合同的构成。[3]

由于信用证一经开立即生效，则要约撤销或撤回的一般合同法规则对信用证并不适用。一方面，和一般的要约在被承诺之前仍可撤销不同，信用证原则上具有不可撤销性。另一方面，信用证在一定意义上仍可撤回，但撤回的时间点以是否脱离开证人的控制为准，而不以到达受益人之时或之前为准，这就意味着可撤回的时点大大提前了。如果开证人随时可收回信用证并确保其他当事人均未得到该信用证，则视为尚未离开其控制；否则，视为已离开控制。比如，发一份信用证通过快递公司邮寄时，开证人在快递公司将该信用证递交给保兑人或受益人之前将其撤回，此时信用证尚未离开其控制，因此，信用证尚未生效或对开证人未构成约束力；而当开证人无法做到在保兑人或受益人收到信用证前将之撤回时，即使各方当事人均未收到信用证，此时开证人仍应受信用证约束并视其开立信用证的行为已经产生。[4]这样，一份已脱离开证人控制的信用证即使尚未到达受益人（如尚在邮寄途中），甚至从未到达受益人（如在邮寄途中遗失），受益人仍有权在证下支款而开证人不

---

〔1〕 我国《民法典》第477条规定："……撤销要约的意思表示以非对话方式作出的，应当在受要约人作出承诺之前到达受要约人。"

〔2〕 ISP98第2.03条规定，一旦备用信用证脱离开证人控制，即为已开立。UCP与新UCC以及公约也有类似规定。原UCC5第106条在信用证成立问题上曾持送达主义立场，规定"在受益人收到信用证或经授权出具的书面开证通知书后，信用证对受益人而言方为开立"，因为"在收到信用证之前，受益人无法依赖该信用证。"这一立场与原UCC5将信用证作为合同看待的立场是一致的。新UCC5第106条则改采投邮主义立场，规定"一旦开证人向被请求通知的人或受益人发送或以其他方式传送信用证，对开证人而言，该信用证即为开立且其条款具有强制执行力"，从而将信用证的生效时间前移，加大了对受益人的保障。而信用证的效力既然不取决于受益人对信用证的收到或依赖与否，这也可反映新UCC5起草者不将开出信用证作为合同看待的意图。

〔3〕 参见何美欢：《香港担保法》（上册），北京大学出版社1995年版，第121~122页。

〔4〕 参见徐进亮主编：《国际备用信用证与保函》，对外经济贸易大学出版社2004年版，第342页。

得主张撤回。由于信用证已经生效，此时想撤回实质上等于要修改或解除合同，这需要作为合同一方的受益人或保兑人同意才行。而根据一般合同法，只要撤回要约的通知在要约到达受要约人之前或与要约同时到达受要约人，要约就可撤回。[1]

此外，信用证在解释上也与普通合同不尽相同。普通合同也受特定的公平原则以及旨在求得公正的司法解释原则的约束，法院可能会出于公平和公正的需要禁止合同的履行或变更其条款。然而，公平和公正是主观性概念，很难适用于信用证这样客观性强的机制。开证人的责任只是兑付相符的提示以及拒付不相符的提示，而独立性原则把基础合同中的事实置于适当审查的范围之外。法院意图将传统的公平与公正概念运用于信用证的结果可能是使信用证机制更乏确定性和有效性。大多数法院正确地拒绝将这些概念加诸开证人，因为这样做可能损害信用证的"可靠、方便、经济和灵活"的特性，而正是这些使信用证作为有用的商业工具得以存在如此之久。

（二）信用证本质上是开证人的附交单义务的单方承诺

即使不存在对价，合同也可能基于信赖而获得可执行性。有人因此认为，信用证是一种允诺后禁反言（promissory estoppel）。什么是允诺后禁反言呢？第一次契约法重述第 90 条对此作了如下规定："在约定者（允诺者）有充分理由预期到其约定（允诺）在被约定者（受诺者）一方诱发具有明确且实质性质的作为或不作为，并且实际上已诱发了上述的作为或不作为场合下，只有通过强制执行该约定（允诺）方可回避不正义之后果时，其约定（允诺）具有拘束力。"这一重述的本来目的主要在于赋予无偿约定（允诺）以拘束力，以保护受约一方的信赖利益。[2]不过，允诺后禁反言这一法律原则，在美国法上产生诉讼原因，但在英国法上仅可作为抗辩援用。就英国法而言，受允诺者不得凭该原则起诉，但能阻止他人胜诉。易言之，这项法律原则只是盾牌，不是宝剑。[3]这样，至少就英国法而言，允诺后禁反言就不能成为

---

〔1〕　根据我国《民法典》第 475 条、第 141 条的规定，要约人可以撤回要约，撤回要约的通知应当在要约到达受要约人前或者与要约同时到达受要约人。

〔2〕　参见［日］内田贵："契约的再生"，胡宝海译，载梁慧星编：《民商法论丛》（第 3 卷），法律出版社 1995 年版，第 307 页。

〔3〕　参见沈达明编著：《英美合同法引论》，对外贸易教育出版社 1993 年版，第 61~66 页。

受益人据以向开证人起诉要求其履行信用证下承诺的理由。更何况，ISP98 第 1.06（e）条还明确规定，备用证对开证人的约束力不以受益人对备用证的信赖为前提。

本书认为，信用证本质上是开证人作出的附交单义务的单方确定承诺，开证人据此承诺凭受益人提交的符合信用证要求的单据向其进行兑付。在传统上，信用证曾被视为一种单方合同，其订立系开证人以开出信用证的方式向受益人发出一项通常为不可撤销的要约，[1]而受益人以提交符合信用证要求单据的行为方式默示予以承诺，[2]至此双方达成合意，信用证合同成立。但如将信用证理解为合同而将开证理解为发出要约的话，则在该要约被受益人拒绝或实质性变更的情况下信用证就不再具有约束力，[3]事实上却并非如此。在 1987 年布鲁塞尔的一个案件中，[4]银行递交了一份有效期规定得比较短的保函，于是受益人要求一份有效期更长的保函，银行未予回应——至少是没有表示同意。当受益人在原定的有效期内提起索赔时，银行拒绝付款，理由是双方并未有效缔结合同，因为受益人拒绝了要约，而银行并未接受受益人的反要约。法院认为银行的义务是一种单方承诺，这一承诺因银行单方声明其对受益人负有义务而产生约束力，该声明包含在载有保函条款的通知之中，且银行的义务自保函开立之时即按依其条款宣告确立，而受益人的接受并不是必需的，从而正确地驳回了这一抗辩。换个角度看，本案受益人对已经开立生效的保函作单方修改的提议未被另一方即银行接受，因此，保函应视为未修改而仍按原条件对银行具有约束力。

相对而言，信用证更接近于单方行为。单方行为与合同的差异在于前者

---

〔1〕《联合国国际货物销售合同公约》第 16 条规定，在要约写明接受要约的期限或以其他方式表示其系不可撤销的情况下，要约不可撤销。就信用证而言，ISP 和 UCP 等国际惯例均强调信用证一旦开立则不可撤销，而当事人将相关国际惯例并入信用证的行为即可视为是一种明确信用证不可撤销性的意思表示。我国《民法典》第 476 条规定，要约人以确定承诺期限或者其他形式明示要约不可撤销的，要约不得撤销。

〔2〕我国《民法典》第 480 条规定："承诺应当以通知的方式作出；但是，根据交易习惯或者要约表明可以通过行为作出承诺的除外。"

〔3〕《联合国国际货物销售合同公约》第 17 条规定，一项要约，即使是不可撤销的，于拒绝通知送达要约人时终止。第 19 条规定，对要约表示接受但载有实质性变更的答复，即为拒绝该项要约并构成反要约。我国《民法典》第 478 条第（一）项、第（四）项规定，在要约被拒绝或受要约人对要约的内容作出实质性变更的情况下，要约失效。

〔4〕 Rev. Banque2/1988, p. 29.

只要单方的意思表示即可成立，而后者需要双方的意思表示一致才能成立。信用证下的受益人即使从未收到信用证或不知道自己为信用证下的受益人，进而不可能且事实上从未作出过任何意思表示的话，也不影响信用证对开证人的约束力。[1]但信用证也不等同于一般的单方行为。我国《民法典》第137条规定，以非对话方式作出的意思表示，到达相对人时生效。结合《民法典》第134条可知，这一到达生效的规定也适用于基于单方的意思表示。所以，本书认为不妨将信用证理解为一种一经开立即生效的特殊的单方行为，或一种开证人向受益人作出的单方确定承诺。

此外，由于开证这一单方行为仅约束开证人而不约束受益人，获得兑付对受益人而言只是一种权利而不是一项义务，故受益人不提交单据也不构成对信用证的违反，尽管这在基础合同下可能构成违约。可见，与传统意义上将信用证作为合同看待的做法相比，单方行为理论更有助于保护受益人的利益。

理论可以为我们认识和理解实践中的问题提供分析框架，但由于实践往往走在理论的前面，故一味套用既有理论去解释实践中出现的问题无异于削足适履，是意义不大的。尽管对于信用证的法律性质在解释上存有一定争议，但信用证在实践中的效力并不因此受到影响。如ISP98就对备用信用证作为具有约束力的承诺的特性作了清楚的表述，根据其第1.06条之规定，备用证和修改在开立后具有约束力，无论申请人是否授权开立，开证人是否收取了费用，或受益人是否收到或信赖备用证或修改，它对开证人都是有强制性的。总之，无论是从对价、要约承诺或解释的角度来看，开证人在信用证项下所受的约束都比一般的要约人在合同项下所受的约束相对更强。再者，较之一般达到生效的单方行为而言，一经开出即生效的信用证的约束力在时点上也进一步前移了。这些实践加强了信用证的确定性，从而为受益人提供了更大的保护。

三、备用信用证属于银行的表外业务

（一）备用信用证的表外管理

备用信用证实质上代表开证人对申请人的贷款，但在开出备用信用证时

---

[1] ISP98第1.06条规定，备用证和修改在开立后具有约束力，无论受益人是否收到或信赖备用证或修改，备用证对开证人都是有强制性的。可见，这一规定在一定意义上也将备用证的开立作为单方行为看待。

开证人仅仅是在为申请人贷出自己的信用，而在向受益人支付证下款项时才是为申请人向第三人（受益人）作出的贷款。一方面，由于备用信用证的备用性，这种付款也不是必然发生的，所有开出备用信用证只是开证人对受益人所负的一项或有债务，和对申请人所享的一项或有债权，不列入资产负债表，[1]一般仅在资产负债表后的附注说明里加以记录，以示心中有数。但另一方面，开出备用信用证能给银行带来收益，亦会带来风险，因而被作为表外业务作为银行的风险资产加以管理。因此，如要开出备用信用证和保函等履约担保，银行需要相应的资本准备金与之配套。根据《巴塞尔协议》，银行的资本充足率即银行资本与风险资产的比例不低于8%，银行资产风险分为0、10%、20%、50%和100%的5个风险权数；资产负债表外项目分为0、10%、50%和100%的4个风险加权系数。具体到履约担保，其风险加权系数为50%。故银行如要为客户提供风险权数为100%的本金100万美元的履约担保，则所需资本准备金为100万美元×8%×100%×50%即4万美元。

（二） 备用信用证的表外监管

由于商业信用证和备用信用证的性质和风险程度不同，美国的监管部门对两者的监管方式和力度也不相同：首先，虽然两者同为或然性债务（contingent liability），[2]商业信用证在开出时并不需要反映在银行的资产负债表上，只有在银行依据商业信用证付款后，这笔交易才记录在银行的资产负债表上（因为银行已经转化为商业信用证申请人的债权人）；备用信用证则不同，它一旦开出，银行则必须将其记录在资产负债表的脚注上。其次，开出商业信用证不受银行"贷款限额"的影响而开出备用信用证受此限制。根据美国1864年的《国民银行法》和绝大多数的州银行法的规定，银行所能贷给单个客户的资金不能超越银行未受损害的实收资本和结余之和的10%，这就是所谓的"84条单个客户贷款限额"（以下简称"84条"）；银行所能承担的总的债务不能超越实收资本的100%加上未受损害的结余的50%之和，这就是所谓的"82条银行借款限额"（以下简称"82条"）。但商业信用证在开

---

〔1〕 参见刘丰名：《国际金融法》，中国政法大学出版社1996年版，第48页。

〔2〕 商业信用证也构成银行的或有债务，因为这种付款也不是必然发生的。如果受益人最终未提交单据或提交的单据不符，则银行无需支付证下款项。只有在向受益人实际付款后，该笔支出才构成贷款，并实际计入资产负债表。

出时不受"84 条"和"82 条"限额的影响，与商业信用证不同，自 1974 年以后银行监管部门要求备用信用证的开出受限于"84 条单个客户贷款限额"，但是不受"82 条银行借款限额"限制。监管力度的不同主要是因为商业信用证的单据具有价值而备用信用证的单据没有价值，因而银行面临的风险和获偿的保障也不同，[1]而对备用信用证的开证金额限制与对银行贷款的数额限制具有本质上的一致性。[2]

我国将商业信用证和备用信用证均纳入表外业务进行管理。根据《中国银行业监督管理委员会关于印发商业银行表外业务风险管理指引的通知》（银监发〔2011〕31 号）规定：表外业务是指商业银行从事的，按照现行的会计准则不计入资产负债表内，不形成现实资产负债，但有可能引起损益变动的业务，包括担保类、部分承诺类两种类型业务。担保类业务是指商业银行接受客户委托，对第三方承担责任的业务。备用信用证、担保（保函）、跟单信用证、承兑等都属于担保类业务。该通知还规定：商业银行应当完善以企业信用评估为基础的授信方法，将表外业务纳入授信额度，实行统一授信管理。商业银行应当根据表外业务的规模、客户信誉和用款频率等情况，结合表内业务进行头寸管理，规避流动性风险。

可见，我国商业银行接受客户委托对第三方承担责任的担保类业务，如跟单信用证、保函等，属于银行的表外业务。随着交易的开展，有一部分表外业务可能转化为资产负债表上的内容，即从表外走到表内。

四、备用信用证是一份不可撤销、跟单、独立的自足文件

从备用信用证自身的运作上看，它是一份不可撤销的、跟单的、独立的自足文件。[3]它的这些性质也可以理解为备用信用证在操作上具有的与一般信用证基本相同的特点：

---

〔1〕　参见陈检："备用信用证起源之谜"，载高祥主编：《独立担保法律问题研究》，中国政法大学出版社 2015 年版，第 174 页。

〔2〕　《中华人民共和国商业银行法》也设定了与美国法相似的"单个客户贷款限额"，该法第 39 条规定商业银行"对同一借款人的贷款余额与商业银行资本余额的比例不得超过百分之十。"

〔3〕　ISP98 第 1.06 条。

（一）　不可撤销性

备用信用证是不可撤销的，所以，除非备用信用证另有规定或是被要求修改或撤销的一方同意，备用信用证开证人的义务不能修改或撤销。[1] ISP98对此问题的相关规定是对 UCP 的继承和发展。

一份可以随时撤销的信用证作为担保工具是没有什么价值的，所以可撤销信用证仅在受益人对申请人的信誉状况并不担心的情况下作为支付手段使用。英国 Cape Asbestos Co v Lloyd's Bank Ltd. （1921）WN 274 一案的判决大大减损了可撤销信用证的商业价值，根据该案，开证行可以任意撤销信用证而不负通知受益人的法定义务，这就可能使因对信用证的信赖而发运货物的出口商身处困境——也许信用证已经在它不知情的情况下被撤销了。[2]

在该案中，劳埃德银行（Lloyd's Bank）于 1920 年 6 月 14 日向开普石棉（Cape Asbestos）开出以后者为受益人的信用证，以支持其华沙客户向开普石棉购买石棉板的交易。信用证开出之后的 1920 年 8 月 4 日，劳埃德银行收到撤销信用证的电报指示。由于未收到撤销通知，开普石棉仍于 1920 年 9 月 30日发了一批货，并向银行提交了装船单据及即期汇票。遭拒付后，开普石棉起诉劳埃德银行，主张银行在此种情况下有义务就信用证的撤销作出合理通知。Bailhache 法官不同意这一观点，他认为可撤销信用证被撤销之后，银行并无通知受益人的法定义务。实务中虽然也会发出通知，但这只是出于礼节，与银行的法定义务无涉。

尽管可撤销一词应该解释为直至银行撤销时为止，信用证是有效的。换言之，在撤销通知交给受益人之时为止，信用证是有效的。可是判例与银行都不是这样解释。银行一般在通知信上加上一条规定，即免除银行作撤销通

---

　　[1]　可撤销信用证下的撤销实际上是赋予银行的一种单方解除自身义务的权利，不可撤销信用证项下的义务虽不得由银行单方解除，但仍可经受益人的同意而修改或取消（cancellation）。所以，严格地说，经受益人同意以后的撤销并不影响不可撤销信用证的不可单方撤销性，但这种所谓"撤销"已不再是银行单方解除意义上的撤销（revoke），故新 UCC5 第 106 条、UCP600 第 10 条和 ISP98 第2.07 条等均使用另一术语"取消"（cancel or cancellation），来表达"经同意以后的义务解除"之含义，此种取消实为受益人和开证人双方的协议解除。ISP98 规则 7 更是专条规定了"取消"（cancellation），其中明确不可撤销备用证下受益人的权利未经其同意不得取消，但受益人可以以书面形式或以归还备用证正本之类的行为方式，来表明其同意取消。

　　[2]　See Richard King, *Gutteridge and Megrah's Law of Bankers' Commercial Credits*, Routledge, 2001, p. 85.

知的义务。[1]

事实上，可撤销信用证只保护善意第三人的利益，而不保护善意受益人的利益。对可撤销信用证的运作作过明文规定的 UCP500 第 8 条一方面规定"可撤销的信用证可以由开证行随时修改或撤销，不必事先通知受益人"，另一方面也强调对已作善意付款、承兑和议付的银行利益的保护。与当时有效的 UCP500 相适应，新 UCC5 第 106（a）条规定："只有信用证规定自身是可撤销的它才具有可撤销性。"也同样为保护善意第三人的利益，该条官方评论第 3 点强调："开证人取消可撤销信用证的权利并不能免除它对指定人的偿付义务，如果后者在收到修改或取消通知之前已经作出了兑付、承兑或承担了延期付款义务。"[2]

由于可撤销信用证提供的保证是不完整、不可靠的，在国际贸易中，受益人一般不接受此类信用证。UCC 关于货物买卖的第 2 篇第 325 条也推定根据买卖合同中的信用证条款开出的信用证是不可撤销的。然而受益人和银行要警惕一种名义上不可撤销、实质上却具可撤销性质的信用证，这就是"软条款"信用证。信用证的软条款（soft clause）就是受益人不能主动控制能否满足其要求从而得到付款的条款，[3]这类条款又称陷阱条款（pitfall clause）。如不可撤销信用证中规定其生效需满足特定的生效条件，而这一条件实际上不可能满足。再如在备用信用证中规定某种单据需由申请人签署，那么是申请人而不是受益人对该单据享有控制权，这样受益人的利益就难以保障。

国际商会银行委员会通过一系列案例，既告诫受益人不要接受软条款信用证，也指出开证行不应开立软条款信用证。银行开立这类名不副实的不可撤销信用证，将影响自己的信誉。[4]ISP98 第 4.10 条也提醒受益人需申请人批准的单据一般并不公平合理，但仍对该类单据的使用留下了余地。该条规定如果备用证包含了这种规定，开证人既不能放弃该要求，也不对其后果负责。这就将是否接受这类条款的决定权留给了受益人。因为基于合同自由原则，当事人可以自由地商定他们想要在信用证中加入的特定条款。受益人也有权接受或者拒绝该特定条款，要是它不愿接受，它可以要求修改信用证。

---

〔1〕　参见沈达明编著：《美国银行业务法》，对外经济贸易大学出版社 1995 年版，第 163 页。

〔2〕　王江雨译：《美国统一商法典〈信用证篇〉》，中国法制出版社 1998 年版，第 20 页。

〔3〕　参见于强编著：《UCP600 与信用证操作实务大全》，经济日报出版社 2007 年版，第 322 页。

〔4〕　参见于强编著：《UCP600 与信用证操作实务大全》，经济日报出版社 2007 年版，第 324 页。

否则，它就将被视为接受了这些条款并受其约束，而无论它是否能够遵守这些条款。所以，软条款信用证并不构成欺诈。[1]

UCP400 规定在信用证无明文规定时视该信用证为可撤销的；与之相反，UCP500 规定如果一个信用证未明确表示是否可以撤销，则视为不可撤销信用证，这就意味着推定一般的信用证为不可撤销的，可撤销的信用证虽然同样适用于 UCP500，但已不是信用证的主流。为给受益人提供进一步的可靠保障，ISP98 明确规定，本惯例所指的备用信用证为不可撤销备用信用证。除非备用信用证明确变更和排除通这一规定的适用外，可撤销的备用信用证不在 ISP98 的调整之列。可见，ISP98 较之 UCP500 更强调和提倡使用不可撤销信用证，但也不排除在各方接受的情况下允许可撤销信用证的使用。

UCP600 同样在定义中将"信用证"直接界定为"一项不可撤销的安排"，从而实际上取消了 UCP600 对可撤销信用证的适用，不过，在理论上可撤销信用证仍然可以开立。ICC 在制定 UCP600 时曾经谈道："选择开立可撤销信用证的银行必须在信用证中明确信用证为可以撤销及信用证撤销的条件。"所谓"撤销的条件"，类似于 UCP500 第 8 条规定的"可撤销信用证可以由开证行随时修改或撤销，不必事先通知受益人"。这是因为，UCP600 系针对不可撤销信用证，不像 UCP500 那样含有与可撤销信用证相匹配的条款，如果根据 UCP600 开出的可撤销信用证仅说明是"revocable"的，将会带来不知如何撤销的潜在风险。

URDG758 规定"保函一经开立即不可撤销，即使保函并未声明其不可撤销"，因此原则上也排除了规则对可撤销保函的适用。那么，可撤销保函是否仍可开立呢？可以说，ICC 的上述观点也应适用于可撤销保函的开立。[2]备用证公约也规定承保一经出具即不可撤销，除非承保规定可以撤销。不难看出，目前三大规则都明确规定了独立承保的不可撤销性，但也允许当事人作明确的相反约定。易言之，三大规则目前也都尚未完全禁止可撤销的独立承保的适用。

（二）独立性

备用信用证是独立的，备用信用证下开证人的义务的履行并不取决于：

---

〔1〕 参见徐冬根：《国际金融法》（英文），高等教育出版社 2015 年版，第 294 页。
〔2〕 参见阎之大：《URDG758 解读例证与保函实务》，中国文献出版社 2011 年版，第 106 页。

开证人从申请人那里获得偿付的权利和能力；受益人从申请人那里获得付款的权利；在备用信用证中提及了任何偿付协议或基础交易；或开证人以对任何偿付协议或基础交易的履约或违约的了解与否。开证人对受益人的义务，不受任何适用的协议、惯例和法律下开证人对申请人的权利和义务的影响。

正因为备用信用证是独立的，开证人才有可能以非基础交易当事人的身份接受一方请求对另一方作出承诺和担保；也正因为备用信用证是独立的，开证人及其开出的信用证才能被受益人接受；也正因为备用信用证是独立的，开证人才能够无所顾虑地为他人提供担保并承担相应的付款责任；还因为备用信用证是独立的，指定人等其他各方也才愿意基于对开证人的信赖而介入交易之中并提供相应的服务。

（三）跟单性

备用信用证是跟单的，开证人的义务便是基于对备用信用证所要求的单据表面状况的审核以决定是否付款。单据性是信用证独立性的具体表现，它使开证人无须介入基础交易即可履行自身义务，依据的就是单据。正是开证人在证下责任的跟单性质赋予该文件管理上的简便，使得它对债权人来说比保证公司出具的保证函更具吸引力。

单据是一种信息记录，记载并反映了与基础合同的履行相关的特定事实。从法律上讲，这些单据就是书面证据。但单据化使单据与其所代表的事实相对分离，从而为银行的"只管单据，不管事实"提供了可能。但这种分离并不否认单据与其背后的特定事实之间，或者说形式与内容之间的对应关系。相反，信用证交易是以假定这种对应关系的真实存在为前提的。单据实际上是基础交易履行状况的书面证据，提交单据也就是在就基础合同的履行状况承担举证责任。

不过，在信用证下作为证据的单据提交的对象是银行而不是法院，而银行扮演的是融资者而非调查者的角色，提供金融服务而非法律服务。银行和基础交易的双方都有直接的合同关系，对申请人和受益人都负有义务，既受申请人的委托对申请人负有完成其指令的义务，也因信用证的开出对受益人负有兑现信用证下承诺的义务，这两项义务的交汇点是凭相符单据付款。由于基础交易双方的利益各有侧重，申请人希望获得合格单据，受益人希望获得证下付款，而凭相符单据付款是矛盾双方达成的一种折衷和平衡，这也是双方利益的交汇点。正因为银行对于利益冲突的双方都负有义务，所以银行最适宜的立场是严守中立而不偏向任何一方，否则它可能会陷于进退维谷的尴尬境地：如果不应拒付时由于机械挑剔而拒付，将会对受益人承担责任；若应该拒付时失之过宽而未拒付，则会对申请人承担责任。[1]此外，银行在错误拒付时也可能对申请人承担责任，特别是在商业信用证下，错误拒付可能使申请人丧失了本可达成的交易机会及预期可以获得的利益。

单据除具有证明价值以外，还可能具有经济价值。在商业信用证的情况下，单据通常还代表货物。买方凭单付款，是因为单据中有详细的货物描述，它通过单据了解货物，从而判断货物是否符合要求。因此单据代表货物的第一层含义就是单据有"见单如见货物"的效果。第二层含义是单据中往往有凭以提取货物的货权凭证，控制了单据就等于取得了货物。[2]

银行不管单据背后的事实，这就意味着银行对基础交易的正确履行不负责任，也不负责判断所交单据的真伪，而只需确定其与信用证的相关性和相符程度，或者说，是否是信用证所要求的单据，因此这些提交给银行的证据被视为受益人有权支款的绝对证据（conclusive evidence）。又因为这些单据虽系依据信用证本身的要求提交，但都是基于基础交易项下义务的履行情况而作成，故这些单据在基础交易当事人之间仅被视为初步证据（prima facie evidence），而可以在兑付（或拒付）以后的相关诉讼中由对方当事人以反证推翻。但对于并非基础交易当事人的银行而言，这些单据应被视为绝对证据。

当然这并不是说对虚假的交单也应予保护，或者说提供伪证也无需负担责任，而是说这种做假的责任不宜由银行承担，因为银行并不是鉴定证据真伪的合宜机构。银行没有必要离开营业大厅，去调查单据背后究竟发生了什么。但对于单据四角（four corners）之内的内容，银行应当合理谨慎地运用自己的判断并对此负责。比如说，通过"单证相符"来判定单据的相关性，通过"单内相符"和"单单相符"来判定单据的真实性等，如果单证之间单据之间或单据内部自相矛盾，就说明要么存在错误和失误，要么存在虚假和伪造。此外，对事实的认定除依赖证据外，也离不开常识和公理，对于已知或公知的事实可推定银行知情而无需举证，如可通过自身记录或正常的业务

---

〔1〕 参见阎之大：《URDG758 解读例证与保函实务》，中国文献出版社 2011 年版，第 19 页。
〔2〕 参见于强编著：《UCP600 与信用证操作实务大全》，经济日报出版社 2007 年版，第 230 页。

操作判断的事实，银行在审单的时候亦应加以考虑，而不能简单地将其视为非单据条件而不予理会。

根据 URDG758，"担保人自身记录"是指在担保人处所开立账户的借记或贷记记录，这些借记或贷记记录能够让担保人识别其所对应的保函。当保函规定了失效事件，但未规定失效事件发生的单据时，要通过担保人的自身记录来确定失效事件是否发生。[1] 而 ISP98 规定推定开证人知情的范围除了其账户金额的变动以外，还包括单据或备用证文讯传递的相关信息，以及可借以确定备用证金额的公开信息。

如前所述，尽管备用信用证下的典型单据与商业信用证下的单据不同，但备用信用证仍属于一种跟单信用证。

最后，备用信用证的性质不取决于文书本身作如此标明。一方面，在欧洲（间或在美国）实践中某些名为"保函"的东西实际上就是信用证。而另一方面，即使文书冠以"信用证"的标题，也不一定能构成信用证。如果一个标题为信用证的文书并不要求开证人见到单据提示后便付款，而是要求它确定申请人未能履行施工合同之类的外部事实后付款，并且从表面上来看该付款条件是根本性（fundamental）的，如它被忽略，则开证人在此冠名为信用证的文书下将不负任何义务，这种情况下开证人的承诺就不成为一份信用证。[2]

第四节　备用信用证的利弊分析

在大型建设工程中，为承包商的履约开立备用信用证的银行所承担的风险一般不超过建造合同总价款的 25%，而不论承包商以何种方式为银行提供担保。保证人开出的保证函（surety bond）不仅要担保承包商的履约，而且还要担保工程的实际完工。所以，在承包商违约的情况下，保证人要在保证函可用金额的范围内完成工程的整体建设。人们可能就会有这样的疑问，既然备用信用证不能就承包商的违约为受益人提供充分的损害赔偿，而保证函在承包商违约时能保证工程的全部交付，那谁还用得上备用信用证呢？[3]

---

〔1〕 参见阎之大：《URDG758 解读例证与保函实务》，中国文献出版社 2011 年版，第 73 页。

〔2〕 参见新 UCC5 第 102 条之官方评论第 6 点。

〔3〕 See Jacob E. Sifri, *Standby Letters of Credit: A Comprehensiue Guide*, Palgrave Macmillan, 2008, p. 128.

一、备用信用证的优点

备用信用证作为保证函的替代品已经广泛普及。[1]与备用信用证相比，保证函的金额和数量要少得多。而就大型工程而言，备用信用证也是一种更受欢迎的工具。从交易的债权人的角度来看，相对于保证函而言，信用证能够提供一种好处即管理起来更为简便，这种简便可能正是备用信用证得以普及的原因。

备用信用证的相对简便体现在几个方面。首先，受益人只要提交在其掌控之中的单据就能轻易地在证下支款，如果单据相符，开证人、保兑人和依指定行事的指定人都有义务兑付受益人的索偿要求。在相符的索偿要求下不获付款的可能性几乎为零。即便法院也不会要求银行向受益人拒付，除非存在清楚无疑的关于欺诈的证据。相比之下，保证人可以主张来自债权人与主债务人之间交易的诸多抗辩，这种抗辩不能为信用证的开证人所利用。这样的话认为主债务人违约的受益人必须先就此说服保证人，保证人则要调查事件的是非曲直以确定索赔是否有理，这一过程可能长达三个月。如果保证人不同意债权人的索赔请求，后者就不得不诉诸法律。在诉讼期间，保证函下的资金由保证人保有，债权人则负担了时间拖延的成本。更不用说，如果败诉的话债权人就将竹篮打水一场空。可见，保证人享有的抗辩权使其能够想方设法逃避责任，尽管这些抗辩权可以为合同所排除，但在使用备用信用证来代替保证函的场合，就无须再借助于对担保合同的精心设计和起草。

其次，信用证的便利还体现于它规定支付确定的款项，而不是赔偿损失或损害。因而，信用证下的支付不依赖于实际损害的证明，这样在开证人与债权人之间就没有就证下款项的数额产生争议的潜在因素。实际上，在信用证项下取得款项比在保证函项下取得款项更容易，因为要求付款只需提交汇票（连同信用证本身可能规定的其他单据）。债权人无须向开证人通知主债务人的违约情形（商业担保通常会规定这样的条件），债权人也无需在取得实际支付以前等待开证人就支付约定数额或是替代履行所担保的合同作出选择。在建造合同中，尽管备用信用证所担保的金额可能仅为合同价款的一部分，

---

[1] See Kevin P. McGuinness, *The Law of Guarantee*, Carswell Legal Pubns, 1992, pp. 838–841.

一般而言，项目业主在证下可以支取的款项仍足以弥补其在面对违约时需支付的全部或者大部分开支。

例如，某承包商着手建造一个合同金额为 5000 万美元的塔，业主按照工程的施工进度分期按比例向承包商付款。在完成工程量的 50% 以后，承包商出现了违约情形。业主在履约备用信用证下支款，并收回了在违约情形下需付开支的 95% 以上。业主此后与另一承包商达成了一份新的协议，约定由后者完成剩余的 50% 工程量。在这一阶段完工貌似还需花费 2500 万美元，但事实上，新的承包商做完塔需要的费用却超过 2500 万美元。这是因为需要额外的费用来评估工程已建部分的状况。此外，修复建筑中现有的瑕疵、重组团队成员、购置新材料，以及新的承包商为将工程盘活而额外收取的费用都会导致开支的增加。所以，实际所需费用可能达到 2700 万美元。因此，新承包商还需开出一份金额为不低于该费用的 5% 即 135 万美元的新的备用信用证或银行保函。[1]

最后，对于开证行来说，开出备用信用证可以使其需承担的责任独立而明确。自信用证开立之时起，开证行即不可撤销地受到兑付责任的约束，哪怕是信用证的开出是因为申请人的欺骗、开证后因申请人已破产而无法从其处获得偿付，或由于银行内部把关不严而开出了超出自身授权金额权限的信用证等，这些均不影响信用证一旦开出后的确定效力。且信用证一旦开出，即使尚未被保兑行（如有）或受益人收到，开证行也不可撤销地受到兑付责任的约束。

凭相符单据而不是针对特定事实付款，则使银行的责任简单而明确。如果开证人或保兑人不得不去判断违约或付款之类事实或事件是否发生，那么付款及偿付都会带有极大的不确定性。由于对基础合同所涉的各种各样的行业或专业不够熟悉，开证人或保兑人也不愿去承担判断像合同、工程或债务顺利或未顺利完结之类的事实或事件发生与否的风险。[2]

---

〔1〕 See Jacob E. Sifri, *Standby Letters of Credit: A Comprehensiue Guide*, Palgrave Macmillan, 2008, p. 58.

〔2〕 See Boris Kozolchyk, "The Financial Standby Letters of Credit", *Inteanational Buinessine Law Journal*, No. 4. , 1995, p. 405.

二、备用信用证之不足

（一）不当支款的风险

不过，如果说备用信用证的以上特点对债权人有吸引力的话，对申请人而言，它就不那么有吸引力了。事实上，备用信用证对申请人而言构成一种巨大的金融风险。因为备用信用证一般不要求受益人在取得付款以前对违约进行证实，所以存在欺诈的可能，即尽管无权取得付款，受益人仍在信用证下提出索偿要求。尽管在货物销售中使用跟单信用证的情形下同样存在欺诈的可能性，但在备用信用证下，这种欺诈的可能性要大得多，特别是在付款所涉事项取决于受益人的主观判断的场合。例如，在建造合同中，承包商和业主可能就合同是否已被适当履行存在法律上的争议。如果承包商已经取得了信用证来担保其适当履行，那么业主就会设法在信用证下要求付款。要是到头来发现合同已经得到了适当履行，承包商就会试图向业主追讨证下付出的款项，但一旦付款承包商就无法再使用付出的款项并不得不向就此金额向开证人支付利息。

有这样一起案例，承包商申请开立了一份以项目业主为受益人的备用信用证，金额为 700 万美元，代表建造合同 7000 万美元总价款的 10%。业主提示符合信用证要求的单据在证下支款并获得了银行的兑付。尽管承包商对开证人兑付提示持有异议，但因提示符合要求而仍需对后者予以全额偿付并支付适当的费用。鉴于承包商已根据建造工程的规定交付了工程，其针对受益人在备用证下的不当支款提起诉讼并最终获得胜诉，但这已是自其偿付开证银行之日起的四年之后。这个例子说明了承包商所承担的巨大金融风险，700 万美元的付款可能给任何公司造成严重的财务困难，甚至可能导致破产。因此承包商总是会尽量小心地避免项目业主在备用信用证下的支款。[1]

（二）不适合于特定交易

即使撇开不当支款问题不谈，信用证仍有可能被认为是不适合于特定交易的。例如，信用证总是规定支付一定数额的款项，开证人从没有代替原合

---

〔1〕 See Jacob E. Sifri, *Standby Letters of Credit：A Comprehensiue Guide*, Palgrave Macmillan, 2008, pp. 57-58.

同方来实际履行合同的选择权。[1]在某些特定交易中，取得这种实际履行的可能性较之获得赔偿对债权人有更大的吸引力，因为鉴于保证公司（surety company）在这类事情上可能具有的经验以及它与该行业可能的接触程度，由债权人来安排实际履行可能比保证公司困难更大。

从潜在的申请人（如一家建筑承包商）的角度看还会产生另外一个问题，就是信用证的使用会增加申请人对开证的金融机构的依赖性。因为信用证的开证人与保证函的发行人往往是不同类型的公司（也即商业贷款人与保险公司），保证函的使用有助于承包商的信贷来源多样化。这种多样化为承包商带来的额外的灵活性不应当被轻易忽略。况且，要是承包商从它的银行取得信用证，则信用证的开立会减少在它的授信额度下可使用的金额，如果现金流量出现波动，承包商可能会对这种授信额度下可使用金额的减少感到不满意。因而，每个想要使用信用证的承包商都应该考虑到开证对它的现金流量要求的潜在影响。

从债权人的角度来看，商业保证函的发行人与信用证的开证人操作方法上的差异对于它就此作出的取舍也息息相关。银行无疑是信用证最大的开证人，它们仅仅把开出信用证看成一个信誉的问题——银行会在它为客户确定的信用限额之内为特定客户开出信用证。它不会对信用证涉及的合同，或对客户从事有关工作的能力作出评判。遗憾的是，履行合同的能力不仅仅是一个信誉的问题。相比之下，商业保证公司要作出是否为特定合同提供保证函的决策，往往会考虑合同的可行性，并且立足于潜在主债务人有无完成相关工作的能力。尤其是在债权人在合同所涉领域缺乏重要经验的时候，保证函程序的采用可能会帮助债权人确认那些有能力完成拟议中工作的承包商，以及相应的那些无此能力者。显而易见，如果时间因素至为重要，这类技能将为债权人提供有益的帮助。

如果说保证函比较适合在建筑行业中缺乏经验的业主的话，对于在建筑行业中富有经验的业主而言，信用证则能提供理想的保护。这类业主在信用证下能够采取比保证函下更快捷有效的行动，进而促使工程尽快完工。由于

---

　　[1]　依据新 UCC5 第 102（a）（8）条："信用证下'兑付'（honour）指开证人履行其在信用证项下的付款或支付一定有价物的承诺。"可见，兑付是指开证人履行自己在信用证项下的义务，根本不涉及对基础合同的实际履行。原 UCC5 第 103 条官方评论之第 3 点也曾明确："开证人并非基础交易的履约保证人。"

建造合同通常要求承包商在违约时将工程转包给业主，所以业主能很快地接管工程并对之负责。业主还能指示承包商将工程转包给由其指定的第三人，以便继续推进工程的建设。而业主在承包商违约时利用备用信用证在承包商的银行进行的支款则能补偿业主因接管工程所遭受的损失以及其他成本。[1]

三、备用信用证的选用

由此可见，要对备用信用证与保证函两者孰优这一问题给出明确答案是不可能的。回答这个问题有赖于特定事件的具体情形。遗憾的是，合同当事人往往在没有考虑实际后果之前就作出了采用某一特定担保方式的决定。尽管不可能就借助于信用证或保证函哪个更好建立任何确定的规则，以上各点仍然提示了一些可以在选择过程中发挥指导作用的一般原则。

首先，备用信用证十分适用于对于支款权很少疑问或争议的那些交易。例如，备用信用证作为保证税款等公共费用支付的手段看来比保证函要好。不过，由于请求权受时间限制，信用证不适用于保证判决书或仲裁裁决的支付，除非开证人答应在每一前证到期之后即开出另一新证。

其次，备用信用证不宜用于支款权有赖于债权人的某种主观评判的场合。例如，尽管备用信用证常被用于担保建造合同或其他类似合同的履行，但它们用于担保这种义务的履行看来是不明智的。除非承包商对与之缔约的一方极其信任，它不应该提供信用证来担保它的履行，因为这种文书不允许有机会就支款权作法律上的争议。如果考虑到备用信用证实际上允许债权人只要认为自己有权取得证下款项就能随时向申请人的银行账户签发汇票，那么，使用信用证来担保这类义务履行的潜在问题也就不言自明了。即使支款权这一测试并不涉及主观的评判，备用信用证的使用仍是有风险的（这可能在一定程度上意味着这种信用证只能在和公共机构打交道时使用）。不过，在涉及主观评判之时，风险的程度就要大得多，正因为此，备用信用证的使用受到影响。此外，如果承包商对于在即便最终认定债权人无权获得支付的情况下能否从债权人那里讨回付款仍感怀疑，就一定不要使用备用信用证。

选择备用信用证或保证函的第三项一般准则是，后者应当用于合同当事

---

〔1〕 See Jacob E. Sifri, *Standby Letters of Credit: A Comprehensiue Guide*, Palgrave Macmillan, 2008, pp. 129-130.

人（特别是债权人）在该合同相关领域中缺乏重大技能的场合。尽管保证公司在决定是否为特定项目提供担保时常常会犯错误，他们在风险评估中的经验无疑会对承包商和业主均有所助益。大部分债权人特别希望义务能得到及时履行。他们仅仅把备用信用证与保证函之类的方法看成最终的救济手段。因而，任何有助于确保基础合同正确履行的措施都是有益的。正是在这方面保证公司的技能为债权人派上了很大的用场。

最后，法律制度的完备与否对备用信用证的适用也不无影响。尽管受益人在备用信用证下往往只需提交简单索赔即可获得兑付，但在发达国家这是可以接受的，即使受益人的索赔是欺诈性的，那里健全的法律制度也总是能为申请人提供保护，因为能够快速高效地将骗子揪出来。不过，发展中国家的情况却并非如此，这些地方的法律程序往往是冗长、昂贵和低效的。[1]

由于安全性不及商业信用证，备用信用证在进出口贸易当中不太常用。但是，备用信用证却被有效地广泛应用于那些不涉及进出口贸易的交易之中。它经常被用于为商业的授信额度提供担保。例如，一家电视机生产商需以赊账方式从另一家电子设备生产商处购进大批电子设备，卖方可能同意在电视机生产商提供足额担保的情况下给予其一定的授信额度。此时，最佳的担保方式莫过于由一家可靠的银行代表电视机生产商开出以电子设备生产商为受益人的备用信用证，这样，一旦电视机生产商未能如期付款，则受益人就可利用备用信用证来实现其所供货物的价值。

这正是备用信用证的典型应用场景，即银行承诺在买方不履行规定于原买卖合同和/或备用证文本本身的付款义务时向卖方支付货款。作为交换，银行通常从买方处获得一笔费用。事实上，银行担保的是在买方违约不付款时让卖方获得赔付。[2]

---

〔1〕 See Jacob E. Sifri, *Standby Letters of Credit: A Comprehensiue Guide*, Palgrave Macmillan, 2008, p. 2.

〔2〕 See Jacob E. Sifri, *Standby Letters of Credit: A Comprehensiue Guide*, Palgrave Macmillan, 2008, pp. 2-3.

信用证制度的原则和价值目标

第一节　信用证制度运行的两大支柱

一、国际商事交易中的两大障碍及其超越

信用证是一种以单据为信息传导载体，以银行信用为融资媒介，将陌生人之间的基础交易转化为以信用证交易为核心的一系列熟人之间的商事交易链的制度安排。它是一种在保证交易安全基础上追求交易效率，并尽可能兼顾公平的交易形式。信用证制度之所以兴盛不衰，主要是因为它在制度设计上能有效克服影响国际商事交易顺利开展的空间上和心理上的两大障碍，从而促成并促进国际商事交易的开展。

随着经济全球化的发展和不断深化，商事交易活动愈益从一国境内溢出到一国之外，但这同时也意味着商家不断需要与新的交易对手打交道。事实上，国际商事交易经常发生于远隔两地的陌生人之间，这就意味着交易对手之间在心理上和空间上都存在较大距离，这种距离的克服正是国际商事交易得以顺利开展的前提。就空间距离而言，由于国际商事交易中的双方身处异国异地，这种空间上的距离使"一手交钱、一手交货"这一交易双方同时履行的传统交易方式无法实现时间上的同步，进而负有对待给付义务的双方当事人也就难以在相互之间形成制约与平衡，以至于弱势一方可能不得不面对无法有效控制己方钱物的尴尬处境。因为在非面对面交易的情况下，要使交易得以开展，需有一方愿意先行让步并承担风险。如在传统的国际货物贸易中，要么买方要先付款而承担卖方不发货或货不对板的风险，要么卖方要先

发货而承担买方不付款或拖欠付款的风险。而陷入有所失而无所得的困境，是任何一方都不愿意看到的。因此，在双方互不信任且都不愿让步的情况下，交易根本就无法开展。这正是汇付或赊销等传统交易方式所面临的难题。

就心理距离而言，陌生人的交易对手由于相互间缺乏基本的了解，也就不存在基本的信任，而信任乃是市场经济有效运行的定心丸。就交易的顺利开展而言，心理因素是比空间因素更重要的决定性因素，因为空间上的距离尚可因心理上的信任而被克服，而心理上的不信任却未必因空间距离上的接近而被克服。[1]如果说传统熟人社会中的信任主要是基于了解的信任，则现代的陌生人社会中更加依赖基于制度的信任。在商品流通无远弗届的国际商业社会中，如果不能构建一种素不相识的商事主体间也具有基本信任的制度环境，则原本互利双赢的交易可能根本无法开展。

跟单托收方式开始将代表货权的单据作为交易的基础，以"一手交钱、一手交单"的拟制交付来代替"一手交钱、一手交货"的现实交付，从而实现了另一种意义上的同时履行，也至少在形式上实现了当事人对作为交易标的的己方钱物的有效控制：卖方通过掌握单据实现了对货物的拟制占有，买方不付款就不能获得代表货权的单据，而不提交单据就无法从承运人处提取货物。这样，跟单托收方式就在一定程度上克服了制约国际商事交易的空间障碍，但该方式却未能在深层次上解决信任缺失这一心理障碍造成的不确定和低效率问题。试想，在卖方发运货物之后，买方不能或不愿支付汇票以换取单据怎么办？诚然，卖方在买方不付款的情况下仍保有对货物的控制，但货物此时已处于买方所在地，卖方要在彼处处置它们可能所费不菲，如果货物易腐的话问题就更加严重。故而，卖方可能希望在发货之前就获得某一肯负责任的主体的付款保证，而这正是信用证可以发挥作用的空间。[2]

跟单托收的问题在于卖方能否成功收款取决于买方的商业信用，这种信用是不太可靠的。通过在单据交易的基础上引入银行信用来保证付款，信用

---

〔1〕 正因如此，信用证制度在空间距离相对接近的国内交易中仍有适用的空间。如 ISP98 第 1.01 条明确规则可同样适用于国内或国际场合。在 R907 中有人咨询 ICC，URDG 是否可以适用于国内保函？ICC 银行委员会的回答是：银行委员会希望强调，URDG 同样可以适用于国内交易。根据我国《最高人民法院关于审理独立保函纠纷案件若干问题的规定》（以下简称《独立保函司法解释》）第 5 条，当事人可以以"载明适用"或"一致援引"的方式将 URDG 适用于包括国内交易在内的担保交易。

〔2〕 See Bradford Stone, *Uniform Commercial Code*, Law Press China, 2004, p. 524.

证成了跟单托收的升级版。要是在上述交易中引入信用证安排的话，很多问题就能迎刃而解。比如说，如果买方通过银行开出以卖方为受益人的商业信用证，那么只要卖方提交的单据与信用证相符，银行就应以自己的名义向卖方付款而不受买方的立场左右。再比如，如果买方通过银行开出的是以卖方为受益人的备用信用证的话，那么卖方可能会同意买方收到货物之后再付款，如果后者不付的话，再凭汇票及由卖方签字的买方收货后未付款的声明要求开证银行兑付。此类安排将使各方从中获益。银行获得了一笔费用，且通常它会要求买方提供担保以抵消后者不履约的风险。卖方为买方提供了货物在途期间的信用，但它可以依靠银行信用来保证最终的收款。买方则在收到货物之前无需支付货款。[1]

不难看出，信用证制度的重要意义就在于它较好地克服了国际商事交易当事方在空间上和心理上的两大障碍，相应地，单据交易和银行信用就构成了信用证制度运行的两大支柱。[2]就前者而言，信用证制度沿袭了跟单托收方式中的单据交易机制，凭单付款的同时履行方式实现了国际贸易在表面上的同步开展和即时可控。就后者而言，通过引进一个双方都较为了解和信任的第三方即中间银行——特别是知名的大银行，信用证安排将陌生交易对手间的交易转化为一系列两两熟悉的交易对象间的商事交易链，[3]来消弭陌生人之间的信息不对称，从而有助于评估并控制交易过程中的潜在风险。具体而言，银行接受申请人的委托向受益人开出信用证后，申请人和受益人之间的陌生人交易便转化为申请人与银行以及银行与受益人两两之间的熟人交易。在开立信用证的银行之外，其他办理通知、保兑、议付等业务的中间银行的介入则使交易链条进一步拓展和延伸。这些环环相扣的交易链条实际上也是

---

〔1〕 See Douglas G Baird, "Standby Letters of Credit in Bankruptcy", *University of Chicago Law Review*, Vol. 49, No. 1., 1982, p. 130.

〔2〕 有学者认为单据交易和银行义务独立性是 UCP 确立的信用证两大基本原则，这显然是不无道理的（Ralph H. Folsom, Micheal W. Gordan, John A. Spanogle, *International Business Transactions*：《国际商事交易》，法律出版社 2005 年版，pp. 135-136）。但本书认为，仅以单据交易作为信用证交易中的原则难以体现其与跟单托收下的单据交易之间的差别，而单据相符更能准确反映开证银行是信用证交易的一方当事人且其兑付以且仅以受益人所交单据与信用证表面相符为前提的特征，故本书将单据相符作为信用证交易中的原则。

〔3〕 此即杨良宜先生所谓信用证"涉及一连串付款的合约"。参见杨良宜：《信用证》，中国政法大学出版社 1998 年版，第 1 页。

在陌生人之间构建信任关系的纽带，正是通过这些信任纽带的联结，陌生人间的基础交易才得以顺利展开。

较之熟人之间直接的交易而言，信用证安排中的交易环节与成本虽有所增加，但这一安排却促成了许多在陌生人之间原本无法达成的交易，而自愿达成的交易是对交易各方都有利的，这正是信用证制度的效率和生命力所在。不难看出，银行这一高端信用主体的介入，大大缓解了商事交易中信息不对称带来的信任缺失，从而有利于减少交易的不确定性，鼓励并促成国际商事交易的有序和有效展开。不过也要看到，信任问题并未在信用证安排下被彻底解决，因为银行信用的介入只是强化了申请人一方原有的商业信用，受益人一方仍以自身的商业信用参加到信用证交易之中，这种商业信用也具有不确定性，以致使银行信用有时反被一些不法受益人用作牟利，信用证交易中的这种信用不对称正是长期困扰信用证制度的欺诈问题之根源。

通过促成交易以增进效率虽是信用证安排的终极目的，交易安全却始终是信用证安排的首要追求。如果交易的安全性无法保障，交易效率也只能是镜花水月。信用证安排以银行信用为基础，但这种银行信用仅为申请人而非为受益人一方背书；信用证交易以单据相符为前提，但单据相符本身无法杜绝从单据表面难以觉察的欺诈这一安全漏洞，而利用这一漏洞实施欺诈的恰恰多来自受益人一方。故为维护信用证交易的安全起见，有必要对独立性原则与单据相符原则设立欺诈例外，根据欺诈例外，司法机构可为判断信用证欺诈存在与否之目的调查基础交易的履行情况，一旦认定欺诈成立，则即使提示了表面相符单据的受益人亦无权在信用证下获得支款。

二、信用证制度运行的支柱之一：单据交易

（一）信用证项下单据是基础交易信息的传导载体

信用证下并不以货物本身或特定事实的发生与否作为兑付条件，而是以单据来控制付款。单据之所以能作为信用证下的付款条件，并不是因为单据本身都具有商业信用证下的提单那样的经济价值。作为一种信息载体，单据的价值首先其能以文义记载来传递基础交易项下货物、服务或履约情况的相关信息，进而建立起信用证交易与基础交易之间的牵连关系。单据交易是基础交易的书面拟制，是基础交易的履行状况在信用证交易中的浓缩或抽象。

说它浓缩，是因为它是对基础交易履行状况具体而微的反映。说它抽象，是因为单据是以其中所载的信息内容来反映事实的书证。在信用证下的交单相当于向银行提交基础合同中规定的付款到期事件已经发生的书面证据，这不同于提交像一瓶香水那样以其物理存在来反映事实的物证。毕竟，开证人开出的信用证不以受益人提交的香水与申请人所提供的香水相同作为付款条件，而判断两瓶香水的异同显然要求银行具备更多其可能并不具有的特定行业知识。

单据来源于基础交易也反映基础交易，具有证据那样的证明价值，所以单据既是连结基础交易与信用证交易的"桥梁"，也是横亘于基础交易与信用证交易之间的"隔离墙"。这堵"隔离墙"一旦建立，作为信用证交易当事人的开证人就只需审查"墙内"记录于单据中的基础交易信息，而无需再去探究"墙外"的基础交易本身的实际履行情况。从证据法的角度来看，在受益人与开证人等非基础交易当事人的第三人之间，单据可能构成基础交易履行情况的最终证据（conclusive evidence），除明显的欺诈外，其真实性和效力不允许被质疑。[1] 而在基础交易当事人之间，单据仅构成基础交易履行情况的表面证据（prima facie evidence），故在关于基础交易的诉讼中，单据的真实性和效力可以被相反的证据所推翻。

（二）不同单据在信用证下的具体功用各异

单据作为基础交易履行状况的证据，其证明的内容和效力是因事而异的。商业信用证下提交的单据一般用来证明受益人已经履行在基础交易项下的义务，其中的提单是自身具有内在价值的货权凭证。而备用信用证下提示的单据一般是无经济价值的非货权凭证，用以证明申请人在基础交易下存在不履约的情况，但直接付款备用信用证下的单据与不履约无关，只需表明付款日期到期即可支款。

信用证下要求单据的数量和内容不同，信用证交易与基础交易的实质关

---

[1] 如英国法上就将信用证下提示的单据视为最终证据。从单据在受益人和开证人之间构成最终证据的意义上说，在申请人未以欺诈为由申请针对受益人的禁令的情况下，仅由开证人自身申请针对受益人的禁令也是不妥当的。当然如果存在申请人与受益人的恶意串通的话似应另当别论，因为此时整个信用证安排由于存在对法律的规避而无效。不过，由于审慎的开证人通常都会要求申请人提供适当的担保，所以恶意串通实际发生或成功的概率是很小的。

联以及对受益人的制约程度也有强弱之分。单据所设定的证明标准越高，则信用证交易与基础交易之间关联的紧密程度就越高，对受益人的制约程度也就越大。信用证的单据条件如为法院判决或仲裁裁决，则信用证与基础交易的关联性最强，对受益人制约最大。单据条件如仅为汇票或索偿要求，则信用证与基础交易的关联性最弱，对受益人制约最小。单据条件为违约声明、第三方单据等的，关联性和制约性居中。因此，谈判各方应当根据自身利益和风险衡量，设定不同的单据付款机制。[1]

但单据条件对受益人的制约作用是以基于单据的信用证交易能实质反映基础交易为前提的。在存在单据欺诈的情形下，由于欺诈性单据已完全脱离基础事实，信用证交易与基础交易之间通过单据建立的牵连关系已被切断，无论信用证下要求单据的数量和内容如何，这类要求对受益人已不能发挥任何制约作用，因为不法受益人可以随心所欲地伪造出信用证下要求的任何单据。在单据的信息传导功能已被完全扭曲的情况下，为避免使信用证沦为骗子的行骗工具，此时就不应再拘泥于单据表面而应重新审视信用证为之服务的基础交易，通过考察基础交易的履行情况来判断受益人是否真正有权在信用证下支款。

三、信用证制度运行的支柱之二：银行信用

（一）信用证下银行的金融职能

银行为基础交易当事人提供的是金融服务而非法律服务，就后者而言，银行缺乏相关的技能和经验。银行也不宜在受益人和主债务人/申请人发生纠纷时去评判孰是孰非，否则它会被卷入无法解决的利益冲突的泥潭之中，特别是考虑到银行和申请人以及受益人双方都存在着合同关系。所以，银行对于独立性原则以及中立地位的维护有其正当利益。相比之下，传统的保证人

---

〔1〕　参见张勇健、沈红雨："《关于审理独立保函纠纷案件若干问题的规定》的理解和适用"，载《人民司法（应用）》2017 年第 1 期。在单据条件为汇票或索偿要求的情况下也不意味着基础交易与信用证交易之间并无关联，因为设置此种单据条件并不表明受益人可以无视基础事实而在信用证下任意提起索赔，而只是基于受益人提起索赔的行为推定信用证中规定的付款到期事件已经发生而已，因为每一份信用证都默示要求在其下提交的单据是真实的，故对受益人明知自己无权支款或支款绝无事实依据而仍在信用证下支款的情况而言，信用证欺诈同样成立。

与主债务人存在着特定关系（亲属、持股关系等），正是这种特殊关系使他充当了保证人的角色。他也充分认识到主债务人在经济上的脆弱地位，这也正是债权人要求提供保证人的原因。保证人不获补偿的风险是相当大的，因此，承担经济风险的实际上是保证人。[1]

由于银行承诺的是凭相符交单付款，而不是在基础交易履行或不履行时付款，所以银行的主要任务就是审查单据是否与信用证的规定相符，而不对基础交易的履行状况负调查取证之责。而且，由于既不了解基础交易，也不具备基础交易项下各种商品、服务等的专业人员和知识，银行也只可能从表面上审核索赔与单据。

银行审单是为了核对单据所载信息相互间及其与信用证规定之间的相符程度，但银行只负责信息的核对而不负责信息的核实。核对是形式审查，而核实是实质审查。银行并非基础交易的当事人，对基础交易的订立和履行无法也不应负监管之责，它占有的关于基础交易的信息仅以单据表面的四角（four corners）为限。对于存在于单据表面的不符，银行应当拒付。但对于存在于单据背后的欺诈，银行并不负责。相对于基础交易当事人而言，银行是处于中立地位的第三人，但与同样处于中立地位的法院不同的是，它扮演的角色是付款人而不是调查者。

保函和信用证一样，都是通过借助银行资金或信用来促进商业交易的完成，银行承担大量的负债但仅获得有限的收益。[2]

（二）银行的双重义务与其中立地位

1. 银行对申请人和受益人的双重义务。前已述及，开证银行在可能原本互不熟悉的基础交易双方之间发挥联系纽带的作用，它和申请人和受益人都存在直接的合同或承诺关系，对两者都负有可强制履行的约定义务：一方面，银行依开证合同对申请人负有恪守委托的义务，其中包括承诺凭受益人的相符交单向收益人付款；另一方面，银行也以开证的方式对受益人作出了凭后者之相符交单付款的单方确定承诺。不难发现，凭受益人的相符交单付款是银行既向申请人也向受益人负有的义务。

---

[1] See Roeland F. Bertrams, *Bank Guarantees in International Trade*, Kluwer Law International, 2004, p. 69.

[2] 参见阎之大：《URDG758 解读例证与保函实务》，中国文献出版社 2011 年版，第 304 页。

由于市场中的理性经济人往往寻求自身利益的最大化，基础交易双方是一种合作中有对抗、既合作又对抗的矛盾关系，这一矛盾关系在信用证交易中体现为申请人和受益人之间存在潜在的利益冲突，而这一矛盾是整个信用证安排中的主要矛盾。比如说，对备用信用证而言，受益人的利益在于尽量争取宽松的支款条件并在必要时实际支款，申请人的利益在于尽量设定严格的付款条件并避免受益人实际支款。这样，对申请人和受益人负有双重义务的银行一旦处置不当，就可能处于利益冲突漩涡的中心。更何况银行在信用证下也具有自身的利益，即在收取一定开证费用的同时避免不必要地卷入基础交易的纠纷之中。

2. 银行应当维持其中立地位。一方面，银行对作为其客户的申请人负有恪守委托的义务，但它也要清醒地认识到，信用证交易是银行与受益人之间的交易，申请人是信用证交易的局外人。所以，银行不得因为接受申请人委托并向其收取开证费用之故而受申请人的操控，否则不仅将减低信用证作为付款承诺的确定性，进而影响自身信誉以及信用证的可接受性，而且可能因错误拒付而面临受益人的起诉。另一方面，银行不得因为申请人是最终的风险承担者而对申请人的利益漠不关心，在履行委托之时银行应秉诚信行事，以保护申请人的正当权益，避免因不当付款而使申请人陷于财务困境之中，否则它可能无权从申请人处获得偿付。

只有才寻求各方利益之契合点的基础上，银行才能在信用证安排中扮演适当的角色。那么，这一利益契合点何在呢？本书认为，这一契合点存在于凭受益人在信用证下的相符提示付款。首先，对受益人而言，它有义务在信用证下提示相符且合格的单据。单据相符与单据合格不是一回事，相符是表面上的，是就其符合信用证条款而言的；合格是实质性的，是就其符合基础合同的要求而言的。信用证运作的基础虽然是将相符单据推定为合格，但相符单据事实上并不一定合格。要获得在信用证下的支款权利，受益人必须提交在形式上和实质上均符合要求的单据，或者说受益人的交单不仅要满足信用证的要求也要符合基础合同的规定。信用证下的支款系以提交相符单据为前提，但这不是说该单据只需相符而无需合格。根据新 UCC5 第 110 条的要求，受益人应向申请人担保其支款不违反其与申请人之间的任何协议。

对银行而言，它在信用证下只负凭相符单据付款的义务。银行是信用证交易而非基础交易的当事方，信用证交易是一种单据交易，故银行只需判断单据的表面相符与否，而无需理会单据实质上相符或合格与否。正如UCP600第5条所言："银行处理的是单据，而不是单据可能涉及的货物、服务或履约行为。"根据开证合同的约定，单据的表面相符性——而非实质相符性——是银行首要且唯一关心的事。

由于信用证交易中的银行只关心单据的表面相符性，基础交易中的申请人既关心单据的表面相符性也关心单据的合格性，故凭表面相符单据付款才是信用证交易与基础交易的最大公约数。如前所述，凭表面相符单据付款既是银行对申请人所负的义务，也是对受益人所负的义务。如果银行对表面不符单据付款或对表面相符单据不作付款，就违反了申请人通过开证合同对其所作的指令；如果银行对表面相符单据不作付款，它还同时违反了其对受益人所作的承诺。只有在单据表面相符的情况下作出付款，银行对申请人和对受益人的义务才均获履行而不致相互矛盾。

对申请人而言，尽管它对单据实质相符性的关心更胜于对单据表面相符性的关心，但由于信用证交易建立在推定表面相符单据即为合格的基础之上，它对开证银行作出的仅是凭相符单据而非合格单据付款的委托。从最终意义上说，表面相符而实质不符的单据对申请人来说是没有意义的，因为这意味着受益人并未诚信履行基础交易而损害了申请人的利益，申请人也因此有权在基础交易下追究受益人的责任。单据的实质相符固然更符合申请人的利益，但对单据的实质审查既与银行与申请人在开证合同中的约定不符，也违背了申请人和受益人选择以信用证方式付款的初衷。单据的实质相符与否，既不是银行的利益和关心，也超出了银行可以掌控的能力范围。实质相符但表面不符的单据甚至给关心表面相符的银行带来不便，进而也给受益人的支款带来麻烦。虽有银行联系申请人放弃不符点的实践，但银行并无放弃不符点的义务，所以受益人应尽可能提交不仅在实质上相符也在表面上相符的单据。

综上可知，受益人提交能实质反映基础事实的合格单据虽是整个信用证安排的终极目的，但信用证交易构建在"推定表面相符单据为合格"的基础之上，凭表面相符提示付款不仅是信用证安排下各方利益的契合点，也是银行履行其兑付义务的行为指南和自我保护的重要手段。

三、从两大支柱到三大原则

从信用证有效运作的两大支柱之中可以推导出信用证的若干原则。一是由银行信用介入这一支柱可推导出独立性原则，因为银行信用只有独立发挥作用对于信用提升才有实际意义，一旦从信用证的运作中抽掉银行的独立付款责任，信用证将实质上退化为托收等商业信用，其可接受性必将大打折扣。银行的中立地位与信用证的独立性原则也一脉相承，如果银行不能处于中立地位而受制于申请人，则受益人仍无实质保障而言。

信用证有效运作的另一个支柱是单据交易机制，对此可从积极和消极两个维度上去理解。从积极意义上说，信用证下的单据交易不仅是对基础交易的拟制，它本身也是一个独立的交易。对这一独立交易之履行的适当性也需要确定一个相对客观的判断标准，以控制负独立付款责任之银行的兑付义务。这个客观标准就是单据的表面相符。再从单据表面相符出发，推定单据实质上合格。从这个意义上说，表面相符原则是独立性原则的具体体现。

从消极意义上说，由于单据交易机制发挥作用的前提是单据中所载基础交易的信息客观真实，如单据因存在欺诈而不能反映基本交易的真实情况，信用证就无法发挥其激励功能而促成基础交易顺利履行，从而导致信用证安排的目的完全落空。由于单据作为信息载体的证明功能在欺诈情形下已完全扭曲，信用证交易与基础交易的牵连关系不复存在，从形式上坚守单据的表面相符也就不再有意义，故表面相符原则应让位于欺诈例外原则的适用。[1]因为表面相符单据只是受益人获得兑付的必要条件而非充分条件，受益人有义务提交不仅表面上相符而且实质上合格的单据。信用证安排并不鼓励受益人提示表面相符而实为欺诈的单据，恰恰相反，欺诈性的交单应当像卖假货一样不受保护，如果在单据表面相符而实为欺诈时银行仍有义务付款，则将使信用证安排沦为利用虚假单据来进行诈骗的工具。由此可见，表面相符原则与欺诈例外原则又是相反相成的，后者是前者的例外与补充。

本章主要讨论独立性原则和表面相符原则，欺诈例外原则将在第六章作专章讨论。

---

〔1〕　表面相符原则或独立性原则的意义在于强调银行凭单据独立付款，欺诈例外虽名为这两项原则的例外，但鉴于欺诈一旦被证实即可要求银行止付，而事实上具有完全排除这两项原则适用的效果，故欺诈例外不仅同样构成信用证的一项基本原则，且其重要意义不亚于其他两项原则。

第二节　独立性原则

信用证的独立性原则（independence principle）是信用证制度的基石与支柱，它在欧洲也常被称为自治原则（autonomy principle）。独立性原则对于有关各方明确权义、分清责任、减少纠纷有重大意义。根据该原则，开证银行仅依据信用证本身的规定凭受益人提交的单据自主地作出兑付与否的决定，而不必理会作为信用证产生依据的其他合同或交易下的法律或事实上的争议。备用信用证既然是信用证的一种，独立性原则对其适用是不言而喻的。

一、独立性原则的存在机理

由于国际商事交易中的当事人双方远隔重洋，对于对方的资信和履约能力可能互不了解和信任，因此交易安全成为双方首要关心的问题。为了解决商业信用危机，特别是为债务人向债权人提供债务履行的担保，从而建立一种债权人能高度信赖的机制，以促进基础交易的顺利开展，就有必要以开证人的银行信用来代替申请人的商业信用，减少债权人承担的债务人不履约的风险。在此机制下，债权人应能确信一旦债务人不履行基础合同项下义务，或将对自身利益带来一定损害的特定事项发生之时，它能以较为简单的方式转而要求具有良好资信的银行就此作出补偿，让银行来承担首要的付款责任。要使这种设想成为可能，就先要满足以下几个基本条件或步骤：

（一）提交相符单据是银行承担责任的前提和依据

现今的国际贸易实践中，在商业信用证下利用提单等代表货权的单据进行的单据交易[1]已经得到了广泛使用，卖方的交单被推定为交货，银行只按"单证相符、单单相符"等标准来决定对受益人付款与否。UCP600 第 5 条明确规定："银行处理的是单据，而不是单据可能涉及的货物、服务或履约行为。"

---

[1]　单据交易也称单据买卖（documentary sale）。虽然借助单据进行交易是信用证安排得以有效展开的重要前提，但单据交易并非信用证安排中所独有，托收等其他支付方式中也以单据交易为基础，所以本书未将其视为信用证制度中的基本原则。

备用信用证同样是一项凭单付款的单据业务。在备用信用证下，银行不是基础交易的当事人，作为金融机构，它对基础交易履行的担保是通过受益人提交交易未能正常履行的证据（如有关申请人不履约的声明等单据）来实现的，它承诺的是凭受益人提交的单据独立付款，只负责在对受益人不利的事件发生时对其作出金钱补偿，而不保证监督基础交易的实际履行，也不负有替代申请人作出履行的责任。也就是说，基础交易下任何对受益人不利的事件均须以单据形式呈现才能得到银行的认可，银行既无能力也无真实利益去调查基础交易的实际履行情况。对银行来说，单据既是了解基础交易有关信息的唯一途径，又是隔断信用证交易与基础交易之间关系的防火墙，更是借以判断自身兑付义务是否产生的客观依据。

（二）银行不应受申请人的控制

银行在信用证项下处理的既然是单据而非货物、服务或履约行为，那么，它就必须依据自己的标准[1]而不是依赖申请人来审查单据并确定是否付款。特别在备用信用证下，由于受益人交单即说明基础交易出现了问题，此时银行的利益与申请人的利益也将产生明显的不一致：银行由于其凭单付款的责任明确，且付款后可以向申请人要求偿付，为其自身的信誉[2]起见，一般愿意根据表面相符的单据作出赔付。而申请人倾向于对受益人主张索偿的基础表示怀疑，它更愿意在就基础交易发生的争议得到解决以后再支付受益人，因为在支付以后再向受益人追回付款是很困难的。

在这种利益冲突的情形下，申请人往往会找借口来阻止银行付款。如果听任银行受申请人的摆布，实质上是在以商业信用来重新取代银行信用，而且银行也有了推卸责任的借口，这样一来，不论银行多大，资金多么雄厚，银行的最大资产即它在金融和合同方面诚实的信誉都将遭到破坏，备用信用证提供的担保也将失去价值，备用信用证也将失去存在的意义。所以，有必要确立银行处理单据的独立性，使其审单和付款行为均不以申请人的意志为转移。正因为申请人与开证人之间潜在的利益冲突，ISP98甚至不要求开证人通知申请人收到了备用信用证下的提示。

---

[1]　UCP600第14（a）条规定：按指定行事的指定银行、保兑行（如有的话）及开证行须审核交单，并仅基于单据本身确定其是否在表面上构成相符交单。

[2]　这种对自身信誉的考量往往会压倒对维护与客户的良好关系等其他因素的考量。

UCP600 除在第 14 条规定银行只负责单据的表面合格性之外，还在第 34 条规定银行不对单据的实质有效性负责。这样规定的理由不仅是因为收取微薄中介费用的银行不应承担与其收入不相称的额外风险，也因为无论是从人员上还是从技术上银行都无法胜任对单据真伪性的判断。此外，开证银行对基础合同之缔结或受益人之选择无控制力，并且开证银行获得补偿是因其提供了支付服务而并非担保履行。[1]所以在通常情况下，应由申请人自身来承担因其错误选择不可靠的交易对手而导致的欺诈风险。

（三）银行借助开证合同来确定其与申请人之间的权利义务关系

银行是凭其客户即申请人的委托并为申请人的利益开出信用证的。申请人根据基础合同中的信用证条款的要求向银行提出开证申请，订立申请与补偿协议即开证合同，就开证向银行提供一定的押金或其他担保，并承诺将来于银行凭相符单据付款后向银行进行偿付。银行向申请人负有凭且仅凭与信用证条款相符的单据作出兑付的义务，对于不符点交单，除非申请人对该不符点弃权，银行不得作出兑付，否则它无法从申请人处得到偿付。对于表面相符的欺诈性交单，银行应恪守委托诚信行事，并在此前提下不对欺诈承担责任。

（四）银行开出信用证作为其对受益人承担责任的形式和依据

银行以自己的名义向受益人开出信用证，表明愿意承担第一性的付款责任，即承诺一旦该受益人按信用证的规定提交相符单据，银行就无条件付款。就其性质而言，信用证不可能是无条件的（unconditional），因为其付款须以相符单据的提示为前提。所以，ISP98 第 1.10 条规定，如果备用证表明它是无条件的，这只不过是表示在备用证支款的唯一条件是提交相符的单据。

二、独立性原则的内涵

关于信用证的独立性，ISP98 第 1.06（c）条规定：因为开证人是独立的，备用证下开证人义务的履行并不取决于：开证人从申请人那里获得偿付的权利和能力；受益人从申请人那里获得付款的权利；在备用证中对任何偿

---

[1] 原 UCC5 第 109 条之官方评论第 1 点。

付协议或基础交易的援引；或开证人对任何偿付协议或基础交易的履约或违约的了解与否。UCP600第4条有如下规定："就其性质而言，信用证与可能作为其开立基础的销售合同或其他合同是相互独立的交易，即使信用证中含有对此类合同的任何援引，银行也与该合同无关，且不受其约束。因此，银行作出的兑付、议付或履行信用证项下其他义务的承诺，不受申请人基于其与开证行或与受益人之间的关系而产生的任何的请求或抗辩的影响。""受益人在任何情况下均不得利用银行之间或申请人与开证行之间的合同关系。"新UCC5第108（f）条中对"独立性原则"也作了明文规定，强调信用证义务独立于基础合同的义务，信用证一经开立即构成一项自主文件并确定独立的交易关系。根据上述规定并考虑信用证交易的商业惯例，可知信用证独立性原则具有以下内涵：

（一）信用证独立于基础合同

信用证交易的出发点是开证行的客户与信用证受益人之间的基础合同或交易。信用证不是单独存在的，它总是与特定的交易或关系相关联，也就是说，有关基础合同或类似义务均在信用证的考虑之中。[1]但信用证一旦开立，便独立于基础合同之外。本来信用证既然是银行向受益人作出的一项可强制履行的确定承诺，则双方依其书面所载来确立权利义务关系应是顺理成章，无须过多强调，而真正体现独立性的在于依照UCP600之规定，即使信用证中含有对作为其开立基础的合同的任何援引，[2]银行也与该合同无关，且不受其约束。这是因为银行并不是基础交易的当事人，它对该交易的具体细节不必要也不可能作深入了解，故仅因信用证中的简单援引就推定银行对基础交易知情并进而追究可能由此引起的相关责任对银行是不公平的。开证人的义务只应以信用证本身的规定为依据，与基础合同是否得到适当履行无关，无论基础合同的规定为何，除非其内容被并入信用证之中，否则不能在开证人与受益人之间适用。

进一步说，如果作为信用证开立基础的合同并不存在或并非合法有效，

---

〔1〕　See H. C. Gutteridge, M. Megrah, *The Law of Banker' Commercial Credits*, London, Europa Pubns, 1979, p. 6.

〔2〕　此处"援引"的英文为"reference"，也译为"提及""引述"等，如在信用证中记载合同号码、日期等内容。

则信用证本身的效力是否受到影响呢？对于此一问题，备用证公约的立场可资借鉴。一方面，备用证公约第3条规定"担保人/开证人对于受益人的义务不取决于任何基础交易的存在或有效性"；另一方面，备用证公约在第19条规定"法院或仲裁庭已宣布委托人/申请人的基础义务无效"的，属于索赔无可信依据的不予付款情形。根据以上规定，备用证公约在维护信用证独立性原则的同时，也从防范欺诈的角度出发，允许担保人/开证人以基础交易无效为由不予付款，但对基础交易效力的认定只能由法院或仲裁庭作出。

总的来说，信用证独立于基础合同的结果，就是信用证交易双方均不得对基础合同加以利用：一方面，银行不能利用申请人在基础合同下对受益人拥有的索赔和抗辩对抗受益人，而只能以单证不符作为对受益人的抗辩，以达到拒付的目的。另一方面，受益人也不能仅以基础合同项下的规定事件的实际发生为依据要求银行付款，而必须提供与信用证规定相符的单据。所以，只要受益人根据信用证的要求提供了相符单据，银行就必须对其履行付款之责，申请人对银行的付款也应负责偿付，即使这些单据与基础交易的实际履行情况存在出入。也就是说，受益人在基础合同下的权利和在信用证下的权利没有必然联系，否定前者未必导致对后者的否定。即使受益人在信用证下取得的权利超过其在基础交易下享有的权利，申请人也应先依开证合同偿付银行所作的正当兑付，然后再依基础合同向受益人追回超额部分。

（二）信用证独立于开证合同

广义地说，可能作为信用证开立之基础的合同主要有二：一是上述的基础合同，其中约定以信用证方式支付价款的"信用证条款"是信用证交易发生的最初依据；二是开证申请人与银行之间的开证合同，该合同既是申请人履行其申请开证承诺的具体体现，又是银行开出信用证的直接依据。所以，UCP的规定，就把信用证同基础交易双方合同及至开立信用证为止的原始契约分开并相对独立。[1]

因此，信用证一旦有效开立，开证行的义务也不受制于申请人与该行之间达成的包括开证合同在内的任何协议、申请人所交押金不足、申请人破产、申请人不愿依约作出偿付乃至信用证的开立是由于申请人的欺诈行为等情形，

---

〔1〕 参见［日］东京银行编：《贸易与信用证》，中国银行译，中国金融出版社1989年版，第73页。

都不能免除银行对受益人的付款义务；另外，受益人也不能利用银行与申请人达成的协议来为自己谋取超出信用证规定的额外利益。在美国 1993 年的 Murphy v. FDIC 一案中，法庭起初认为开证申请人没有对为其开出备用信用证的第一国民银行提供必要的担保，因而违反了《联邦储备法》第 23 条 A 款（Section 23A of Federal Reserve Act）及其他联邦银行法规的相关规定，导致该开证行为无效，所以第一国民银行没有在备用信用证下向受益人付款的义务。但这一意图抛弃独立性原则的危险倾向在其后的判决中得到了纠正，从而使银行对受益人的付款义务被最终确认。可见，信用证不仅独立于开证申请人与受益人之间的关系，而且独立于银行与开证申请人之间的关系，信用证的有效性一般不因这些关系中存在的违法行为而受影响。[1]

此外，独立性原则还意味着，就相同的当事人而言，银行过去在某一信用证下的有关行为并不代表它在另一单独的信用证下仍将如此行为。[2]例如，银行对某一信用证下某不符点的放弃并不代表它在另一单独的信用证下也当然放弃同样的不符点。

三、信用证独立性原则的意义和例外

（一）独立性原则的意义

信用证的独立性原则是信用证制度的基石和支柱，它肯定了信用证是独立的自足性文件，确立了银行在一般情形下凭单付款的绝对义务，为受益人提供了有力的安全保障，也使各方的权利义务得以明确。一般来说，该项原则具有如下的积极意义：

1. 从银行的角度看。根据该项原则，除有明显的欺诈情形发生，银行只需对单据与信用证条款是否相符进行审查并决定是否兑付，而无须关心单据与基础合同的要求是否一致以及基础合同的实际履行情况。这就确立了银行独立而不受制于信用证之外其他任何文件的义务，使银行不必无谓地卷入与基础交易有关的法律和事实争议之中，也避免对信用证下的单据之外它不能

---

〔1〕 See Michael Gruson, Hartwin Bungert, "The Independence Principle Vindicated", in Jamis E. Byrne, Tomas. P. Cavanaugh, 1997 *Annual Survey of Letter of Credit Law & Practice*, 1997, p. 101.

〔2〕 See Richard King, *Gutteridge and Megrah's Law of Bankers' Commrecial Credits*, Routledge, 2001, p. 13.

决定和控制的东西负责。这样，银行才能在信用证交易中从容地扮演金融角色而非贸易角色，无需充当基础合同的履约保证人或争议仲裁者，也无需对受益人的能力和信用或对所提交单据的实质有效性负责，这样也才能明确界定银行的义务与责任，减轻其额外的风险和负担，从而调动其介入国际贸易的积极性。

2. 从受益人的角度看。信用证的独特价值就是使受益人能得到完全的满足，即不论它与银行的客户之间就履约或业已存在的基础合同发生什么纠纷，只要满足了特定的条件，银行都有义务向它付款。[1] 基于银行兑付义务的独立性，受益人获得了可靠的付款保证，它可以合理地预期如果申请人不履行基础合同，它能很方便地从备用信用证下得到补偿。根据 ISP98 第 1.06（c）(ii) 条的规定，备用证下开证人义务的履行不取决于受益人从申请人那里获得付款的权利。可见，受益人能向银行主张的权利不仅从质上说更加可靠，从量上说也可能大于其可向申请人主张的权利，虽然前一权利系从后一权利派生而来。

3. 从申请人的角度看。众所周知，自愿交易对参加交易的各当事方都是有利的。而基础合同通常是受益人与申请人自愿缔结的合同，包含于其中的信用证条款也是双方协商一致的结果，这也是作为信用证安排的受益者之一的申请人想要通过开出信用证来促进基础合同履行的原因。借助备用信用证这一可靠的银行信用，申请人可以补充自身信用的不足，增强受益人对基础交易正常履行的信心，进而促进国际商事交易的顺利展开。

（二）独立性原则的例外

任何事物都有两面性，极端强调的信用证独立性也可能给基础交易双方造成不利。因为独立性原则的适用是建立在这样一个推定基础上的，即单据的表面相符即意味着单据的实质有效，或简单地说，推定表面相符单据为合格。根据国际商事交易的实践，这一推定在大多数时候能够成立，但表面相符单据实不合格或表面不符单据实为合格这样的例外情形也不鲜见。因此，一味僵化地固守独立性原则，反倒可能使之成为信用证贸易中的一种负担。

1. 固守独立性原则可能为信用证欺诈打开方便之门。如果开证行完全只

---

[1] 参见 [英] 马克·霍伊：《国际贸易法》，李文玺译，法律出版社 1992 年版，第 100 页。

根据单据的相符性决定是否付款，而无须考虑单据的实质相符性或基础交易的实际履行情况的话，独立性原则就可能异化为一种受益人用来实施欺诈的工具。银行虽然承诺凭单付款，但提交相符单据只是受益人获得支款权的必要而非充分条件，单据作为付款凭证是因为它是受益人已在基础交易下履约或申请人在基础交易下存在违约的证据，符合基础交易的要求本身才是受益人有权在证下支款的根本原因和充分理由。因此，在信用证受益人形式上的交单义务与其在基础交易项下所享的权利或所负的义务明显背离时，或者说，当受益人实质性的欺诈提示使形式上完备的单据已全无意义之时，开证人可以基于基础交易下申请人对受益人的抗辩而对后者拒绝兑付，这也就是欺诈例外的法理依据。

2. 固守独立性原则可能给基础交易的正常开展造成不便。即使基础合同中规定的基础义务已被切实履行，发运的货物事实上也完全符合基础合同的要求，但如受益人因疏忽或失误而致提交的单据不完全符合信用证的规定，它仍然不能获得付款，这显然会形成对国际贸易的阻滞。换个角度看，申请人也会因单据表面的轻微瑕疵而无法得到实为合格的货物，以致不能获得预期的履行利益。信用证独立性原则上述消极面的存在，使该原则在特定情形下的例外成为必要。

总之，独立性的涵义虽然在于开立人仅凭信用证文本的承诺本身对受益人负责，而不受制于包括信用证所赖以产生的关系在内的其他关系，但由于基础交易与信用证交易之间存在单据这一联结纽带，信用证交易对基础交易的独立只是一种形式上的相对独立，而非实质性的绝对独立。毕竟，信用证交易脱胎于基础交易并为后者服务，对证下各方权利义务的界定也就不能完全脱离服务于基础交易这一终极目的来考虑。因此，为纠正独立性原则僵化适用可能造成的弊端，针对以上第一种情况，便有欺诈例外的确立；针对以上第二种情形，便有了放弃不符点的实践。[1]

第三节　表面相符原则

信用证是开证银行依申请人的指示开出的凭单付款的确定承诺，信用证

---

〔1〕　参见谢可训："信用证独立性原则辨析"，载徐学鹿主编：《商法研究》（第三辑），人民法院出版社 2001 年版，第 398～399 页。

交易是凭单付款的单据交易。但开证人在该业务中的兑付或拒付不是任意作出的，提交与信用证表面相符的单据是受益人获得兑付的先决条件。只有表面相符的单据被提交时开证人才有义务兑现其通过信用证对受益人所作的付款承诺；如果开证人对表面不相符的单据作出了兑付，申请人无须就该兑付对开证人进行偿付，除非后者已以其声明或行为放弃了不符点。[1]

一、表面相符原则的含义

（一）表面相符的内涵

1. 信用证交易中的单据表面相符。信用证交易中的表面相符原则指凭与信用证的规定表面上相符的单据即可主张在信用证下兑付，而无须顾及基础合同及其相关事实。表面相符意味着信用证交易是与基础交易相分离、独立的纯粹单据交易，相符只需表面相符而无需实质上相符。如果在信用证交易中不仅要求单据在表面上相符还需达到实质相符的话，则基于依单据记载建立起来的信用证交易与基础交易间的牵连关系，银行就势必要审查基础事实以确定单据记载是否属实，而这是银行的"不可承受之重"，此时信用证交易已不再是纯粹的单据交易，其相对于基础交易的独立性也会沦为一句空言。

2. 信用证安排中的单据实质相符。如果说单据表面相符是受益人和开证银行在信用证交易中开展业务的指导性原则，那么从整个信用证安排的广义角度来看，仅有单据表面与信用证规定相符是不够的。与信用证交易仅为单据交易不同，信用证安排的重心是基础交易，促成促进基础交易才是信用证安排的终极意义和目的。在单据的表面相符之外，申请人显然更注重单据与信用证规定的实质相符，即信用证下所交单据的记载与基础交易的履行状况事实上一致。唯其如此，受益人在信用证下的索偿才充分有理，申请人通过银行所作的付款才切实有据，信用证交易促成促进基础商事交易的初衷才得以实现。

相较而言，单据表面相符是存在于信用证交易中并服务于整个信用证安

---

[1] ISP98 第 5.09 条要求申请人及时向兑付不符提示的开证人提出异议，如果申请人未及时提出异议，则可认为其以行为默示放弃主张不符点的权利。

排的工具性原则，单据实质相符才是贯穿整个信用证安排的目标性原则。表面相符但实质不符的信用证交易是没有任何意义的，这样的信用证交易不仅不能促进基础商事交易，反而会成为推进信用证欺诈的工具。信用证制度的设计系从促成促进基础交易出发，借助抽象化单据将信用证交易从基础交易中分离出来，并基于"单据表面相符即为合格"这一推定开展独立的信用证交易，并在有反证证明表面相符单据实不相符的情况下复归于基础交易。在一定意义上可以说，单据实质相符原则统率了独立性原则、单据表面相符原则以及欺诈例外。具体而言，独立性原则促成了信用证交易与基础交易的分离，凸显了信用证快捷付款的效率性；单据表面相符原则与独立性原则互为表里，也是独立性原则在审单中的具体操作要求；而欺诈例外体现了信用证交易向基础交易的回归，旨在确保信用证的公平性和安全性。独立性原则和单据表面相符原则是"放"，欺诈例外是"收"，"放"以求效率，"收"以求公平，一"放"一"收"，都是为了更好地服务于作为信用证交易基础的国际商事交易。[1]

（二）表面相符与相关制度

1. 表面相符与单据交易。单据相符以单据交易为基础，信用证下的单据交易是对基础交易的拟制，受益人提交的表面相符单据就是其依基础合同规定有权在信用证下索款的初步证据，而银行的开证承诺也是凭表面相符的单据作出兑付。根据 UCP600 第 5 条的规定，银行处理的是单据，而不是单据可能涉及的货物、服务或履约行为。不过，相符单据只是受益人享有证下支款权的初步而非最终证据，或者说是受益人享有证下支款权的必要而非充分条件，因为信用证下的单据交易建立在单据所载信息不存在欺诈这一推定之上。只有信用证下单据对基础交易的记载基本真实，信用证交易才能起到反映基础交易并反过来促进基础交易顺利开展的作用。

所以，银行在信用证下只需审查单据表面就可窥见其背后的基础交易，单据表面相符即表明基础交易中已发生触发受益人在信用证下支款权的事件，

---

〔1〕 单据相符虽可有信用证交易和信用证安排两个不同维度上的理解且两者不能混淆，即在信用证交易中只能要求单据表面相符，在信用证安排中的相符必须达到实质相符。由于信用证业务的具体操作中一般强调单据的表面相符，故除非另有说明，本书一般仅在表面相符的意义上指称单据相符，相应地，本书中的单据相符原则一般也仅指据表面相符原则。

包括积极的履约事件和消极的违约事件等。商业信用证涉及的主要是货物，商业信用证下的单据相符即意味着"单货相符"，即单据对货物的描述与在基础合同项下要求提交的货物基本一致。这就表明受益人已履行了其在基础交易项下的交货义务，从而有权在信用证下支款。而作为商业信用证下主要单据之一的提单有三项重要功能：运输合同的证明、货物收据、物权凭证。提单是在基础交易的正常履行过程中自然产生的，且其本身有内在的经济价值。[1]

备用信用证主要涉及服务和履约行为，备用信用证下的单据相符也表明信用证中规定的申请人在基础合同项下违约等付款到期事业已发生。备用信用证下的违约声明等典型单据虽不具有提单那样的经济价值，但仍然具有信息价值，能以所载信息反映和证明基础合同的履行状况，并使开证人借以判定受益人有无信用证下规定的支款权利。通过与信用证表面相符之单据的提交，受益人至少初步证明了基础交易项下的特定事件已经发生，进而它也被推定具有信用证下的支款权。

2. 表明相符与独立性。单据相符原则与独立性原则一为形式一为实质，两者是互为表里的关系。前者实际上是后者在审单业务中的具体化，旨在使开证人的付款责任明确而有限。表面相符原则使开证人免于承担对基础交易的监管责任，并使其从申请人处获得偿付的权利免于不确定性风险。鉴于开证人对为基础交易当事人所熟悉的贸易惯例与术语以及当事人对单据的有关安排背后的实际考虑常常一无所知，要求开证人调查单据的实质合格性的确会给它带来上述责任与风险。

UCP 与 ISP98 都规定开证人不对信用证下提示的任何单据的准确性、真实性或有效性负责，这就意味着开证人没有了解和调查作为单据产生背景的基础交易的义务，它的审单义务是表面上的而不是实质性的。除明显的欺诈等例外情形外，开证人不理会那些不能从审查单据字面得来的信息。而欺诈

---

〔1〕 如果银行不慎对不相符单据作了付款，有可能买方不接受单据而银行又无针对卖方的追索权，则银行只能变卖货物并从中获得补偿。银行此时取得的是货物的质押权而非所有权，所以变卖所得的款项并不全部归于银行，而应多退少补。在 Standard Charters Bank v Pakistan National Shipping Corporation（No. 3）〔1997〕1 Lloyd' Rep 747 一案中，已就不相符交单付款的保兑银行已占有货物并将之转售，但这不足以补偿其支付给受益人的金额。银行于是寻求从签发了倒签提单的船东那里挽回损失，因为该提单构成了银行付款的依据。

之所以构成独立性原则的例外，是因为欺诈性单据已切断了自身与基础交易之间应有的牵连关系，不再具有对基础交易履行情况的信息传导功能。

信用证的独立性促成了信用证交易与基础交易在形式上的分离，也使仅凭表面相符单据付款的信用证交易成为可能。如果说独立性原则的着眼点是保证单据在文字表面上与信用证条款的相符性，则欺诈例外旨在以对表面相符的欺诈性单据不予兑付的方式，来保证单据实质上符合基础交易的要求。

3. 表面相符与严格相符。有人认为严格相符原则是信用证的原则之一，但事实上，表面相符比严格相符具有更大的概括性和包容性，前者可适用于商业信用证、备用信用证和独立保函等各种独立担保。表面相符也为备用证公约、UCC、UCP 以及 URDG 等所一致认同。即便是明确要求单据"严格相符"的 UCC5，这种"严格"指的也是"单据表面上严格相符"。[1]准确地说，严格相符只是单据相符原则体现于审单之中的一种具体标准，与绝对相符标准、实质相符标准属于同一范畴，均为单据相符原则的下位概念。而且，表面相符本身的含义是相对明确的，即强调信用证下提示的单据应与信用证的条款表面相符，而严格相符的含义是含混不清的，何谓严格、严格到什么程度一直是众说纷纭之事。

（二）表面相符的具体标准

的确，单据表面相符的要求看来非常明确——开证人应兑付受益人提交的表面相符的单据，而拒付不符单据。但表面相符的具体标准必须根据标准实务来加以确定，在实践中往往对此有不同理解，这就使看似简单的问题复杂化了。表面相符有一个程度问题，是要求表述形式上的完全同一，还是也允许存在一定的出入？如果允许一定出入的话，则多大程度上的偏离可以接受？实务中对表面相符与否的判断，主要包括实质相符、严格相符和绝对相符三个宽严不一的标准。这些标准的具体设定，既取决于信用证法律和惯例规则的规定，也取决于当事人在担保文本中的约定。一般而言，严格相符不仅是处于意思主义的实质相符和形式主义的绝对相符之间的一个中间标准，也是在商业信用证下审单的适当标准。在备用信用证下审单的尺度则可相应放宽，达到实质相符即可，除非当事人明确要求，严格或绝对相符通常是不

---

[1] 详见新 UCC5 第 108 条和第 109 条。

必要的。此外，如果当事人另有约定，也可以采用对不同主体适用不同审单标准的"双重标准"做法。

1. 在商业信用证下合宜的严格相符标准。在商业信用证的情况下，所有单据必须明显地反映同一笔业务，因此商业信用证下的相符最为严格，除要求单证相符外，还要求单单相符和单内相符。"单单相符"（interdocumentary consistency）是指单据与单据之间必须记载一致。例如，提单上标明货物为 40 箱，而重量单上标明的却为 35 箱，即不同的单据之间互相矛盾即视为单单不符。"单内相符"（intradocumentary consistency）是指同一单据的前后表述必须一致。例如，在一份提单里，如果价格条款表明运费由出口商支付，费用条款却表明运费由进口商支付，则前后互相矛盾。[1]

但商业信用证下的严格相符也不同于绝对的字面相符（absolute literal compliance）。这种"非绝对化的严格"有两方面含义：一方面，表面相符须有一定的严格性，字面的变通不能随意到文意上存在矛盾的程度，过于宽松的相符标准将使申请人的利益难获保障。在 1926 年的 Equitable Trust Co., New York V. Dawson Partner Ltd.[2]一案中，银行被指示要接受的单据中包括"certificate of quality issued by experts"，但提交的质量证书中仅有一名专家（one expert）签署，银行在承兑并支付了卖方的汇票后向申请人要求偿付。英国上议院认为银行无权获得偿付，萨姆纳勋爵（Lord Sumner）说："对于单据而言，没有基本相同或大致差不多的余地（There is no room for documents which are almost the same or which will do just as well）。商业不能以其他任何方式安全地展开。银行的海外分支对利用融资的交易的细节一无所知，无法自行其是地判断什么够好以及什么不够好。如果它按要求去做，它是安全的；如果它不无事生非，它是安全的；如果它偏离设定的条件，它就要自担风险。"简单地说，质量证书事实上"由一名专家（one expert）签署"与信用证要求的由"专家们（experts）签署"之间从语义上看是存在矛盾的。

但另一方面，表面相符也不能过于绝对化而至于严苛，过于绝对的相符标准将使受益人不堪负荷。如果按照绝对的相符标准，与信用证的要求在字面上有最无意义的细微出入就将导致不符及拒付，这就将表面相符原则绝对

---

[1] 参见于强编著：《UCP600 与信用证操作实务大全》，经济日报出版社 2007 年版，第 325 页。
[2] (1927) 27LI. L. Rep. 49.

化了。国际商会承认，有经验的银行知道在单据和信用证条款之间，一个字与一个字的、一个字母与一个字母的相符实际上是不可能的。一则坚持这种绝对的相符使开证人能很容易地找到单证不符的地方而拒绝付款，从而对受益人的权益造成侵害。二则绝对的相符对每一环节的交单人和审单人来说都是一个沉重的负担，因为要保证在每一个细节、格式甚至错误拼写上的完全一致，不仅大可不必，甚至也是无法实现的。

上述"非绝对化的严格"具体体现为"不矛盾的一致"要求，即"字面可以变通、文义不得矛盾"。正如 UCP600 第 14 条（d）款的规定，单据中的数据无需与该单据本身、其他单据或信用证中的数据等同一致、但不得矛盾。ISBP745 第 A23 段规定，如果拼写或打字错误并不影响单词或其所在句子的含义，则不构成单据不符。例如，在货物描述中的"model（型号）"显示为"modle"，则不视为数据内容矛盾。但如果"model 321（型号 321）"显示为"model 123（型号 123）"，则将视为数据内容矛盾。两者的差别在于，前一情形中的字面虽有出入，但不影响对语义的正确理解。后一情形下则不仅有字面上的变动，其表达的语义已然改变。

事实上，UCP500 的起草人也曾谈到，引入"国际银行实务"（international banking practice）旨在防止对严格相符标准"诡诈、不诚实或马虎的"（sharp, dishonest or negligent）使用，以期为该标准注入一定弹性。

可以说，严格相符所要求的"严格"更多的是针对语义而非字面而言的。新 UCC5 也强调严格相符标准并不要求受益人提示的单据像镜像一样准确反映信用证，也不意味着单据对信用证的措辞要完全机械地照搬。UCC5 就此援引的一些判例表明，一些细微的不符点为法院所忽略不计，无足轻重或无关紧要的错误或错拼并不影响兑付。[1] 在 New Braunfls Nat. Bank V. Odiorne [2] 一案中，汇票上要求凭"Letter of Credit No. 86-122-5"付款，而信用证本身的编号为"Letter of Credit No. 86-122-S"，法院判决主张，严格相符标准并不要求苛刻的完美主义（oppressive perfectionism），因此受益人有权收款。又如在另一判例中，信用证要求"drafts Drawn under Bank of Clarksville Letter of Credit

---

[1]　See Jacob E. Sifri, *Standby Letters of Credit: A Comprehensiue Guide*, Palgrave Macmillan, 2008, p. 37.

[2]　780 SW2d313（Tex. Ct. App. 1989）.

Number 105"，而提示的汇票载明"drawn under Bank of Clarksville, Clarksville, Tennessee letter of Credit No. 105"。法庭正确地认定，尽管大写的"L"被换成了小写的"l"，"No."替代了"Number"，以及增加了 Clarksville, Tennessee 两词，少了"drafts"一词，单据提示仍可认为是符合信用证的。与此相似，如果一个外国人签发的单据上误把"General Motors"写成"Jeneral Motors"，在无其他瑕疵的情况下，也认为其与信用证严格一致。尽管在这些情况下存在着明显非实质性的改动，但兑付单据提示是不违背"严格相符"标准的。

在上述案件中所提交的单据确有一些细微的不符，但这些在未受训练的外行人看来有不符之处的提示，按照国际标准银行实务去判断，可能就是无关紧要的，它既不会影响开证人的利益，也不会影响其他当事人的利益。因此美国法院对开证人试图以这些纯文字上的严格一致来判定单据是否与信用证表面相符的做法没有给予支持，大部分美国法院采取"严格"但非"绝对"的相符标准。英国学者的观点也认为严格相符标准不能扩大适用于信用证或单据中的如"i"少了一点或"t"少了一横等打字错误或其他明显的印刷错误。实际上，没有法院或判例真正主张绝对相符这一过于严厉的标准，因为将严格相符作这种机械的理解和适用很可能成为审单人逃避付款责任的借口，这不仅可能给信用证的各当事人带来难以预见的不公平的后果，甚至可能导致信用证业务根本无法正常开展。

为了说明银行在审单时对严格相符应作一定程度的弹性理解与把握，施米托夫在《出口贸易》一书中写道："如果提交的单据中的措辞含糊不清，则交单者基本上是一个不规范的交单者。但银行在审查提交的单据时，不应在任何情况下都呆板地、过分谨慎地追究措辞上的完全一致。如果经过"适当的阅读与理解"，信用证指令中的措辞与提交的单据中的措辞具有相同的含义，尽管措辞相符但又不完全一致，银行也不应该拒收单据。此外，按照国际商会银行业务委员会的意见，银行"不能像机器人那样行动，而应该运用他们的判断力，对每个案件作具体的分析"。然而，允许银行对单据作出解释的范围极为有限，银行若不坚持严格单证相符的原则，势必要承担风险。"[1]

2. 在备用信用证下合宜的实质相符标准。除严格相符标准外，少数美国

〔1〕 转引自〔英〕施米托夫：《国际贸易法文选》，赵秀文选译，中国大百科全书出版社1993年版，第558~559页。

法院在实践中运用一种更宽松的标准，即在单据与信用证的要求有不仅仅是"明显非实质性"的出入时也认定为与之相符。这种标准通常被认为是"实质相符"（substantial compliance）标准。根据这种标准，即使提示的单据与信用证的要求存在相当大差异时，也有可能认定单据符合信用证的要求。

例如 1981 年伊里诺亚州的一个案件。备用信用证要求受益人提示证明书，证明在备用信用证项下的付款是由于客户不支付受益人开出的发票而欠受益人的。但实际上受益人是待收款项的保理人（factor），它受让了客户欠服装出售商的待收款项。发票不是备用信用证所说的那样由受益人即保理人开出的，而是由服装出售商开出的。另外，在备用信用证开出之前不久，受益人改变了它的公司名称，备用信用证使用新的公司名称。客户后来没有支付好几张发票。受益人向银行提示证明书，提到服装出售商签发的发票。尽管信用证没有这样的要求，受益人亦提示了未作付款的各张发票的抄本，这些发票都提到受益人的老公司的名称。法院援用实质上相符标准，认为受益人的单据的不符是可以谅解的。但用严格相符标准将得出以下结论，即信用证与提示的单据在以下方面会引起开证行发生误会并影响其要求客户偿还的权利：（1）未作付款的发票不是信用证受益人开出；（2）作为发票受让人的公司的名称也不是信用证受益人的名称；（3）向开证行提示的单据没有披露新老公司名称之间的关系。因此，信用证项下的款项可能用来支付不应该支付的发票。

援用实质相符标准的判决有时公开表示对银行怀有敌意，有时强调备用信用证的保证作用，这类判决往往不太愿意分开信用证所要求的单据和基础合同。信用证的效益来自开证行的职员能快速审查单据，审查结果的可预测性以及收费的低廉。援用实质相符标准审查单据，要求银行职员不但具备银行业的知识，并且能提出律师那样的法律意见，对基础合同作出有关行业专业人士那样的主观判断。[1]所以，实质相符带有轻视以单据交易为基础的信用证原理与原则的危险性。[2]

但这并不是说，只关注文意的实质相符一概不宜作为信用证下的审单标

---

〔1〕　参见沈达明编著：《美国银行业务法》，对外经济贸易出版社 1995 年版，第 176 页。

〔2〕　参见［日］东京银行编：《贸易与信用证》，中国银行译，中国金融出版社 1989 年版，第 103 页。

准，而是要根据信用证的不同类型或信用证本身的具体要求而定。就商业信用证而言，实质相符可能会带来太大的不确定性，但对于备用信用证而言，实质相符可能就是一个适切的标准。因为受益人在备用信用证下提交的是违约声明等消极性质的单据，据以证明申请人未履行基础合同项下义务，且不存在通过控制交单来控制交货的需要，因此严格相符适用的意义不大，只要单据实质上反映申请人违约这一事实即可。

鉴于审单标准的尺度如何把握长期以来争论不休，为最大程度地减少争议，ISP98 第 4.09 条明确区分了单据何时只需与备用证实质相符即可、何时应与备用证严格相符以及何时必须与备用证绝对相符或完全相同三种情况。[1]但总的说来，ISP98 的精神是以不拘字面只看文义的实质相符标准为原则，只有在备用证本身有特殊要求的例外情况下，才适用单据与备用证之间字面可变通但文义不得矛盾的严格相符标准，甚至字面完全一致的绝对相符标准。就对单据与信用证之间字面相符度的要求而言，这三种标准的要求是从无到有从低到高的。

根据上述规定，实质相符虽是备用信用证下的默认标准，但 ISP98 也未排除其他标准适用的可能性。如果 ISP98 下的备用证中明确要求的是严格相符标准，此时的严格也不意味着对信用证措辞的机械照搬。例如，一份备用证要求违约声明中注明 "default has occurred"，如果受益人提交的违约声明中注明的却是 "default has occured"，此时虽有 "occured" 一词的拼写错误，只要备用证本身并未要求单据中的措辞精确且 "完全一样" 或 "同一"，则该份单据仍应视为相符。[2]

此外，备用信用证下的相符更宽松还体现在根据 ISP98 的审单标准，相符不包括审核单据之间的一致性，除非备用证有此要求。即 ISP98 只要求单据与信用证之间的表面相符即 "单证相符"，而不一定要求单据之间的相符即 "单单相符"。这是因为，在备用证下提示的单据可能涉及同一笔或不同笔基

---

〔1〕 该条的（a）、（b）、（c）款分别规定了实质相符标准（备用证未要求单据中有精确措辞的情况）、严格相符标准（备用证要求单据中有精确措辞的情况）和绝对相符标准（备用证要求单据中有精确且同一措辞的情况）。

〔2〕 参见徐进亮主编：《国际备用信用证与保函》，对外经济贸易大学出版社 2004 年版，第 145 页。

础交易项下的不同义务，[1]而这些义务中可能有的已履行而有的存在违约。比如，用以支持申请人向受益人支付房租义务的备用证可能涉及同一房屋在不同月份或不同房屋项下的房租支付义务，在此种情形中备用证下的相关单据很难也没有必要强求一致。

3. 作为免责事由的"双重标准"（bifurcated standard）。一般来说，关于判断相符性的基本原则在银行和客户之间与在银行和受益人之间同样适用，这就可以保证银行的付款义务和它对客户追偿的权利相一致。但是，希望避免严格相符标准不利后果的开证人可能试图通过在信用证中免除其对受益人的责任或在偿付协议中免除其对申请人的责任，因此它们主张适用"双重标准"，即对于开证人兑付提示的责任适用一种标准而对申请人偿付开证人的责任适用另一种标准。该标准要求：（1）开证人仅在受益人提交与信用证严格相符的单据时有义务付款，但是（2）即使在开证人对仅为实质相符或根本不相符的单据作了付款后，申请人仍有义务偿付开证人。

新 UCC5 第 103（c）条要求一项有效的免责必须是明示的和具体的，不能是默示的和宽泛的。该条官方评论第 2 点宣称："凡可通过与申请人的明确协议或一项责任界定明确的条款获得的东西，开证人就不能诉诸一般的免责条款。对免责的这种限制更多是出于对程序不公正性而非实体不公正性的考量。例如，如果偿付协议中明确规定开证人无需审核任何单据，此时申请人对自己所承担的风险是了然于心的。如果偿付协议中的某项条款只是一般性地规定，如规定不存在"不诚信"或"重大过失"的开证人概不负责，则该项条款是无效的。"[2]

开证人很少谋求在信用证中修改严格相符规则，但常常在偿付协议中引入修改条款。这类条款如并非宽泛的话根据新 UCC5 也是有效的。其适用的结果是受益人在向开证人要求兑付的时候遵循严格相符标准，在开证人向申请人要求偿付的时候适用实质相符标准。该条款要求申请人偿付开证人，尽管开证人就与信用证的条件不严格相符的单据作了付款。此外，即使在偿付

---

〔1〕 参见徐进亮主编：《国际备用信用证与保函》，对外经济贸易大学出版社 2004 年版，第 146 页。

〔2〕 顺便一提，与备用证公约相类似的是，新 UCC5 在此将"不诚信"和"重大过失"相提并论，这也在一定意义上说明诚信行事的底线是无重大过失，或者说重大过失构成不诚信。我国《民法典》第 506 条也规定："合同中的下列免责条款无效……（二）因故意或者重大过失造成对方财产损失的。"其中"重大过失不免责"的规定同样也体现了诚实信用原则。

协议中对偿付标准并无事先约定的情况下，双重标准亦有适用的余地，比如说，申请人在开证人兑付了不符点交单之后同意接受单据，这也是一种事实上的双重标准。

双重标准的适用显然对开证人有利，因为如果申请人并未在偿付协议中对开证人放宽兑付标准的话，擅自放松标准的开证人就无权从申请人处获得偿付。例如，开证人向申请人承诺自己只会凭由特定公司出具的商检证书时才会付款，但它却未在信用证中要求此项证书或仅以必须被忽略不计的非单据条件的方式提出要求。此时，开证人仍有义务支付受益人，尽管其付款违反了其与申请人之间的合同。[1]针对非单据条件可能引起的双重标准问题，新 UCC5 第 108 条之官方评论第 9 点提醒道："虽然在确定提示是否相符（进而在确定开证人对受益人的责任）时，非单据条件须不予理会，但向申请人许诺仅在这些非单据条件成就时才作兑付的开证人可能会因此类条件的不予理会而对申请人承担责任。"

双重标准是申请人应在偿付协议中尽量避免的一种标准，因为这将导致开证人取得偿付的权利范围大于受益人取得兑付的权利，而受益人将要满足的相符标准比开证人对申请人所要满足者更加严格。申请人应该认识到订立这种条款对其意味着何种责任，它不应轻率地订立这种协议，或对开证人提供的偿付协议中的格式免责条款不持异议。

新 UCC5 第 108 条之官方评论第 1 点称：本条并未设定使开证人获得偿付的权利大于受益人获得兑付的权利的双重标准，但开证人可以依照标准实务之规定或基于与申请人的约定来扩展其获得偿付的权利。有时候，开证人和申请人可以通过协议或习惯来确立标准，以使开证人免负其本应负担之责。例如，申请人可能同意开证人对特定的提示（如低于一定金额的提示）概无审单之责。假如交易之完成有赖于开证人在一个非常短暂的时间付款（如在提示当日或提示后数小时内），开证人和申请人也可合意减轻开证人未发现不符点之责。同样，申请人和开证人也可约定允许后者仅以电子或电子光学方式审单。[2]

---

〔1〕 见新 UCC5 第 103 条之官方评论第 2 点。此外，URDG758 起草组也允许担保人以通过在保函中作出排除性规定来使自己免于审单之责，起草组在针对第 19 条（b）款的评述中表示："同其他 URDG 条文一样，如果担保人不愿审核单据的相符性的话，也可以排除（b）款的适用。"

〔2〕 参见王江雨译：《美国统一商法典〈信用证篇〉》，中国法制出版社 1998 年版，第 27 页。

可见，新 UCC5 虽采取严格相符标准，但仍为双重标准的适用留下了余地，当然如前所述，宽泛的免责条款是不够的。

二、违反表面相符原则的责任

凭与信用证规定表面相符的单据兑付，既是开证人在信用证中对受益人所作的承诺，也是开证人和申请人在开证合同中的约定，故开证人对受益人和申请人均承担此项义务并在违反义务时承担相应责任，包括对相符提示的错误拒付和对不符提示的错误兑付两种具体情形。在这两种不同情形下，开证人负有责任的对象不尽相同。根据 UCC5 第 111（a）、（b）条的规定，错误拒付相符提示的开证人不仅对受益人也对申请人负有损害赔偿责任，[1] 而错误兑付不符提示的开证人仅对申请人负有责任。

（一）开证人错误拒付的责任

兑付相符提示不仅是开证人对受益人负有的义务，也是对申请人负有的义务，因为从受益人处获得了有利合同的申请人可能因为开证人的错误拒付而遭受损失。所以，错误拒付的开证人对受益人和申请人都可能承担责任。当然，开证人可与受益人或申请人以另行约定的方式对这一责任加以限制，只要这种限制在开证合同或信用证文本中不是以一般性的免责或违约救济限制条款的方式体现。

1. 开证人对受益人的面额（face amount）赔偿责任。如果开证人没有兑付表面相符的单据提示，受益人有权就开证人错误拒付的金额获得损害赔偿。这一责任大大超过在一般买卖合同下拒付的买方对卖方所负的责任。在一般

---

〔1〕 这些赔偿都只及于附带损失赔偿（incidental damages）而不及于间接损失赔偿（consequential damages）。附带损失系与实际损失具有合理关联性的损失，如卖方违约后，买方既可能因补进替代货物而遭受价差的实际损失，还可能因由此所致的延迟而遭受附带的损失。实际损失和附带损失都是受害方因损害行为所遭受的损失，这类损失具有当然发生性，因与损害行为之间存在近因（proximate cause）关系而纳入损害赔偿范围，即英美法上所谓一般损害赔偿（general damages）。间接损失指虽非直接来自损害行为但系由该行为间接造成的损失，如卖方若实际履约的话买方就可将货物转售并从中获得的利润。间接损失是受害方因损害行为所丧失的利益，不具有当然发生性，由于其与损害行为的关系过于遥远（remote）而通常无法预见，所以一般仅在违约方于订约时已有预见的前提下才予赔偿，这类损害英美法上称为特别损害赔偿（specific damages）。由于间接损失只是基础交易当事人在基础交易项下可能遭受的损失，故新 UCC5 本条的规定已将间接损失明确排除在开证人的赔偿范围之外。

买卖合同项下，卖方享有的救济首先是买方违约所致的损失而不是买卖合同金额本身。[1]比如说，在买方违约拒付 100 万美元货款的情况下，由于卖方仍然保有货物所有权，此时其遭受的损失不是 100 万美元本身，而是该货物的市场价格与合同价格之间的差额。如果交货时货物市价为 90 万美元，则可索赔的损失金额仅为 10 万美元。但在新 UCC5 下，一个错误拒付了 100 万美元信用证金额的开证人要就全部 100 万美元向受益人负责。这是一种由法律直接规定的按受益人在信用证下出具的汇票或索偿要求的表面金额赔偿的责任。相较于实际损失的认定因往往取决于市场情况的变化而具有不确定性，面额赔偿责任具有显而易见的确定性。

而且，按照新 UCC5 的规定，受益人对开证人不负减轻损害的责任，其向开证人的索赔不以损失的实际发生或减轻损失措施的采取为前提。这是因为根据独立性原则，应该把信用证与受益人和客户之间的基础合同分隔开来。抑制付款直至受益人证明有实际损失或试图减轻损失的行动，很可能把信用证投入基础合同的损害与责任两方面的争端的泥坑里。[2]所以，听任货物在甲板上腐烂的受益人仍有权取得开证人错误拒付的信用证金额的全部，即使它原有机会以信用证金额 90% 的价格将该货物另售给其他买家而它放弃了这一机会。而根据原 UCC5 的规定或一般合同法原理，则受益人负有减轻损害的义务，因此它此时仅能就信用证金额 10% 的那部分主张权利。这种加重开证人责任的做法是为了不给予其以拒付的激励。[3]

统一商法典的目的固然是要使受益人完全不受损失，但另一方面也不希望它得到双份偿还或不当得利。如果受益人已将拒付的单据项下的货物实际转卖的话，则为避免不当得利起见，卖得款项仍应作为已避免之损失在主张索赔的金额之中扣除，但开证人就已避免之损失负有举证责任。此外，根据新 UCC5 第 111 条官方评论之第 1 点，如果受益人在基础交易中损失的金额超过被错误拒付的金额（如在信用证未涵盖全部基础义务的情形中），已避免的损失也不一定要从向开证人的索赔请求中扣除。此时的损害赔偿额为以下两者中较少者：（1）在未减轻损失情况下可索赔的金额（即被拒付或毁约的有

---

[1] 参见 UCC2 第 708（a）条规定，买方拒收或毁约所造成的损失，是交货之时之地的市场价格与合同价格之间的差价……

[2] 参见沈达明编著：《美国银行业法》，对外经济贸易大学出版社 1995 年版，第 179 页。

[3] 参见新 UCC5 第 111 条之官方评论第 1 点。

关金额加上附带损失）；（2）在扣除实际避免的损失后剩余的损失金额。

现试举一例对以上立场加以说明：假设受益人的货物价值为 100 万美元，其中 20 万美元系以信用证支付但被错误拒付，后受益人将全部货物转卖获得价款 90 万美元，则依新 UCC5 其损害赔偿额是（1）被拒付的金额 20 万美元外加利息[1]与（2）扣除避免的损失 90 万美元后剩余的损失金额 10 万美元两者之中的较少者，也就是（2）10 万美元。如果转卖仅获 60 万美元，则其可获赔（1）20 万美元外加利息与（2）扣除避免的损失 60 万美元后剩余的 40 万美元两者中的较少者即（1）20 万美元加利息。这样规定的结果是，可以在实际损失较少时（如前一转卖情形）避免使受益人获得不当得利，而在实际损失较大的情况下（如后一转卖情形）尽量补偿受益人的实际损失。在后一种情况下，受益人虽已采取了减少损害的措施，但是已避免的损失却无需从索赔金额中扣除。

综上可知，信用证下的违约赔偿责任范围与一般合同法下的违约赔偿责任范围大不相同。首先，受益人有权就错误拒付的票面金额为基础主张索赔，而不是以其因错误拒付所受的实际损失为基础主张索赔。其次，受益人在信用证下对开证人无减轻损失的义务。最后，受益人也不得向开证人主张基础交易下的期待利益损失。一般合同法中的违约责任的赔偿扩大至期待利益，但由于开证人付款义务的独立性，其违约赔偿金额与基础交易下的实际损失无关。因此，开证人不当拒付的法律后果是承担信用证项下其未支付的确定金额，包括相应的利息。受益人无需证明也无权获赔其因为被拒付而所致的损失。[2]

在美国，按照大多数有关备用信用证的判决，不管在基础合同项下受益人向申请人承担什么样的减轻损失的义务，在备用信用证项下，它不向开证行承担这样的义务。除非信用证另有明确规定，开证行不以受益人举证证明它已遭受损失或已采取减轻损失的措施作为付款的条件。这些判决甚至于不让开证人深入基础交易以确定损失的大小。[3]

2. 开证人对申请人的实际赔偿责任。在开证人错误拒付的情形下，开证人不仅要对受益人负责，也可能需对申请人承担损害赔偿责任。如果说开证

---

[1]　此处利息属于错误拒付证下金额后当然发生的附带损失。

[2]　参见呼家钰："论保兑行的付款义务"，载高祥主编：《信用证法律专题研究》，中国政法大学出版社 2015 年版，第 132 页。

[3]　参见沈达明编著：《美国银行业务法》，对外经济贸易大学出版社 1995 年版，第 179 页。

人要向受益人负责可能是因为违反了自己在信用证下所作的承诺，则开证人向申请人负责是因为其错误拒付违反了自己通过开证合同与申请人所作的凭相符单据在信用证下付款的约定。而正因开证人是基于开证合同向申请人负责，此时开证人应依合同法的一般原理向申请人承担违约责任。根据新 UCC5 第 111 (b) 条的规定，申请人此时可以获得因开证人违约所致的损害赔偿，包括附带损害赔偿但不及于间接损害赔偿，并减去任何因该违约而节省的费用。

开证人对申请人的拒付赔偿责任与开证人对受益人的拒付赔偿责任显然不同。除承担责任的依据一为合同一为信用证之外，两者的责任范围也明显不同。开证人对受益人的责任不以实际损失为基础，而是由法律直接规定为拒付的信用证金额。开证人对申请人的赔偿责任则以申请人遭受的实际损失为基础，并适用损益相抵的原则，以避免申请人就其并未实际遭受的损失提起索赔，从而确保其所谓损失为已经实际遭受的损失。由于银行受申请人委托处理的是单据业务而不负责单据背后的交易，所以不能指望银行对申请人的间接损失有所预见，故申请人不能就其间接损失向银行主张索赔。

正因为开证人对申请人的责任与其对受益人的责任存在上述差别，故在错误拒付的情况下，开证人不仅应依据其拒付的信用证金额向受益人作出赔偿，还可能要依据申请人因拒付所受的实际损失向申请人作出赔偿。特别是在货价大幅上涨的情况下，开证人将就其错误拒付行为付出更大的代价。

（二）开证人错误兑付的责任

对表面不符提示予以拒付只是开证人对申请人负有的义务，[1]因为开证人放弃不符点不会损害受益人的利益，所以错误兑付的开证人仅对申请人负有赔偿责任，但这种赔偿是以申请人遭受实际损失为前提的。

1. 开证人对申请人的实际赔偿责任。开证人在错误兑付不符提示时仅需对申请人负责。正如受益人在作相符提示时有权要求开证人付款，申请人在提示不相符时有权要求开证人不支付受益人。如果开证人兑付了表面上不符合信用证规定的单据，申请人有权因开证人违反其不当兑付瑕疵单据的义务导致的损失获得赔偿。如果申请人的损失是开证人付出的金额，申请人就没有义务偿付开证人；如果开证人已经获得了补偿，申请人有权请求返还。在

---

[1] 参见新 UCC5 第 108 条之官方评论第 7 点。

开证人付款时已取得客户的资金或借记了客户的账户的后一情况下，申请人（即客户）不得不作为原告向开证人起诉。当然，申请人也可能凭基础合同向受益人起诉。

根据新 UCC5 第 111（b）条之规定，此时开证人的赔偿责任也以申请人遭受的实际损失为基础，且申请人不能就其间接损失要求赔偿。间接损失相当于大陆法系上的消极损害，即预期可得利益的丧失，如买方转售货物后预期可得的利润等。[1] 因为间接损失是基础交易当事人在基础交易项下可能遭受的损失，而信用证交易是独立于基础合同之外的单据交易，如果让开证人承担申请人在基础交易中可能遭受的间接损失，不仅可能使申请人从开证人和受益人处获得双重受偿，更破坏了信用证的独立特性，增加了银行所承担的风险。[2] 当然，这并不妨碍申请人就其间接损失在基础合同项下向受益人提起索赔。

2. 开证人对申请人的赔偿责任以后者的实际损失为前提。由于开证人对申请人的责任是以开证合同为依据的、基于实际损失的赔偿，所以"无损害、无赔偿"的一般法理在此也应予适用。假如开证人兑付了不符提示但并未给申请人带来实际损失，则申请人仍应偿付开证人。因为信用证交易毕竟是服务于基础合同的，如果基础合同已被充分履行，申请人可能并未因开证人的违约而遭受损失。例如：A 签约购买货物，价格每吨 100 美元。交货之时，尽管货物符合合同，但其市价已跌至每吨 25 美元。如果开证人无视不符点而作了付款，A 不能就货物的价差获得赔偿，只要开证人的违约没有改变申请人在基础合同项下的义务，即以每吨 100 美元的价格支付现值每吨 25 美元的货物。[3] 在本案货物合格而基础合同已被履行的情况下，申请人 A 取得了成立合同时期待得到的东西，它虽然事实上存在损失，且如开证人拒付了不符提示的话该损失似乎原可避免，[4] 但问题是 A 的损失与开证人的错误兑付行

---

[1] 根据 UCC2 第 715 条，因卖方违约而致的买方的间接损失包括："（1）因未能满足买方的通常的或特殊的要求和需要所造成的损失，只要在订立合同时卖方有理由知道该要求或需要……"可见卖方能合理预见的买方因转售货物之需未获满足所造成的损失属于间接损失。

[2] 参见王佩："信用证下开证银行的审单义务"，载《国际商法论丛》（第 1 卷），载沈四宝主编，法律出版社 1999 年版，第 305~306 页。

[3] 参见新 UCC5 第 111 条之官方评论第 2 点。

[4] 其实即使开证人不付款，申请人也不一定能从基础交易中摆脱，因为受益人能凭基础交易起诉。参见沈达明编著：《美国银行业务法》，对外经济贸易大学出版社 1995 年版，第 186 页。

为并无因果关系，对合格货物支付约定价款是 A 在基础合同下本应承担的义务，市价变动也是 A 在基础交易下本应承担的风险。但如果开证人是在货物不符合合同的情况下无视不符点而作付款，那么 A 的损失就是因开证人违约所致，因为 A 在基础合同项下本无对不合格货物照单全收的义务。

再就上例而言，如果 A 意在转售货物，故其本身应在与转售相关的第二份信用证下满足严格相符要求，它就可能因开证人无视不符点的付款行为遭受损失，因为此时 A 可能无法在以其为受益人的信用证下获得兑付，也可能无法通过对基础交易下的其他人行使权利来减轻其损失。[1] 在这种情况下，开证人应就其错误兑付行为负责，因为该行为直接导致 A 无法转售信用证下的货物，无论该货物是否符合基础合同。

从银行的角度来看，由于单据与信用证的规定表面不符时银行可以拒绝接受单据，且因接受不符提示的银行无权获得偿付，故银行一般会向申请人寻求是否放弃不符点的指示，虽然在申请人放弃不符点的情况下，开证人也可基于自身利益考量而拒付不符提示。如银行未能注意到单据中的不符点，它就不能事后向受益人主张单据与信用证不符，而且它也无法从申请人处获得偿付。此时，银行只能通过出售单据（或单据所代表的货物）来自我补偿。[2] 但由于单据的性质和价值不同，这种自我补偿只是在商业信用证而非备用信用证下可以获得的利益。

三、表面相符原则的例外：不符点的放弃和基于欺诈的拒付

前已述及，单据的实质相符才是信用证安排的终极目的，为了更好地服务于这一目的，表面相符原则不能一味僵化地遵守，而应允许有弹性和例外。

（一）表面相符原则的相对性

1. 表面相符原则的积极意义。表面相符原则为相关各方提供稳定的兑付预期，该原则要求银行在信用证下仅凭表面相符的单据付款，单据所载内容通常是证明基础交易的履行情况及判断受益人有无证下支款权的唯一依据，

---

[1] 参见新 UCC5 第 111 条之官方评论第 2 点。

[2] See Richard King, *Gutteridge and Megrah's Law of Bankers' Commrecial Credits*, Rouledge, 2001, pp. 146-147. 值得说明的是，虽然一般合同法将错误作为一项可撤销事由，但在信用证下错误兑付了不符提示的开证人却不能以错误为由要求返还付款，这当然是为了维护信用证的确定性。

单据本身而非单据之外的某种行为或事件成为决定付款与否的条件。UCP400、UCP500 和 UCP600 都明确规定了"表面相符"的要求，如 UCP600 第 14 条要求银行"仅基于单据本身确定其是否在表面上构成相符交单"。新 UCC5 在坚持表面相符原则的基础上进一步将严格相符作为表面相符与否的判断标准，依第 108 条的规定，开证人应该兑付"根据标准实务判断其表面与信用证的条款与条件严格相符的单据提示"。有基于此，单据表面相符为参与信用证安排之中的有关各方提供了一种稳定的兑付预期。

正是由于单据具有这种突出的证据功能和决定付款的效果，表面相符原则不仅与申请人和受益人的利益息息相关，它就确定开证人以及其他参与交易的银行的付款责任而言也意义重大。表面相符原则首先是制约信用证当事人（即开证人与受益人）间权利义务关系的一项基本原则，但其目的不仅是通过要求银行严格履行申请人的指示，使银行免受申请人的抗辩，从而使银行从基础交易的纠纷中脱离出来，它还是保护申请人的最有效的方法，可以说信用证对申请人的保护主要体现在表面相符原则上。[1]

具体而言，信用证表面相符原则对各方的意义体现于：（1）对申请人的意义。在申请人所作的开证和修改的指示当中，它应该明确规定凭以付款的单据，而在此前与受益人就开证条件的谈判中，如果有足够的议价能力，它应尽量争取对单据的种类、内容和形式乃至具体的措辞用语的作出严格的规定，并借此来控制受益人行使证下支款权的条件和程序；（2）对受益人的意义。受益人在开证前应尽量争取信用证对单据的要求简单明了、能够和易于取得，此后它应努力按信用证的规定准备符合要求的单据，以保证自身明确在规定凭以付款的单据支款权的实现；（3）对开证人的意义。开证人只负责处理单据，信用证下的单据是控制其付款义务的唯一标准。"如果接受了开证的委托，银行必须切实依照客户的要求行事……如果银行希望客户的补偿，它必须证明它已经履行了对它的委托。"[2]开证人既然不是基础交易的当事人，没有真实的利益也没有实际的能力对交易作深入的了解或加以控制，也就当然地对基础交易的履行情况不负责任。然而，作为对此项免责的平衡，

---

〔1〕 参见刘郁武："信用证与买卖双方义务若干问题的探讨"，载梁慧星主编：《民商法论丛》（第9卷），法律出版社1999年版，第59页。

〔2〕 J. H. Rayner, Co. v. Hambros Bank Ltd., ［1942］2 All E. R. 694（C. A.），per Goddard L. J.（at 703）.

也由于有关各方需要了解的内容均已反映于信用证本身，作为信用证交易的主要当事人，开证人有责任严格遵循交易当事人的指示，在其可以了解和控制的信用证的四角（four corners）范围内保证单据的表面与信用证的规定严格一致。由于开证人不清楚申请人对引起证下收款权所需的单据进行具体规定的动机，所以它最明智的做法就是恪守申请人的开证指示和确保单证表面严格相符，而不是自作主张地偏离申请人的指示或是代替申请人作出决策；（4）对其他参与人的意义。信用证业务的其他参与人如指定行、议付行等都依赖严格的表面相符原则给它们带来的确定性或可预见性。在 Equitable Trust Company 一案中，Viscount Cavech 法官指出："由于银行的国外分行对信用证为之融资的交易的具体内容一无知晓，因此它不能自行决定如何行事才是正确的。如果它按照信用证的规定行事，那是安全的；如果它决定不接受付款委托，也是安全的。但如果它违反信用证中的有关规定，则它将自担后果。"由此可见，银行不能自已决定信用证下有关单据的重要性以及它们与信用证不符的实质程度，因而必须严格依信用证行事。[1]

正是由于表面相符原则在信用证业务中的特殊意义，所以在 Soproma 一案中，McNair 法官认为"de minimis rule"（即 De minimis non curat lex "法律不理琐事"原则）不适用于信用证。

2. 表面相符原则的非绝对化。表面相符原则虽对各方均意义重大，但从服务基础交易的角度出发，针对实践中存在的表面不符但实质相符与表面相符但实质不符的情况，也应提供灵活变通的处理机制。一方面，对表面不符但实质相符单据的变通处理。单据记载未必能百分百准确地反映基础交易的履行情况，在相符单据中的描述与基础交易的实际履行情况虽有一定出入，但基础交易已实际履行或信用证规定的付款事件已实际发生的情况下，银行固然有权拒付这种瑕疵单据，但仅因单据表面无关紧要的瑕疵就全盘否认受益人在证下的支款权也是不适当的，故此时有放弃不符点而仍予付款的实践。另一方面，对表面相符但实质不符单据的变通处理。对于这类基于欺诈所作的提示，也不宜仅因单据表面相符就赋予受益人以证下支款权，故此时有基于欺诈例外而不付款的做法。

---

〔1〕 参见黄文涛："英国法上跟单信用证及见索即付保函制度下欺诈问题之研究"，载沈四宝主编：《国际商法论丛》（第 1 卷），法律出版社 1999 年版，第 323 页。

无论如何，信用证的表面相符原则既不否认在基础交易当事人之间既存的权利义务，也不免除受益人在基础交易下对单据的准确性、真实性或有效性所负的责任。根据新 UCC5 第 110 条，受益人应对申请人担保其在信用证下的支款不违反（1）受益人与申请人之间的任何合同，或（2）他们意图以信用证担保的任何其他合同。

（二）　不符点的放弃

在通常情况下，受益人只有提交相符单据才可能获得在信用证下的支款权，如果它提交不相符单据，则银行有权拒付，而受益人应在信用证有效期内修改并重新提交相符单据。但从另一方面来看，受益人的不符交单行为固然是对信用证规定的一种偏离或违反，却也未尝不是一种欲以行为来修改信用证的企图，如果这种修改能为银行所接受，则双方实际上合意修改了信用证的原有规定。对于不相符单据是否接受，虽然从法律上说作为信用证当事方的银行拥有最终决定权，但由于银行开证是接受申请人的委托行事，所以申请人的意见往往能起到事实上的关键作用。

1. 申请人对不符点的放弃。当单据上的不符仅仅是形式上而非实质上的不符时，特别是在单据瑕疵并未根本影响商业信用证，申请人希望获得的货物的价值的情况下，从简便起见，申请人更倾向于放弃其就不符点本可主张的拒付权利，而授权银行接受受益人在信用证下提交的不相符单据。如果银行接受申请人的这一授权的话，受益人就可无需改单而凭不相符单据即在信用证下支款。

2. 银行对不符点的放弃。在以实质相符为审单标准的情况下，银行拥有较大的酌处权。而在严格相符的标准之下，银行少有自由裁量的余地。如 UCP500 的 D 部分就使用大量条文澄清特定术语和措辞的含义，并说明哪些单据可以接受而哪些不能接受，除非信用证另有规定。但第三方单据往往无现成的格式可循，从形式方面到内容方面都五花八门，莫衷一是，这就加大了银行在审单时认定单据相符与否的难度。比方说，要求的是违约声明，提交给银行的证明却仅确认"合同未履行"或"货物存在缺陷"而未出现"违约"字样，抑或虽已提及申请人违约，却又补充说未完工是因不可抗力或受益人不履行其义务所致。再如，如果证书上写明"除××之外，合同已被适当履行"，此时银行又当如果处断？在此种或类似情况下，判断单据合格与否是非常困难的，无论银行如何决策，事后都可能被认为是判断失误。因此，以携充裕时间、事后聪明及专业知识之利的专家们的不同意见来推翻银行的决策是不恰当的。解决这种困境的对策就是赋予银行一定的酌处权。在银行享有酌处权的特定情况下，只要银行对按规定提示的单据作出合理解读，则银行的决策原则上对申请人和受益人都有约束力，而司法审查的空间也就相应有限。在行使酌处权之时，银行应秉承诚实与善意行事，谨慎地维持其中立地位且不得偏袒其客户一方的利益。酌处的一个实际后果就是，可能存在这样的情形，即在与受益人的关系上，银行有理由拒付某一特定单据，但如果它认定单据相符，它仍有权从申请人处获得偿付。[1]

ISP98 第 3.11 条专门规定了备用证开证人享有审单酌处权的情形，在这些情形下，开证人可以在不通知或获得申请人同意且不影响申请人对开证人的义务的情况下，自行决定放弃提示中的不符点。这类酌处权包括三类：

第一类是既可对 ISP98 的相关规则予以放弃，也可对备用证文本中主要为了开证人的利益或操作便利而设的任何类似条款予以放弃的较宽酌处权。这类酌处权包括但不限于 ISP98 第 3.11（a）条规定的如下四种情形，即开证人可以：（1）放弃第 3.02 条关于收到单据即应审核的要求，而应交单人要求将收到的单据当作在较晚日期收到一样对待，这样开证人在收到部分交单后可暂不审核而等其他单据补齐之后再一并审单（即改"收单即审"为"收齐后审"）；（2）放弃 3.03（a）条关于提示中必须标明凭以提示的备用证的要求，而接受未标明与其对应的备用证的提示；（3）放弃 3.04（b）、（c）和（d）条关于备用证中未注明提示地点和场所时应在何地和向谁提示的要求，而接受在备用证开立的营业场所以外但与该场所同处一国的开证人的其他营业场所对（d）条规定以外的对象所做的提示；（4）放弃第 3.05（b）条关于在提示地营业结束以后作出的提示应被视为是在下一个营业日作出的要求，而接受营业结束后的提示。[2]这四种情形涉及对与提示的作出或接受方式有关的 ISP98 规则的变更。

除规则本身明确规定的上述四种情形外，宽酌处权还允许开证人备用证

---

〔1〕 See Roeland F. Bertrams, *Bank Guarantees in International Trade*, Kluwer Law International, 2004, pp. 120-121.

〔2〕 UCP600 第 33 条规定："银行在其营业时间外无接受交单的义务。"从"无义务"的措辞上看，该规定似乎也未一概否认银行在营业时间外接受交单的权利。

文本中规定的"主要是为开证人的利益或操作便利而设的任何类似条款"。试举一例，某备用证中规定单据必须以快递发送，但受益人却以航空邮件寄送了单据。此时开证人可以不经申请人同意便放弃这一要求并忽略这一轻微的不符，因为这一要求主要是为开证人的便利而设。基于同样的理由，ISP98第3.12条规定，在备用证正本遗失或损毁的情况下，开证人可以替换备用证或放弃提示正本的要求而不影响申请人向其偿付的义务。

判断订入备用证中的某一条款是不是"主要为开证人的利益或操作便利而设"，依据的是标准备用证惯例，而不是申请人在将条款订入备用证文本时的坚决程度。即便某一条款与申请人利益攸关，如果银行通常都是为操作上的便利而加进该条款的话，开证人仍有权对之予以放弃。[1]

这类宽酌处权所针对的规则和条款原本是为开证人的利益或操作便利而设，尽管也须为受益人所遵守，但它们毕竟与那些由申请人自身设定的单据条件存在本质上的不同。如果开证人不计麻烦和成本而自愿放弃这类利益和便利，理论上自无不可，故本条赋予开证人以在未通知申请人或获得其同意的情况下放弃上述管理性规则的权利。这样规定旨在避免申请人对那些与由它自身设定的单据条件无关的偶然或微小的不符加以利用，从而保护受益人的正当权益。

但从效果上看，申请人的利益确有可能因为开证人对上述规则的放弃而受影响。因为行使酌处权的效果是放松对受益人的交单要求的严格性，使一些本来不相符的提示也被接受，进而对申请人的利益产生实质性的影响。比如说，如果受益人的提示在备用证有效期最后一天的营业结束后做出，按第3.05（b）条的规定这可被视为是在下一个营业日的提示，这样的话，备用证因已过期失效便可无需再作付款，但依据本条开证人却有权不通知申请人或不经其同意而自行决定向受益人付款。申请人如果想避免出现这样的情况，可以根据第1.01（c）条的规定在备用证中明确地变更或排除开证人享有酌处权的相关条款的适用。就这类宽酌处而言，由于备用证文本中的规定本身也可能会被开证人放弃，所以申请人最好在备用证中采用排除第3.11（a）条适用的方式明确地表达其不希望开证人行使这类酌处权的意图。

---

[1] See Jacob E. Sifri, *Standby Letters of Credit：A Comprehensiue Guide*, Palgrave Macmillan, 2008, pp. 50–51.

第二类是可以对 ISP98 中的相关规则予以放弃，但不得对备用证文本中相似的条款予以放弃的较窄酌处权。根据第 3.11（b）条的规定，这类酌处权限于如下两种情况，即开证人可以：（1）放弃第 4.06 条关于单据的出具日期不得迟于提示日的要求，而将日期注明晚于提示日的单据视为相符单据。（2）放弃第 4.04 条关于受益人出具的单据与备用证语言一致的要求，而将受益人出具的与备用证语言不一致的单据视为相符单据。这类酌处权与前一类较宽的酌处权存在结构上的不同。本款只允许开证人放弃 ISP98 规则本身，而不允许放弃备用证文本本身的规定。如果备用证文本中规定了与第 4.04 条或第 4.06 条相同或相似的条款，如"单据的出具日期不得迟于提示日"或"受益人出具的单据应与备用证语言一致"，则该要求不可放弃。当然申请人也可以通过明确排除第 3.11（b）条适用的方式来达到使该类酌处权不能适用的目的。

最后一类是基于备用证操作完整性的酌处权。即开证人可以不经通知申请人而放弃第 3.06（b）条关于未注明载体时非 SWIFT 成员受益人的简单索偿应以纸面单据提出的要求，而接受此类受益人的电子索偿要求。比如说，开证人可以要求此类受益人以传真方式提示索偿要求，但前提是开证人系从真实的受益人处收到该索偿要求。也就是说，从兑付的安全性出发，开证人对提出简单电子索偿要求的非 SWIFT 成员受益人的身份的真实性负有核实之责，如果未经核实而错误地对该类受益人付款，则该错误付款的后果由开证人自行承担。

这样，在备用证未注明载体时，对于非简单索偿，须以纸质交单；对于简单索偿，属于 SWIFT 成员的受益人可以电子交单，非 SWIFT 成员的受益人的电子交单能否接受则由银行酌定。这类酌处权与备用证操作的完整性有关，因为就简单索偿而言，如果银行决定接受非 SWIFT 成员受益人的电子交单，那么其效果就是，只要开证人能够确认受益人身份的真实性，无论受益人是否 SWIFT 成员都可以使用简单的电子索偿，这在一定意义上当然有利于交单操作的统一性和完整性。

后两类酌处权不完全是为开证人的利益和操作便利而设，所以其适用范围受到较大的限制，而这两类酌处权的行使对申请人的利益也同样可能产生重大影响。此外，保兑人在行使后两类酌处权时，须征得开证人的同意而不能自作主张。同样，如果申请人不希望开证人享有这样的酌处权，可以在备用证中对此予以变更或排除。

最后值得一提的是，备用信用证在适用表面相符原则上比商业信用证产生较少的问题。备用信用证通常要求的单据相对简单，故提交不相符单据的风险较低。[1]

第四节　信用证制度中的诚信问题

信用证的运作除遵循符合自身特点的一些特别原则之外，也需遵循一般的民商法上的原则，典型者如诚信原则。所谓诚信原则，谓一切法律关系，应各就其具体的情形，依正义衡平之理念，加以调整，而求其具体的社会妥当。[2]但信用证下的诚信原则与一般民商法上的诚信原则不尽相同，具有其自身的特色。

一、信用证法律与惯例中的诚信规定

（一）备用证公约中的诚信规定

备用证公约第14条、第15条和第19条均涉及诚信，相对于其他信用证法律与惯例而言，这些规定堪称细致全面。

1. 备用证公约第14条的一般诚信规定。该条规定了担保人/开证人的行为准则和赔偿责任，其中第（1）款规定担保人/开证人履行义务时应秉诚信行事并持合理谨慎（act in good faith and exercise reasonable care），[3]且对相关国际实务标准给予尊重；第（2）款规定担保人/开证人未按诚信办事或任何

---

〔1〕　参见何美欢：《香港担保法》（上册），北京大学出版社1995年版，第147页。

〔2〕　参见史尚宽：《民法总论》，中国政法大学出版社2000年版，第40页。

〔3〕　"reasonable care"字面上是"合理注意"，违反了注意义务则存在过失。注意义务实际上包括谨慎义务和勤勉义务，故违反注意义务也包括未合谨慎（疏忽大意的过失）和未合勤勉（过于自信的过失）两种情况。前者是应当注意但因疏忽而未予注意，后者是虽已注意但因不勤勉而疏于防范。前者过失的程度较轻而后者的过失程度较重。"合理"意指一种相对客观的标准，对是否违反注意义务的判断不是以特定开证人实际的注意程度为依据，而是以一般业内人士在类似情况下应有的注意程度为依据。再从翻译的准确性上来看，以"合理谨慎"来代替"合理注意"的译法虽说有以偏概全之嫌，但鉴于"合理勤勉"的要求高于"合理谨慎"，未合谨慎尚且不法，遑论未合勤勉，故以合理谨慎来涵盖两者含有举轻以明重的当然解释之意，并未改变"reasonable care"所欲表达的意思，所以本书将"合理谨慎"与"合理注意"作为同义语使用。

重大过失行为（grossly negligent conduct）而产生的赔偿责任不得免除。

该条前一款从正面为银行设定了履行义务的行为标准，后一款从反面为银行义务的履行设定了底线责任。要注意的是，银行违反了前一款规定的义务不一定都要负责，因为可能会存在约定的免责情形，后一款则进一步规定了不得免责的底线义务。比如说，银行在审单时的疏忽大意可以因其与申请人的约定而免责，但银行在审单时如存在重大过失，则应视为不诚信而不得基于约定而免责。

就行为准则而言，该条为银行设定了诚信原则下的合理注意义务。诚信原则是一种较具弹性的规定，可在不同的具体情况下，作为注意义务存在与否及注意程度如何的判断依据。依 UCC 第 2 篇第 104 条规定，商人指凡经常从事于类似商品之交易者，或凡自我表现拥有对涉及之物品或交易有特殊知识或技能者，或凡使用代理人而该代理人属于前述两种之人者，均属之。因此，银行家在其职业领域内，有时应解为商人，因此，其所应尽之注意程度，即与一般人不同。但在其职业领域之外，则不一定是商人。[1]可见，合理注意义务所要求的注意程度也是因人而异的，专业人士负有高于普通人的注意义务。信用证业务中银行的注意程度也应依其处理的具体事务而定。由于银行是审查单据的专家而不是处理货物的专家，故银行在审单的时候的注意义务也高于其在面对欺诈时的注意义务。在审查及认定单据与信用证是否相符时，银行作为审单专家负高度注意义务。但对于存在于表面相符单据背后的欺诈，银行只需尽普通人的注意义务，不存在重大过失即可。[2]

就赔偿责任而言，虽然备用证公约对于何为"诚信"未作解释说明，但从备用证公约"未按诚信办事或任何重大过失行为而产生的赔偿责任不免责"

---

〔1〕 参见林诚二：《民法理论与问题研究》，中国政法大学出版社 2000 年版，第 359 页。

〔2〕 按照国内目前通行的过失区分标准，过失分为重大过失（未尽普通人的注意义务）、一般过失（未尽与处理自己事务同一的注意义务）和轻微过失（未尽善良管理人的注意义务）。但这一过失区分的标准不够统一而在逻辑上难以自洽。特别是，未尽与己同一注意义务的标准属于主观标准，这一标准可能因为行为人自身的注意水平低于普通人或高于善良管理人而可能导致责任认定上的畸轻畸重。例如，有人对己物不知爱惜，借他人物亦如是，如终致所借之物损毁或灭失，则其行为宜认定为何种过失？就其已尽与自己事务同一之注意义务而言，尚不构成一般过失，但其未尽普通人的注意义务而言，又已构成重大过失，这就显然难以自圆其说。不过，就重大过失的认定而言，未尽普通人的注意义务这一客观标准仍不失其借鉴意义，如果银行在付款时违反普通人都有的常识而轻率行事，就构成重大过失。

的规定中不难推导出备用证公约的立场。从语义上看，不诚信与重大过失之间是"or"的关系，"or"这一连接词的前后语义相似而可以替代，可以说存在重大过失就属于不诚信，进而也不得免除相应责任。这样，备用证公约确立了重大过失不免责的底线。但另一方面，无重大过失未必就可以免责。所谓重大过失是指轻率（recklessness），是对行为的后果具有认知的有认识过失。拉丁法谚云：重大过失等同于故意。这是因为，故意和重大过失都是有认识过失，两者在认知因素上有共通之处。但不同之处在于意志因素上，前者希望或放任损害后果的发生，而后者对损害后果的发生持否定态度。唯行为人虽不欲损害后果之发生，却不采取任何有效措施以防范应对，在效果上与希望或放任无异，自然也难谓其合于诚实信用之义。简而言之，诚信即是不知情，有心之过难谓之诚信，无心之失则不失其诚信。相对而言，疏忽（carelessness）是对行为的后果没有认知的无认识过失，不属于重大过失。

但另一方面，无重大过失也未必就可以免责，在存在非重大过失的其他过错的情况下，银行仍可能依照法律或约定承担责任。如银行在审单时如因疏忽而未发现不符点，则除非申请人同意放弃不符点或开证合同中另有约定，银行不得以疏忽并非不诚信而主张免责。我国《民法典》第 929 条也规定，有偿的委托合同，因受托人的过错造成委托人损失的，委托人可以请求赔偿损失。

2. 备用证公约第 15 条的诚信索赔要求。根据该条规定，只要受益人提出索偿要求，即"视为证明"（deemed to certify）该索偿要求并非不守诚信，并且概不存在第 19（1）（a）、（b）和（c）条所述的任何情况。[1]"certify"本身有"证明、保证、证实"之意，但由于此处的表述是"视为证明"而不是"证明"或"已经证明"，正是"视为"（deemed）这一关键字眼的存在，导致了本条中的"证明"（certify）和新 UCC5 第 110 条的"担保"（warrant）在法律效果上的迥异。

新 UCC 第 110 条的默示担保设定的是实体法上的责任，要求受益人担保所提交的单据与基础交易实质相符，一旦违反担保受益人将在获得兑付后承

---

[1] 这一规定与《瑞士民法典》第 3 条具有相通之处，该条规定："依据法律，如果权利的产生或生效必须以善意为前提，则应推定当事人为善意。"

担实体上的法律责任，这就对不诚信的潜在受益人构成了一种威慑。但备用证公约的"deemed to certify"却不是默示担保，也不构成独立的诉因，此处的"视为"是一个旨在维持独立承保之高效便捷性的程序法意义上的推定，这一推定可以被反证所推翻受益人一旦向开证人提出索偿要求，备用证公约即视受益人已初步证明其索赔是诚信的和无欺诈的。"诚信"从主观上强调受益人相信自己提起的索赔是有理的，"无欺诈"从客观上强调不存在第19 (1)条列举的不予付款之例外情况。这样推定的意义在于维护独立承保的独立性以及独立性带来的便利和快捷。因为如果受益人除在提交的相符单据之外，还需另行证明单据的真实性或证明欺诈不存在的话，这一方面存在难以自证的问题，[1]另一方面也势必破坏作为独立承保之运作基础的独立性，其便捷性和确定性的优势进而也就荡然无存了。

换一个角度来说，该条也默示要求受益人秉诚信行事，在独立承保下提交真实的索赔。正如新UCC5下的"担保"可能被违反一样，该条下的"证明"也不是终局性的。该条只是推定受益人系诚信索赔，这种推定显然是能以相反证据来推翻的，备用证公约规定了两种推翻的方式：一是根据第19 (1)条的规定，由开证人遵循诚信行事原则对"明显而清楚"的欺诈行使拒付权；二是根据第19 (3)条的规定，由委托人/申请人在申请临时司法措施的程序中举出有力证据（strong evidence）来证明欺诈大有可能（high probability）存在。

3. 公约第19条的诚信拒付规定。根据该条规定，如果索赔的欺诈性明显而清楚，则担保人/开证人遵循诚信办事原则，有权不付款给受益人。其中包括反担保的受益人如在其作为担保人/开证人的承保中不守诚信地作了付款，则其索赔可被认为无可信依据（即存在欺诈）。该条实际上赋予了面临欺诈的担保人/开证人秉诚信行事的拒付裁量权。虽其字面仅规定面临欺诈时诚信行事的担保人/开证人有权不付款，但由反对解释亦可推导出面临欺诈时诚信行

---

〔1〕 在证据法上，当事人仅需就其主张的有利于己的法律要件事实负举证责任，对不利于己的法律要件事实不负举证责任。换句话说，由主张权利存在的人对权利之存在举证，由主张权利不存在的人对权利之不存在举证。采取这样的证明责任分配方式，一方面是因为这符合人的自利本性，你不能期望主张权利存在的人同时又自证权利的不存在；另一方面也因为操作上更具有合理性，因为相对于让主张权利存在的人进行无休止的自证而言，让主张权利不存在的人提供特定的反证要容易得多，毕竟否认一样东西只要举出一样反证即可。

事的担保人/开证人有权付款的结论。这一结论与新 UCC5 关于欺诈与伪造的第 109 条中"开证人只要诚信行事,即可兑付或拒付提示"的精神也是一致的。

该条中诚信行事的标准为何呢?一方面,在存在明知或重大过失的场合下,不能认定善意。如《德国民法典》第 932 条规定"受让人明知或因重大过失而不知动产不属于让与人所有者,即为非善意"。就公约的规定而言,如果担保人/开证人对"明显而清楚"的欺诈性索赔尚不能识别,则无论就其未尽到普通人的注意义务而论,还是就其构成有认识过失而论,至少都构成重大过失,从而不得主张免责。

另一方面,仅有疏忽不影响对善意的认定。如英国 1882 年《票据法》第 90 条(善意)规定:"如事实上某人是诚实地办理某事,则根据本法含义,不论其是否有疏忽,应认为是善意地办理该事。"〔1〕美国法上也有所谓"暂时失忆"(temporary amnesia)原则。例如,A 的不记名债券(bearer bond)遭窃。A 就该失窃以及所失窃债券的详情书面通知了全国的交易商,B 也收到了通知。但此后 B 由于忘记了通知而善意取得了债券。判决 B 获胜诉,理由是:"尽管某人实际收到了通知,但如果他在取得债券时因遗忘或疏忽而不记得此事,他仍然可以是善意购买人……但他不能有意对通知视而不见,也不能使计谋或诡计不去知道它的内容,或故意忘掉它。"〔2〕

综上可知,银行在识别欺诈时以诚信行事即可,同样,如果担保人/开证人因疏忽而未能发现并非显而易见的欺诈,就不构成不诚信,进而无需就其兑付承担责任。对于从单据表面难以发现的欺诈,银行的兑付有效而无需对欺诈后果负责。因为银行在欺诈的判定问题上并不是专家,银行也没有义务去调查被指控的欺诈,诚信行事意味着银行仅在明知欺诈存在时负拒付之责。这一诚信要求可以说较好地兼顾了公平和效率的需要,因为它既可使银行免于对其违背凭单付款的开证承诺之非难(因为法律不允许银行违反诚信地去助成欺诈的实施,否则公平就无从谈起),同时它也并未加重银行在信用证下原本负有的责任(因为诚信行事只要求银行对从单据表面显而易见的欺诈负

---

〔1〕 As a matter of fact that a person is honestly to handle something, then according to the meaning of this Act, regardless of whether there is negligence, shall be considered in good faith in handling the matter.

〔2〕 Bradford Stone, *Uniform Commercial Code*, Law Press China, 2004, p. 196.

责),[1]银行只需审单而无需调查单据背后的基础交易,从而兼顾了效率要求。

但就单据的审查而言,银行具有高于普通人的注意义务。因为作为审单方面的专家,银行具有比普通人更高的认知水平,而"被期望了解审单过程中常见的惯例"。但这并不是说银行对单据中出现的所有内容都应了如指掌,开证人只须遵守"通常开出信用证的金融机构的标准实务",[2]而不能要求它"了解和遵守其他特定的行业惯例",因为这些行业惯例是存在于申请人、受益人或基础交易可能涉及的其他人之间的行业惯例。例如,开证人应当知晓海运行业中与单据有关的通常惯例,但不能要求它了解信用证或发票中出现的在特定行业中被用于货物描述的同义语。[3]这些特定的行业惯例既然不属于银行"知道或应当知道"的范围,[4]也就无法要求银行就此承担相应的

---

〔1〕 在德国的一个案例中,法官认为:"如果需要解释基础合同才能验证欺诈抗辩,则不能认为受益人的请求是滥用权利……"。Pierce Anthony, *Demand Guarantee in International Trade*, London, Sweet & Maxwell, 1992, p. 94. 转引自郭德香:《国际银行独立担保法律问题研究》,法律出版社 2013 年版,第 195 页。

〔2〕 这一标准实务与 UCP600 第 2 条"相符交单"定义中的"国际标准银行实务"以及 ISP98 第 1.11 条"规则解释"规定的解释 ISP98 规则时应当参照的"适用的标准惯例"事实上相一致。

〔3〕 参见新 UCC5 第 108 条及其官方评论。该条(f)款规定开证人不因"遵守或了解(e)款所指的标准实务之外的特定行业的惯例"而负有责任。原 UCC5 第 109 条也曾规定:"开证人不因了解或不了解任何特定行业的惯例而承担责任或义务。非银行开证人不受它所不了解的银行行业惯例的约束。"据此,银行通常没有遵守非银行业的惯例的义务,无论它了解还是不了解这些惯例。不过,新 UCC5 允许银行选择遵守它事实上了解的非银行业惯例,但无需因此种遵守而承担责任。

〔4〕 本书认为,知道是一种对行为的特定结果具有认知的心理状态,包括知道行为将引起特定后果而希望该结果发生的直接故意和放任该后果发生的间接故意,还包括知道行为可能引起特定后果但无论如何仍为该行为的轻率(recklessness)。应知是一种对行为的特定结果未必具有认知的心理状态,包括行为人就其行为的后果有无认知的主观状态虽不明确,但依客观情况可以推断出其不可能不知,以及行为人就其行为的后果原本应知但因疏忽(carelessness)而事实上不知两种情形。过失是以具有预见可能性为前提的,对于不知道也并不是应当知道的东西由于没有预见的可能性,主观上也就不存在过失。
我国《民法典》似将"恶意"界定为"知道或者应当知道"[第 987 条(恶意得利人返还义务)中与"恶意"对应的主观状态是"知道或者应当知道"],这就可能将"疏忽"包含于"恶意"之中而有欠妥当。只有将法条中的"应当知道"狭义解释为"不可能知道",法理上才能自洽。易言之,只有将《民法典》中的"恶意"理解为"知道或不可能不知道",才能体现其"不诚信"之本义。相应地,只有将"善意"理解为"不知道且不可能知道"(《民法典》第 986 条以"善意"与"不知道且不应当知道"相对应),才能因"疏忽"的不知也包含在内,而体现其"诚信"之本义。本书认为,知道是一种对特定行为的不利后果具有认知的心理状态,包括知道行为将引起特定后果而希望该后果发生的直接故意或放任该后果发生的间接故意,还包括知道行为可能引起特定后果但无论如何仍从事该行为的轻率(recklessness)。应知是一种对特定行为的不利后果不具有认知的心理状态,指行为人应当知道但因疏忽(carelessness)而事实上不知道其行为将引起特定后果。过失是以具有预见可能性为前提的,对于不知也不应知的东西由于没有预见的可能性,主观上也就不存在过失。

注意义务，进而也不得认为银行的相关行为构成过失。《美国统一商法典》的第 1 篇（UCC1）第 303（d）条也赋予当事人"知道或应当知道"的行业惯例以特定的法律效力。[1]

举例来说，英国上诉法院曾经判定，"machine shelled groundnut kernels"与"Coromandel groundnuts"不属于相同描述，尽管这是不同称谓的同一货物，但不能指望银行对此知晓或应当知晓。[2]因此，如果信用证要求的是"machine shelled groundnut kernels"，而提交的发票上记载的是"Coromandel groundnuts"，银行有权以单证不符而拒付，而不得认为银行未尽注意义务。

（二）美国统一商法典中的诚信定义

UCC1《总则》第 201（b）（20）条给"诚信"（good faith）所下的定义是："除第五篇另有规定外，'诚信'指事实上诚实（honesty in fact），以及对公平交易（fair dealing）之合理商业准则的遵守。"据此，这一总则中的"诚信"定义与第 5 篇《信用证篇》中的"诚信"定义并不相同，"除第五篇另有规定外"的措辞说明两者是一般法与特别法的关系。新 UCC5 第 102 条中定义的"诚信"仅要求"事实上诚实"，而不要求"对公平交易之合理商业准则的遵守"。在处理欺诈、严格相符、失权等涉及信用证下独有义务履行的问题时，这一"事实上诚实"的狭义定义强化了信用证独立性原则的适用，这一不包括"公平交易"的狭义定义也有利于有关主体在收到信用证下提示的单据后，更妥当地作出兑付或拒付的决策。总而言之，这一狭义定义增加了信用证下义务的确定性，并保证了信用证这一金融工具的高效率和低成本。[3]

该条的官方评论还进一步采取反面列举的方式，说明"公平交易"这一主观标准与信用证的独立性原则可能相悖的情形，具体包括：（1）受益人在基础交易中或提示单据时未能恪守"公平交易"标准，即便单据与信用证条款严格相符，申请人和开证人仍以"有失公平"为由不予付款。（2）将开证人承担兑付义务的标准由以"标准实务"为依据的"严格相符"（strict compli-

---

〔1〕 根据该条："……当事方知道或应当知道的商业惯例，可用于澄清当事方协议的含义，并可能使协议的某些条款产生特定含义，还可能对协议的条款起到补充或限制作用。"参见潘琪译：《美国统一商法典（中英双语）》，法律出版社 2018 年版，第 20 页。

〔2〕 See J. H. Rayers & Co. Ltd. v. Hambro' Bank，Ltd. ［1943］1 K. B. 36（Court of Appeal）.

〔3〕 参见新 UCC5 第 102 条之官方评论第 3 点。

ance）变更为以"公平交易"为依据的"合理相符"（reasonable compliance）。(3) 以"公平交易"之名对针对开证人的失权（preclusion）规则加以修改，使开证人能于事后提出存在于提示中的额外不符点。

在信用证交易中采用狭义诚信定义的结果是，信用证交易中的诚信标准不同于一般合同法中的诚信标准。正如新 UCC5 第 102 条的官方评论第 3 条所言，申请人与受益人之间的合同并不受第五篇约束而是适用相应的合同法，例如第二篇"买卖"和一般合同法。该合同中的'诚信'含义应由其他法律界定……概而言之，信用证下的诚信并不追求交易的公平性，在信用证下不公平的东西未必构成不诚信。而一般合同法中的诚信与公平两者并行不悖，诚信往往包含"公平交易"的含义在内。[1]换句话说，信用证下狭义的诚信定义意味着信用证下诚信的外延更广，在一般合同法下被认为不诚信的行为在信用证法下可能被认为是符合诚信的。

结合上述官方评论中的实例来说，一方面，尽管显失公平可能是存在于基础交易中的一种抗辩事由，但鉴于信用证交易独立于基础交易，信用证下的承诺不应当受到存在于基础交易项下的抗辩的影响。另一方面，就信用证交易本身而言，由于信用证法律是自成一体的商人法，故一般的合同法原理未必都对其适用。

以禁反言原则为例，银行在审单实践中至少有两处可能涉及禁反言，但其在信用证法上的适用却不同于在一般合同法意义上的适用。一处是基于信用证的独立性原则以及每次交单的独立性，对一次不符交单的兑付不意味着放弃对此后类似交单的相符要求。这说明一般的禁反言原则在不符点弃权问题上不适用。另一处是银行未及时发出拒付通知时即失去拒付权，后将述及，这一失权规则背后的法理依据是严格禁反言，其适用的要件不同于一般意义上的禁反言。同样，以一般合同法中的诚信标准来作为判断信用证交易的诚信与否也不恰当，在一般合同法下显失公平的行为在信用证交易中未必构成

---

〔1〕 除上述《美国统一商法典》第 2 篇第 103 条有对"诚信"的界定外，该法第一篇第 203 条还规定："本法所涉及的任何合同和义务，在其履行或执行中均负有遵守诚信原则之义务。"我国《民法典》第 7 条也明确"民事主体从事民事活动，应当遵循诚信原则，秉持诚实，恪守承诺。"第 6 条则明确"民事主体从事民事活动，应当遵循公平原则，合理确定各方的权利和义务。"，第 151 条则从反面规定"一方利用对方处于危困状态、缺乏判断能力等情形，致使民事法律行为成立时显失公平的，受损害方有权请求人民法院或者仲裁机构予以撤销。"

不诚信。[1]

二、欺诈例外中的诚信要求

在存在受益人实施欺诈的可能时，有一种古老的原则可以作为个人抗辩的基础，它要求当事人应当诚实信用，不应滥用法律规定的权利。在信用证的欺诈例外制度中，诚信原则也发挥了突出的作用，它既为欺诈例外制度提供法理基础，也在银行决定应否兑付时为其提供行为指南，并在认定银行是否已正确履行其兑付之责时作为判断依据。

（一）相关立法

在罗马法上已存在所谓"一般恶意抗辩"，即指在民事活动中由一方的欺诈行为而使另一方受害，对该欺诈行为任何人都可以提出抗辩。有学者认为这就是诚信原则的起源。

近代各国民法上都有诚实信用的规定。《德国民法典》在债的关系中规定了诚实信用原则。其中第157条要求契约的解释"应依诚实信用并顾及交易习惯。"第242条规定："债务人有义务依诚实和信用，并参照交易习惯，履行给付。"1921年的《瑞士民法典》第2条规定："任何人行使权利履行义务，均应依诚实信用为之。"这就超越了《德国民法典》诚实信用局限于债法范围的局限，使其成为整个民法典的最高原则，对整个私人社会关系领域发挥价值调整的重要作用。[2]《日本民法典》于1947年新增的第1条也明确："行使权利及履行义务时，应恪守信义，诚实实行。"我国《民法典》第7条也明确规定了诚信原则："民事主体从事民事活动，应当遵循诚信原则，秉持诚实，恪守承诺。"要之，诚信原则要求法律关系当事人间权利行使、义务履行之善意。权利之行使，违反诚信原则时，构成权利之滥用。义务之履行，

---

〔1〕 除前述《民法典》第151条对显失公平的界定外，根据《中华人民共和国最高人民法院公报》2007年第2期登载的"家园公司诉森得瑞公司合同纠纷案"，所谓合同的显失公平，是指合同当事人一方利用自身优势，或者对方没有经验等情形，在与对方签订的合同中设定明显对自己一方有利的条款，致使双方基于合同的权利义务和客观利益严重失衡，明显违反公平原则。

〔2〕 参见丁宇翔："民法典编纂中的理性主义传统"，载《人民法院报》2017年12月29日，第5版。

违反诚信原则时，不生履行之效力。[1]这些规定可以作为独立担保欺诈例外的法理依据。

据此，独立担保的受益人如违反诚实信用义务，其请求付款的行为同样可能构成欺诈或权利滥用。但在独立担保的相关实践中，对欺诈或权利滥用的认定设有严格的条件。在德国判例中，只有受益人的支款声明中存在事实明显错误和其他同等滥用情形的，方能构成滥用支款权。[2]可见，德国法上强调的也是客观事实上的错误而不是受益人的主观状态，这与美国法上的规定存在一定的相通之处。

英国法院也有将"违反/缺乏诚信"（breach/lack of good faith）或"不诚信"（bad faith）作为欺诈的认定标准的判例。但在信用证欺诈的场合下，将不诚信作为欺诈的认定标准有不当扩大欺诈范围之虞。因为一般而言，不诚信和欺诈之间虽然存在一定的交叉关系，但两者并不能画等号，前者的含义比后者来得宽泛。就欺诈与诚信的关系而言，欺诈一定不诚信，但不诚信未必构成欺诈。或者说，不诚信是欺诈的必要条件，但非充分条件。

例如，在受益人以拟在备用信用证下支款作为施压手段来解决其与申请人在基础合同项下纠纷的情况下，如果申请人不履行合同而受益人在证下提出索偿要求，则受益人的索赔或许是"不诚信的"，但并不构成欺诈，因为尽管它在证下的支款别有用心，它对自己的支款权却并不"缺乏真心相信"，它相信自己在证下是有权支款的，甚至它的支款也未必是"绝无事实根据"的。[3]

（二）URDG 中的诚信规定

与 UCP600 的相关规定付诸阙如不同，URDG758 第 30 条有非诚信行为不免责的专门规定。根据该条，URDG758 第 27 条关于单据有效性的免责、第 28 条关于单据传递和翻译的免责以及第 29 条关于使用其他方服务的免责之规定，不能免除担保人因未依诚信行事而应承担的责任。增加了诚信规定的

---

[1] 参见史尚宽：《民法总论》，中国政法大学出版社 2000 版，第 41 页。

[2] 参见刘斌："独立担保欺诈例外的类型化"，载高祥主编：《独立担保法律问题研究》，中国政法大学出版社 2015 年版，第 145 页。

[3] See Ramandeep Kaur Chhina, *Standby of Letters of Credit in International Trade*, Kluwer Law International, 2012, p. 134

URDG758 显然更加合理。因为在 UCP600 的情况下，由于规则本身未设定非诚信行为不免责这一底线，银行即使在明知单据系伪造而仍作兑付、故意对技术术语作错误的翻译或解释、明知通知行所在国家因战乱而不能履行通知服务而仍指示其通知等情况下，似乎均可不负责任。毋庸置疑，对不诚信行事的银行予以免责是不合理的，因为这不仅对因此类行为而受不利影响的相对方而言不公平，也难免损害业界对利用银行信用证业务的信心。

但美中不足的是，URDG 对诚信的具体含义未作界定，此处的诚信是指一般民法意义上的诚信，还是信用证法意义上的狭义诚信，未予明确。是重大过失以上不免责，还是疏忽亦不能免责，也不太清楚。本书认为，不妨借鉴备用证公约有关"重大过失不免责"的规定，将疏忽大意作为可免责事由。从解释上说，所谓免责，即意指对本应负担之责任的免除，如果认为疏忽也不能免责的话，则免责的规定就失去了意义。因为一般民法上的责任就是过错责任，即自己对自己行为的负责，以存在过错（故意或过失）为限，包括有过错要负责和无过错不负责，故免责只可能是针对因为存在过错而本应负担部分的责任的免除。疏忽是过错之中程度最轻的无认识过失，如果连疏忽也不能免责的话基本上就谈不上什么免责了。

举例而言，如独立保函的付款条件之一为提交"a certificate certifying the ship was built in 2000"，但受益人提交的证明内容显示"the ship was rebuilt in 2000"，担保人因此拒付。受益人将证明中的"rebuilt"改为"built"后重新向担保人交单，担保人认为单据相符而付款。但指示方认为，受益人仅将"rebuilt"修改为"built"并不能改变船只系翻新的可能，如此只能反映出受益人伪造单据的事实。担保人据此付款构成未按诚信原则行事，指示方拒绝偿付担保人。担保人认为，没有注意到"rebuilt"修改为"built"最多是担保人的疏忽，而不是未按诚信原则行事，指示方必须向担保人付款。[1]

本书认为，本案中担保人的主观心态不只是作为无认识过失的疏忽，而应被认定为有认识过失的轻率，即构成了重大过失。在首次交单不符的情况下，对不符点的修改显然是担保人再次审查的重点。担保人在第一次审单时既已发现"rebuilt"这一与"built"要求的不符，在再次提交时便不可能注意不到从"rebuilt"向"built"的这一修正。受益人不可能在短短数日的审单期

---

〔1〕　参见阎之大：《URDG758 解读例证与保函实务》，中国文献出版社 2011 年版，第 316 页。

限内建造一艘船舶，所以其对单据的修正只可能是形式上而不可能是实质性的，这是普通人依常识都可以知道的道理。参照备用证公约设定的"重大过失不免责"的标准，本案中担保人不能免责。担保人明知短期内的"built"不可能而轻率付款的行为构成重大过失，指示方可以拒绝偿付担保人。

实际上，通过规定担保人的非诚信行为不能免责，URDG758第30条也从反面为担保人设定了诚信行事的义务。

总的来说，信用证的当事人负有诚信行事的义务，但信用证下采取的是与一般民商法下的不相同的诚信标准，由于不追求交易的公平性，信用证下的诚信标准更宽松，即使是有失公平的行为在信用证下也未必构成不诚信。而且，即使不诚信的行为在信用证下也未必构成欺诈。所以，本书认为，信用证规则虽对当事人提出了诚信要求，但很难由此得出结论说诚信是信用证下的一项基本原则。

第五节　信用证制度中的价值目标

任何一种法律制度都必须在稳定性、一致性和灵活性三者之间取得平衡。要求法律有超越时空的一致性和稳定性的理由是显而易见的，如果法律不一致并且容易受到急剧变化的影响，那么人们就难以对未来作出合理的安排。他们将花费过量的时间和金钱为不同的法律规则所造成的意外情况制订计划。一种一致的、可靠的法律能节约很大的社会成本。但在一致和稳定同时，法律制度还必须是灵活的。这种灵活性必须做到两个方面。第一，在任何既定的时点上，同一法律制度以内的不同权限可能需要维持不同的法律规则，这些规则考虑了该权限内的区别性的特点。第二，法律制度在时间上也必须足够灵活以顺应新情况和变化中的潮流。[1]而信用证之所以源远流长且得以沿用至今，原因就在于其内在的"可靠、方便、经济与灵活"等特性，这不仅是信用证在商业应用中的特殊优势所在，也是信用证的有关法制建设所要追求的价值目标。信用证仅仅是一种商业实践的产物，因此与之相关的法律也仅仅是它对实践的认识的反映，能否客观准确地反映商业实践的需要，就成

---

〔1〕　参见［美］罗伯特·考特，托马斯·尤伦：《法和经济学》，张军等译，上海三联书店、上海人民出版社1994年版，第100页。

为信用证法的生命力所在。具体来说，信用证制度所体现和追求的价值目标主要有以下几方面：

一、确定性（certainty）

近似于确定性的常见表述还有可靠性（reliability）、可预见性（predictability）等，而且对可靠性的考虑与对安全性的考虑也常常是密不可分的。

信用证产生于以银行信用代替商业信用的需要，原因就在于银行的资产与信誉比商人所能提供的更为可靠，因而受信用证保护的债权人得到更大的商业确定性。信用证作为银行的兑付单据的确定承诺（definite undertaking），就是为了在商业实践中促进确定性。国际商事交易的当事人选择信用证作为支付或担保工具，就是基于银行能够为他们带来更可靠保障的一种合理预期。确定性目标具体体现在以下方面：

（一）信用证的基本原则体现对确定性的追求

以作为信用证的基石与支柱的信用证独立性原则为例，该原则即旨在于促进信用证使用中的确定性。正如新 UCC5 第 103 条之官方评论第 1 点所言："通贯于第五篇的独立性原则表明开证人的责任独立于基础合同中的义务。受益人可能违反了基础合同，从而使申请人在该合同下找到对抗受益人的恰当理由，但这不能成为开证人拒绝兑付的理由。只有开证人和法院对这一原则坚信不渝，才能给信用证以持久的生命力，保证信用证作为付款手段的确定性与迅捷性。"

信用证的独立性体现于文本之中即要求表面相符。如果信用证遵循 UCP，则必须在信用证中注明。银行不会开出要求遵循基础合同条款的信用证，因为这将使信用证受制于其他一些非国际上通用、共知的单据。信用证虽然是根据申请人与受益人之间的基础合同以及申请人与开证人之间的开证申请开立的，但却是在基础合同及开证申请之外开证人对受益人的确定承诺。信用证各当事人的权利和责任完全以信用证中所列条款为依据，不受基础合同的约束。如出口商提交的单据虽然符合买卖合同，但却与信用证条款不一致，仍会遭银行拒付。[1]只有信用证与作为其开立前提的诸合同脱钩而以表面可

---

[1] 参见于强编著：《UCP600 与信用证操作实务大全》，经济日报出版社 2007 年版，第 29~30 页。

见的方式独立运作，受益人和银行的交单、审单或兑付等活动才具有确定性，其他第三方特别是提供融资服务的中介银行也才有信心参与到信用证业务中来。

（二）信用证在具体操作上也体现了对确定性的追求

1. 作为一种自足性文件，信用证本身必须清楚明确。信用证独立于基础合同，而且以单据交易为基础，因而在信用证交易中，除了作为信用证开立方面的当事人开证行及开证申请人外，还有受益人、议付行等当事人参加，因此，非常清楚，开立的信用证以及修改书，必须自身明确而且能自我完成。[1]

2. 信用证的金额必须限定。作为银行，所开出的信用证的金额必须是限定的，不能开出含有如"金额为 US＄100，000 加利息"内容的信用证，因为利息金额没有明确。但可以开出含有如"金额为 US＄100，000 加自 1999 年 3 月 19 日至 1999 年 6 月 20 日 10%利率的利息"内容的信用证，因为信用证金额加利率以及计息时间都是很明确的。我国的《独立保函司法解释》也规定，独立保函是向受益人"支付特定款项或在保函最高金额内付款的承诺"，如果保函"未载明据以付款的单据和最高金额"，将不能被识别为独立保函。

担保范围，是担保人承担担保责任的范围，体现了担保人实际承担责任的大小。在非独立担保中，担保人的担保范围取决于诸多因素，具有较大的不确定性。这些因素中既有约定因素，也有法定因素，最终的责任范围更是取决于基础交易的实际履行情况，如实际的违约及损害程度。以我国《民法典》第 691 条对保证范围的规定为例，该条规定："保证的范围包括主债权及其利息、违约金、损害赔偿金和实现债权的费用。当事人另有约定的，按照其约定。"

备用信用证或独立担保也是一种保证，但与传统保证的范围不尽相同的是，独立担保的范围主要是一种约定范围。它的担保金额和支款方式都具有较大的确定性，从而为受益人提供了更可靠和便捷的保障。担保金额均以证下或函下载明的金额为限（可以允许一定的伸缩度，以包容担保开立时可能尚不确定的利息或费用），一般可以少于该金额支款（除非证下或函下规定禁

---

〔1〕 参见［日］东京银行编:《贸易与信用证》，中国银行译，中国金融出版社 1989 年版，第 96 页。

止部分支款），但不得超额支款（超额支款将被认定为交单不符），且其支款
金额与基础交易中实际的违约及损害程度没有必然关系，受益人通常只需一
纸声明就可以支款，担保人也不享有申请人在基础交易中对受益人享有的抗
辩权。

3. 信用证必须限定期限。承诺应该（1）限定期限；或（2）允许银行定
期（与银行进行必要的信贷评定的能力相一致）或在通知或付款给受益人的
时候终止承诺，信用证必须限制有效期，有明确的到期日，否则信用证可以
随时终止。[1]备用证公约规定如果承保未规定到期日或规定的到期行为或事
件尚未发生，则承保自开具之日起 6 年到期。URDG758 规定如果保函或反担
保函既未规定到期日，也未规定到期事件，保函自开立之日起 3 年后终止，
反担保函在保函终止 30 个日历日后终止。

4. 强调信用证的不可撤销性和不得任意修改性。从 UCP400、UCP500 到
ISP98 和 UCP600，越来越强调信用证的不可撤销性，以增加信用证在商业应
用上的可靠性，因为开证人义务不确定的信用证的商业价值是不大的。现在
的基本做法是，信用证上如未注明其为可撤销，即其为不可撤销信用证。类
似地，信用证在修改上设置了严格的条件。修改信用证要求开证人、保兑人
（如有的话）和受益人等相关各方的一致同意，一项可以单方任意修改的信用
证对受益人也是没有保障作用的。

5. 以开证人为汇票付款人，且开证人在付款后一般无针对受益人的追索
权。另外，通过对信用证的保兑来为受益人提供支款权的双重保障，保兑人
作为指定银行在议付后也没有追索权。

6. 失权（preclusion）规则的适用。失权规则是严格相符原则的例外，根
据这一规则，银行如果未能及时发现单据中的不符点，此后它就不得再宣称
单据与信用证不符，它一方面无权获得偿付，另一方面仍须向受益人付款或
补偿保兑行。如果买方没有放弃不符点，银行就只能出售单据（或单据所代
表的货权）来进行自我补偿。[2]该规则还要求拒付的银行一次性地发出含有
声明凭以拒付的每一个不符点的拒付通知，而不得再以此外的不符点为由进

---

〔1〕　参见《信用证业务监管》编写组编：《信用证业务监管》，中国金融出版社 1999 年版，第
173 页。

〔2〕　See Richard King, *Gutteridge and Megrah's Law of Bankers' Commrecial Credits*, Routledge, 2001,
pp. 146-147.

行拒付。这样做的目的也在于促进确定性，因为一次性地告知受益人凭以拒付的每一个不符点，可以方便受益人确定这些不符点能否被修复，以及这种修复是否合算。[1]

如此规定的好处是，既可以避免银行分期分次地提出不符点，从而加重受益人的修复成本，也可以避免银行在依赖自己发现的不符点为由拒付之后，再转向申请人并请求其帮助寻找额外的不符点。UCP500 第 14 条规定拒付"通知必须声明银行凭以拒绝接受单据的全部不符点（all discrepancies）"。UCP600 第 16 条改为要求拒付"通知必须声明银行拒绝承付或议付所依据的每一个不符点（each discrepancy）"。ISP98 第 5.02 条规定：拒付通知应注明凭以拒付的所有不符点。

为促进确定性和终局性，新 UCC5 借鉴 UCP 的规定，要求开证人发出关于不符点的通知否则不得以不符点为由拒付。根据第 108 条的官方评论，该条以严格的"失权"规则取代了如无相反规定则可能适用的弃权与禁反言理论。而此前的一些判例仅在开证人未能发出拒付通知而受益人又本着对此信赖行事的情况下，才判决开证人不得自食其言。举例说，假设受益人在信用证有效期届满前很短一段时间才提示单据，造成的情形是受益人无暇在期满前补救任何不符点。根据传统的禁止反言理论，即便受益人已收到通知也无法补救不符点，这也将免除开证人因未能发出通知而应负的责任。但该条采用不发出通知即不得拒付的规则，其裨益在于排除以信赖和已受损害为依据的诉讼。[2]这就无需考虑受益人对开证人未发拒付通知这一行为是否产生了信赖，也无需考虑受益人是否因开证人未发拒付通知而实际受损，从而大大减轻了主张禁止反言的人的证明责任，使开证人的付款具有了更大的确定性。

实际上，相对于传统的禁反言原则，UCP600 和新 UCC5 适用的是一种严格禁反言（strict estoppel）。传统的禁反言原则适用于主张禁反言的人已对对方的行为产生了合理期待并因此遭受损失时，其主要目的是保护相对方的信赖利益。在信用证拒付案件中，交单人或受益人要适用传统的禁反言，需要证明以下三个要素：其一，开证人的行为导致受益人相信其单据是相符的，

---

[1] See Ralph H. Folsom, Micheal W. Gordan, John A. Spanogle, *International business transaction*：《国际商事交易》，法律出版社 2005 年版，第 141 页。

[2] 参见王江雨译：《美国统一商法典〈信用证篇〉》，中国法制出版社 1998 年版，第 29 页。

即便事实并不如此；其二，受益人的合理信赖；其三，因合理信赖造成了受益人的损害。而根据严格禁反言原则，即使没有证据表明受益人因信赖开证人的行为或不行为而遭受损害，受益人也能援引该原则。[1]该规则剥离了传统禁反言原则中的后两个要素，即不要求受益人证明合理信赖和遭受损害，更不要求证明信赖和损害之间的因果关系，而直接产生未按规定的时间和方式发出拒付通知开证人便失去拒付权的后果。

7. 就信用证的形式要求而言，新 UCC5 要求一项记录所载资料必须具有记录功能所需的持久存续性。由于信用证的承诺无须对价，而且要兑现这项承诺必须提交严格相符的单据，故信用证交易的当事人特别依赖信用证或其他承诺中的条款或条件的持续效力。[2]

（三） 信用证有关的司法实践中体现出对确定性的追求

为了追求确定性，信用证有时甚至会牺牲一般合同法原则，如新 UCC5 将 "诚信（good faith）" 狭义地解释为 "事实上的诚实（honesty in fact）"，而未将 "公平交易（fair dealing）" 标准引入其中。"公平交易" 这一主观标准在审单等场合不宜采用，以免处理单据的各方当事人以 "有失公平" 为借口或以遵守 "公平交易" 的名义来逃避独立性原则的适用。由提示、兑付、拒付和偿付行为产生的权利义务是独立的和严格的，因此，"事实上的诚实" 是信用证下的一项适当标准。[3]

正是为了进一步增加交易的确定性，审单的标准也越来越偏于客观化，这具体体现为减少对不确定概念的依赖或澄清其含义。其中典型的不确定概念是 "合理谨慎"（reasonable care）。原 UCC5 中要求开证人 "必须谨慎（with care）地审核单据"，而新 UCC5 只是客观地要求开证人兑付 "表面严格相符" 提示。UCP600 在审单标准上也借鉴 ISP98 的做法，摒弃了 UCP500 的 "reasonable care"（合理谨慎）的主观标准，而代之以 "complying presentation"（相符交单）的客观标准。因为审单的关键不是看银行是否以合理谨慎行事，而是看单据相符与否。而在审单时间上，UCP500 曾经规定的审单的 "合理时间"（reasonable

---

〔1〕 参见李垠："论信用证法上的失权规则"，载高祥主编：《信用证法律专题研究》，中国政法大学出版社 2015 年版，第 151 页。

〔2〕 参见新 UCC5 第 104 条之官方评论第 3 点。

〔3〕 参见新 UCC5 第 102 条之官方评论第 3 点。

time）逐渐被 UCP600 的"至多 5 个银行工作日"，以及 URDG758 的"5 个营业日"等相应概念所代替，越来越具有确定性和可操作性，从而避免了法院在银行审单时间是否"合理"这一问题上的分歧。

当然，合理谨慎作为一种一般性义务仍然存在，特别是在银行拥有酌处权的领域。备用证公约第 14 条明文规定了担保人/开证人的行为准则，即应恪守诚信，谨慎行事，并不得免除其未按诚信办事或任何重大过失行为而产生的赔偿责任。如针对审单时间的主客观相结合的规定，刚性规定旨在将合理谨慎的主观要求客观化以增加可操作性，但并不排除合理谨慎的一般义务。ICC 在其评论中也提到，国际银行标准的引入并未限制银行在审单时以合理谨慎行事的责任，这一引入旨在确定合理谨慎得以适用的范围。[1]

例如，由 G 银行开立的以 B 为受益人的备用信用证规定，凭随附声明委托人违约的工程师证明的书面要求付款。该证明实际表示的是委托人未违约，而"未"字被抹掉了。如果在合理审核的基础上发现这一涂抹是明显的，G 银行必须提出拒付。如果 G 银行作出了支付，它就不能免责。但如果在合理审核的基础上该涂抹是不可发现的，则 G 银行支付后可解除其本身的责任。[2]如果这一涂抹并不明显，G 银行只是对其真实性抱有怀疑，则由于开证人对备用证下提示的单据的真实性无需负责，所以 G 银行仍有义务付款并有权从申请人处获得偿付，除非后者取得了法院的禁令。因为实践中的情况千变万化无法穷尽列举，无论 UCP 等国际规则中有如何细化的规定，合理谨慎的原则性规定仍是必不可少的。

民法法系和普通法系的法律都规定了对欺诈的抗辩权，但过多的抗辩破坏了银行担保和备用信用证的经济功能，即在国际贸易和金融活动中提供可靠担保的功能。因此，长时间以来，法院不愿轻易承认这些法律抗辩。后来，愈演愈烈地对银行担保和备用信用证的滥用行为最终导致了大多数西方国家的法律承认这种法律抗辩。但法院一直坚持认为受益人在付款请求中应有明显违反诚信原则的行为，并且要求申请人对受益人的这种行为提出有力的证据。对欺诈问题持谨慎态度正是为了减少受益人对行使其信用证下支款权利

---

〔1〕 See John F. Dolan, *The law of Letter of Credit*：*Commercial and Standby Credits*，Warren，Gorham & Lamont，1996，p.104.

〔2〕 参见徐进亮主编：《国际备用信用证与保函》，对外经济贸易大学出版社 2004 年版，第 143 页。

的不可预见性。同时，强调对善意第三人的保护，如通过票据法对善意议付行提供额外保护，以避免欺诈风险的扩散，维护交易的整体安全。

（四）确定性目标也体现在相关法律和惯例的具体规定上

例如，ISP98 第 1.03 条"解释的原则"规定在解释本规则时须考虑备用证作为可信赖和有效的付款承诺的声誉。新 UCC5 第 111 条规定受益人对开证人无减轻损失的义务，因为信用证依赖付款的快捷性和确定性，不给开证人以拒付的激励显得很重要。新 UCC5 第 103 条的官方评论还针对开证人与申请人之间的免责协议作了要求，即如果他们要对该篇原有的责任与风险加以改变，他们的协议的表述必须足够清楚和明确。此外，当事人应当避免以协议修改第 102 条的各项定义，因为这种协议的效力总是不确定的。

UCP600 以第 2 条"定义"和第 3 条"解释"专门为常用术语进行了界定和澄清。例如，第 2 条将信用证定义为"一项不可撤销的安排……"。第 3 条又进一步将信用证限缩解释为不可撤销信用证，即所谓"信用证是不可撤销的，即使未如此表明"，这就有效避免了信用证在未标明自身是可撤销还是不可撤销时所面临的不确定性。该条还规定，用诸如"第一流的"、"著名的"、"合格的"、"独立的"、"正式的"、"有资格的"或"本地的"等词语描述单据的出单人时，允许除受益人之外的任何人出具单据。此外，对于"在或大概在""至""直至""从……开始""在……之前""在……之后"等表述时间的概念，该条对其含义也逐一进行了明确等。类似地，URDG758 也专门制订了第 2 条的定义条款和第 3 条的解释条款。

（五）信用证标准化的国际实践也反映出对确定性的追求

信用证没有正式统一的适用法律，统一的是实务，以采纳 UCP 或 ISP98 的形式达到。国际商会亦尝试以推广标准表格及出版国际商会银行委员会决定的方式把信用证标准化。在信用证运作的具体实践中，当事人理论上可以以他们认为适当的方式自主订立有关的条款与条件，实际上，对这种承诺的一致性与可预见性的追求使标准实践、判例与规则得以发展。[1]

---

［1］ See Kevin P. McGuinness, *The Law of Guarantee*, Carswell Legal Pubns, 1992, pp. 798-799.

二、灵活性（flexibility）

英国学者默格拉夫（Maurice Megraph）曾经说过："信用证所适用的法律将无法一成不变，因为信用证千变万化，以致今日可能已被视为定型的法律，明日将因一个简单因素的遗漏或增加，而容易显著发生变化。"信用证本是商业活动的产物，商业信用证和备用信用证都是从商业交易的需要中形成、发展起来的，是商人智慧的结晶，它是先于法律而存在的商业习惯，法律不过是将商业习惯上一般承认的事实予以认可，加以规范化和条文化而已。因此，信用证法等商业法律必然要反映变动发展中的商业实际的要求，根据客观需要作相应的灵活调整。具体来说，灵活性目标体现于以下方面：

（一）信用证类别上的多样性

信用证根据不同的需要可以作多种划分，如可撤销或不可撤销信用证、转让或不可转让信用证、付款信用证、承兑信用证、议付信用证、循环信用证和保兑信用证等，不一而足。信用证的条件一般还可由当事人自行商定，此外，当事人还可以基于交易的特殊要求而量体裁衣，把不同类型信用证的特点糅合起来，创设一种混合型的担保形式。因此，信用证以一种高度灵活的方式迎合了债务人以及债权人的商业需要，正是这种灵活性在很大程度上增强了信用证的吸引力。[1]

无论是 UCP 还是 ISP98 等都不是强制适用的规范，允许当事人通过协议来修改或排除相关规定。ISP98 体现了原则性和灵活性、公平和效率的结合，正如 ISP98 在其引言中所指出的："ISP 在适用时可能根据某些备用证文本的具体规定而发生变化，但是它提供了在大部分情况下可接受的一些中性规则，以及在其他情况下为谈判提供了一个有用的出发点。它可以节约有关各方（包括开证人、保兑人或备用证的受益人）在商议和起草备用证时相当多的时间和费用。"如 ISP98 第 1.01（c）条款就允许明确变更或排除本规则中某些条款的适用。UCP 惯例一般十年左右修订一次，也是为了反映国际经贸实务中的最新发展状况。

即便以法律面貌出现的联合国备用证公约与《美国统一商法典》也给当

---

〔1〕 See Kevin P. McGuinness, *The Law of Guarantee*, Carswell Legal Pubns, 1992, pp. 785–786.

事人留有了相当的自由空间。备用证公约只具有替补（suppletive）的性质，并不具有强制力，当事方有充分自由完全排除备用证公约的适用，以便适用另一法律。

原 UCC5 的制定目的之一就是："保持程序上的弹性，从而为信用证的有效使用预留未来发展的空间"，原 UCC5 第 102 的官方评论进一步承认："在法律的有限性与现实的多样性这一反差状态下，没有任何制定法能够有效地和巧妙地将所有可能的信用证法律成文化同时又不会妨碍这一有用的融资工具的未来发展。"新 UCC5 第 101 条的官方评论也声明："允许当事人协议变更以保持法律的弹性，以求回应并容纳那些与本法的核心定义或实体规范不相冲突的有关习惯或惯例的新发展。然而，没有任何制定法能够规定一种强制执行或施行实体权利义务的方式，而不致冒着使信用证机制的整体发展陷入停顿的风险。信用证法律应保持对商业现实的灵敏的回应力，尤其要反映国际银行与商业界发展出的习惯做法与合理期待。法院也要以一种与上述习惯做法与合理期待相协调的立场来理解本篇各条款。"[1]

（二）信用证形式上的发展性

就信用证的形式而言，原 UCC5 第 104 条曾规定"信用证必须以书面形式作出并出开证人签名"，但鉴于 SWIFT 等电子传输手段的不断发展，新 UCC5 第 104 条拒绝限定开立或通知信用证的任何特定载体，而允许采用构成能被证实之记录的任何方式，其目的亦在于为未来的发展预留特定的空间。

除规定信用证或保函可以用电子形式开立之外，ISP98 和 URDG758 还进一步规定单据也可以电子形式提示。根据 URDG758 第 14 条（c）款，在提交电子单据时，单据必须是能够被证实的，不能证实的电子单据视为没有提交。而根据第 2 条的定义，"经证实的"（authenticated）是指单据的接收者能够确认发送者的表面身份以及内容的完整无修改。

（三）信用证内容上的开放性

信用证虽需遵循一定的程序规定或形式要求，但信用证并非一成不变的僵化体系，其内容仍保持一定的弹性或开放性。以表面相符原则为例，该原则是独立性原则在审单上的具体体现，只用审查单据表面而无须深究其背后

---

〔1〕　笪恺：《国际贸易中银行担保法律问题研究》，法律出版社 2000 年版，第 273 页。

的事实，可以使银行从基础交易的具体履行状况中解脱出来而专注于做好"表面文章"。这一形式要求使信用证交易获得了相对于基础交易的独立性，从而保证了信用证交易的效率。但表面相符并不是绝对的，由于信用证交易脱胎并服务于基础交易，单据的表面相符性也服务于单据的实质相符性。一方面，表面相符的严格性因服务于促进基础交易履行的实际需要而应有所放松，即在单据表面不符但实质相符时仍应考虑单据的可接受性，而不是在表面不符时一味拒付。另一方面，由于单据是记录和反映基础交易履行情况的证据，而单据记载真实是信用证交易有效地反作用于基础交易的前提，故单据表面相符只是受益人获得兑付的必要而非充分条件，表面相符但实质不符的单据并不一定具有可接受性，表面相符也不意味着兑付必然发生。可见，在确定银行的兑付义务时应注入一定弹性，表面相符原则并不能一味地被僵化恪守。

表面不符但实质相符单据的可接受性主要体现于对相符或不相符交单在兑付上的不对称性规定之中。如 UCP600 第 7 条规定对于相符交单银行"必须"（must）[1]兑付，而第 16 条则规定对于不相符交单银行"可以"（may）拒付。URDG758 第 20 条和第 24 条也分别有"shall pay"[2]相符索赔和"may reject"不相符索赔的类似规定，新 UCC5 第 108（a）条虽然规定开证人不得兑付表面不相符的提示，但同时又规定了依法转让和与申请人另有约定两种例外情形。根据这种不对称的规定，对相符交单必须兑付，但对不相符交单却不一定要拒付。这是因为，在单据虽表面不符但实质上相符的情况下，一味拒付可能是不明智的，特别是在商业信用证的场合，接受符合约定的货物通常更符合基础合同双方的利益，故银行可以酌情采取联系申请人放弃不符

---

[1] 由于存在欺诈例外，这里的"必须"也并非绝对，但这表明了银行兑付其在信用证下所作之确定承诺的坚定立场。值得一提的是，《最高人民法院关于审理信用证纠纷案件若干问题的规定》（以下简称《信用证司法解释》）规定对于表面相符的交单，开证行"应当"履行在信用证规定的期限内付款的义务。《独立保函司法解释》的规定也与此相似。和作为强制性规范的"必须"不同，"应当"通常被理解为是一种倡导性规范，体现为道义上的义务，而非法律上的强制性义务。这固然可能是为了与司法解释中的其他机制，如开证行在发现欺诈时可以向法院申请止付等相兼容，但无论如何，此种规定可能会导致我国银行开出的信用证或保函被认为确定性不强，进而也影响其在国际商务活动中的可接受性。

[2] 此处用"shall"而不是"should"，因为"shall"是"必须"，表明法律上的义务，而"should"是"应当"，只是道义上的义务。

点等方式来缓解表面相符的僵化性。"必须"和"可以"的不同规定体现了原则性和灵活性的结合。对相符交单必须付款体现了信用证作为确定承诺的原则性，对不相符交单不一定拒付则体现了信用证服务于基础交易的灵活性。这既是原则性和灵活性的统一，也是单据形式和单据内容的统一。

表面相符但实质不符单据的不可接受性仅限于存在欺诈的情形，虽然银行在信用证下一般只管单据而不管单据背后的基础交易，但在有确切证据表明单据虽然表面相符但存在实质欺诈的情况下，为避免信用证沦为欺诈的工具，应有欺诈例外之适用，银行此时没有兑付欺诈性提示的义务。

如果说表面相符原则体现了确定性，通过促进信用证业务的标准化操作而提高交易效率的话，则欺诈例外作为表面相符原则的例外，在体现公平性的同时，也在一定意义上体现了灵活性和效率追求，因为信用证虽然是一种"先付款、后争议"的确定的付款机制，但在有证据清楚地表明受益人因欺诈而无权主张证下付款时，如果依照法定程序中止付款于事先，就无需再追回付款于事后从而避免时间和资源的不必要浪费。

简言之，在审单问题之所以要采取灵活务实的态度，是因为单据交易和表面相符都是为提高交易效率而采用的手段，其终极目的是促进基础合同项下义务的切实履行。这就要求充分考虑形式与内容的兼容性，以实现效率和公正的统一性。故在审单问题上，一方面在推定形式与实质一致（即由单据的表面相符推定其实质相符）的基础上只需考虑单据形式上的相符（以实现效率），但另一方面，在确有证据表明形式已明显偏离内容（表面相符的交单实为欺诈）的情况下则回归实质（以实现公平）。

（四）信用证制度在适用上的弹性

由于现实生活中的具体情况千差万别，无法以"一刀切"的方式作简单化处理，只有在制度上保持一定弹性，由法官在个案中结合实际情况进行价值补充，才能求得实质上的公平与妥当。为保持其适用上的弹性，满足实践中个案的不同需要，信用证制度中采用了不少具有价值补充功能的概括条款和不确定概念。

1. 诚信原则等概括条款的使用。如备用证公约中明确规定了诚信原则，其中第 5 条将在相关国际实践中促进对诚信之遵守列为公约的解释原则，第19 条中又规定在无可信依据的情况下诚信行事的担保人有权不付款给受益人。

新 UCC5 第 109（a）（2）条也规定在面临欺诈或伪造且不存在善意第三人的情况下，"开证人只要秉诚信行事，即可兑付或拒付"。URDG758 第 30 条"免责的限制"中明确第 27 到第 29 条的免责规定不能免除担保人因未依诚信行事而应承担的责任。由于未规定诚信原则，UCP600 中就只有免责规定而无免责限制，较之 URDG 的规定而言就显得不太严谨。鉴于备用证公约目前在适用上的有限性，建议 UCP 和 ISP 在今后中的修订中借鉴吸收备用证公约将诚信原则列明为解释原则的做法。

2. 不确定概念的使用。尽管如前所述，为追求更大的确定性，信用证制度中已在一定程度上减少了对"合理谨慎"等不确定性概念的依赖，但显而易见的是，这类不确定性概念仍在大量使用并将继续存在。ISP98 第 1.03 条"解释的原则"中虽未强调诚信原则，但使用了"完整性、一致性和统一性"等不确定概念，在具体条文中也要求开证人在承兑备用证下"及时"承兑汇票、在延期付款备用证下"及时"承担延期付款义务、要求拒付通知在"合理"时间内发出等。此外，"毫不延误"等不确定概念大量存在于独立担保规则之中，从而为行为人斟酌个案便宜行事提供了弹性操作的空间。

三、快捷性（promptness）

快捷性实际上与效率价值相对应。信用证有着旺盛生命力的另一原因就在于受益人能够在需要时即时取得付款，而可不顾基础合同项下争议的存在或申请人的反对。因为受益人只需向并非基础交易当事人的另一方——一家不仅中立而且往往声誉卓著的机构即银行——提示与信用证规定相符的单据，后者即应支付证下金额，而无需调查单据背后的事实。

就付款的快捷性而言，备用信用证的惯例体现尤为明显，因为备用信用证下受益人的支款最为便捷，通常只需提供一份索偿要求和一张汇票即可支款，而这两种单据受益人均可自行缮制。故其性质而言，备用信用证原则上要求即期付款。ISP98 第 2.01 条要求开证人应按所要求的金额即期兑付提示，除非备用信用证另有规定。ISP98 第 1.03 条规定解释本规则时应考虑"作为可信而迅速的付款承诺的备用证的完整性"。

正如独立保函被称为见索即付保函，"payable on demand"的要求使信用证具有易变现性或等现金性，"信用证如同现金，开证行向受益人开立了一张信用证，就像把现金放入后者的口袋中一样"，其使用可提高商业信用证下的回收货款效率和备用信用证下的违约赔偿效率。但另一方面，对效率的追求也会带来一定的风险，故在追求效率的同时也应注意风险的防范，以期在效率和安全之间实现必要的平衡。

在 1979 年澳大利亚判决的一起案件[1]中，斯蒂芬法官（Stephen J.）针对见索即付保函的功能说道："一旦此类文件不再像付出的现金那样可以即时和无条件地变现，它就必然丧失其可接受性。唯其具有等现金性，它才能发挥实际效用，一方面为受益人提供现金之便利，另一方面又使申请人能在继续使用同等数额的金钱同时，无需支付如果借入这些钱来用的话就要负担的利息。在受益人看来，'等现金性'是其功能的核心要素。"特别是在市场利息较高的情况下，支付相对低廉的开证费用对申请人来说是更经济的。

需要说明的是，ISP98 并不鼓励"见索即付"这一术语在备用证中的使用，根据 ISP98，即便使用这一术语，也只不过是表示根据书面请求或备用证要求的其他单据的提示，即可获得支付。"见索即付"的概念表述未必准确，其使用可能会引起一些理解上的混乱。"见索"可能让人误解为索赔是无条件的或无需任何单据支持的，而"即付"会让人误解为应在收到提示的单据后的第一时间即作出支付。[2]事实上，使用"见索即付"这一表述并不改变开证人依据第 2.01 条规定所应负的兑付之责，即即期付款、延期付款、承兑或议付的责任。

即便是根据专门针对见索即付保函的 URDG758，提起索赔也至少需要附随一份违约声明或在已收到相符索赔的声明（针对反担保函的索赔而言）来作为支持性单据（除非保函或反担保函明确排除这一要求），索赔提起后担保人也享有 5 个营业日的时间来决定是否付款。ICC 曾在 R504 中对此解释道：保函项下"即期付款（on your first demand）"的承诺并不意味着担保人应按"即期付款"的字面意思当天即予兑付。索偿要求提交之后，担保人无需在提交当天就（对相符索赔）完成支付，在合理时间内完成即可。

---

〔1〕　See Wood Hall Ltd. v. Pipeline Authority（1979）141 CLR 457.

〔2〕　《最高人民法院关于审理独立保函纠纷案件若干问题的规定》之所以使用"独立保函"而未使用"见索即付保函"的名称，也是考虑到"见索即付保函"这一概念没有突出独立保函的独立性特征，并可能产生开立人收到付款请求就须无条件付款的混淆认识。参见张勇健、沈红雨："《关于审理独立保函纠纷案件若干问题的规定》的理解和适用"，载《人民司法（应用）》2017 年第 1 期。

对快捷性目标的追求主要具体体现在时间的规定上，如对审单时间的要求。UCP400 曾经规定："开证行应享有合理时间审核单据，以决定是否接受单据"，但对合理时间究竟有多长未作具体规定。由于"合理"这一标准的主观性太强，以致法院在实际判决时，有的解释为 3 天，有的甚至解释为超过 3 年。此后的相关国际规则逐渐注重审单时间的客观化，以增加操作的可预见性，保护受益人尽快获得资金补偿的合理预期。

UCP600 将 UCP500 下不超过接受单据后的 7 个银行工作日的合理时间缩短为至多 5 个银行工作日。由于备用信用证下的单据相对简单，其合理时间可能更短。ISP98 规定："在 3 个营业日内发出的通知被认为是合理的，超过 7 个营业日被认为是不合理的。"而且，开证人一旦决定拒付，就要求作出相应的通知，与 UCP600 相一致，ISP98 要求开证人或其指定人的拒付通知应以尽可能快捷的方式发出。如果没有及时发出拒付通知，开证人将丧失拒付的权利。

电子信息的使用为信用证实现快捷性目标提供了更充分的技术手段，但也对信用证操作的快捷性提出了更高的要求。

分 论

信用证安排下的当事人及其法律关系

第一节　备用信用证下的当事人

UCP600 将信用证定义为任何不可撤销并构成确定承诺的"安排"（ar-rangement），"安排"这一弹性表述既可依 UCP600 的定义从狭义上理解为由开证人对受益人作出的凭单付款承诺，也可从广义上理解为将从申请人申请开证开始到其付款赎单为止的整个交易链包括在内。前者作为纯粹的信用证交易，由于其相对于基础交易等而言的独立性，仅涉及开证人和受益人这两个信用证的基本当事人。后者则不仅涉及开证人和受益人，还涉及虽非信用证基本当事人但作为基础交易参与者和信用证交易的重要发起人之一的申请人，也涉及作为开证人的代理人行事的为信用证交易提供融资便利等延伸服务的中间银行等。之所以有必要将这些利益相关方一并加以考虑，是因为鉴于信用证安排的整体关联性，这些交易链中各相关主体之间的关系事实上是难以截然分开的。与"信用证交易"这一狭义概念相对应，本书从广义上使用"信用证安排"的概念，以便从宏观视角上对信用证制度加以考察。

一、信用证安排下的当事人

（一）基本的三方结构

信用证安排涉及三方当事人之间的三角关系，即申请人、受益人和开证人。在备用信用证中，申请人通常是借款人或因其他义务而申请信用证向债权人担保其债务支付或义务履行的债务人。在原 UCC5 中，申请人被称为账户方（account party）。新 UCC5 改用申请人（applicant）的称谓，并将其定义为"信用证系应其请求或为其之故开出的人"。

在实务中，申请人是填写并在备用信用证申请表上合法签名的人，包括以自己的名义为他人申请的人。据此，如果申请人以自己的名义为他人申请开证，并将该人作为申请人写入信用证的生效文本中，则在这种情况下，"申请人"一词就既包括其名字出现在信用证文本中的人，也包括授权开出信用证的人。比如说，一家母公司授权某银行为其子公司开立备用信用证，即使信用证中出现的是子公司的名字，这两家公司均被认为是申请人。[1] 而UCP600 下的申请人仅指"申请开立信用证的一方"，所以上述案例在 UCP 下只有母公司才被视为申请人。URDG758 则区分了申请人和指示方，前者指基础关系下的责任方，后者指实际申请开立保函的一方，故在 URDG758 下上述案例中的子公司是申请人而母公司构成指示方，在申请人与指示方并非同一人的情况下，应由指示方而非申请人承担偿付相符索赔等相关责任。

ISP98 规定"申请人"还包括"为自己办理的开证人"。UCP600 则肯定了开证行"代表自己开出信用证"的做法。新 UCC5 下的"申请人"既包括请求开立信用证的人，也包括"代表他人请求开证人开立信用证的人，只要发出请求的人承担偿付开证人的义务"。此外，"如果开证人系金融机构"，信用证还"可以是向自己或为自己之故而开出"。自开信用证主要是为了配合备用信用证的使用以及满足银行内部融资的需要，如银行向其海外分行的开证。

开证人在理论上不一定要是银行，但是在商业界，非银行的开证人开出的信用证不能给接受信用证的一方带来好处。信用证为其利益开立的一方是受益人，在备用信用证中，受益人一般是贷款人抑或任何享有权利的其他人。

在实务中，受益人往往希望有另一家——通常是和它有业务关系的当地银行的介入，受益人可能更希望得到一家本地银行的承诺，而非仅仅依赖一家远在申请人所在地的银行的承诺。这可能是因为外国的开证银行不为受益人所了解或信誉欠佳，也可能是因为当地法律的明确规定，如利比亚当地的法令就规定当地受益人（特别是国家机构）只能接受由本国银行开立的保函。这样的话，一般由申请人所在地的银行作为指示行向受益人所在地的银行

---

[1] See Jacob E. Sifri, *Standby Letters of Credit: A Comprehensiue Guide*, Palgrave Macmillan, 2008, p. 19.

（转开行）提供反担保，再由转开行向受益人开出保函或信用证。在此种四方结构的担保链中，指示行有义务保证转开行在担保项下付款后获得偿付。

（二）银行及其分支机构的关系

与 UCP600 第 3 条规定相类似，ISP98 也将一家银行在不同国家的分支机构视为另一家银行。但不同之处在于，开证人的分支机构（代理机构，或其他办事处），无论是与开证人位于不同国家还是同一国家，都被视为是不同的人，并负有在其身份下的义务。因此，一个人在交易中所起的作用是界定其在交易中义务的决定因素，其与开证人的法律联系则无关紧要。[1]

与 UCP600 相似，URDG758 明确将担保人在不同国家的分支机构视为不同实体，但均未从正面表明在同一国内的分支机构属于同一实体。但与不同国家的分支机构受不同国家的法律管辖不同，国内分支机构由同一法律管辖，属于同一实体是确定的。[2]

因此，中国农业银行的上海分行、湖北分行和纽约分行在 ISP98 下都被视为不同的银行。但根据 UCP600 或 URDG758，中国农业银行的上海分行与纽约分行属于不同的银行，但其上海分行与湖北分行仍属于同一家银行。

将信用证安排中起不同作用的银行视为不同实体看待的意义在于，使这些银行能按其在信用证下的身份各司其职，不致因其相互间的关系而影响各自在信用证下本应承担的权利义务。例如，中国农业银行上海分行向美国受益人开出信用证，中国农业银行纽约分行在信用证下作了议付。虽然此时的开证行和议付行在法律上属于同一实体，但前者的身份是负有终局付款责任的开证行，后者的身份是提供临时融资的议付行，两者在信用证下发挥不同的作用，至少在非为判决执行的目的上，[3]不得因后者与开证行的特殊关系而要求其承担开证行所应负的责任。

但在同一国内的分支机构情况就不一样了，如国际商会专家在谈及信用证保兑问题时提到：国内一家银行的两家分行 A 和 B，如果 A 分行对一笔信

---

〔1〕　See Jacob E. Sifri, *Standby Letters of Credit: A Comprehensiue Guide*, Palgrave Macmillan, 2008, p. 30.

〔2〕　参见阎之大:《URDG758 解读例证与保函实务》，中国文献出版社 2011 年版，第 92 页。

〔3〕　新 UCC5 第 116 条（b）款规定:"为管辖权、法律选择和承认银行间信用证之目的，但非为判决执行之目的，一家银行的所有分支机构被视为独立的法律实体……"

用证加保，B 分行议付了该笔信用证，将视为保兑行议付，故是终结性的无追索权的付款。依据的是 UCP600 之 "一家银行在不同国家设立的分支机构视为另一家银行"，则一家银行在国内的两家分行 A 和 B，在法律意义上只有一个法人，在信用证的操作上也应视为一家银行。

二、信用证安排下当事人之间的法律关系

信用证安排下各当事人之间往往通过合同确定相互间的权利义务关系，进而形成一个环环相扣的交易链条，但不是所有的当事人之间都有直接的合同关系。一般而言，他们之间的关系状况如下：

（一）申请人与受益人之间的基础合同关系

申请人和受益人是基础合同的当事人，他们之间的权利义务关系受基础合同条款的约束。在备用信用证项下，他们分别同开证人发生关系。备用信用证一经开出，即独立于他们之间的基础关系。受益人依据备用信用证所享有的权利不受由基础合同中产生的各种不利因素或抗辩的影响。但这不等于说，受益人根据备用信用证所享有的权利一旦落空，它原来在基础合同下享有的权利也归于消灭。正相反，信用证关系的失败并不会损害债权人原有的合同权利，如果受益人因申请人在基础合同项下违约而试图利用信用证但却未能获得应有补偿时，它仍可以根据基础合同向申请人主张权利，依据合同法寻求法律救济，要求后者给予损害赔偿。[1]

在商业信用证下，如果买方未按买卖合同规定的时间开出信用证，这就构成毁约，卖方有权视合同为已经终止，并有权以拒收货物为由请求损害赔偿。如果卖方未履行作为买方开证之先决条件的义务，或者未在信用证要求的时间内向银行提交相符单据，这也构成在买卖合同下的毁约，买方有权视合同为已经终止，并有权以不交付货物为由请求损害赔偿。

如果卖方向银行提交了相符单据，这将解除其在基础合同项下的交单义务，它也能因此获得信用证下的适当款项。这往往是全部的合同价款，但也不一定。如果不是，卖方仍有权从买方处获得买卖合同下应付的其他价款。如果送到的货物质量与约定不符，买方可以基于违反担保而请求损害赔偿，

---

[1] 参见李双元主编：《国际经济贸易法律与实务新论》，湖南大学出版社 1996 年版，第 59 页。

或者根据情况，在拒收货物的同时以未交货为由请求损害赔偿或以完全缺乏对价为由请求返还价款。

如果提交给银行的单据被证明是欺诈性的（如倒签提单），且银行已向卖方付款的话，买方可以基于违约或欺诈从卖方处获得赔偿。[1]

信用证一经开出后即独立存在，无论其是否与基础合同相一致。如果两者的确存在不一致，受益人对之可以仍然接受、完全拒绝或说服申请人改证以使之与约定的付款条件相一致。

（二）申请人与开证人之间的开证合同关系

英国的实践是买方要填写由其银行提供的预先印制的申请表，在该申请表中买方特别应当明确银行凭已付款的单据，其中也（明示或默示地）规定单据可以作为银行所提供的融资或付款的担保物，银行享有（明示或默示的）将之出售的权利。买方也同意就该笔融资以及因开出信用证而产生的任何索赔而偿付银行。申请表构成买方向银行指示开证的一个备忘录，其中拟订的细节意在避免误解。大体而言，它是买方与银行之间的合同关系的支配性文件。随着电子通信方式的增多，这一过程现在往往是自动化的——买方以电脑生成的标准格式文本向开证行发出电子化的指示。买方先填好文件，如果设施允许的话，再以电子化方式发送给开证行。[2]在同意承担开证义务之前，开证行会进行一项信用评估，如果认为有必要，它会要求其客户提供特别的或一般的担保。

开证人与申请人是银行与客户之间的关系。在法律上，申请人是基础合同中的债务人，它与开证人之间的关系属于委托（mandate）关系。债务人作为申请人委托开证人就其信用或债权人所担心的违约事项向债权人作出保证，保证的方式是开出以债权人为受益人的备用信用证。一般来说，申请人与开证人处在同一国家内，他们之间的法律关系受该国国内法的制约。申请人与开证人之间的开证合同实际上包括两个部分，即开证委托与偿付协议。前者是有关委托开出信用证的协议，后者则是有关申请人保证在开证人按委托的

---

〔1〕　See Richard King, *Gutteridge and Megrah's Law of Bankers' Commrecial Credits*, Routledge, 2001, p. 51.

〔2〕　See Richard King, *Gutteridge and Megrah's Law of Bankers' Commrecial Credits*, Routledge, 2001, p. 9.

条件开出并兑付信用证后对后者进行补偿或偿付的协议。

开证人与申请人之间的委托代理关系在我国也被承认。中国银行 1997 年发布的《中国银行国际结算业务基本规定》第一章第二节"处理业务的基本原则"第二点"按照客户委托和指示办理业务"规定:"客户与我行业务往来关系是委托与被委托关系。据此,我行处理各项业务必须按照客户的委托指示行事,不得自行其是,严格区分双方责任。"

作为委托人,申请人申请开证一般应先征得开证人的同意,并缴纳必要的开证费用与担保物。在开立备用信用证时,申请人有义务向开证人提供完整而可靠的信息和说明,这也是开证人维护自身利益的一个重要环节。备用信用证一经脱离开证人的控制即为开立,而开立以后在文字解释或翻译上的错误,以及在邮递传送过程中的延误或失误,均由申请人而不由开证人负责。在开证人按照备用信用证的规定向受益人作出支付后,申请人有义务对开证人的此项付款予以偿付。

作为代理人,开证人有责任保证开出的信用证与申请人的开证指示相一致,如果开证人开出的信用证与之不符,则开证人应自己对付款负责,不能要求申请人的偿付。相对于商业信用证而言,开立不符(non-conforming)备用信用证对开证人而言更为不利。在商业信用证下,开证人即使无权要求申请人付款赎单,它仍然掌握着代表货权的单据,它总还有处分货物为自己减少损失的可能。但在备用信用证下,开证人无法利用这种单据给它带来的好处。因此,在备用信用证下,确保开立的信用证与开证申请严格相符对开证人至关重要。

开证人应按照开证合同的指示及时开出信用证,并且应该严格遵守该指示。开证人还应根据申请人的要求在信用证上注明提示付款所需要的相关单据及其他付款条件。一旦受益人向开证人提示单据要求付款,开证人应依"单证相符"等标准审查所交单据与信用证规定的表面相符性。对于表面相符的提示,开证人有义务对受益人及时付款;对于不相符的提示,开证人有权利(对受益人而言)也有义务(对申请人而言)拒付受益人的该项提示。依信用证的要求向受益人作出支付后,开证人有权就支付的金额向申请人追偿,或借记申请人在其处开设的账户,并转交相应的单据。

如果开出了与开证委托不符的信用证,开证行可能除需向申请人承担违约责任之外,仍要向受益人按所开信用证的付款条件负责。无论信用证与基础合同是否一致，银行被受益人起诉只可能是因为违反了体现于信用证之中的明示或默示承诺。相对于信用证申请人而言，开证行是代理人；相对于受益人而言，它是本人。

除开出不符要求的信用证之外，银行在以下几种情况下还可能最终需要由自己对付款负责：一是对受益人提示的与信用证的规定表面不相符的单据作出兑付；二是受益人的付款要求属于明显的欺诈行为。[1]在第一种情况下，对不符单据予以兑付的开证人要为自己的过错买单，不得以事实错误为由向受益人追回已付的款项，也无权向申请人主张偿付，除非申请人同意放弃不符点。在第二种情况下，开证人因违反诚信而不得向申请人主张偿付，虽然理论上它有权向受益人追回已付款项，但要从欺诈者处追回款项事实上证明是有难度的。

（三）受益人与开证人之间的信用证交易关系

开证人一旦向受益人开出信用证，即与受益人之间建立起了一种直接的交易关系，这种直接交易关系是整个信用证安排的重心。正是基于这种关系的建立，开证人为基础合同的切实履行提供了违约担保或付款保证，作为基础合同债务人的申请人的商业信用也才被银行信用所强化或补充，作为基础合同债权人的受益人也就获得了开证人依据信用证向其作出的独立的凭单付款承诺。

在传统上，信用证被理解为开证人一方以开证行为发出要约，而受益人一方以提交相符单据的行为接受要约而缔结的合同。但在有些情况下，仅以合同关系还不足以解释信用证对开证人的约束力。根据 UCP600，信用证一旦开立，即受其约束。此后的 ISP98 和 URDG758 进一步阐释了开立的含义，即一旦脱离开证人/担保人的控制，即为已开立。[2]因此，开立信用证对于开证人而言实质上是一种有约束力的单方行为。根据一经开立即不得撤销的国际

---

〔1〕　参见新 UCC5 第 108 条第（i）款及其官方评论。

〔2〕　ISP98 引言中也谈道："即使在重叠之处，ISP 也较 UCP 更为精确，表明了 UCP 规则中隐含的意图，以便使备用证在支款或履行有问题时更加可靠。" ISP 对 UCP 中信用证"开立"之含义的澄清即为印证上述说法的适例。类似地，在修改的发出问题上，UCP 规定自开证行发出修改或保兑行通知修改时，该行即不可撤销地受其约束（除非保兑行仅作修改通知而不对修改加具保兑），ISP 则规定当修改脱离开证人/保兑人控制后即约束该人（除非保兑人表示它不保兑该修改），后者的表述也更为精确。

惯例，任何已经开立的信用证或保函如需修改，须经交易双方即开证人和受益人的同意，任何一方无权单方修改。

在备用信用证下，一旦发生约定的基础交易违约情形或其他支款事由，开证人即对受益人承担第一性的责任。当受益人依备用信用证所规定的单据向开证人请求兑付时，开证人不得主张基础交易中所产生的抗辩，也不得援引信用证关系外的任何事实或理由作为拒付理由。同理，在受益人提交的单据与备用信用证不相符时，受益人也不得援引信用证关系外的任何事实或理由要求开证人付款。也就是说，单据是决定开证人应否兑付的唯一依据，这样开证人的责任就是清楚而明确的。为进一步限定自己的责任，开证人常常在信用证上为自己的责任规定一最高限额，并在此限额内对受益人承担责任。

第二节　信用证安排下中间银行的介入

一、概说

和普通跟单信用证一样，备用信用证在实践中常有除申请人、受益人、开证人以外的第四方即中间银行如通知人或保兑人的介入。在国内市场上利用这类银行的做法并不普遍，因为此时通常会直接将备用信用证开立给受益人。不过，当基础交易的受益人位于另一个国家时，开证人往往要利用位于受益人国家的另一家银行的服务，这可能是开证人的分支机构或是另一家往来银行。[1]根据 ISP98 第 2.02 条的规定，无论属于上述哪种情况，该另一银行都被视为是一家不同的银行。也就是说，具有不同职能的银行均被视为不同的银行。

在中间银行介入的情况下，除非另有约定，开证人与中间银行之间是本人和代理人之间的关系。因此，如无相反约定的话，只要中间银行严格按指令行事，它就有权就其适当付出的款项获得偿付，它也有权就其因遵照指令

---

〔1〕　往来银行是一家与开证人订有代理协议（Agency Agreement）的银行，根据代理协议，两家银行间同意在协议范围内及在彼此设定的限额内互相提供汇付、信用证和保函等方面的服务。为方便业务的结算，每家银行都开设有存放国外同业账户（Nostro account）和同业账户（Vostro account），这两者又可简称为往账和来账，前者是本国银行在外国银行开设的存款账户，后者是外国银行在本国银行开设的存款账户。

行事而可能遭受的任何损失获得补偿。申请人与中间银行之间则不存在直接的契约关系。[1]就与受益人的关系而言，保兑人对受益人负有开证人同样的义务，其他的中间银行和受益人之间则不存在法律关系。[2]

在信用证实践中，对中间银行的选择可能由申请人作出、由申请人与开证人共同作出或由开证人作出。开证人理所当然地会选择往来银行执行在信用证下的任务。不过，申请人可能会选择一家开证人的往来银行之外的银行去办理信用证业务，它可能要求开证人指定这一与开证人并无任何关系的另一家银行来通知、议付甚至保兑信用证。在这种情形下，开证人可能同意也可能不同意通过该银行叙做信用证业务，这取决于包括该银行的可信度、资产状况及声誉，以及国家风险和交易量在内的一系列因素。因此，申请人要在备用信用证下使用一家由其选择的银行须征得开证人的同意。

一些汇丰或花旗银行之类的全球性银行的内部规定禁止利用其他银行叙做信用证业务，它们甚至禁止在某些国家为其他银行通知开出的信用证，尽管通知备用信用证并不给银行带来任何责任。此外，由于开证人有完全恪守申请人的指示行事的义务，它应在不打算利用申请人选择的银行来叙做信用证业务的时候就此告知申请人。[3]

在信用证业务中，由于在每一特定交易中所履行的职能不同，中间银行

---

[1]　这就意味着申请人可能无法直接起诉中间银行。在1985年美国第五巡回上诉法院的一个案例中，指定银行凭一份伪造的装船提单付了款后，开证行的客户起诉该行。判决说被告银行向开证行承担责任，而不向其客户承担责任。不承认申请人对中间银行的诉权，有以下理由：申请人对开证行没有诉权，因为偿付合同免除了开证行的责任。申请人也可能以其他方式放弃了它对开证行的权利。主张申请人不能一面放弃对其友好银行，即本地开证行的权利，一面又向一家设在远方的、与它无业务关系的银行主张权利，是合情合理的。参见沈达明编著：《美国银行业务法》，对外经济贸易出版社1995年版，第185~186页。

[2]　新UCC5第108条官方评论之第6点明确："本条并不对开证人或保兑人之外的人加予任何义务，但一个未履行与受益人之间的明示或默示协议的指定人或其他人可能要根据本篇或普通法承担责任。"因此一方面被指定的中间银行可以自主决定是否接受指定，但另一方面，该行可能基于与受益人之间的明示或默示协议承担信用证下的凭相符单据兑付的义务，并在违反该义务时应就其错误拒付等行为或不行为向受益人承担责任。经对UCP600第12条（a）款反对解释可知，明确表示同意接受兑付授权并就此告知受益人的指定银行对后者负有兑付之责。但指定人对受益人的责任并不免除开证人对受益人所负的终局兑付责任，UCP600第6条表明"规定在指定银行兑用的信用证同时也可以在开证行兑用"，第7条规定在指定银行由于任何原因不付款时受益人可以直接向开证行主张兑付。可见，指定人和开证人就信用证下款项向受益人承担的是不真正连带之债。

[3]　See Jacob E. Sifri, *Standby Letters of Credit: A Comprehensiue Guide*, Palgrave Macmillan, 2008, pp. 158-159.

可能有不同的称谓。一般而言，中间银行可能发挥如下作用：（1）作为通知行，将信用证通知受益人；（2）作为指定银行，以开证人代理人的身份议付受益人的汇票；（3）作为保兑行，通知信用证并加上自己的保兑，从而向受益人直接承担义务。

二、通知人的介入

受益人可能希望有一家当地银行来通知信用证的开立，这种通知可以保证受益人通过可靠的来源得到有关信用证的通知，并得到信用证的英文版本，执行这一功能的银行就是通知人。与 UCP600 仅将指定银行界定为"信用证可在其处兑用的银行"不同，ISP98 第 2.04 条（a）款将通知行也视为指定银行。根据第 2.04 条（b）款，被指定通知备用证的银行不负有如此行事的义务，它可以自由决定通知或不通知，第 2.05 条（b）款则强调被要求通知备用证的银行在决定不予通知时，有通知开证人的义务。

即便被指定的银行接受指定而成为通知人，它在信用证安排中负有非常有限的责任，它是在开证人与受益人之间建立某种联系的中立一方，它的义务仅限于信息的准确传递[1]并证实所传递信息的表面真实性，而不负责审单或对受益人付款，除非其已同意为该信用证加具自己的保兑。[2]非保兑人的通知人的责任非常有限，它既不是开证人的付款代理人，也不是开证人的收单代理人。因此，向通知人的交单不构成信用证下的交单，通知人接受受益人的委托向开证人、保兑行或议付行等的交单才是信用证下的交单。总之，通知人可能负有如下的义务或责任：

（一）确定信用证表面真实性的义务

ISP98 要求"通知人检查所通知信息的表面真实性"，UCP 和 URDG 均要求通知行的"通知准确反映其收到的条款"。"表面"的措辞意在强调核对信

---

[1] 一方面，通知人负责将信用证传递给受益人，另一方面，如果受益人要求的话，通知人也将从受益人处收到的单据传递给开证人。通知人还可以向开证人传递任何自受益人处收到的修改信用证的请求，以便开证人将该修改请求转告申请人。通常情况下，受益人会就信用证的修改事宜直接联系申请人。但有时候，它也会通过银行发出正式的书面请求。

[2] 在处理由中东的银行开出的信用证时，美国的银行通常只愿充任通知银行，故可无责任地将单据转交开证行而由后者付款。

用证的真实性时要依照国际标准银行实务。所谓"表面真实"是指看起来表面真实，即只要印鉴、密押正确，通过合理谨慎没有发现伪造，对于实际上是否真实不负责任。[1]保证表面真实还意味着通知行无需对信用证的内容负责，比如说，对其中可能包含的"软条款"以及该条款带来的潜在风险，通知行并无加以提示说明的义务，尽管可能存在道义上的责任。通过检查信用证的表面真实性，银行就保护了受益人而使其不致卷入欺诈性的交易之中。

ISP98 没有解决通知人在未经证实发件人身份的情况下即通知备用证可能带来的问题。由于 ISP98 的精神是要求银行致力于良好实务（exercise good practice），因此，如果通知人在甚至未提醒受益人注意的情况下就传递未经核实的通知，这样的做法是不可取的，通知人的信誉将因此受到不良影响。

通常情况下，遵循国际标准银行实务的银行在收到其无法确认来源的信用证或对已通知信用证的修改后会立刻着手核实开证人。这样，如果信用证是真实的，就能纠正开证人缺失这一瑕疵；如果信用证是欺诈性的，就能发现并最终避免交易的发生。

通知人在核对备用信用证真实性的时候，要注意如下方面：对以邮件方式送达的信用证，应核对经开证人授权的签字人的签名；对以 SWIFT 方式发送的信用证，应核对 SWIFT 电文的上方是否含有"电文已核"（message authenticated）或类似措辞；对以通过电传方式发送的信用证，应核对密押是否正确。通知人还必须核对黑名单以确保申请人和受益人的名字都不在黑名单上，而且，它还必须核对银行的内部规定以确认该行是否允许对要处理的这类交易发出信用证通知。[2]

如果银行不能确定信用证的表面真实性，就必须毫不延误地通知发出该指示的银行，说明本行不能确定该信用证的表面真实性；如果银行仍然决定通知，就必须告知受益人本行不能确定信用证的表面真实性。

（二）　通知准确反映所收到的信用证条款的义务

这是要求通知行收到的与向其下手通知的条款无异。所谓"条款无异"

---

〔1〕　参见阎之大：《URDG758 解读例证与保函实务》，中国文献出版社 2011 年版，第 148 页。

〔2〕　See Jacob E. Sifri, *Standby Letters of Credit: A Comprehensiue Guide*, Palgrave Macmillan, 2008, p. 162.

仅指发出时没有变化，对于传输途中发生的变异或丢失，通知人并无责任。[1]

虽然开证行可以直接向受益人通知信用证及其修改，但由于受益人手中并不掌握开证行的印鉴、密押等控制文件（control documents），因而无从核实信用证的真伪，往往还是需要到其往来银行核对印鉴或密押。因此，在实务中开证行直接向受益人通知信用证及其修改的情形并不多见。[2]

除准确通知外，通知人有无及时通知信用证的义务呢？美国 Sound of Market Street v. Continental Bank International[3]一案的判决认为，由于通知人以其实际通知信用证的行为表明其同意作为通知人行事，它在实际通知信用证之前对受益人就不负有任何义务。相应地，通知人亦无需就通知迟到或没跟上其他信用证交易当事人的进度而承担责任。新 UCC 第 107 条并未推翻该案的结论，该条的官方评论第 2 点中重申："在同意担任通知人或承诺依开证人的指示行事之前，任何人不负通知之责。除非有服务协议在先或在沉默被视为对要约之接受的场合，某人对通知信用证的请求未予回应本身并不引起任何责任，请求人与被请求人之间亦不因此建立起开证人与通知人那样的关系。正因若无协议在先就不存在信用证下的通知义务，也就不存在及时或于任何特定时间内通知信用证的义务，故在通知人以其实际行动表明其同意作出通知（通常情况即是如此）之时，它不可能已经违反了任何及时通知义务。"因此只有在同意或实际通知信用证后，通知人才对开证人和受益人负有确定信用证表面真实性以及准确报告其从开证人收到的信息的责任。

此外，通知人在道义上还负有向受益人清楚地说明自身地位的义务，以免后者因错误地依赖前者的通知而遭受不利，比如一直到信用证快到期前才向通知人提交单据，以至于提示在到期日后才到达开证人处。因此，通知人应在其制作的信用证面函上说明其仅负责通知信用证而在证下不承担任何责任。[4]在信用证商业实践中，通知人通常会使用"本通知送至贵方，我方并不因此承担义务"或"应上述开证行的请求，兹将信用证通知贵方，我方并

---

〔1〕 参见阎之大：《URDG758 解读例证与保函实务》，中国文献出版社 2011 年版，第 148 页。

〔2〕 参见于强编著：《UCP600 与信用证操作实务大全》，经济日报出版社 2007 年版，第 69 页。

〔3〕 819 F. 2d 38（3d Cir. 1987）.

〔4〕 See Jacob E. Sifri, *Standby Letters of Credit*: *A Comprehensiue Guide*, Palgrave Macmillan, 2008, p. 161.

不承担义务"之类的措辞,[1]以表明自身立场。

在实务中,银行拒绝通知信用证的情形是很少见的。恰恰相反,许多银行都积极地争取代理行的信用证通知业务。因为通知一份信用证,就等于掌握了受益人的商业信息。如果受益人尚不是通知行的客户,则通知信用证就成为通知行营销新客户的一块"敲门砖"。但在有些情况下,会有银行拒绝通知信用证。这主要有两方面的原因:一是由于技术上的原因。例如开证行所委托通知信用证的银行是该国的中央银行,不办理信用证业务。二是政治上的原因。一般而言,一个国家的银行不会与本国外交政策明确禁止往来国家或地区的银行直接进行业务往来,如海峡两岸尚未实现"三通"时的情形。[2]

(三) 错误通知情形下的责任

UCP、ISP98 和 URDG 对错误通知的后果均未作明确规定。但可以明确的是,开证人仅对原信用证的内容负责。如通知人将金额 100 万美元的备用信用证错误通知为 200 万美元,对于超出授权范围之内的部分,开证人无需负责。如果通知人同时又是保兑人的话,它应就其错误通知的内容向受益人负责,如它错误通知的开证金额超过原始信用证金额的情形,即使它此后无法从开证人处获得偿付。

假设通知人以 SWIFT 方式收到备用信用证并同意将其通知受益人,但在将备用证录入自己的电子系统过程中,通知人错误地输入了备用证条款。比如说,将"到期日 2017 月 6 月 9 日"写成了"到期日 2017 年 7 月 9 日"。这样的话,如果受益人未注意到所附的备用证正本而按通知行事,以致延迟提交了单据,此时通知人应负全部责任。这是因为通知人有义务向受益人提供"准确反映其收到的条款"的通知,它不能够疏忽大意。

另有一例是通知人向受益人递交备用信用证的打印件,通知人收到的是完整的文本,但在打印时由于计算机故障而遗漏了几行字。此时通知人也应

---

〔1〕　See Brooke Wunnicke, Diane B. Wunnicke, Paul. S. Turner, *Standby and Commercial Letters of Credit*, Wiley Law Publications, 1996, p. 258. 转引自房沫:《信用证法律适用问题研究》,中国民主法制出版社 2012 年版,第 41 页。

〔2〕　参见于强编著:《UCP600 与信用证操作实务大全》,经济日报出版社 2007 年版,第 70~71 页。

承担责任，因为它向受益人的通知没有准确地反映其收到的条款。[1]

新 UCC5 对通知人错误通知的后果规定得相当明确。第 107 条（c）款规定，即使通知不准确，信用证、保兑书和修改书仍按开立时的内容执行。该条的官方评论第 3 点进一步说明："开证人开出信用证后，通知人可能会以不同的条款作出通知。因此，开证人可能以为自己负有的是某种特定义务，而受益人持有的文本中包含的却是不同的条款，这样，如果提示的单据与当初开立时的信用证条款不符，受益人就无权获得兑付。另一方面，如果通知人对信用证进行了保兑，则它作为保兑人对其通知并保兑的信用证负有独立的责任。在此情形下，如果受益人的最终提示依保兑条款有权获得兑付但依原始信用证的条款却无此种权利，保兑人就不得不作出兑付并可能无权从开证人处获得偿付。"

新 UCC5 第 111 条（c）款进一步明确通知人在错误通知时的责任为实际损害赔偿责任，即赔偿因违约而导致的损失，包括附带损失但不及于间接损失，并减去任何因违约而节省的费用。这样，当通知人错误通知的信用证金额少于实际金额时，受益人可就其实际损失要求通知人赔偿。该条官方评论第 2 点还列举了一种虽错误通知信用证却未造成受益人损害的情形，即如果受益人了解信用证条款也知道通知不准确，则受益人未因通知人的违约而遭受损害。

（四）其他情形下的责任

如果出现这样的情况：受益人在信用证到期前 10 天已经向仅作为通知行行事的往来银行提交了单据，但该行由于疏忽，在收单后的 11 天（即在信用证逾期之后）才通过快递向开证人寄出单据。开证人在审单时发现了"信用证逾期"这一不符点，因而拒收单据。由于受益人在信用证有效期内提交了相符单据，故受益人不认可这一不符点而要求立即付款。通知行此时是否应就其疏忽承担责任？如果无需担责的话，责任又由谁来承担？

在此种情形下，根据惯例规则，开证人可能[2]无需对往来银行或指定银

---

〔1〕 See Jacob E. Sifri, *Standby Letters of Credit: A Comprehensiue Guide*, Palgrave Macmillan, 2008, p. 33.

〔2〕 开证行在 UCP 下可以就其利用其他银行服务的行为一概免责，但依 URDG758 第 29 条、第 30 条之规定，担保人在使用其他方服务过程中如违反诚信就不得免责。

行的过错负责，即使该银行作为信用证通知行是缘于开证人的选择。最终承担风险的可能是申请人。如 UCP600 第 37 条规定，a. 为执行申请人的指示，银行利用其他银行的服务，其费用和风险由申请人承担。b. 即便银行自行选择了其他银行，如果发出的指示未被执行，开证行或通知行对此亦不负责。该条明确了申请人应对被指示方的行为负责，其法理依据是银行（主要指开证行）之所以指示（包括自行选择）其他银行执行信用证下的特定事务，归根结底是为了有效地执行申请人的开证指示，根据"谁指示、谁负责"的法理，信用证交易中的费用和风险原则上应由最终的指示人即申请人负责。

不过，此处"谁指示、谁负责"的法理与一般民法中"A delegate cannot delegate"（受托人不得再委托）的法理已有不同。根据一般民法中的复代理理论，代理人要转委托第三人代理的，需经被代理人的同意或追认，否则应由代理人对第三人的行为承担责任。而 UCP600 第 37 条（b）款的规定是，即便银行自行选择其他银行以执行申请人的指示，其后果仍由申请人承担，银行无需负责。当然本条规定的免责应限于由开证行因执行申请人的指示而选择的其他银行之过错导致申请人损失的情形，而不及于开证行自身未正确执行申请人指示的情形。这就意味着，开证行仅对自己开出的原信用证的内容负责，而不对通知行错误执行信用证的内容负责。同样，通知行仅对自己发出的通知的内容负责，而不对第二通知行错误执行的内容负责。这样，开证行仍就其自身违反申请人指示的行为负责，而无需对违反其指示的其他银行的行为负责，后一责任视情况由违反指示的银行或申请人承担。

至于此时具体由谁向受益人承担责任，本书认为，在违反了惯例规则设定的明示义务的情况下，违反指示的银行应承担相应责任，如在通知行未按 UCP600 第 9 条（b）款之规定尽其准确通知信用证条款义务的情况下，通知行应就其实际通知的内容与其所收到的内容之间的不符部分负责；在其他情况下，被指示方未按指示行事的风险和责任由申请人自行承担，如在上例中通知行延迟转递单据导致信用证逾期的情形，或通知行虽已同意通知信用证但却未及时通知甚至根本未作出通知的情形等。[1]

---

〔1〕 本书认为，在通知人已同意通知但事实上却怠于通知或通知不及时的情况下，通知人应向开证人而非受益人负责，因为此时通知人仅对开证人而未对受益人构成违约。只有在通知人已实际通知受益人的情况下，通知人才对受益人直接承担责任。

如果申请人想要自行选择往来银行，它可以向开证人提出申请，但对这一选择后者既可接受也可拒绝。[1]

三、指定人的介入

受益人可能希望向一家当地银行提交单据并获得付款，这不仅是因为开证人与受益人位于不同国家时会带来付款的不便，还是因为对境外受益人的支付还可能涉及一国的外汇管制问题，非市场经济国家的外汇管制可能使受益人希望由一家指定银行来支付硬通货。这样，受益人通常会要求信用证指定一家经授权的银行来兑付信用证，执行这一功能的银行即为指定人或指定银行。[2] 一家银行可以既充当通知人又充当指定人。指定人被授权审查单据并对受益人付款，但它没有这种义务并可拒绝如此行事。除非指定银行为保兑行，对于兑付的授权并不赋予指定银行兑付的义务，除非该指示银行明确表示同意并且告知受益人。一旦指定银行明确表示同意并且告知受益人，受益人就可在指定银行或开证行两者之间择一主张权利，而指定银行在兑付相符交单之后，可以将单据转交开证行并要求后者最终承担偿付责任。

广义地说，指定人是接受开证人的指定并在授权范围内执行信用证下特定事务的人。根据 ISP98 第 2.04 条（a）款，开证人可以授权指定人在备用证下执行的事务包括进行通知、接受提示、执行转让、保兑、付款、议付、承担延期付款义务，或承兑汇票。但狭义的指定人仅指接受开证人的授权对信用证下的相符单据进行兑付的人。因为受益人经常要求信用证下的付款直接在其自身所在的国家作出，为满足这一要求，开证人便授权受益人所在国家的银行对相符单据进行兑付，此后，开证人再对该行所兑付的金额作出偿付。与 ISP98 的广义概念不同，UCP600 从狭义的角度对指定人进行界定，[3] 该人包括在开证人承诺之外加上自身的兑付承诺的保兑人，但只负责通知而不负责兑付的通知人不包括在内。

---

[1] See Jacob E. Sifri, *Standby Letters of Credit: A Comprehensiue Guide*, Palgrave Macmillan, 2008, p. 18.

[2] 本书将已接受指定的人或银行称为指定人或指定银行，而将被指定但尚未确定是否接受指定的人或银行称为被指定人或被指定银行。

[3] UCP600 下的指定银行系指"信用证可在其处兑用的银行"。

（一）指定人介入的方式

依 UCP600 第 12 条之规定，对指定银行的指定属于开证行单方面的授权或请求，按指定行事是指定银行的权利，而非义务。这就是所谓"指定不构成义务"，[1]指定只是开证行的一种单方授权，是否接受取决于被授权的对象。为明确责任起见，UCP600 第 12 条还规定，对开证行指定的接受须以明确表示同意并告知受益人的明示方式作出。这就意味着不能仅因被指定银行与开证行之间已达成一致便认为指定成立，也不能仅因被指定银行向受益人发出接受指定的通知即认为指定成立，还不得以非保兑的被指定银行收到、审核并转递单据的行为推定该行负有兑付之责。

此外，明确接受指定的人虽然负有兑付义务，但不接受指定的人却一般不对指定负有作出反馈的义务，也即"沉默不等于接受"。不过作为例外，UCP600 为被授权作出保兑的银行设定了不拟保兑时的反馈义务，以及为被要求通知信用证或其修改的银行设定了不拟通知时的反馈义务（尽管通知行并非严格的 UCP600 意义上的指定人）。ISP98 和 URDG758 也都为通知人设定了类似的反馈义务，以便开证人或担保人尽快通过其他渠道另行发出通知。新 UCC5 也要求被请求人在有服务协议在先或在沉默被视为对要约之接受的场合下，对通知信用证的请求予以回应。[2]在信用证法律或惯例为被指定人设定了反馈义务且该法律或惯例在个案中得以适用的前提下，该人如果未能在规定时间内作出反馈，其沉默可能会被视为已接受指定。

一家非保兑人的被指定人如果觉得对单据是否相符没有把握或对开证人的实力和诚意持有怀疑，它可以选择不接受指定。UCP600 第 12 条（c）款规定："非保兑行的被指定银行收到或审核并转递单据的行为并不使其承担兑付或议付的责任，也不构成其兑付或议付的行为。"此时的银行并不为受益人提供融资而只是为其代交单据，它的法律地位不是开证人的代理人而是受益人

---

〔1〕 ISP98 第 2.04 条（b）款规定："这种指定并不使被指定人负有如此行为的义务，除非被指定人承诺做出这种行为。"

〔2〕 URDG758 第 9 条"未被执行的申请"和第 11 条"修改"还分别规定了担保人在不拟或不能开立或修改保函时有不延误地通知指示方的义务，这一对担保人的要求是 UCP 等其他国际惯例中都没有的创新做法，其意也在增加确定性，使指示方尽早知道保函无法按预期开立或修改的事实而另觅他途或另做打算。但在担保人未尽这一通知义务似乎并不能产生推定其同意开立或修改保函的效果，因为根据 URDG758 第 4 条的规定，保函或其修改只有脱离担保人的控制后方为开立或受其约束。

的交单代理，如果单据不获兑付，后果由受益人自行承担。

在实践中，如果出现下列情形，被指定银行一般不会办理兑付：单据存在不符点；开证行不为被指定银行所认可（通常是由于实力较差或资信状况不佳）；被指定银行内部为开证行核定的授信额度不敷使用；开证行所在地存在政治风险和经济风险（如实行外汇管制）；受益人以往的融资出现逾期现象；全套单据中未包括货权单据（如提交的是空运单据或者租约提单）；有关货物的市场价格出现大幅滑坡。[1]

一般而言，指定银行介入的作用主要还是为受益人提供融资。接受指定当然以指定或授权从事某种行为为前提，但接受指定或授权行事某种行为未必就构成指定。正因如此，UCP600 下指定的基本含义是要在证下作出付款行为，不涉及付款的行为不构成指定，如信用证的通知等。

（二）指定人的法律地位

1. 通常作为开证人的收单代理人行事。新 UCC5 第 107 条官方评论的第 4 点称："当开证人指定别人'付款'、'议付'或以其他方式接受单据并给付价值时，有关指定人的法律地位可能会引起困惑。在少数时候，指定人的确是开证人的代理人，且行为被视为开证人本人的行为。但在多数场合，指定人并非开证人的代理人，亦无权代表开证人行事。它的'指定'允许受益人向它提示单据，它也依据第 109 条取得了其他人不享有的获得偿付的特定权利。"[2]新 UCC5 第 102 条的官方评论第 7 点则指出："就指定人的地位而言，尚有如下法律上的责权：首先，开证人指定某人即是授权此人付款或给付价值，同时也授权受益人向该人作出提示。除非信用证另有规定，在信用证期满之前受益人无需向开证人提示单据，它只需向指定人提示单据。其次，即便存在欺诈因素，善意地给付了价值的指定人亦有权从开证人处获得付款。"[3]这就一方面明确了指定人作为开证人之收单代理人的法律地位，受益人向指定人交单即构成向开证人的交单，另一方面也通过信用证法明确已善意给付

---

〔1〕 参见于强编著：《UCP600 与信用证操作实务大全》，经济日报出版社 2007 年版，第 83 页。

〔2〕 参见王江雨译：《美国统一商法典〈信用证篇〉》，中国法制出版社 1998 年版，第 23 页。第 109 条"欺诈与伪造"中规定了对善意第三人的保护，其中包括开证人不得拒付已给付价值且对欺诈不知情的指定人。

〔3〕 王江雨译：《美国统一商法典〈信用证篇〉》，中国法制出版社 1998 年版，第 11 页。

价值的经授权的指定人具有与票据法下的正当持票人同等的法律地位，无论信用证下是否要求提交汇票。

UCP600 第 6 条（d）款规定，"规定的兑付或议付的截止日被视为交单的截止日"，"可在其处兑用信用证的银行所在地即为交单地点"，而所谓"可在其处兑用信用证的银行"指的就是指定银行。ISP98 第 9.02 条则明确，在其指定范围内行事的指定人的权利，并不受在后的备用证到期的影响。可见，交单的时间和地点不以向开证行的交单为唯一依据，在信用证到期日前向指定银行的交单也构成有效交单。相应地，指定银行也应确保单据系在信用证到期日之前提交。如果指定银行在接受受益人的交单后，转向开证行寻求偿付，它就作了一个默示陈述（implied representation），即单据系于信用证到期日前提示。在这种默示陈述基础上所作的任何偿付都可因付款所依据的事实错误而主张返还。[1]

2. 在开证人的授权范围内行事。在接收单据之外，指定人的其他行事并不总是对开证人具有约束力，比如它仅在一定条件下是开证人的付款代理人。ISP98 第 2.04 条（c）款规定："被指定的人并未被授权去约束作出指定的人。"ISP98 第 1.08 条（c）款则规定，开证人对指定人的过失（作为或不作为）不负责任。这并不是说指定人的正确付款行为也不能约束开证行，而是说，只有在开证人指定或授权的范围内行事，指定人的行为才对开证人具有约束力。换句话说，从信用证的法律及实务来看，开证人的指定固然是对指定人的一种委托授权，但这种授权的范围是特定而有限的，被指定的人并未因其被指定而得到代表指定的人行事的概括授权，越权行事的被指定人的任何行为对作出指定的人没有约束力。

前述英国的 Santander 案就涉及指定人在延期付款信用证下获得授权的范围问题。该案中的保兑行在延期付款信用证下接受了单据并提前付款给了受益人，在付款到期日前开证行收到了法院的禁令，开证行据此拒绝偿付保兑行。保兑行将开证行诉至法院，被判败诉。判决的主要理由是：在延期付款信用证下，开证行对保兑行的授权包括针对相符交单承担延期付款责任和到期付款两个行为，并未授权保兑行提前付款，因此保兑行要为其自身提前付

---

〔1〕 See Richard King, *Gutteridge and Megrah's Law of Bankers' Commrecial Credits*, Routledge, 2001, p. 89.

款行为承担责任。案件结果引发银行界的恐慌，担忧基于信用证融资的安全性。

后来在修订 UCP 规则时特别增加了第 12 条（b）款，规定开证行指定一银行承兑汇票或作出延期付款承诺，即为授权该指定银行预付或购买其已承兑的汇票或已作出的延期付款承诺。该规定意在将指定银行针对远期信用证的预付或购买行为也纳入开证行的授权范围之中，以得到 UCP 规则的保护。因此有评论说，第 12 条（b）款就是由 Santander 案中的败诉方花费巨资换来的。[1]无论如何，仅在明确了延期付款的指定包括预付的授权之后，信用证下被指定延期付款的银行对受益人的预付不被认为是越权而能受到保护。

同样，如果指定人凭不相符单据错误付款，该错误付款行为不能约束开证行。如接受指定的银行在有效期之后错误地兑付了提示的单据，则基于这一不符点开证人无需对该指定人作出偿付。再以对议付行的指定为例，在授权议付的情形下，授权的范围只限于在单据相符前提下的议付，其中并不包括认定单据相符与否的判断权。因此，如果议付行依自身判断认定单据相符而作了议付，该付款行为并不当然约束开证人，开证人仍然有权重新审核单据以确定其与信用证条款的相符性，并在认定单证不符时予以拒付。事实上，与其说议付关系是一种开证行和议付行之间的委托和被委托关系，不如说它是两者之间的单据买卖关系。[2]开证行通过邀请文句邀请有关银行在信用证下叙做议付属于一种要约邀请，有关银行基于该邀请议付受益人的单据后向开证行提示单据的行为是发出要约，开证人如果认为单据相符而予以兑付的话便是对要约的承诺。

由于开证人对指定人提供融资的授权以提交相符单据为前提，除非见到受益人的交单并作相应审核，指定银行无法事先决定是否给予融资。同理，尚未见单的开证人也无法事先保证一定会对指定银行提供的融资予以偿付。开证人一般不会对指定银行的兑付行为预授全权，而会为自己保留自主的判断权，即使指定银行认为单据相符而兑付后向开证人转递单据，但开证人认为单据不符的话仍可不偿付指定银行。

---

〔1〕 参见王善论：《国际商会信用证案例评析》，厦门大学出版社 2014 年版，第 10 页。

〔2〕 参见蔡镇顺等：《国际商法研究》，法律出版社 1999 年版，第 242 页。

3. 指定人的行事对开证人具有约束力之特例。依据惯例规则的规定，在特定情况下指定人对单据的相符性判断可能会约束开证人。比如，如果指定人确定交单相符后向开证人寄送单据，但单据在途中遗失，则开证人丧失了自主决定单据是否相符的机会，此时的风险该由谁负担？UCP600 第 35 条"关于信息传递和翻译的免责"第二款对此的规定是，即使在单据丢失的情况下，开证行此时仍应承担付款责任。这就既肯定了指定银行作为开证人的收单代理人的地位，也保护了受益人的利益。只要受益人及时将规定单据交给了指定银行，即使相符单据在送往开证行的途中丢失，它仍可得到开证行的付款。开证行需先行承担单据丢失的风险，因为它有可能在没有机会审单甚至在未见单的情况下就不得不作出付款。[1]但是，由于 UCP600 第 35 条第一款规定银行对单据在传递过程中的遗失、延误等概不负责，故开证行此时承担的仅是一种中间责任，申请人才是风险的最终承担者。ICC 在 R146 中说，自相符单据由指定银行接受，单据丢失的风险由受益人转移到开证行。在 R175 中又说，相符单据被提交到指定银行，单据丢失的风险由受益人转移到申请人。UCP600 第 37 条也明确，为执行申请人的指示，银行利用其他银行的服务，其风险由申请人承担。

ICC 有这样一个案例，开证行开立了信用证，货物描述为 2200 件，金额为 66 000 美元。由于电讯传递的原因，通知行收到的货物描述为 220 件。受益人按 220 件发货，发票金额为 66 000 美元。通知行议付了受益人提交的单据。待问题澄清后，受益人已倒闭。因为银行对信息传递的免责，开证行借记了申请人账户上的 66 000 美元，申请人最终承担了电讯残缺的后果。

相比而言，URDG758 第 28 条虽然也有"关于单据传递和翻译免责"的类似规定，但该条中没有像 UCP"对于相符单据，即使在指定银行寄往开证行途中丢失，开证行必须付款"的规定，再由第 2 条对"反担保函"的定义可知，反担保函系凭提交相符索赔付款。这样，间接保函下的担保人如在向反担保人寄单过程中单据遗失，则未收到相符索赔的反担保人无需向担保人付

---

〔1〕 但根据 ICC632/R429 的说明，此时开证行承担付款责任的前提是单据以信用证规定的方式寄送。当信用证规定用挂号邮寄时，单据就不能通过快递公司寄送。参见于强编著：《UCP600 与信用证操作实务大全》，经济日报出版社 2007 年版，第 189 页；黄飞雪、李志洁编著：《UCP600 与 ISBP681 述评及案例》，厦门大学出版社 2009 年版，第 144 页。

款，而担保人也可援引第 28 条之规定对受益人主张免责，[1]这就意味着已凭相符索赔付款的担保人可以向受益人追索已付款项。不过，这种由受益人承担单据遗失风险的做法，对已提交相符索赔的受益人似乎是不公平的。

ISP98 没有"关于信息传递和翻译免责"的专门规定，但 ISP98 第 1.08 条规定开证人对其他方的作为或不作为不负责任，尽管该人是由开证人或指定人选择的。这样，开证人对基础交易的履行、单据的效力、其他人的作为或不作为以及外国法律或惯例的适用也就无需承担责任。这当然也意味着，开证人在 ISP98 下对单据或信息在运输或递送过程中发生的延误、丢失、损坏或其他错误无需负责，只要导致这类风险的不是开证人而是其他银行。如果这类风险系由开证人自身的行为所造成，开证人该担何责 ISP98 则语焉不详。不难看出，该条的规定与 UCP600 第 35 条第一款的规定非常相似。[2]

再根据 ISP98 第 8.01 条的规定，在依本规则对相符提示给予了付款后，开证人须向其指定人进行偿付，申请人须向开证人进行偿付。该条规定偿付义务在对相符提示付款后即产生，而不是在偿付义务人收到相符提示后才产生，这就隐含开证人需先行承担相符单据在途灭失风险的意思在内，故该规定亦与 UCP600 第 35 条第二款的规定相类似。不同之处在于，在 UCP600 下的指定银行只需确定单据相符后向开证行寄单即可引起后者的付款责任，这一责任在指定银行未作兑付或议付的情况下指向受益人，[3]在指定银行已作兑付或议付的情况下则指向指定银行本身。在 ISP98 下的指定人只有在对相符提示付款后，才能引起开证人对指定人的偿付之责，此后再由申请人偿付开证人。

四、议付人的介入

议付是与兑付并列的信用证下的另一兑用方式，也是对后者的一种有益补充，可进一步为受益人提供融资便利。例如，承兑信用证下的受益人在汇票承兑之后实际到期付款之前，可以将汇票进行议付以提前取得融资款。

---

[1] 本条规定担保人对任何单据传递过程中发生的延误、中途遗失、残缺或其他错误产生的后果概不负责。再根据 URDG758 第 3 条（b）款的规定，担保人包括反担保人。

[2] See Jacob E. Sifri, *Standby Letters of Credit: A Comprehensiue Guide*, Palgrave Macmillan, 2008, p. 160.

[3] 依照 UCP600 第 7 条（a）款的规定，只要规定的单据提交给指定银行，并且构成相符交单，如果信用证规定由指定银行兑付或议付，但该行未作兑付或议付，则开证行必须兑付。

UCP600 给议付下的定义是指"指定银行在相符交单下，在其应获偿付的银行工作日当天或之前向受益人预付或者同意预付款项，从而购买汇票（其付款人为指定银行以外的其他银行）及/或单据的行为。"据此，议付的含义是对他人应付款项的提前融资，议付的前提是相符交单，议付的方式是购买单据及/或汇票。从对议付主体有无限制的角度出发，议付分为自由议付和限制议付。[1]

议付须基于开证行的议付授权，这种授权构成向议付行的付款保证，即保证一旦议付行提交相符单据，开证行即向其付款。如开证行确定单据不合格，可以拒绝付款，此时议付行一般可向受益人行使追索权以追回已垫付的款项及其利息，但开证行自行议付的除外，因为其承担的是终局性付款责任。保兑行也有责任对相符交单作无追索权的议付。

（一）议付行的法律地位

UCP600 修订小组说："议付的本质是一种融资"。议付，为"商议下付款"，其付款不是到期付款，而是预先付款或同意预先付款。[2]作为开证人的指定人之一，议付人的地位也只是开证人的收单代理人而非付款代理人，虽然向议付人的交单构成向开证人的交单，但议付人不是代开证人付款而是以自己的钱付款，它的付款只是垫付融资。正因为议付行不是仅作收妥付款的单据处理行（handling bank），而是垫款的贸易融资行，所以议付行要注意风险控制，包括审单时未提出不符点的风险、开证行倒闭及违约等风险。

因为只是基于开证行的授权进行议付，故议付行同样没有义务在议付信用证下接受单据。为维护议付行的正当权益，鼓励其积极参与提供融资，信用证法律设计了两种保护议付行的制度，一是它在善意议付后可以获得优于受益人的特别保护，二是它可以选择有条件地向受益人进行议付。

就前者而言，议付行在善意给付对价购得汇票及/或单据以后，就成为正当持票人或善意第三人，获得了票据法或信用证法律赋予的特别保护，从而不受票据债务人对其前手背书人所享有的抗辩权的制约，或由开证行向其承

---

［1］　典型的自由议付条款如："我方特向依本信用证条款开具且与之相符的汇票的出票人、背书人以及善意持票人承诺，此种汇票将于规定单据提交时获得合理兑付。"其中针对善意持票人的承诺即为开证人向所有银行发出的邀请文句，即授权任一银行在信用证下议付即审单并付款，并承诺在单据相符的前提下向取得善意持票人地位的任何银行进行兑付。相对来说，限制议付信用证一般规定"仅可在某银行处议付"之类文句。

［2］　参见林建煌：《品读 UCP600》，厦门大学出版社 2008 年版，第 64 页。

担独立于开证行对受益人所负之责的责任。不过，从申请人或开证行的角度看，由于备用信用证项下单据一般比较简单，为避免当受益人恶意索偿或有欺诈行为时开证行不得不面对另一善意第三者的索偿，应尽量避免第三方议付或自由议付。[1]

就后者而言，议付行在向受益人垫付款项以后如果从开证人或其指定人处得不到偿付，除非另有约定，它当然享有对受益人的追索权。这是因为，任何银行都没有在议付信用证下接受单据的义务，除非该行是开证人或保兑人。所以，如果一家银行被要求担任信用证下的议付行，它可以选择有保留地（under reserve）或在保有对受益人之追索权（with recourse to the beneficiary）的前提下进行议付。[2]鉴于议付行并无议付义务，根据"举重以明轻"的法理，它当然也有权进行有条件的议付。不过，议付行的追索权问题一直是不无争议的，对此以下将展开详述。

（二）银行的追索权问题

关于银行议付后是否有追索权问题，国际商会曾在其 459 号出版物作出如下规定：议付行在任何情况下均享有追索权，除非该行保兑了信用证。然而，一些国家的银行委员会对这一规定提出了质疑，为此，国际商会在后来的 596 号出版物 R259 项目下对于其之前的解释做出了修正：银行提供议付时所要求的条件，即是否保留追索权，不能由国际商会来裁定。那些条件取决于当地法律及议付行与出口商之间的关系。应由受益人来决定是否接受那些条件并在"保留追索"的条件下取得款项。在这些情况下，受益人最好使信用证可自由议付，以使他们能够把单据交给一家一旦接受单据将始终信守决定的被指定银行。[3]

如果信用证是自由议付信用证的话，购买或议付的中间银行可以拟定任何必要条款作为议付的前提，也可保留对受益人的追索权以防开证人因任何原因不履行自身义务。该义务也取决于受益人对信用证条件的满足，包括适

---

〔1〕 参见徐进亮主编：《国际备用信用证与保函》，对外经济贸易大学出版社 2004 年版，第 101~102 页。

〔2〕 See John F. Dolan, *The Law of letter of Credit*：*Commercial and Standby Credits*，Warren，Gorham & Lamont，1996，p. 53.

〔3〕 参见于强编著：《UCP600 与信用证操作实务大全》，经济日报出版社 2007 年版，第 102 页。

当单据的提交。有观点认为由于议付行只依赖付款银行的信誉而默示地免除了出票人的责任，所以不存在任何追索权。但这种观点似乎难以成立，因为有无追索权是一个事实问题。毋庸置疑，汇票买受人依赖的主要是银行的信誉，但这一点本身尚不足以免除受益人的责任。如果受益人意图免责，它可在汇票上作"免于追索"（without recourse）的记载。然而，如果受益人未如此行事或信用证条款禁止如此行事的话，则应认为其已接受作为汇票出票人的通常应负之责。

对受益人的追索权不仅意义重大，也使购买或议付更为可行。购买或议付出票人汇票的银行在遭拒付时一般享有对出票人的追索权，这是流通票据法所赋予的权利。更何况还存在这样的情况，即看似相符的单据实不相符且（并非欺诈的）受益人本身又对不符负有责任，此时，除非有不行使追索权的明确约定，银行有权以赖以付款的事实错误（mistake of fact）为由追回针对这些单据所付的款项。这无疑是存在于付款人和收款人之间的错误，也是事关单据正确性的错误。[1]

此外，受益人的确可能会通过在汇票上记载"免于追索"来排除责任，但这仅是存在于汇票上的抗辩。由于议付以在信用证下提交相符单据为前提，故所交单据中的任何不符都将使中间银行就议付所作的许诺或要约归于无效，"免于追索"的记载亦于事无补。因此，ICC 在 R8 的决定中指出："尽管银行在'免于追索'汇票下或在适用《日内瓦公约》时没有追索权，然而，在构成了汇票交易基础的跟单信用证下，议付了如此汇票的银行有追索权。"银行在 R66 的决定中指出："应劝阻在汇票上批注'免于追索'字样的做法。"实务中，已看不到带有如此批注的汇票了。[2]

在备用信用证下议付后追索权的有无要视具体的议付方式而定。备用信用证下的议付最典型的情况是备用信用证要求汇票付款人为申请人时，开证人无追索权地给付对价。[3]与此相应，ISP98 允许将申请人作为汇票付款人，这与 UCP600 下不得将申请人作为汇票付款人的实践有所不同。

---

〔1〕　See Richard King, *Gutteridge and Megrah's Law of Bankers' Commrecial Credits*, Routledge, 2001, p. 111.

〔2〕　参见林建煌：《品读 UCP600》，厦门大学出版社 2008 年版，第 129 页。

〔3〕　参见徐进亮主编：《国际备用信用证与保函》，对外经济贸易大学出版社 2004 年版，第 101 页。

在即期议付的备用信用证下，开证人不享有追索权。例如：在依照 ISP98 开出的即期议付备用证下，开证人收到提示并在审单后认为相符，并向受益人作了兑付。但在提交单据给申请人后，申请人发现了逾期交单这一不符点并及时对开证人的错误兑付表示了异议。开证人因已支付受益人，便不能再追回付款，除非备用信用证的文本另有规定。又鉴于申请人已及时将不符点通知开证人，故开证人需承担全部责任。[1]

在延期议付的备用信用证下，开证人承诺在到期日就相符交单给付价值，该承诺可以有追索权，也可以没有追索权，具体取决于开证人和受益人在备用信用证中的约定。

由于 ISP98 第 2.01 条（d）款（i）项要求保兑人承担以与开证人义务一致的方式兑付相符提示的义务，故不难推知，在即期议付的备用证下，保兑人也不享有追索权；在延期议付的备用证下，保兑人也依备用证文本的规定享有或不享有追索权。不过，汇票的开出可能会改变上述规则而使得保兑人需承担无追索权的延期付款责任。在汇票以开证人为付款人的情况下，无论是就即期汇票的付款还是就远期汇票的承兑付款而论，保兑人的兑付都是没有追索权的。[2]

（三）《国内信用证结算办法》的相关规定

原《国内信用证结算办法》第 3 章第 18 条对国内信用证的"议付"进行了界定，议付是指信用证指定的议付行在单证相符条件下，扣除议付利息后向受益人给付对价的行为。只审核单据而未付出对价的，不构成议付。第 18 条第 3 款规定："议付仅限于延期付款信用证。"第 19 条规定："议付行必须是开证行指定的受益人开户行，未被指定议付的银行或指定的议付行不是受益人开户行，不得办理议付。"出于银行资金安全方面的考虑，这些规定既不承认自由议付，也不承认在即期付款信用证和承兑信用证下的议付。还要求议付行不仅是经开证行指定的银行，更限定为受益人的开户行。此种限定的目的体现于第 24 条的规定之中："议付行议付信用证后，对受益人具有追索

---

〔1〕 See Jacob E. Sifri, *Standby Letters of Credit*：*A Comprehensiue Guide*, Palgrave Macmillan, 2008, p. 28.

〔2〕 See Jacob E. Sifri, *Standby Letters of Credit*：*A Comprehensiue Guide*, Palgrave Macmillan, 2008, pp. 28–29.

权。到期不获付款的，议付行可从受益人账户收取议付金额。"

2016 年修订后的《国内信用证结算办法》第 9 条 "信用证业务当事人"中明确，议付行指开证行指定的为受益人办理议付的银行，开证行应指定一家或任意银行作为议付信用证的议付行。第 36 条进一步规定，信用证未明示可议付，任何银行不得办理议付；信用证明示可议付，如开证行仅指定一家议付行，未被指定为议付行的银行不得办理议付，被指定的议付行可自行决定是否办理议付。这就将原来的限制议付放宽为可以自由议付。

第 35 条规定，议付指可议付信用证项下单证相符或在开证行或保兑行已确认到期付款的情况下，议付行在收到开证行或保兑行付款前购买单据、取得信用证项下索款权利，向受益人预付或同意预付资金的行为。议付行审核并转递单据而没有预付或没有同意预付资金不构成议付。

第 39 条在追索权问题上也采取了更灵活的态度，该条规定，议付行议付时，必须与受益人书面约定是否有追索权。若约定有追索权，到期不获付款议付行可向受益人追索。若约定无追索权，到期不获付款议付行不得向受益人追索，议付行与受益人约定的例外情况或受益人存在信用证欺诈的情形除外。保兑行议付时，对受益人不具有追索权，受益人存在信用证欺诈的情形除外。

（四）局外议付

虽然在通常情况下议付需以开证行的授权为前提，但实践中也存在着所谓 "局外议付" 的情况。"局外议付" 是指未得到开证行授权的 "议付"，只是信用证受益人与其往来银行之间的一种私下交易，而与信用证的开证行及其他当事人无关，即便银行为受益人作了局外议付，它在该信用证业务中仍然只具有受益人代理人或受益人的代理寄单行的地位，而不具有议付信用证项下指定议付行所享有的开证行代理人或开证行的代理议付行的权利。[1]

因此，提供局外议付的中间银行需要承担被授权议付的银行无需承担的风险。一方面，即使中间银行未被授权议付，它在付款到期日前向受益人付款也不构成对指令的违反，并有权在付款到期日获得偿付。如果中间银行支付给受益人的是折扣金额，它有权获得信用证下的全额偿付。但另一方面，除非信用证授权议付，在中间银行的付款日与付款到期日之间，如果情况清

---

〔1〕 参见杨玲："信用证项下议付行的追索权问题"，载《金融理论与实践》2007 年第 9 期。

楚地表明受益人无权获得付款，则因先前的付款未经开证行授权，中间银行也无权就其付款获得偿付。[1]

五、保兑人的介入

由于指定人对受益人的交单没有审单和兑付的义务，受益人可能不想冒风险，它希望当地银行和开证人一样负有审单和在证下付款的义务。当然为了手续费，该当地银行也许愿意这样做，履行这项义务的银行就称为保兑人。保兑人和原始开证人一样直接对受益人承担义务。由于保兑人被授权在信用证下作出兑付，所以保兑人也属于指定人。一家银行可以既是通知人也是保兑人。[2]保兑人对信用证的保兑并不意味着保兑人为开证人的义务提供担保，保兑构成在开证人之外的一项独立承诺，也即保兑人把自身的信用叠加于开证人的信用之上，显然，一家知名银行或方便受益人的银行的保兑能促进信用证的商业应用。

（一）保兑人的法律地位

保兑人在 ISP98 下和在 UCP600 下的地位稍有差别。首先，在 ISP98 下的受益人只需提示一次便可同时约束开证人和保兑人。ISP98 第 2.01 条（d）款规定："如果保兑允许向开证人提示，则保兑人也承担在开证人错误拒付时兑付的义务，犹如提示是向保兑人作出一样。如果备用证允许向保兑人提示，则开证人也承担在保兑人错误拒绝履行保兑时兑付的义务，犹如提示是向开证人作出一样。"这就意味着，如果受益人在备用证有效期内先向保兑人提示单据而后者错误拒付的话，则开证人有义务对该相符提示予以兑付，而不论其收到提示时是否已逾有效期。同样，如果开证人错误拒付了受益人向其提交的相符提示，保兑人也有义务对之予以兑付。[3]可见，如无另行规定，备

---

[1] See Richard King, *Gutteridge and Megrah's Law of Bankers' Commrecial Credits*, Routledge, 2001, p. 88.

[2] 在实务中通知行拒绝为信用证加保的情况还是比较多的。这是因为通知行为信用证加保的一个重要前提是该行为开证行建立了代理行授信额度，如果额度尚未设立或者额度不敷使用，则通知行通常会"婉拒"开证行的加保授权或要求。参见于强编著：《UCP600 与信用证操作实务大全》，经济日报出版社 2007 年版，第 67 页。

[3] See Jacob E. Sifri, *Standby Letters of Credit: A Comprehensiue Guide*, Palgrave Macmillan, 2008, p. 165.

用证下的受益人只需对开证人或保兑人中的任何一方作出一次性提示，即有权在不获兑付时向另一方主张其在已作提示下的同样权利，从而以更简单有效的方式获得开证人和保兑人的双重付款保障。

此外，如果受益人在有效期内已向开证人作出相符提示，但后者在付款到期日之前破产，由于单据在兑付之前所有权仍属于受益人，故受益人可在对单据行使破产取回权后再向保兑人重新交单。有时会出现这样的情况，受益人将单据连同远期汇票一起（或将延期付款信用证项下的单据）提交给开证行而非保兑行，如果不论何种原因，开证行在承兑汇票后（或在延期付款承诺到期日前）破产，受益人对开证行的权利将取决于清算结果。如果单据灭失无法取回，受益人就无法在 UCP 下转而求诸保兑行。因为 UCP600 第 8 条规定保兑行承担责任的前提是规定单据提交给保兑行或其他任何指定银行，如果受益人不能从开证行处取回单据的话，它就满足不了赖以获得付款的条件。在这种情况下，除非买卖合同项下的支付义务被认为随着信用证的开立而履行完毕，受益人只能转向买方寻求付款。

但与 UCP600 第 8 条规定保兑行承担责任以单据的交付为前提不同的是，即使在单据因灭失而无法取回的情况下，ISP98 下的受益人仍可要求保兑人按照备用证规定的方式作出兑付，因为向开证人的提示犹如"是向保兑人作出一样"。同理，受益人在有效期内向保兑人作出相符提示后后者破产，受益人也可以在无法取回单据的情况下要求开证人予以兑付。

不过，如果保兑书或者备用证文本中明文规定单据应先向特定一方提示，不按规定行事将被认为构成不符而可予拒付。依照 ISP98 第 3.04 条（c）款的规定，如果备用证是保兑的，但在保兑书中没有注明提示地点，则提示可以在保兑人的营业场所作出（如此行事可以约束开证人），也可以向开证人作出（这样也可以约束保兑人）。该款构成了对前述 2.01 条（d）款的补充。由于受益人绕开保兑人直接向开证人交单可能导致保兑人在不知情的情况下承担责任，想要对自身保兑责任的范围加以限制的保兑人可以在保兑书中加入一项条款，禁止受益人在非指定地点向保兑人之外的任何其他人提示单据。这就意味着只有向保兑人提示单据，受益人才能满足保兑条款并约束保兑人。不过，受益人如果在这种情况下直接向开证人提示单据，仍能约束开证人，但不能约束保兑人。也就是说，如果受益人先向开证人交单，在到期日后再向保兑人交单，保兑人就可以拒付提示。[1]

其次，ISP98 与 UCP600 的另一区别在于后者要求优先向保兑行交单。UCP600 下的受益人向保兑行作相符交单后如不获兑付即当然有权向开证人要求兑付，但向开证人作相符交单后如不获兑付却并不当然有权向保兑行要求兑付。换句话说，开证行要对向保兑行所作的提示负责，而保兑行并不对向开证行所作的提示负责。所以，UCP600 下受益人交单时优先的选择对象是保兑行。原因除了保兑行往往是一家比开证行的实力更雄厚、资信状况更好而且位于受益人当地的银行之外，还在于 UCP600 要求受益人优先向保兑行交单。UCP600 第 7 条"开证行责任"中规定开证行必须对提交给指定银行的相符交单负责，而保兑行也属于指定银行之列。第 8 条"保兑行责任"中只规定保兑行必须对提交给其他指定银行的相符交单负责，而其他指定银行并不包括开证行本身。因此，交单人如果直接将单据寄往开证行，则保兑行有可能轻而易举地免除自身的保兑责任，因为当开证行表示拒付时，交单人往往没有足够的时间再将单据转寄保兑行。如果交单人将单据直接寄交保兑行，就能同时产生约束开证行的效果，而不存在被拒付时转寄开证行但时间不够的问题。此外，UCP600 第 15 条中的措辞是"当指定银行确定交单相符并予以兑付或者议付时，必须将单据转递给保兑行或开证行"，在排列顺序上将保兑行排在了开证行之前，也隐含了单据应优先寄往保兑行之意。实践中，有经验的银行单证人员通常也会将单据直接寄往保兑行。[2]

要是套用 ISP98 的说法，将 UCP600 下开证行或保兑行之间的关系作一描述的话，那就是：在 UCP600 下，向保兑行的提示犹如是向开证行作出一样，但向开证行的提示并不犹如是向保兑行作出一样。可见，受益人在 ISP98 下的交单更自由、更简便，在没有另行约定的情况下，它可以选择开证人或保兑人中的任何一方交单一次，就能产生同时约束另一方的效果。

最后，尽管保兑行通常会被指定付款、承兑汇票或议付，但被指定的也可以是其他银行，只不过保兑行之外的指定银行不对受益人负有如此行事的

---

〔1〕 See Jacob E. Sifri, *Standby Letters of Credit*: *A Comprehensiue Guide*, Palgrave Macmillan, 2008, p. 166.

〔2〕 参见于强编著：《UCP600 与信用证操作实务大全》，经济日报出版社 2007 年版，第 104 页。

义务。在保兑行不是指定银行的情况下，它和开证行一样有义务对指定银行作出偿付并接收单据。[1]

由于保兑人也是信用证下的当事人，根据 UCP600 第 10 条（b）款，信用证的修改须经保兑行的同意且保兑行可以选择是否将保兑扩展到修改。ISP98 第 2.06 条也肯定了在非自动修改的情况下保兑人不对修改进行保兑的权利。

（二）沉默保兑（silent confirmation）

和"局外议付"类似，ISP98 或 UCP600 的条文中也不存在"沉默保兑"这一术语。根据 ISP98，保兑人是指经开证人的指定并在开证人的承诺上加上其自身保证承付该备用证的承诺的人。根据 UCP600，保兑行是指根据开证行的授权或要求对信用证加具保兑的银行。可见，保兑应以开证人的授权或要求为前提。如果某银行根据申请人或受益人的请求，私下为受益人提供"保兑"而未经开证人的授权，这种保兑就是一种沉默保兑。新 UCC5 承认了沉默保兑的实践，其第 102 条官方评论第 1 点谈道：由于本章第 102 条（a）（11）款定义的"指定人"之外的人均不得成为保兑人，所以那些未经开证人指定或授权而同意"保兑"的人并非第五篇意义上的保兑人。即便如此，此类人对受益人所作的承诺仍可由受益人强制履行——或作为"保兑人"为自身之故向受益人开出的信用证，或作为第五篇之外的担保或合同。

沉默保兑是一种不太常见的银行用以服务其重要客户的做法。引发受益人采取沉默保兑最主要的原因是其在开证行处无法得到正常的保兑，开证行认为保兑是对自己资信的贬低，因而不愿意开立保兑信用证。这种情况在我国尤为频繁。《中国银行国际结算业务基本规定》中明确规定："我行对外开立的信用证，若通知行或出口商要求其他银行加具保兑，为维护我行的信誉，对此类要求，均不予接受。若通知行将我行信用证通知受益人时自动加具保兑，可不予置理。"这就导致实践当中，除中国银行等大型银行外，中国的其他银行开出的信用证都在国外被秘密加保，否则外商不会接受。[2]

沉默保兑最大的风险在于沉默保兑人未从开证人处获得过提供保兑的授

---

〔1〕 See Richard King, *Gutteridge and Megrah's Law of Bankers' Commrecial Credits*, Rouledge, 2001, p. 91.

〔2〕 参见呼家钰："论保兑行的付款义务"，载高祥主编：《信用证法律专题研究》，中国政法大学出版社 2015 年版，第 116 页。

权，所以其与开证人间不存在授权关系，向受益人兑付后就可能无权从开证人处获得偿付。下例可说明沉默保兑的风险：某通知行对某备用信用证进行了沉默保兑。受益人提供了相符单据，该通知行审单并确认单据与信用证条款相符后对受益人予以兑付。通知行将单据寄给开证人后，开证人却错误拒付。此时通知行不能起诉开证人，因其未经开证人的授权而自行付款，故不具备起诉开证人的资格。要克服这一障碍，受益人可以将其在信用证下所有的权利让渡给通知行，这样后者才具有在信用证下提起诉讼的资格。[1]另外，如果受益人提交的单据存在欺诈，则沉默保兑人在兑付提示后无法从开证人处获得偿付，这和获开证人授权的保兑人作为无辜第三人，在对欺诈性的提示作善意付款后有权在证下获得兑付的情况判然有别。

六、偿付行的介入

偿付行是开证人的付款代理人，但它不处理单据，故偿付行的付款是一种未见单付款，这种付款不是终局性的确定付款。

实践中指定银行在对受益人承担责任后，可能会以索偿行的身份向开证行指定的偿付行索汇。偿付行（reimbursing bank）是接受开证行的委托向索偿行包括付款行、承兑行或议付行支付信用证款项的银行，通常是开证行的存款银行或约定的垫款之银行。偿付行与开证行的关系可认为是委托付款关系，偿付行仅就信用证所涉款项付款。但偿付行与信用证没有任何关系，偿付行不参加信用证的交易业务，与受益人无关，对受益人的单据偿付行不受理不审查，偿付行仅为开证行与索偿行之间的款项交割提供中介服务。

偿付行根据其与开证行之间的偿付协议对索偿行支付款项，对超过偿付协议规定的请求有权拒付，除非偿付行与开证行对此另有约定。信用证下的单据应由索偿行提交给开证行，如经审核发现单证不符，则由开证行向索偿行交涉，不得追究偿付行。偿付行的义务是按照开证行的委托及时偿付款项。

开证行的付款如通过偿付行进行，则在索偿行索取款项时，开证行应及时向偿付行作指示或授权，没有这种指示或授权，偿付行不得为偿付行为。由于偿付行与信用证交易无关，开证行不得要求索偿行向偿付行出具单据与

---

〔1〕 See Jacob E. Sifri, *Standby Letters of Credit: A Comprehensiue Guide*, Palgrave Macmillan, 2008, p. 30.

信用证条款相符的证明书。索偿行向偿付行索偿款项不能实现或部分不能实现，开证行对未能实现部分应负责支付，因为偿付行是受开证行的委托付款，开证行对于款项仍应负完全责任。[1]

偿付行系开证行为使指定银行索汇方便而指定，是开证行的出纳机构，一般在信用证上所用的货币是进口国货币和出口国货币以外的第三国货币时发挥作用。在利用偿付行付款的情况下，交单和付款分离，单据直接寄往开证行，而偿付行无须审单、见索即付，[2]所以偿付行的付款是一种在未见单情况下的偿付。根据 UCP600 第 16 条（g）款的规定，当开证行拒绝兑付或保兑行拒绝兑付或者议付，并且按照本条发出了拒付通知后，有权要求返还已偿付的款项及利息，其中所谓"要求返还已偿付的款项及利息"即包括偿付行向索偿行的付款。因此，偿付行对索偿行进行偿付，不能视为开证行的最终付款，当开证行收到单据后，发现与信用证条款不符而拒绝付款时，仍可向索偿行要求退款。在偿付行依约偿付后，开证行对偿付行负有无条件还款责任，并应承担偿付行的利息损失。如偿付行未能偿付时，开证行仍负责自行偿付。[3]

偿付行的偿付一般依 ICC 的《银行间偿付统一规则》（ICC Uniform Rules for the bank-to-bank Reimbursements under documentary credits, URR）来执行。该规则自 1996 年 7 月 1 日起生效，规定在开证行授权第三方银行（偿付行）偿付中间银行这一过程中各方的权利，而这是通过偿付授权（reimbursement authorization）来完成的。URR 在偿付授权一旦将其并入后生效。如果信用证规定偿付适用 URR，则开证行就对中间银行负有向后者开出偿付授权且将 URR 并入其中的义务。不过，偿付授权与其所涉及的信用证相分离，偿付行与信用证的条款无关，也不受其约束。因此，偿付行并无义务保证中间银行在信用证下有权偿付，所以也无需关心信用证下提交的单据是否相符。[4]

---

〔1〕　参见蔡镇顺等：《国际商法研究》，法律出版社 1999 年版，第 246 页。

〔2〕　UCP600 第 13 条（b）款规定："开证行不应要求索偿行向偿付行提供证实单据与信用证条款及条件相符的证明。"

〔3〕　参见顾民：《最新信用证操作指南》，对外经济贸易大学出版社 2000 年版，第 180 页。

〔4〕　See Richard King, *Gutteridge and Megrah's Law of Bankers' Commrecial Credits*, Rouledge, 2001, pp. 93-94.

第三节　信用证银行的抵销权和代位权

一、信用证下银行的抵销权

（一）概说

抵销是债的一种消灭方式，指互负债务的双方将债务充抵后，再就余额进行清偿。在保证等非独立担保的情形下，保证人可以主张主债务人在主合同中对债权人享有的一切实体上的抗辩权，故在主债务人对债权人有反对债权时，保证人也可以以之与债权人的债权进行抵销。[1]

抵销权不能离开债权而存在，是债权的一种从权利。抵销权也是一种权利人得依其单方意思表示引起法律关系变动的形成权。根据 2019 年 11 月 8 日最高人民法院印发的《全国法院民商事审判工作会议纪要》（法〔2019〕254号，以下简称"九民纪要"）第 43 条的规定，抵销权是一种单纯形成权，权利人无须经过诉讼，仅以其单方表示即可引起法律关系变动。[2]

抵销制度具有担保债权和简化清偿的功能。就前一功能而言，抵销实质上是一种以法定或约定的方式赋予抵销权人的一种担保权益。如果 A 向 B 负有债务，这可以说是 B 拥有的一项资产（应收账款），如果 A 同时又对 B 拥有债权且 A 享有抵销权的话，那么 A 就取得了以 B 拥有的资产（自己对 B 的欠款）来清偿自己对 B 拥有的债权的权利，这实质上无异于 A 在 B 的特定财产上取得了担保权益。[3]就后一功能而言，因为双方当事人在就互负债务进行抵销之后，仅需一方就抵销后的余额向有权一方作单向支付，从而避免了相互之间不必要的双向支付。

在信用证或独立担保语境下要探讨的问题主要是，开证银行能否以自己或从申请人或其他人处受让而来的对受益人的到期债权来抵销受益人或其受

---

〔1〕　我国《民法典》第 701 条规定，保证人可以主张债务人对债权人的抗辩。债务人放弃抗辩的，保证人仍有权向债权人主张抗辩。第 702 条规定，在主债务人对债权人享有抵销权或撤销权时，保证人有权拒绝在相应的范围内承担保证责任。

〔2〕　参见最高人民法院民事审判第二庭编著：《〈全国法院民商事审判工作会议纪要〉理解与适用》，人民法院出版社 2019 年版，第 297 页。

〔3〕　See Colin Banford, *Principles of International Fiancial Law*, Oxford University Press, 2015, p. 318.

让人或受让渡人在证下的支款权利？

　　实践中，银行行使抵销权受到广泛承认。但是银行的权利必须是确定的、不存在争议的。在德国，最高法院认为，从银行担保的功能来看，担保并不能让受益人获得在履行合同时对合同价款提出请求更多的权利，担保的清偿功能与抵销也不矛盾，因为抵销清偿了到期应支付的债务。[1]所以，银行以其债权与受益人的支款权进行的冲抵应视为其对受益人的付款，在行使抵销权以后，其有权向开证申请人进行追偿。抵销权对银行有特别的意义，还在于它能够在清理坏账和三角债方面发挥独特的作用。

　　不可否认的是，信用证或保函项下的抵销事实上具有一定的拒绝支付的效果，因为在抵销之后，受益人或其他权利人毕竟未能获得其预期可以获得的款额。因此，当事人可能会就抵销问题作出专门约定。如担保人在保函中表示其在保函下的付款责任不会与受益人的债务相抵销，例如以下保函条款：兹承诺作为主债务人保证凭贵方提交的书面索赔支付不超过 55 883.92 美元的款项，该付款不受任何抵销权或反请求的影响。[2]

（二）银行行使抵销权的方式

　　在信用证或保函项下，银行一般有三种行使抵销权方式。第一种是银行以其自有债权与受益人的索赔权相抵销。URDG758 在这一问题上的规定较为明确，[3]该规则第 5 条（a）款规定，担保人在保函项下的付款义务，不受任何关系项下产生的请求或抗辩的影响，但担保人与受益人之间的关系除外。言下之意，担保人不仅可以基于自己与受益人之间的保函关系本身向受益人提出请求或抗辩，也可以基于自己与受益人之间的保函关系之外的关系向受益人提出请求或抗辩。前者如受益人在保函下提交了不相符索赔，后者则包括了在受益人已于保函下提交相符索赔的情况下，担保人以自己在其他保函

---

　　〔1〕　参见刘昀："独立担保项下担保人的权利义务研究"，载高祥主编：《独立担保法律问题研究》，中国政法大学出版社 2015 年版，第 101 页。

　　〔2〕　参见阎之大：《URDG758 解读例证与保函实务》，中国文献出版社 2011 年版，第 120 页。

　　〔3〕　其他规则的规定相对不明确，但并未排除银行以自有债权与受益人索赔权抵销的可能性。如 ISP98 第 1.06 条规定了备用证下开证人的义务不取决于"受益人从申请人那里获得付款的权利"，但却未规定开证人的义务不取决于"受益人从开证人那里获得付款的权利"。因此，受益人在备用证下的支款权可能受制于其从开证人那里获得付款的权利，也就是说，该支款权可能被开证人对受益人享有的债权所抵销。UCP600 第 4 条也未要求信用证独立于银行与受益人之间的关系。

或非保函交易中对受益人享有的债权来抵销受益人的付款主张。

这一抵销权的行使可使银行盘活自身的存量债权，减少额外的款项支出。如果银行与受益人有直接的债权债务关系，或准确地说，银行对受益人拥有直接的到期债权，则银行可以用该债权直接冲抵受益人在备用信用证下的支款权。而如果银行对受益人享有的到期债权是金钱之债，但它在信用证下所负的兑付义务不是付款而是给予有价证券或其他价值物，则由于这两种债务的标的物种类不同，或者双方互负的债务虽然同种同类，但一方或双方的债务尚未到期，除非债务尚未到期一方放弃自己的期限利益，法定抵销可能无法进行而需借助约定抵销来扩充抵销的适用范围。[1]此外，如果银行享有的反对债权不足以抵销受益人在证下的支款权的，则对于未能抵销的余额银行仍应根据规定的方式向受益人或提示人进行支付。

在银行与受益人没有直接债权债务关系的情况下，银行仍可能以从他人处受让而来的债权与受益人的支款权相抵销，这便涉及银行可资利用的第二种抵销方式。此时首先面临的问题是，银行是否可以用从申请人或指示方处受让而来的债权与受益人的支款权进行抵销？备用证公约第18条在确认担保人享有抵销权的前提下，对上述做法明确予以否认。因为这样做的效果相当于援引申请人对受益人享有的抗辩权来对抗受益人在信用证下的权利，从而有违信用证的独立性原则。

但是，公约并未否认银行从申请人或指示方之外的其他人处受让而来的债权与受益人的支款权进行抵销。我国的信用证法律对银行是否有权以从申请人处受让的债权用于抵销并未明确，但《中华人民共和国企业破产法》一般性地规定了银行在受益人破产时，可以以自有债权或已从他人处受让而来的债权与受益人的支款权进行抵销。该法第40条在肯定"债权人在破产申请受理前对债务人负有债务的，可以向管理人主张抵销"同时，又规定"债务人的债务人在破产申请受理后取得他人对债务人的债权的"不得抵销。前者确立了法定的破产抵销权，后者则限制了债务人的债务人在破产申请受理后从债务人的债权人处低价收购债权用于抵销的不公平做法。经对上述规定所

---

〔1〕 如依我国《民法典》第568、569条的规定，当事人互负债务，该债务的标的物种类、品质相同的，任何一方可以将自己的债务与对方的到期债务抵销；但是，根据债务性质，按照当事人约定或者依照法律规定不得抵销的除外。当事人主张抵销的应当通知对方。通知自到达对方时生效。抵销不得附条件或者附期限。当事人互负债务，标的物的种类、品质不相同的，经协商一致，也可以抵销。

作的反对解释，不难得出"债务人的债务人在破产申请受理前取得他人对债务人的债权的，可以向管理人主张抵销"的结论。据此，开证银行有权在破产申请受理前从对受益人享有债权的其他银行——特别是与开证银行有互设账户关系的往来银行——受让取得该债权后，就受益人在信用证下的支款权向管理人主张抵销。此外，由于破产抵销系法定抵销，所以不受债务标的物的种类、品质等的限制。

　　但对未涉破产的一般受益人而言，开证银行能否以从申请人之外的他人处受让而来的债权与受益人的支款权进行抵销，我国法上并不明确。解释上似可参照公约的上述规定，赋予银行该种抵销权。这种抵销方式的意义在于可以解决三角债问题。特别是在往来银行对受益人享有到期债权但该债权已为坏账的情况下，开证银行可能以相对低价受让该债权并据以对受益人的证下支款权进行冲抵，这不仅解决了往来银行的坏账问题，也可使开证银行从中赚取一定收益。而且依据法律，债权转让一般不需要债务人（此处为受益人）的同意，其法律障碍相对较小。[1]

　　第三种抵销方式涉及在信用证下支款权利转让或款项让渡情况下的抵销。支款权转让相当于合同项下权利义务的概括转让，款项让渡则是单纯的债权转让，两者转让的标的不尽相同，但都属于一般的债权转让。由于普通债权的转让不同于流通票据的转让，正当持票人作为受让人可获得优于前手的权利，而普通债权转让的抗辩却在转让中不断累积。因此，银行可以以对转让人或让渡人享有的抗辩对抗受让人或受让渡人，[2]或者说，转让人或让渡人不能把自己没有或不能享受的权利转让给受让人或受让渡人。[3]既然如此，银

---

　　〔1〕　如根据我国《民法典》第545条、第546条的规定，债权人一般可将债权的全部或者部分转让给第三人，债权人转让债权的，该转让在通知债务人后即发生效力。

　　〔2〕　如我国《民法典》第548条规定："债务人接到债权转让通知后，债务人对让与人的抗辩，可以向受让人主张。"再根据《民法典》第556条的规定，合同的权利和义务一并转让的，适用债权转让、债务转移的有关规定。

　　〔3〕　Affaki和Goode认为，转让的实现并非通过让渡而是通过变更，在保函转让的情况下，现行保函终止而开立以受让人为受益人的新保函，受让人取代转让人成为受益人，其后果之一是受让人的权利不受制于此前担保人对转让人可用的抗辩和抵销权利（参见乔治·阿法齐、罗伊·古德，中国国际商会/国际商会中国国家委员组织翻译：《国际商会见索即付保函统一规则 URDG758 指南》，中国民主法制出版社2012年版，第219页）。但本书认为，保函不是流通票据，不适用善意取得制度，且保函受让人既然只是取代（replaces）转让人，便不应该获得优越于转让人的法律地位。此外，URDG758第33条（d）款（ii）项本身也明确将受让人一并受让转让人在基础合同项下的权利义务作为保函转

行依法便既可以以其对转让人或让渡人享有的反请求来抵销受让人或受让渡人的支款请求，[1]也可以以其对受让人或受让渡人本身享有的反请求来抵销后者的支款请求。

权威评论指出，虽然 UCC5 没有规定抵销权，但是只要案件适用的当地法律允许抵销，那么当事方就可以行使抵销权。[2]

但是，信用证的通知行与付款行不能抵销信用证下的款项以清偿受益人欠它的金钱债务，因为就信用证下的款项而言，它们之间不存在债务人与债权人的关系。[3]毕竟，通知行和付款行等中间银行，只是作为开证行的代理人在行事。

二、信用证下银行的代位权

（一）代位权的一般法理

代位权是保证法律上的法律规则，它产生于保证人因履行其保证义务而为支付并因此获得受款人对第三人享有的权利的情形。

在商业信用证的情况下，银行对申请人的偿付追偿权受到多重保障，其中包括开出备用信用证时所没有的货权凭证本身的保障。由于银行是在为买方的利益向卖方贷出款项，故银行对卖方交付的货权凭证及其所代表的货物具有法定的价金担保权益（purchase money security interest）。新 UCC5 第 118 条规定："开证人或指定人在其为提示作出兑付或支付价值的范围内，对在信用证下提交的单据享有担保权益。"商业信用证下的货权单据依据提单法而流转，银行在兑付受益人提示的单据之后即代位取得受益人对货物单据的物权。

（接上页）让的前提之一，这就意味着受让人无法脱离基础交易关系而单独取得保函项下的权利。无论如何，由于 URDG758 规定除非转让的范围和方式经其同意，担保人没有必须转让保函的义务，担保人显然有权将保留其对转让人可用的抗辩和抵销权利作为其同意转让的前提条件。

〔1〕 如我国《民法典》第 549 条规定："有下列情形之一的，债务人可以向受让人主张抵销：（一）债务人接到债权转让通知时，债务人对让与人享有债权，且债务人的债权先于转让的债权到期或者同时到期；（二）债务人的债权与转让的债权是基于同一合同产生。"

〔2〕 See "The 2007 Annual Survey of Letter of Credit Law & Practice, pp. 199-200." 转引自刘昀："独立担保项下担保人的权利义务研究"，载高祥主编：《独立担保法律问题研究》，中国政法大学出版社 2015 年版，第 102 页。

〔3〕 参见沈达明编著：《美国银行业务法》，对外经济贸易大学出版社 1995 年版，第 126 页。

在不记名提单的情况下，经过交付转让，银行持有提单即持有货权。在指示提单的情况下，经过背书转让或设质，银行取得货权或质权。

由于备用信用证下提示的单据往往不是货权凭证，开证人对申请人的偿付追偿权主要由约定的偿付协议加以保障，而赋予开证人以法定代位权，则能为开证人向申请人的追偿提供一定的额外保障。法定代位权之所以必要，是因为开证人代位权的非当然性。根据信用证的一般法理，开证人是根据信用证合同在履行自己的义务而非代替申请人履行义务，所以它在对受益人承担付款责任后，逻辑上并不当然享有代受益人之位向申请人追偿的权利。故该代位权需要由开证合同来赋予，或通过法律规定的方式加以明确。

就代位权的实际意义而言，Bertrams 认为：代位权问题一般而言没有太大的实际意义，因为追偿权直接来源于主债务人请求为其开立保函的申请，而对银行的偿付义务也总体现于反担保函之中，况且银行通常也会要求申请人提供足够的担保以保证其追偿权。但当该担保不足额而主债务人或第三人为受益人/债权人提供了额外的担保之时，代位权的重要性就凸显出来了。[1]可见，代位权给银行提供的是一种额外的保护。假设，信用证被开立给贷款人用于担保还款，而贷款人的贷款由在申请人的财产上设定的抵押权担保。如果申请人未依约还贷，开证人依照信用证支付了贷款人而申请人破产，则开证人当然乐于代位取得贷款人享有的抵押权。[2]

此外，在开证指示不是来自申请人，而是来自某个关联公司且该关联公司宣告破产的时候，代位权问题也十分重要。一般而言，此时的付款行也能基于代位权向申请人进行追偿。

（二）新 UCC5 中的代位权

1. 概述。新 UCC5 第 117 条规定了开证人、申请人和指定人的代位权。（a）款允许开证人在兑付受益人的提示后，即代位取得受益人在基础交易项下的权利，也代位取得申请人在基础交易项下的权利。根据该规定，在开证人兑付受益人的提示之后，一方面，如申请人因破产等原因不能偿付开证人，

---

〔1〕　See Roeland F. Bertrams, *Bank Guarantees in International Trade*, Kluwer Law International, 2004, p. 128.

〔2〕　See John F. Dolan, *The Law of letter of Credit: Commercial and Standby Credits*, Warren, Gorham & Lamont, 1996, p. 86.

在申请人就其基础债务由自己或第三人为受益人提供过额外担保的情况下，开证人可代位取得受益人对申请人或该第三人享有的担保权益作为额外保障；另一方面，开证人如因任何原因不能从申请人处获得偿付，则开证人可代位取得申请人在基础合同项下对受益人享有的权利，如在受益人存在违约情况下要求其实际履行的权利，以及在受益人存在根本违约情况下的合同解除权等。

（b）款允许偿付了开证人的申请人代位取得开证人对任何受益人、提示人或指定人的权利，以及（a）款规定的开证人代位取得的申请人在基础交易项下享有的对受益人的权利的代位权。例如，开证人善意兑付了受益人提交的表面相符的欺诈性单据，申请人在偿付开证人后可以代位取得开证人对受益人的权利，而针对违反不欺诈之担保的受益人行使追索权。又如，保兑人不诚信地兑付了表面相符的欺诈性单据，开证人就该相符单据善意地偿付了保兑人。基于合同的相对性，申请人无法直接起诉保兑人，但申请人在偿付开证人后，可以代位取得开证人对保兑人的权利。

（c）款允许已兑付信用证的指定人代位取得开证人在偿付协议项下对申请人的权利、取得受益人和申请人在基础交易项下的权利。例如：保兑人在兑付提示后，既可代位取得开证人在偿付协议项下对申请人享有的权利，又可取得受益人在基础交易项下对申请人享有的权利，还能取得申请人在基础交易项下对受益人享有的权利。

（d）款属于"不可变更条款"（non-variable terms），其为代位权的行使设定了严格的前提：即使存在相反约定，前述代位权在兑付或偿付之前均不会产生。在此之前，开证人、指示人和申请人依据本条也不能获得可据以请求、抗辩或主张免责的现实或潜在权利。

2. 代位权的行使前提之一：行使主体是从债务人（secondary obligor）。代位权的产生，是保证人在向其作为保证人应予支付的另一人付款后取得受款人的权利。否认信用证交易中代位权的观点认为，与保证不同，信用证是独立于基础交易的，开证人支付的是自己的债务而非主债务人的债务。但这种对比并不公允。[1]和保证人一样，开证人清偿的既是自己的债务也是申请人

---

[1] 信用证的独立性原则并不是绝对的，作为一种技术性和工具性的原则，它本质上仍然是为基础交易服务或提供担保。换句话说，开证人表面上是在偿还自己的债务，实际上仍是在代替申请人偿还债务。信用证为受益人提供的凭单即付的技术上的便利，并不否认开证人系受申请人委托行事的事实。所以，信用证本质上仍是一种担保，开证人和保证人发挥的作用也不存在实质性的差异。

的债务。新 UCC5 第 117 条（a）款明确规定付款银行代位取得受益人对申请人的权利，如同它是申请人对受益人所负债务的从债务人一样。这就在未损害信用证独立性的前提下，以赋予法定代位权的方式，解决了围绕信用证的独立性产生的代位权能否成立的争论，当然，行使代位权仍须以从债务人已完全履行基础义务为前提。正如该条的官方评论所言："本条最多不过是搬开了一些法院发现的亘于代位面前的拦路石，这些法院断言开证人或其他索赔人的权利'独立于'基础义务。比方说，如果从债务人因其付款不足以清偿基础债务而不能享有代位权的话，本条之规定亦于事无补。"巴林、科威特和也门等国的法律也规定了付款银行的代位权。

新 UCC5 第 117 条的官方评论第 1 点还承认："本条自身并未赋予任何代位权。它赋予的仅仅是当寻求代位的人'是从债务人'（'从债务人'一词，系指保证人、担保人或其他因第三人负债之故债权人对其或其财产享有追索权的人）时才存在的权利。如果该从债务人在依据本条主张某种代位权时并不具有代位权，本条就不赋予任何权利。"因此，撇开信用证的独立性不论，该条规定有权取得代位的人都应具有代偿他人之债的"从债务人"身份，这一身份是取得代位权的前提之一。且这种"从债务人"并不限于为他人的债务提供保证或担保的人，任何因第三人负债之故债权人对其或其财产享有追索权的人均构成"从债务人"，由于信用证开证人是因申请人之故向受益人付款，所以落入了上述"从债务人"的范畴。可见，通过对"从债务人"所作的宽泛定义，新 UCC5 实际上也否认了以开证人付款责任的独立性为由而否认其享有代位权的实践。

以新 UCC5 第 117 条（a）款规定为例，该款明确向受益人付款之后的开证人除可代位取得受益人在基础交易项下对申请人的权利外，还可代位取得申请人在基础交易项下对受益人的权利，这是因为在作为信用证基础交易的商事交易一般是双务合同，故基础交易项下申请人和受益人通常互负权利义务。这样的话，一方面，开证人向受益人的付款满足了受益人在基础合同下对申请人享有的债权，故开证人代位取得受益人在基础交易项下对申请人的权利。另一方面，已获兑付的受益人如在基础合同项下存在违约情形，申请人就在基础合同下对受益人享有相应索赔权，鉴于开证人依申请人的指令向受益人所作的兑付可视为对申请人的贷款，故在开证人因错误兑付或因申请人破产等原因无法从申请人处获得偿付的情形下，开证人可代位取得申请人在基础交易项下对受益人享有的索赔权。

再看第 117 条 (c) 款关于指定人代位权的法理依据，以其兑付后代位取得开证人在偿付协议项下对申请人的权利为例。开证人和指定人之间的关系类似于申请人和开证人之间的关系，[1]由于后者均系经前者的授权或请求而负担特定义务，故前者对后者都负有特定的偿付义务。因此，指定人在支付受益人后，有权代受益人之位向开证人请求偿付，并进而——在未能从开证人处获得足额偿付的情况下——有权代开证人之位向申请人请求偿付。

在 1987 年奥地利的一起案件中，代位权问题产生的情形有些非同寻常。信贷银行获得了两个人提供的担保：甲作为保证人抵押了存单，乙则开具了独立保函。在银行变现了甲的存单之后，甲起诉乙要求分摊份额。奥地利最高法院判决认为：甲有权基于代位权向乙主张分摊。[2]对于这种混合担保的情形，我国法律的倾向性立场是除另有约定之外，不承认担保人相互之间的追偿权，而只承认担保人对债务人的追偿权，且这种追偿权不是基于代位的追偿权。[3]

3. 代位权的行使前提之二：行使主体已作兑付或偿付。代位权不能在兑付之前预先行使，而只能在已作付款的前提下事后行使，因为凭相符单据兑付是信用证独立性原则的题中应有之义。以开证人代位取得申请人对受益人的权利为例，如开证人在未向受益人兑付的情况下即向受益人主张申请人在基础交易项下对受益人享有的权利，无论是据以请求、抗辩还是主张免责，受益人都将处于毫无保障的境地，这显然与信用证以独立性原则保障其便捷支付功能的初衷相违背。正因为兑付或偿付这一作为代位权行使前提的重要性，UCC 规定当事人之间的相反约定也不得排除这一法律规定。

新 UCC5 第 117 条的官方评论第 2 点也进一步明确："为维护信用证义务的独立性，并保证代位权不被开证人或其他人用作攻击性武器，(d) 款的训诫必须严格遵循。只有完全履行了自己在信用证交易中义务的人才能享有代

---

〔1〕 新 UCC5 第 107 条 (a) 款规定："保兑人亦对开证人享有权利并负担义务，如同开证人是申请人而保兑人系应申请人之请求而为申请人开立信用证一样。"而就在善意履行指定义务后均有权向开证人要求偿付而言，保兑人和其他指定人在法律地位上并无实质差异。

〔2〕 See Roeland F. Bertrams, *Bank Guarantees in International Trade*, Kluwer Law International, 2004, p. 129.

〔3〕 参见最高人民法院民事审判第二庭编著：《〈全国法院民商事审判工作会议纪要〉理解与适用》，人民法院出版社 2019 年版，第 351 页以下。

位权。例如，开证人不得以行使代位权为由拒绝兑付或主张抵销。开证人也不能在兑付后抱怨说受益人与申请人或任何其他人之间的善意交易损害了它的代位权。例如，假设备用信用证的受益人是抵押权人，如果抵押权人负有基础债务一旦清偿（由开证人在信用证下支付）即开出抵押解除声明的义务，尽管该项解除可能损害开证人的代位权，但受益人并不因作出此项解除而对开证人负有任何责任。"

独立性原则的存在使受益人能否获得付款不受单据以外的任何原因的干扰，以保障信用证迅捷支付的功能，故向受益人付款之前不应享有任何代位权。但是支付一旦完成，独立性的作用就已然得到实现，行使代位权就不再受到独立性原则的控制。如果偿付失败，基于公平原则赋予银行代位权是为了平衡银行与其他各方当事人之间的权利义务，并不会有损信用证制度。从这一点来看，代位权所依附的公平原则与独立性原则在信用证的不同阶段发挥不同的作用，独立性原则下信用证的快捷支付功能并不会因为银行的代位权而遭到破坏。[1]

综上可知，代位权有助于克服合同的相对性，使代为履行合同义务的第三方有机会取得并行使原本属于合同一方当事人对另一方当事人享有的权利，从而保障其自身利益。抵销权则使合同债务人有机会以本合同之外其他合同项下的权利来对抗债权人的权利主张，从而实现担保付款和简化清偿的目的。

第四节　受益人的默示担保责任

和新 UCC5 第 117 条规定的代位一样，第 110 条的担保也是一种事后的补救机制，其适用以兑付提示为前提，故而不影响独立性原则的运作和功效。而且，和代位的产生以已兑付或偿付为前提一样，第 110 条 c 款规定只有开证人兑付信用证后担保才会产生，且该规定属于"不可变更"条款，不得由当事人以约定加以变更。

新 UCC5 第 110 条（a）款 1 项加予受益人两项担保责任，即不欺诈担保和不违约担保。前者是受益人对开证人或接受单据提示的其他人以及申请人

---

〔1〕　参见呼家钰："论保兑行的付款义务"，载高祥主编：《信用证法律专题研究》，中国政法大学出版社 2015 年版，第 139~140 页。

担保不存在欺诈或伪造情形。后者是受益人对且仅对申请人担保其在信用证下的支款不违反（1）受益人与申请人之间的任何合同，或（2）他们意图以信用证担保的任何其他合同。新 UCC5 的修订者希望通过让申请人在提示被兑付后再基于违反担保向法庭提起的欺诈诉讼更易胜诉的方式，来减少对申请人在提示被兑付之前就申请禁令救济的激励。[1]这两项担保都不限于信用证交易本身，而是在整个信用证安排意义上的法定担保，旨在担保单据与基础合同的实质相符，以使基础义务得到切实的履行。

一、不欺诈担保

不欺诈担保是受益人在信用证交易项下针对单据的隐性瑕疵（latent defects）所作的担保，担保的内容是单据的合格性，即不存在欺诈与伪造情形，担保的对象包括开证人、申请人以及其他接受单据提示的人。之所以要求受益人向所有可能参与信用证安排的人作出不欺诈担保，是因为欺诈将动摇整个信用证安排的根基。

新 UCC5 第 110 条规定的不欺诈担保与新 UCC5 第 109 条"欺诈与伪造"之间存在着功能和程序上的分工：前一条规定的是一种事后救济机制，是银行在兑付了欺诈性提示后向受益人行使追索权或申请人在偿付了已作善意兑付的银行后代位行使该追索权的依据。第 109 条规定的是针对欺诈的一种事前救济机制，在银行兑付之前构成向法院申请止付禁令或银行赖以拒付的基础。而本条在顺序上安排在第 109 条之后，也反映了新 UCC5 起草者的如下立法意图，即在诉诸本条的事后救济机制之前，申请人和开证人应力争防欺诈之患于未然。这是因为对欺诈性提示进行兑付不仅不公正而且无效率，骗子一旦得手之后往往会销声匿迹远走高飞，所以将一个骗子告上法庭的难度显然远超将一个有商业纠纷的交易对手告上法庭的难度。

根据新 UCC5 第 108 条（i）款，开证人的付款具有确定性和终局性，一旦在信用证下兑付，除可占有单据外，无权再以错误兑付不符点单据为由追回证下款项即行使追索权。但基于"欺诈解除一切"的法理，该条允许开证

---

[1]　See John F. Dolan, *The law of Letter of Credit: Commercial and Standby Credits*, Warren, Gorham & Lamont, 1996, p. 82.

人以提示存在欺诈或伪造为由进行追索。[1]而如果提示中不存在欺诈或伪造，错误兑付了不符点单据的开证人不但无法向受益人行使追索权以讨回证下付款，还可能因此丧失从申请人处要求偿付的权利。在这种情况下，开证人只能根据新 UCC 第 117 条（a）款之规定，通过代位来取得申请人在基础交易下对受益人享有的权利。如果开证人虽就不符点单据进行了错误兑付，但申请人仍对开证人进行了补偿，则根据第 117 条（b）款，申请人可以重新代位取得（a）款规定的开证人对受益人的权利。

二、不违约担保

不违约担保指的是受益人应向申请人担保其已履行基础交易项下的义务。应予明确的是，受益人对开证人等申请人之外的人不负有此种履约担保义务，因为基础合同履行与否是申请人关心的事，银行只关心单据的相符与否，即便单据记载与基础合同的要求存在出入，未违反不欺诈担保的相符单据仍不失为信用证下的有效提示。

原 UCC 中受益人对所有利益相关方承担的是信用证的各项条件已被满足的担保义务，其中包括单据相符的默示担保义务，但这种担保义务并不合理。根据信用证法律的规定，单据相符，开证人承担兑付义务；单据不符，开证人享有拒付权，有权自行决定是否兑付。若在单据不符的情况下，开证人从自身利益出发仍向受益人兑付，则应由开证人自行承担因此带来的风险。若要求受益人承担单据相符的担保义务，则这种风险就转移到了受益人身上，因为这将赋予开证人对受益人的追索权。[2]事实上，对单据表面相符与否的审查——即确定单据中是否存在显性瑕疵（patent defects）——是开证人本身应负的义务，未尽此项义务的开证人一方面应承担失权的相应后果，另一方面也不得以错误付款为由向受益人进行追索。新 UCC 则以 110 条明确规定担

---

〔1〕　根据民法的一般原理，基于重大误解实施的民事法律行为和以欺诈手段实施的民事法律行为均为可撤销的民事法律行为。但在信用证法下，开证人不得以重大误解而只能以信用证欺诈为由主张撤销权。这种基于欺诈的撤销权在信用证下体现为付款银行对骗子受益人的追索权。我国《国内信用证结算办法》第 48 条也肯定在信用证欺诈情况下银行的追索权，即"开证行或保兑行付款后，对受益人不具有追索权，受益人存在信用证欺诈的情形除外。"

〔2〕　参见李垠："论信用证法上的失权规则"，载高祥主编：《信用证法律专题研究》，中国政法大学出版社 2015 年版，第 176 页。

保的对象是申请人而不是开证人，其担保内容当然也不可能是单据的表面相符性，本条之官方评论第 2 点更是明确表明，该款规定的担保不是关于单据表面严格相符性的担保。

由于不违约担保针对的只是申请人，故开证人不得以受益人违反基础合同等为由拒付提示，这就保证了信用证付款的独立性。即便就申请人而言，它也不得在开证人兑付之前以受益人违反担保为由要求开证人拒付。这样的话，即使申请人与受益人在基础合同中约定了"消极条件"条款[1]之类的内容，申请人也不能以违反不违约担保为由要求法院签发针对受益人的禁止提示令，因为根据 110 条的规定，只有提示得到兑付之后，申请人才能主张这一担保。这一点与第 109 条"劝阻申请人绕过银行而去获得针对受益人的禁止提示令"的精神也是一致的。

三、违反担保的赔偿责任

根据新 UCC5 第 110 条之官方评论第 3 点，违反担保的赔偿和错误拒付的情形不同，在错误拒付的情况下赔偿一般等于支款额，但违反担保的赔偿通常比支款额要少得多，有时甚至为零。假设一个仅于适当履行买卖合同之后才有权支款的卖方在该合同下违约，买方因而有权获得赔偿但无权拒收货物。申请人因该担保之违反能在本条（a）款第 2 项下获得的赔偿额限于其因买卖合同下的违约可以获得的赔偿额。再假设某项基础合同仅赋予受益人针对"欠付金额"的支款权，而受益人在欠款为 20 万美元的情况下支取了 50 万美元，此时违反担保的赔偿额不应超过 30 万美元。

第五节　信用证交易与基础合同的关系

根据独立性原则，信用证与基础合同是两个独立的不同合同，除有欺诈例外，任何人不得援引某一合同之规定以在另一合同项下作为抗辩或以其他方式加以利用。但信用证与基础合同又具有密切联系的一面，作为广义信用证安排中不可或缺的有机组成部分，两者在法律上的关系，可以说是既相互

---

[1]　是存在于澳大利亚和英国等地的一种实践，即申请人以受益人违反基础合同中有关支款限制的规定进行支款为由，向法院申请针对受益人的禁止提示令。对此后文将有详述。

独立又紧密联系。[1]简单地说，在信用证安排中，基础交易的履行情况反映和体现于信用证交易，而信用证反过来又促进和服务于基础交易的履行。

一、信用证对于基础合同的意义

（一）开证作为基础合同的规定要件

信用证的开出，以基础合同中约定的"信用证条款"为依据。根据该条款，基础合同当事人约定以信用证方式为交易提供融资或担保，申请人有义务提供信用证，而未能及时提供将构成对基础合同的违反。双方还可能约定将信用证的开立作为基础合同成立的先决条件，或作为受益人承担义务的先决条件。在前一情形下，信用证未开立的结果是基础合同不成立。在后一情形下，假如申请人不依约提供信用证，受益人可以视自己履行合同的义务解除，并且可以向申请人提出诉讼，要求它赔偿受益人因没有得到信用证而蒙受的损失。

由于商业信用证和备用信用证分别为卖方和买方提供保护，所以为了实现利益的均衡，两者可能在同一国际商事交易中被使用。例如，买方在委托银行开出的以卖方为受益人的商业信用证中，将卖方开出以自己（即买方）为受益人的备用信用证作为该商业信用证生效的先决条件。或者相反，卖方在委托银行开出的以买方为受益人的备用信用证中，可能会将买方委托银行开出以自己（即卖方）为受益人的商业信用证作为该备用信用证生效的先决条件。

（二）信用证促成基础合同的履行

1. 信用证助成或担保基础交易的履行。在商业信用证之下，银行通过信用证替代买方对卖方作出支付，并从卖方那里取得买方所需的单据，从而助成货物买卖的完成。在备用信用证之下，银行为申请人的履行提供担保，它在基础交易得以正常履行时一般不会介入其中，但这种银行信用的提供并非可有可无，恰恰相反，在一定程度上，这种担保正是交易得以展开的前提。备用信用证为受益人提供了事先的担保与事后的补偿，它能在基础合同履行

---

〔1〕　参见赵远明编著：《信用证法律实务》，中国对外经济贸易出版社1989年版，第133页。

之前为受益人带来安全感，使受益人有理由相信其在基础交易下的风险已经得到了控制或减轻。如果预期风险并未发生，基础交易往往能在备用信用证备而不用的情况下得以顺利完成；而预期的风险一旦实际发生，受益人可以通过在备用信用证下索赔来维护自己的权益。前一种情况（实际上这也是更为常见的情况）下备用信用证可以备而不用，开证人仅因向申请人出借了自己的信用，就使后者可以在支付较少银行费用的情况下为基础交易的开展取得了有力的支持，也使受益人不致因为潜在的风险而裹足不前，以致错失开展交易的良机，这实际上为就基础交易各方提供了促成合同履行的双赢机制。

2. 信用证还为基础交易的履行提供经济激励。基础交易是实际的商事交易，而信用证交易是纸上的单据交易，后一交易产生并服务于前一交易。一方面，基础交易履约或不履约的状况均透过单据条件反映于信用证交易之中。另一方面，在相符提示触发了兑付条件的前提下，由银行以向受益人作出迅捷兑付的方式来奖励受益人的履约或处罚申请人的违约，从而为基础交易的顺利开展提供经济激励。

（三）信用证还可以修改基础合同

根据信用证的独立性原则，信用证一旦开立，就在开证人与受益人之间构成一项独立于基础合同之外的合同。因此，在开出的信用证条款与基础合同条款不符的时候，除非受益人及时向申请人提出改证，开证人与受益人之间的关系应以信用证而不是基础合同的规定为准，因而信用证此时实际起到了修改基础合同的作用。比如说，当各当事方最初同意应当提交某种特定证书，但后来又同意在信用证下要求提交另一种证书时，可以认为他们变更了基础合同而要求提交信用证中规定的证书。[1]

二、基础合同对信用证交易的影响

虽然独立性原则强调信用证独立于基础合同之外，但从根本上来说，信用证只是促进基础合同顺利履行的一种手段。信用证交易因满足基础合同的

---

[1] See Richard King, *Gutteridge and Megrah's Law of Bankers' Commrecial Credits*, Routledge, 2001, p. 30.

需要而产生，只有在基础合同存在且基础合同中约定使用信用证时，方能产生信用证交易。从某种意义上说，基础合同是整个交易的中心，信用证不可能绝对独立于基础合同，相反，基础合同对信用证交易经常有着的深刻影响，这种影响不仅体现于基础合同作为交易基础对后续各合同（包括信用证合同）的订立设定基本条件与框架，而且，在后续各合同的履行期间，特别是在欺诈等特定事项对基础合同的实施构成不合理的实质性阻碍时，也不能一味强调信用证交易本身的独立性，而应充分考虑基础合同对信用证交易制约或影响的一面，将信用证交易与基础交易作适当挂钩，甚至在必要时撇开信用证而直接依据基础合同来确定各方当事人的权利、义务和责任，以平衡各方的利益，保证基础合同的正确履行。实质上，信用证交易和基础交易是形式和内容的关系，体现了形式和内容的统一。这种统一包括两个方面：

（一）形式对内容的抽象

这是指信用证交易从基础交易中抽象出来，基础交易的履行情况被拟制的单据交易所置换和表征。这种单据化抽象的结果首先是使银行的责任明确而有限，从而为银行以开出信用证的方式介入基础交易提供了前提和依据。由于银行仅从形式上有限地介入而非实质性地参与申请人与受益人之间的基础交易，故无论是就银行与申请人之间的关系而言，还是就银行与受益人之间的关系而言，银行均只对其可见也可控之单据的表面相符性负责，而无须虑及单据背后基础交易的实际履行情况，后者应该是基础交易双方即申请人和受益人关心的问题。单据化的抽象同时也降低了银行的监管成本，由于银行无需监控基础交易的进行，在审单认为相符后即予兑付，从而加速了整个交易的进程，实现了效率追求。

但是，这一单据化的抽象并非与基础交易的完全割裂，抽象化的底线是单据的基本真实，即单据所载信息的描述与基础合同的实际履行情况基本一致，不存在伪造和内容重大虚假等信息根本失真的情况。[1] 进而言之，抽象化背后的逻辑乃是以单据表面的形式相符（单据相符）来推定单据的实质相

---

〔1〕 过于强调形式相符而不允许单据信息的细微失真，是不必要也是不切实际的。持这一严苛立场的结果将是因小失大——此时抽象化不仅不能促进整个交易的效率，反而会经常阻碍其正常履行。

符（单据合格），[1]这样由单据的表面相符即可推知基础交易下触发付款的事件已经实际发生，该事件在商业信用证下通常是受益人已履约之积极事件，在备用信用证下通常是申请人不履约之消极事件。

不难看出，在经过上述形式对内容的抽象这一过程之后，信用证交易与基础交易在功能定位上就出现了相对的分离，前者主要负责形式（单据相符问题），后者主要负责内容（单据合格问题），强调单据相符是出于效率方面的考量，强调单据合格则出于安全和公平方面的考量。

（二）形式向内容的回归

归根结底，促进申请人与受益人间基础交易的履行是整个信用证安排的终极目的，银行与受益人之间的信用证交易以及银行与申请人之间的开证和偿付行为均为实现这一目的之手段。推定表面相符单据为合格是以单据的基本真实为前提的，如果单据存在明显欺诈，这一推定就不能成立，因为此时的单据已是一张废纸，既无经济价值，也无证明价值。所以，在欺诈情形下，即使就受益人与银行之间的关系而言，形式性的单据交易也应让位于实质性的基础交易，否则所谓单据交易就变成了"以纸换钱"的赤裸裸掠夺。此时银行不向受益人付款是因为受益人根本无权要求付款，而拒付不仅兼顾了交易的安全和公平，也在另一意义上体现了效率，因为由银行对欺诈者的事先拒付比让申请人在事后追回付款在经济上显然更有效率。

就申请人和受益人之间的关系而言，由于两者间存在的不只是间接的形式上的单据交易关系，更存在着直接的实质性基础交易关系，而后者的履行比前者的履行显然更重要更关键。在申请人和受益人两者间强调基础交易关系不仅体现了反欺诈的公平追求，更是国际商事交易顺利开展之必需。正因如此，申请人才既能以弃权的方式对表面不符的交单同意兑付，也能以申请止付的方式对表面相符的欺诈交单主张拒付。换句话说，在申请人和受益人的关系上，单据相符与否并非判定双方权利义务履行情况的终极标准，基础合同才是确定双方权利义务的最终依据。可见，作为单据交易的信用证交易脱胎于基础交易并为基础交易服务，信用证交易之于基础交易的独立性也只

---

[1] 备用证公约第15条推定受益人的索赔并非不诚信而且不存在欺诈情形，新 UCC5 第110条要求受益人担保所提示的单据不存在欺诈等，两者虽从不同角度出发，但均强调在信用证下提交、用以证明基础交易履行情况的单据的真实性对促进基础交易履行的重要意义。

是相对的。

即使就银行而言，虽然它依独立性原则在审单时一般不必考虑信用证以外的因素，也无须关心基础交易的实际履行情况，但这不排除特定情况下从更根本意义上对整个信用证安排作全盘考察的必要。在基础交易中存在明显的欺诈等特定情形下，银行仍负有不助成无益于基础交易履行的信用证欺诈行为的义务，而这正是将信用证交易与基础交易适当挂钩，并将对整个交易的实质性问题的考虑置于对形式问题的考虑之上的结果。

综上而言，由于信用证安排主要由形式上独立、实质上关联的三个合同即基础合同、开证合同与信用证合同构成，这种内在关联性亦使得信用证交易与基础交易的挂钩客观上有了可能性。

第六节　联合/共享备用信用证

信用证经申请人的申请开立，实质上是银行为申请人提供的一种信贷或融资安排。虽然银行支付证下款项的对象是受益人而非申请人本人，但这是银行遵照申请人的委托而行事的结果。就法律效果而言，这与直接贷款给申请人本身并无二致。而备用信用证项下的金额往往较大，一家银行可能无法、无力或不愿独自承担开证的责任或风险，信用证可能会通过数家银行以联合或共享的方式开立，这种方式开启了共担风险共享收益的银行间合作模式，不仅可使开证人分散风险并规避贷款限额，同时也为受益人提供更为可靠的保障。但由于数家银行的参与，也使信用证的开立和运作涉及更为复杂的法律关系与问题。在目前的国际惯例中，只有 ISP98 就联合/参与开证有专门的规定。依其规定，联合备用信用证（Syndicated LC）相当于直接参与式的银团贷款，共享备用信用证（Participated LC）相当于间接参与式银团贷款。

一、具体运作方式

联合/共享备用信用证主要用于担保巨额的借贷交易，这种巨额的借贷交易往往需要作为借款人的申请人开立备用信用证，以下试以共享备用信用证为例，说明其开证等运作程序：

1. 确定开证人。[1]辛迪加信贷便利通常按照比例由贷款人直接给予借款人，每一贷款人给予贷款的义务是个别的而不是共同的。然而，按比例分别开出信用证往往是不可行的。潜在的受益人（资金提供者）一般不愿意在一个信用证够用的时候去争取多个信用证。受益人也可能对信用证开证人的信誉作了要求，而不是所有的贷款人都能达到这个标准的。于是，在申请人（借款人）申请开证时，会有一个信用证与一个开证人。在申请人与开证人之间，会有一个信贷协议（credit agreement）信贷协议往往会允许借款人在几个开证人中作出选择。这种灵活性使借款人能根据受益人对开证人的可接受程度（通常是个信用评级问题）以及开证人在特定种类的信用证交易中的技能来作出选择。并且，由于后将述及的原因，开证人以外的其他贷款人对开证人的选择也有其利益。

2. 信息交流。如果开证人并非代理行（agent），信贷协议就要规定信息在各当事人之间的交流。通常，借款人可以任意与开证人作直接的交流，以安排特定信用证的具体事宜。开证人则需要通知代理行信用证的具体金额及计划开证的日期，好让代理行确认信用证的开立：（1）不会导致借款人的借款额超过总承诺（overall commitment）、信用证的分限额（sublimit）或其他任何可用的借款依据；且（2）不会违反任何涉及期日、使用目的或其他事项的限制。代理行也有必要与开证人接触以确认信贷协议中规定的开证的先决条件已经得到了满足。

3. 参与权的购买（Purchase of Participation）。对于受益人，开证人对证下的全部金额负有责任。在受益人作出相符提示以前，这种责任是一种或有债务，与这种或有债务相关联的是表现为借款人对开证人的偿还义务的或有资产。为了在其他贷款人间分散风险，也为了从开证人的贷款限额、资本充足率或其他限制性规定的计算之中减去一部分资产和负债，信贷协议通常规定，一旦信用证开立，每个贷款人将按比例购进信用证的参与权。这种购买不仅会引起兑现合格提款的或有负债按比例转让，也会相应地引起针对借款人的索偿权按比例转让。

4. 信用证下提款所需资金的提供（Funding of Draws under the Letter of

---

[1] See James E. Byrne, *1997 Annual Survey of Letter of Credit Law & Practice*, The Institate of International Banking Law & Practic, Inc., 1997, p.18.

Credit）。当开证人兑付证下付款请求时，谁负责为开证人提供资金呢？有几种方式。其一，由各贷款人向开证人提供在其名下的提款所需资金的份额，然后由开证人负责向借款人寻求补偿。其二，先由开证人向借款人寻求补偿，要是不能立即实现的话，则提款所需资金由各贷款人按比例分摊。显而易见，从需要转移的资金数额的角度来看，这种方式显然更为有效。要是借款人已经协商取得了对提款作延期支付的权利，那么第三种方式就是各贷款人按比例直接向借款人贷款来为兑付提供资金。在最后一种情况下，应该考虑破产问题。如果在信用证下的提款发生在借款人已经提起破产申请之后，破产法警告不要为借款人提供贷款。

信贷协议中不常提及的一种情形是，无论出于何种原因，开证人对提款不当地予以拒付，从而被受益人起诉并遭败诉。理论上这适用于为提款提供所需资金的同一机制。不过，鉴于涉及的时间可能更长，确保信贷协议明确地或者通过一项广义的补偿条款规定这种情形是有必要的。但如果开证人由于故意或重大过失作出不当付款的话，通常其他贷款人不会为这些开支补偿开证人。

5. 费用与其他付款。如果提款已经发生而借款人没有即时偿付开证人，则借款人的偿付义务还应附加到付款为止的利息。该利息将按比例在开证人与其他贷款人之间分享，开证人则可能撷取一个小的百分比。

由于开出信用证的手续费相当于贷款承诺中的承诺费，这类手续费通常会由开证人与其他贷款人按比例来分享。不过，议付、改证和转让的费用通常不与其他贷款人分享，因为这些是补偿开证人在处理信用证文件本身时花费的人力与时间的。

如果针对信用证发生了诉讼，其他贷款人通常会以比例分摊的方式来对开证人作出补偿，除非开证人有故意的不当行为或重大过失。

信贷协议中的规定包括在比例基础上的付款分摊、为资本充足率及其他增加成本的补偿，并且类似的条款往往会既用于贷款也用于信用证。

以上的论述涉及资金在由借款人流向开证人时贷款人的分享或不分享。与此相反，如果贷款人没有为在其名下的提款份额（或为任何贷给借款人以支付提款的款项）提供资金，则开证人就对贷款人就未拨付的金额收取利息。

6. 信用证的文件。贷款人购买参与权通常不以受益人对其资格的认可为条件，也无须信用证本身的规定（或许金额、到期日以及通常规定于信贷协议中的最高限额除外）。开证人以外的贷款人很少有机会在信用证开出之前对其进行审查。因而贷款人要冒信用证包含不恰当、不清楚或不合法条款的风险。因此，贷款人对于将开证人的资格限于一个或数个具有丰富经验的信用证业务部门的银行有着切身利益。

同样地，其他贷款人通常不涉足对证下提款所交单据的审核，这些单据与信用证的相符是开证人是否必须兑付提示的依据。只要其他贷款人对借款人的偿还请求不受损害，其他贷款人通常愿意委托开证人全权决定单据是否相符以及是否忽略业经借贷人放弃的不符点并作出支付。通过从借款人那里得到广泛的弃权来排除许多其原可用以避免偿付贷款人的抗辩，就可以达到这一目的。但是，如果开证人由于重大过失就信用证作了不当付款，借款人一般希望保留对开证人的抗辩。比如，要是信用证明确规定提款需要三种单据，而开证人仅凭汇票的提示就作了付款，在多数情况下借款人就会强烈反对承担任何偿付开证人的义务。所以，其他贷款人对开证人的信用证业务部门的信心是很重要的。

借款人在即便开证人的行为有重大过失时仍对其他贷款人负责的情况是司空见惯的，但此时借款人往往会保留其因开证人的重大或故意的过失所致的任何损害而向后者求偿的权利。

7. 改证。信用证常会被修改，这些修改对于相符提示能否作出关系重大。开证人通常保留办理改证的权利，但如果其他贷款人已经认可了原始的信用证，它们可能希望有权对改证予以认同，或至少能得到通知并有时间对改证的正确性以及措辞发表意见。

为其他贷款人所关注的一种特别的改证是信用证到期日的延展。因为到期日通常是所有的贷款人取得其内部贷款审批的一项关键因素，所以贷款的到期日在期满后的展期应与其他改证区别对待。永久条款（evergreen clause）只是到期日的一种变相的延展，因而在决定依永久条款使信用证延长一段额外时间时也适用相同的原则。

处理改证问题的一种通常做法是规定开证人不应允许任何一旦付诸实施就会导致信用证违反信贷协议而加诸信用证任何限制的改证行为。

8. 开证人越权的后果。如果开证人为借款人开出与信贷协议不符的信用证时，贷款人应承担何种责任呢？例如，如果信用证的金额超过了信用证定额的限制，或者到期日超出了信贷协议的许可会怎样呢？一种回答是，如果信用证与信贷协议不符，它就并未依此开出，因而其他贷款人就无须购买证下的参与权。另一种可能的回答是贷款人购入不符信用证下的参与权，但仅限于信贷协议所预定的范围。举例来说，如果定额只允许开出一千万美元的信用证，但开证人开出的信用证有一千二百万美元，则贷款人的参与将限于一千万美元，而开证人将对超额部分自行负责。同样地，如果到期日的延长超过了信贷协议允许的时限，则就在信贷协议规定的时限前的任何提款而言，贷款人将成为参与人，但对此后的提款而言则不是。这些问题在多数信贷协议中一般未被明确提及。

9. 开证及为支款提供资金的条件。一般来说，给予新贷款的先决条件同样适用于信用证的开立及其修改（至少对于信用证金额和有效期的修改）。不过，信用证一旦开出，开证人就不可撤销地对受益人承担责任，即使借款人在信贷协议下违约或有其他如不能满足信贷协议的先决条件等情形。因此，其他贷款人在受益人支款时在信用证下的参与提供资金（及为借款人的偿付义务提供贷款）的义务不取决于给予新贷款的先决条件。贷款人参与提供资金的义务应该与开证人支付受益人的义务一样是无条件和不可撤销的。没有活跃的信用证业务的贷款人有时不会对他们在借款人破产的情况下仍须继续为信用证下的支款提供资金的可能性作出评估。

10. 银行间责任。在一般辛迪加贷款中，各银行按比例为在其名下的份额提供资金的义务是个别而不是共同的。如果某家银行没有提供资金，代理行没有义务垫付自己的资金来弥补差额。共享备用信用证则不然。无论其他贷款人是否为证下支款按比例提供了在其名下分摊的份额，开证人均对受益人就证下的全部金额承担责任。如果借款人在一般的贷款中违约，贷款的资金通常就不会被提供。然而，在信用证（尤其是备用信用证）的场合下，信用证面临提款时借款人可能有违约行为，实际上，它可能已经破产。即便如此，如果相符的单据在信用证下被提示，开证人必须满足该提款要求。借款人违约或破产的事实不是开证人免于履行的借口。因此，开证人的确依赖其他贷款人在面临合格提款时按比例提供其名下份额的信用。

11. 贷款人资格的转让。如前所述，开证人依赖其他贷款人在面临合格提款时按比例提供其名下份额的信用。这样，开证人通常不会允许其他贷款人在未经其同意的情况下转让他们在信贷协议下的权利。

12. 终止日之后到期的信用证（Letter of Credit that Extend Beyond the Ter-

mination Date）。不少信贷协议允许开证人开出在信贷协议的预定终止日之后到期的信用证。对其他贷款人在终止日之后的责任可以考虑以下两种对策：一是其他贷款人对参与权的购买可能明确地局限于在信贷协议的终止日之前的证下提款。在此情形下，如果开证人自愿决定贷款而开出到期日迟于终止日的信用证，则它将对在终止日后的提款自行负责。

另一种对策是其他贷款人对参与权的购买延续至终止日之后。在此情形下，信贷协议应小心细致地说明这样做的后果，并且规定，即使信贷协议的其他条款在终止日到期，其中涉及信用证及其补偿的条款（包括规定由借款人提供担保的条款）在终止日之后仍然有效。

二、ISP98 的相关规定

ISP98 最后一部分（规则 10）规定了联合开证/共享两种银团参与开立备用信用证的模式，即所谓联合备用证和共享备用证，前者由几个开证人共同开出备用证，各开证人与受益人之间存在直接的权利义务关系；后者由一个开证人开出备用信用证，但可将其份额转售给其他共享人，各共享人与开证人之间通过共享协议建立权利义务关系，但共享人与受益人之间无直接的权利义务关系。

ISP98 第 10.01 条（联合开证）规定了相当于直接参与式的银团贷款模式，即由几个开证人共同开出备用证，各开证人与受益人之间存在直接的权利义务关系。根据该条，如果备用证有一个以上的开证人，而没有注明应向谁作出提示，则可以向任何开证人作出提示，并对所有开证人具有约束力。这就意味着，如果备用证未写明每一开证人应承担的责任比例和份额，所有的开证人都要对备用证的全部金额负连带责任。而在备用证写明了每一开证人应承担的责任比例和份额的情况下，各开证人按规定的责任比例和份额来承担个别责任。所以，在通常情况下，为了保证达到联合开证的预期效果，在联合备用信用证开出之前，一般都会订立包括应在何处及向谁交单等具体细节的冗长协议。

ISP98 是唯一一个对共享备用信用证予以关注的国际惯例，其最后一条10.02 条（共享）对共享备用信用证进行了初步的界定，即除非申请人和开证人另有约定，开证人可以有偿地邀请他人共享其对申请人和任何提示人的权益，并可不公开地向潜在共享人透露申请人的有关资料。这实际上是规定了一种类似于间接参与式银团贷款的备用信用证开立方式。但 ISP98 同时规定，开证人对其权利的出售，并不影响备用证下开证人的义务，也不在受益人和任何共享人之间创立任何权利与义务，以此平衡开证人和受益人之间的利益关系。这样，备用证的开证人有义务向受益人支付备用证的全部金额，但可将该备用证中的相应份额无追索权地售予其他银行（共享人）。一旦备用证规定的兑付事由发生，开证人将全额支付受益人，并要求购买了共享份额的共享人偿付自己。[1]此处所谓"无追索权"，是指如果申请人将来未在备用证下对特定份额进行偿付，则该份额的共享人无权向开证人进行追索。

10.02 条（a）款允许开证人将其对申请人的偿付权予以共享和出售，并向潜在共享人披露任何关于申请人以及申请的必要信息，其中包括对申请人资信状况的具体披露。但有些国家的银行法禁止披露银行客户的财务细节，故本款规定可以不公开地披露申请人的财务信息，以便为申请人保守秘密。需要注意的是，由于适用法律优先于 ISP98 的规定，故在披露申请人的任何秘密财务信息之前都有必要先征求法律意见。

（b）款还规定各共享人与受益人之间不存在直接的权利义务关系，开证人对受益人的义务不因共享协议的存在而受影响，如果备用证的条款完全符合的前提下，受益人总是有权要求开证人在备用证下付款。[2]

共享备用信用证与联合备用信用证都是由两家或两家以上银行共同参与的贷款模式，作为开证人分散风险的手段，并主要被应用于担保巨额的交易。[3]但两者之间也存在明显的差异：首先，就开证主体的数目而言。联合备用信用证的开证人为多人，而共享备用信用证的开证人仅为一人，受益人仅向开证人提示索款。其次，就银行对受益人的责任而言。联合备用信用证下的每一个联合开证人都与受益人存在直接的法律关系，任何一人都直接向受益人负责，责任方式是由每一人按备用证金额的比例对受益人负责，除非

---

〔1〕　参见游煜聪："共享备用信用证的法律风险与防范研究"，载高祥主编：《独立担保法律问题研究》，中国政法大学出版社 2015 年版，第 251~252 页。

〔2〕　See Jacob E. Sifri, *Standby Letters of Credit: A Comprehensiue Guide*, Palgrave Macmillan, 2008, p. 124.

〔3〕　参见刘应民、张亮：《独立担保制度研究——以见索即付保函与备用信用证为视角》，中国社会科学出版社 2017 年版，第 120 页。

备用证中未注明向谁提示。换句话说，联合备用信用证下可能有按份责任和连带责任两种责任形式：（1）在通常情况下，每一个联合备用信用证都会写明每一个联合开证人所承担的责任比例和份额，以及备用信用证付款提示的条件。此时，开证人群体中每一个联合开证人仅有义务向受益人支付其在备用信用证中所承担的相应份额，即承担按份责任。通常有一家银行（称之为牵头银行）负责组织全体联合开证人并处理交易中的细节问题。一般来说，牵头银行通常承担接受单据提示的责任。但除了上述责任，牵头银行并不承担超出其在联合开立的备用信用证中所承担的份额以外的付款责任。[1]（2）在备用证中未注明向谁提示的情况下，则受益人可以向任一联合开证人提示单据，并要求其支付全部证下金额。而在共享备用信用证下，只是由开证人单独对受益人负责，其他共享人并非开证人，其仅通过共享协议与开证人发生关系并共享风险份额，共享人与受益人不存在直接关系，受益人不能向共享人提示要求付款，共享人也不向受益人直接负责。最后，从对受益人有利的角度来看。一般来说，连带型联合备用信用证对受益人最为有利，共享备用信用证次之，最后是按份型联合备用信用证。共享备用信用证之所以较一般的联合备用信用证能予受益人以更大便利，是因为受益人向开证人一人即可要求支付全部证下款项，无需考虑备用证下其他参与人。但在连带型联合备用信用证下，由于受益人可以向数个开证人中的任何一人要求支付全部证下款项，受益人获得的便利显然更超于共享备用信用证。

---

〔1〕 参见游煜聪："共享备用信用证的法律风险与防范研究"，载高祥主编：《独立担保法律问题研究》，中国政法大学出版社 2015 年版，第 251 页。

备用信用证业务的运作流程

第一节 概 述

备用信用证的运作流程与普通信用证的运作流程基本相似，一般有如下步骤：

1. 某项交易（基础交易）的当事人就该项交易达成一致，商定以备用信用证来提供履约担保或安排付款。

2. 该债务人作为开证申请人向银行申请开立以其债权人为受益人的备用信用证。

3. 在审查申请人的资信后，银行作为开证人按申请人的要求开出备用信用证，并将其寄交通知银行。

4. 通知行在确定其收到的备用信用证的表面真实性和完整性后，将它传递给受益人。

5. 申请人按照基础合同履行其债务或义务。

6. 如果申请人依约履行了规定义务，备用信用证即告失效，这是常见的情形，此时全部交易结束；如果申请人未依约履行其义务，则受益人可以采取下一步骤来维护其权益。

7. 受益人可以基于申请人的违约行为准备备用信用证所要求的单据，如关于债务不履行的声明等，并按照备用信用证规定的有效方式向相关的银行，通常是一家处于受益人所在地的议付银行作出提示。

8. 议付行对受益人提示的单据进行审核，如确定其表面与备用信用证的规定相符，则在扣除手续费等相关费用后依备用信用证的规定向受益人作出支付。

9. 议付行在向受益人作出支付后，将其从受益人处转让的单据转交开证人，在单据无不符点的前提下，有权要求开证人支付备用信用证规定的款项。

10. 开证人在审单后向议付行付款，然后根据开证时与申请人商定的条件要求申请人对此项付款作出偿付。

第二节　备用信用证的开立和生效

备用信用证开立的一般背景为：合同一方应对另一方承担义务，如另一方认为仅有对方自身的承诺不够安全，即可与该方商定由银行介入并以开具备用信用证的方式对该方的义务提供担保，因而只要银行确认申请人的资信，即可开立备用信用证。

信用证的开立和生效并不是同一回事，对于一份信用证来说，它具有开立和生效两个时间，虽然生效日期与开立日期可能在同一天，但这两个日期具有不同含义。开立时间表明该信用证开始存在并产生约束力，且一旦存在即不可撤销。生效时间则表明受益人拥有了向开证人索赔的权利。如何准确地界定这两个时间是当事方非常关心的问题。[1] 以附生效条件的信用证为例，该信用证虽已开出，但在所附条件成就之前，受益人一般不得利用该信用证支款[2]。

一、开证的程序

银行应注意其开立的备用信用证与申请人与受益人之间的基础合同保持一致。保证这种一致最理想的方式是在申请人与受益人就基础合同进行磋商的时候，由申请人、受益人乃至开证人就信用证的条款与条件达成一致。一般可取的开证步骤如下：

1. 申请人从它的银行那里取得银行用于备用信用证的申请表。备用信用证申请表代表了涉及特定交易的申请人与开证人之间的关系，除了交易的具

---

〔1〕 参见徐进亮主编：《国际备用信用证与保函》，对外经济贸易大学出版社 2004 年版，第 364 页。

〔2〕 开立和生效的差异将于本章第六节中"交单的有效期间"部分作详细介绍。

体细节，如金额、有效期、部分支款、适用规则、备用信用证的类型、受益人的全名和地址等之外，申请人还必须规定受益人支款时所需提示的全套单据。申请人通常会提供一份针对违约情形的确切文本，以供受益人在必要时签名后向有关银行索赔之用。申请表包含了开证人同意赖以开出信用证的条款和条件。它也包含了申请人所提供的各种赔偿担保。

申请表可以以纸质方式提交，也可以利用银行面向客户的前端电子系统以电子方式提交。在后一种情况下，电子申请采取的是与现行 SWIFT 文电相兼容的格式。以电子方式提交申请表或使用银行的电子系统，银行需要其客户另行签署一份特别协议以及一套文件，以对银行的条款和条件进行认可，并保护银行的利益而使之不受在以电子系统传输或接收信息过程中出现的任何问题的影响。[1]

开证行给中间银行的指示通常都通过 SWIFT 或电传（telex）来发送。文件的每次发送都有授权码（authorization code）。如果开证行是以电子方式收到指示，它可以在短至 30 分钟之内的时间里准备好并向中间银行开出电子信用证。无论如何，只要指示明确，信用证在该银行日的当天或次日的早些时候就可开出。在信用证以 SWIFT 方式开立的情况下，信用证的各部分都指定了电码号（代码）。这就使信用证可以以通用格式缮制（就贸易融资交易而言有700 个号），也使对修改的确认更容易。在使用电传的情况下没有通用格式可用，要准确识别条款以及阅读修改的内容一般就相对困难。[2]

实践中，申请人先将草拟的电子信用证发给开证行，由后者审定或修改后再通过 SWIFT 系统开出。通知行在收到以 SWIFT 方式开来的信用证后，要把信用证文本打印出来，加盖"正本"印戳后再将之发送给受益人。这样，打印的文本可用于在信用证下控制和记载付款、记载或授权款项让渡或权利转让。[3]而加盖"正本"印戳则可打消受益人关于开证人是否受其约束的疑虑，因为电讯内容虽已在计算机传输系统中获得完全证实，但却不存在传统意义上的签章。此外，通知行还应在信用证文本中加进一条并入 UCP 的条

---

〔1〕　See Jacob E. Sifri, *Standby Letters of Credit: A Comprehensiue Guide*, Palgrave Macmillan, 2008, p. 154.

〔2〕　See Richard King, *Gutteridge and Megrah's Law of Bankers' Commrecial Credits*, Routledge, 2001, p. 10.

〔3〕　参见新 UCC5 第 104 条官方评论之第 3 点。

款，因为虽然 SWIFT 使用手册中规定以 SWIFT 方式开出的信用证自动适用于在开立之日现行的 UCP，但 SWIFT 电文是专为银行同业间使用而设计，未必适用于受益人，而 UCP 适用于"所有在其文本中明确表明受本惯例约束"的信用证。[1]

还有重要的一点是不要用同一张申请表开出两张及以上的备用信用证。每一张信用证都是一笔单独的交易，所以每一张信用证都必须有一张单据的申请表。同样地，每一次在信用证下对受益人的通知都与此前的通知相互独立，针对一张新的信用证就要有一次新的通知。[2]

2. 申请人和受益人拟订交单的规定，包括支款用语，并将其作为草案加入信用证申请表之中。

3. 申请人向其银行递送内含经受益人同意加入的措辞的申请书草案的副本。

4. 如果银行不同意草案中的条款，就有必要作进一步的协商。如果银行对草案表示认同，草案副本就被留下作为申请人与受益人基础合同的证据。

5. 作为受益人签署或以其他方式与申请人订立合同的条件，申请人有义务使银行向受益人递交商定的信用证。而作为基础合同的一部分，受益人有义务接受该信用证。[3]

受益人必须确保递交给它的信用证与它已认可的草案细节完全一致。如果决定不接受信用证，受益人应确保将它所拒绝内容的具体细节通知申请人和开证行两方。在 Exxon Co., U. S. A., v. Banque de Paris et des Pays-Bas[4] 一案中，备用信用证中列明的条件在到期日前是显然不可能实现的。

受益人有权拒绝与它已认可的条件不一致的信用证，它可以列举拒受信用证的理由并且声明，由于信用证与合同不符，它不拟履行合同。然而，如果没有拒受信用证的适当理由而不履行，受益人就要承担较大风险。如在

---

〔1〕 See Ralph H. Folsom, Micheal W. Gordan, John A. Spanogle, *Business Transation*：《国际商事交易》，法律出版社 2005 年版，p. 149.

〔2〕 See Jacob E. Sifri, *Standby Letters of Credit*：*A Comprehensiue Guide*, Palgrave Macmillan, 2008, p. 155.

〔3〕 See John F. Dolan, *The Law of letter of Credit*：*Commercial and Standby Credits*, Warren, Gorham & Lamont, 1996, p. 344.

〔4〕 See 828 F. 2d 1121（5th Cir. 1987），vacated and remanded with directions, 488 U. S. 920（1988）.

Apex Oil Co. v. Archem Co. [1]一案中，买方/申请人 Apex 起诉预期的卖方/受益人 Archem 违反合同。合同要求一份能在得克萨斯州拉雷多的银行议付的备用信用证，但交付给 Archem 的备用信用证却不能在拉雷多的银行议付。但 Archem 放弃了这一抗辩，它错误地提出如下抗辩，即交付的信用证不是规定的备用信用证，因为它标明是一份跟单信用证。法院判决 Apex 胜诉，因为这份信用证实际上既是备用信用证也是跟单信用证，而 Archem 放弃了对信用证的有效抗辩。

美国还存在以备用信用证作为反担保函的实践。美国出口商直接向受益人所在国的银行请求出具保函，而该外国银行通常仅在美国银行承诺保证给予即时补偿时才同意出具。这项承诺就是备用信用证。这样的话，开立银行一旦付款，它就能立即要求美国银行予以偿付，而后者可向美国出口商进行追偿。外国开立行不能首先向美国出口商寻求补偿。结果是，此时备用信用证起到反担保函的作用，其结构与间接保函仅有形式上的差异而无功能上的不同。[2]

二、开证阶段各方应注意的问题

(一) 申请人在开证阶段的注意事项

备用信用证往往所涉金额巨大，一些为大型建设工程开出的备用信用证可能高达 5 千万美元，甚至更高。即使对大公司而言，影响也可能极大。例如，一张 2 千万美元的信用证的证下款项被支取，就可能导致申请人破产，特别是在开证人有义务仅凭一张简单索偿要求——多数时候是一张汇票——来兑付受益人支款的情况下。因此申请人的首要关切是不遗余力地避免受益人在证下支款的情况出现。

简而言之，备用信用证实际提供的保护主要是心理上的，它迫使申请人切实履约，以避免任何可能最终导致业主在证下支款的争端发生。对承包商而言，产生讼争的后果非常严重，这不仅带来经济上的损失，而且损害承包

---

〔1〕 770F. 2d 1353（5th Cir. 1985）.

〔2〕 See Roeland F. Bertrams, *Bank Guarantees in International Trade*, Kluwer Law International, 2004, p. 16.

商的声誉，从而事实上使它无法再进入市场。有人甚至说，在备用信用证下支款就相当于对承包商判处了死刑。

申请人的另一关切是受益人在备用信用证下的欺骗或欺诈性索偿。视证下金额的多少而定，银行在受益人欺骗或欺诈性索偿之后突然向申请人提出的偿付要求可能使后者一时无力支付而陷于破产。以备用信用证来为其履行提供担保的承包商的地位是相当脆弱的，因此，在进行投标或与受益人缔约之前，承包商通常会对后者进行谨慎地评估。[1]

总地来说，申请人在信用证安排中处于天然的弱势地位。申请人有义务根据基础合同中的约定及时提供信用证，否则将构成对基础合同的违反。备用信用证一旦开立和生效，就将给各方带来责任和风险。由于开证银行的责任独立于基础交易之外，只凭受益人提交与信用证表面上相符的单据付款，而无需对单据内容的真实性或虚假性负责。因此，申请人在选用备用信用证及确定备用信用证条款时应持慎重态度。具体而言，申请人应在开证前考虑以下问题：

1. 调查受益人的信誉。备用信用证，特别是规定以受益人出具的不履约声明为付款条件的备用信用证一旦开立，受益人在有效期内可以随时提示单据要求开证人付款。因此，在备用信用证交易中，申请人通常处于被动地位。备用信用证下的权利能否被合理使用有赖于受益人在交易中的诚意。因此，申请人在决定向受益人提供备用信用证以前，一定要对受益人在商业活动中的信誉进行认真调查。对信誉不好的客户，可以考虑根本不与之开展交易，或至少不要轻易提供备用信用证。即使不得不提供备用信用证，也要在付款条件上作出较严格的限制，以防不测。[2]

在对一项商事交易进行决策的时候，不仅要看交易本身是否有利可图，关键还要"和值得信赖的客户做生意，而不是和无赖做生意"（do business with reliable customers, and not with rogues），这就有必要"了解你的客户"（KYC, know your customers），因为"了解交易对手甚至比掌握技术诀窍更重要"（Know-who is even more important than know-how）。而在了解客户方面，

---

〔1〕 See Jacob E. Sifri, *Standby Letters of Credit: A Comprehensiue Guide*, Palgrave Macmillan, 2008, p. 146.

〔2〕 参见赵丽梅主编：《信用证操作指南》，中国经济出版社 2000 年版，第 253 页。

贸易机构或银行往往能够提供有用的信息。

2. 争取使用于己有利的特定信用证。首先，谨慎使用光票信用证和自杀信用证。光票信用证仅凭支付命令即可支款，故有利于实施欺诈，因为允许受益人支款而无需提交任何证书的话，证明其欺诈就更加困难。自杀信用证规定凭一份由受益人出具而未经证实的基础合同未履行的声明支款，如果受益人不守诚信，申请人的地位就非常脆弱。

其次，谨慎使用可转让信用证。受益人实施的最卑劣的欺诈也不妨碍对信用证下的无辜第三方的付款，如对信用证的善意受让人或在信用证下开具的汇票的正当持票人的付款。UCP 和 ISP98 都规定除非明确注明信用证不可转让，如 UCP600 第 38 条要求可转让信用证特别注明"可转让"（transferable）字样。但较好的做法还是明确注明信用证不可转让，许多银行的政策是要求在所有的备用信用证中注明不可转让。此外，信用证如果是议付信用证或保兑信用证，申请人的处境就更加不妙，因为这意味着提示汇票或单据的可能是无辜的议付人或保兑人。从这个意义上说，银行承诺仅针对受益人的直接信用证就更为可取。

最后，谨慎使用反担保备用信用证。在许多美国与伊朗危机中的案件，都涉及一家开出履约保函或预付款返还保函的伊朗银行，这一保函又由一家美国银行开出的以该伊朗银行为受益人的信用证所支持。对于美国银行的申请人而言，此时的问题在于信用证受益人即伊朗银行可能只需声明其所开保函已被支用即可在证下支款。在通常情况下，这一声明可能是真实的而非欺诈性的，所以也就不存在禁止提供支持的银行作出付款的理由。

3. 争取要求在信用证下提交于己有利的单据作为支款条件。一般来说，申请人应尽量要求受益人提交第三方出具的证明书，而不是仅由受益人自身出具的声明，以加大其利用备用信用证实施欺诈的难度。可能的话，可以要求受益人提交终局的法律或司法文件作为提示付款的条件。当然，受益人与出单人串通欺诈的可能性仍然存在。

对申请人最理想的情况是，要求受益人提交的单据须由自己出具、签署或副署，这样申请人就能以扣留单据或拒不签署的方式事实上行使对受益人支款的否决权。根据 ISP98 第 4.10 条的规定，如果备用证要求单据须由申请人批准，开证人不可以放弃这种要求，也不对申请人扣留单据或拒不签署负责。事实上，在某些特殊情况下，申请人的批准也确有必要。例如，在特定的食品行业中，申请人在确定进口货物已及时并新鲜运抵的情况下，才会同意付款。

此外，申请人还可争取要求受益人提交一份已向申请人提起索赔的证明书作为支款条件。特别在备用信用证的情形下，这就意味着受益人不仅要证明申请人尚未支付已经到期的规定金额，而且要证明自己已就该金额向申请人提起了索赔。提起这种索赔可以给申请人一个对不当索赔表示反对的机会，而未实际提起这种索赔将使信用证下的支款构成明显的欺诈，申请人可以据此申请禁令。[1]与此类似的另一做法是，要求受益人在索赔前向申请人发出正式违约通知，并在索赔时随附该违约通知的复印件作为支持性单据。

4. 在信用证中严格规定该受益人出具证明的格式与内容，以便限制其行为，并为未来的争议提供法律依据。[2]例如，规定受益人出具的证明中应包括"申请人未在基础合同下按时交货"之类内容特定的措辞，作为支款的限制性条件。[3]格式上则可依据 ISP98 第 4.09 条的规定，在备用证中要求交单中的措辞精确甚至同一。这样，受益人出具的表面相符单据如果与实际情况不符，单据可能就具有欺诈性，一来申请人便可以欺诈为由申请针对银行的止付禁令，二来即使未申请禁令或禁令申请不成功，申请人也可以将该欺诈性单据作为证据在基础交易下追究受益人的责任并追回证下付款。对单据的内容和形式过于宽松的要求显然起不到限制受益人随意支款的目的。

5. 考虑在信用证中订入先决条件条款等保护性条款。以保函生效的先决条件条款为例，根据这一条款，保函在先决条件满足后才能生效，而不像一般的保函自开立之时起即行生效。先决条件条款可以防范在基础关系中特定的重要前提条件尚未满足时保函就被支用的风险，以保护申请人的利益。例如，出口商往往在合同正式缔结之前，就会向进口商提供保函，这样后者就会认为自己是在同一个有诚意有实力的合作伙伴在打交道。此时，保函中应

---

〔1〕 See Jacob E. Sifri, *Standby Letters of Credit: A Comprehensiue Guide*, Palgrave Macmillan, 2008, p. 201.

〔2〕 参见赵丽梅编著：《信用证操作指南》，中国经济出版社 2000 年版，第 244 页。

〔3〕 URDG758 第 15 条默示要求受益人在索赔时应附随"表明申请人在哪些方面违反基础关系下的义务"的违约声明或其他支持性单据，这一规定有利于事前防范和事后认定欺诈，以保护申请人的利益。但 ISP98 并无这一默示要求，故 ISP98 下的申请人应特别注意不要遗漏这类有利于己的保护性条款。

该加入这样的条款："在××合同缔结之前本保函不生效"或"在××合同中的先决条件满足之前本保函不生效"。比如，如果主合同规定进口商/受益人应提供预付款或开出信用证，则出口商/申请人可以以该项义务的履行作为保函生效的先决条件。但为避免这些先决条件被视为非单据条件而不予理会，除银行根据自身记录或保函中规定的指数可以确定该条件是否满足外，其他先决条件都需要作成单据条件，即通过提交特定单据来证明这些先决条件已获满足，通常是由申请人提交相关的声明。

此外，在还款保函中加入减额条款，可以使保函下的风险敞口随着基础合同的履行而相应减少。比如，申请人可以争取由自己提交第三方出具的用于证明合同已被履行或部分履行的单据。这种情况下无需受益人提交任何申请人违约的证据，但如果申请人提交了保函所要求的第三方单据，则受益人的支款权以保函文件规定的范围和方式终止。这种做法常见于含有减额条款的还款保函当中，在履约保函当中也能见到。在后一情形下，对受益人而言比较明智的做法是确保其在保函下的支款权不是全部终止，而是减至某一较小的额度，因为申请人提交的规定单据并非它已完全履行合同的最终证据。同样重要的是，保函要规定申请人应该提交单据的时间。

总之，对于不得不提供见索即付保函的出口商而言，通过协商获得有利的付款条件和付款担保至关重要。否则，它可能面临保函项下被支款和合同价款不获支付的双重风险。[1]

6. 考虑在长期性基础合同中订入不可抗力或终止条款。在一些具有长期性质的买卖合同或施工合同中，订入这样的条款有其必要性。伊朗危机中的一些案件表明，如果基础合同已被有效终止，特别是基础合同中的终止条款本身也意在解除相关的保函或信用证的情况下，要说服法院信用证下的支款构成欺诈或许更容易。在 1984 年 3 月美国联邦巡回第一上诉法院判决的 Itek Corporation v. First National Bank of Boston[2] 一案中，基础买卖合同之规定"发生不可抗力时合同终止""所有为适当履行所作的银行担保应予解除"。当事人援引了不可抗力条款（其定义中包含了美国出口许可证的撤销，而这正是

---

〔1〕 See Roeland F. Bertrams, *Bank Guarantees in International Trade*, Kluwer Law International, 2004, p. 47.

〔2〕 703 F. 2d at 24.

伊朗危机中发生的情形），此后在信用证下的支款被认定为构成欺诈。[1]

申请人还可以要求在基础合同中加入限制受益人利用信用证的其他条款，尽管这类条款一般不对信用证本身产生影响，但在付款之后申请人追回款项的诉讼中仍可发挥作用。

7. 在信用证中明确法律或惯例规则的适用。根据 ISP98 第 1.04（vi）条，授权银行依 ISP98 开出备用证的申请人自身也受 ISP98 的约束。如果申请人授权银行开出备用证但未说明该信用证依 ISP98 开立，而银行按 ISP98 开出了信用证，则申请人仍受该规则的约束，除非其在收到信用证的开立通知后对 ISP98 的并入适时地表示了异议。[2]当然，不希望受 ISP98 约束的申请人最好在开证期间就与各方充分协商，在开出的信用证中明确援引其希望适用的法律或规则。

（二）开证人在开证阶段的注意事项

开证人的承诺不仅引起其对备用信用证受益人的特定责任，而且引起其对保兑行和指定银行的特定责任。一般来说，开证人应恪守申请人的指示以及 ISP98 的规定，以使受益人一旦提交与备用信用证条款相符的单据就能在证下支款的方式开出信用证。这就意味着对于任何可能导致信用证无效的（inoperable）条款，开证人负有提醒申请人甚至通知受益人的道德义务。开证人还应选择一家能够对备用信用证作出通知的往来银行、一家备用信用证能在其处兑用的指定银行，并在申请人要求的情况下选择一家保兑银行。应予注意的是，上述三种职能可以由一家银行履行，也可以由两家及两家以上的银行履行，还可以由通知行、指定银行和保兑行三家各司其职。[3]

开立备用信用证给开证人带来的风险是比较大的，因而需要严格审核，这也是备用信用证较难申请的原因。文书的格式特别重要。即使使用的名称是信用证，但如果文书上使用借贷合同、承购证券协议或信托文书上的有关付款文句，就容易导致法院作不同于信用证的解释。因此，银行在信用证的

---

〔1〕 See Jacob E. Sifri, *Standby Letters of Credit: A Comprehensiue Guide*, Palgrave Macmillan, 2008, p. 203.

〔2〕 See Jacob E. Sifri, *Standby Letters of Credit: A Comprehensiue Guide*, Palgrave Macmillan, 2008, p. 13.

〔3〕 See Jacob E. Sifri, *Standby Letters of Credit: A Comprehensiue Guide*, Palgrave Macmillan, 2008, pp. 157-158.

开立和起草过程中要注意以下几点：

1. 对申请开证的客户进行信用评估。银行一般不会为不了解的客户开出信用证，更不会为个人开出信用证，而只为公司客户和中小企业提供这种服务。这就意味着银行开出信用证的对象仅限于长期客户。银行应对客户完成主合同的履约能力进行评估，评估内容包括客户的信誉，合同的类型、复杂程度和规模，合同履行地所在的国家等。另需考虑的风险因素还包括项目中分包商以及受益人的参与情况、当地的状况以及所涉国家的稳定性等。无论如何，只要认为客户完成某个项目可能存在困难，银行的态度可能就会偏于保守。

2. 在提供担保的类型和内容方面，银行应恪守申请人的委托。这既是因为担保的条款条件主要是受益人和申请人关心的事，也是因为银行系为其客户的利益出具担保。因此，如果申请人规定了特定的付款条件或保护性条款，银行应当不折不扣地予以执行。[1]即使银行认为申请人指示的条款不符合自身利益，它也不能以自己的判断径行代替后者的判断。至于何为有利何为不利只能由申请人自行判断，因为每个人都是自身利益的最佳判断者，且在任何给定情况下银行的判断都有可能被证明是错误的。

以保函为例，如果指示要求的是直接保函，银行必须自行开出保函。无论如何，银行不能寻求一家在受益人当地的另一家银行介入并要求后者开具保函，因为间接保函的开立将大大增加客户的风险。有些国家的法律规定本国的政府受益人只能接受由当地银行开具的（间接）保函，一家见多识广的银行可能知道这些规定，但它仍要克制自己想要促进客户利益的一厢情愿的冲动。对银行而言，此时唯一可取的做法是与其客户协商并取得其认可。

在受益人拒绝接受交给它的保函时，恪守委托原则同样适用。受益人可能有似是而非的理由甚至确有权利不接受拟议文本，比如说，其中的条款条件与和申请人商定的不一致。即便如此，银行仍受指示的约束，无论申请人与受益人可能已达成了何种协议，也无论受益人可能持何种立场，这些都与银行无关。因为在保函的开立准备阶段，银行只和申请人存在合同关系并对

---

[1] 在 LG Dortmund, July 9 1980, WM1981 一案中，开证行接受的指示是以作为申请人之合同相对方的帝国伊朗政府港口与船运组织为受益人开立见索即付保函，但保函实际开给了并非合同相对方的帝国伊朗海运，而谁在主保函项下支取了款项也不得而知。这些事实成为发出针对指示行的止付令时所提及的理由之一。

其负相应责任。所以，在未先获得申请人同意之前，无论受益人如何坚持，银行也不能同意作出修改，此时有权决策的是申请人而不是银行。与客户的协商非常重要，与客户的协商不仅可以缓和恪守委托原则的严厉性和僵化性，银行也无需就其因与客户协商所致的任何开立保函的延误承担责任。但是，一旦保函开立，申请人要求修改保函条款的任何指示都可以忽略不计，这种修改需经银行和受益人双方的同意。[1]

与保函相较而言，当信用证项下开证或改证的指示不明确时，《关于审核跟单信用证项下单据的国际标准银行实务》（ISBP）默认授权开证行对其予以补充或细化，以使信用证更具可操作性。ISBP745 预先考虑事项的第 V 段规定："申请人承担其开立或修改信用证的指示中所有模糊不清导致的风险。除非申请人明确作出相反指示，开证行可采取必要或适当的方式补充或细化开立或修改信用证的指示，以便信用证或其任何修改可使用。开证行应确保其所开立的任何信用证或修改的条款没有模糊不清或互相矛盾之处。"让申请人承担指示不明确所致的风险，主要是为了劝阻申请人就信用证的开立或修改作出不明确的指示。故在开证或修改指示不明确时，开证行有权利也有义务对信用证条款进行补充和细化，以确保其所开立的任何信用证或修改的条款没有模糊不清或相互矛盾之处。这种补充或细化偏离指示之本意的风险应由申请人承担，除非该补充或细化系以不必要或不适当的方式作出。申请人如欲排除开证行对模糊指示补充或细化的权利，就必须在其开证或修改指示中明确表明该种意图。无论如何，所有因指示模糊导致的风险均由申请人承担。

3. 避免开出与申请人的开证申请不相符的信用证。在商业信用证下，开出与申请不符之信用证的开证人在得不到申请人的偿付时可以对所取得的单据进行处分，来保障自己的利益，即使没有处分这些代表货权的单据的市场销路，它仍有这种希望；而在备用信用证下，不合格信用证被申请人拒绝偿付的结果对银行会更加不利。备用信用证起到类似于履约保函的作用。如果信用证不符合申请人的开证指示，银行将不得不根据信用证的规定来支付受益人，但无权从申请人处得到相应的补偿。因而，确保开出的信用证与开证

---

〔1〕 See Roeland F. Bertrams, *Bank Guarantees in International Trade*, Kluwer Law International, 2004, pp. 106-107.

申请严格相符对于银行是极为重要的。

　　ISP98 第 1.09 条清楚地表明备用证系为申请人开出，这就意味着对于因错误开出与申请人在申请表中列明的条款不符的信用证条款所致的争议，银行应对申请人作出全额补偿。因此银行应格外小心地按与申请人提供的条款相同的方式开出备用信用证，特别要注意如下两点：一是在申请人要在传统的申请表中对其指示作出更正时，经授权的签字人必须在所作更正的上方或下方签字，而整张申请表也必须由经银行授权的经理或签字人签字。如果更正系通过电子系统作出，申请人必须另发一条信息对更正予以确认，该条信息可以用手签，也可以由经银行授权的经理或签字人以电子方式加以确认。二是在开证人开出的备用信用证的条款并未准确反映申请表的内容时，这些条款对开证人仍有约束力，受益人能够凭与备用证条款而非与申请表相符的提示在证下支款。此时开证人有义务兑付该提示，但在要求偿付的时候，申请人可能并且通常也不愿意作出偿付，因为开证人所开备用信用证的条款与申请人的要求不符。[1]

　　银行有时候会收到要求其按照主合同条件开立保函的请求，处理这类请求应当格外小心。例如在 Trib. com. Versailles, September 17 1981 一案中，一家法国出口商请求一家法国银行参照主合同为其开立保函，后者相应请求受益人所在地的一家荷兰银行开具一份保证预付款偿还的见索即付保函。根据主合同规定，一旦出口商实施的工作成果超过预付款，保函即告失效。但这一条款由于疏漏而未被传递至荷兰银行，以致后者在该限制性条件已获满足之时仍对受益人的索赔作了付款。法院认定法国银行未能执行指令，故出口商无需偿付该行。这类指示的问题在于它们虽然说不上是模糊或不完整，但却难免会引起失误。对于银行来说，明智的做法是坚持让申请人自己直接列明所有的条款条件而不是对其他文件作笼统的参照。如果银行对这类指示不持异议，就可能会被视为接受了与之伴随的风险。这或许就是法院作出上述判决所依据的理由。[2]

　　4. 要求客户提供反担保，以保证银行兑付后的追偿权。从开证人的角度

---

　　〔1〕　See Jacob E. Sifri, *Standby Letters of Credit：A Comprehensiue Guide*, Palgrave Macmillan, 2008, p. 155.

　　〔2〕　See Roeland F. Bertrams, *Bank Guarantees in International Trade*, Kluwer Law International, 2004, p110.

看，与申请人之间的完整关系还包括获得充足和易变现的担保，以使自己在申请人即便破产的情况下仍能获得偿付。

申请开证的客户必须以书面协议证明它将无条件地偿还银行信用证项下的全部付款以及与之有关的银行费用。手续费是最大担保金额的特定百分比。

开证行一般也根据信用证的有效期长短对证下可用金额收取一定比例的开证费。[1]例如，一备用信用证有效期18个月，申请人每季度向开证行支付开证费用。如申请人在第12个月时即已按合同履行完毕，此时，受益人对该备用信用证的提前解除就可节省申请人的开证费用。[2]银行费用从承保开立之时起算，而不论先决条件的存在与否。支付银行费用的义务于承保到期日终止。但比较麻烦的是，到期日在有些国家不可执行，还有一些开给外国开证行的反担保函规定其在解除以前持续有效。持续有效的结果是客户会一直欠付银行的费用，信贷便利也受到限制。此外，反担保几乎总是以银行提供的格式条款为依据，这可能会损害申请人的利益而加强银行的地位。但格式条款的效力往往受到制定法的调整或需接受司法审查。这些条款一般要作严格且不利于银行的解释。[3]

例如，有关客户对银行的偿付义务的规定一般措辞比较宽泛，如"the customer undertakes to indemnify the bank for all consequences which may arise as a result of the issue of the guarantee"（客户承诺对银行因开立保函而引起的所有后果负责），有时又表述得较为笼统，如"the customer hereby undertakes to repay the amount which the bank in its sole discretion considered owing to the beneficiary"（客户兹保证对银行基于其自身判断认为应支付给受益人的金额予以偿付）。但这些措辞并不意味着在违反了服从指令及确定交单相符的义务的情况下，银行仍然有权获得完全的补偿。有时反担保规定客户应以见索即付的方式偿付银行，但这一规定也不免除银行审核相符单据的义务。

---

〔1〕 银行向客户收费的标准说明通融的不同性质。只要银行只是投入它的信用，但尚未付款，银行向客户收取的手续费金额等于贷款利率的一小部分。但从银行实际为客户的计算付款时至客户偿还银行之时为止，付款将作为贷款处理收取贷款利息。参见沈达明编著：《美国银行业务法》，对外经济贸易大学出版社1995年版，第146页。

〔2〕 参见徐进亮主编：《国际备用信用证与保函》，对外经济贸易大学出版社2004年版，第200页。

〔3〕 如我国《民法典》第496条、497条、第498条分别对格式条款的订立、无效和解释等进行了专门规定。

有时候反担保下的偿付义务规定得比保函本身宽松。比如银行开立了一份含有特定付款条件的保函，其中包括非单据条件之类难以确定其满足与否的条件。即便有宽松的偿付规定，银行也没有权利根本无视这些付款条件，只不过在与客户的关系上它享有的自由裁量范围有所扩大而已。

有时候反担保函的条款规定客户放弃对银行付款的适当性进行质疑的权利，这一规定也不影响客户在欺诈或索赔不符等适当情形下启动针对银行提起的止付令程序。[1]

在备用信用证下申请人为其偿付提供担保的意义大于在传统跟单信用证下的情形。首先，这是因为备用信用证下的单据本身无内在价值，不能像跟单信用证下那样做押汇业务，将代表货权的单据作为需要时可以变现的抵押品。为货物买卖融资的商业信用证一般使银行因付款而取得货物上的担保权益。为支付票据而开出的备用信用证并不产生这样的担保权益，担保权益必须在备用信用证之外通过谈判取得。但银行必须注意到它在备用信用证项下的付款义务与商业信用证一样是绝对的。总之，谨慎的开证行对备用信用证的申请给予与贷款申请同样的注意。[2]另值得注意的是，如果商业信用证下的申请人不愿偿付证下金额，银行可将货物出售或扣留货物直至申请人付款，但银行将货物出售的前提是它拥有货物的所有权。只有在运输单据是货物权证（海运提单）或依照法庭命令的情况下，银行才能取得货物所有权。除此之外的任何情况下，银行都不能出售货物。这也是为什么世界各地的许多银行只用商业信用证进口通过海上运输并使用海运提单（货权凭证）的货物，而不为以卡车、火车或飞机其他方式运输的货物开立信用证的原因。[3]

另外，这也是因为申请人可能会爽快地为其想要的商品买单，但显然更不情愿为对其开出的"罚单"付款。因此，如果银行对其客户尽快偿付的前景不持乐观态度，它一般会要求客户提供担保，包括由关联公司或其他金融机构提供反担保。还有一种非常适切的担保是针对主合同项下的未来收益的

---

〔1〕　See Roeland F. Bertrams, *Bank Guarantees in International Trade*, Kluwer Law International, 2004, p. 100.

〔2〕　参见沈达明编著：《美国银行业务法》，对外经济贸易大学出版社 1995 年版，第 200~201 页。

〔3〕　See Jacob E. Sifri, *Standby Letters of Credit: A Comprehensiue Guide*, Palgrave Macmillan, 2008, p. 153.

让渡或抵押，同时采取措施保证该款项实际支付到客户在银行的账户上，这样就能够充分利用客户的赢利能力。另外可以考虑的是利用出口信用保险，如果出口信用保险公司愿意为银行开立反担保函，那么不获偿付的风险差不多就消弭了。[1]

5. 在必要时争取针对受益人的追索权。有时候，在大宗交易当中，开证人取得的担保不一定能够涵盖付给受益人的索赔金额，例如开出备用信用证以支持大型建设工程的情形。为使自己有进一步的保障，银行可能会与受益人商定——就证下的付款而言，它对受益人享有追索权。这就意味着银行可从受益人处追回在备用信用证下的任何所付款项。这一做法源于 ISP98 第 2.01 条（b）款iii项的规定。[2]根据该条，在备用证规定通过议付方式兑付的情况下，开证人无追索权地即期支付索款要求的金额。这就默示规定了开证人在即期付款备用证下无追索权。但该条规定的适用可以通过援引第 1.01 条（c）款来"明确地变更或排除"。因此，开证人如果希望在兑付之后保有对受益人的追索权，除可在延期议付备用证中规定追索权之外，在即期付款备用证中它更需明确变更或排除第 2.01 条（b）款iii项规定的适用。

6. 银行的付款义务应限于凭单据付款，不得以某项事实的实际存在或不存在为条件。银行最关心的是信用证条款的明确，能够准确反映出银行对受益人负担的义务。对所需单据的描述模糊不清将置银行于两难处境，要么被申请人起诉，要么被受益人起诉，视其付款或拒付而定。在香港的一起案例中，客户起诉其开证银行，原因是该行向自原始受益人处取得单据的交单银行作了付款并借记了客户的账户，而法院查明所交单据中存在伪造。该案争议的关键在于信用证是议付信用证还是直接信用证。如系议付信用证，则交单的议付行应当受到保护；如不是议付信用证，则交单行不应受到保护。信用证文本中规定："在本信用证开立的国家之外的银行费用均由受益人负担，包括通知和议付费用（negotiation commission）。"但却并未清楚地表明其为议付信用证，特别是并未包含议付信用证的标准用语："本行特向善意持票人承诺……"香港的法院批评了"所用语言的模糊性质"，并作出了有利于客户而

---

〔1〕 See Roeland F. Bertrams, *Bank Guarantees in International Trade*, Kluwer Law International, 2004, p. 74.

〔2〕 See Jacob E. Sifri, *Standby Letters of Credit: A Comprehensiue Guide*, Palgrave Macmillan, 2008, p. 153.

非开证行的判决。

再者，信用证中过于冗赘的表述也应当避免，因为这无疑会带来其他方面的问题。对于客户的那些不精确或不完整的指示而言，银行有责任提请客户注意那些含义不明的条款，以及那些对银行在什么情况下该付款什么情况下不该付界定得不够清楚的条款，并给出改进意见。如果指示中包含的付款条件未以单据形式体现出来，将其转化为单据化条件是符合银行自身利益的。如果指示未说明受益人的名称或付款条件的类型，银行就无法开出担保。如果申请中没有指明基础交易、最高金额或到期日，这样麻烦会更大。URDG758 第8 条建议保函应注明的内容是：申请人、受益人、担保人、指明基础关系、赔付金额、保函的有效期、付款条件等。

但是，援引基础合同或其他辅助性协议必须减少到最低程度，避免被解释为把信用证上没有载明的事项并入信用证。比如，应避免在信用证中援引基础合同，在信用证中援引基础商事交易可能损害信用证的独立性，也不利于对作为开证人的银行的保护。如果有必要援引基础合同，也要表明援引仅仅出于识别目的，基础合同并不因援引而被并入信用证。[1]

URDG758 除在第 8 条建议保函指明基础关系之外，还在第 5 条明确：保函为确认基础关系而对其予以引述，并不改变保函的独立性。可见，援引保函主要是为了体现保函与基础交易之间业务的关联性。且根据起草组的评述，保函缺少对基础交易的引述并不影响保函的效力。

7. 银行的义务必须限于规定的最高金额，备用信用证一般要有明确的到期日。这当然是为了将风险控制在一定的限度之内。不过，如果获得的担保充足的话，最高金额究竟是多少或到期日到底是哪一天就未必是银行最关心的问题了。

依照 ISP98 第 3.08 条的规定，如果索偿要求超过了备用证可使用的总金额，该项索偿要求构成不符。即使使用了"大约""约""近似"或相似意义的词，也仅允许这些词所指的金额上下增减 10%。

ISP98 第 9.01 条要求备用证必须含有到期日或可终止条款，这就避免了备用证在开证人不能控制的情况下无限期生效的可能。第 9.03 条和第 9.04

---

〔1〕　See Jacob E. Sifri, *Standby Letters of Credit: A Comprehensiue Guide*, Palgrave Macmillan, 2008, p. 201.

条的规定则有助于确定到期日的具体计算方法。第9.03条规定开证人在备用证下必须做出某一行为的时间期限，是从该行为应开始的地点的营业日后的第一个营业日开始计算。据此，如果信用证规定了一段到期时间但没有规定到期日，则到期时间的计算从开证日之后的第一个营业日开始计算。比方说，如果开证行注明信用证可在六个月之类的期限内使用，但没有说明该期限从何时起算，则信用证开立之后的第一个营业日将被视为该期限起算的第一天。[1]第9.04条则规定，如果没有注明到期日的具体到期时间，它应当在提示地该日营业结束时。

8. 尽管银行提供担保是在为客户的风险和利益行事，但抵销权、管辖权和适用法律都是银行具有切身利益的事项，所有银行应尽可能在开出的信用证中就此作出明确规定。

（三）受益人在开证阶段的注意事项

从受益人的角度看，备用信用证主要是一种为防范申请人违约而为其提供的担保工具。但在所有涉及大工程的情况下，受益人都宁愿工程顺利完工而不愿在证下支款，因为在申请人违约时，备用信用证很少能补偿受益人为使工程竣工而实际所需的全部成本。在土木工程中尤其如此，备用信用证的金额往往只占交易金额的5%~10%。即使已在证下支款，申请人的违约仍然意味着巨大的经济损失和宝贵时间的浪费。不过，备用信用证有时也许足以补偿所受的损失，但即便如此，那些本可以用于次优选择的浪费了的时间、精力和金钱，仍构成机会成本或实际成本之类的损害。故而，针对申请人违约最有效的保护是确保选中的申请人/承包商/投标人/卖方是具有良好技能的专业人士，既有过往的辉煌业绩，也有完成工作的强大经济实力。[2]一般来说，意图利用备用信用证的受益人应注意如下事项：

1. 要考虑该银行的资金信用状况及其开立此类单证的经验，重点要考虑其以往对备用信用证的兑付情况，以免受益人的利益得不到保障。

2. 在与银行商洽备用信用证条款时，要注意该信用证要求的单据是否容

---

［1］ See Jacob E. Sifri, *Standby Letters of Credit：A Comprehensiue Guide*, Palgrave Macmillan, 2008, p. 163.

［2］ See Cf Jacob E. Sifri, *Standby Letters of Credit：A Comprehensiue Guide*, Palgrave Macmillan, 2008, p. 145.

易获得。要求的单据可能包括：申请人不履约或不付款的书面声明，第三方（鉴定人或工程事务所）开具的证明或仲裁法庭就进行贸易合同双方当事人之间纠纷作出的仲裁书等。受益人如果不能获得或只能部分获得上述文件，它就应当慎重考虑是否接受该备用信用证。

受益人特别要警惕备用信用证中可能出现的"软条款"，即要求提示的证书或单据只能由申请人本人或受益人无法控制的任何第三方出具的条款。这类信用证对受益人可能并无实际价值。有这样一个真实案例，在一份为承建机场航站大楼的申请人之履约提供担保的金额 35 000 000 美元的履约备用信用证中，包含了这样一项条款，要求受益人提交一份由机场当局出具的证明"航站楼工程已顺利竣工"的单据，作为在证下支款的条件。[1]这是一份需由第三方出具的受益人实际上难以取得的单据，因为履约备用证的作用是在申请人不履约时赋予受益人向银行的索赔权，而申请人一旦不履约必然对工程建设产生消极影响，此时机场当局几乎不可能出具工程已顺利竣工的证明。相反，在申请人已正常履约的情况下，受益人倒有可能顺利拿到机场当局出具的竣工证明，用以到备用证下去作欺诈性的支款。

3. 注意备用信用证是否是不可撤销的信用证。通常情况下，不应接受标注"可撤销"字样的信用证。如果备用信用证中没有标明是否可以撤销，假若该信用证是按照 UCP400 开立，这张信用证是可撤销信用证，若该信用证是按照 UCP500、UCP600 或 ISP98 开立，这张信用证即为不可撤销信用证。对于可撤销信用证，开证行可以随时撤销或对其条款进行修改，受益人的权利得不到保障。

4. 注意备用信用证中是否有开证人保证付款的文句。开证人对受益人提交的符合信用证规定的单据保证付款的条款是备用信用证最重要的内容之一，这一条款对受益人而言与信用证不可撤销的规定同样重要。如果开证人未在备用信用证中作出这一承诺，该证就如同一纸空文，对开证行没有任何约束力，受益人的利益得不到保障。如有的信用证规定："This is your authorization to draw a draft for payment of proceeds"（兹授权你方就应付款项开立汇票），或者"This is your authorization to present the following documents"（兹授权你方提

---

〔1〕　See Jacob E. Sifri, *Standby Letters of Credit: A Comprehensiue Guide*, Palgrave Macmillan, 2008, p. 150.

交如下单据），这样的条款仅说明受益人有权出具汇票或提示单据，对开证行的付款未作保证，对开证人没有约束力。这样的信用证受益人不应接受，而应要求开证人在备用信用证中对其付款责任作出明确的承诺。[1]

5. 受益人还要注意备用信用证与基础交易的相符程度。也就是说，它需要确认备用信用证系依基础合同开出。如果备用信用证的内容与基础交易不符的话，它要么需联系申请人修改信用证，要么就要承担完全改变基础交易条件的风险——它仍需按信用证而非基础合同的要求提交单据，否则就无法在信用证下获得支付。

一般来说，如果受益人在从银行处接收到信用证的通知之后马上对之小心审查，那么在信用证运作中出现的很多问题都能在早期就得以消弭。[2]

第三节　备用信用证的修改和取消

信用证修改的难易涉及信用证作为一种确定承诺的确定性。一方面，一份可撤销信用证实质上就是一种可由开证人单方任意修改（即将金额修改为零）的信用证，这样的信用证对于受益人可能是没有实际意义的。但另一方面，一份不可撤销信用证经各当事方同意后仍可修改或取消，而取消不过是一种完全解除信用证义务的一种极端形式的修改罢了。

一、备用信用证的修改

根据目前的国际惯例，备用信用证一经开立即为不可撤销并具有约束力，因此，备用信用证不能被修改，除非在备用信用证中另有规定或经受影响的当事人同意。在备用信用证中有自动修改的规定时，如果规定的条件满足，则备用信用证自动修改。在备用信用证中没有自动修改的规定时，必须取得受修改影响的备用信用证当事人的同意，该修改才对该当事人产生效力。

（一）修改的方式

信用证交易的当事人包括开证人、受益人和保兑人（如有的话），他们分

---

〔1〕　参见赵丽梅编著：《信用证操作指南》，中国经济出版社 2000 年版，第 244 页。

〔2〕　See Jacob E. Sifri, *Standby Letters of Credit: A Comprehensiue Guide*, Palgrave Macmillan, 2008, p. 148.

别以何种方式就信用证的修改表明立场？

1. 开证人对修改的表态。开证人修改信用证通常是基于申请人的请求，虽然申请人并不是信用证交易中的当事人，ISP98 第 2.06 条也规定一份修改无需申请人的同意就能约束开证人、保兑人和受益人，但这不是说申请人在修改问题上无权置喙，恰恰相反，申请人经常是信用证修改的发起人。无论受益人同意与否，如果未取得申请人的同意，开证人无权不经申请人同意就擅自发出信用证的修改，因为这将违反申请人与开证人之间的开证合同。当然，申请人在取得开证人的同意之前也无权单方要求后者修改信用证，而且开证人一旦开出信用证即受信用证条款的约束，强行改变信用证的付款条件将使银行的利益受损。

为了增强修改的确定性，UCP600 第 10 条和第 11 条规定，开证行从发出修改之时即不可撤销地受其约束，经证实的电讯方式发出的信用证修改被视为有效的修改文据，任何后续的邮寄确认书应被不予理会。仅在电讯声明"详情后告"（或类似用语）或声明以邮寄确认书为有效的修改时，该电讯将被视为无效的修改，但开证行必须随即不迟延地开出有效的修改，且其条款不得与电讯相矛盾。开证行只有在准备开立有效修改时，才可以发出关于修改信用证的预先通知。开证行发出该预先通知，即不可撤销地承诺将不延误地开出有效的修改，且其条款不能与预先通知相矛盾。

2. 保兑人对修改的同意。UCP600 第 10 条（a）款规定，除有可转让信用证下的另行规定之外，[1]未经开证行、保兑行（如有的话）及受益人同意，信用证既不得修改，也不得取消。据此，加有保兑的信用证如要修改，保兑行有权不予同意，虽然本条（b）款规定保兑行可以选择将保兑扩展至修改，或将修改通知受益人而不对其加具保兑。这就赋予了保兑行对修改的否决权。因为从理论上说，既然信用证未经其同意就不得修改，保兑行当然就既有权不同意信用证在自己与开证行、受益人之间的修改，也有权不同意信用证仅在开证行和受益人之间的修改，即使后一修改不影响自己在信用证下所负的义务。但是，如果保兑行同意修改，则自通知修改时起，保兑行不可

---

　　〔1〕 UCP600 第 38 条规定受益人有权在转让请求中说明不允许将修改通知第二受益人。如有此类要求，转让行就不得将修改通知第二受益人。由于对信用证修改可能并不知情，第二受益人此时也就当然不可能有对修改表示同意的机会。UCP600 作这样的规定，是为了保证原受益人对信用证修改的支配权。

撤销地受其约束。

ISP98 第 2.06 条明确了非自动修改对开证人、保兑人和受益人生效的不同时间，即：一份修改在脱离开证人的控制后，约束该开证人；在脱离保兑人的控制后，约束该保兑人，除非该保兑人表示它不保兑该修改；必须经受益人同意后，才约束该受益人。这一规定明确了保兑人只具有不保兑修改的权利而没有否决修改本身的权利，相对于 UCP 的上述规定而言更为合理和灵活，因为未经保兑行同意的修改仍有可能在开证人和受益人之间生效，而保兑行的义务并不受该修改的影响。

3. 受益人对修改的同意。受益人可以明示或默示的方式对一项修改表示同意，但它也有权对一项修改保持沉默。明示方式是指发出接受或拒绝接受修改的通知。默示方式是指用交单的行为来对修改表示同意或拒绝。如果受益人虽未发出接受或拒绝修改的通知，但其所交单据与信用证以及与尚未被表示接受的修改要求一致时，则可依据该行为推断出受益人已接受修改。但是有时候一项交单可能既与修改前的信用证一致，也可能与修改后的信用证一致。比如：原始信用证规定的金额是 USD150 000 元，2017 年 8 月 20 日或以前装运，允许分批装运，修改后信用证金额减少至 USD100 000 元，应于 2017 年 7 月 20 日或以前装运。如果受益人提交的单据显示金额为 USD100 000 元，已于 2017 年 7 月 20 日装运，此时，受益人是接受了修改呢？还是未接受修改呢？

上述问题在 UCP600 下的答案是不明确的，因为 UCP600 在"受益人是否以交单行为表明其对信用证修改的接受"问题上采取的是"同新"原则，即如果受益人未给予同意或拒绝修改的通知，当交单与信用证以及尚未被表示接受的修改的要求一致时，即视为受益人已作出接受修改的通知。[1]在交单与信用证以及尚未被表示接受的修改的要求不一致时，即视为未接受修改。相比之下，ISP98 和 URDG758 均采用更明确的"同新不同旧"原则，即仅在受益人提交的单据与修改后的备用证一致，且不与修改前的备用证一致时，[2]或在受益人提交了与仅与修改后的保函相符的单据时，[3]才能认为受益人已

---

〔1〕 参见 UCP600 第 10（c）条。

〔2〕 参见 ISP98 第 2.06（c）（ii）条。

〔3〕 参见 URDG758 第 11（c）条。

接受修改。据此，只要受益人的交单与修改前的备用证仍存在一致，便不能认为受益人已接受修改。所以，根据 UCP600，在上例中受益人的交单"同新亦同旧"的情况下，该交单既可能因与修改后的新证一致而被视为已接受修改，也可能因与未经修改前的旧证一致而被视为未接受修改。但依照 ISP98 或 URDG758，因上例中受益人的交单与修改前的旧证一致，就应被视为未接受修改。

正因为 UCP600 相关规定得不够清晰，实务中，开证行为了方便审单，避免在判断受益人是否接受修改时出现的麻烦，会在信用证 SWIFT MT700/47A 中作出如下规定：本信用证项下如有修改，受益人交单时必须提交接受或拒绝该修改之证明。这一做法虽然不能提前获得受益人对于修改的表态，但却便于银行判断修改是否生效，有助于方便银行审单。[1]

还需强调的是，如果受益人对一项修改保持沉默，则沉默不等于接受（Silence doesn't amount to acceptance）。接受和沉默在法律上有不同的含义和效果，前者是以实际行动来表明自己同意的立场，后者是纯粹的不作为或者说不表明立场，[2]更何况，实践中也很难保证每一个修改都被收到。

惯例规则对受益人接受修改的方式有不尽相同的规定。ISP98 要求受益人在接受修改时发出通知而未要求其在不接受修改时发出通知，这样，ISP 下的受益人可以以发出接受修改通知的明示方式或以提交仅与修改后的备用证相符的单据的默示方式来表示其接受修改，而以保持沉默并提交与原始备用证相符的单据的方式表示其不接受修改。

---

〔1〕 参见于强编著：《UCP600 与信用证操作实务大全》，经济日报出版社 2007 年版，第 75 页。

〔2〕 我国 1988 年《最高人民法院关于贯彻执行〈中华人民共和国民法通则〉若干问题的意见（试行）》第 66 条曾规定："一方当事人向对方当事人提出民事权利的要求，对方未用语言或者文字明确表示意见，但其行为表明已接受的，可以认定为默示。不作为的默示只有在法律有规定或者当事人双方有约定的情况下，才可以视为意思表示。"其中所谓"不作为的默示"，实质上即指沉默。我国《民法典》第 140 条进一步明确："行为人可以明示或默示作出意思表示。沉默只有在法律规定、当事人约定或者符合当事人之间的交易习惯时，才可视为意思表示。"不难看出，默示与沉默两者在法律上判然有别，在法律含义上默示是积极作为而沉默是消极不作为，在法律效果上默示构成意思表示而沉默一般不构成意思表示。只有在存在法定、约定或交易习惯的特定情形下，沉默才产生意思表示的效力。以《民法典》第 552 条"第三人与债务人约定加入债务并通知债权人，或者第三人向债权人表示愿意加入债务，债权人未在合理期限内明确拒绝的，债权人可以请求第三人在其愿意承担的债务范围内和债务人承担连带债务"的规定为例，正是基于这一法律规定，债权人的未明确拒绝这一不作为才具有同意第三人加入债务的意思表示的效力。

UCP600 虽有"受益人应当发出接受或拒绝修改的通知"的要求,但此处的"应当"却非"必须",也就是说,受益人发出对修改接受与否的通过只是倡导性要求而非强制性要求,不得以未发出通知而推定受益人对修改的接受。[1]这样,UCP 下的受益人可以以发出接受通知的明示方式或以提交与修改后的信用证相符的单据的默示方式来接受修改,或者以发出拒绝通知或以保持沉默但提交与原始信用证相符的单据的方式来表示其不接受修改。

URDG758 第 11 条 (f) 款也明确了与 UCP600 第 10 条 (f) 款相似的"沉默不等于接受"的立场:修改中含有"除非在指定时间内拒绝,否则该修改将生效"的条款将不予理会。在 URDG 下,受益人可以以发出接受通知的明示方式或提交仅与修改后的保函相符的单据的默示方式来接受修改,或者以随时发出的拒绝通知或以保持沉默但提交与原保函相符的单据的方式来表示其不接受修改。

此外,惯例规则均不允许只接受部分修改。URDG758 规定接受同一修改中的部分内容视同拒绝修改。这是因为,允许受益人通过交单表示接受或拒绝修改,已经给申请人带来极大的不确定性。如果再允许受益人接受部分修改,对申请人就更加不公平。例如,修改的内容是增加保函金额及受益人同时增加向申请人的预付款,如果允许接受部分内容,则受益人便可能只选择接受增加保函金额,这种挑挑拣拣的做法不能全面反映基础交易的内容,对申请人不利。[2]为顾及申请人的利益,即使信用证各方当事人都同意部分接受修改也属无效。国际商会 511 出版物解释说:如果信用证当事人都同意部分接受修改,则开证行应该另行开立一份包含各方当事人一致同意接受内容部分的新修改。ISP98 和 UCP600 都有"部分接受修改视为拒绝整个修改"的类似规定。

---

〔1〕 此前的 UCP400 对受益人如何表示接受或拒绝修改没有明文规定。实践中,银行的一般做法是,如受益人在收到修改通知 3 天内未表示拒绝修改,则视为接受修改,即受益人的"沉默"视同接受修改。这种做法不仅未给受益人充足时间考虑修改的可接受性,而且也与许多国家的法律规定相反(参见徐进亮主编:《国际备用信用证与保函》,对外经济贸易大学出版社 2004 年版,第 109 页)。所以 UCP 的立场已从原来"将沉默推定为同意接受修改"转变为现在的"将沉默推定为不同意接受修改"。

〔2〕 参见阎之大:《URDG758 解读例证与保函实务》,中国文献出版社 2011 年版,第 160 页。

（二）修改的传送

与 UCP600 第 9 条（c）款相类似，ISP98 第 2.07 条（a）款规定了修改传送的"相同路径"原则，即开证人如果使用另一个人通知备用证，必须向该人通知所有的修改。在指定银行已同意依开证行的指定行事，即该行已同意审核备用证下的提示并凭相符提示付款的情形下，这一点是至关重要的。

如果开证人发出一项对备用证的修改，但却使用另一家不同的银行通知修改而未告知原先通知信用证的指定银行。在这种情况下，受益人可能会向该指定银行提示与经修改后的备用证一致的单据，但指定银行会依据原始备用证来审单并且拒收单据，因为这些单据与其自己记录中未经修改的原条款不符。由于修改的传送路径错误，开证人要对受益人遭受的损失承担责任。

由于传送路径的错误，开证人还要对因对修改不知情而依赖了未经修改的备用证的指定人负责。假设备用证的修改经由另一家不同的银行通知，该行将修改转交给受益人而后者同意了修改，此时备用证的修改生效。然而，受益人仍向通知原始备用证的银行提示了与未修改之前的备用证条款一致的单据。在依据未经修改的原始备用证审单之后，该通知行认为单据相符因而兑付了提示，但一开始可能得不到偿付。此时开证行应负全部责任并对指定行予以偿付，因为该指定行依其自身的记录兑付相符单据是在其受指定范围内行事，它未收到修改的原因是开证行使用另一家不同的银行将之传送给了受益人。[1]

在利用另一路径通知备用证的取消（cancellation）的情况下，这种风险就更加凸显。受益人如一方面同意取消备用证，另一方面仍向对取消不知情的原通知行交单，该通知行如作为指定人在原始备用证下的相符提示作了兑付，则开证行仍负全部责任。[2]

ISP98 第 2.06 条只要求受益人将其同意明确地通知给通知该修改的人，所以在修改通知通过原通知行以外的另一银行传送的话，接受修改的受益人

---

〔1〕　See Jacob E. Sifri, *Standby Letters of Credit: A Comprehensiue Guide*, Palgrave Macmillan, 2008, p.35.

〔2〕　为了保护善意付款的指定人的利益，ISP98 第 2.07 条（b）款规定："备用证的修改或取消，并不影响开证人对指定人承担的义务，如该指定人在收到修改或取消通知之前已在其指定范围内行事。"

也只须将其同意通知该另一银行，但该另一银行却未必是在证下负有兑付责任的指定人。然而，即使开证人的传送路径有误，修改一经接受就对受益人具有约束力，修改一旦发出也对开证人有约束力，但接受指定的原通知银行却可能因对修改并不知情而仍承担在原始备用证下的兑付责任。因此，有必要借助"相同路径"原则来保证通知行的信息与责任随着信用证的修改而同步更新。

再根据第 2.07 条的规定，可自动展期（更新）的备用证如因故未展期，此时备用证的开证人应将不展期通知及时传送给指定人，在收到该通知以前已在原指定范围内行事的指定人仍有权从开证人处获得偿付。该条规定的情形实际上与备用证取消的情形相类似，都旨在保护已善意提供融资的指定人。

应予提醒的是，由于自由议付备用证下的指定议付人可以是任一家银行，所以开证人无法预知受益人将在哪一家银行交单议付，故一旦备用证下出现了修改、取消或可自动展期而因故未展期的情形，开证人很难将此类情形及时通知所有潜在的议付行，故可能仍须按原始备用证规定的条件对已作议付的银行承担偿付之责。

URDG758 也采用了"相同路径"原则，但只要求担保人"尽可能地"而不是"必须"利用同一方通知保函的修改。这是因为如前所述，信用证下的通知行往往还是提供融资的指定行，该指定行如对修改不知情的话将影响其融资责任的履行。但保函业务中没有指定银行、没有保兑行，相应也没有就保函进行议付、兑付或保兑的融资实践。另外，如果保函通知方由于不可抗力而不能再通知修改，如此规定也为担保人选择另一方通知留下了余地。[1]

二、备用信用证的取消

（一）取消的概念

撤销（revoke）和取消（cancel）是信用证业务中两个容易混淆的不同概念，如前所述，信用证不可撤销仅意味着信用证不得由银行单方解除其证下兑付义务，但该义务仍可经受益人的同意而修改乃至完全取消。可见，经受益人同意以后的"取消"与不可撤销信用证本身的不可单方"撤销"性并行

---

〔1〕 参见阎之大：《URDG758 解读例证与保函实务》，中国文献出版社 2011 年版，第 153 页。

不悖、互不影响。从法律上说撤销指银行方面的单方解除，取消指经受益人同意的协议解除。如对两者不作区分，就会出现 ISP98 通译版本中将第 7.01 条中 "when an irrevocable standby is canceled or terminated" 译为 "不可撤销的备用证被撤销或终止的时间" 这类自相矛盾的译法。事实上，将该处译为 "不可撤销的备用证被取消或终止的时间" 更为准确，也更易于理解。

此外，"canceled or terminated" 的表述，也表明 ISP98 将取消与终止基本上是作为同义语使用的，都指既存权利义务的归于消灭。不同之处在于，除 ISP98 规则 7 中经受益人同意的取消或终止的规定外，ISP98 规则 9 还规定了另一种形式的终止，即在备用证未包含到期日的情况下，允许开证人经合理的事先通知或付款而终止备用证。后一终止不以受益人的明示或默示同意为前提，是一种基于 ISP98 规则本身规定的法定终止。

（二）取消的程序

UCP600 第 10 条（a）款规定未经开证行、保兑行（如有的话）及受益人同意，信用证不得取消。ISP98 第 7.01 条则在重申备用证不可撤销性的同时，强调受益人的权利未经其同意不可取消。换句话说，不可撤销的备用证经受益人同意方可取消。受益人的同意可以采取明示的书面形式，如在归还备用证正本时附上表明其同意取消的面函，也可以采取默示的行为形式，如归还备用证正本以表明其同意取消。此处 "受益人的同意" 包括受让受益人及法定承继人的同意。

备用信用证的取消一般是在基础交易已经完成故已无需备用信用证担保，或在其他形式的担保替代了备用信用证的情况下，由申请人提出请求。当然，申请人总是希望能取消信用证，以释放其授信额度并减少其经营风险。

简单地说，备用信用证未经受益人、受让人和开证人的同意就不得取消。而且，备用信用证的取消还要兼顾保兑银行或任何指定银行的利益。因此，开证人可在收到取消请求时决定不取消信用证，且即使其已同意取消信用证，对于此前已作的兑付仍应予以偿付。

ISP98 第 7.01 条还规定受益人对取消的同意一经传达给开证人即不可撤销。也就是说，开证人一旦接收到受益人对取消信用证的同意，受益人就不能再撤销该同意。不过，如果开证人决定不取消信用证的话，信用证就继续有效，受益人仍可在到期日之前予以支用。

备用证的取消将引起开证人作为其经营管理和组织工作之必要组成部分的一系列行动。如以全自动化或半自动化的方式更新其账簿，也即，为报告和风险管理之目的记录未清余额。再者，释放开证时作为担保所收取的保证金。而且，在对第二受益人、指定人或保兑人负有任何义务的情况下，取消程序还可能带来额外的费用和风险，所以银行有必要采取相应的应对措施。ISP98第7.02条规定开证人没有义务接受取消请求，但如果它决定接受的话，它可以要求以内容到形式令其满意的方式提供（a）至（h）款所列的文件。开证人所设定的这些条件不是强制性而是任意性的，它可以选择设定这些条件的全部或部分，也可以不设定任何条件。在这些任意性条件中，包括要求提交备用证正本以用于取消并判断有无对现存义务的记载（此前的支款、转让、议付等），提供令其确信所有保兑人的义务已被取消的证据，[1]提供令其确信未发生过转让并且任何指定人未进行过付款的证据等。

还有很重要的一点是，开证人应向指定人和保兑人发出取消通知，以避免负担因指定人和保兑人履行备用证下义务而引起的偿付之责。此外要说明的是，取消之后保留备用证的正本并不使备用证下的任何权利得以保留。[2]

第四节　备用信用证下的单据

一、概说

备用信用证是跟单性质的文件。在信用证业务中，有关各方处理的是单据。开证行只处理单据，信用证应指出必须提示的单据。所提示的单据以外的事态或情况不能作为确定开证行有没有付款义务的依据。除欺诈等例外以外，开证行应不理那些不能从审查单据的字面得来的信息。除审查单据的字面外，开证行没有义务进一步从单据显示的事物中寻找伪造、不准确或其他缺陷，对任何单据的准确性、真实性或有效性不负责任。[3]开证人的义务取

---

〔1〕　如果保兑人的义务未被取消的话，根据ISP98第2.01条（d）款的规定，开证人承担在保兑人错误拒绝履行保兑时兑付的义务，犹如提示是向开证人做出一样。

〔2〕　See Jacob E. Sifri, *Standby Letters of Credit: A Comprehensiue Guide*, Palgrave Macmillan, 2008, pp. 112–114.

〔3〕　参见沈达明编著：《美国银行业务法》，对外经济贸易出版社1995年版，第171页。

决于单据的提示，以及对所要求单据的表面审查。简言之，备用信用证下的单据是控制开证人的付款义务的唯一标准。

ISP98 中为"单据"所作定义的范围十分广泛，包括汇票、索偿要求、所有权凭证、投资担保、发票、违约证明，或者其他事实、法律、权利或意愿的说明，不管其以纸质单据的形式还是以电子媒介的形式提示。其中既包括备用信用证下典型的汇票、索偿要求、违约证明等本身无经济价值的非商业单据，也包括传统商业信用证下的提单、发票等商业单据。因此，ISP98 不仅适用于备用信用证，而且也可适用于传统的商业信用证。但是，单据的范围再广也必须是可以提示和被审核的，必须是备用信用证项下可以用作赖以支付的凭证。所以，任何单据不得以口头形式出现，口头索赔显然也是不能接受的。备用证公约规定的承保形式更灵活而富有前瞻性，要求是一种能留存承保案文的完整记录的形式即可，但同样排除口头的承保形式。URDG758 定义的"单据"是纸质或以接受者能够进行有形复制的电子形式的信息记录，也包括了纸质单据和电子单据。新 UCC5 规定任何单据不得以口头形式出现。我国《独立保函司法解释》规定"单据"应采取书面形式，但该"书面"不仅指纸面版本，也包括电子文件、传真文件、电传文件等。

备用信用证的单据一般较商业信用证下的单据容易获得，特别是备用信用证下提交的单据一般由受益人出具，因而单据的欺诈也更易实施，因为这种单据可能只是受益人的一份声明，以此说明备用信用证所包含的风险已经成为现实，它本身不具有独立的经济价值，尤其在发生不正当请求付款行为时，这份书面声明不过是受益人的书面谎言而已。[1]

相对于跟单信用证下的单据而言，保函项下的单据呈现出非标准化的特征，要求保函就各种单据制定出标准是不现实的。尽管如此，为克服URDG458 要求单据但却不制定任何标准这一不足，URDG758 在第 19 条通过借鉴 UCP600，就单据的一些共同特征制定出了部分公共标准，例如单据的内容信息、签字、证实与签证、非要求单据等。尽管没有像 UCP600 那样分别针对发票、运输单据、保险单据、汇票这种独立单据制定单一的标准，但这已经是很大的进步了。由于保函项下单据要求很少，不如信用证项下那样能够

---

〔1〕　参见［德］罗伯特·霍恩，徐杰主编：《中国与德国——银行法律制度》，中国政法大学出版社 1999 年版，第 192 页。

通过单据所承载的大量信息反映出基础交易的执行情况，因此，坚持一旦从表面上确定单据相符便应付款，对维护保函的独立抽象性显得更为重要。[1]

二、备用信用证下的典型单据

受益人在信用证下需提交单据的种类依与信用证相关的交易类型而异，基础交易双方的谈判力量对单据的种类及内容的要求也可能有相当大的影响，而不同单据类型的要求对受益人获得赔付的难易程度也大有影响。具体来说，备用信用证下一般常见的单据有以下几类：

（一）索偿要求（demand for payment）

仅凭一份索偿要求而无需附随其他单据即可付款的备用信用证是见索即付的光票信用证，这种"simple demand"的独立性最强，对受益人的价值也最为明显，且光票信用证的使用并不影响备用信用证的"跟单"性质。一份有效的提示不一定需要汇票，其他指示、命令或付款请求都属 ISP98 规定的索偿要求，ISP98 还规定即使备用证要求提示汇票，该汇票也无须做成可流通的形式，[2]因此希望将已承兑汇票到第二市场上贴现以融通资金的受益人应注意在备用证中写明对汇票的要求。

虽然备用证是一份单据性的承诺，但有时备用证可能因疏忽而未规定支款时需提示索偿要求。针对这种情况，ISP98 第 4.08 条规定，即使一份备用证没有注明要求提示任何单据，仍应默示认为该备用证要求提示一份索偿要

---

〔1〕 参见阎之大：《URDG758 解读例证与保函实务》，中国文献出版社 2011 年版，第 218～219页。

〔2〕 我国《票据法》第 27 条规定，出票人在汇票上记载"不得转让"字样的，汇票不得转让。《日内瓦统一汇票本票法》第 11 条也规定："出票人在票面载明不得转让或其他相类文字的，该项票据仅能按照通常债权方式转让，并仅具该种转让之效力。"可见，出票人一旦在汇票上作出了这种禁止背书，该票据即失去流通性。背书的这种禁止记载，其目的主要是出票人想保留对收款人的抗辩权，而不愿与收款人以外的其他人发生票据关系。例如甲向乙购买商品时签发一张票据交付给乙，因担心商品有瑕疵时票据已转让他人，以致无法对持票人行使抗辩权。在此种情况下，如果记载禁止转让文句，就可以对乙进行直接抗辩。参见梁英武、郭峰主编：《票据结算与票据法》，北京理工大学出版社1992 年版，第 122～123 页。此外，UCC 第三篇（流通票据篇）第 104 条（d）款规定，如在开立（支票外）票据时以醒目方式注明其系"不可流通"（not negotiable），则该票据不构成第三篇项下的票据。新 UCC5 第 102 条官方评论第 11 点则进一步明确第五篇项下的"汇票"（draft）具有与第三篇不同的含义，第五篇中所称的汇票不必具有流通性。

求，这就进一步强化了备用信用证的单据性质。此时，索偿要求的文本内容应参照第 4.16 条（b）款的规定。该条还规定，除非备用证明确要求，该索偿要求无需与受益人的声明等其他单据分离开来，故可以使用诸如将汇票与违约声明合二为一的联合单据。甚至于，在备用证要求一份索偿要求和一份违约声明的情况下，仅提示一份违约声明即为已足，因为银行会将违约声明视为一份默示的索偿要求。[1]因此，ISP98 默认的立场似乎是：在备用证未注明要求提示任何单据时，仍需提示一份作成单据的索偿要求；在备用证已注明要求提示任何单据时，索偿要求反倒无需作为一份单独单据提交。

根据 ISP98 第 4.16 条（b）款的规定，如果备用证要求单独的索偿要求，它必须含有：受益人向开证人或指定人的索偿要求；提出该要求的日期；索偿金额；及受益人的签名。值得一提的是，由于 ISP98 的规定只是对备用证文本的补充，无论备用证文本在 ISP98 规则之外规定了哪些细节，这些细节均应与规则一起被执行。例如，备用证要求提示一份单独的经"工业部"会签的索偿要求，则该索偿要求就不仅应包括该部的会签，还要包括上述（b）款中的要求，即日期、金额、索偿要求以及受益人的签名。[2]

就提示单据的方式而言，根据 ISP98 第 3 条，在备用证只要求提交索偿要求且未注明交单方式的情况下，可以采取电子化交单的方式。此时，属于 SWIFT 成员的受益人或银行，可以通过 SWIFT、加押电传或其他类似经证实的方式（不包括传真和电子邮件）提示单据。

索偿要求无需特定的格式或措辞，而能以表明其为付款请求的任何方式来表述。索偿也无需冠以"索偿"之名，"请付（please pay）"、"付给我方（pay me）"或"兑付索赔（honor the claim）"等类似措辞都构成索偿。如果开证人或申请人要求索偿要求中有精确的措辞，就需要在备用证文本中作明确规定。[3]一般来说，信用证都要求汇票中应该标明其据以开出的信用证

〔1〕　See Jacob E. Sifri, *Standby Letters of Credit: A Comprehensiue Guide*, Palgrave Macmillan, 2008, p. 75. 根据 ISP98 第 1.09 条的定义，索偿要求可以指一个要求兑付备用证的请求，也可以指提出这种请求的单据。这就是说，索偿要求不一定要体现于专门的单据，一个体现于其他单据之中的要求兑付备用证的请求亦可构成索偿要求。

〔2〕　See Jacob E. Sifri, *Standby Letters of Credit: A Comprehensiue Guide*, Palgrave Macmillan, 2008, pp. 75-76.

〔3〕　See Jacob E. Sifri, *Standby Letters of Credit: A Comprehensiue Guide*, Palgrave Macmillan, 2008, p. 75.

的号码，以保证受益人的支款是在受信用证支持的基础交易下作出的有理索偿。比如说，受益人不能因申请人在一项无备用信用证担保的贷款项下的违约而在另一有备用信用证担保的贷款项下要求支款。如果受益人没有满足信用证中的此种要求，则其提示可能会被视为不符单据而遭拒付或引起诉讼，即使其他单据符合要求。

（二）**违约或其他支款事由的声明**（statement of default or other drawing event）

由于备用信用证一般针对申请人不履约等否定性事项，经常也被称为违约情形（a default situation），所以备用信用证通常要求受益人提交申请人不履约的单方声明，[1]作为要求开证人付款的前提条件。正如商业信用证业务中的运输单据因证明了货物已按信用证要求发运而成为商业信用证的核心单据，备用信用证业务中的声明书因证明了支款事由（a drawing event）的发生成为备用信用证的核心单据。

对受益人而言，只要求提示由它自己出具的关于申请人不履约的简单的书面声明是较为有利的，因为这种单据容易获得。不过，与仅需提出索偿要求的光票备用证相比，单方声明涉及对基础事实的陈述，故申请人在这种所谓"自杀信用证"中的地位仍然有所改善。声明书敦促受益人表明自己的立场并在准备索赔时有所克制，特别是在声明书要求指明违约的具体方面的情形下，受益人在提交这类声明时可能会有所顾忌——如果它知道事实并非如此。除为申请人提供一些心理上的优势之外，这类条款也有助于在此后可能的诉讼中作为认定受益人实施了单据欺诈的依据，如果受益人在声明书中作了虚假陈述的话。

但备用信用证并不总是违约担保书，换句话说，备用信用证下的支款并不必然以申请人的违约为前提。经过多年的发展，备用信用证的使用范围已经远远不限于违约情形之中。它现在可用于商业的目的、保险的目的，也可用作直接付款的金融工具，即一种允许受益人单凭要求就能支款的承诺。直接付款备用证一般用于支付存款证或其他投资工具的本息，在备用信用证用

---

[1] ISP98 第 4.17 条规定，除非备用证另有要求，该声明由受益人签名即可。

作违约情形之外的目的时，我们就说索偿针对的是支款事由。[1]

正因为 ISP98 在规范有条件支付的备用信用证的同时，也规范一经受益人请求即付款的备用信用证，而后者请求付款时根本不需要任何违约事实的出现。所以，与索偿要求不同，违约声明并不是备用信用证下支款所必需的单据。根据 ISP98 第 4.17 条的规定，提交此类声明的前提条件是备用证对此作出了明确要求。另外，在备用证要求提交此类声明但未指明声明内容的情况下，只要声明中包含"由于备用证中规定的支款事由已经发生，应该付款"内容的陈述即可，并不要求说明申请人已经违约，更无需说明违约的具体方面。

与 ISP98 将索偿要求作为默示单据不同，违约声明等支持性声明构成 URDG758 规则下的默示单据。根据 URDG758 第 15 条的规定，保函项下的索赔，须由保函所规定的其他单据支持，并且在任何情况下均应随附受益人的声明（违约声明），表明申请人在哪些方面违反了基础关系下的义务。可见，尽管名为《见索即付保函统一规则》，URDG758 默认的立场是将支持性声明作为索赔时的必需单据，[2]除非保函明确排除对违约声明的要求。这种无需支持性声明的索赔，在实践中有时被称为"simple damand"。[3]相应地，在反担保函项下索赔，只需附随一份表明其在所开立的保函或反担保函项下已收到相符索赔的声明，而不像在保函下索赔那样要求提交违约声明，也不需要提交其他支持性单据。不过，URDG 的此类规定可能会给当事人带来意外，因为保函中可能声明适用 URDG，却又未要求受益人在索赔时提交支持性单据。此时根据 URDG758 的规定，受益人在索赔时仍需提交支持性单据。但在德国法上，根据《不公平合同条款法》，由于该规则而使当事人出乎意料，所以该规则应该不具有强制力。此时是适用保函的规定，还是适用 URDG 的规定，就是一个容易引起纠纷和误解的问题。解决这一问题有两种做法：一是

---

〔1〕　See Jacob E. Sifri, *Standby Letters of Credit: A Comprehensiue Guide*, Palgrave Macmillan, 2008, p. 76.

〔2〕　鉴于要求支持性声明已经成为保函中的惯例，起草组在述评中指出，即使保函未明确要求支持性声明，也不能视为对该项要求的放弃。起草组还指出，提交违约声明作为对索赔的支持，已经在全球范围内被认为是受益人与申请人之间的合理平衡。这种平衡是兼顾两方利益的平衡，一方面是受益人的希望快速获得金钱赔偿的利益，另一方面则是申请人的不被欺诈的利益。

〔3〕　根据备用证公约第 2 条的规定，在承保项下可以提出这种不附随其他单据的"simple demand"。

使保函的约定符合 URDG 的规定，比如采用国际商会公布并推荐使用的保函标准文本格式即可避免上述问题；二是在保函中明确排除对支持性单据的要求。[1]

就违约声明的内容而言，其应"表明申请人在哪些方面违反了基础关系下的义务"。较之 URDG458 对违约声明的要求，即"既要表明申请人违反了基础合同的义务，又要表明申请人违约的具体方面"而言，URDG758 的规定更简单明了，因为违约的具体方面本身就以违约事实的存在为前提，故单独强调违反基础合同实无必要。举例说明，"申请人在买卖合同下延迟交货"（URDG758 的要求）就已经足以清晰表达"申请人在买卖合同下违约，申请人违反了买卖合同下的按时交货义务"（URDG458 的要求）这两重意思。而且，该条也不要求受益人在违约声明中指明基础关系的具体细节，比如合同的名称、合同参照号、合同的主要说明事项等，因此，受益人提交的"申请人在基础关系下延迟交货"的声明，和"申请人在买卖合同下延迟交货"的声明一样是可以接受的。[2]

就违约声明的形式而言，其可以是包含在索赔书中的声明申请人违约的语句，也可以出具为独立的单据与索赔书一同提交或在索赔书之后提交。该声明仅需受益人单方作出，既无须进一步证实（例如通过第三方签字盖章），也无须担保人查询或核实其真实性。[3]如果声明与索赔书一同提交，该声明便没有必要一定指明索赔；但如果声明在索赔书之后提交，则该声明必须指明索赔，例如标明索赔书的编号。起草组的评述指出，本修订稿提供了更灵活的规定，即允许违约声明后来提交。当违约声明晚于索赔提交时，交单被视为是在较晚的时候完成的。而按照 URDG758 第 14 条（b）款，当支持性声明之后提交时，索赔书必须表明"交单在之后完成"。另外，从顺序上看，在违约声明与索赔书不一同提交的情况下，只能先提交索赔书，之后提交违约声明，而不是相反。违约声明之所以在索赔书之后提交，可能是因为申请人的违约虽然确定，但对违约的认定或结论尚需一段时间，例如需要取得检

---

[1] 参见李燕：《独立担保法律制度：见索即付银行保函的理论与实践》，中国检察出版社 2004 年版，第 93 页。

[2] 参见李燕：《独立担保法律制度：见索即付银行保函的理论与实践》，中国检察出版社 2004 年版，第 237~238 页。

[3] 参见阎之大：《URDG758 解读例证与保函实务》，中国文献出版社 2011 年版，第 187 页。

验机构的检验结果。这种情况下，违约声明便不一定要与索赔同时提交，只要之后提交时标明索赔的参考号即可。[1]

信用证应对这类声明或证明的精确措辞加以规定。在没有这种规定时，ISP98 第 4.17 条给出了对该项单据的最低要求，即支款事由已发生的陈述、单据出具日期以及受益人的签名。同样，ISP 的规定是对备用证文本的补充。因此，如果备用证要求一份"受益人已将规定的货物发运但未于发票日期后30 日内获得付款"的声明，则该声明中对日期和受益人签名的要求也是不言而喻的。备用信用证中要求付款的简单而典型的违约声明可如下例所示："The undersigned authorized signatory of［beneficiary］hereby certifies that the a-mount drawn represents amounts due and owing to［beneficiary］"（本文件系由［受益人］授权之签署人签署，特此证明所支取之金额代表到期未付于［受益人］的金额）或者："［applicant］has failed to perform its obligations under［de-scription of the contract's parties and date］and the amount drawn represents amounts due and owing to［beneficiary］"（［申请人］未履行其依照［叙明缔约当事人及日期］的义务，且所支取之金额代表到期而未付于［受益人］的金额）。

实践中还要注意避免"purpose clause"（目的条款）的使用，如备用信用证中规定"本信用证旨在保证［申请人］偿还预付款。"这实际上是一种需要开证人对其事实加以证实的非单据条件，正确的做法是将这类条款转化为上述单据形式的不履约声明。

（三）法律或司法文件

这类文件依其类型是由第三方出具的单据，要求第三方单据能更好地照顾申请人的利益，因为受益人在索赔时至少要提供某种申请人不履行的外部证据，这就大大减轻了滥用的风险，除非受益人伪造第三方单据。当然这对受益人就不那么有利了，特别是它不再能只要认为申请人违约就可随心所欲地提起索赔。如果备用信用证规定需提示政府出具的文件、法院命令、仲裁裁决书等法律或司法文件以证明申请人违约，这对于受益人将是非常不利的，因为这实际上要求受益人在解决了有关基础交易的争议之后才能获得付款。在司法程序过程中，申请人可以提起所有在基础交易项下享有的而银行依据

---

[1] 参见阎之大：《URDG758 解读例证与保函实务》，中国文献出版社 2011 年版，第 193 页。

独立性原则不能提起的抗辩。故对于此种信用证而言，独立性原则的意义实际上已经不大，其担保功效也近似于保证，[1]除执行风险能有效地转嫁给申请人外，诉讼等其他风险仍由受益人承担，这就与受益人意欲在纠纷一旦产生即凭信用证获得独立偿付的初衷相悖。[2]

由于受益人对此类单据的取得没有决定权，所以它利用这种备用信用证支款没有保障。有鉴于此，受益人应设法要求申请人申请开立的备用信用证规定仅凭受益人的声明付款，避免接受载有要求提交法律或司法文件的信用证。不过担保合同履行的备用信用证一般不要求提供法院判决书，需要提供判决书的往往是担保判决款项支付的信用证。在起诉之后，原告通常会针对被告的财产申请采取保全措施，而为了寻求解除保全措施，被告可能会提供一份备用信用证来担保其一旦败诉时裁判的执行。

如果信用证要求提供法律或司法文件，则应注意明确这类文件是终局性的，否则各方的权利义务势必处于不稳定状态。此外，对于这类文件的内容也应有措辞相对明确的规定，因为 ISP98 第 4.19 条对此类文件只作出了名称、日期等形式要求，只要该文件看起来具有法律或司法文件的表面特征即可，同样，这些形式要求对备用证文本的明确规定起到默示的补充作用。由于审单员无需审核此类文件的内容以确定其效力，如果备用证中不对文件内容作出明确规定，则在极端的情形下，受益人甚至可能凭一份申请人胜诉而己方败诉的判决书向开证人提示付款。需要明确的是，引发银行付款义务的不是法律文件本身，而是受益人以文件向银行所作的提示。

在实践中还存在着一种替代性的凭单付款机制，即由申请人提供一份意为"担保金额事实上已到期应付（due and payable）"的声明，以作为法律或司法文件之替代物，该替代方式使申请人在自认有责时的证下付款成为可能，以避免不必要的争讼。

（四）商业发票和其他单据

商业发票是商业信用证下的核心单据，但却不是备用信用证下的必备单

---

〔1〕 但依照信用证的独立性原则，银行只负责单据的审查并凭相符单据付款，这样仍然可使银行的责任明确而不致卷入基础交易的纠纷之中。也正是由于独立性原则的保护，银行还是更愿意开出此类担保而不是传统的保证。

〔2〕 在要求提交法律或司法文件的场合，备用信用证实际转移的仅为该文件不能执行的风险。

据。UCP600 第 18（a）（i）条要求以受益人的名义出具商业发票，但这未必适用于备用信用证，因为受益人可能并非卖方，而是银行金融机构之类，故要求发票对备用信用证而言就未必合宜。[1]

　　UCP500 对商业发票的规定是："商业发票中的货物描述，必须与信用证的规定相符。"UCP600 将前半句修改为"商业发票中的货物、服务或履约行为的描述"，加入了"服务或履约行为"的表述，这就兼容了 UCP 适用于备用信用证的可能性。UCP600 还明确了受益人提示的商业发票应与信用证的规定严格相符，且其中对货物、服务或履约行为应作详细描述而不得使用概括性用语。不过，对商业发票的相符要求无需达到绝对相符的程度。按照 ISBP745 第 C3 段的规定："发票显示的货物、服务或履约行为的描述必须与信用证中的描述相符，但不要求镜像一致。例如，货物细节可以在发票上的多处显示，只要一并解读时，其表明的货物描述与信用证中描述相符。"

　　根据 UCP600，如信用证要求提交运输单据、保险单据或者商业发票之外的单据，却未规定出单人或其数据内容，则只要提交的内容看似满足所要求单据的功能即可。与 UCP500 相比，"单据需要满足其功能需要（to fulfill the function of the required document）"是 UCP600 新增的规定。因为没有明确这一点，在 UCP500 的规则之下就出现了产地证未标明产地、检验证没有检验结果而仍然不失为相符单据的荒唐事。[2]

　　与 UCP600 强调单据的功能略有不同的是，ISP98 的规定更加宽松，只需单据的名称或功能两者满足其一即可。根据 ISP98 第 4.20 条，如果备用证要求提交其他单据而未明确单据内容，则如该单据看起来有合适的名称，或具备该类单据类型的功能即可。这样，在 ISP98 规则下的一张单据只要看起来有合适的名称，即使不具备应有的功能，仍将构成相符单据。应该说，ISP98 这样规定的初衷并不是要鼓励当事人出具内容简单的单据，恰恰相反，这样的规定旨在敦促当事人就单据的内容作出尽可能详细的规定。

---

　　[1]　See Jacob E. Sifri, *Standby Letters of Credit：A Comprehensiue Guide*, Palgrave Macmillan, 2008, p. 78.

　　[2]　参见于强编著：《UCP600 与信用证操作实务大全》，经济日报出版社 2007 年版，第 94 页。

三、备用信用证下的非典型单据

（一）非要求单据或多余单据（extraneous documents）

多余单据是信用证文本中未要求提交而受益人在交单时提交的单据。交单面函是最为人熟知的多余单据，其他多余单据还有受益人错交的单据（如受益人在无意中额外提交的复印件）、受益人应申请人的要求提交的多余单据等。

1. 相关规定。为了解决审单数量日益增加的问题，UCP600 第 14 条（f）款规定，提交的非信用证要求的单据将被不予理会，并可被退还给交单人。与 UCP500 相比，UCP600 取消了对于信用证中未要求提交的单据"将其照转，但对此不负责任"的措辞。也就是说，在 UCP600 下收到此类无关单据，银行可以一退了之，而无须照转。这主要是因为受益人出于节省财务成本的考虑，有意识地通过银行寄送单据，有的银行甚至为受益人寄出过钥匙，这无疑增加了银行的工作量。[1]

但是，如果在多余单据中发现了不符点该如何处理？如该单据的签发日期晚于交单截止日，此时是对其坐视不理还是可以赖以拒付？虽然 UCP500 或 UCP600 都有对多余单据应不予审核（will not be examined）或不予理会（will be disregarded）的规定，但从该规定的措辞是"will"而不是"must"，可见不审核多余单据对开证行而言是权利而非义务，且由于商业信用证下的审单要求单据之间的相互一致，"单单不一致"即构成不符，故实践中仍有开证行在此类单据中找到不符点并以此为由拒付，导致受益人无法及时收款的情形，所以，UCP 下的受益人尽量不要提交不必要的多余单据，以免"偷鸡不着反蚀把米"。

相比之下，ISP98 第 4.02 条在多余单据是否影响审单问题上的规定似乎更为明确："非备用证要求的单据无需审核，并在审核提示是否相符时不予考虑。它们可被退还提示人或随着其他提示的单据一起转交，开证人无须负任何责任。"据此，在 ISP98 下对多余单据的处理有两个要点：一是多余单据对单据的审核不产生影响。银行在审单时无需审核多余单据，即使作了审核，在认定提示是否相符时也须不予考虑（shall be disregarded），哪怕该单据中存

---

〔1〕 参见于强编著：《UCP600 与信用证操作实务大全》，经济日报出版社 2007 年版，第 94 页。

在不符点，或者该单据本身存在伪造的嫌疑或可能作为其他单据存在伪造嫌疑的证据。简而言之，多余单据无论如何不影响对提示相符与否的认定。[1]从交单人的角度来看，多余单据的错误提交也不会形成额外的不符点，也就是说，一次原本相符的交单不会因多余单据的存在而被认定为不符并遭拒付，哪怕多余单据与其他单据或备用信用证之间存在矛盾之处。这一规定与 ISP98第 4. 03 条的规定也是相吻合的，该条规定备用证下的单据之间无需相互一致，除非备用证另有要求。

二是与 UCP 下的"一退了之"的实践不同，ISP98 下银行处置多余单据的方式是"或退或转"，既可退还提示人，也可转交申请人。就转交单据而言，从银行的角度来说，由于备用信用证下单据的数量通常不像商业信用证下那么多，所以银行转交单据的负担相对较轻；从申请人的角度来说，可能也更希望银行能将受益人提交的多余单据转交给自己，因为多余单据中可能会包含一些关于基础交易履行情况的信息或陈述，由银行转交之后，申请人可将之留存，并在必要时作为判定违约或欺诈存在与否的证据之用。

与 UCP 相似，URDG758 第 19 条规定如果提交了保函未要求或该规则未提及的单据，该单据将不予理会（will be disregarded），并可退给交单者。这种"一退了之"的处理也不同于 ISP98 下的"可退可转"。这可能是因为URDG758 承认双向交单的实践，如果参照 ISP98 的"随着其他提示的单据一起转交"的规定，就意味着要双向转交，即既包括将受益人提交的多余单据转交给申请人，也包括将申请人提交的多余单据转交给受益人，从而增加银行的负担。另外，第 19 条规定中还有一点特别之处在于，尽管提交的单据不是保函规定的，但却是 URDG 规则提及的，则不能不予理会。例如，受益人提交"解除担保人责任的声明"（beneficiary'signed release from liability under the guarantee）便是规则第 25 条"减额和终止"提到的，表明申请人在保函之外已经履约，受益人无需在保函下向担保人索赔，而该单据是保函不会规定的，但这种单据担保人就不能不予理会。[2]

2. 常见的多余单据。面函指示（或称发件函）是一种常见的多余单据，根据 ISP98 第 4. 02 条的规定可以不予理会，且对审单不产生任何影响。面函

---

〔1〕　当事人当然可以援引 ISP98 第 1. 11 条（ⅳ）款的规定在备用证文本中对本款加以排除或变更。

〔2〕　参见阎之大：《URDG758 解读例证与保函实务》，中国文献出版社 2011 年版，第 226 页。

指示通常包含交单人的名称和地址、所附单据的类型和数目以及受益人/交单人就其希望获得付款的方式所作的指示。[1]它还可能包括关于提示的一般信息或备注，如在单据中发现的任何不符点。

一方面，根据 ISP98 第 4.02 条"不审核多余单据"的精神，面函指示无需审核且对审单不产生影响。比如说，ISP98 第 5.08 条（d）款规定尽管此前的审单行已在面函中声明单据存在不符点，这也不影响开证人的审单义务，它仍须独立地对提示予以审核，并在认定不符时发出拒付通知。相应地，ISP98 第 5.08 条（c）款规定尽管收到了指示，开证人或指定人仍可直接向交单人付款、归还单据等，除非备用证对这种直接交道加以禁止。最典型的实例是受益人的面函指示要求开证人将不符提示直接寄交受益人而不通过交单人的情形。此时，开证人仍可将单据直接退还给交单人而不违背 ISP98 的任何规定，况且 ISP98 第 5.07 条"单据的处置"也允许开证人如此行事。如果单据系通过议付行提交，它对该面函指示可以不加理会。[2]

但另一方面，面函指示中提供的额外信息仍可能实质性影响备用证下义务履行的对象和方式。ISP98 第 5.08 条（a）款允许审单人依赖面函指示，只要该指示不与备用证条款、索款要求或 ISP98 规则相抵触。ISP98 第 5.08 条（b）款也允许审单人依赖指定银行作出的陈述，即指定银行的面函指示，但同样以该指示不与备用证条款、索款要求或 ISP98 规则相抵触为前提。比如说，如果受益人通过面函指示开证人向其账户直接付款，则在备用证别无规定的情况下，ISP98 既允许开证人选择不理会该指示而仍向交单人付款，也允许其选择依据指示向受益人的账户付款，只要这种付款不与索款要求相抵触。

另外一种值得讨论的单据是以申请人为付款人的汇票，这种单据是要求单据还是非要求单据呢？UCP600 第 14 条（g）款中所谓信用证的"要求单据（required documents）"，仅仅局限于申请人通过信用证要求并需要提供给申请人使用的单据，而不包括开证行在信用证中要求并需要提供给开证行的单据，尽管后者也是信用证中的单据。付款人作成申请人的汇票是给申请人的作为内部融资工具的单据，而不是给开证行的作为兑用付款工具的单据，所

---

〔1〕 ISP98 第 4.13 条（b）款规定，向受益人或指定人发出的面函指示中注明的账户或账号付款，即构成备用证下付款义务的履行。

〔2〕 See Cf Jacob E. Sifri, *Standby Letters of Credit：A Comprehensiue Guide*, Palgrave Macmillan, 2008, pp. 97-98.

以这种汇票应作为要求单据审核而不能不予理会。相反，作为信用证兑用付款工具的汇票只是信用证的"非要求单据"，申请人不必对此作审核，银行一般也不以该类汇票存在瑕疵而认定存在不符点，尽管受益人只有在信用证有效期内重新提交合格的汇票后才能获得银行兑付。[1]

为体现信用证下银行责任的独立性及开证人对受益人付款责任的终局性，UCP 从 500 号开始就强调汇票不应以申请人为付款人。相比 UCP500，UCP600 的措辞更加严格，将"不应"修改为"不得"。但 ISBP745 除在第 B18a 段强调"信用证不得开立或凭以申请人为付款人的汇票而兑用"，同时，又在第 B18b 段规定："如信用证要求以申请人为付款人的汇票作为一种规定单据提交，该汇票仅在信用证明确规定的范围内予以审核，否则将按 UCP600 第 14 (f) 条的规定审核。"[2]另根据国际商会 565R205："将此类汇票视为附加的单据（additional documents），意即汇票只是一张供开证行使用的融通汇票（accommodating draft），而不作为控制信用证项下开证行付款责任的工具。不作为要求付款或承兑的基本汇票，只作为开证人与申请人在信用证以外融资关系的凭证。"可见，以申请人为付款人的汇票虽不能体现开证行对受益人的终局付款责任，但仍具有证明开证行以议付票款的方式为申请人提供融资的功能。所以，一张按信用证规定开具的以申请人为付款人的汇票，虽然其本身不符合 UCP 关于付款人的要求，但仍应进行审核而不能不予理会，此时银行在信用证明确规定的范围内进行审核。在信用证对此种汇票的内容未作明确规定的情况下，如其在表面上看来具备汇票的功能且做到"单内一致、单单一致、单证一致"，银行将接受该汇票。

实务中，信用证有时规定汇票以买方为付款人，在此情形下，如果买方不付，银行就有义务付款。曾有一些开证行声称，在远期汇票以买方为付款人的情况下，它们的责任限于保证买方的承兑，之后它们也只是托收代理人。但这绝不是银行的不可撤销信用证。[3]

---

〔1〕　参见林建煌：《品读 UCP600》，厦门大学出版社 2008 年版，第 139~141 页。

〔2〕　UCP600 第 14 (f) 条规定："如果信用证要求提交运输单据、保险单据或商业发票之外的单据，却未规定出单人或其数据内容，则只要提交的单据看似满足所要求单据的功能，且其他方面符合第 14 条 (d) 款，银行将接受该单据。"

〔3〕　See Richard King, *Gutteridge and Megrah's Law of Bankers' Commrecial Credits*, Routledge, 2001, p. 103.

ISP98 第 1. 09 条的术语定义中明确规定"单据"包括汇票和索款要求。因此，在 ISP98 下提交的汇票，无论是以申请人还是以开证人为付款人，都属于 ISP98 所要求的单据，如果其中存在不符点，银行就可据以拒付。URDG758 对"单据"的定义中也明确其包括索赔，而"索赔"是"指在保函项下经受益人签字的要求付款的单据"。新 UCC5 和我国《独立保函司法解释》在界定"单据"时也都明确将汇票包括在内。

（二）违约通知

由于索赔中所含的违约声明仅能给受益人及申请人造成一些心理上的影响，对受益人滥用权利几乎没有遏制作用。因此，为了平衡这种简单索赔给申请人带来的风险，保函实务中出现了如下做法：保函规定，受益人索赔前必须向申请人发出正式违约通知，自发出违约通知之日起的某一确定时间后受益人才能向担保人索赔，且索赔时随附该违约通知的复印件作为支持性单据。

这类条款安排主要有两个目的：一是使申请人有时间与受益人商讨如何解决纠纷，例如及时采取补救措施或同意延长履约期限，从而使受益人撤销索赔要求，同时仍然保留受益人将来提出索赔的权利。二是可以使申请人在第一时间知道受益人提出索赔的情况。如果申请人认为受益人提出的索赔是不合理的或不公正的，它可以通过申请止付令阻止担保人付款。针对这类条款，受益人应当及时发出违约通知，以确保索赔的宽限期在保函的有效期之内。[1]

（三）电子单据

随着科技水平的提高及其广泛应用，电子化单据距离我们已经越来越近，从图像到声音、从无纸到无形，外延的扩大给审单工作带来极大的困难与挑战。为了体现电子技术发展和进一步普及的要求，ISP98 提出了区别于常见的纸张单据的电子媒介形式的单据。由于备用信用证不常要求提示可转让单据，因而更有利于采用电子提示，因而 ISP98 提供定义和规则鼓励电子提示。但是，惯例全文对电子化单据的规定和说明仍停留在"原则"的水平上，对于可能出现的以电子化媒介储存的声音单据或现在已经存在的无纸化传输单据

---

〔1〕 参见阎之大：《URDG758 解读例证与保函实务》，中国文献出版社 2011 年版，第 191 页。

等，都没有给出可操作的要求或"可以被审核"以及如何被审核的掌握标准等。可见，国际商会的专家对待电子化单据是采取慎重态度的，要对全球范围的电子化单据进行规范也许为时尚早。[1]

尽管电子单据有时在备用信用证下也被作为有效单据接受，但纸质单据目前仍是所有类型的跟单信用证中最主要的提示方式。这主要是基于某些运输单据和商业单据具有的法律属性，如海运提单作为货权凭证能通过交付或背书转让，但提单要是以电子方式提示的话情况就有所不同了。背后的原因在于，要以可接受的方式对电子交单加以证实，其前提是信用证业务的所有参加人都属于一个像 Bolero 系统之类的统一的通信系统的成员。[2]这类全球接受的系统的成员之间的电子交单可以获得与 SWIFT 方式同样的证实，而在SWIFT 成员之间，接收到的文电是能够自动被证实的。

ISP98 第 3.06 条规定，单据必须以备用证中注明的方式进行提示；如果没有注明方式，除非只要求提示索偿要求，否则单据必须以纸面单据的形式提示。如只需提示索偿要求，则①该作为银行的受益人可通过加押电传提示、②作为 SWIFT 成员的受益人可通过 SWIFT 方式提示索偿要求，或任何其他开证人可以证实的方式提示。

可见，纸面单据是申请人和开证人的通常期望，[3]且目前开证人尚缺乏对受益人电子交单的合适证实手段。如果备用证中注明以电子载体的方式提示，单据必须以电子记录的方式进行提示，并能为接受提示的开证人或指定人证实。因此，如果受益人不具备相应的设备和能力，应事先修改备用证，否则受益人的能力问题可能成为其无法严格执行备用证规定的障碍。[4]也就是说，ISP98 规定只有在备用证中明确规定或承认电子交单时，电子单据才可以被认为符合要求。此外，在备用证中只要求提示索偿要求且未注明交单方式时，索偿要求可以以电子方式交单。但即便如此，按照 ISP98 第 3.11 条

---

〔1〕 参见张燕玲、邱智坤编著：《ISP98 理论与实务研究》，中国经济出版社 1999 年版，第 31 页。

〔2〕 Bolero 是 SWIFT 出资组建的一个电子商务组织，意在建立一个电子交单系统，推进电子商务的运用和普及。

〔3〕 URDG758 第 14 条（e）款也明确规定："如果保函没有表明以电子形式还是纸质形式交单，任何单据必须以纸质形式提交。"

〔4〕 参见徐进亮主编：《国际备用信用证与保函》，对外经济贸易大学出版社 2004 年版，第 119 页。

（c）款的规定开证人仍有权自主决定不接受非 SWIFT 成员提交的使用电子载体的索偿要求。

记录是指记载于特定载体上的信息，而电子记录要能为收件人所接受，就必须记载于有形媒介上，或储存于电子或其他媒介上而能以可感知的形式读取。例如，被作为电子邮件的附件发送给收件人的发票副本，在打印出来后就能以可感知的形式读取。记录须以电子形式生成并被发送至任何有关的信息处理系统。尤其重要的是，与纸质单据不同，电子记录必须能够被证实，进而被审核是否相符。[1]附加于电子记录或与之逻辑地联系在一起的电子签名，便是证明电子记录真实性的一种重要方式。

第五节　备用信用证下单据的选用

对单据的规定是申请人保证它在备用信用证下正当权益最重要的手段。若没有对单据的要求，备用信用证与光票信用证就没有区别，受益人就可以随时支取信用证下的款项。当事人合意选择何种单据，取决于其谈判力量以及合同的条件，也取决于相互信任的程度以及受益人对风险的评估。

一、备用信用证下单据选用的意义

在备用信用证下，由于独立性原则的适用和单据的相对容易获得，申请人处于天然不利的地位，为了维护自己的利益，申请人应尽量争取对要提示的单据设置较为严格的条件。

（一）尽量要求提交第三方出具的单据

申请人应争取在备用信用证中规定，凭第三方出具的申请人不履约的证明来兑付信用证下的款项，而不是仅仅要求受益人本人出具的简单声明。这样，受益人要求开证人付款就受到较严格的限制，可以在一定程度上防止其欺诈行为和滥用权利。对于在国际经济贸易活动中使用作为付款担保的备用信用证，应尽可能要求受益人（卖方）同时提供运输单据和发票，证明受益人已履行了其交货义务且款项到期未付，防止受益人毫无事实根据地仅凭本

---

〔1〕　Jacob E. Sifri, *Standby Letters of Credit: A Comprehensiue Guide*, Palgrave Macmillan, 2008, p. 20.

人开出的一纸声明要求开证人付款。[1]

值得申请人注意的是，ISP98 第 4.05 条规定所有备用证要求的单据必须由受益人出具，除非备用证中注明由第三方出具或按标准备用证惯例单据属由第三方出具的类型。因此，申请人如不积极争取在备用信用证中对出单人作出明确的规定，则它的利益很可能得不到保障。

如果申请人不得不接受受益人的条件，只要求受益人在索款时提供由其单方出具的关于申请人不履约的声明，则应对声明的内容和形式作出严格的规定，最好对其文句措辞作出全面具体的规定，以备将来交易中出现纠纷时拥有更有利的法律依据。如备用信用证可以要求受益人在提交的申请人不履约的声明中写入以下文句："（申请人名称）has not made payment in any other fashion outside this credit and, to date, has not produced evidence to substantiate the payment was made"（申请人未以其他任何形式在本信用证以外作出过付款，且迄今亦未提交任何证明款项已被支付的证据）。备用信用证中有了这种规定，将来若申请人已在证外作了付款，一旦受益人仍提交申请人不履约的声明而要求银行付款，则构成欺诈性提示，申请人可请求法院禁止银行付款。[2]即使申请禁令未能成功，按照"先付款，后争议"的原则，在银行付款后的以基础合同为依据的诉讼中，申请人也很容易凭该声明证明受益人对基础合同履行情况的陈述自相矛盾。

（二）尽量争取特定单据的出具由自己批准

这一做法实际上赋予了申请人对受益人索偿要求的否决权，从而有利于申请人利益的保障。不过，出于对受益人利益的维护，ISP98 和 ISBP 对这种做法均不持积极态度，ISP98 第 4.10 条规定备用证不应该规定要求的单据须由申请人出具、签署或复签，然而，如果备用信用证明确规定某种单据须由申请人出具、签署或复签，开证人不可以放弃此种要求，并不对申请人扣留单据或拒不签署负责。类似地，ISBP745 预先考虑事项的第 vii 段也规定："信用证或任何修改不应要求提交由申请人出具、签署或复签的单据。然而，如果开立的信用证或修改含有此类规定，那么受益人应考虑其合理性，并确定

---

〔1〕 参见赵丽梅编著：《信用证操作指南》，中国经济出版社 2000 年版，第 254 页。
〔2〕 参见赵丽梅编著：《信用证操作指南》，中国经济出版社 2000 年版，第 254 页。

自身满足此规定的能力，或者寻求适当的修改。"

ISP98 不鼓励单据由申请人出具或签署的做法，是因为这可能剥夺受益人在信用证下享有的重大利益，事实上否认独立性原则。[1]不过，即使争取到了某种单据的出具应由自己批准，申请人也不能想当然地认为这一"否决权"在任何情况下都是绝对的，因为毕竟还存在受益人取得法院禁令要求申请人提交所需单据的可能性。[2]

此外，从受益人的角度来看，则应当注意，备用信用证条款中对受益人出具的汇票、不履约声明等单据中的内容，甚至措辞作出的规定，它能否遵照执行？若办不到，应及时要求申请人改证。

二、备用信用证下单据的选用

(一) 双向交单的实践

UCP600 和 ISP98[3]都没有关于申请人交单的规定，URDG 从 758 开始明确允许申请人交单。URDG758 第 2 条对"交单人"所下的定义是"指作为受益人或代表受益人交单的人，或在适用情况下，作为申请人或代表申请人交单的人"。例如，申请人提交自己已经履约的证明以使保函失效或减额，而担保人同样对其是否真的履约不予调查，如此既与基础交易中会出现此种实务相吻合，同时也是对申请人的一种保护，平衡了交易双方的风险。

起草组的评述指出，和商业信用证不同，见索即付保函有时可能要求申请人提交一份或更多的单据，以创造或消除保函项下的权利。例如，预付款保函中，典型的一点就是包括一个减额条款，要求申请人提交一份单据，说

---

〔1〕 事实上，相对于赋予申请人交单权而言，规定要求的单据由申请人签署、副署的做法对受益人的制约更大，因为这一般意味着申请人对由受益人或其他人出具的单据拥有否决权，而这就可能导致申请人和受益人之间的相对均衡被打破，并使独立性原则对受益人的保护化为乌有。但规定特定单据可由申请人出具并提交的做法却不失其合理性，因为这就在允许受益人就特定事项的发生以交单的方式提供证据同时，也未否认申请人提供证据的可能性，而双方各自举证互有攻守，有利于更全面客观地反映基础交易的履行状况。也正因此，URDG 明确承认申请人出具并交单的实践，但未认可单据由申请人签署或副署的实践。

〔2〕 See Jacob E. Sifri, *Standby Letters of Credit: A Comprehensiue Guide*, Palgrave Macmillan, 2008, p. 202.

〔3〕 ISP98 第 4.05 条规定，所有备用证要求的单据只能由受益人或第三方出具。

明工程的进展情况或货物的交付情况，保函金额以此相应减少。所以，如果提交单据系为索赔之外的目的，比如减额，也可由申请人或指示方提交。[1]

在国际商事交易中的合同大多是双务合同，受益人和申请人是既合作又对抗的矛盾双方。而单据往往是一方履约或违约的证据，允许双向交单就意味着允许双方就基础交易的事实进行举证，以便更全面和客观地反映基础合同的履行情况，故较之仅允许受益人交单而言，允许受益人和申请人双向交单更加公平合理，也更能实现双方的攻守平衡。受益人提交的单据通常为索赔性单据，而申请人提交的单据只能是非索赔性单据。[2]非索赔性单据从性质上说，属于减少或抵销受益人之付款请求权的单据。申请人更有动力提交非索赔性单据，因为是申请人而非受益人更能从非索赔性交单中受益。双方交单的实践，能在受益人和申请人之间建立一种对抗和平衡的机制，并在一定意义上遏制"先付款、后争议"机制"一边倒"地保护受益人的倾向，从而兼顾申请人一方的利益。

但允许双向交单也会使银行审单的难度加大，因为银行将不对不面对基础交易双方提供的也许是相互矛盾的单据作出自己的独立判断。在 URDG758 允许双向交单的情况下，银行仍应恪守独立性原则，在正确识别和处理不符单据和多余单据，并对各方提交的相符单据同等看待的基础上，诚信地作出兑付与否的决策。在具体操作上，审单银行特别要注意以下几点：

1. 注意申请人交单可能给索赔金额带来的影响。与受益人的交单多为索赔性交单不同，申请人的非索赔性交单一般意在减少保函金额。在面临受益人和申请人的双向交单时，银行应对双方提交的相符单据进行综合考虑和计算，然后再作出受益人的索赔是否相符的决定。

根据 URDG758 第 17 条（e）款的规定："一项索赔属于不符索赔，如果：（i）索赔超出保函项下可用金额，或（ii）任何支持性声明和保函要求的其他单据所表明的金额合计低于索赔金额。相反，任何支持性声明和保函要求的其他单据所表明的金额超过索赔金额不使索赔成为不符索赔。"

假设：保函金额是 12 万美元，担保申请人应向受益人支付一年 12 万美

---

[1]　参见阎之大：《URDG758 解读例证与保函实务》，中国文献出版社 2011 年版，第 82 页。

[2]　受益人也可能提交非索赔性单据，如受益人签署的解除保函项下担保责任的声明。但申请人不能提交索赔性单据，只有受益人可以索赔。根据 URDG758 对"索赔"（demand）的定义，索赔指在保函项下经受益人签名的要求付款的单据。

元的租金，受益人租期期满后在保函下提交了申请人拖欠 3 万美元未付的违约声明。此时的索赔金额为 3 万美元，并未超出保函的可用金额 12 万美元，可视为相符索赔。但如果申请人按保函规定及时提交了付款凭证，显示其在租期内已向受益人支付 10 万美元，则此时"保函要求的其他单据表明的金额"仅为 2 万美元，低于索赔金额 3 万美元，此时应认定索赔不符。但如果受益人在保函下仅索赔 1 万美元的话，则"保函要求的其他单据表明的金额" 2 万美元超过 1 万美元索赔金额并不使索赔成为不符索赔。

2. 注意申请人所交规定单据与受益人所交规定单据中内容的矛盾之处。URDG758 第 19 条（b）款要求所审核的规定单据不得与保函要求的其他单据的内容矛盾，这就不仅要求受益人或申请人各自所交的规定单据在内容上不得自相矛盾，还要求受益人提交的规定单据与申请人提交的规定单据相互之间的内容不得存在矛盾。如果两者存在矛盾，则应认定存在不符点。但如申请人提交了并非保函规定的多余单据，根据同条（d）款的规定，银行应不予理会并可将之退还交单者，既无需考虑其与申请人提交的其他规定或多余单据之间矛盾与否，也无需考虑其与受益人提交的规定或多余单据之间矛盾与否。

3. 注意申请人所交规定单据与保函中的非单据条件之间的矛盾之处。根据 URDG758 第 7 条的规定，如果申请人所交的规定单据中的信息与保函中的非单据条件内容不一致，则该非单据条件不能不予理会，应据此确定单据与非单据条件之间存在矛盾，即认定不符点存在。但如申请人提交了并非保函规定的多余单据，银行应不予理会也无需考虑其与保函中的非单据条件矛盾与否。

（二）交单与保函金额的变动

1. 保函金额变动的原因。由于基础义务的履行是一个动态变化的进程，在这一进程中基础交易双方的权利义务可能会发生增减变化，这种增减变化反映到保函金额上，就会引起保函金额的相应变化。这种变化以特定日期或特定事件的发生为前提，而特定事件的发生可能就要靠提交单据来证实。易言之，除担保人在自身记录范围内能认定的事实之外，基础交易当事人需要通过交单来证明保函金额变动的前提条件已经满足。

保函金额是担保人应向受益人赔付的金额，是申请人在基础交易中因违约而需向受益人赔偿金额的反映，或者是基础交易中因受益人的履约申请人需向受益人支付金额的反映。因此，开立保函时，可以根据基础交易中申请人违约或受益人履约的进展情况，规定保函金额相应增加或减少。[1]

具体而言，保函中的金额递减条款对申请人是有利的。保函金额的减少一般是在申请人作为基础交易下的非金钱义务履行一方时，随着申请人基础义务的逐渐履行，担保人在保函下对受益人负有的担保责任也相应递减。而金额递增条款则对受益人有利。保函金额的增加一般是在受益人作为基础交易下的非金钱义务履行方而申请人负有相应付款义务时，随着受益人基础义务的逐渐履行，申请人应付的金额相应增加，故担保人在保函下对受益人负有的担保责任也相应递增。

URDG458 第 8 条规定了保函金额的单方递减，即保函可以规定保函金额递减条款，保函的金额可以自一个特定的日期起，或经过一段具体的时间后，或向担保人递交了保函对此规定的单据之日起，相应地减少一个或多个特定的数额。修订后的 URDG758 第 13 条进一步就保函金额的双向变动作出了规定，即保函可以规定金额在特定日期或特定事件发生时减少或增加。

2. 保函金额变动中的交单。保函金额变动的触发条件包括时间和事件。鉴于时间属于一种众所周知的事实，URDG758 第 7 条规定对保函中规定的时间无需提交单据来证明。就事件而言，其中有些事件是无需提示单据，而由开证人根据自身记录或从保函中指明的指数来确定的，有些事件则是需要提示单据来加以证明的。而提示单据的人，既可能是受益人，也可能是申请人。而根据"谁主张、谁举证"的一般法理，主张特定事实的一方应提交相应单据作为证据。显而易见的是，各方提出的事实主张一般都于己有利。

因此，对于主张存在银行应承担特定赔偿责任的积极条件的存在，一般由受益人举证。至于在特定情况下限制或终止银行责任的消极条件，一般由申请人负责举证。这种安排意味着银行要将索偿要求立即通知其客户以便后者提交证据。如果保函未就时间作出规定，申请人可以享有一段合理但较短的时间，这既是因为申请人通常在索偿要求提交之前就能获得证据，也是因为在条件满足时尽快获得赔付属于受益人的合法权益。撇开银行的通知义务不谈，申请人较明智的做法是尽快提交相关单据而不是坐等保函项下支款的

实际发生。[1]另根据 URDG758 第 2 条对到期（expiry）的定义，在一份保函中既规定了到期日，又规定了到期事件的情况，应以较早发生者为准。这样的规定对申请人是相对有利的，但前提是它应尽快提交可以表明到期事件已发生的相关单据，否则它仍将承担保函在规定的到期日前一直有效且随时可被支用的风险。

与不支持申请人交单的立场相对应，ISP98 第 3.10 条规定开证人无需通知申请人收到备用证下的提示。因为，备用证的支用往往是在申请人与受益人因违约而发生争议之后，而作为中立的第三方，备用证的开证人有义务仅凭相符单据付款。如果开证人在收到提示后通知申请人的话，后者可能会试图通过取得法院禁令来阻止付款。这种通知不仅可能会损害开证人的信誉，还可能使其承担法律责任。[2]当然，在兑付提示的同时或之后，开证人须向申请人发出付款通知并转交收到的单据，以便申请人及时对其作出偿付，或及时向其提出对兑付不符提示的异议。

第六节　备用信用证下的交单

在信用证交易中，开证人向受益人作出支付是关键性事件。在典型的备用信用证交易中，受益人在得到支付前应向开证人提交单据，以证明使它在基础合同下有权取得付款的事件已经发生。但受益人提示符合信用证的单据还是不够的，这种提示本身也必须相符。相符提示除要求单据严格相符之外，还要求受益人的提示必须严格符合信用证有关时间、地点以及形式和方式等要求。

一、交单的时间

为使提示相符，提示须在承保的有效期（period of validity）内作出，有效期始于信用证生效之时而截止于到期日。有效期的规定对于有关各方都很

---

〔1〕　See Roeland F. Bertrams, *Bank Guarantees in International Trade*, Kluwer Law International, 2004, p. 123.

〔2〕　See Jacob E. Sifri, *Standby Letters of Credit: A Comprehensiue Guide*, Palgrave Macmillan, 2008, p. 49.

重要，对于银行而言，这段时间它应为这一或有债务准备资金。对于受益人而言，这段时间它有承保的利益可资利用。对于申请人而言，这段时间它负担着金融风险，要付给银行费用，它的授信额度被占用，它还要提供担保物或其他资产作为偿付的担保。

（一）交单的有效期间

1. 承保的开立（issuance）和生效（effectiveness）。UCP600 第 7 条规定开证行自开立之时起即不可撤销地承担兑付责任，但未明确何为开立。ISP98 和 URDG758 均明确备用证或保函一旦脱离开证人或担保人的控制，即为开立。[1]

但一旦开立即对银行有约束力并不意味着开立后受益人即可兑用，因为开立并不意味着生效，ISP98 和 URDG758 对这两者均加以区分。根据 ISP98 第 2.03 条，一旦备用证脱离开证人控制，即为已开立；除非其中清楚注明该备用证那时尚未"开立"或不具有"可执行性"。这就为备用证的附期限或附条件生效提供了可能，该类期限或条件必须被遵守且仅在其为非单据条件时才能不予理会。比如说，在备用证中加入"提示仅能在 2017 年 4 月之后作出"之类的条款，来对受益人提示的时间加以限制。有的备用证还要求以某种行为的作出为条件，如要求提交单据或规定"在受益人向 Ramond 先生的账户付款 2500 万美元后方可兑用"。对于单据性要求，开证人应与备用证核对以确认交单的时间是否已经开始；对于非单据性要求，开证人应当判断该条件是否属于非单据条件。具体而言，如果开证人从其自己的记录或在其正常的营业范围内可以确定该行为是否已作出（如前例中指定的付款账户系由开证人管理），则该条件不属于非单据条件，开证人在审查核实后，备用证便可兑用；如果开证人根据其自己的记录或在其正常的营业范围内无法确定该行为是否已作出（如前例中指定的付款账户并非由开证人管理），则该条件属于非单据条件，开证人必须对该项条件不予理会。

区分开立和生效的意义在于，承保一经开立即对开立人具有约束力，但仅在生效后才可以被受益人兑用，换句话说，承保在开立后生效前还不能兑

---

[1]　我国《独立保函司法解释》第 4 条也区分了保函的开立和生效，该条规定："独立保函的立时间为开立人发出独立保函的时间。独立保函一经开立即生效，但独立保函载明生效日期或事件的除外。"

用。URDG758 第 4 条对保函的开立和生效作了明确区分，根据该条（c）款，受益人有权自保函开立之时或自保函约定的开立之后的其他时间或事件起提起索赔。据此，如果保函规定只能在其开立后的特定时间或事件起索赔，则此时的保函有效期不是始于开立之时而是始于开立之后的特定时点，在该特定时点之前受益人无权提起索赔。第 15 条（d）款进一步从操作层面上明确，索赔与支持性声明的日期不得早于受益人有权提交索赔的日期。这样，如果受益人在保函开立后、索赔时间届至前或索赔事件发生前提起索赔，则该索赔与支持性声明将因保函尚未生效而构成不相符索赔。不过，担保人虽对保函规定有权索赔的时间届至与否负有判断之责，[1] 但对所谓"索赔事件发生"与否没有实质审查的义务，所以这一规定无法阻止受益人在明知索赔事件并未发生的情况下提起虚假索赔，此时申请人应及时采取措施申请止付令，或在以后追回已付款项的诉讼中将受益人提交的虚假单据作为认定欺诈存在的证据。

2. 有效期是相对独立于主债务履行状况的约定保证期间。虽然独立担保和普通保证从功能上看都是为担保基础债务或主债务的履行，但独立担保的有效期不同于普通保证项下的保证期间。由于普通保证合同是主合同的从合同，故其保证责任的存续期间也从属于主债务的履行期间，该期间仅在主债务履行期届满未获履行时方才起算。由于独立担保独立于基础合同，故担保的效期即保证责任期间是不以基础债务履行期满为前提的、相对独立于基础债务的履行期间。即担保有效期具有自身的起讫时间，这一起讫时间一般由当事人通过担保文本来约定。

保证期间有约定期间和法定期间两种，约定期间在效力上优先于法定期间。由于我国《民法典》第 692 条承认债权人与保证人之间约定期间的优先效力，所以保函的有效期与民法典的相关规定并不矛盾。

虽然独立担保的性质决定了银行对受益人承担的是居于申请人对受益人履行之后的第二顺位的责任，但惯例规则并未规定受益人须先向申请人索偿，而是规定银行凭相符提示见索即付。鉴于保函的独立性，基础交易当事人之间的权利义务关系并不在银行的考虑范围之内，银行仅凭相符索赔付款，而

---

[1] URDG758 第 7 条规定："除日期或期限流过了条件外，保函不应包括一项条件而不规定用以表明与该条件相符的单据。"可见，时间条件是无需提交单据证明而担保人不能忽略的条件。

并无义务在付款前责成受益人先向申请人主张权利或核实受益人是否已先向申请人主张权利。况且，银行在保函下所负责任与申请人在基础合同下所负义务的性质也不同，申请人可能向受益人负有履行金钱或非金钱债务的义务，而银行一般仅在申请人未履行时向受益人负金钱兑付责任。

保函虽有相对于基础合同的独立性，但它的功能毕竟是担保并促成基础合同的履行，为更好地服务于这一目的，实践中一般会将保函的有效期与基础合同的进度作适当的协调和衔接。比如说，为了增强申请人的信用或增加申请人的谈判砝码，保函一般在基础合同尚未签订或生效的谈判阶段就已开出，但又规定自身的生效以基础合同的生效为先决条件。再比如说，保函可能规定"本保函自×日开始生效"或"在×日之前不能在本保函项下支款"，以保证申请人在主合同项下的履行义务已到期。另外，保函也可能规定其于特定时间失效。比如，保函规定见索即付，除非申请人在特定日期之前提交证明竣工或装船的单据。

此外，虽然基础合同已经事实上履行完毕，受益人仍可能在保函有效期内提起索赔，这种索赔与在保函已开立但未生效时的索赔类似，可能构成欺诈。

3. 承保的到期（expiry）和终止（termination）。到期日是受益人的交单截止日，是受益人提交索赔的最后时间。因此在到期日交单是允许的，但在到期日之后交单就属于延迟交单而构成不符。URDG758 第 14 条规定单据须在到期当日或之前提交给担保人。ISP98 第 1.09 条将"到期日"这一术语定义为备用证中规定的作出相符提示的最后日期。而且，第 9.01 条规定备用证必须含有到期日，或允许开证人经合理的事先通知或付款而终止备用证。还有必要指出的是第 9.04 条规定如果没有注明到期日的具体到期时间，它应当在提示地的该日营业结束时。

根据 UCP600 第 6 条（d）款（i）项，规定的兑付或议付的到期日将被视为交单的截止日。对受益人来说，它可以控制在到期日之前交单，但它无法控制在到期日之内的兑付和议付，因为那是银行的工作。由于有效期是银行承担担保责任的期间，而不是银行履行付款责任的期间，故有效期之后银行仍有可能承担付款责任。根据 UCP600 第 14 条（b）款，银行拥有至多 5 个银行工作日的审单期限，这一期限不因交单当天或之后信用证到期日或最迟交单日届至而受到缩减或影响。所以，如果受益人在到期日或之前交单，则交单日的截止不导致银行付款责任的终止，付款日可能发生在到期日之后。

终止是不同于到期的另一概念。到期控制的是受益人的交单，保函到期之后受益人的交单构成不符。而终止控制的是担保人的责任，保函终止之后，保函项下的权利义务终止，担保人在保函项下的责任宣告解除，而不论受益人是否已将保函退还。URDG758 在第 25 条规定了保函的终止，[1]根据该条（b）款，保函的到期只是保函终止的情形之一，这主要是保函到期而受益人未提起索赔的情形。除此之外，保函还在其下已无可付金额或向担保人提交受益人签署的解除保函项下担保责任的声明时终止。可见，保函的到期与终止在时间上也经常是不一致的。一方面，可能保函已经到期，而担保人的责任并未解除，比如受益人在到期日提起索赔，则担保人在此后仍然负有审单并对相符索赔付款的责任。另一方面，也可能保函虽未到期，但担保人的责任已告终止，如在到期日前担保人已作了全额赔付或受益人已解除担保人在保函项下的担保责任的情形。

备用证公约、ISP98 和 URDG 都确认有效期的到期日可以是一个日期，也可以是一个行为或事件，只要能以提交相关单据或其他方式证明即可。前者是承保的自动到期，即承保将于一个确定的到期日自动到期；后者是承保的非自动到期，即按承保要求，通过交单人提交单据来证明或由担保人根据自身的记录来判断，特定行为或事件已经发生（如申请人已按合同履约或已通过担保人的账户向受益人还款）时，该承保到期。[2]

根据 URDG758，在一份保函中既规定了到期日，又规定了到期事件的情况，应以较早发生者为准。对于这一点，负责起草备用证公约的国际合同惯例工作组表达了相同的看法，但并未在相关条款中具体体现。

在保函本身未规定到期日或到期事件时，有些法律或惯例规定了默认的到期或终止时间。[3]前者如备用证公约规定未规定有效期的"承保自开具之日起 6 年到期"。新 UCC5 规定未标明到期日的信用证在开立日之后 1 年到期，

---

〔1〕 我国《独立保函司法解释》第 11 条也规定了保函的终止。

〔2〕 参见徐进亮主编：《国际备用信用证与保函》，对外经济贸易大学出版社 2004 年版，第 366 页。

〔3〕 默认的到期时间和默认的终止时间两者之间的微小差异似乎在于，默认的到期时间的最后一天是受益人的最后交单日，到期之后银行仍可能承担审单和兑付之责，但默认的终止时间的最后一天是银行承担兑付责任的截止日，终止之后银行的担保责任即告解除。

标明自身永久有效的信用证在开立之后 5 年到期。后者如 URDG758 规定未规定有效期的保函自开立之日起 3 年后终止，未规定有效期的反担保函在保函终止 30 个日历日后终止。这些规定都有利于申请人规避无限期被索赔的潜在风险，也可以使担保人免于无限期的担保责任。

ISP98 未明确设定默认的备用证到期或终止时间，但第 9.01 条规定备用证必须要么含有到期日，要么含有可终止条款（terminable clause），即允许开证人经合理的事先通知或付款终止备用证的条款。因此，不但开证人不能开立既不含有到期日也不含有可终止条款的备用证，而且通知人也不应通知未包含这种到期日或可终止条款的备用证。这是因为，国际标准银行实务不允许开立永久有效的信用证。

对于支持长期或时间无限制的债务的备用信用证，信用证有效期截止问题尤为重要。开证行不愿意开出 3 年以上有效期的信用证。例如银行以有效期为 1 年的备用信用证支持客户的有效期为 10 年的本票上的义务。在这种情形下受益人如何避免保障上出现的空白？受益人的办法是在基础合同上规定客户至少应在信用证到期前 30 天或 60 天内办理信用证的展期。最安全的办法为信用证本身包含自动展期条款。信用证可以规定逐年自动展期，除非开证行在规定的期满日前 30 或 60 天内通知受益人将不予展期。受益人将利用这段时间与客户共同寻求其他支持办法。[1]

在循环或永久备用信用证下，信用证在到期日后自动更新或在证下的可用余额被支用后重新复原。这类信用证通常包含允许开证人经合理通知而不再更新备用证的附加条款。当然，开证人仍有义务偿付依其指定行事的指定人，如果后者在收到不再更新的通知之前已对相符提示进行了兑付的话。第 9.01 条也清楚地表明备用证只能经合理的事先通知或付款而终止，所以，依据"到期事件"（expiry events）来终止的做法是不被允许的，因为到期事件

───────────────

〔1〕　参见沈达明编著：《美国银行业务法》，对外经济贸易大学出版社 1995 年版，第 177 页。这类自动展期条款常被称为永久条款。在 Molter Corp. v. Amwest Surety Insurance Co. 一案中，法庭对信用证运作中的永久条款作了如下解释：金融机构设计出此种条款来规避一些州禁止有效期超过 1 年的信用证展期的规定。尽管这类法规大多已被废除，但出于像确定由谁来负责信用证展期等基于习惯以及合法经营的考虑，永久条款仍被沿用下来……永久条款把展期责任加予开证人。因此该条款使信用证自动展期，除非开证人通知受益人它在到期日前决定不予展期……信用证中的永久条款反映了当事人使信用证无限期生效的意图。

取决于单据之提示，而开证人对这种提示是无法完全控制的。[1]

不承认永久有效的信用证，当然是为了保护开证人的利益。但为兼顾对受益人利益的保护，第9.01条（ii）款也不允许开证人不经通知而解除自身的兑付义务，因为这将使受益人的利益受损。在备用证不含有到期日的情况下，开证人要么通过付款来解除自身的兑付义务，要么通过通知给予受益人一段合理时间来兑用备用证。就后一情形而言，如受益人未在合理时间内兑用备用证，则备用证终止；如受益人在合理时间内兑用备用证的话，开证人仍负有兑付义务。所以，开证人不得在受益人的索赔或提示已被开证人自身、保兑人或指定人收到之后终止备用证。

此外，银行有权拒绝在其通常的营业时间之外提交的单据。UCP600第33条明确规定："银行在其营业时间外无接受交单的义务。"而ISP98的规定相对更有弹性。一方面，其第3.05条（b）款规定了在营业结束之后的提示将被视为在下一个营业日作出。但另一方面，由于这一规定是为开证人的操作便利而设，故第3.11条仍允许开证人不经申请人的同意而放弃这一规则，也即开证人可以自主决定接受营业日终止后的单据。

（二）交单有效期的延长

1. 节假日顺延。惯例规则对于交单的到期日适逢节假日或非营业日时的规定基本一致，都是允许往后顺延一天。这就是所谓的"节假日顺延条款"，目的是让受益人或交单行能有合理的时间提交单据。

UCP600第29条规定，如果信用证的到期日或最迟交单日适逢银行因非不可抗力的原因歇业，则顺延至其重新开业的第一个营业日。所谓非不可抗力的原因一般指节假日。

URDG758第25条（d）款也规定如果保函的到期日适逢索赔提交地点的非营业日，则到期日顺延到该地点的下一个营业日。差别在于，因为在UCP600规则下的交单时间除受到期日的限制外，还受最迟交单日和最迟装运

---

[1] Jacob, E. Sifri, *Standby Letters of Credit: A Comprehensiue Guide*, Palgrave Macmillan, 2008, pp. 119-120. URDG758第25条（c）款虽然允许保函因到期事件而终止，但在该到期事件未实际发生时，"保函自开立之日起3年后终止，反担保函自保函终止后30日内终止"的规定仍然适用。备用证公约第12条（c）款中"到期事件未能以单据确认时承保自出具之日起6年后到期"的规定也体现了同样的精神。所以，URDG758下的保函和备用证公约下的承保都不是永久有效的。

日的限制。根据 UCP600 的规定，往后顺延一天的规则对最迟交单日[1]是非营业日的情况也同样适用。但在最迟装运日适逢节假日时的情况却不一样，由于各国的公共交通运输如轮船、铁路、航空、公路等都没有假日，一年到头都在运转，因而没有因放假而顺延的问题。所以，如果最迟装运日适逢节假日，那也只有加班加点完成装运了。[2]

　　ISP98 第 3.13 条规定，如果备用证注明的提示的最后一天（无论注明的是到期日，还是必须收到单据的日期）是开证人或指定人的非营业日，则在随后一个营业日作出的提示被认为及时而应予接受。值得注意的是，此处"提示的最后一天"并非 UCP 意义下的"最迟交单日"，其可适用于任何交单的期限，如分期付款中的每一个交单日，只要这个最后一天是非营业日，那么单据就可以在随后一个营业日提交。

　　该条还规定"收到提示的指定人，必须将此情况通知开证人"，即向开证人说明提示是被及时收到的，以免使后者误以为交单已过有效期。出具说明的银行一般会使用"兹证明单据系在信用证有效期内提示（We hereby certify the documents were presented within the validity of the credit）"或类似措辞。此处应予注意的是，虽然本条要求指定人必须通知开证人，但既未涉及保兑人，也未明确该指定人系以何种身份行事，也即，是作为接受指定并依指定行事的指定人，还是作为未接受指定而仅作为通知人行事的指定人？这一点至关重要，因为 ISP98 下的指定人也包括通知人在内，但在通知人仅负责信息传递而不承担审单和兑付之责的情况下，如仍要求该人说明单据系及时提示的，则在其未作此说明的情况下，它可能要就单据的全部金额承担责任。[3]

　　相比之下，ISP98 就交单日适逢非营业日的情况设定的规则更为明确，UCP600 的相关规定则可能带来麻烦或困扰。在备用信用证被用于担保按月付款，比如在每月 27 号付款的情况下，由于 27 号有时可能适逢周末，此时根据 UCP600 第 32 条的规定，[4]如果受益人等到下周一去支款的话，它不仅会

---

　　〔1〕　根据 UCP 第 14 条的规定，最迟交单日即在单据包含正本运输单据情况下的装运日之后的第 21 个日历日。

　　〔2〕　参见于强编著：《UCP600 与信用证操作实务大全》，经济日报出版社 2007 年版，第 178 页。

　　〔3〕　See Jacob E. Sifri, *Standby Letters of Credit: A Comprehensiue Guide*, Palgrave Macmillan, 2008, p. 53.

　　〔4〕　UCP600 第 32 条规定，如信用证规定在指定的时间段内分期支款或分期装运，任何一期未按信用证规定期限支取或装运时，信用证对该期及以后各期均告失效。

丧失对该期款项的支取权，还将丧失在信用证下全部的支款权。由于 UCP600 允许的只是最迟交单日顺延至重新开业后的第一个营业日，故这一顺延对上述案例中非最迟交单日的情形并不适用。[1]

2. 营业中断。惯例规则对最后营业日交单因不可抗力等原因导致营业中断而无法履行时的规定差别较大。先看 ISP98 的规定，根据其第 3.14 条 （a） 款，如果最后一个营业日提示地由于任何原因停业，因此没有及时地作出提示，则除非备用证另有规定，允许提示的最后一天自动延期至提示地重新开业后的第 30 个日历日。

实践中可能会出现节假日和营业中断两者叠加的情况。试举一例，如备用信用证规定提示于 2019 年 2 月 5 日在中国某银行到期，由于该日正值中国春节假期属于非营业日，故提示依第 3.13 条应顺延至重新开业后的第一个营业日即 2 月 11 日，但假设 2 月 11 日该行又因遭遇恐怖袭击事件而停业至 2 月 21 日，则允许提示的最后一天自动延期至银行重新开业（即 2 月 22 日）后的第 30 个日历日（即 3 月 23 日）。但要注意的是，与营业日为有关行为履行的营业地通常开业的一天不同，日历日可以是任何一天，所以如果在营业中断延期之后的最后一天又遇上节假日，则受益人不得再以第 3.13 条中有关节假日顺延的规定为由主张在随后的第一个营业日作出提示。本例中的 3 月 23 日正值周六，故受益人实际上能够利用的最迟提示日期是 3 月 22 日而不是 3 月 23 日，更不是此后的第一个营业日即 3 月 25 日。

第 3.14 条 （a） 款中的"任何原因"显然包括了不可抗力，但不包括第 3.13 条"到期日是非营业日"规定的情形。而既然停业可以是"由于任何原因"，则对于不可抗力是否确实存在，或如果不可抗力确实存在的话，其存在的时间、地点和持续时间等也就无需调查。关键在于，开证人（或其他指定人或保兑人）在正常情况下本该营业的一天却未开门营业。这样的话，即使开证人由于破产而停业，受益人也可依本款享有进行相应延期的程序权利。

这一延展规则适用于向开证人、保兑人或向经授权在备用证下行事的指定人作出提示的任何备用证，但却不适用于自由议付备用证，因为在该类备用证下可以在多处提示支款，所以某一地的停业并不影响受益人"及时地作

---

[1] See Jacob E. Sifri, *Standby Letters of Credit: A Comprehensiue Guide*, Palgrave Macmillan, 2008, pp. 3-4.

出提示"。

此外值得注意的是，只有列明的地点或场所在允许提示的最后营业日如未停业受益人就能向该处作相符提示的情况下，受益人才能依照本规则获得延期 30 天的好处。但这些事实如何确认本条并未提及。默示的理解是开证人在最后的提示日停业之后一旦兑付相符提示，它就有权从申请人处获得偿付。

ISP98 第 3.14 条（b）款允许开证人在提示地点停业或预计将停业时，指定原提示地点之外的另一处合理的提示地点。这一预备方案使受益人可以在作为备选的另一指定地点交单，而无需等待原提示地点的重新开业。这一备选地点的指定可以体现于备用证文本的某一条款之中，也可以与受益人另行联系，包括信件、电邮、电传等，但开证人必须证明受益人已收到该通知。该款"合理地点"的表述意味着，这一地点不能与受益人所在地距离过远，也不能由于政治抑或其他原因而无法抵达。

该款涉及的是提示地点预计将停业的情形，如难以为继的分行即将倒闭。该款允许开证人留出充裕的时间向受益人发出停业通知，以便后者相应地调整计划。需要强调的是，如果停业通知在提示最后一天之前超过 30 个日历日收到，那么根据该条就无需予以延期，受益人须在新的指定地点提交单据，因为它有充足的交单时间。相反，如果停业通知是在提示最后一天之前不足 30 个日历日收到的，并且由于该原因无法及时作出提示，那么提示的最后一天自动延展到原提示期限后的第 30 个日历日，此时的提示也须在新的指定地点作出。

当然，如果备用证文本中的某一条款对停业日之后的提示期限作了另行规定（比如 15 天而非 30 天），那么受益人就必须在这一规定的时间范围即 15 个日历日内提交单据，因为 ISP98 规则是对备用证条款的补充，而规则中的其他规定仍然适用，除非被备用证明确地修改或排除。[1]

URDG758 也参照 ISP98，规定保函项下交单或付款因不可抗力而不能履行，在此期间保函失效的，保函自失效之日起延展 30 个日历日。虽然同为延期 30 个日历日，但两者之间仍存在如下明显差异：一是延展的原因不同。ISP98 延展是因为本该营业的日子未正常营业（停业），不管是由于不可抗力

---

〔1〕 See Jacob E. Sifri, *Standby Letters of Credit: A Comprehensiue Guide*, Palgrave Macmillan, 2008, p. 54.

还是其他任何原因。URDG 则将延展的原因明确限于不可抗力。二是延展的方式不同。ISP98 规定最后提示日延展到复业后的第 30 个日历日，这样不论不可抗力的时间持续长短，受益人仍有较为充裕的时间重新交单。而 URDG 规定因不可抗力使担保人营业中断的保函自失效之日起延展 30 个日历日，无论这 30 天内担保人是否或能否恢复营业。根据 URDG758 起草组的评述：因不可抗力保函延展 30 日，而该 30 日结束时担保人仍未恢复营业（如地震致担保人停业重建），则保函将根据其规定的失效时间或失效事件的发生而失效，不再有另外的延展。也就是说，30 日之后不再有任何延展，受益人须承担此种情形带来的后果。[1] 三是 URDG 增加了不可抗力前已交单但未付款的规定。不可抗力前的交单发生于保函有效期内，其后的不可抗力既不导致保函的展期，也不免除担保人的审单和付款之责。其中不可抗力前的交单尚未审核的，应在担保人恢复营业后 5 日内审结；不可抗力前的交单已经审核相符的，不可抗力结束后应予付款。

与 ISP98 和 URDG 的规定截然不同的是，UCP600 第 36 条规定银行对于不可抗力等原因导致的营业中断的后果概不负责，银行恢复营业时对于在营业中断期间已逾期的信用证无需再付。即不支持信用证在不可抗力情况下的有效期延展，受益人完全承担开证行因不可抗力停业而使信用证失效的后果，如失效后该项信用证业务仍需处理，则需重新办理信用证开证手续。

这种差异存在的主要原因是，在商业信用证的情况下，受益人对于交单有一定的控制权，它可以尽快备齐单据并在有效期内尽早交单，没有必要拖到有效期将至的最后一刻。所以，为了避免拖到最后一刻交单并遭遇不可抗力等风险，受益人应该采取更为积极的态度和行动。此外，信用证下在开证银行之外一般还有指定银行可以提示付款，所以，即使开证银行所在地在最后营业日因不可抗力等原因停业，受益人还有机会到指定银行去支款。

而在保函或备用信用证的情况下，受益人的交单经常取决于申请人的违约与否，它对于交单缺乏主动权，如果申请人在保函或备用信用证将近到期的时候违约，受益人就只能相应在有效期将至的时候交单，此时如果最后营业日恰好遇上不可抗力等无法控制的原因，让受益人来承担相应风险是不公平的。

---

[1]　参见阎之大：《URDG758 解读例证与保函实务》，中国文献出版社 2011 年版，第 297 页。

特别是就保函而言，由于保函项下没有类似信用证的保兑行或被指定银行，而间接保函的受益人也不能直接向反担保人索赔，因此，如果保函因不可抗力失效，受益人将承担全部不可抗力的后果，从而失去交单索赔的权利，甚至失去对已经提交的相符索赔得以偿付的权利，这显然是不公平的。因此，URDG758 参照 ISP98，规定保函自其失效之日起延展 30 个日历日，如此给受益人提供了一定的补偿机会，弥补了 URDG458 的不足，[1]同时又确保不使担保人与指示方的风险长期敞口。[2]如果所延展 30 天的最后一天恰逢担保人的非营业日，交单索赔仍可顺延到下一个营业日提交；但如果延展的 30 日结束后担保人的营业仍未恢复，则之后不再有任何延展，受益人须承担此种情形带来的后果。[3]

鉴于 UCP600 与 ISP98 及 URDG758 之间的这一明显差异，适用 UCP600 的信用证下的受益人——特别是备用信用证下的受益人——如欲维护自身利益，最好变更该条款而代之以与 ISP98 和 URDG758 的规定相类似的自动延期条款。

二、交单的地点

（一）一般要求

交单应于有效期内在特定地点提出。各规则均将交单的时间和地点结合起来规定，也就是要求提示在有效期内到达特点地点交单方为有效，故单据的提示实际上采用的是到达主义。UCP600 第 6 条同时规定了到期日和交单地点。备用证公约第 15 条规定单据应于可提出索款的期限内，在出具承保的地点，向担保人/开证人提出。即要求在有效期内在担保人/开证人的营业柜台提出。URDG758 第 14 条也规定单据必须于保函到期当日或之前在保函开立地点或在保函规定的其他地点提交给担保人。

保函一般明确规定付款请求应在到期日或之前"由我方收到（received by us）"，"由我方收到"的这一表述旨在避免究竟是以"投邮日"还是"送达

---

〔1〕　URDG458 第 13 条：担保人和指示方对因天灾、暴乱、战争或其他无法控制的原因，或因罢工、停工，或任何性质的劳工行动导致其营业中断而产生的后果，概不负责。

〔2〕　参见阎之大：《URDG758 解读例证与保函实务》，中国文献出版社 2011 年版，第 294 页。

〔3〕　参见阎之大：《URDG758 解读例证与保函实务》，中国文献出版社 2011 年版，第 296~297 页。

日"作为支款适用标准的问题,对于这个问题各国法律给出的答案是不尽相同的。[1]因此,受益人不能简单地认为将单据提交给自己当地的银行交单即告完成,只有在有效期内到有效地点将相符单据交给指定对象才构成相符交单。

"Presentation"本身即含有"呈现""显示"之意,即单据必须出现在担保人之处,也就是担保人收到单据。起草组在关于索赔的提交时评述说:"重要的是索赔被交付给了担保人,而不是索赔由受益人处发出。"(It is the delivery of the demand to the guarantor that matters, not its sending by the beneficiary)[2]

(二) 交单的具体地点

ISP98 第 3.01 条规定:"备用证应该表明提示的时间、地点及在该地点范围以内的位置、接受提示的人和方式。如有这样的规定,提示必须如此作出。如备用证并未表明,则提示应与本规则一致。"这样规定的原因是备用信用证的开证人多是拥有众多分支机构和部门的大型机构,所以向其中某个分支机构或部门递交单据并不意味着单据会直接送达备用证业务部。再者,即使单据直接送达开证人赖以处理数以千计信用证业务的这一部门,这也不意味着单据能直接得到处理,因为开证人总是会将业务在不同员工之间进行分配。提示的媒介也非常重要,因为对以邮件方式提交的纸质单据的处理和对电子单据或传真单据的处理方式是不同的。备用信用证应对特定媒介的使用作出具体规定,如接收传真的号码等。[3]

ISP98 第 3.04 条 (a) 款规定提示必须在备用证中注明的地点或场所作出,如备用证未作注明,则应在本规则规定的地点或场所作出,否则提示将被视为不符。该条鼓励对提示的地点、场所和对象作出清晰完整的规定,原因是开证人在同一城市可能有不止一处场所,如果提示未被送到正确场所,就可能引起迟延并导致因逾期而不符的后果。

---

[1] See Roeland F. Bertrams, *Bank Guarantees in International Trade*, Kluwer Law International, 2004, p. 84.

[2] 参见阎之大:《URDG758 解读例证与保函实务》,中国文献出版社 2011 年版,第 79 页。

[3] See Jacob E. Sifri, *Standby Letters of Credit: A Comprehensiue Guide*, Palgrave Macmillan, 2008, p. 38.

（b）款规定如果备用证没有注明向开证人提示的地点，则提示必须在备用证开立的营业场所作出。（c）款规定如果备用证是保兑的，但保兑书中没有注明指示地点，此时提示必须在以下两个场所之一作出：一是在保兑人开出保兑书的营业场所作出；二是允许提示人选择向开证人作出提示。允许提示人此时向开证人提示的原因是，尽管有保兑人或其他指定人的存在，受益人总是有权向开证人提示单据，因为它对相符提示的兑付负有最终责任。至于向开证人的具体提示地点，在备用证作了注明时，是注明的向开证人提示的地点；在备用证未作注明时，依本条（b）款规定则是开证人开出备用证的营业场所。

（d）款规定如果备用证没有注明提示地点之内的具体场所，可以交单给：（i）备用证中注明的一般邮政地址；（ii）指定的信函或单据接受地点的任一场所；或（iii）在提示地点实际上或表面看来被授权为接受提示的任何人。该款使用"场所（location）"一词来强调送到备用证规定的街道地址不一定意味着单据就能送达备用证业务部门，因此，该条建议在备用证中注明交单的详细地址。单据虽可送到指定的信函或单据接受地点的任一场所，但并不是说只需将单据置于该处场所即万事大吉，单据还要交给在提示地点实际上或表面看来被授权为接受提示的任何人，因此，将单据交给分行的出纳员也不意味着交单已告完成。只有将单据交给负责将单据转交备用证业务部的中心邮递站，或直接交给备用证业务部，交单才告完成。

如果备用证注明了收单人的姓名或头衔（如备用证业务部经理），那么单据必须提示给该人。不过，最好不要指名道姓，以避免因人员更替、缺勤或职责的变动可能带来的麻烦。因此，规则的规定是提示给实际上或表面看来被授权为接受提示的任何人。实际上被授权为接受提示的人是指签收邮件的邮递工作人员，表面看来被授权接受提示的人是指通常接受单据并予签收的接待员。[1]

URDG758 第 14 条（a）款规定单据必须在保函开立地点，或在保函中规定的其他地点交给担保人。与信用证不同的是，由于保函一般不涉及另一家银行"买入""贴现"等融资关系，故规则未给保函设置类似信用证中的指

---

[1] See Jacob E. Sifri, *Standby Letters of Credit: A Comprehensiue Guide*, Palgrave Macmillan, 2008, pp. 41-42.

定银行，保函的有效时间和有效地点都表现在担保人开立保函的处所。与信用证相似的是，尽管保函可能以分行的名义开立，但包括到单审核在内的业务都集中到单证中心处理。故担保人可能因业务处理的原因规定向另一地点交单，此时单据需在到期日或之前提交至该地点。[1]

三、交单的形式

（一）单据与信用证的关联性

受益人或交单人应确保单据上标有备用证的编号，以便开证人一收到单据就能认定与之相关的备用证，接下来便可启动审单程序。当然，在单据上标注备用证编号并不是标明备用证的唯一方式，附以备用证的正本或副本也能达到同样目的。

显而易见的是，如果不能将单据和有关的备用证联系起来，单据的审核就无法开始，提示单据而未清楚标明其凭以提示的备用证将导致处理上的延迟，这种延迟将一直延续到联系得以确立为止。比如说，如果这些单据被交给邮递业务部时未作适当标注，它们就有可能被送往商业信用证业务部，滞留于彼此直至提示能被认定。由此而导致的延迟的后果应由受益人承担，因为它没有遵守该条的规定。值得注意的是，开证人的审单义务仅从这些单据能被准确认定时才告开始。

即使有些单据声明其系在某一备用证下的提示，但未标明该备用证的编号，如果有关部门正在处理同一申请人和受益人之间大批量的信用证，延迟仍有可能发生。此时延迟的后果仍应由交单人承担，开证人仅在这些单据被准确认定后才有义务审单。

有意思的是，尽管该条要求受益人在提示的同时提供编号，但受益人违反本条的规定并不赋予开证人以拒绝兑付的权利，该条只允许开证人延迟审核提示直到单据能被认定为止。

如果备用证规定提示必须包含信用证编号，于此情形下，受益人未加注备用证的编号并不使开证人有权拒付，除非备用证要求措辞是完全一样的或

---

[1] 参见阎之大：《URDG758 解读例证与保函实务》，中国文献出版社 2011 年版，第 170~171 页。

同一的。[1]此外值得一提的是，根据 ISP98 第 3.11 条的规定，由于编号的要求是为开证人的利益和操作便利而设，备用证中的这一要求可由开证人依其独立判断而放弃。

由于本条既不要求开证人在单据能被认定之前审核单据，也不要求开证人加快比对进度以便认定提示，如果在提示被认定之前备用证就已到期的话，开证人会将提示视为不符（延迟交单），此时受益人应对之负责。[2]根据 ISP98 第 5.04 条的规定，此时开证人可以拒付这一提示而无需发出拒付通知。

与 ISP98 的规定相似，URDG758 第 14 条（f）款也要求每次交单[3]都以标明保函编号等方式指明相应的保函，否则，5 个营业日的审单时间将从对相关保函的确认日开始，且保函并不因此而展期。根据该款，索赔未指明相应的保函并不使索赔成为不符，但受益人需就因不能确认单据与保函之间的对应关系所导致的延迟负责。

不过，UCP600 中并无此类要求，原因可能是商业信用证下要求的单据多，相互之间通过对货物描述及关系人等要素的交叉援引，已经可以建立足够的联系。[4]

（二）单据中的签名

1. ISP98 中的单据签名要求。与商业信用证不同，备用信用证往往要求发票和运输单据的副本而非原件。以备用信用证支持的种类繁多的合同项下使用的单据很多都不是传统的商业单据，这就可能使受益人要获得以认证等方式加以证实的单据或副本极其困难。这样，"据称的"（purported）或"据称"（purportedly）之类措辞有时就会被用来免除认证或其他对真实性的证明要求。单据的真实性或虚假性原本就不由开证人负责，[5]这是因为如果银行因不能对出单人的授权加以证实而需担责的话，信用证作为促进付款之工具

---

〔1〕　参见 ISP98 第 4.09 条（c）款。

〔2〕　See Jacob E. Sifri, *Standby Letters of Credit: A Comprehensiue Guide*, Palgrave Macmillan, 2008, pp. 39-40.

〔3〕　"每次交单"的表述意味着该款的要求既适用于受益人的交单（包括索赔性交单和非索赔性交单），也适用于申请人的交单，也适用于担保人在反担保函项下的交单。特别是，根据规则第 15 条在保函或反担保下索赔时单独出具的支持性声明也须标明保函编号。

〔4〕　参见阎之大：《URDG758 解读例证与保函实务》，中国文献出版社 2011 年版，第 181 页。

〔5〕　见 UCP 第 34 条、ISP98 第 1.08 条（b）款及 URDG758 第 27 条（a）款等。

的功能就会受损。[1]

实践中，有些信用证会规定，受益人对申请人违约的书面声明应由受益人公司"经适当授权的高级职员"（duly authorized officer）签署。如果受益人接受了含有这种条款的备用信用证，那么，在提示付款或议付时，受益人除了要按信用证要求出具申请人已违约的书面声明外，还要附上受益人公司授权签字人代表公司签署该项声明的授权书，或者提供由独立的鉴定人出具的、证明受益人声明上的签字为真实性签名的鉴定文件。这将给受益人带来麻烦。解决这个问题的传统做法是，受益人争取申请人在申请开立备用信用证时，将此类要求改为由"据称已得到授权的高级职员签署"（signed by purported authorized officer），或采用变通的方式，将备用信用证对单据的要求改为受益人"手签的声明"（a manually signed statement）。很明显，使用了"据称的"和"手签的"（manually signed）等修饰词后，受益人不必再提供签字人的授权书等文件了。[2]

不过，ISP98 为受益人提供了更好的解决办法，它对单据上的签名作了十分宽松的要求，因而也更加符合受益人的利益。根据第 1.09 条的术语定义，签名"包括为证实某一单据而由某人签署或采用的任何符号"，可见签名的意义是为了对单据的来源和真实性加以证实。再依第 4.07 条的规定，如无备用证的明确规定或标准备用证惯例的要求，单据就无须签名；即使必须签名，但备用证未明确注明签名人，就无须限定其姓名或身份；即使备用证明确指定签名人的姓名或身份，只要从单据表面看起来符合这种指定就足够了。单据一般无须签名是由于 ISP98 默示备用证须由受益人出具（第 4.05 条）。不难理解的是，由第三人出具的单据往往需要由该第三人以签名的方式加以证实。

据此，在 ISP98 下开出的备用证要求书面声明签名人的身份为受益人公

---

[1] See John F. Dolan, *The Law of letter of Credit: Commercial and Standby Credits*, Warren, Gorham & Lamont, 1996, pp. 359-360.

[2] 参见赵丽梅编著：《信用证操作指南》，中国经济出版社 2000 年版，第 252 页。不过，这类修饰词所起的作用仍然是有限的。在 Barnett Bank v. Westbrook Atkinson Realtors 564 So. 2d 570 (Fla. Dist. Ct. App. 1990) 一案中，信用证要求提交一份"据称"由受益人 Edna May Walter 签发的证明，但交单中却把"Edna May"写成了"Edna Wilson"。判决认为使用"据称"一词尚不足以消除名称上的不符。

司"经适当授权的高级职员"时，只要在签名之外注明此种身份使之看起来符合要求就够了，无须另外提供公司的授权书。而且，注明的身份无需与备用证的要求完全相同，比如备用证要求特定单据由"财务总监"签名，而提示的单据显示有两个人的签名，其中之一是"财务总监"，另一个是"首席执行官"，则此时的签名仍可接受，除非备用证另有规定。

规则使用"看起来"（appear on its face）等措辞，意在强调审单行无需在单据表面之外去审核签名，因此一个即使是伪造的签名，只要从表面上看起来是真实的，银行就无需对此负责。但这一点对依据第 3.06 条（b）款（i）项和（ii）项作出提示的电子签名并不适用，因为此时审单员有义务对含有电子签名的单据的真实性予以核实。[1]

2. URDG 中的单据签名要求。与 ISP98 类似，URDG758 在签名问题上也默示采用无须签名的立场，该规则第 19 条（c）款要求单据内容从表面看来满足该单据应有的功能，但在形式方面作了比较宽松的规定，即：如果保函要求提交单据而未规定是否需要签名、由谁出具或签名，则单据可以无需签名，或者单据已有签名的话，任何签名将被接收，而无需表明签名人的身份或职位。

在保函要求提交签名单据的情况下，则应结合第 2 条对"签字"[2]的定义，并视具体情况区别对待这一签名要求。具体来说：（1）如果保函规定单据必须签名，但未规定由谁签名，则签名需由出具人或其代表人在单据正本上作出。（2）如果保函要求单据由某人签名，如"a certificate signed by ABC"，则签名需由该人在单据正本上作出。（3）如果保函要求单据且规定了出具人，如"a certificate issued by ABC"，则单据须由该人出具。至于出具的具体要求，参照 ISBP745 第 A20 段的规定，只要单据表面似系由该人出具即可。单据使用了该人的函头（letterhead），或当没有函头时，单据看似由该人或其代理人完成或签署，即可满足这一出具要求。也就是说，出具的要求较签名为

---

〔1〕 See Jacob E. Sifri, *Standby Letters of Credit: A Comprehensiue Guide*, Palgrave Macmillan, 2008, p. 65.

〔2〕 URDG758 第 2 条规定："签字当适用于单据、保函或反担保函时，指其正本由出具人或其代表人签字，既可采用单据、保函或反担保函的接收人可以证实的电子签字，也可采用手签、摹本签字、穿孔签字、印戳、符号或其他机械方式。"据此，签名默认由出具人作出，且应在正本上作出。此外，签字、签名或签署几个词表达的意思相同，英文都是"sign"或"signature"，仅译法不同而已。

宽松，签名方式或签名之外的使用函头之类的方式均可满足出具要求。此外，与签字不同，出具无须在正本上作出。

此外，URDG758已经就索赔、支持性声明、解除担保人责任的声明等必须签名及由谁签名进行了明确规定，这些规定当然应优先适用。[1]

（三）单据日期

UCP600规定单据日期可以早于信用证的开立日期，但不得晚于交单日期。单据的出具日期可能比信用证开立的日期早，这一是为了便于路货的买卖，二是因为发票日期可能早于开证日期，因为卖方往往签订合同后就开出发票。不过，单据在提交之后才出具显然有悖常理，故单据日期如果迟于交单日的话，就构成一个不符点，但可以通过修改单据日期或在单据出具日期后信用证有效期内再次交单来消除不符。

URDG758不像UCP那样规定早于信用证开立而出具的单据均可接受，为了避免提前索赔的情况发生，URDG758第15条规定，索偿及支持性声明日期不得早于受益人有权提交索赔的日期。因此，索赔所注明的日期早于保函开立日期的索赔构成不符索赔，不存在"对于早提交的索赔，一旦等到保函开立日，担保人的付款责任就产生了"这样的可能。[2]但URDG758允许支持性单据的出具日期早于受益人有权提交索赔的日期，如此规定与保函所反映的基础交易相符合，比如运输单据、检验证明等，在保函开立时可能已经存在。与UCP600的精神相一致，URDG758也规定包括索赔和支持性声明在内的任何单据的日期不得迟于其提交的日期，否则构成不符点交单。又由于任何单据必须在保函有效期内交单，因此，包括索赔和支付性声明在内的任何单据的出具日期不得迟于保函有效期。[3]

ISP98第4.06条规定所要求单据的出具日期可以早于但不得迟于提示日期，并未否认在备用证开立之前出具的单据的有效性。实践中银行很少碰到单据日期迟于提示日期的情形，而通常的做法也是拒收此类单据。尽管如此，起草者还是认为以明确的规则体现这一实践较之语焉不详更为妥当。有一种受益人提交此类日期迟填的单据（post dated documents）的情形是在直接付款

---

〔1〕 参见阎之大：《URDG758解读例证与保函实务》，中国文献出版社2011年版，第223~224页。

〔2〕 参见阎之大：《URDG758解读例证与保函实务》，中国文献出版社2011年版，第102页。

〔3〕 参见阎之大：《URDG758解读例证与保函实务》，中国文献出版社2011年版，第197页。

备用信用证规定的付款到期日前提交单据，并将单据日期标注为预定日期，以期获得提前支付。[1]如某直接付款备用信用证规定的付款到期日是 2020 年 3 月 15 日，但受益人在此前的 3 月 1 日即作交单，并将单据日期迟填至 3 月 16 日。

ISP98 第 3.11 条则赋予开证人以酌处权，开证人可在不征求申请人同意的情况下视日期注明晚于交单日的单据为相符单据，而不影响申请人对开证人的偿付义务。

（四）单据中作出声明的形式

ISP98 第 4.12 条对单据中作出声明的形式也作了宽松的规定，这对受益人是非常有利的。

备用信用证的普遍实践是要求的单据满足信用证的规定即为相符，无需采用特定的形式，除非备用信用证另有要求。通常备用证下只需提示仅由受益人准备并签署的简单索偿书（simple claim）和汇票。索偿书是一种指明违约状况或其他支款事业已发生并要求付款的声明。

由于受益人在备用信用证下易于支款，备用信用证对于申请人而言就是一种具有高风险的文书，申请人因而寻求采取一些确保支款正当性的保护性措施。这些措施其中之一就是在索偿书的措辞中加入"索偿书是一份法律文件，如果其中含有任何虚假证明，受益人依法将受质疑并可能因此承担严重的法律后果"之类提示语。这属于一种自我威慑（self-deterrent）。而且，一些国家的法律会对金融或商业文件中存在的虚假陈述予以处罚，如果这些文件是通过一定形式作出的话。因此，在起草备用信用证的时候往往会考虑到对这些法律保护的利用。实际上，该条引导申请人将任何形式的要求都订入备用证文本之中。

根据第 4.12 条（b）款，如果备用证规定要求的声明由声明人由某种形式作出，但没有指明何种形式或内容，则如果注明该声明是经宣布的、经宣称的、经保证的、经证明的、经宣誓的、经主张的、经证实的，或类似情况，该声明即为相符。此处所谓"声明的某种形式"被称为"庄重式"（solemnity），它是指加上一些语句来证明出具声明的人知道该声明的重要性，也知道在其

---

[1]　See Jacob E. Sifri, *Standby Letters of Credit: A Comprehensiue Guide*, Palgrave Macmillan, 2008, p. 63.

中加入虚假内容的严重后果。而在备用证中使用"经宣布的、经宣称的、经保证的、经证明的、经宣誓的、经主张的、经证实的"或任何类似术语都被认为是要求一种庄重式的声明（a statement of solemnity）。

根据 ISP98 第 4.12 条（c）款的规定，如果备用证要求一份由另一个人作见证的声明，但没有指定形式或内容，则若该份被见证的声明看起来含有一个不是受益人的签名，并注明该人系作为见证人行事，该声明即为相符。

ISP98 第 4.12 条（d）款实际上和 UCP600 第 3 条第 4 节内容相同，针对的都是要求单据正式化（to be officialized）的情况。这指的是要求声明必须由一个官方机构副签。在此情形下，该要求可以由一个看起来是受益人之外的人在单据上签名、标记、盖章或标签来满足，只要该人注明其代表身份以及其所代表的组织。不过，如果备用证注明了应对声明进行正式化的官方机构的具体名称，如××组织、××协会、××部、××法院等，则除官员的签名及其身份之外，声明中还必须清楚地标明该同一机构的名称。经公证的声明书也在此类证实的范畴之列。[1]

ISP98 第 4.13 条规定除备用证要求提示电子记录外，开证人无验明受益人身份的责任。（a）款明确在支款提示为欺诈性且银行付款给骗子而非真实的受益人或受让渡人的情况下，申请人承担全部责任而银行可以免责。申请人不仅要对错误付款负责，还有义务对真实受益人的支款要求随时予以兑付。不过，如果申请人破产，则此时开证人仍需担负全责。

URDG758 第 19 条（f）款同样规定，对保函中单据需履行法定手续、签证、认证或其他类似要求，则表面上满足该要求的任何签字、标记、印戳或标签，将被担保人视为满足了这一要求。

（五）交单中的语言要求

由于审单员需要阅读和理解在备用证下所交单据的全部内容，故 ISP98 第 4.04 条规定受益人出具的所有单据应与备用证使用的语言一致。但就非受益人出具的单据而言，这些单据可能是受益人无法控制的，比如由一个非英语国家的政府部门出具的原产地证书，故此类单据可以使用任何语言。在这

---

〔1〕 See Jacob E. Sifri, *Standby Letters of Credit: A Comprehensiue Guide*, Palgrave Macmillan, 2008, p. 71.

种情况下，开证人要么可以对单据的文本进行翻译并对该翻译负责，[1]要么可以使用一名熟悉提示的单据中所用语言的审单员。

不难看出，语言一致要求主要是为开证人的操作便利而设，故依 ISP98 第 3.11 条（b）款（ii）项的规定可以不经申请人同意而由开证人单方放弃，[2]但申请人可以通过在备用证中要求单证语言一致的方式来事先排除开证人的这一酌处权。

类似地，URDG758 第 14 条要求申请人或受益人出具的单据原则上须与保函所用语言一致，但对申请人或受益人无法控制的第三方出具的单据，则允许使用任何语言。该条在受益人之外增加了申请人，这与 URDG758 允许申请人交单的实践是一致的。

（六）交单的正、副本以及份数

作为对 ISP98 第 1.09（c）款"电子提示"的补充，第 4.15 条（b）款规定，在作出电子提示的情况下，银行应视其为正本。第 4.15 条（c）款明确了在信用证运作中"正本"这一术语的含义。它规定单据应被假定为是正本，除非看起来并非如此。就此而言，银行要根据出单人表面上的意图来进行推断：如果出单人想要出具的是正本，那么该单据就应被作为正本看待。比方说，一个人把存在手提电脑中的文档打印出来，就可以假定他要出具的是正本。相反，如果出单人想出具复印件，那么该单据就当以复印件视之。例如，一个人如果发送传真、复印或复写文件，就可以假定他想出具复印件而非原件，则银行可将此类单据作为复印件看待。而且，一份单据即便看起来是由原件复制而来，如果签名或证实看起来是原始的，它仍应被认为是正本。

所以，前例中的复印件上如有原始签名，就应当被认为是正本。该条使用"看起来"之类的措辞，是因为银行对单据是否确属原件不负审核之责，银行无需就一份看起来是原件的伪造单据承担责任，伪造或欺诈性提示问题应由法律来解决。

---

[1] UCP600 第 35 条规定银行对技术术语的翻译或解释上的错误，不负责任。URDG 第 28 条也作出了类似规定。但 ISP98 第 1.08 条的责任限制中未作此种免责规定。

[2] See Jacob E. Sifri, *Standby Letters of Credit: A Comprehensiue Guide*, Palgrave Macmillan, 2008, p. 62.

ISP98 第 4.15 条（d）款规定，备用证要求提示一"份（copy）"单据的，受益人可以提示正本，也可以提示副本。[1]但如果备用证中规定只应提交副本的，就必须提交副本单据。而且，如果备用证注明了全部正本的其他去向，则必须提交的单据也是副本。例如，如果备用证要求所有正本提单都必须直接交付给申请人，则在该备用证下支款时必须提示一份副本提单，并附上一份说明情况的证明书。显然，此时正本提单的提示将构成不符。

第 4.15 条（e）款规定，如果备用证要求多份的同一单据，则须提交至少一份正本，除非：（i）要求"两份正本"或"多份正本"，则全部都必须是正本；或（ii）要求"两份（two copies）""两张的（two-fold）"，或类似的情况下，则可以都提示正本或者都提示副本（either originals or copies may be presented）。[2]据此，如果备用证要求"五份单据"，就意味着至少要提示一份正本，其他四份则可以是正本也可以是副本。根据本条（e）款（i）项，如果备用证要求所有提交的单据都是正本，就要使用"两份正本"或"多份正本"的表述。例如，在一份要求"四份正本"的备用证下就只能提交四份正本。根据本条（e）款（ii）项，"两份（twocopies）""两张的（two-fold）"的表述就意味着所有的单据要么都是正本，要么都是副本，易言之，受益人不一定要提交正本。[3]

四、交单的次数

（一）部分支款和多次交单

商业信用证下的全部货物可能无需一次性装运，所以 UCP 也不要求商业信用证下款项的一次性支用，除非信用证文本中有此明确规定。与此相类似，ISP98 原则上也允许备用证的部分支款和多次提示，除非备用证本身有相反规定。

---

〔1〕 副本是指任何并非正本的单据。

〔2〕 根据 ISP98 第 1.11 条（c）款（iv）项的解释，"either A or B"意指"A 或 B，但不是两者同时"，因此，根据本项应提示的单据可以都是正本，也可以都是副本，但不能是部分正本和部分副本的混搭。

〔3〕 See Jacob E. Sifri, *Standby Letters of Credit: A Comprehensiue Guide*, Palgrave Macmillan, 2008, pp. 73 - 75.

1. ISP98 的规定。ISP98 第 3.08 条（a）款允许部分支款即支取少于备用证下的可用金额。如备用证金额为 7 万美元，则受益人可凭相符单据仅支用 6 万美元。（b）款允许受益人多次交单从而分数次支款，但数次支款的合计金额不得超过备用证下可用金额的总和。比如说，在一张金额为 2 万 5 千美元的备用证下，受益人可在有效期内凭相符单据分 5 次支款，每次支用 5 千美元。部分支款的单次支用金额无需等同，但总额不能超过备用证的可用金额。作为例外，备用证有可能会规定禁止部分支款或禁止多次支款。第 3.08 条（c）款和（d）款分别针对的正是备用证禁止部分支款和禁止多次支款的情形。

ISP98 在此引入了部分支款和多次支款之间的一项重要区别。在禁止部分支款的备用证下，当事人的意图很可能是允许支款一次且支用金额不能低于总金额。但在禁止多次支款的备用证下，当事人的意图是只允许支款一次，但支款的金额可以少于总金额。就禁止部分装运的商业信用证而言，情形就有所不同，因为支用金额的减少就意味着装运的货物少于基础合同下约定的数量，这通常是申请人不愿意看到的。所以，禁止部分装运的商业信用证一般只允许支款一次且须全额支用。换句话说，商业信用证下一般只有禁止部分支款的概念而不存在禁止多次支款的概念。通过引入"多次支款"[1]的概念，ISP98 就避免了混淆并指引当事人清楚地表明其意图。[2]

第 3.08 条（e）款不允许索赔的金额超过备用证允许的金额。如果索偿要求超过了备用证可使用的总金额，则该项提示不符；但其他单据写明的金额如超出索偿要求的金额，则不构成不符。这是因为备用证金额通常只是基础交易金额的一部分，所以受益人提示的单据中包含的金额经常会大于索赔的金额或备用证下的可用金额。

第 3.08 条（f）款针对的是在备用证下将要支用的金额在开证时尚不确定的情形，比如说，要求支付的利率是变动的。在这一类情况下，申请人往往要求支款金额处于备用证注明金额的上下增减 10% 这一范围内，在备用证

---

〔1〕　由于装运往往是商业信用证下使用的概念，先有装运而后有相应的支款，备用信用证下未必涉及装运，故在表述上仅使用了"部分支款"而未使用"部分装运"。另外，多次提示也就意味着多次支款。

〔2〕　See Jacob E. Sifri, *Standby Letters of Credit: A Comprehensiue Guide*, Palgrave Macmillan, 2008, p. 46.

文本中可以用"大约""约""近似"或类似的词来表明这一要求。[1]

2. URDG758 的规定。URDG758 借鉴 ISP98 的规定，在第 17 条规定了部分索赔和多次索赔。其中（a）款规定一次索赔的金额可以低于全部可用金额（部分索赔），（b）款规定允许不止一次索赔（多次索赔）。允许部分索赔是为了适应申请人在基础关系中可能只有部分违约的情况，允许多次索赔则是为了适应申请人在基础交易中可能存在多次违约的情况。只要保函未禁止，即允许部分索赔和多次索赔。第 17 条（e）款则规定任何支持性声明和保函要求的其他单据所表明的金额超过索赔金额不使索赔成为不符索赔，这实际上也进一步明确了部分索赔属于相符索赔。

在保函禁止部分支款的情况下，当然只允许一次在保函下支取全部可用金额。而在保函禁止多次索赔的情况下，根据（c）款的规定，就只允许一次在保函下支取全部或部分可用金额，作出这种禁止是为了避免多次索赔带来的麻烦。[2]

（二）单据的分次交齐

ISP98 第 3.02 条规定收到备用证下要求的单据即构成交单，并要求银行"收单即审"。从审核单据和作出拒付通知的角度看，部分单据的提交亦构成交单的话，该交单由于存在单据缺失而构成不符点交单，[3]因此应向交单人发出拒付通知。否则，银行将丧失宣称单据不符点的权利。从受益人的角度看，部分交单既然一定是不符点交单，那么仅在交齐备用证下要求的全部单据后交单才有被认定为相符的可能。而交齐单据的方式包括一次交齐和分次交齐，前者是一次性交齐全部单据，后者是先交部分单据之后再补齐其他单据。[4]

受益人作部分交单可能是因为有些要求的单据其时尚未取得，也可能是

---

[1] See Jacob E. Sifri, *Standby Letters of Credit: A Comprehensiue Guide*, Palgrave Macmillan, 2008, p. 47.

[2] 参见阎之大：《URDG758 解读例证与保函实务》，中国文献出版社 2011 年版，第 207 页。

[3] 如果单据虽有缺失，但开证人根据其自身记录或在正常业务范围内可确定与单据缺失部分相对应的信用证条款已被满足，则此时的交单属于完整交单而非部分交单。

[4] 此处的分次交单和第 3.08 条规定的多次提示不同，分次交单中的单独一次是单据不完整因而也是存在不符点的提示，而多次中的每一次都应该是单据完整且相符的提示。换句话说，前者涉及备用证下单据的分割而后者涉及备用证下金额的分割。

因为有些单据按规定应由申请人提交。ISP98 下对于单据的审核只要求"单证相符"，在备用证规定的范围内才要求"单单相符"，这就在技术上为部分交单和部分审单留下了余地。ISP98 第 3.11 条进一步规定，开证人可以放弃第 3.02 条关于"收单即审"的规定，而"应交单人的要求将单据当作如同在较晚日期收到一样对待"。"交单人的要求"指的是要求开证人收单之后暂不审单，待"之后补齐"单据后再一并审核。对于交单人的这一要求，开证人可以依自己的独立判断决定接受与否，它可能也通常会拒绝这一请求，因为这意味着它要对单据负保管之责并承担单据灭失的风险。如果开证人决定接受这一要求，则交单人的部分交单不构成一次提示，而仅相当于将单据临时寄存在开证人的处所，提示被视为是在备用证下的最后一份交单之时作出。这样，如果最后一份单据是在备用证过期后提交，即使其他单据已在备用证有效期内提交，该提示仍为不符提示，交单人应对此负责。[1]总之，第 3.02 条要求银行不论单据完整与否收单即审，第 3.11 条则赋予开证人应交单人的要求待单据分次交齐后一并审核的酌处权。

URDG758 第 14 条规定交单必须完整，除非交单时表明将在之后补齐。其基本立场是以一次交齐为原则，分次交齐为例外。与 ISP98 不同的是，URDG758 下能否分次交齐的决定权在于交单人而不在于银行。不完整的交单由于有了"之后补齐"的声明不视为不符点交单，担保人没有提前审核不完整单据的义务，但具有临时代为保管单据的义务，"5 个工作日"的审单时间应该从所有要求的单据全部提交时才开始。由于保函项下的交单有可能来自申请人，规则为分散交单留出余地是符合实务的。[2]

相比之下，URDG758 的规定比 ISP98 更为简便。ISP98 要求银行在收到部分单据后明知其不符也应予审核并发出拒付通知，用意固然在于敦促交单人尽可能作出完整提示，但由于每次交单的独立性，对不完整交单的拒付并不影响交单人在备用证有效期内继续交单的权利，相应地银行也有继续审单的义务，这对银行而言可能是一个不小的负担。故在交单人已明确其交单不完整而有待"之后补齐"的情况下，免除银行的审单之责而代之以临时保管

---

〔1〕　See Jacob E. Sifri, *Standby Letters of Credit: A Comprehensiue Guide*, Palgrave Macmillan, 2008, p.39.

〔2〕　参见阎之大：《URDG758 解读例证与保函实务》，中国文献出版社 2011 年版，第 173 页。

之责，似乎更具有合理性。

第七节　备用信用证下的审单

审单对于银行而言至关重要，因为信用证交易是一种单据交易，银行不负责基础交易的履行，也不对基础合同下的货物进行查验，而只处理单据，所以银行需对单据作严格审核，以确保单据与信用证的要求相一致，而单据也是它的唯一保障。[1]单据的审核标准并不是一成不变的。一般来说，过于宽松的审单起不到对银行的保护作用，但过于僵化的审单又会遏制国际商事交易的发展并影响信用证的生命力。前国际商会银行技术与惯例委员会主席 Bernard Whebel 曾经说过："单据审核是一门艺术，而不是一门科学。"

一、审单的普通流程

在备用信用证与商业信用证下对审单的要求并不相同。ISP98 第 4.03 条不要求在备用信用证下提示的单据相互之间一致，除非备用证本身另有规定。而 UCP600 第 14 条（d）款要求单据中的内容不得与该单据本身、其他单据以及信用证中的内容相冲突。而且，就商业单据而言，依照 ISP98 或依照 UCP 审核也存在很大差异，最显见的适例是 UCP600 第 14 条（c）款要求在装运日后 21 天内交单的规定，而这根据 ISP98 是没有什么意义的。

一般来说，中小企业提交的单据根据"先进先出"的原则进行处理，而大公司提交的单据会被优先对待。审单的进度则取决于能够参与审单的员工人数、工作量等各种因素。所以，在银行收单之后，马上就有空闲无事的审单员来着手审单的情况并不多见。因此，ISP98 第 5.01（a）（iv）条规定开证人没有义务加快审单速度，除非备用证中以明确规定缩短了付款时间。

就内部控制的方式来说，银行通常为员工分配了不同的审单权限。例如，金额 5 千美元的提示可由一名办事员审核，而金额 10 万美元的单据只能经一名办事员及一名主管或其他上级的审核之后才能兑付。这类内部规章一般可在

---

〔1〕　See Ralph H. Folsom, Micheal W. Gordan, John A. Spanogle, *International Business Transactions*：《国际商事交易》，法律出版社 2005 年版，p. 132.

银行的部门应用手册中找到，而其具体内容则总是因银行而异。[1]

审单所需时间取决于单据的复杂程度和银行的内部实践是否要求一个以上的人来进行审核。在不复杂的情况下，审单所需时间可能不到半个小时（标准渣打银行的每位审单员每天的审单目标是 20 套），客户对银行也具有相应预期。在其他一些情况下，所规定的单据数量可能意味着审单需数小时之久。在所涉金额较大时，银行可能会要求 2~3 人审单（在 Standard Chartered Bank v. Parkistan National Shipping Corporation 一案中，要支付的金额是 115 万美元，提示的单据由 3 名审单员审核）。决定接受或拒受单据所需的时间取决于银行是否要求拒受单据这一重大决策由一位比审单员权限更大的雇员作出。在必要的时候，银行可能会咨询翻译人员（如果银行职员对单据所用语言不熟悉的话），或者咨询专家（如果需要对技术性的单据加以解释的话）。在确定何为审单并决定是否接受单据的合理时间之时，要考虑采取上述措施的必要性。

每份备用信用证文档都应包含一张审单记录表（document examination record），这是一张用来记录在备用信用证下审单时发现的不符点、记录与提示人就提示进行讨论的情况以及与除受益人之外的其他人展开沟通的情况的简单表格。审单记录表旨在对自收单开始经审单程序直到决定付款或拒付等有关事件的细节进行全程记录。

审单记录表的形式和内容依银行而异，但主要包括以下方面：信用证号码、金额、到期日、最后交单日；支付条款；与受益人、保兑人或提示人等讨论的细节；审单过程中发现的不符点；审单员和其他经授权的签名人的签名。

很多银行要求审单记录表上有不止一个人的签名，具体依备用信用证的金额而定。比如说，要求 5 千美元以上金额的信用证由两个经授权的签字人审核并对结果进行确认。

审单记录表是非常重要的，特别是在对有效期、单据的接收和不符点的修复等问题存有争议的时候。[2]

---

〔1〕　See Jacob E. Sifri, *Standby Letters of Credit：A Comprehensiue Guide*, Palgrave Macmillan, 2008, p. 85.

〔2〕　See Jacob E. Sifri, *Standby Letters of Credit：A Comprehensiue Guide*, Palgrave Macmillan, 2008, p. 214.

二、审单的具体标准

（一）一般规定

1. UCP600 下的审单要求。UCP600 要求银行仅基于单据本身审单并要求交单表面上相符。根据第 14 条（d）款的规定，单据中的数据无需与该单据本身、其他单据或信用证中的数据等同一致、但不得矛盾。这种"不矛盾的一致"可以理解为是一种严格但非绝对的相符要求。再根据第 18 条（c）款的规定，商业发票上的货物、服务或履约行为的描述应该与信用证中的描述一致。这种一致也不意味着商业发票中的描述要与信用证的规定等同一致，而是要求商业发票不仅应与信用证使用同一种语言，而且不得以概括方式对信用证中的描述予以简化。比如说，信用证中描述的货物是"三米长钢管"的话，货物描述为"钢管"的商业发票是不能接受的，因为一米长的钢管也是钢管，而这种钢管对买方而言可能是没什么价值的。

鉴于商业信用证下一般单据众多且能够相互印证，在第 18 条（c）款已要求商业发票对货物、服务或履约行为作准确描述的前提下，第 14 条允许对其他单据中的相应描述作简化处理，该条（e）款规定：除商业发票以外，其他单据中对货物、服务或履约行为的描述可使用与信用证中的描述不矛盾的概括性用语。这样，如果商业发票和信用证中的描述都是"三米长钢管"的话，提单、保单等其他单据中只要概括地写明"钢管"，就应当被认定为是相符单据。

2. ISP98 下的审单要求。如果说 UCP600 下对审单主要采用严格相符标准的话，则 ISP98 下的审单以相对宽松的实质相符标准为原则，以严格相符和绝对相符标准为例外。根据 ISP98 第 4.09 条的规定，在当事人没有通过备用信用证作出特别规定的情况下，单据中的措辞只需与备用证要求的措辞表达同一意思即可。两种规则之间不同的原因在于，传统商业信用证下使用的一般是积极单据，涉及货物本身及其运输保险等一系列履约的全过程，故相关表述必然是客观描述性的，只有各项单据描述的内部以及相互之间严丝合缝，才能避免"货不对板"；而备用信用证下使用的多是消极单据，用以表明（无论哪一环节中）违约情形的存在，故这种表述通常是带有主观判断色彩的，一般不必拘泥于文字，只需表意清晰即可。

对于备用信用证而言，声明中的措辞在多大程度上应与备用证中的措辞一致，取决于备用证本身要求的不同。ISP98 第 4.09 条规定了三种不同的情形，即："如果备用证要求：（a）没有一份指定精确措辞的声明，那么在提示的单据中的措辞必须看起来与备用证中要求的措辞表达的是同一意思。（b）使用通过引号、特别划出的段落、附样或格式指定的措辞，那么，并不要求重复在拼写、标点、空格或其他在上下文中读起来明显的打印错误；为数据而留的空行和空格，可以通过与备用证不相矛盾的任何方式加以填充；或（c）使用通过引号、特别划出的段落、附样或格式指定的措辞、并规定单据应包含"完全一样的"或"同一的"措辞，那么，提示的单据必须重复指定的措辞，包括拼写、标点、空格等打印错误，以及为数据而留的空行和空格。"

（a）款针对的是备用证中未要求声明含有精确措辞的情形，此时只要求单据中措辞看起来与备用证中要求的措辞表达的意思相同即可。这是一种实质相符标准，只要求达意而无需拘泥于文字。但如何判断表达的意思是否是"同一意思"呢？不同的主体可能会有不同的解读。该条中"看起来"的表述则意在确立一种相对客观的标准，即根据国际标准银行实务判断或就业内一般人士的通常理解而言，两种措辞表达的意思相同，不存在明显的歧义即可。如"违约"与"不履约"、"违反合同"、"货物存在缺陷"等措辞，均可认为是表达了同一意思。

（b）款针对的是备用证以引号、特别划出的段落等方式要求声明含有指定的精确措辞的情形。但"精确"并不意味着"机械"，此时应予适用的是严格而非绝对相符标准。举例来说，如果备用证文本中的表述为："We have shipped the goods but did not receive payment within 30 days from invoice date"，而声明中的相应表述是："We have shepped the goods but didn't received payment within 30 days from invoice date"，则该份单据不应被视为不符，尽管从单词到语法上它与备用证的文本都存在出入，但仍能无歧义地表达出备用证要求表达的意思。虽然备用证要求使用指定的精确措辞，这也不意味着单据必须是备用证的镜像或对指定措辞的完全照搬。

审单员有时候需要运用常识来判断单据中措辞的相符与否，尤其在备用证文本本身包含有打印错误或者无意义的表述时，盲目地照搬文本就会更显得荒谬。此外，空格、大小写、标点或格式等方面也无需是完全相同的。一般来说，打印错误并不会导致单据不符，除非其已改变单据或陈述的意思而使这一错误不再是简单的"打印错误"，此时单据就变成了不符单据。

（c）款针对的是备用证要求声明中不仅含有指定的精确措辞、而且规定该措辞必须是"完全一样的"或"同一的"（exact or identical）。这采用的事实上是"镜像标准"或"绝对相符标准"，此时备用证的文本就只能在要求提交的单据中被机械地照搬，即便是打印错误或空行空格等也不例外。

由于"镜像式"文本在制作上存在实际困难，无论是在草拟备用信用证文本的过程中还是在此后准备规定的单据时都必须加倍小心。这是因为任何差异——哪怕是细小和微不足道的差异——都将导致单据的不符。举例来说，如果某备用信用证要求"由 ＿＿＿＿＿＿ 承包商承建的大楼的北面结构最迟应于2017 年 12 月交付"的内容出现在特定单据之中。显然，此处的下划线部分应当填入的是承建大楼北面结构的承包商的名称，但按照（c）款规定，填入了承包商名称的这一单据将被银行视为不符并且拒付，因为该单据并未机械照搬备用证文本的内容。[1]因此，就本例而言，更妥当的做法是由当事人在备用证中对单据提出与备用证文本严格相符的要求，即选择适用本条（b）款的规定，允许受益人对空格以不与备用证矛盾的方式加以填充。

（二）"单单相符"是否必要？

1. ISP98 下不强调"单单相符"。与 UCP 下要求"单单相符"不同，ISP98第 4.03 条强调提示的单据必须与备用证的条款相符，但只需在备用证的规定范围内审核单据之间是否一致。因此，在备用证文本未要求提示的单据相互一致的情况下，审单员可以忽略提示的不同单据之间的任何不一致。以下试从摩根大通开出的备用信用证中选出一段为例：

"本备用证凭向我方提示的下列单据即期议付：

你方开具的以摩根大通为付款人、金额为你方索赔金额的即期汇票；

你方出具的证明，其中载明你方已发运 30 箱俄罗斯水晶并已将要求的单据提交给 JSCS 贸易公司但自发票日之后的 25 日内仍未获付款；

未付发票的副本；

海运提单的副本。

---

〔1〕 See Jacob E. Sifri, *Standby Letters of Credit: A Comprehensiue Guide*, Palgrave Macmillan, 2008, pp. 67-68.

允许部分支款。"

如果在受益人提示的单据中，除其他规定单据外，索赔金额是 5 千美元，发票副本的金额是 2 万美元，即使这两份单据之间相互不一致，提示也不构成不符提示。可见，ISP98 确认在备用证下只需审核单据与备用证本身规定的相符，这和商业信用证的情况有所不同，后者要求所有单据相互之间的一致。[1]

2. URDG758 下也不强调"单单相符"但要求"单单不矛盾"。URDG758 第 19 条（b）款规定："保函所要求的单据中的内容须与该单据本身、相关保函及本规则参照审核。单据本身的内容无须与该单据的其他内容、保函要求的其他单据的内容或保函中的内容等同一致，但不得矛盾。"鉴于备用信用证与保函在功能上的相似性，URDG 也未强调审单时不同单据之间的一致而仅要求单据与保函的相符，而且这种相符也是严格相符而非绝对相符。但应该看到，该款中前半段的正面要求和后半段的反面要求之间是不对称的。前半段明确审单时应参照的对象是该单据本身、相关保函和本规则，不包括"保函要求的其他单据"，但后半段要求单据不得与之矛盾的对象中却包括了"保函要求的其他单据"。这就是说，审单人在审单时没有保证"单单相符"的积极义务，但仍有保证"单单不矛盾"的消极义务。

仍以前述房租案为例，如果申请人 2018 年 1 月－10 月在某房产下支付了房租，但在 2018 年 11 月－12 月在同一房产下未支付房租，如保函下要求提交 2018 年全年所有月份的相关单据，则 1 月－10 月的收款凭证与 11 月－12 月的违约声明相互之间虽然不一致（前者表明已付款，后者表明未付款），但这并不影响单据的兑付。但如果提交的单据中既有 8 月的付款凭证（可能由申请人提交），又包含了 8 月份的违约声明（由受益人提交），则这两份单据间存在矛盾，此时便应认定存在不符点而不能兑付，受益人只能修改不符点后再在有效期内重新交单。因此，就单据之间的关系而言，担保人虽无积极审核义务但也不能完全不予理会，这一精神与 URDG758 第 7 条"在保函下提交的规定单据与保函中的非单据条件的内容矛盾时，对该非单据条件不能不理会"的精神也是相吻合的。

---

[1]　See Jacob E. Sifri, *Standby Letters of Credit：A Comprehensiue Guide*, Palgrave Macmillan, 2008, p. 61.

三、审单的时间和程序

(一) 审单的时间

确定审单时间合理与否时应予考虑的因素。根据新 UCC 第 108 条的官方评论，是要在开证人审单实际所需的时间与审单员会（应申请人的促请或因担心得不到偿付）糜费时日去挑剔单据瑕疵的可能性之间寻求平衡。该条 (b) 款将开证人的审单时间设定为从收到单据翌日起算不超过 7 个工作日的合理时间。至于何谓"合理时间"，该条的官方评论第 2 点认为，要通过考察那些处于审单行业（主要是银行）的人的行为来决定。如无与开证人的先前协议，且收单员和许多其他人一道进行按部就班的审单是惯常做法的话，人们就不能指望开证人在受益人等候于银行大厅之际即审查单据。而且，合理时间不因开证人向申请人寻求放弃不符点而延长。[1] 不过，该条官方评论第 7 点又指出，该条 (b) 款规定的审单时间可由开证人和受益人以协议善意延长，即使该项延长未征求申请人的意见或取得其同意，也对申请人产生约束力。

URDG758 规定的审单时间是"自交单翌日起的 5 个营业日"，所以 5 个营业日之内都是安全港。UCP600 规定是"交单次日起的至多 5 个银行工作日"，多了"至多"两个字，意味着在任何情况下都用足 5 个工作日不一定符合规定，因为 UCP600 既适用于跟单信用证也适用于备用信用证，对于后者而言，经常用足 5 个工作日就可能是不适当的。

ISP98 关于审单时间的规定与 UCP600 有较大的不同。首先，ISP98 并未从正面规定银行审单所需时间，仅从反面规定银行应及时发出拒付通知，ISP98 第 5.01 条规定："拒付通知必须在单据提示后一段并非不合理的时间内发出。3 个营业日内发出的通知被认为是合理的，超过 7 个营业日被认为是不合理的"。其特点是在保留了"合理"这一弹性的主观标准同时，又就何谓"合理"规定了可操作的刚性标准。据此，3 个营业日以内属于安全港，3 天以内的审单时间总是合理的。而超过 7 个营业日的审单时间总是不合理的，超过 7 天尚未发出拒付通知就将丧失拒付权，哪怕单据中存在实质性的不符

---

[1] 参见王江雨译：《美国统一商法典〈信用证篇〉》，中国法制出版社 1998 年版，第 28 页。

点。超过 3 个营业日而未超过 7 个营业日的审单时间可能合理，也有可能不合理，要判断究竟是否合理，就要考虑单据的多少、审单的难易程度以及审单所需的人手等相关因素。比如说，长假之后有一大堆积压的工作要做，或档案室门上的安全系统出现电路故障导致备用信用证的文档难以调取，在这类特殊情形下，审单时间只要不超过 7 天就是合理的。

（a）款（iv）项确认可以备用证中明确规定将发出拒付通知的时间缩短。在这种情况下，审单员就有义务加速审核提示。问题是如果备用证规定必须在自收单次日起的 2 个营业日内发出拒付通知，该怎么处理呢？ISP98 在此就不公平地将银行置于要在其看来不合理的时间内审单的境地，对银行来说，此时较稳妥的做法是在收到备用证后即刻要求修改这一规定，否则就拒绝开立或通知该证。

（a）款（iii）项规定拒付通知时限的计算，始于提示日后的下一个营业日。

（c）款规定拒付通知必须发送给从其处收到单据的人，除非备用证规定通知须发送给另外一方或提示人自己要求将通知发送给另外一方。值得注意的是，根据 ISP98 第 5.08 条（面函指示/发件函）的规定，审单员可以遵守也可以不遵守提示人通常以交单面函形式发出的这一指示。[1]

备用证公约规定的审单时间为最多不超过 7 个营业日的合理时间，除非承保书另有规定或当事人另有约定。

（二）审单中的程序要求

1. 索赔通知。ISP98 第 3.10 条规定：并不要求开证人通知申请人收到了备用证下的提示。URDG758 则对此有完全不同的规定，该规则第 16 条要求担保人须毫不延迟地将索赔及延展保函有效期的请求通知指示方或反担保人，反担保人亦须不延误地将此类请求相应通知指示方，哪怕收到的是不相符索赔。可见，收到提示后通知申请人或指示方是银行在 URDG 项下的义务，但并不是在 ISP98 项下的义务，尽管这并不妨碍银行事实上就索赔事宜通知其客户。

要求将索赔通知申请人至少有如下好处：一是使申请人有机会提交证明自己已履约或部分履约等特定事件发生的单据，以减少甚至抵销受益人的索

---

〔1〕　See Jacob E. Sifri, *Standby Letters of Credit: A Comprehensiue Guide*, Palgrave Macmillan, 2008, p. 87.

偿要求。二是便于申请人针对欺诈性索赔申请止付令，以防止欺诈性索赔的发生，而银行也不至于因为对看来似乎是明显的欺诈性交单予以兑付而受指责。三是通知不相符索赔也会让申请人考虑，是否需要针对受益人提出的索赔在基础关系项下做出一些调整行为。例如，保函规定索赔时提交申请人并未退款的声明。如果将受益人索赔通知指示方，申请人可以退回款项，从而使受益人撤销索赔。对于展期请求，申请人可以据以知道受益人提出的展期是否是双方协商的展期。[1]但反对者则认为，因为银行的义务是独立于基础合同的，故通知索赔有损银行的中立地位，并在一定程度上将银行牵扯到基础交易的纠纷之中。

值得注意的是，在商业信用证下不要求交单后的通知义务有其合理性，[2]但这未必适用于备用信用证和保函。原因是，第一，商业信用证的利用及证下付款是符合各方预期的正常事项。第二，第三方单据的要求减少了欺诈发生的概率，尽管该单据也可能被伪造。[3]

URDG虽然要求对收到的索赔无论合理与否都应尽通知义务，且要求通知"毫不延迟地"地作出，[4]但这并不意味着该通知应在付款之前作出，其原因有二：一是出于时间上的考虑。因为URDG给担保人5个营业日的审单时间是刚性的，而申请人获得止付令需要的时间往往不止5天，强求在不超过5天的付款期限内作出通知，不仅给担保人增加额外的负担，而且对申请人获得止付令也无时间上的特别助益，因为即便在付款前通知申请人也难以保证后者在付款期限届至之前获得止付令以阻止银行付款。[5]二是基于保函

---

〔1〕 参见阎之大：《URDG758解读例证与保函实务》，中国文献出版社2011年版，第202页。

〔2〕 UCP600第16条仅规定当开证行确定交单不符时，可以自行决定联系申请人放弃不符点。

〔3〕 See Roeland F. Bertrams, *Bank Guarantees in International Trade*, Kluwer Law International, 2004, p. 125.

〔4〕 Georges Affaki, Roy Goode认为，URDG758以"毫不延迟"（without delay）来代替URDG458下的"立即（immediately）"，并非要削弱对担保人尽职的要求，也不是一个实质性的改变，而是为了与UCP600保持一致。"毫不延迟"的意思就是立即。参见乔治·阿法齐、罗伊·古德，中国国际商会/国际商会中国国家委员组织翻译：《国际商会见索即付保函统一规则URDG758指南》，中国民主法制出版社2012年版，第144页、169页。

〔5〕 但根据我国《信用证司法解释》和《独立保函司法解释》的相关规定：人民法院受理止付申请后，应当在48小时内作出书面裁定。裁定中止支付的，应当立即执行。这样的话，保函开立人在付款前向申请人通知受益人的提示对申请人及时申请到止付令似可起到帮助作用。不过，《独立保函司法解释》第8条又明确规定，开立人可以自行决定单据是否相符，没有规定对申请人的通知索赔义务。

的独立性。担保人是以自己的名义在履行对受益人的承诺，因此担保人的付款不应受到来自申请人方面的任何制约。

2. 索赔副本的传递。URDG758 第 22 条规定担保人须向指示方或反担保人传递相符索赔及相关单据的副本。如此规定考虑的主要是在发生受益人恶意索赔时，指示方能够及时向法院提供证据，通过索赔及有关单据的副本，证明受益人欺诈，从而促使法院受理案件，依据欺诈例外禁止担保人或反担保人对索赔付款。如此能给申请人提供相应的保护，是对见索即付给受益人过于优惠权利的一种平衡。另外，该款仅规定传递相符索赔的副本，对接到的不符索赔是否传递未作要求。对于不符索赔，担保人或反担保人是可以拒付的，指示方也可以拒绝接受，因此不会发生恶意索赔，但规定对于相符索赔则必须预先传递副本，对受益人的恶意索赔是一种必要的阻吓。[1]但另一方面，不论反担保人还是指示方均不得因为等待副本的传递而停止付款或偿付。

第八节　审单不符的后续处理

一、不符点的放弃

不符点是信用证业务中是很常见的。在 Bankers Trust Co. v. State Bank of India[2]一案中，法庭有证据表明，在所有的交单中约有一半存在不符点。在进口信用证的场合，银行一般会就不符点的放弃与否与买方进行协商（尽管它们通常不把单据交给买方审核），在 90%的情况下，买方给银行的指示是接受单据。

一旦接到单据不符的通知，受益人可通过提交不存在不符点的新单据来修正缺陷，而在因时间不够抑或满足不了信用证条件而无法如此行事的情况下，受益人亦可请求保兑行向开证行寻求放弃不符点。放弃与否取决于买方的指示。受益人不能提交相符单据的情况很常见，但在大多数情况下，买方都同意放弃不符点。尽管在被拒付信用证的数量方面所作的研究寥寥无几，

---

〔1〕　参见阎之大：《URDG758 解读例证与保函实务》，中国文献出版社 2011 年版，第 242 页。

〔2〕　［1991］2 Lloyd' Rep. 443，p. 445，p. 457.

但据一位研究人员估计，在所有提示付款的单据中，仅有1%遭到拒付。[1]

如果客户同意付款，开证行也会做个顺水人情，正常兑付信用证。不过，开证行并不会因为客户放弃不符点而放弃向交单人收取不符点费（discrepancy fee）的权利，其标准通常从 30~100 美元不等。[2]

与商业信用证不同，备用信用证下的支款一般是基础合同当事人关系趋于恶化的表现，但请求放弃不符点的实践仍然存在。ISP98 区分了开证人主动请求申请人放弃不符点和应受益人的请求放弃不符点两种情况。

（一）开证人主动请求申请人放弃不符点

认为提示不符的开证人可以自主决定请求申请人放弃该不符点，但必须在本应发出拒付通知的时间内行事，且不得延长该期限。换句话说，如果开证人尝试向申请人请求放弃不符点而未果，其仍应在 ISP98 规定的时间内及时发出拒付通知。具体而言：（1）如该开证人在从收单次日起算的 3 个营业日内发出拒付通知，则因其仍在安全港内行事，故对其不适用失权规则。（2）如该开证人在从收单次日起算的 4 至 7 个营业日内发出拒付通知，则依具体情形而定，这一发出拒付通知的时间可能会被认定为合理而不适用失权规则，但也可能被认定为不合理而导致失权规则的适用。（3）如该开证人在从收单次日起算超过 7 个营业日后才发出拒付通知，则其应向提示人承担付款责任，即使单据中确有不符点存在。因为 ISP98 能允许的发出拒付通知的最长的合理时限是收单次日起的 7 个营业日。

不过，如果提示人指示开证人不向申请人请求放弃不符点，开证人必须服从这一指示。[3]

（二）经提示人的要求，开证人请求申请人放弃不符点

提示人在收到拒付通知后，往往会要求指定银行向开证人转交单据，或请求开证人向申请人寻求放弃不符点，ISP98 第 5.06 条（a）款规定此时银行可以拒绝转交该不符单据或寻求申请人放弃不符点。不过，银行通常都愿意

---

〔1〕 See Margaret L. Moses, "The Irony of International Letters of Credit: They Aren't Secure, But They (Usually) Work", Banking Law Journal, No. 120. , 2003, p. 479, p. 482.

〔2〕 参见于强编著：《UCP600 与信用证操作实务大全》，经济日报出版社 2007 年版，第 107 页。

〔3〕 See Jacob E. Sifri, *Standby Letters of Credit: A Comprehensiue Guide*, Palgrave Macmillan, 2008, pp. 93-94.

按提示人的要求转交单据，以及寻求申请人放弃不符点或付款授权。

ISP98 第 5.06 条（b）款规定了开证人对在备用证下接收且已经指定银行审核过的单据的重新审核之责，（c）款（ii）项规定无论备用证是否已被经授权的另一银行审核，也无论单据中是否标记有"经审核存在不符点""递交的单据作托收之用""所寄单据有待确认"之类语句，开证人都有义务将提示的单据当作新的提示一样对待，并依据包括第 5.01 条"及时的拒付通知"和第 5.03 条"没有及时发出拒付通知"在内的 ISP98 的相关规定，对该单据重新审核。故此，在单据以及向申请人寻求放弃不符点的请求被一同转交开证人的情况下，（c）款（ii）项并未解除开证人对提示的审核责任。

但是，提示人可以同意放弃对该规则的要求，易言之，它可以同意免除开证人对提示的审核之责。但这种同意必须明确作出，这样的话，即使开证人未按 ISP98 的规定及时发出拒付通知也无需承担责任。

（c）款（i）项规定如果单据被转交开证人，或开证人向申请人提出了放弃不符点的请求，则提示人就不能拒绝开证人通知它的不符点。这是因为请求申请人放弃不符点，就意味着受益人承认单据中存在不符点。

（c）款（iii）项规定尽管申请人作了放弃，开证人没有义务放弃不符点。这不仅是因为银行在信用证下负有的是独立付款责任，也因为在循环备用证、部分支款备用证、永久备用证以及其他可自动更新的备用信用证下，放弃不符点就意味着开证人将继续暴露于风险之中。所以，在申请人表示同意放弃不符点之后，开证人仍可决定拒绝放弃不符点，以规避特定的风险。[1]

（c）款（iv）项规定开证人必须持有单据，直至收到申请人的答复，或应提示人要求归还单据。如果在其通知拒付后的 10 个营业日内没有收到这种答复或要求，开证人可以把单据退还提示人。这是因为单据属于受益人，开证人只是依据其指示持有单据，10 个营业日的规定则是为了控制开证人持单的风险。

实践中，申请人一旦违反基础交易项下的义务，备用信用证受益人就会在证下支款，所以申请人放弃不符点的可能性很小，特别是在备用信用证系

---

〔1〕 See Jacob E. Sifri, *Standby Letters of Credit: A Comprehensiue Guide*, Palgrave Macmillan, 2008, p. 95.

针对违约情形的情况下。不过也有些类型的备用信用证是用来针对履约而非违约情形的，在这些情况下，早在开证人——或提示人通过开证人——联系申请人之前，受益人就会直接联系申请人请求放弃不符点。

开证人有时可能会干脆撇开申请人而以向提示人退还单据的方式来直接处理提示，这种做法既体现不出开证人的职业素养也于礼节有亏，可以说是一种常会造成宝贵机会之丧失的刻板僵化的做法。[1]

二、拒付通知与失权规则（preclusion rule）

银行决定拒绝兑付或议付时，必须将不符点一次性通知交单人，就是说，要能一锤定音（only one bite of the cherry），而对于存在不符点的单据，受益人拥有更改的权利。[2]虽然指定银行也有发出拒付通知的义务，但失权规则仅对开证人和保兑人适用，[3]在单据到达开证人或保兑人之前审单时间不予起算。倚重失权规则或想要确保自单据递交至指定银行时起审单时间就开始计算的受益人应考虑以保兑人作为指定银行。[4]

（一）拒付通知的内容

1. 拒付通知必须声明银行拒绝兑付或议付。在 Bombay Industries Inc v. Bank of New York N. Y. L. J. （13.6.97）一案中，纽约最高法院认为声明发现了不符点的通知本身未必构成银行不接受提示的通知。

---

〔1〕 See Jacob E. Sifri, *Standby Letters of Credit：A Comprehensiue Guide*, Palgrave Macmillan, 2008, pp. 218–219.

〔2〕 参见于强编著：《UCP600 与信用证操作实务大全》，经济日报出版社 2007 年版，第 108 页。

〔3〕 参见 UCP600 第 16 条（c）、（f）款，ISP98 第 5.03 条（b）款。新 UCC5 第 108 条（b）款规定了开证人对提示人的不符点通知义务，以及未及时通知或通知不充分时的失权规则，根据该条官方评论的第 5 点，保兑人、其他指定人以及代表受益人行事的收款银行可作为提示人，并因此有权获得（b）款规定的通知。即使此前已对受益人的提示进行过兑付或给付过价值的指定人是在寻求偿付或兑付，他们也需要不符点通知以期能获得相符单据。开证人负有本条项下的义务，不论其履行行为被视为"兑付"还是对指定人的"偿付"。该条官方评论第 6 点进一步明确，很多时候信用证授权受益人向开证人以外的人作出提示，该条并不为开证人或保兑人以外的人创设义务，但也不排除指定人或其他人在未能履行其与受益人之间的明示或默示协议时按照本篇或普通法承担相应责任。综上所述，再结合新 UCC5 第 107 条（a）款"保兑人对信用证直接负责且在其保兑范围内取得开证人的权利和义务"之规定，可知在新 UCC5 下，失权规则的适用对象也限于开证人和保兑人。

〔4〕 See John F. Dolan, *The Law of letter of Credit：Commercial and Standby Credits*, Warren, Gorham & Lamont, 1996, p. 486.

2. 拒付通知中还须列明拒付所依据的不符点。要求在拒付通知中列明不符点的原因是便于受益人在信用证期满前修改单据中的不符点并重新交单。至于列明不符点的方式，UCP600 和 URDG 均要求在拒付通知中列明凭以拒付的每一个不符点（each discrepancy），ISP98 则规定拒付通知应列明凭以拒付的所有不符点（all discerpancies）。这样规定的理由是防止审单行先提出一些不符点，然后在第一次的不符点被修正后单据被再次提交之时又提出其他不符点，使单据在多次修改中超过最后交单期限，从而免除自身的付款义务。从受益人的角度看，由于往往受制于较短时限，为决定获得支付所需采取的下一步行动，受益人有权及时知悉拒付的全部依据。[1]

ISP98 第 5.02 条"拒付理由的声明"与第 5.03 条"没有及时发出拒付通知"密切相关，两者都禁止针对相同提示分批指出不符点。审单行应仔细审单并在首次提示后就列明每一个不符点，否则就会失去主张提示不符的权利。例如，银行如果只有 3 天时间审单决定单据是否相符，但发现单据不符的审单员直到第 4 天才向提示人发出不符点通知，则该提示应被视为相符提示，尽管不符点存在，提示人仍有权获得支付。这是因为审单员必须在备用证或 ISP98 规定的时间期限内及时发出拒付通知，否则他就不得主张单据不符而其银行应负相应责任。[2]

无论是要求列明"凭以拒付的每一个不符点"，还是要求列明"凭以拒付的所有不符点"，"不符点"之前都带有"凭以拒付的"这样一个限定语，所以，国际惯例并不要求拒付时列出单据中存在的所有或每一个不符点，而只要求列出所有或每一个银行"凭以拒付"的不符点。言下之意，对于没有在拒付通知中列明的不符点，在重新交单之后银行就不得再凭以拒付。要是将之解读为一旦遗漏了单据中的任何不符点银行就要面临失权后果的话，这将是银行的不可承受之重，特别是对于单据数量往往众多的商业信用证而言。

较之要求列明"所有不符点"而言，要求列明"每一个不符点"的表述似乎更强调所列不符点的质量。换句话说，银行不必花时间找出所有可以凭

---

〔1〕　See Jacob E. Sifri, *Standby Letters of Credit: A Comprehensiue Guide*, Palgrave Macmillan, 2008, p. 90.

〔2〕　See Jacob E. Sifri, *Standby Letters of Credit: A Comprehensiue Guide*, Palgrave Macmillan, 2008, p. 88.

以拒付的不符点，如果它对现有不符点中至少一个的有效性和不可修复性有充分把握，它可以仅列明一个不符点，如"late shipment and presentation"（装效期过），就足以拒付。[1]但如果列明的某个不符点事实上无效或可以修复，或者虽然成立但被修复后又在有效期内重新交单，银行就无权援引原有的未列明不符点来主张拒付，哪怕 5 个银行工作日的审单期限未过。可见，银行只能拒付一次，而受益人还可以再次交单，但在第二次交单时出现了新的不符点则另当别论，此时银行仍能就新的不符点再次拒付。

UCP600 并不禁止受益人将不符点单据进行更换之后在有效期内重新交单。URDG758 也给予受益人第二次提交索赔的机会，而不要求索赔必须一次性完成。根据 URDG758 第 17 条（d）款，即使保函规定仅能索赔一次，在该次索赔被拒后仍可在保函有效期内再一次索赔。[2]

在实践中，受益人经常会取回提交给银行的不符单据，并在修正不符点后重新交单。银行也习惯了这种做法，并将之视为对其现有或潜在客户的一种增值服务。不过，无论是审单员还是受益人都应当了解，在这种情况下的重新交单是被作为一个新的提示来看待及对待的。这就意味着，审单员必须将单据重新审查一遍以确保其中不含有应予拒付的不符点。比如说，如果重新交单是在备用信用证到期之后作出，那么这就构成不符并应予以拒付，尽管首次交单是在有效期之内。这也同样适用于审单员仅将不符单据退还受益人而留存了提示中的其余单据的情形。在不符单据经修正并重新提交给银行后，审单员应将该单据与此前留存的单据汇总且将这一整套单据视为一个新的提示，这样如果收到修正过的单据后的第一个营业日已在备用信用证的到

---

〔1〕 考虑到银行是受申请人委托审单以确保单据的相符性，秉诚信行事并尽量列明所有可凭以拒付的明显而重要的不符点是有必要的，漏提这类不符点可能表明银行存在重大过失而有失诚信，进而也需向申请人承担责任。虽然本例中列明"装效期过"这一不符点已就足以凭以拒付，但由于存在申请人认为这一不符点可以接受并愿意放弃的可能性，此时其他不符点仍可能构成对申请人利益的潜在侵害，比如表明货物品质和数量方面的不符点。银行如果对这类不符点仅提其一点而不计其余，就可能使申请人丧失本来可以享有的拒付权利。

〔2〕 但该款"another demand can be made"的措辞意味着仅能再索赔一次，而不是两次或更多。因此，如果第二次索赔仍然因不符点被拒付，是不允许第三次索赔的（参见阎之大：《URDG758 解读例证与保函实务》，中国文献出版社 2011 年版，第 208 页）。这实际上赋予的是类似于德国法上赋予初次履行存在瑕疵的出卖人第二次正常履行合同机会的二次提供权。此外，该款适用的前提是保函规定仅能索赔一次，如规定禁止部分交单或多次交单的保函，但允许部分交单或多次交单的保函在有效期内的索赔似乎是不限次数的。

期日之后，则该整个提示就是一个不符提示。[1]

有时候，某些银行开立的信用证中可能包含如下限制受益人更正单据权利的条款，如"单据须在第一次提示时合格"（Documents must be correct on first presentation）或"不允许更正单据"（Correction of documents is not permitted）。对这一做法，ICC 在 R715 中表示：通常情况下交单人有权要求退还不符单据，可能的话，加以更正。用正确的单据替换不符单据也是他们的权利。在单据被兑付或议付之前，它们依旧归交单人所有。

ISP98 第 5.02 条除要求在拒付通知中列明凭以拒付的所有不符点外，并未规定拒付通知的具体内容。但银行之间的惯例是以简洁的词语来列明不符点，比如说，一份包含了"逾期交单（late presentation）""信用证透支（LC overdraft）""索偿要求无签名（unsigned demand）"等全部或部分不符点的通知，足以表明本条所要求的拒付理由。[2]

3. 基于信用证逾期的拒付无需通知或无需在通知中将之列为拒付理由。这是因为逾期之后信用证已自动失效。在 Todi Exports v. Amrav Sportswear Inc. 95 Civ. 6701（BCJ）（S. D. N. Y. 1997）一案中，法院认为：未将信用证逾期列为拒付理由并不影响以后对此的依赖。这与 ISP98 第 5.04 条一致，该条规定：没有发出关于提示是在到期日以后做出的通知，并不影响因此而拒付。新 UCC5 第 108 条之官方评论第 3 点也谈道：尽管对于信用证到期日后才姗姗作出的提示开证人通常是以发出不符点通知了事，但它们并没有发出通知的义务，且即使开证人未能发出通知，本条也允许它们把迟到的提示作为瑕疵对待。

4. 拒付通知中还可能要声明单据的处置方式。这一点将在以下展开阐述。

（二）拒付通知的形式

UCP600 要求给予交单人一份单独的拒付通知。URDG 进一步明确拒付时须向索赔提交人发出一次性的拒付通知（a single notice），即只能发出一次拒付通知，不论不符点是否成立，再次发出的拒付通知无效。这一点对于担保

---

〔1〕　See Jacob E. Sifri, *Standby Letters of Credit: A Comprehensiue Guide*, Palgrave Macmillan, 2008, p. 91.

〔2〕　See Jacob E. Sifri, *Standby Letters of Credit: A Comprehensiue Guide*, Palgrave Macmillan, 2008, p. 88.

人或反担保人至关重要，因为若第一次拒付没有提出有效不符点而使拒付不成立，会对指示方承担责任，除非不符点是经指示方确认的。换言之，若担保人因第一次所提不符点未经指示方确认且不成立，致使失去了对本来存在的不符点拒付的机会，则会对指示方承担失去拒付机会的责任。[1]因此，第一次拒付通知就必须提出有效不符点，否则将失去拒付的权利。[2]

在 Hamilton Bank NA v. Kookmin Bank 98 Civ. 2162（LAK）（S. D. N. Y. 1999）一案中，开证行拒受议付行提交的单据但未列明任何不符点，单据 4 天后被重新提交并被再次拒绝，此次拒付列明了一个不符点。Kaplan 法官判定开证行不能依赖这个不符点，因为它第一次未被提及，而在第二次它被提及之时，自第一次交单之日起的 7 个银行日已经过去。事实上，无论是根据判决当时有效的 UCP500 或现行 UCP600 的规定，无论再次拒付是否仍在审单期限以内，由于银行第一次并未列明不符点，它显然违反了 UCP 有关"列明凭以拒付的所有（或每一个）不符点"的要求，故已丧失拒付的权利。

(三) 拒付通知的发送方式

ISP98 和 UCP600 都要求以快捷方式通知拒付，并强调尽可能使用电讯方式，在电讯方式不可能时才可使用其他的快捷方式，这就意味着在电讯方式可用时使用快递方式不符合要求。电讯方式（telecommunication）是指通过电磁系统传输或接受信号或文电的任何方式，包括 SWIFT、传真、电传和电话等。电讯方式中较常用的是电传，尽管加密电子邮件用得越来越多。其他方式中也包括在现场以口头方式作出的通知。[3] URDG 并未特别强调电讯方式，大致原因是：信用证项下的单据一般伴随着货物的运输，使用电讯方式

---

〔1〕 参见阎之大：《URDG758 解读例证与保函实务》，中国文献出版社 2011 年版，第 269~270 页。

〔2〕 在 Floating Dock Ltd v. The Hongkong and Shanghai Banking Corporation〔1986〕1 Lloyd's Rep. 65〔Evans J〕一案中，法院判定：一份未列明不符点的不完整的电传不能与此后列明了不符点的另一份电传结合起来看。

〔3〕 在 Seaconsar Far East Ltd v. Bank Markarzi Jomhouri Ialami Iran〔1999〕1 Lloyd's Rep. 36 一案中，判决认为如果负责交单的受益人或交单行的高级官员本人在银行接受通知的话，作出现场通知是一项默示要求，但上诉法院没有说明在此种情况下银行是否必须以这种方式作出通知。在 Rafsanian Pistachio Producers Co-operative v. Bank Leumi（UK）Plc（1992）1 Lloyd's Rep. 513 一案中，Hirst 法官声称，鉴于拒收单据兹事体大且列明不符点必不可少，银行的合理考虑是拒付通知通常应以电传方式书面发出。ISP98 和 UCP600 显然将电讯方式置于较口头方式优先的地位。

拒付，能使受益人迅速更正单据，及时处理被拒付的货物。而保函项下的索赔一旦出现不符点便难以通过修改纠正，同时，即便随附有支持性单据，也并不伴随货物的运输。[1]

（四）拒付通知的发出时间

ISP98 要求在单据提示后不超过 7 个营业日的合理时间内发出拒付通知。UCP600 规定拒付通知应在交单翌日起的 5 个银行日内发出，超出了这个期限，开证行就失去了拒付的权利，不仅不能拒付，还要支付迟付利息。根据国际商会银行委员会 R325 的观点，如果银行星期六只营业半天以处理信用证业务，则该日仍计入 7 个营业日（7 个营业日是当时 UCP500 的规定）之中。URDG 要求拒付通知不延误地发出，但最迟不晚于交单翌日起的第 5 个营业日结束。[2]

三、被拒付情形下的单据处置

在开证行拒付的情况下，单据的所有权仍归受益人所有，此时开证行有义务按照受益人的要求处置单据，未如此行事的银行将面临法律上和运作上的各种风险，并可能付出高昂的代价。

（一）UCP 下的单据处置

UCP500 只规定了持有或退回单据两种方式，且这两者是二选一的关系，也就是说，一旦选择持单之后银行就不得再退回单据。UCP600 则规定在持单

---

〔1〕 参见阎之大：《URDG758 解读例证与保函实务》，中国文献出版社 2011 年版，第 268～269 页。

〔2〕 营业日（business day）指有关行为履行的营业地通常开业的一天，不包括虽在工作但未对外开门营业的时间。银行日（banking day）是指在有关行为履行地有关银行通常开业的一天，也不包括银行工作人员虽在工作但未对外开门营业的时间。由于 UCP 的开证人一般为银行，所以使用银行日这一术语。ISP98 下的开证人既有银行也有非银行机构，故对银行日和营业日两个术语均作了界定。URDG 下保函的开立者虽不限于银行，但仅对营业日作出了规定。URDG758 下的营业日较 ISP98 也更为狭义，专指营业地点通常开门处理此类业务的一天，既不包括周末或节假日，也不包括虽开门营业但不处理保函业务的时间段。如一家从事保函业务的分行，从上午 9 点到 21 点叙做储蓄业务，但叙做保函有关的业务则从上午 9 点至 17 点。根据起草组的评述，营业日仅指自上午 9 点至 17 点的这段时间（参见阎之大：《URDG758 解读例证与保函实务》，中国文献出版社 2011 年版，第 38～39 页）。这样，在当天 17 点以后在保函下提示的单据就将被视为下一个营业日的交单，即使交单时该行尚在营业期间内。

之后，银行可在任何时候将单据退还交单人。这是因为在银行持单听候受益人指令期间，要是受益人未作出任何积极的反应，且货物又易于腐烂的话，银行将陷入两难境地：如果银行听任货物腐烂，将损害受益人的利益且不利于国际贸易的促进；如果银行采取措施处理货物，则可能被认为已接受单据并丧失拒付权。[1] 一般而言，银行如果未按规定处理单据，比如说，开证行已经将单据放给了申请人，则将丧失主张单据不符的权利。退还单据的目的是保证单据被重新投入流通，况且银行也无权留存单据作为偿还其已预付给受益人的任何款项的担保。[2]

就拒付时单据处置的原则精神而言，UCP600 与 ISP98 的规定基本一致，但两者间仍存在一项重大差别。就 UCP600 而言，其第 16 条（c）款（iii）项规定决定拒付的银行必须在其拒付通知中声明以如下之一的方式处置单据：(1) 银行持有单据听候交单人的进一步指示；或者（2）开证行持有单据直至收到申请人放弃不符点的通知并同意接受该项放弃，或者在同意接受对不符点的放弃之前从交单人处收到进一步指示；或者（3）银行将单据退回；或者（4）银行按照之前从交单人处收到的指示行事。如果拒付通知中没有表明单据处置情况，将导致银行无权宣称交单不符。

（二）ISP98 下的单据处置

相比之下，ISP98 第 5.07 条的规定比较简单："被拒付的单据必须按提示

---

[1] 1964 年 7 月瑞士联邦法院审理的 Bank X v. United Commercial Bank B. G. E. 90 Ⅱ 302 ff. 一案可以说明银行的这种尴尬处境。在该案中，一家瑞士银行为一笔瑞士买方向印度卖方购买乙醇的交易向后者开出了不可撤销信用证，信用证由一家印度银行通知但未作保兑。印度银行被授权向一家指定的伦敦银行寻求偿付，单据则由印度银行直接寄给了瑞士银行。尽管单据不符，印度银行还是及时向受益人作了付款，但伦敦银行拒绝偿付印度银行。鉴于货物易污染、储运成本高，且运货的船舶很快又将被另行租用，瑞士银行遂以印度银行的名义接收货物并将之储存。印度银行认为瑞士银行的行为表明其已接受单据，故有义务为之付款。后法院判决认为瑞士银行违反了 UCP（当时的 1951 年版本）的相关规定。

[2] Richard King, *Gutteridge and Megrah's Law of Bankers' Commrecial Credits*, Routledge, 2001, p. 151. 在 Bankers Trust Co v. State Bank of India [1991] 2 Lloyd's Rep. 443 一案中，银行在电传中称："持有单据的风险由你方承担且单据将在款付我方后交由你方处置。"上诉法院认为，银行的此种表述以及将持有的单据作为担保的做法，违反了 UCP500 第 14 条（d）款和（e）款的规定。在 Co-operative Centrale Raiffeisen Boerenleenbank SA v. The Sumitomo Bank Ltd [1988] 2 Lloyd's Rep. 250 一案中，上诉法院认为，写明"在我方收到我方委托人就不符点所作的指示之前，请将单据视为由你方处置"的银行拒付电传已无条件地将单据置于受益人的处置之下。

人的合理指示加以退还、持有或处置。在拒付通知中没有表明单据处置情况，并不排除开证人用任何本可以主张的抗辩权来拒绝兑付。"据此，在 ISP98 项下的拒付通知中，未表明单据处置情况并不影响开证人的拒付权。这是考虑到备用信用证下的单据本身并无内在价值，这类单据的处置并不像在商业信用证下那样对受益人利益攸关。[1]

由于备用信用证下的交单表明基础合同的正常履行受阻而申请人与受益人之间的矛盾凸显，在受益人的交单存在不符点的情况下，申请人明确认可不符点的情况比较少见。在开证人兑付了受益人的不符提示的情况下，申请人往往也不会将错就错地予以接受。但申请人认可的意图仍有可能从其行为中默示体现出来。在 Westminster Bank Ltd v. Banca Nazionale di Credito 一案中，Roche 法官说："作为他们自己授权的结果……如果当事方保留提交给他们的单据长达一段不合理的时间，这就等于认可行事系在其授权范围之内。"

ISP98 第 5.09 条规定："申请人应通过迅捷的方式及时向开证人提出对兑付不符提示的异议……如没有通过迅捷的方式及时发出异议通知，申请人就不能再对开证人就其收到的该单据提出任何不符点或其他单据表面可见之缺点，但不影响其对同一或不同备用证下的其他提示提出该异议。"该条承认申请人比银行更有能力审核单据并判断其相符与否，因为作为基础交易的一方，申请人对基础交易的理解更为充分。但另一方面，为了敦促申请人及时行使其对不符单据提出异议的权利，该条要求申请人及时发出异议通知。

该条（b）款虽然规定"如果申请人在收到单据后一段合理的时间内向开证人发出异议通知，说明其拒绝的不符点，则认为申请人行为为及时"，但却未明确对申请人而言，什么是合理的时间，什么是不合理的时间。为避免拒绝不符点时因拖延所至的风险，就"及时通知"的理解而言，申请人通常会参照第 5.01 条"及时的拒付通知"的规定。换句话说，收到单据后超过 7 个营业日的时间肯定是不合理的。[2]

因为备用证项下的支款多以否定性事项的发生为前提，故受益人前一次

---

〔1〕　URDG758 对被拒付单据的处理规定得更为简单，依其第 24 条（g）款规定，在发出拒付通知后，担保人可以在任何时候将提交的纸质单据退给交单人，并以自己认为适当的任何方式处置任何电子记录而不承担责任。

〔2〕　See Jacob E. Sifri, *Standby Letters of Credit：A Comprehensiue Guide*, Palgrave Macmillan, 2008, p. 98.

未支款说明基础合同已获正常履行，故此后如果申请人在基础合同下违约，受益人仍应享有在备用证下要求支款的权利，而不得以前一次的未支款来否认此后的支款权。因此，ISP98 第 3.07 条规定，无论备用证是否禁止部分或多次支款或提示，备用证下的各次交单之间完全独立，即每次交单均依照备用证当期的规定有效，并不受以往交单情况的约束和影响。相较而言，商业信用证下通常涉及一笔完整的进出口交易，单据之间也具有内在的关联性，故要求单据之间相符或至少不矛盾。所以 UCP600 规定，如信用证规定在指定的时间段内分期支款或分期发运，如果一期未按信用证规定期限支取或发运时，信用证对该期及以后各期均告失效。由于该条不适用于备用信用证项下的分期支款，最好排除。因此，国际商会曾向各国银行委员会建议，银行开出备用信用证限定分期支款时，应注意本条（UCP400 第 41 条），或在备用信用证内规定不适用本条，或在备用信用证内另作规定。

有时候还会出现受益人不认可指定银行或保兑行指出的不符点而坚持要求付款的情况。此时，银行可以继续主张不符点，也可以同意在保留追索权的前提下作出兑付，即由受益人通过赔偿担保（idemnity）作出承诺，一旦开证人、申请人或保兑人（如有）拒绝接受单据，就附带利息全额返还所付款项。

如依指定行事的指定银行已凭赔偿担保付款、承兑汇票、承诺付款或议付，然后提请开证人或保兑人注意提及的不符点并说明提示系凭赔偿担保作出，则开证人或保兑人不能被免除按 ISP98 的规定依照备用证条款来审查单据的责任。进而，一旦将单据转交开证人，该提示人就不得反对开证人对其通知不符点。银行通常只接受由它们自己的法律部门以标准形式备妥的预先印制的赔偿担保。[1]

（三）URDG 下的单据处置

同样，由于保函下的单据往往是副本单据，有时甚至只是一纸索赔书，没有内在价值，不存在持单听候交单人指示的必要，故 URDG758 第 24 条规定，在发出拒付通知后，担保人可以随时将纸质单据退还给交单人，并以自己认为适当的方式处置电子记录而不承担责任。

---

[1] See Jacob E. Sifri, *Standby Letters of Credit: A Comprehensiue Guide*, Palgrave Macmillan, 2008, pp. 222-223.

　　所谓"不承担责任"，意味着如果单据在退回途中丢失，或者电子单据经处置仍产生了对受益人不利的结果，比如泄漏了相关的商业信息，担保人并不对此负责。[1]

---

〔1〕　参见阎之大：《URDG758 解读例证与保函实务》，中国文献出版社 2011 年版，第 24 页。

专　论

备用信用证业务中的特别问题

第一节　不可抗力

简单地说，不可抗力（force majeure）指不能被当事方所合理预见或控制的事件，包括社会事件（act of people）和天灾（act of God）。不可抗力条款一般规定于信用证的基础合同当中，以使有义务履行的一方在出现其不能控制的特定情形时可以免于履行。这些情形包括飓风、地震、战争、罢工等。当然，信用证中也可能规定不可抗力条款。

一、不可抗力对证下支款权的影响

信用证中的不可抗力条款不同于基础合同中的不可抗力条款。信用证中的不可抗力条款涉及的是信用证下相关义务的履行问题，主要是银行如因不可抗力而不能正常履行其兑付义务，该如何处理的问题。而基础合同中的不可抗力条款涉及的是基础交易中义务的履行问题，主要是申请人如遇不可抗力事件不能正常履行其基础义务时，受益人在基础合同项下享有何种权利，进而能否在信用证下索赔的问题。

（一）不可抗力与履行不能

一般来说，由于不可抗力属于人力所不可抗拒的力量，故各国法律均将之作为免责事由。除法律另有规定外，不可抗力将导致当事人的完全免责。[1]我

---

〔1〕　参见王利明：《违约责任论》，中国政法大学出版社1996年版，第309页。

国《民法典》第180条第2款将不可抗力定义为"不能预见、不能避免且不能克服的客观情况",同时第1款规定:"因不可抗力不能履行民事义务的,不承担民事责任。法律另有规定的,依照其规定。"其中的但书规定就说明不可抗力并非当然的完全免责事由。由于不可抗力对合同履行的实际影响及其程度不尽相同,所以不可抗力可能构成不履行的免责事由、减责事由、延缓责任事由,甚至可能不构成免责事由。

先看免责的情况。在"因不可抗力致使不能实现合同目的"的情形下,当事人可以依据《民法典》第563条的规定解除合同,再依《民法典》第566条之规定,当事人无需就这种非违约解除情形承担违约责任,但担保人一般仍应承担担保责任。[1]

在其他情形下,受不可抗力影响的一方当事人仍可能承担违约责任。《民法典》第590条规定:"当事人一方因不可抗力不能履行合同的,根据不可抗力的影响,部分或者全部免除责任,但是法律另有规定的除外。……当事人迟延履行后发生不可抗力的,不免除其违约责任。"这是因为,即使不可抗力导致履行不能,这种履行不能可能是永久不能、全部不能,也可能是一时不能、部分不能,只有在不可抗力造成永久且全部履行不能的情况下,债务人的违约责任才能被完全免除。如不可抗力仅造成一时履行不能,债务人的责任只能相应予以延缓。如不可抗力造成部分履行不能,债务人的责任也只能相应地被部分免除。进而言之,不可抗力甚至可能不构成不履行的免责事由。在不可抗力不影响合同正常履行的情况下,当事人应继续履行合同。如通说认为,金钱债务的延迟责任不得因不可抗力而免除,而延迟履行期间发生的不可抗力不具有免责效力。

此外,由于不可抗力属于法定免责事由,当事人可以约定哪些情形属于不可抗力,但不能约定不可抗力发生时债务人仍应负责或不得免责。

(二)不可抗力与受益人的证下支款权

1. 一般分析。就在备用信用证(或履约保函)而言,如果不可抗力事件并不免除申请人在基础合同项下的相关责任,受益人在证下的支款权当然不

---

[1] 《民法典》第566条规定:"……合同因违约解除的,解除权人可以请求违约方承担违约责任,但是当事人另有约定的除外。主合同解除后,担保人对债务人应当承担的民事责任仍应当承担担保责任,但是担保合同另有约定的除外。"

受影响。但如果不可抗力事件构成了申请人在基础合同项下不履行的责任减免事由，受益人是否仍然有权在担保项下支款呢？

就备用证公约而言，此类情形涉及第 19 条第（2）款"交易中的欺诈"之规定，与该款（b）项似乎较具相关性。根据（b）项之规定，在法院或仲裁庭已宣布委托人/申请人的基础义务无效的情况下，受益人提起的索赔是无可信依据的。现在的问题是，合同解除与合同无效并不相同，解除是有效成立之合同的消灭；而无效是合同因违法而自始无效。故（b）项规制的仅是基础合同因违法而无效的情形，而未涉及不可抗力导致基本合同解除的情形。

再鉴于备用证公约第 19 条的规定是完全式列举，所以上述讨论情形并未落入公约规定的不予付款情形之中。换句话说，公约并未将申请人在基础合同项下因不可抗力免责、备用信息证并未就此提供担保而受益人仍在证下支款的情形视为欺诈，故在不可抗力事件已导致基础合同依法解除的情况下，基础义务虽已消灭但并非无效，受益人似乎仍有权在备用证下支款。但如此规定未必合理，此时受益人的支款行为也并不可信依据，因为它明知自己无权在证下支款，事实上它也无权支款。所以，就公约未为不予付款情形设置兜底条款而言，起草者在追求法律确定性同时似乎未能兼顾其周延性，这不能不说是公约规定中的一处漏洞。

相对而言，我国《独立保函司法解释》的规定更加合理。该解释第 12 条规定："……法院判决或仲裁裁决认定基础交易债务人没有付款或赔偿责任的……"构成独立保函欺诈。据此，无论是基础合同因违法而无效，[1]还是基础交易债务人因不可抗力而完全免责，只要司法机构已认定基础交易债务人在该交易项下"没有付款或赔偿责任"，受益人就无权在保函项下支款。而在不可抗力仅构成申请人不履行之减责事由且受益人仍在保函项下全额支款的情况下，亦有可能适用第 12 条中"受益人明知其没有付款请求权仍滥用该权利"的兜底规定，认为此时受益人明知自己对已减责部分无付款请求权而仍滥用该权利。相对备用证公约而言，司法解释将受益人在基础合同项下的权利与其在独立保函项下的支款权更好地进行了挂钩，从而遏制或至少是减轻

---

〔1〕　值得说明的是，即使中国的司法机构认定基础合同无效，也不必然会认定基础交易债务人没有付款或赔偿责任。根据我国《民法典》第 157 条的规定，民事法律行为无效后过错方仍应承担损害赔偿责任。所以，只有在司法机构已认定基础合同无效且基础交易债务人不存在过错，而受益人仍在保函项下支款的情况下，才构成第 12 条第 3 项下的欺诈。

了受益人在不可抗力事件已构成基础合同项下申请人的责任减免事由时仍在担保项下支款的风险。

2. 独立性原则与受益人的支款权。上述分析的前提是不可抗力事件构成申请人在基础合同项下不履行的责任减免事由这一事实已被确认，而在不可抗力事件对基础合同的影响因未被法院或仲裁庭确认而尚存争议的情况下，受益人在信用证下的支款权仍受独立性原则的保护，故应辩证看待不可抗力情况下受益人证下支款权的有无问题。一方面，基于信用证的独立性原则，基础合同中有不可抗力条款且不可抗力事件实际发生可能并不影响信用证承诺的有效性。如申请人由于不可抗力事件而在基础合同项下免予履行，但开证人在信用证下的义务并不因此也当然免予履行。[1]再如，申请人由于洪水或地震而不能完成其建造义务，但如受益人在信用证下提交表明申请人不履约的证明，则开证人可能仍有凭相符单据付款的义务。[2]在 Harris Corp. v. National Iranian Radio & Television[3]一案中，美国卖方 Harris 主张基础交易中不可抗力的发生以及伊朗革命带来的动荡不安终止了其在合同项下对伊朗买方负有的义务，故买方/受益人此后试图在履约保函下支款是不当的。第十一巡回法院不同意这一观点，该院认为："我们不认为信用证会基于合同条款而自动终止。接受 Harris 的这一观点会带来如下问题，即银行在兑付信用证时可能会发现它在此前已告终止。"法院在此坚持的显然是信用证独立于基础合同这一信用证的基本原则。

但另一方面，基础合同中不可抗力条款的规定仍有可能影响受益人在证下的支款权。银行在信用证下的付款义务独立于基础合同并不意味着受益人在证下的支款权完全不受基础合同中不可抗力条款的制约。

不可抗力的风险由谁承担首先是当事人要在基础合同中自行作出分配的

---

[1] 我国《民法典》第 563 条第 1 款第 1 项规定，因不可抗力致使不能实现合同目的的，当事人可以解除合同。第 566 条规定主合同解除后，担保人对债务人应当承担的民事责任仍应当承担担保责任，但是担保合同另有约定的除外。这种主合同解除原则上不影响担保人的担保责任的规定与《民法典》第 388 条有关主债权债务合同无效通常导致担保合同无效的规定不同，因为为因违法而自始无效的合同提供的担保原则上也应无效，而有效成立的合同即便解除原则上也不应影响担保责任。而除外规定则考虑到了当事人自行分配合同不履行之风险的需要。

[2] See John F. Dolan, *The law of Letter of Credit: Commercial and Standby Credits*, Warren, Gorham & Lamont, 1996, pp. 139-140.

[3] 691 F. 2d (1344) (11th Cir. 1982).

事。如果基础合同中已明确约定不可抗力的风险由申请人承担，则申请人一旦因不可抗力发生而未能履行基础交易，受益人当然仍可向银行索赔。但如果相反，基础合同中并未规定不可抗力风险由申请人承担，而是依一般合同法规则规定不可抗力免除履行方的责任，则在不可抗力发生时，申请人的基础义务就相应中止或解除，此时受益人如仍在信用证下支款，就可能构成信用证欺诈。

以施工合同为例，这类基础合同中的不可抗力条款一般规定发生不可抗力事件时履行方的义务中止，直至不可抗力事件的影响消除及项目所在地的营业恢复。有些施工合同甚至规定，承包商不仅能获得额外的时间来完成工程，而且还有权获得经济资助或补偿来弥补其因不可抗力事件而遭受的损失。

如果担保文本允许在不可抗力之后恢复履行，则不可抗力事件并不使银行向业主出具的为工程履行提供担保的承诺无效。反过来，如果担保文本禁止业主在不可抗力发生后凭有关文件支款，业主就不能在该文件下提起索赔。

如果备用信用证的条款或适用规则规定银行的承诺在不可抗力之后自动失效，而受益人仍在银行对不可抗力不知情的情况下从证下支款，则受益人的支款可被视为欺诈而受益人可被视为骗子。在上述 Harris 案中，第十一巡回法院最终认为基础合同中的不可抗力条款表明受益人作出的如下承诺，即如果不可抗力事件导致申请人的履行中止或导致合同的终止，它将不在银行开立的信用证下支款。而 1979 年伊朗革命使美国卖方 Harris 无法依买卖合同规定向伊朗买方发货，而合同中有一条"因不可抗力终止"条款。据此，法院认定伊朗买方的索赔构成欺诈并发出了止付禁令。

总而言之，不可抗力的发生并不自动产生基础交易申请人责任减免以及受益人无权索赔的效果，更不会自动免除银行依据独立性原则在信用证下负有的兑付责任，兑付责任的有无取决于基础合同条款以及银行的具体承诺。只有在依据基础合同约定或法律规定，不可抗力的发生显然已构成申请人不履行的免责或减责事由，而受益人仍在信用证下部分或全额支款，这种支款才可能构成交易中的欺诈。

最后，如果不可抗力事件影响的不是申请人的基础义务，而是银行营业兑付义务的履行，根据惯例规则该事件可能构成银行兑付的免责事由。如 UCP600 第 36 条第 1 款规定："银行对由于天灾、暴动、骚乱、叛乱、战争、恐怖主义行为或者任何罢工、停工或者其无法控制的任何其他原因导致的营业中断的后果，概不负责。"据此，如银行的营业因受不可抗力影响而中断以致信用证过期，则银行在恢复营业后有权拒绝兑付受益人而无需承担责任。但如前所述，ISP98 和 URDG 均未规定不可抗力可使银行免责，而是将担保的有效期作了不同程度的延展。

第二节　非延即付式请求

一、概说

商业信用证中规定的到期日可以由开证行在征得买方同意后予以延长，在到期日前没有完成全部交单的情况下，在到期日后提交任何完成交单所必需的单据均构成受益人的一项延长交单时间的默示请求，如果买方随后接受了该单据，则会被视为是以行为方式接受了延期请求。[1]而投标保函或履约保函可能会赋予受益人以根据其请求而将保函展期的合同权利。

"非延即付"（extend or pay，或称"延期或付款"）请求是在备用信用证或保函下提起的一种以延长担保有效期为目的而提起的索赔。由于备用信用证或保函下的索赔是申请人所不希望发生的，所以申请人往往退而求其次，愿意接受担保有效期的延长。由于商业信用证针对的是货物，证下的提示支款是申请人所预期并希望发生的，所以在商业信用证下不存在"非延即付"的实践，主要针对商业信用证的 UCP 对此也未作规定。

"非延即付"式请求是指受益人请求延展保函有效期，否则付款。据银行估计，见索即付保函项下超过 90%的支款与"非延即付"式请求有关，这是一种普遍和常见的实践。这类请求也经常被一再提起，以至于反复延展之后的有效期远超最初的有效期。

提起"非延即付"式请求可能出于良好的动机，比如说，在保留受益人保函项下权利的前提下，给予申请人更多履行合同的时间或让基础交易双方当事人有时间进行磋商，以克服履约过程中出现的困难或解决履约过程中产生的意见分歧。另一个原因是受益人还未最后下定决心或其对要索赔的金额

---

　　[1]　See Richard King, *Gutteridge and Megrah's Law of Bankers' Commrecial Credits*, Routledge, 2001, p. 143.

还犹豫不决，或受益人因其组织内部的决策模式松散而需要更多时间决策。这类请求也可能出于不当的动机，如对申请人施压以迫使它同意延长质保期或做额外的工作等。

这种延展的要求一般会得到满足，因为银行，特别是申请人当然更倾向于展期而非实际付款。申请人事实上被迫同意延期的情况也确实存在。在保函要求提交证明申请人违约的第三方单据时情况会有所不同，如果申请人预计受益人在当前的有效期内不能满足特定的付款条件，它显然不愿意将有效期延长。

如果受益人提起一个"非延即付"式请求，它的本意是要展期而不是付款，这从请求的措辞中不难发现。但显而易见的是，如果展期不成，则该请求构成一个有效索赔，银行因而有义务付款。这一立场在 URDG758 第 23 条中得以确认。所以，"非延即付"式请求的结果要么是展期，要么是付款，而不会是有效期的经过。[1]这种请求并非不合理，从"举重以明轻"的当然解释角度上看，在付款条件已获满足的前提下，寻求严厉程度不如付款的展期当然是可以接受的。

尽管延期条款使受益人有权将保函有效期多次延长，事实上变成了无限期保函，但与无限期保函相比，这种规定了延期条款的保函仍有两点好处：其一，它迫使受益人在保函到期前表明态度，以便申请人和银行采取相应的应对措施。其二，受益人可能因为各种原因未在保函有效期内提出延期的请求，保函到期后申请人和银行的相关义务直接解除。[2]

二、URDG 下的非延即付

URDG458 第 26 条将延期或付款的决策权赋予了申请人。原因是延期或付款的决定主要影响申请人的利益，故决策权也应该属于申请人而非银行。只有在未能及时得到申请人回复的情况下，银行才可以或应当本着客户的利益将有效期延展而非作出付款，因为付款将是不可逆转的，而且受益人主要寻

---

〔1〕 See Roeland F. Bertrams, *Bank Guarantees in International Trade*, Kluwer Law International, 2004, pp. 189—190.

〔2〕 参见李燕：《独立担保法律制度：见索即付银行保函的理论与实践》，中国检察出版社 2004 年版，第 163 页。

求的也是展期而非付款。在任何情况下，银行决不能未经与申请人磋商而径行付款。

URDG758 转而强调担保人的自主决策权，该规则第 23 条（a）款规定："如果相符索赔包含作为备选的展期请求，担保人可以中止付款，但中止时间不得超过收到索赔翌日起 30 个日历日。"具体而言：

（一）担保人可以自行决定付款或展期

基于保函一旦开出即独立于开函指令的独立性，URDG758 第 23 条（e）款规定，即使得到展期指示，担保人或反担保人仍可拒绝展期，但须付款。起草组的评述强调，保函是担保人自己的责任，因而完全由其自己决定展期或付款。"延期或付款"请求实际上也是受益人提出的一种修改保函的请求，所以和保函的修改一样，作为保函当事方的担保人可以自主决定是否接受该修改。但这并不妨碍担保人与实际上受到该修改影响的申请人进行沟通并听取后者的意见。一般来说，申请人倾向于将保函展期而非即时付款，而担保人可能会对保函展期给其带来的风险进行评估，如果不存在申请人的资产和信用状况恶化等非常情形，或者申请人已经或将要提供的担保足以消弭保函展期所致风险，担保人通常也会接受申请人的展期指示。但如果担保人决定不展期，它就必须在收到索赔翌日起最长不超过 30 个日历日的期限内付款，而不受在面对普通索赔时所受的 5 个营业日的审单期限的约束，且对根据本条中止的任何付款不负责任。换句话说，如担保人在根据本条规定中止付款后，一旦决定不展期而作付款，即使付款时已超过收到索赔后的 5 个营业日，比如说，在收到索赔后的第 30 天付款，也不产生逾期付款及利息问题。

如果担保人在收到索赔后 30 个日历日内未作出决定，或在 30 个日历日之后才决定付款或展期的，应该如何处理？URDG758 对此未作明确规定，但可参照适用第 23 条（d）款的规定，即在该条（a）款或（b）款规定的时间内，如果被请求的展期未被同意，则须对该相符索赔予以付款，而无需再次提交索赔。据此，对于担保人逾期不决或逾期才作出决定的，一律可视为不同意展期而须作付款，并相应支付逾期付款的利息。不过，对于担保人逾期决定展期的，如果受益人同意接受这一展期决定自无不可，但担保人仍应支付相应的逾期利息。此外，即便受益人提交的"非延即付"式索赔并不相符，担保人在超过 30 个日历日未复的情况下，也应适用失权规则，认为其已丧失主张索赔不符的权利。因为"非延即付"式索赔本质上仍是一种索赔，而担保人在 URDG758 下只有 5 个营业日的审单时间，超过 5 个营业日即已无权主张索赔不符。

（二）"非延即付"式索赔的前提条件

其一要明确的是，"非延即付"式索赔本身必须相符。URDG758 第 23 条将相符索赔作为有效的"非延即付"请求的前提，因为"非延即付"式索赔实质上仍是一个附解除条件的索赔，仅在延期请求获得满足时索赔才不成立。虽然受益人提起这类索赔意在延长保函期限，而非请求银行付款，索赔只是在延期未获满足时的替代方案，但"非延即付"式索赔毕竟是在以索赔相威胁情况下的展期要求，所以索赔本身必须是一个合格的相符索赔。[1]在索赔不相符的情况下，由于担保人没有必须付款的责任，这种威胁就不具有真正的威慑力，担保人有权直接拒付。而在索赔不相符的情况下，担保人仍应在 5 个营业日内拒付，而不能在 30 天范围内中止付款，否则可能丧失主张索赔不符的权利。

其二要回答的问题是，要构成相符索赔，是否必须含有声明申请人违约的语句，或者说，是否必须附随支持性声明呢？根据 URDG758 第 15 条的规定，相符索赔应默示地包含一份支持性声明，即申请人违约的声明，或在反担保的情况下，包含一份在保函项下收到了相符索赔的声明。再根据 R713，未附随支持性声明的索赔不是一个有效的"非延即付"式索赔，而仅能作为一个对保函的展期要求。

应该说，将提交违约声明的要求适用于"非延即付"式索赔未必明智。因为请求展期未必是由于违约的发生，也可能是由于不可抗力、基础合同修订、工作量增加或基础合同期限延长等，导致基础交易的履行要花比预期更长的时间。在这类情况下，申请人方面并无违约，[2]而展期请求也合情合理。除此之外，要求提交违约声明也可能会不必要地造成基础交易当事人之间的紧张关系，因为受益人寻求展期可能只是为了让申请人有更多的时间去完成

---

〔1〕　相符索赔要求也使 URDG758 第 23 条（d）款规定的"不展期即须付款，而无需再次提交索赔"成为可能。

〔2〕　不过，如果申请人拒绝展期的话，受益人通常会提交违约声明。因为根据基础合同规定，申请人一般应当保证担保在合同期内的有效性。

项目。相较而言，如果受益人认为申请人确实违反了合同义务，它可能会立即要求付款而非寻求展期。[1]

比较妥善的做法是，当事方可以利用 URDG758 第 15 条（c）款的规定，来排除或修改关于支持性声明的要求，即通过保函规定受益人在提起"非延即付"式请求时无需提交违约声明，或类似地，在反担保函中规定担保人索赔时应提交一份"在保函项下了收到'非延即付'请求的声明"，而不是一般的"在保函项下收到了相符索赔的声明"。但是，在保函并未针对"非延即付"式索赔另行作出规定的情况下，如果受益人想提起一个"非延即付"式索赔却未附随支持性声明，则该索赔不能被视为一个有效的"非延即付"式索赔，而只能被视为一个纯粹的对保函展期修改的要求。

（三）担保人是否必须中止付款？

URDG 允许面对"非延即付"式索赔的担保人中止付款，是为了让基础交易当事人有合理的时间商讨展期事宜。根据 URDG758 的措辞，担保人是可以中止付款（may suspend payment），而不是必须中止付款（shall suspend payment）。这就意味着担保人可以不中止付款，而有选择直接付款的权利。在面临"非延即付"式索赔的时候，担保人实际上可有三种选择，即展期、付款或中止付款。其中中止付款的选择只是临时性或过渡性的，决定中止付款的担保人在规定期限内还需作出展期或付款的第二次选择。如果担保人决定中止付款，则表明其在考虑展期的可能性，但即使担保人选择对相符索赔中止付款，也不意味着它一定要接受申请人的展期要求。由于展期意味着自身责任期间的延长，担保人一般不会直接作出展期的决定，尽管在理论上它有权利这么做。无论是决定展期、付款还是中止付款，担保人或反担保人都须通知发出指示的一方。通知中止付款是为了让基础合同当事方有机会就展期进行磋商，而通知展期或付款的决定是为了使该指示方知道担保人或反担保人是否最终对保函或反担保函进行了展期。所以，在面临"非延即付"式索赔时，担保人如果选择了中止付款，它就负有两次通知发出指示的一方的义务。

---

[1] See Roeland F. Bertrams, *Bank Guarantees in International Trade*, Kluwer Law International, 2004, p. 191.

（四）间接保函项下"非延即付"索赔与反担保函项下"非延即付"索赔之间的关系

根据 URDG758 第 23 条（b）款，中止付款之后，如果担保人在反担保函项下提交的相符索赔包含作为备选的对反担保函的展期请求，反担保人可以中止付款，但中止时间不得超过保函中止时间减去 4 个日历日。尽管在理论上间接保函和反担保函是两个独立的保函，但由于间接保函是基于反担保函开立，实务中担保人在间接保函项下的"展期或付款"的决定往往取决于反担保人在反担保函项下的"展期或付款"决策，即依据反担保函的付款而付款，依据反担保函的展期而展期，故该款规定担保人在中止付款之后须不延误地将中止付款期限通知反担保人，以便后者作相应决策。

反担保人中止付款的最长时间是在担保人可以中止付款的最长时间 30 天的基础上减去 4 天即 26 天，即它可以在收到担保人的相符索赔翌日起最长不超过 26 天的时间内作出展期或付款的决策。如果担保人通知反担保人自己在保函项下中止付款的期限为 20 天，则反担保人相应可有 16 天的中止付款时间。反担保人进而须将保函项下的中止付款和反担保函项下的中止付款通知指示方，以便后者的决策。担保人有多出 4 天的时间，使它可以在反担保函项下的反担保人决策的基础上，再在保函项下相应地作出付款或展期的决定。

由于保函或反担保函都直接或间接地来自基础交易，而之所以规定一个 30 天或 26 天的付款期限，正是基于基础交易中有延长保函有效期的需求，在此中止期间基础交易当事方可以进行商议，以作出展期或付款的决定，因此第 23 条（c）款要求担保人或反担保人须不延误地将中止付款的期限通知前手并最终到达指示方，尽管这一要求已与保函的独立性有所不符。[1]

在 URDG758 要求担保人须不延误地将保函项下的中止付款的期限通知反担保人的前提下，反担保函下中止付款的时间比保函项下的中止付款时间少 4 天，换个角度看也就是保函项下的中止付款时间比反担保函项下的中止付款时间多 4 天。这是因为，反担保人中止付款的时间比担保人中止付款的时间少 4 天虽然只是对反担保人的约束，但担保人此前已经受其向反担保人通知的比后者的中止付款时间多 4 天的中止付款期限的约束。换句话说，担保人

---

〔1〕　参见阎之大：《URDG758 解读例证与保函实务》，中国文献出版社 2011 年版，第 254 页。

不是受反担保人的中止付款时间的约束，而是受自己先前的通知中的中止付款期限的约束。

实践中可能会遇到如下例所示的情形：担保人 5 月 1 日收到 "extend or pay" 式相符索赔，决定中止付款，而中止付款的最后期限为 5 月 31 日。担保人在 5 月 1 日当天通过电子方式向反担保人提交 "extend or pay" 式相符索赔。反担保人当天收到，同样决定中止付款，而反担保中止付款的最后期限为 5 月 27 日。

假设反担保人在 5 月 28 日向担保人付款或发出展期修改，尽管过了 1 天，但由于是电子形式，付款或修改到达担保人处时为 5 月 29 日，尚未超越担保人最后期限的 5 月 31 日，此种情况下，反担保人的付款或展期是否有效？担保人是否仍可以依据该付款或展期而对保函付款或展期？[1] 根据 URDG，保函和反担保函是相互独立的，因此，保函项下的决定并不取决于反担保函项下决定的影响。因此，担保人无疑可以在最后期限的 5 月 31 日前决定对保函付款或展期。对于反担保人的逾期决定，根据此前的分析，担保人可以视之为不同意展期而要求反担保人付款，或在反担保人逾期决定展期的情况下仍接受展期修改，并要求其支付相应的逾期利息。

三、ISP98 下的非延即付

在备用信用证到期之前，受益人也可能向开证人、指定人或保兑人（如有的话）提起索赔，要求延展备用信用证的有效期，否则就将在证下支款。由于备用信用证大多凭简单索赔（simple demand）的提示即可向有关银行兑用，在申请人与受益人之间的基础合同没有如期履行完毕的情况下，受益人倾向于这种提出 "非延即付" 要求，以保护自身利益。

这可能给银行带来不小的困扰。在收到这种索赔后，如果银行联系申请人，后者往往会宽慰银行说，这一索赔是无关紧要的，并且很快就会被收回，因为受益人与申请人正在就基础合同的条款进行重新磋商并已基本上达成一致。当然，银行必须对申请人打的包票不予理会，同时必须审核单据并作好付款准备，而无论申请人的立场如何。只有在申请人同意受益人的展期请求并如此指示银行的情况下，对相符索赔的付款才可以中止。

---

〔1〕 参见阎之大：《URDG758 解读例证与保函实务》，中国文献出版社 2011 年版，第 253 页。

ISP98 第 3.09 条（a）款明确"非延即付"的要求属于备用证下的提示而应予审核。因此，根据第 5.01 条"及时的拒付通知"的规定，审单时间应自收到该要求的下一个营业日开始计算。再根据第 3.10 条"无需通知收到提示"的规定，在收到该要求后，开证人也没有就此通知申请人的义务，这与 URDG 第 16 条要求担保人将索赔或"非延即付"式请求通知指示方或反担保人形成对照。开证人可以直接将该请求作为一次提示并审核其相符与否，并在认定其为相符时予以兑付。也就是说，在面对受益人与备用证相符的"非延即付"要求时，开证人可以选择"一付了之"而不影响它向申请人要求偿付的权利。

第 3.09 条（b）款则规定，开证人可以选择将"非延即付"要求作为一项延展备用证到期日的修改要求，而不是备用证下的一次索偿要求。在这种情况下，开证人有权利去征求申请人的同意，且在已取得后者同意的情况下，开证人即可自动修改备用证而无需再通知受益人，因为根据该条规定受益人提出"非延即付"要求就已构成对修改的默示同意。该条进而也规定，一旦修改开立，索款要求也就自动收回。值得注意的是，对于受益人延展备用证的要求，开证人并没有接受的义务，即使申请人已同意展期。

第 3.09 条（b）款（ⅳ）项确认开证人有长达 7 个营业日的时间来审单并决定其是否与备用证及 ISP98 的规定相符，受益人默示同意本条规定的这一时限。

此外，即使备用证在收到"非延即付"要求次日起的 7 个营业日之内到期，而申请人或开证人或两者均未同意延展，只要提示相符，开证人仍有义务兑付索赔。但如果提示中存在不符点，开证人就能依照 ISP98 的规定予以拒付。例如，某备用证注明 2018 年 11 月 25 日到期，而索偿要求在 2018 年 11 月 23 日被提示，开证人在 2018 年 11 月 27 日审单并认定其为相符，则开证人有义务兑付，即使付款是在备用证的有效期之后作出。[1] 这同样是因为，信用证有效期约束的是受益人，而银行受审单期限的约束。

---

〔1〕 See Jacob E. Sifri, *Standby Letters of Credit: A Comprehensiue Guide*, Palgrave Macmillan, 2008, pp. 47-49.

第三节　反担保的相关实践

一、反担保备用信用证

（一）反担保备用信用证的实践

担保是银行业的最后一道防线，在任何情况下，银行都不会无需适当担保就开出任何承保。银行对单纯以超过交易金额两倍的存款作为质押的授信额度申请予以拒绝的情况并不鲜见。无论是评判新交还是旧识，银行更看重的都是客户在贸易业界的声誉、目前的业务管理层以及财务状况。

银行经常会收到其往来银行代某个国际承包商向其提出的申请，请求其开立以当地项目业主为受益人的履约备用信用证或履约保函，以支持与该被请求银行同位于东道国的承包商承建的工程项目。当地银行在审查了提出申请的往来银行在其处持有的头寸并评估了交易风险后，可能会同意开出备用信用证，[1]前提是由往来银行开出或安排开出另一份以当地银行自身为受益人的备用信用证或保函。这样，一旦当地银行在依往来银行之请求以当地项目业主为受益人开出的信用证或保函项下作了付款，往来银行就有义务对当地银行的偿付要求进行兑付。

东道国的当地银行在从往来银行处收到以自己为受益人的备用信用证或银行保函，并确信自己已因此获得适当的保护之后，该行就会为外国承包商开出一份以项目业主为受益人的独立的备用信用证或银行保函。如果项目业主在该信用证或保函下支款，当地银行就会转而在往来银行以其为受益人开出的反担保备用证或反担保函下支款。

下例可以说明利用反担保备用证或反担保函给申请人带来的额外风险。美国的一家工程公司 Acoustical 和沙特的一家公司 Obaid 签订了一份施工合同，以帮助完成沙特利雅得国际机场的建设。通过协议，Acoustical 指示花旗银行在沙特的子行沙特-美国银行（SAMBA）以 Obaid 为受益人开出了一份履约保函，承诺在 Acoustical 未完成其与 Obaid 间的合同项下的修理作业时兑付

---

〔1〕　当然，当地银行开出备用信用证不一定只根据往来银行的请求，它也可以选择根据非往来银行的请求开出信用证，只要它认可后者的财务状况和信誉。

后者的索赔。此外，申请书中的一项无效条款（inoperable term）被并入了保函文本，该条款规定 Obaid 只有在提示一份工程完工证明后才能从保函项下支款。

本次交易还涉及三项反担保，加上以 Obaid 为受益人开立的保函，共有四家银行介入。Obaid 后来在保函下向 SAMBA 索赔并获得兑付，尽管其未提交工程完工证明。此后，每一中间银行依次对担保链上的前一银行进行了偿付，直到最后一家银行从申请人 Acoustical 处获得了偿付。

在发现账户被借记后，Acoustical 及时向 SAMBA 提出了异议，认为银行向 Obaid 的索赔作了错误兑付，但 SAMBA 不同意这一说法。Acoustical 于是起诉 SAMBA，但因管辖权原因被驳回。接着，Acoustical 对担保链上的其他银行提起了诉讼。

Acoustical 提出，Obaid 只有在提示保函规定的单据且所交单据与保函规定的条款完全相符的情况下才有权支款，而 Obaid 却未提交保函规定的完工证明，所以其索赔不应被兑付。这样，在同一交易中的每一中间银行都不应作出付款。

法院不认可这一主张，理由是花旗银行开出的反担保备用信用证文本中包含了以下界定银行责任的措辞，即"作为签署人，本行兹不可撤销且无条件地确认，一旦接到贵方（SAMBA）的首次书面索赔，本行即向贵方支付不超过本文件中规定限额的索赔款"。法院认为，花旗银行的信用证中并未说明完工证明需与 SAMBA 的索赔要求一起提交，故索赔相符，花旗银行有义务予以兑付。类似地，法院的判决对担保链上另外两家的凭简单索赔（simple demand）付款的银行也适用。

该案清楚地揭示了在某一外国寻求由当地银行开出保函的承包商所面临的法律风险。SAMBA 的保函由花旗银行的光票备用信用证给予担保，而另一方面，在 Obaid 的索赔被兑付之后，Acoustical 却受不到保护。由于这些信用证都是光票信用证，Acoustical 也无法向担保链上的其他中间银行进行追索。[1]

---

[1] See Jacob, E. Sifri, *Standby Letters of Credit: A Comprehensiue Guide*, Palgrave Macmillan, 2008, pp. 80-82.

（二）ISP98 的相关规定

依照 ISP98 第 4.21 条规定，备用证可以用于支持另一单独承诺（separate undertaking）的开立，方法是在备用证中要求受益人开出另一单独承诺，并承诺受益人在备用证下提交相符单据后予以兑付。此时，支持另一单独承诺开出的备用证被称为反担保备用证，而由反担保备用证支持开出的另一单独承诺往往是另一具有独立性的承诺，如信用证或者独立保函，但也可能是保证等非从属性担保。

但无论如何，反担保备用证与另一承诺是两项单独的承诺，无论反担保备用证中是否以任何方式述及另一承诺的内容。该条（a）款规定反担保备用证的受益人并不获得除在反担保备用证下的支款权之外的权利，无论开证人向受益人开出这一单独的承诺是否支付了费用。

该款强调的是反担保备用证的独立性和开证人责任的有限性。受益人开出另一承诺虽然是受反担保备用证开证人的委托行事，而且开证人也可能为受益人开出该承诺支付了费用，但反担保备用证与该承诺在性质上却是互相独立的，反担保备用证的开证人与该承诺的开立人在各自的承诺下依承诺本身的法律属性各负其责，即使后者同时也是反担保备用证的受益人。由于信用证本身不言而喻的独立性，反担保备用证既独立于基础交易，又独立于开证申请，还独立于依其授权开出的另一承诺。即使该承诺的开立人（反担保备用证的受益人）在其自身的承诺下需承担无限责任或任何超过反担保备用证金额的责任，它也不获得在反担保备用证下的支款权之外的权利，反担保备用证开证人的责任仅以提交备用证下的要求单据为前提并以备用证金额为限。

该条（b）款明确在另一单独承诺下支款时所提交的单据，无需由该承诺的开立人（反担保备用证的受益人）在反担保备用证下支款时提示。一般来说，反担保备用证下的受益人在支款时要提交或发送一份表明其已在单独承诺下兑付支款的书面或经认证的电传声明。但是，在单独的承诺（如一份向东道国受益人开出的当地备用证）下通常需要的是来自作为基础交易当事方的最终受益人的声明或索赔。值得一提的是，无论在当地备用证下要求提交的是哪些单据，这些单据在当地备用证的开证人向反担保备用证的开证人索赔时都无需提交。这一规定与 URDG 默示要求当地的担保人传递相符索赔及任何相关单据副本有明显的不同。

该条（c）款进一步规定，即便反担保备用证的受益人向反担保备用证的开证人提示了基础合同当事方此前在当地备用证下支款时所提交的单据，开证人也可以对之不予理会，并将之退还提示人或转交申请人，且无需就此承担责任。实际上，这些单据属于多余单据，根据第 4.02 条"不予审核的多余单据"的规定，开证人可对之不予理会。该条清楚地表明开证人无论于何种情况下对多余单据均无审核之责，并可以任何适当的方式对之进行处置。[1]

二、URDG 下的间接保函

支持国际交易的大部分都是间接担保，而且大部分对第二银行/转开行的指示都随附某种反担保。反担保函的首要问题是其独立性。转开行向第一银行/指示行行使追偿权是仅取决于反担保函的条款，还是也取决于主保函下的条款的满足或者转开行对其受托义务的适当履行呢？如果答案是肯定的，那么是以何种方式并在何种范围之内？举例来说，如果转开行根据指示行的指示开立保函，保函凭受益人提交的违约声明即时付款，到期日为 2015 年 5 月 1 日，最高金额 200 万美元凭申请人提交的特定单据使金额减半，以转开行为受益人的反担保函规定的是见索即付。假设转开行向受益人兑付了金额为 200 万美元的索偿要求，尽管受益人既未提交所需的声明，且在到期日 2015 年 5 月 1 之后才提起索偿，而且申请人已及时根据减额条款向转开行提交了规定单据。现在的问题是转开行仍有权基于反担保函的见索即付规定（就全部金额）获得赔偿吗？[2]

（一）反担保函的独立性及其欺诈例外

1. 概说。URDG 和备用证公约都确认反担保函和一般（主）保函同样的独立性，这就意味着以转开行为受益人开出反担保函的指示行的付款义务原则上限于反担保函自身的条款。因此，在上述案例中，转开行原则上仍有权获得全额偿付，除非有证据清楚地表明转开行违约的事实。比如说，指示行

---

〔1〕　See Jacob E. Sifri, *Standby Letters of Credit: A Comprehensiue Guide*, Palgrave Macmillan, 2008, p. 80.

〔2〕　See Roeland F. Bertrams, *Bank Guarantees in International Trade*, Kluwer Law International, 2004, p. 137.

持有受益人在主保函项下提交的单据，而该单据显然不符合要求；或者指示行已亲自向转开行转递了申请人提交的本可触发主保函下到期事项或减额条款的单据。

因为反担保函的目的是保证转开行在遵守指示并适当履行主保函义务的前提下向指示行的追偿权。如果转开行违反了指示或未适当履行主保函项下义务，则其在实体上不应享有追偿权。但同样地，就转开行是否违约这一事实同样可能存在争议，而独立保函的"先付款、后争议"的相关法理在此对转开行的索赔也同样适用。转开行此时仍有权获得在反担保函下的赔偿，除非存在清楚无争议的欺诈性或不诚信兑付的证据。

2. URDG 对反担保函独立性的规定。URDG 758 第 5 条（b）款规定了保函和反担保函的独立性："反担保函就其性质而言，独立于其所相关的保函、基础关系、申请及其他任何反担保函，反担保人完全不受这些关系的影响或约束。反担保函中为了指明所对应的基础关系而予以引述，并不改变反担保函的独立性。反担保人在反担保函项下的付款义务，不受任何关系项下产生的请求或抗辩的影响，但反担保人与担保人或该反担保函向其开立的其他反担保人之间的关系除外。"

反担保函的独立性包括两个方面，既独立于指示行的指示，也独立于基础关系。指示行与转开行之间存在两个合同，一个是委托合同，另一个是反担保函。两个合同通常存在于同一个文件，即指示行请求转开行开立保函的指示当中。前者是基本法律原则，而后者是对前者的落实和细化。根据委托合同，指示行实际上已存在偿付转开行的义务，因为是它指示后者为其开立主保函，反担保函旨在为该项义务提供担保，故反担保函实际上构成一种补偿。反担保函无疑也独立于受益人与申请人之间的基础关系，因为转开行被请求开立的是独立保函。事实上，不是"见索即付"规定本身而是指示行对转开行的开立独立保函的指示使反担保函独立于基础交易，"见索即付"的规定只不过强化了这一原则而已。

反担保函的目的是强化和改善转开行的地位，这是相对于其在委托的一般法律规则下的地位而言。按照一般规则，如果转开行寻求偿付而指示行对此提出异议，如声称转开行未贯彻指示，或未核对主保函下付款条件的相符性，则法院在问题未获妥善解决之前不会作出对转开行有利的判决。而且，相关的举证责任可能要由转开行承担，转开行的地位实际上与任何一个向另一方主张金钱债权的合同当事人一样，其实现主张的难度也并无二致。也正如任何通过利用见索即付保函来规避风险的合同当事人一样，转开行也寻求通过见索即付的反担保函来规避风险。这种反担保函执行与普通见索即付保函相同的功能，即引起同样的风险倒置并赋予转开行以同样的优势地位，无需证明其已贯彻指示及已核对主保函下索赔的相符性即可获得即时偿付。这些事项与反担保函无关，正像申请人实际违约与否与普通（主）保函无关一样。因此，只要反担保函下的条件已经满足，指示行就应该立即付款，即使它或申请人也许认为转开行并未适当履行其职责。指示行或申请人付款之后仍可寻求从转开行处追回在反担保函下已付的款项，不过这被证明是有难度的。

不过，反担保函相对于主保函的独立也不是绝对的，正如普通保函下的欺诈构成独立性原则的例外一样，反担保函下也存在类似的例外。在普通保函项下，如果有证据清楚地表明受益人的索偿要求是欺诈性的，例如有清楚地表明申请人已经完全履行合同的证据，则银行可以不受独立性原则的约束而予以拒付。在反担保函项下与此类似的独立性原则之例外是，如果证据清楚地表明转开行未按指示履行义务或未尽其在主保函项下的审单之责，则作为反担保人的指示行可不受独立性原则的约束而有权拒付。原则上，举证责任应由申请人而非指示行来负担。仅仅声称转开行违约，或提交的相关证据不充抑或不能及时提交相关证据都是不够的。在此类情形下，指示行都应基于"先付款、后争议"原则付款。不过，即使转开行的违约已被证实，这一般也不构成欺诈，故在此场合下使用"欺诈"一词似欠妥当。[1]备用证公约第19条规定的不予付款情形中包括："（e）在反担保下提出索偿的情形下，反担保的受益人作为与反担保相关之承保的担保人/开证人，不诚信（in bad faith）地作了付款。"可见，要对转开行的索赔予以止付，光有转开行的违约本身是不够的，还要存在不诚信。下面一些案例可以帮助我们理解何为在反担保函下的欺诈性索赔：

1985年3月29日，凡尔赛上诉法院针对指示银行发出了止付令。该院认为，虽然反担保函独立于主保函，但这不能推导出见索即付的反担保函在主

---

〔1〕　See Roeland F. Bertrams, *Bank Guarantees in International Trade*, Kluwer Law International, 2004, pp. 142–143.

保函本身未被支用的情况下也可被支用。换句话说，在主保函的条款未被满足的情况下，转开行无权在反担保函下获得支付，即便其表明见索即付而不要求其他付款条件。

在巴黎的一个1991年的案件中，因为在主保函项下的支款已过有效期，申请人和指示银行申请一项在反担函项下无需付款的司法宣告（judicial declaration），上诉法院判决予以支持。

在巴黎的一个1989年的案件中，针对指示行的禁令禁止该行支付反担保函下的全部款项，因为根据申请人提供的证据，主保函的减额条款已被满足。一个类似的禁令在布鲁塞尔被颁发，理由是开证行没有正确审核主保函索赔的相符性。

在巴黎的一个1984年的案件中，主保函明确要求受益人提交违约声明，转开行没能取得这一声明，或无论如何在反担保函下支款时无法提交这一声明，这成为法院针对指示行发出止付令的原因之一。[1]

与备用证公约的立场相似，我国《独立保函司法解释》也在间接保函下保护已善意付款的转开行的利益。该解释第1条第3款规定："……开立人依指示开立独立保函的，可以要求指示人向其开立用以保障追偿权的独立保函。"第14条第3款规定："开立人在依指示开立的独立保函项下已经善意付款的，对保障该开立人追偿权的独立保函，人民法院不得裁定止付。"其中所谓"保障开立人追偿权的独立保函"，即指反担保函。据此，要在反担保函下获得止付，仅仅证明开立人未履行受托义务或未在主保函下凭相符单据付款是不够的，还需要证明开立人在主保函下付款时存在恶意，即其对自己在主保函下无权付款是明知的，或其在主保函下付款时至少存在重大过失。

还可能出现这样的情况，即虽然理论上应当禁止指示行向转开行付款，但受益人或转开行已取得针对指示行的判决，并且扣押了它的财产。如在Esal, Reltor v. Oriental, Wells Fargo［1985］2 Lloyd'Rep. 546一案中，法院认为主保函中的条件未被满足，但仍然判令指示行偿付转开行，原因是后者系基于一家埃及法院的命令而被迫付款，本身并无过错。值得注意的是转开行往往处于能够通过借记指示行的现金账户来获得偿付的有利地位。由于保函

---

［1］ See Roeland F. Bertrams, *Bank Guarantees in International Trade*, Kluwer Law International, 2004, pp. 148-149.

是为客户之故开具，既然银行已经履行了其义务，遭遇的此类风险就应作为特殊风险由申请人来承担。因此，银行一般有权从其客户处获得补偿。这与 ISP98 第 8.01（b）条要求"申请人就由备用证所选择的法律或惯例之外的法律或惯例的施行而产生的损失向开证人负责"的精神也是相吻合的。

3. 主保函与反担保函的规则适用。既然主保函与反担保函相互独立，就会带来一个两者是否适用同一规则或是否必须同时适用 URDG 的问题。比如说，指示行可能指示转开行为受益人开立一份从属性保函，但转开行为保障其向指示行的追偿权的实现，仍要求指示行开出的反担保函是一份独立保函，此时两份保函适用的可能就是不同的规则。因此，URDG 在第 1 条适用范围中肯定了主保函和反担保函在 URDG 的适用方面具有的非对称性，根据该条（b）款："如果应反担保人的要求，见索即付保函适用 URDG，反担保函也视为适用 URDG，除非反担保函排除适用 URDG。然而，见索即付保函并不仅仅因为反担保函适用 URDG 而适用 URDG。"

这样规定的原因是，转开行一般会在反担保函项下争取比自己开出的主保函项下更有利的付款条件，即使转开行接受指示开立的是从属性质的保证，它通常也会要求指示方提供独立保函作为反担保。为了争取到位于受益人当地的银行为其开立保函，申请人往往会要求指示行接受这一要求。[1] 所以，在通常情况下，"主保函是独立保函时反担保函也是独立保函，但反担保函是独立保函时主保函不一定也是独立保函"。这就意味着，在主保函下的索赔和在反担保函下的索赔事实上适用了不同的标准，后者较前者宽松。

由于 URDG 是专门适用于独立保函的示范规则，故就两种保函适用的规则而言，在转开行应反担保人要求依 URDG 开立独立主保函的情况下，反担保函相应地自动适用 URDG（除非当事人约定反担保函不适用 URDG）；但在反担保函适用 URDG 的情况下，主保函却并不当然适用 URDG（不排除 URCG 等其他规则的适用）。

反担保函也被作为普通保函看待并仅按其自身条款支付，唯一的区别在于主保函针对第三方即（申请人）主债务人的不履约而为受益人（债权人）提供担保，而反担保函担保的是对指示行的追偿权。作为一种普通的独立担

---

[1]　有些国家的法律规定本国的政府受益人只能接受当地银行开立的保函，如叙利亚法律规定开往该国的保函须通过叙利亚当地银行转开。

保，反担保函使开立银行有权在规定于该函中的付款条件实现之时获得偿付。如果反担保函规定"见索即付"，正如在多数情况下那样，则转开行就有权在提出请求后即获付款，这正是"见索即付"的文义所追求的效果。[1]

（三）反担保函下的交单

1. 反担保函与主保函下单据性质的差异。值得注意的是，主保函与反担保函项下提交的单据性质是不一样的。在主保函下受益人向担保人提交的是消极性质的单据，如申请人不履约的声明等，这是受益人对申请人的违约开出的要求担保人支付的"罚单"；但在反担保函下担保人提交的是积极性质的单据，如 URDG758 所要求的一份表明在主保函项下收到相符索赔的声明，这实际上是一份担保人表明自身已完成受托提供的担保业务的声明，是担保人为自己争取到的一份"奖券"，借此可向反担保人主张相应补偿。正因如此，URDG758 以"支持性声明"（supporting statement）的表述替代了 URDG458 中规定的"违约声明"（statement of breach）。"支持性声明"是一个中性词语，既可涵盖受益人在主保函下索赔时提示的消极性单据，也可涵盖担保人在反担保函下索赔时提示的积极性单据。相比之下，"违约声明"的含义更为狭窄，其仅与受益人因申请人违约而向担保人提起索赔的实践相匹配，但用于指称担保人在反担保函项下向反担保人索赔时需提交的收到相符索赔的声明则显然不合适。

2. 反担保函下的交单要求。因为商业信用证下的单据本身具有内在价值，所以指定银行在兑付相符交单后，无疑应向开证行转递单据以获得偿付，同样开证行也应当向申请人转递单据。但在备用信用证或保函项下的单据往往不具有内在价值，已作兑付的银行是否仍有必要向其前手转递单据呢？

在 ISP98 规则下，一方面，开证人显然负有将单据转递给申请人的义务，后者享有对错误兑付提出异议的相应权利（第5.09条）；另一方面，当地备用证的开证人（反担保备用证的受益人）却没有将基础交易下的受益人提交的单据转递给反担保备用证的开证人的义务，即使该类单据的正本或副本已在反担保备用证下被提交，也将被作为多余单据看待（第4.21条）。

当然，为了加大对自己的保护，申请人可以寻求改变反担保备用证文本

---

〔1〕 See Roeland F. Bertrams, *Bank Guarantees in International Trade*, Kluwer Law International, 2004, pp. 140-141.

来排除 ISP98 第 4.21 条中的相关规定，要求将当地备用证或其下单据作为备用证兑付的条件来提示。如在前述 Acoustical 一案中，如果 Acoustical 在其指示开立的反担保备用证文本中规定将 Obaid 在履约保函下索赔时应提示的完工证明作为该反担保备用证下兑付的条件，中间银行在无此单据情况下的兑付显然构成第 5.09 条所提及的错误兑付，Acoustical 可以这一不符点为由拒绝偿付中间银行。而在未作如此要求的情况下，Acoustical 或许只能寄希望于利用欺诈例外来达到拒付的目的。

与 ISP98 不同的是，URDG758 要求转开行提交相符索赔已在主保函下提示的声明并转递相关单据，以作为在反担保下的付款条件。其第 15 条（b）款规定，担保人在反担保函项下索赔时，须附随一份表明其已经在自己开立的保函或反担保函项下收到相符索赔的支持性声明。[1]第 22 条规定，担保人须将相符索赔及任何相关单据副本不延误地传递给指示方，或在适用的情况下，传递给反担保人以转交给指示方。然而，不论是反担保人还是指示方，均不得等待副本的传递而中止付款或偿付。

上述规定旨在以确保主保函项下的条件被满足来为申请人提供合理程度的保护，并澄清指示行的立场。根据这些规定，指示行有权要求转开行提交上述声明和相关单据，后者也应当提交。相关单据尤其重要，由于主保函下的付款条件一般以单据形式体现，这样指示行一般就不难核对受益人是否提起了索偿要求、索偿是否在到期日之前提起、受益人是否按要求提交了违约声明或第三方单据等。如果这些单据显然不符合主保函的要求，则转开行作出的主保函已依其条款被支用的声明就应被视为虚假的或欺诈性的。其相应结果就是反担保函本身的条件未被满足，故指示行有权拒付。在此类情况下，就无需再诉诸独立性原则的例外了。[2]

由于担保人向反担保人的索赔显然以自己已转开了保函且收到受益人的相符索赔为前提，为了确保间接保函确已开立，实务中有的反担保函还要求担保人通过电讯对所开保函进行证实并发送相关副本。例如，"please confirm us the issuance of your guarantee by return swift/telex and send us one copy of your

---

〔1〕 该规定的精神是，主保函的担保人向反担保人索赔应以自己已转开保函并收到受益人的相符索赔为前提，否则便构成滥用索赔权利。

〔2〕 See Roeland F. Bertrams, *Bank Guarantees in International Trade*, Kluwer Law International, 2004, pp. 152–153.

issued guarantee for our record. "上述语句也得到了起草组的认可，起草组指出："当事方可以自行商定反担保函项下索赔是否需附随已经转开保函的证据（It is left to the parties to agree that a demand under the counter-guarantee shall be accompanied by a documentary proof of the issuance of the guarantee）。"应该说，如果当事方约定在反担保函项下索赔需转递担保人转开的保函作为付款条件，这种约定也是不违背 URDG758 的精神的。

此外，虽然保函的独立性决定间接保函的担保人在向反担保人索赔时应该首先向受益人付款，但实务中往往是等到反担保函项下付款之后间接保函的担保人才向受益人付款。[1]

（四）反担保函中的若干常见条款

1. 偿付条款。反担保函中有时可能会包含一些将反担保函与主保函联系得更加紧密的条款，比如说，反担保函没有规定"见索即付"条款，而仅规定在主保函的付款条件已经满足的时候付款。这类条款对申请人和指示行特别有利，因为这样转开行就无法利用见索即付保函的好处。

如果转开行准备开出一份含有非单据性付款条件的保函甚至一份从属性保函，它就会要求一份免除其对此类非单据条件满足与否或对申请人违约与否的判断之责的反担保函。

2. 期间和到期日。反担保函中一般会规定转开行可以提起索偿的期间。这一期间应与主保函的期间相适应。如果主保函规定了确定的到期日，则反担保函的到期日就在前者的基础上外加一段较短的时间（通常从 3 天到 30 天不等）来确定。这段外加的时间是为了让转开行有时间管理并邮寄其在反担保函下的偿付要求。

由于任何见索即付保函都面临着受益人"延期或付款"的请求，反担保函往往明确规定，一旦主保函的有效期延展，则反担保函的有效期也相应自动延展。不是所有的反担保函都明确包含这类条款，但其缺失将带来很大的麻烦。

如果主保函可以经受益人的请求延展，或依当地的法律或惯例有效期不可执行，反担保函也会规定相应的条款，比如"如无延展则反担保函将在到

---

〔1〕 参见阎之大：《URDG758 解读例证与保函实务》，中国文献出版社 2011 年版，第 49 页。

期日支付""反担保函自动延展或根据转开行的请求延展""反担保函在转开行或受益人解除之前持续有效"等。

3. 法律选择和管辖权。反担保函可能包含法律选择和管辖权条款,以解决指示行与转开行之间可能的争议。这类条款很重要。如转开行所在国的法院具有排他管辖权且反担保函受外国当地的法律约束,则反担保函到期日的实际效果就将取决于该国法律。许多北非、中东和亚洲的银行都要求并入规定适用当地管辖和当地法律的条款。

开具间接保函会给申请人带来额外的风险,它不但承担了与主保函有关的风险,而且处于指示行为它开立的反担保函所带来的风险之中。反担保函在主保函之外增加了风险,原因是反担保函独立于主保函且反担保函项下的付款条件可能规定得更宽松。例如,如果反担保函规定的条件是一经开证银行索款即付,则指示行(进而申请人)无需开证行证明主保函项下的条件已被满足就应予付款。相应地,申请人就应该偿付指示行,即使主保函项下的条件事实上满足与否尚不确定甚至尚存争议。其他额外的风险因素如主保函规定了到期日而反担保函在解除之前一直生效,或者反担保函没有规定相应的减额条款。[1]

第四节 非单据条件

一、非单据条件的含义

如果说多余单据是信用证未作要求但交单人仍然额外提交的单据,或者说提交的是无需提交的非必要单据,那么与之相反,非单据条件(non-documentary conditions)则是信用证规定了某项条件却未要求提交相应单据的情形,或者说对信用证已规定的条件未予单据化的情形。如"要求以 15 年以下船龄的船舶装运",却未要求提交船舶证书。非单据条件的出现往往是因为申请人和/或开证人的疏忽。

根据 ISP98 第 4.11 条(b)款的规定:"如果备用证不要求提示单据以证

---

〔1〕 See Roeland F. Bertrams, *Bank Guarantees in International Trade*, Kluwer Law International, 2004, p.158.

明其条款被满足，并且开证人根据其自己的记录或在其正常业务范围内不能确定该条款被满足，则该条款为非单据条款"。不过，非单据条件一般应作狭义解释，当备用证中的某一条件清楚地与规定单据相联系时，该条件就不能视为非单据条件。例如，备用证中的一项条件提到货物是"德国产地"，但未要求产地证，则该备用证中提及的"德国产地"将被视为"非单据条件"，对此条件可不予理会。但是，如上述备用证同时规定受益人须提供产地证，则"德国产地"这一条件便不再是"非单据条件"了。[1]因为备用证对"德国产地"这一条件规定了要提供与之对应的单据即产地证，故该条件应属于"单据化条件"而非"非单据条件"。

无论是申请人在其开证和修改的指示当中，还是开证人在信用证及其修改当中，均必须明确在规定凭以付款的单据，因为信用证是凭相符单据而非外在于单据的某种行为进行付款的。但有时候，信用证不是以提示单据，而是以客户与受益人之间的基础合同实际要求的事项作为付款的条件。例如，备用信用证所要求的不是说明客户已经违约的证明书，而是客户在履行它与受益人之间的合同项下发生了"未获得补救的违约。"如果开证行同意载明上述非单据要求，它将冒着卷入受益人与客户之间的争端的风险。单据既然不再控制开证行的付款义务，所以单据是否严格符合或实质上符合的问题就没有多大意义。信用证给与开证行的任务超过核对单据，信用证要求它在经提示的单据之外审定事实与事态。开证行在信用证上载明的要求推翻了独立性原则，推倒了隔离提示的单据与受益人和客户之间的争端的围墙。[2]

不难看出，非单据条件或要求是一项需要开证人就完全外在于信用证的事实作出决定的条件。一个有名的例子是在 Wichita Eagle & Beacon Publishing Co. v. Pacific National Bank of San Francisco [3]（以下简称 Wichita Eagle）一案中银行开具的承诺。该案中银行的承诺是开给一位房东来保证他的租户在租约下修建车库义务的履行。兑付条件是租户"未履行租约的第 IV（a）项条款和条件"。此外，该文书还规定如果市政府拒绝为车库颁发建筑许可证，银

---

〔1〕 参见徐进亮主编：《国际备用信用证与保函》，对外经济贸易大学出版社 2004 年版，第 150 页。

〔2〕 参见沈达明编著：《美国银行业务法》，对外经济贸易大学出版社 1995 年版，第 176~177 页。

〔3〕 493F. 2d 1285（9th Cir. 1974）.

行的义务就告到期。根据这些条款，银行不负责根据提示的单据而是根据事件的发生——租户违反租约义务——作出支付。并且，银行于该文书下的义务在另一事件发生时到期：市政府拒绝租户的颁发建筑许可证的申请。

该案中使用的文书清楚地标明其为信用证。但在信用证中，银行审查的是单据不像在 Wichita Eagle 一案中的文书所要求的那样就外部事实作出决定。银行的义务本来可以表述为一项在收到由房东签署的表明租户不履行其租约下义务的单据时作出支付的义务，此种单据的提示方为信用证下的正常提示。同样，银行在信用证下的义务本来也可以是在收到由房东签署的表明市政府拒绝颁发建筑许可证的单据之后终止。

在 Wichita Eagle 一案中，法院认为银行的付款义务以某项事件的实际发生为条件与信用证的基本目的相去甚远。"它既未表明仅依汇票的提示作出支付的意图，也未明确规定终止或付款所需要的单据。相反，它要求大部分规定条件事实上的实际存在。"故而法院认为这种承诺不是信用证而是担保。作为担保人，银行承担第二位的责任——仅在租户负有责任时才对此负责。由于租户没有修建车库，银行作为担保人便对租户的违约承担责任。

银行坚持认为这种文书是信用证，并且信用证由于市政府未颁发建筑许可证已经到期。尽管市政府没有颁发许可证是事实，但租约要求租户尽其努力争取得到许可证，而租户显然没有去努力争取。因为租户没能遵从这一规定，法院认为银行的义务并未到期。

当然，法院能够对与基础交易有关的这些事实加以考虑，是因为法院已认定该文书是一份担保而非信用证。法院还进一步发表意见说："这份文书宽松的条款恰好导致了信用证所要针对的弊病——旷日持久、代价高昂的诉讼。"

二、对非单据条件的处理

(一) 处理非单据条件的一般原则

非单据条件实际上是信用证中要求的未予单据化的外部事实条件，这与信用证的"单据化"要求是相悖的，因为信用证交易首先是一种单据交易，触发信用证生效、失效或付款义务等的是作为特定事实发生之证据的单据之提示而不是特定事实的发生本身。这不是说银行在信用证下的责任与外部事实无关，证下责任仍以基础交易中特定法律事实的发生为前提，只不过这些外部事实须以文字记载的方式内化于单据之中罢了，此即付款到期事件的"单据化"。通过单据化的处理之后，银行依独立性原则只管单据本身，而不管单据背后的事实，也不管单据的记载是否真实准确地反映了特定的客观事实。

非单据条件的存在，就说明外部事实未转化或体现为触发银行在证下责任的单据，从而带来银行是否要在单据之外去审查外部事实的问题。应该认识到，银行对在信用证下审单很内行，却不善于评估主债务人违约的可能性。因此，银行不能像负担第二性债务的担保人一样对此作出有效的判断。因此，非单据条件可能给银行的审单业务带来不确定性，对它的妥善处理也是银行及其他各方关心的一个重要问题。

处理非单据条件最有效的措施是防患于未然，也就是说，开证人在开证环节就应严格把关，尽量避免开出含有非单据条件的信用证，并尽可能将非单据条件转化为单据要求。开证人应仔细检查开证申请人递交的开证申请书，以确定其中是否含有"非单据条件"。如有此类条件，开证人有责任通知申请人将该类条件转变为明确的单据要求。[1]由于申请人对 UCP 的规定未必非常了解，故在申请开证时可能只顾说明自己的需求，忽视了将要求的条件单据化，此时开证人可以帮助申请人对申请书进行必要的技术处理，以保证申请书中所列条件的单据化。ISBP745 预先考虑事项的第 v 段规定："申请人承担其开立或修改信用证的指示中所有模糊不清导致的风险。除非申请人明确作出相反指示，开证行可采取必要或适当的方式补充或细化开立或修改信用证的知识，以便信用证或其任何修改可使用。"

这种转化可能是通过要求受益人提交一份表明有关条件已获满足的证明。[2]当备用信用证规定支款的条件是申请人在履行它与受益人之间的合同项下发生了"未获得补救的违约"时，代之以提交说明申请人已经违约的证明书。同样，对于"本信用证旨在担保××公司履行其××义务"之类的目的条款，也应转化为要求受益人提交说明该公司不履约的书面声明。

---

〔1〕 参见徐进亮主编：《国际备用信用证与保函》，对外经济贸易大学出版社 2004 年版，第 150 页。

〔2〕 See John F. Dolan, *The Law of letter of Credit: Commercial and Standby Credits*, Warren, Gorham & Lamont, 1996, p. 32.

（二）　对非单据条件的处理方式

对于信用证中业已存在的非单据条件而言，存在如下几种可能的处理方式：对一般的非单据条件不予理会；对构成开证人根本义务的非单据条件可予执行；对不证自明的非单据条件应予理会。

1. 对一般的非单据条件不予理会。只要其他单据条件得到了履行，开证人就必须作出兑付。UCP600、新 UCC5 与 ISP98 都倾向于采用这种方法，因为它概念简单，操作方便，可以避免银行卷入基础交易，减轻其责任。

UCP600、新 UCC5 以及 ISP98 原则上均要求对非单据条件不予理会，但是规定不尽相同。UCP600 规定"如果信用证含有一项条件，但未规定用以表明该条件得到满足的单据，银行将视为未作规定并不予理会"。UCP 的这种处理方式对于典型的商业信用证是十分可行的，但对于措辞不当的备用信用证就不尽人意了，如该项要被不予理会的非单据条件构成银行的根本义务，则对该条件的不予理会可能会导致不利后果。

新 UCC5 同样指示开证人不理会非单据条件，并且把"信用证"定义为一项兑付单据提示的确定承诺，[1]这与 UCP600 的规定是一致的。但新 UCC5 在第 108 条（g）款中承认可将某些非单据条件写进信用证而不致否定承诺的信用证性质之余，又在该条的官方评论明确在某些非单据条件构成开证人根本义务的情况下将根本改变承诺的信用证性质。[2]在后一情形下，法院就可能采用另一种处理方式，即对重大和根本的非单据条件依照担保法或一般合同法予以执行。

2. 对构成开证人根本义务的非单据条件可予执行。在非单据条件构成开证人根本义务的情况下，法院可能根据新 UCC5 第 102 条关于"信用证"的定义，认为此时开证行所承担的责任已超出信用证的范围，从而改按担保法

---

〔1〕　新 UCC5 第 102 条之官方评论第 6 点谈道："'确定'这一形容词取自 UCP，它认同此类情况，即有些文书会因过于含混或不完整而被否认其信用证资格。"

〔2〕　新 UCC5 第 108 条之官方评论第 9 点谈道："一项含有禁止'以船龄超过 15 年的船舶运输'之类条款的条件应不予理会并视为赘语。类似地，一项提交由'适当指定的仲裁员'所作裁决的要求亦无需开证人去判定仲裁员是否经过了'适当指定'。同样，备用信用证中的某个要求视不同违约情形提交不同证书的条款也不加于开证人另行判断何种违约业已发生的义务。这些条件开证人须不予理会。但在非单据条件涉及开证人的重大和根本义务（如开证人实际上需认定受益人是否履行了基础合同或申请人违约与否）的情况下，这类非单据条件的存在可能将使相关承诺完全不再归属第五篇管辖。"

或一般合同法的规定承担责任。可以看出，根据新 UCC5，开证行承担的义务要比 UCP600 广泛。这在一定程度上解决了非单据条件的要求与独立性原则之间的矛盾。但是，在具体运用的过程中，还需要法院对"根本义务"作出解释。[1]

ISP98 对非单据条件的不理会态度似乎较新 UCC5 更为坚决。ISP98 第 4.11 条（a）款规定："备用证中的非单据条件必须不予考虑，不管其是否会影响开证人接受相符提示或承认备用证已开立、已修改或已终止的义务。"[2] 这样一来，无论非单据条件是否涉及银行的根本义务，银行均须不予考虑，且银行在判断提示是否相符或在判断备用证是否已开立、修改或终止时，概不考虑非单据条件的满足与否，或者说，一项原本相符的提示不因某项非单据条件的未获满足而变得不相符，一份以某项非单据条件为开立、修改或终止前提的备用证也不会因为该条件事实上已获满足而导致备用证的开立、修改或终止。一言以蔽之，银行在备用证下的审单不因非单据条件的存在而受任何影响。因此，一份备用证中如有"备用证在受益人取得施工许可证之后生效"，或有"一旦工程完工，备用证即告失效"之类的规定，但却未要求提交相应的单据，即使这些所要担保的义务构成银行的根本义务，也因未作成单据性条件而均须忽略不计。结果便是，即使受益人事实上未取得施工许可证，也不影响备用证的生效；或即使工程已事实上完工，备用证也仍然继续有效。

但另一方面，该款明确的只是银行在备用证下的义务不受非单据条件的影响，并未否认银行在担保法或一般合同法下可能承担的责任，鉴于 ISP98 第 1.11d. ⅳ. 条承认"所有这些规则……其中一些规则的变动可能否定备用证在适用法律下作为一项独立承诺的资格"，又鉴于 ISP98 第 1.02 条（a）款规定"本规则在不被法律禁止的范围内对适用的法律进行补充"，所以可能出现这样的情况，即如果一份备用证中包含了重大的非单据条件，一旦形成诉讼，法院可能因此否认该备用证的独立性，进而要求银行承担在审查单据之

---

〔1〕 参见王佩："信用证下开证银行的审单义务"，载沈四宝主编：《国际商法论丛》（第 1 卷），法律出版社 1999 年版，第 299 页。

〔2〕 本款原文为：A standby term or condition which is non-documentary must be disregarded whether or not it affects the issuer's obligation to treat a presentation as complying or treat the standby as issued, amended, or terminated。

外的法律责任，这样银行就被拖入基础关系的纠纷中。[1]可见，银行对依据 ISP98 开出的备用证中的非单据条件同样应持慎重态度，在开证时对申请人负解释、说明和引导之责，并尽可能将非单据条件转化为单据条件。

3. 不证自明的非单据条件应予理会。信用证中规定的某些事实或条件虽未单据化，但这些事实属于银行依自身判断或根据常识就能认知的不证自明的事实，对这类非单据条件信用证法律往往规定不能不予理会。

与 UCP600 不同，ISP98 没有一刀切地机械要求备用信用证的所有条件都必须单据化，而是通过对"非单据条件"下定义的方式，将"开证人根据自身的记录或在其正常业务范围内可以确定信用证条款满足与否的内容"排除在非单据条件之外而要求银行加以考虑。这是因为，单据是一种旨在证明某种事实存在或发生与否的证据，但对某些银行已知或应知的事实以及公知的不证自明的事实，仍然机械地要求提交单据来加以证明就没有什么必要，故允许对之加以考虑可以适当缓和交单的刚性，且因相关事实对银行而言不证自明，所以考虑这类非单据条件基本上也不会加重银行的审单之责。

另一方面，这种规定还可以兼顾到附条件生效信用证的具体情况。比如信用证可能规定其自收到受益人在基础合同项下的预付款后生效。

根据 ISP98，下列可以"从开证人自身的记录或在其正常业务范围内确定的事项"不属于非单据条件：（1）何时、何地、如何向开证人提示或以其他方式交付单据；（2）何时、何地、如何向开证人、受益人或任何指定人发送或接收有关信用证的通信；（3）从开证人的账户内转进或转出的金额；（4）根据一个公布的指数可以确定的金额（如一份备用信用证规定根据公布的利率来决定产生的利息金额）。换句话说，对于这四类不证自明的事项开证人不能不予理会。

例如，如果一张备用信用证规定单据必须通过 EMS 快递开证人，但不要求快递收据。此时，如果寄单人是通过 DHL 寄单的，则按照 ISP98 规定，开证人可否拒付？按照 UCP600 的规定，如果信用证包含有一项条件但未规定用

---

〔1〕《独立保函司法解释》第 3 条否认未经单据化即"未载明据以付款的单据"的保函的独立性。再根据《全国法院民商事审判工作会议纪要》第 54 条规定的精神，在保函的独立性被否认之后，应根据"无效法律行为的转换"原理将其认定为从属性担保，并在基础合同有效的情况下，由担保人与主债务人承担连带保证责任。

以表明该条件得到满足的单据，银行将视为未作规定并不予理会。但根据 ISP98，尽管上述备用证未要求 EMS 快递收据，但如果受益人寄单通过 DHL，则开证人可在正常的业务操作中判断备用证的寄单条款没有满足，因此上述 EMS 寄单要求不属非单据条件，开证人完全有权拒付。[1]不过，由于 ISP98 第 3.11 条（a）款允许开证人放弃备用证文本中"主要是为开证人的利益和操作便利而设的任何类似条款"，所以开证人也有权忽略这一轻微的不符而予以兑付。

与 ISP98 相似，URDG758 对不证自明的非单据条件也要求不能不予理会，但两者的具体规定不尽相同。URDG758 第 7 条在规定担保人对非单据条件可以不予理会的同时，要求对保函中的三类特定的非单据条件不能不予理会：（1）能从担保人自身记录确定该条件得以满足的；（2）能从保函中规定的指数确定该条件得以满足的；（3）能用该条件确定保函项下提交的规定单据的信息与保函中的数据内容是否有抵触的。需明确的是，URDG758 中定义的"担保人自身记录"的范围比 ISP98 狭窄，仅限于在担保人处所开立相关账户上资金的流入或流出的记录。[2]因此 URDG758 下应予理会的单据条件中第 1 项和第 2 项与前述 ISP98 下的第 3 项和第 4 项相对应，而不包括 ISP98 的第 1 项和第 2 项即提示单据和收发信用证的相关记录。这样上述寄单案例放在适用 URDG758 的场景下，由于担保人"自身记录"中不包括如何交单的信息，所以不要求快递收据的对寄单方式的要求仍应视为非单据条件而可不予理会。

不过，URDG758 第 7 条额外规定了 ISP98 未涉及的一类应予理会的特殊的非单据条件，即可据以认定提交的规定单据中的内容与之冲突的非单据条件。严格地说，由于这类非单据条件所涉的事实并非不证自明，故在一定意义上加重了银行审单时的判断之责，但考虑这类非单据条件却对促成基础交易的实际履行仍有积极意义。例如，保函规定"工程必须在 5 月 1 日之前完成"，尽管没有要求工程在 5 月 1 日之前完成的证明书，属于非单据条件，本

---

〔1〕 参见徐进亮主编：《国际备用信用证与保函》，对外经济贸易大学出版社 2004 年版，第 149 页。

〔2〕 根据起草组的意见，URDG758 之所以将单据或信用证的提示或交付等排除在"担保人自己的记录"（guarantor's own records）之外，是因为有时担保人可能不能及时确认自己的记录，例如，信用证下提交的单据实际在分行放着，而不是由担保人掌握。

来可以忽略，但是，如保函下提交的其他要求的单据中表明工程在 5 月 1 日之后完成，则该非单据条件便不能不予理会，应据此确定提交的单据与该非单据条件有冲突，属于不符点。[1]

这一精神也被 ISBP745 所吸收，其第 A26 段要求规定单据中含有的单据内容不得与非单据条件相矛盾。如信用证规定了"以木稍包装"的非单据条件，则在任何规定单据上表明不同的单据类型就将被视为数据内容矛盾。

此外，新 UCC5 第 108 条之官方评论第 9 点也要求银行考虑不证自明的事实："（g）款不允许受益人或开证人不理会信用证中像地点、时间和交单方式之类的条款。（g）款之规则意在阻止开证人去判定甚至调查外部事实，而不是不让它诉诸时钟、日历、相关法律与实务或它对证明文件或构成特定信用证基础的某种交易所具有的一般知识。"

备用证公约第 3 条规定担保人/开证人对受益人的义务不取决于承保中未写明的任何条款和条件，但提示单据和其他属于担保人/开证人业务范围内的行为和事件除外。也就是说，担保人/开证人的兑付义务不仅取决于承保中写明的单据条件，也取决于虽未单据化但属于担保人/开证人业务范围以内的行为和事件。

（三）对非单据条件与多余单据在处理上的差异

现行规则对非单据条件的态度是虽然一般不予理会但也规定了不少例外，针对多余单据的规定几乎是完全不予理会。[2] 因为非单据条件是体现于信用证中的当事人的约定条件，所以在可能的情况下应尽量满足，只不过由于信用证属单据交易这一技术上的原因而不得不将此类条件在信用证交易中加以淡化，但无论如何，这一当事人的约定本身对整个信用证安排的影响却是难以完全忽略的。如前所述，一方面有些非单据条件可能不能不予理会，另一方面有些重要的非单据条件的存在甚至可能改变信用证交易的性质。相比之下，受益人单方提交的多余单据原本就超出了信用证当事人约定的范畴，所

---

〔1〕 参见阎之大：《URDG758 解读例证与保函实务》，中国文献出版社 2011 年版，第 130 页。

〔2〕 我国最高人民法院所持立场也是："对于信用证项下没有要求的单据，可不予审查。"现行规则中仅 URDG758 第 19 条（d）款规定了一种保函虽未要求但不能不予理会的单据，即该规则本身提及的单据。例如，URDG758 第 15 条提到的声明申请人违约的"支持性单据"是必须提交的，即使保函未作要求，这一单据也不能不予理会。由于提交这类单据是基于 URDG 规则本身的统一要求，所以严格地说，这类单据并不能算是多余单据。

以是无需加以理会的。

也正因如此，在对多余单据的处理上，URDG758也未秉持与处理非单据条件时"原则上不予理会但有矛盾就不能不管"的相同思路。第19条（d）款只规定对多余单据不予理会并可一退了之，尽管同条（b）款有单据之间不得矛盾的一般性要求。此外，这一规定可能还考虑到了URDG758下存在受益人和申请人双向交单的实践。在保函允许申请人交单的情况下，不排除有的申请人会为了干扰或阻止受益人在保函下索赔，而故意提交一些与受益人已提交或拟提交的单据相矛盾，甚至在己方所交单据内部造成自相矛盾的多余单据。如果担保人此时仍须确认各单据之间的不一致并据此认定不符，不仅会鼓励多余单据的提交而无谓加重担保人的负担，更重要的是，独立保函就将不再是一种可靠的付款工具了。

三、非单据条件与担保独立性的识别

如上所述，重大或根本的非单据条件可能会完全改变担保文书的性质，这实际上就涉及对担保性质的识别问题。换句话说，在名为信用证或独立保函的文件中包含要求银行承担非审单责任的条款时，应将该条款视为非单据条件而不予理会？还是因该条款的存在而否认信用证或保函的独立性？不妨结合我国《独立保函司法解释》的规定试加说明，其第3条规定："保函具有下列情形之一，当事人主张保函性质为独立保函的，人民法院应予支持，但保函未载明据以付款的单据和最高金额的除外：（一）保函载明见索即付；（二）保函载明适用国际商会《见索即付保函统一规则》等独立保函交易示范规则；（三）根据保函文本内容，开立人的付款义务独立于基础交易关系及保函申请法律关系，其仅承担相符交单的付款责任。当事人以独立保函记载了对应的基础交易为由，主张该保函性质为一般保证或连带保证的，人民法院不予支持。当事人主张独立保函适用民法典关于一般保证或连带保证规定的，人民法院不予支持。"不难看出，司法解释采取了形式和内容两条识别保函性质的路径。

（一）从形式方面识别

根据司法解释，对保函的形式识别包括名称识别和规则识别，即在保函

文本本身表明其为见索即付保函，[1]或保函载明适用国际商会《见索即付保函统一规则》等独立保函交易示范规则时，[2]均可认定保函的独立性。但本书认为，这一从形式方面识别的规定偏于简单化，难以有效应对保函的形式与内容不一致的情况。较合理的做法是，一方面，在保函具有独立性外观的情形下，可以推定保函当事人意欲使该保函产生独立保函的法律效力，从而将该文本识别为独立保函。另一方面，也要允许这一推定被相反的事实所推翻，也即，如果保函虽载明见索即付，或虽载明适用独立保函交易示范规则，但其主要条款的规定显然否定了自身的独立性，就应根据实质内容而不是形式名称来认定该保函的法律性质。

一般来说，独立性外观与实质性内容之间的冲突体现为以下几种方式：一是独立性外观与非单据条件之间的冲突。司法解释中所谓"未载明据以付款的单据"，实际上就是指保函中的重要条件未作单据化的情形，即与担保人在保函项下根本性义务有关的关键性单据缺失的情形。从其措辞来看，并非任何条件的未作单据化都有否认保函形式独立性的效力，只有决定担保人付款义务之有无的关键性单据缺失才具有这种效力。

具体而言，非单据条件对具有独立性外观的保函会产生何种影响呢？其一，如果保函未载明任何单据条件，则此时银行的义务已非凭单据付款，依据《独立保函司法解释》第 1 条的定义，[3]该保函不能被识别为独立保函。其二，在保函中既有单据条件又有非单据条件的情况下，或者说，保函中包含了要求银行承担非审单责任的条款，就还需进一步判断所缺失的单据的性质。如果缺失的单据是银行据以付款的关键性单据，比如说，保函载明银行在申请人到期不履行债务时赔付而不是凭受益人提交的申请人违约的声明赔付，若抽掉了此类承诺，银行实际上就已无责任可言，则此时保函名义上的

---

[1] 此系名称识别，但问题是函载明见索即付"中的"见索即付"是严格的限定性用语还是可以作一定的扩张解释，比如保函文本载明本保函为独立保函是否具有同样的效果？本书认为，应依当事人的真实意思来确定文本的性质，而不应拘泥于文字上的完全同一。

[2] 此系规则识别，保函载明适用 URDG 等交易示范规则的，不仅能根据《独立保函司法解释》第 3 条识别其独立保函的属性，根据第 5 条还具有将该类示范规则并入保函的法律效果，而后一法律效果是第 3 条规定的其他两种独立保函识别方式即名称识别和内容识别所没有的。

[3] 《独立保函司法解释》第 1 条第 1 款规定："本规定所称的独立保函，是指银行或非银行金融机构作为开立人，以书面形式向受益人出具的，同意在受益人请求付款并提交符合保函要求的单据时，向其支付特定款项或在保函最高金额内付款的承诺。"

独立性已被实质上否定；如果缺失的不是据以付款的关键性单据，比如保函规定受益人以 5 年船龄以下的船舶运输但在运输单据之外未要求提供船舶证书，或规定受益人通过 DHL 寄单但未要求提交相应的快递收据，由于缺失的船舶证书或快递收据并非据以付款的单据（运输单据或所寄单据本身才是），故这类非关键单据的缺失并不足以影响保函的独立性。

二是独立性外观与连带责任表述之间的冲突。实践中还存在一种所谓"独立性条款"与"连带责任条款"并存的情况。[1]在这类情形下，保函一方面声明其具有独立性质，另一方面又含有银行"承担连带保证责任"之类措辞，而连带责任就是从属性保证的一种具体形式，导致形式上的独立性和内容上的从属性之间的矛盾。对此法院也存在不同的判决。本书认为，此时原则上应以内容而非形式来认定保函的性质。虽然《独立保函司法解释》第 3 条中有"有下列情形之一，当事人主张保函性质为独立保函的，人民法院应予支持"的表述，但名称识别和规则识别不应具有绝对性，毕竟实质内容比形式名称更能够揭示当事人的真实意图。新 UCC5 第 102 条之官方评论第 6 点也谈道："文书的名称并非决定性的。"

因此，在形式与内容均表明保函的独立性时，保函无疑具有独立性；但在形式与内容存在不一致时，则应以保函的内容而非简单地以名称或所适用的规则来具体判断其独立性。

（二）从内容方面识别

要是文本并未从形式上表明其为独立保函，此时便只能从内容上判断，看其是否具有独立抽象性。如果答案是肯定的，则该文本仍可被识别为独立保函。如果开立保函的银行被要求承担审单以外的责任，则该文本不具有独立保函的效力，而应被识别为担保法所规范的从属性保函（accessory guarantee）。

在保函不具备独立性外观的情况下，只要存在非单据责任的规定，就无需区分缺失的单据之性质，而原则上否认其独立性。但参照相关国际惯例，作为例外，如果非单据条款与银行的自身记录或正常业务范围有关，因为这是无需以单据方式体现的银行已知或应知的事实，所以不宜一味以相关单据的缺失来否认保函的独立性。仍就前例而言，在保函未载明其为见索即付，

---

〔1〕 参见陆璐："保函独立性的司法认定困局及思路修正"，载《商业经济与管理》2019 年第 10 期。

也未载明适用独立保函交易示范规则的情况下，如果保函规定受益人以 5 年船龄以下的船舶运输但在运输单据之外未要求提供船舶证书，那么该保函不应识别为独立保函，如果保函载明银行凭受益人出具的申请人违约的声明付款，且规定受益人通过 DHL 寄单但未要求提交相应的快递收据，该保函仍可被识别为独立保函。

正是因为保函文本的内容对保函性质具有决定性意义，对《独立保函司法解释》中"当事人以独立保函记载了对应的基础交易为由，主张该保函性质为一般保证或连带保证的，人民法院不予支持"的规定，其中含义宽泛的"记载"一词宜作限缩解释为"提及"。因为，如果独立保函中不只是泛泛地提及基础交易，而是具体记载了基础交易的内容，则这一记载不宜被忽略。比如说，一份载明为见索即付的保函表明其担保的是"申请人依其于×年×月×日与受益人签订的××合同在×年×月×日前完成××工程"。当事人若以该"保函记载了对应的基础交易为由"主张保函性质为保证，由于担保内容涉及保函项下根本义务的履行，且"未载明据以付款的单据"，故此时法院应确认保函的非独立性为宜。但一份载明见索即付的保函表明其担保的是"申请人于×年×月×日与受益人签订的××合同项下义务之履行"，则该保函的独立性质不因对基础交易的提及而受影响。

对该条中"记载"一词作狭义理解，也可与现行国际惯例的规定保持一致。UCP600 第 4 条规定即使信用证中含有任何对基础合同的提及，银行也与该合同无关，且不受其约束。ISP98 第 1.06 条规定备用信用证下开证人的义务的履行并不取决于在备用信用证中提及的任何偿付协议或基础交易。URDG758 第 5 条规定保函为确认基础关系而对其予以引述，并不改变保函的独立性。三大规则中在述及信用证或保函相对于基础交易的独立性质时，都无一例外地使用了"reference"（提及，或译援引或引述）一词，这就传递出了如下信息，即信用证或保函保有独立性的前提是有关文本中只能以确认自身与基础交易的对应关系的目的提及后者，如果文本中不只是以确认为目的的"提及"基础交易而是具体"记载"了基础交易的某些内容，由于这些内容已转化为文本本身的一部分，就不能再简单地以独立性为由认为银行可以不受这些内容的约束了。

总之，司法解释的规定本身并未一劳永逸地解决保函的性质识别问题，实践中仍需要法官根据具体情况作出裁量。就保函独立性质的识别问题，结合以上分析，不妨从司法解释的规定中概括出以下识别保函独立性的公式，即"内容识别>形式识别-无据以付款的单据-无最高金额"。这就为独立保函的识别提供了一个相对明确的标准，也有效解决了独立保函规定中可能存在的"名实不符"或名称与内容不一致的问题。

此外，由于信用证本身固有的独立属性，备用信用证当然成为独立保函的一种，且基本不存在独立性的识别问题。从解释上说，由于保函的识别主要取决于内容而不取决于名称，故一份具有独立抽象性的名为"备用信用证"的文本同样可被识别为独立保函从而适用该司法解释，除非备用信用证的文本内容中存在足以否认自身信用证性质的规定。

第五节　支款权转让与款项让渡

ISP98 第 6.01 条规定受益人可以将证下支款权转让给第三人，从而赋予该方提交证下要求单据并接受证下款项的权利。这一程序比商业信用证下的转让程序要简单得多。如果备用证允许转让，支款权可以整体转让一次以上，但不能部分转让。

第 6.07 条规定在让渡被认可的情况下，受让渡人并不取得备用证下的支款权，而只是对让渡的款项享有权利，且该权利因备用证的修改或取消而受到影响。受让渡人有权取得的款额不超过受益人在证下享有的净款，还受制于依法享有优先权的任何权益。备用证下的款项可以被部分让渡，但不得被连续让渡。

一、支款权转让（transfer of drawing rights）

顾名思义，支款权转让是指信用证（或保函）项下支款权利的转移。不过，支款权虽是转让的核心，但支款权并不是一种单纯的债权，而是一种附有义务的权利。因此，支款权转让不仅涉及信用证本身的转让，还涉及基础权利和义务的转移，正像 URDG758 关于保函转让的第 33 条所表明的那样。支款权转让的实质是一种权利义务主体的变更，即原受益人（第一受益人）的退出和新受益人（第二受益人或受让受益人）的加入，由后者取代前者。这一变更将带来很大的不确定性，特别是新受益人可能是申请人完全不熟悉的陌生人，进而可能为欺诈性索赔提供便利。因此，有关规则均对转让设定了作为前提条件的双重要求，即除要求信用证本身规定"可转让"之外，还要求具体转让时，须另行取得开证人或指定人的同意。[1]此外，虽然信用证转让不涉及受益人与申请人之间的关系，但在实务中，除非得到申请人的同意，否则开证人不得擅自同意其转让。

（一）支款权转让的方式

ISP98第6.02条（a）款规定除非明确标注为可转让的（transferable），否则备用证不可转让。如果备用证标注为可分开的（divisible）、可分割的（fractionable）、可转移的（transmissible），则根据第1.10条的规定，由于这些术语没有单一的公认含义而应不予理会，故作此类标注的备用证应被认为不可转让。

第6.02条（b）款规定，如果一份备用证注明为可转让备用证，则它可以不止一次地被整体转让。也就是说，可以由第二受益人全部转让给第三受益人，进而再全部转让给第四受益人等。正因如此，ISP98中使用了"受让受益人"而非"第二受益人"的表述。与ISP98下可多次"垂直转让"（vertical transfer）相比，UCP600下的转让一般为"水平转让"（horizontal transfer），因其第38条（d）款只允许信用证转让一次，但在部分支款或部分装运的情况下，允许转让给数名第二受益人，即信用证可以全部或部分转让。两者不同的原因在于商业信用证下的进口商品可能会通过中间商由多家供应商提供，但在备用信用证下却很少有部分转让的必要，至少从既往的经验来看是如此。例如，申请人向提供贷款的受益人开出本票，受益人在要求以可转让备用证担保本票之付款的前提下将本票进行贴现。当然，如果申请人提出申请而银行同意，也可以在备用证中加入一个条款以改变第6.02条（b）款ⅱ项的要

---

〔1〕如UCP600第38条（a）款规定，银行无办理信用证转让的义务，除非其明确同意。其中的"银行"显然既包括指定银行，也包括开证行。新UCC5第112条（b）款也规定，即使信用证规定自身为可转让的，开证人仍可拒绝承认或执行一项转让。该条的官方评论第1点则进一步明确，非为保兑人的指定人没有承认转让的义务。而双重要求的设定看来澄清了此前曾困扰实务界的一个问题，即在可转让信用证下，如果第一受益人要求通知行或开证行将信用证金额部分转让给第二受益人，而有关银行由于这样或那样的原因认为第二受益人是不受欢迎的人时，它有遵守第一受益人上述指令的义务吗？（参见［英］施米托夫：《国际贸易法文选》，赵秀文选译，中国大百科全书出版社1993年版，第586~589页）这实际上明确了信用证指名债权的性质，信用证并不因注明"可转让"而获得流通性，其转让仍须以指明具体受让人为前提。

求，从而允许备用证的部分转让。但这样银行就要处理更多的提示，从而面临更大的经营风险。同理，UDRG758 第 33 条也仅规定了全部可用金额多次进行转让的保函垂直转让方式。

（二）支款权转让的条件

即使备用证注明可以转让，开证人或指定人[1]也无需执行转让。在面对可转让备用证下受益人的转让请求时，银行仍可以特定条件的满足作为其同意办理转让的前提。所以，银行有权采取一系列保护性措施来发现并防范可能的欺诈行为，这类欺诈行为包括将同一备用证数次转让给不同的人、转让并不存在的虚假的可转让备用证、转让全部或部分使用过的并无可用余额的备用证等。

ISP98 第 6.03 条（b）款规定了银行可以采取的保护性措施，即 i 项要求受益人提交一份以银行可接受的形式提出的请求，包括转让的有效日期及受让人的名称和地址等，其中还可包括能使银行免予转让中之伴生风险的合法担保或赔偿。ii 项要求受益人提交备用证正本。这样可以确认备用证的真实性，并通过确定其上是否有已经支款或转让的批注来打消此前该证是否已被支用或转让的疑虑。而且，根据新 UCC5 第 112 条官方评论第 2 点，通过占有原始信用证，指定人就能把原受益人从另一家银行处获得适当付款的可能性减至最小甚至完全排除。如果信用证要求提示原始信用证本身，从别处获得付款便全无可能。iii 项要求受益人证明代其签署的人的签名和权限。这样开证人就可免予因遵照未获受益人合法授权的人作出的转让指令行事而可能承担的责任。iv 项要求受益人支付转让费用。该款确认了转让行就转让的办理收取费用的权利。v 要求受益人满足任何其他合理要求。该款允许转让行采取任何其视为合理的保护措施来执行转让。

至于 v 项所谓的其他合理要求为何，URDG758 第 33 条（d）款的规定可资参考，该款规定可转让保函只有在转让人向担保人提供了经签字的声明，

---

[1] 根据"指定不构成义务"的法理，指定人并不承担必须按照信用证指示行事的责任和义务。新 UCC5 第 112 条官方评论第 2 点指出，经申请人同意开出的可转让信用证事实上是开证人和申请人之间的一种协议，该协议允许受益人转让其支款权，也允许指定人无需对他们作另行通知就承认并执行此种转让。国际商务中的可转让信用证经常在如下情形中开出，即预计指定人或通知人会促成由原受益人向受让人的转让并与受让人打交道。此时，指定人或通知人就有责任设定一套足以使自己免于双重提示或信用证下支款权争议的程序。

表明受让人已经获得转让人在基础关系项下的权利和义务时，才能被转让。这一规定实际上明确了保函的转让不仅包括保函及其项下单据的形式性转让，还包括基础合同项下权利和义务的实质性转让，从而有助于申请人控制转让的风险。因为保函项下往往只要求提供简单的违约声明作为单据。若随意转让给与基础关系无关的第三人，第三人所作的违约声明可能没有任何事实依据，由此将严重影响保函赔付的合理性。[1]这一将基础关系与保函款项一并转让的要求不仅与保函可全部及多次转让的特征相适应，也将与基础关系相一致作为受让人获得保函项下支款权的前提。这并不意味着担保人有义务在受让人的交单之外去审查基础关系的履行情况，却使申请人有机会在基础关系不支持保函项下支款的情况下，提起针对受让人的欺诈诉讼。

此外，根据新 UCC5 第 112 条的官方评论第 1 点，开证人可以在信用证中加入任何要求而无须虑及其是否符合惯例或具有合理性，但这种设定"要求"的权利不包括彻底否认在可转让信用证下进行转让的权利。这实际上是说，只要不达到全盘否认可转让信用证之可转让性的程度，为可转让信用证之转让设定任何要求都是合理的。

值得注意的是，ISP98 第 6.03 条（b）款规定的保护性措施旨在使备用证被转让给的是业经确认的受让人，在一定意义上也是从保护银行利益出发而将采取必要措施作为转让行获得偿付的前提。[2]但这些措施无法杜绝受益人利用可转让备用证与受让人串通实施欺诈的可能，更不能保证申请人不熟悉的受让人不利用其新受益人的身份在备用证下实施欺诈，因此对于申请人而言，如果它对受益人和潜在受让人的履约能力和信誉没有把握，就不要轻易同意开出可转让备用证。

（三）支款权转让中的单据要求

信用证是一种以提示相符单据为前提的附义务的权利凭证，单据要求在

---

〔1〕参见刘应民、张亮：《独立担保制度研究 以见索即付保函与备用信用证为视角》，中国社会科学出版社 2017 年版，第 130 页。

〔2〕ISP98 第 6.05 条规定了银行应采取的必要保护措施，即应满足第 6.03 条（a）款、（b）款 i 项和（b）款 ii 项的要求。据此，如果银行在未要求受益人提交备用证正本并审核其真实性，或在未收到受益人的转让请求的情况下即办理了可转让备用证的转让，则该银行无权就其支付的转让款向申请人要求偿付。但在上述必要保护措施被采取之后，转让行即有权从申请人处获得偿付，犹如其已向受益人作出了付款，这就意味着受让人利用可转让备用证实施欺诈的风险最终仍由申请人承担。

被转让之后仍然存在，但可能视具体需要作相应调整。转让相当于变更（novation）或受益人之替代，受让人因此成为履行的一方，它有权以自己的名义签署并提交汇票或发票。为配合中间商向其供应商采购的需要，商业信用证下的转让可以是全部或部分转让，且转让后原受益人（中间商）在原信用证下仍然享有利益，故 UCP600 第 38 条（h）款允许第一受益人在允许的金额范围内，以自己的发票和汇票（若有）替换第二受益人的发票和汇票，经过替换后，第一受益人可在原信用证项下支取自己发票与第二受益人发票间的差价（若有）。备用信用证的转让一般是全部转让，转让的结果则是原受益人完全退出信用证关系，故 ISP98 要求由受让受益人进行支款，并允许其无需修改备用证即可在任何要求的单据中以自己的名称代替原受益人的名称。

具体而言，ISP98 第 6.04 条（a）款规定汇票或索偿要求必须由受让受益人签署，尽管备用证要求汇票或索偿要求由原受益人签署。该规定背后的法理是，在执行了全部转让后，可转让备用证下的支款权也已全部转让给了受让受益人，原受益人亦退出备用证交易而不再在备用证下享有支款权。当然，从另一方面看，这也在一定程度上为受让受益人独立实施欺诈提供了条件。

ISP98 第 6.04 条（b）款规定在其他要求的单据中，受让受益人的名称也可以代替原受益人的名称。鉴于该款是选择性的，故在除汇票或索偿要求之外的其他单据中，既可使用原受益人的名称，也可视情况使用第二、第三或第四等后续受益人的名称。[1]

同理，URDG758 第 33 条（f）款规定，在已转让保函项下，索赔及其他支持性声明须由受让人签字。除非保函另有规定，受让人的名字与签字可以取代其他任何单据中转让人的名字与签字。

（四）法定转让（transfer by operation of law）

法定转让主要是指受益人死亡、破产、合并或变更名称以及丧失民事行为能力等情况下支款权如何由继承人行使的问题。在此类情形下，即使备用证未明确标注为可以转让，按有些国家的法律规定，该备用证也可转让。[2]

---

〔1〕 See Jacob E. Sifri, *Standby Letters of Credit：A Comprehensiue Guide*, Palgrave Macmillan, 2008, pp. 101-104.

〔2〕 参见徐进亮主编：《国际备用信用证与保函》，对外经济贸易大学出版社 2004 年版，第 159 页。

ISP98 第 6.11 条界定了属于法定转让的情形，即那些声明根据法律规定承继受益人利益的继承人、遗产代理人、清算人、受托人、破产财产管理人、承继的公司或类似的人，以其自身名义提示单据，犹如受益人授权的受让人的情形。

第 6.12 条规定了法定的额外单据，即如果声称的承继人额外提交了看起来是由公职官员或代表签发、注明该人系具名的受益人的法定受让人的有关文件，则该声称的承继人应被视为受益人授权的拥有全部支款权的受让人。显然，根据该条规定提交的额外单据不能被作为第 4.02 条"不审核多余单据"项下的多余单据看待。此外，被声称的承继人还应在备用证规定的有效期内提交单据，否则提示将被视为不符。

第 6.13 条规定了银行要求提交的额外单据，即如果声称的承继人未提交第 6.12 条提及的法定额外单据，而其提示除了受益人的名称外都是相符的，则开证人或指定人有权要求该人以形式和内容都令其满意的方式提交（a）款所列的文件，包括第 6.12 条提及的由公职官员签发的额外单据，第 6.03 条"转让条件"或第 6.08 条"确认款项让渡的条件"可能要求的任何事项等，来证明其受让权利的合法性。这些银行额外要求提交的单据也不属于多余单据，且其提示不适用备用证的原有效期规定。换句话说，即使这些单据在到期日之后提交，提示也不构成不符，此时银行仍有义务接受这些单据，因为它们并不是在备用证下本来要求的单据。不过，该条并未明确声称的承继人究竟有多长时间去准备并提交这些单据。

第 6.13 条（b）款规定如果开证人或指定人要求上述额外单据，则其兑付或发出拒付通知的义务暂停履行，这是因为在核实承继人的身份之前银行无法完成审单。但是备用证下原本要求的单据的最后提示期限并不因此而延长，能超出备用证有效期提交的仅限于开证人或指定人依本条要求提交的额外单据。

第 6.14 条确认根据第 6.12 条付款的开证人或指定人有权获得偿付，犹如它已向受益人付款。这也体现了对开证人和指定人的保护，因为根据第 6.12 条作出的兑付并未付给受益人，所以实际上与备用证条款原本是不符的。[1]虽然第 6.14 条未规定根据第 6.13 条付款的开证人或指定人有权获得

---

〔1〕　See Jacob E. Sifri, *Standby Letters of Credit：A Comprehensiue Guide*, Palgrave Macmillan, 2008, pp. 109–111.

偿付，由于根据 6.13 条与根据 6.12 条所作的付款并无实质差异，故在解释上似乎亦应认可此时的偿付权。

二、款项让渡（assignment of proceeds）

（一）款项让渡业务的运作

与支款权转让不同，款项让渡是一种单纯的债权转让，即将信用证（或保函）项下应得款项向他人所作的让渡。由于受让渡人取得的是不附义务的权利，所以它只需向银行提交能证明其已受让款项的有效凭证，而无需向银行提交证明其拥有支款权的相符单据，提交信用证下规定的相符单据仍然是受益人/让渡人的义务。

URDG758 第 33 条规定不管保函是否声明可以转让，受益人可以让渡其保函项下有权或将有权获得的任何款项，这同 UCP600 第 39 条的规定相同。[1]据此，款项让渡的前提是受益人本身有权获得保函项下的款项。受让渡人不是信用证或保函项下的一方当事人或受让受益人，故无权以自己的名义在其下直接支款，它只是受让取得受益人在信用证或保函项下已经或将要获得的权利而已。换句话说，受让渡人获得的权利不能优于信用证或保函的受益人，故担保人对受益人享有的抗辩权能够对抗被让渡人。例如，保函受益人被证明有欺诈行为时，即使被让渡人未参与欺诈，也不能获得保函项下的款项。担保人将保函项下的应付款项与保函受益人对担保人所负债务相互抵销时，受让渡人亦无权提出异议。[2]进而言之，担保人也可以将保函项下的应付款项与受让渡人自身对担保人所负的到期债务进行抵销。因此，为保护自己，受让渡人应直接与担保人约定后者不行使上述抵销权。

UCP600 第 39 条仅规定款项让渡不以信用证注明可转让为前提，并未明确款项让渡的具体程序。其他规则除均认可未注明为可转让的独立担保的可

---

〔1〕《美国统一商法典》除在第五篇第 114 条（b）款规定受益人有"将其就信用证下款项享有的部分或全部权利予以让渡"的权利外，还在第九篇"担保权益"第 409 条进一步规定，限制受益人将其信用证下权利（letter-of-credit rights）予以让渡或在该权利上创设担保权益的信用证条款或实践无效。

〔2〕参见阎之大：《URDG758 解读例证与保函实务》，中国文献出版社 2011 年版，第 340 页。担保人对受益人的抵销权源于 URDG758 第 5 条有关"担保人的付款义务受担保人与受益人之间关系影响"的规定。

让渡性之外，还就款项让渡的具体程序作出了一些细化的规定。URDG758 要求款项让渡须经担保人的同意，根据该规则第 33 条（g）款（ii）项规定："除非担保人同意，担保人没有义务向受让渡人支付该款项"。这也就是说，如果担保人不同意，就没有义务向受让渡人付款，即使受益人向担保人发送了款项让渡的通知，担保人也可不受该通知的约束，而选择继续向受益人本人付款。ISP98 第 6.07 条也作了与 URDG758 相类似的规定，强调开证人或指定人没有义务确认受益人的让渡请求，且在未确认让渡请求的情况下没有义务执行款项让渡。新 UCC5 第 114 条（d）款在确认开证人或指定人没有义务同意或不同意信用证款项的让渡同时，作为例外又规定在信用证的提交构成兑付之前提而受让渡人占有并出示了信用证的情况下，就不得不合理地拒绝让渡。根据该条的官方评论，设置这一例外是因为此时开证人或指定人双重付款的风险已被减至最少。事实上，UCP600 项下的让渡通常也是经过银行同意的。一般由受益人（让渡人）向有关银行出具一份不可撤销的让渡书（letter of assignment of proceeds）并经后者同意后签字确认，或由受益人、受让渡人和有关银行三方共同签署一份款项让渡协议。[1] 从以上不难看出，开展款项让渡业务一般以银行同意为前提的实践与一般合同法中债权转让只需通知债务人的做法并不相同，它是立足于商事交易安全性基础之上的一种需债务人同意的特殊的债权转让。[2]

　　为确保款项让渡的安全性，减少经营风险特别是双重付款的风险，ISP98 第 6.08 条详细规定了开证人或指定人有权设定确认款项让渡的条件，包括要求提交备用证正本、代受益人签署的人的签名及权限证实、受益人签署的不可撤销的关于确认款项让渡的请求等。[3] 第 6.09 条进一步规定，如果对款项有相互冲突的数项请求，则对被确认的受让渡人的付款可以暂停，直至冲突

---

　　[1] 参见于强编著：《UCP600 与信用证操作实务大全》，经济日报出版社 2007 年版，第 204 页。

　　[2] 不过，备用证公约第 10 条并未要求款项让渡须经担保人/开证人的同意，而只规定其收到来自受益人的不可撤销的让渡通知即可。

　　[3] ISP98 下的受让受益人也可以向相关银行提出款项让渡请求并要求后者予以确认，因为第 1.11 条（c）款 ii 项规定"受益人"包括"受让受益人"。此外，虽然受益人的让渡请求可能是可撤销或不可撤销的，但银行很少会确认可撤销的款项让渡请求，故 ISP98 强调款项让渡请求的不可撤销性。我国《民法典》第 546 条也有"债权转让的通知不得撤销"的类似规定。

解决。[1]第6.10条则明确只有按第6.08条（a）款和（b）款的规定以收到备用证正本和代受益人签署的人的签名证实等文件的方式确认款项让渡的付款银行才有权获得偿付。如果受益人是银行，这种确认可以仅仅基于经证实的函电。

（二）受让渡人地位的脆弱性

受让渡人的权利能否实现是带有很大不确定性的，它受制于多方面的因素。ISP98第6.07条（b）款ii项明确，受让渡人的权利受制于确认人确有应当付予受益人的净款、指定人和受让受益人的权利、其他被确认的受让渡人的权利以及依法享有优先权的其他权益。这是因为，与支款权转让中受让人取代原受益人成为新受益人的情况不同，受让渡人和开证人并无直接关系，因此索赔和违约声明等均应由让渡人即受益人或其代理人出具。受益人能否向指定银行提交相符单据以取得备用证下款项，对此受让渡人无法控制。而且，若受益人存心诈骗，把单据另寄开证人收款，而不是被授权让渡款项的银行收款，则这笔让渡款项也会落空。[2]

此外，受让渡人的权利实现还受制于信用证的修改或取消。如ISP98规则7就规定备用证下的权利经受益人同意可以取消，这种取消无需受让渡人的同意。新UCC5第106条官方评论第2点更清楚地表明，受让渡人并非信用证的当事人而仅对让渡的款项享有权利，该权利是不确定的，它有赖于信用证的存续以及受益人在信用证下支款权的有效性，故可能因受备用证修改或取消的影响而部分或完全丧失。相比之下，受让受益人是备用证下的一方当事人，在备用证无自动修改规定的情况下，备用证的任何修改均须经其同意，否则对其无约束力。

正是由于受让渡人地位的相对脆弱，款项的让渡不能为受益人的供应商

---

[1] 如新UCC5第114条（e）款规定，受让受益人或指定人的权利优先于受让渡人对款项享有的权利。可见，指定人的法律地位与受让受益人等同，都作为受让人而在地位上优先于受让渡人。因此，在款项让渡系由指定人执行的情况下，一方面，如果指定人认为受让渡人无权在保函项下支款或其想要支取的金额超过了其有权支取的金额，指定人有权暂停对受让渡人的付款直至冲突解决。另一方面，指定人如已向受让渡人善意支付了后者可能无权支取的金额，则指定人获得足额偿付的权利应当受到优先保障。

[2] 参见徐进亮主编：《国际备用信用证与保函》，对外经济贸易大学出版社2004年版，第170页。

或贷款人提供可靠保障，又由于可转让信用证可能因申请人不同意而争取不到，受益人的这些融资方可能会转而要求受益人使用它在原始信用证项下的权利，取得银行以融资方为受益人开出的第二张信用证，即所谓背对背信用证（back-to-back credit）。供应商或贷款人取得了背对背信用证下的受益人地位后，就不会遇到受让渡人所遇到的很多风险，他们只要按照第二张信用证的规定签发汇票，提示汇票与单据，就有得到付款的把握。银行为签发第二张信用证，可能要求原受益人让渡其在原始信用证下的收款权作为担保。[1]

不过，背对背信用证涉及两张信用证的安排，因而费用要比开出一张可转让的信用证高，因此，有时出于资金方面的考虑，背对背信用证成为不适用实际需要的安排。[2]此外，在一张信用证有修改而另一张信用证未作相应修改的情况下，使用背对背信用证也可能行不通，所以多数银行不喜欢使用背对背信用证业务。[3]

第六节　适用法律和司法管辖

一、概说

UCP 和 ISP98 均未涉及信用证适用法律和司法管辖问题。备用证公约第六部分对法律冲突作出了规定。备用证公约第 21 条规定："承保由下述选择的方式管辖：（a）在承保书中规定的或由承保书的条款和条件指明的；或（b）由担保人/开证人与受益人另行约定的。"第 22 条规定："在未能根据第 21 条规定作出法律选择的情况下，承保即由担保人/开证人出具承保时的营业地所在国家的法律。"但公约未对管辖法院作出规定。

与 UCP 和 ISP98 不同，URDG 明确了保函的适用法律与审理法院，原因

---

〔1〕　参见沈达明编著：《美国银行业务法》，对外经济贸易大学出版社 1995 年版，第 194～195 页。

〔2〕　参见［英］施米托夫：《国际贸易法文选》，赵秀文选译，中国大百科全书出版社 1993 年版，第 585 页。

〔3〕　See Ralph H. Folsom, Micheal W. Gordan, John A. Spanogle, *International Business Transaction*：《国际商事交易》，法律出版社 2005 年版，p. 166.

是保函规则不完善而保函法律比信用证法律更完善。一方面，保函的标准化程度远不如信用证高，URDG 不如 UCP 和 ISP98 成熟、标准与普及。另一方面，各国的担保法律却比信用证法律相对完备，保函中法律适用条款较为普遍，相关国家的法律往往成为处理保函争议的主要依据，再就是由于受从属保函的影响，保函项下的法律纠纷比信用证相对要多。如此，为避免各行其是，URDG 规则对适用法律与审理法院进行了明确。[1]此外，作为美国国内法的新 UCC5 对法律适用和司法管辖问题作出了详细规定。

二、URDG758 的规定

（一）适用法律

URDG758 第 34 条（a）款对适用法律作了专门规定："除非保函另有规定，保函的适用法律为担保人开立保函的分支机构或营业场所所在地的法律。"根据该规定：

1. 和备用证公约一样，URDG758 允许当事人合意选择适用法律。但 URDG 和备用证公约选择法律的体现方式有所不同，前者限定于在保函中指明，而后者除可在承保书中规定之外，还可基于担保人/开证人与受益人之间的特别约定。我国《独立保函司法解释》的立场与备用证公约相似。一般来说，开出的保函等承保书往往是申请人、受益人和担保人三方意思的综合反映，而担保人与受益人之间的特别约定反映的主要是该两方之间的合意。

申请人和受益人可以决定基础交易中的适用法律，但不能决定保函或信用证中法律的适用。保函中的法律适用取决于担保人与受益人双方的议价能力。在保函中担保人一般更有话语权，不难理解的是，它会倾向于选择自己更熟悉的当地法律来作为适用法律。然而在一些大型国际项目招标过程中，受益人（项目业主）往往具有更强的议价能力，因此多数时候会优先选择其本国法律作为保函适用法律。

2. URDG758 规定了在无约定时默示适用的法律。由于担保人与受益人之间的保函独立于申请人与受益人之间的基础关系，故保函的适用法律不以基

---

〔1〕 参见阎之大：《URDG758 解读例证与保函实务》，中国文献出版社 2011 年版，第 341~342 页。

础关系为转移。而就保函中担保人与受益人的关系而言，担保人的履行具有根本性和实质性，属于保函中的特征履行，而担保人一方的所在地相应也是保函的实际履行地，故以担保人所在地的法律作为保函的适用法律是比较合适的。又由于担保人在同一国家往往不止有一个的营业场所，这些不同营业场所即使在一国之内，仍有可能属于不同法域，如美国的不同州，所以本条将适用法律准确定位为担保人开立保函的分支机构或营业场所所在地的法律。另外，本条规定和第 3 条之担保人在不同国家的分支机构视为不同实体的规定也是相对应的，既然不同国家的分支机构属于不同实体，那么相应适用各自所在国家的当地法律也就是顺理成章的事了。

3. 作为合约性规则，URDG758 不得与适用法律的强制性规范相抵触。比如有些中东国家的法律可能会规定涉外保函纠纷由当地法院管辖并适用当地法律，此时，URDG 的规定就应让位于这类强制性法律的规定。由于这类与事先约定相悖的强制性法律适用所致的损失，按照 ISP98 第 8.01 条（b）款的精神，应由申请人负赔偿之责。

（二）司法管辖

司法管辖和法律适用是相关但又不同的两个问题，前者是哪家法院对案件享有管辖权的问题，后者是管辖法院适用何种实体法审理案件的问题。管辖法院往往适用本国的实体法审理案件，但也可能依本国冲突法的指引适用另一国家的实体法审理案件。由于同一案件在不同的法院审理，其裁判结果可能完全不同，当事人往往坚持案件由自己国家的法院审理。这就有必要统一司法管辖的标准，避免或减少当事人"挑选法院"（forum shopping）或法院争夺管辖权之类情况的出现。

URDG758 第 35 条规定："除非保函另有规定，担保人与受益人之间有关保函的任何争议将由担保人开立保函的分支机构或营业场所所在地国家有管辖权的法院专属管辖。除非反担保函另有规定，反担保人与担保人之间有关反担保函的任何争议将由反担保人开立反担保函的分支机构或营业场所所在地国家有管辖权的法院专属管辖。"

可见，与法律适用的规定相类似，URDG 也在允许保函当事人合意选择管辖法院的基础上，将担保人/反担保人开立保函的分支机构或营业场所默示作为有权管辖的法院。

三、《美国统一商法典》的规定

新 UCC5 第 116 条对法律与管辖地之选择作出了较备用证公约和 URDG 更详细的规定，该条不仅涉及开证人与受益人之间的关系，而且涉及"开证人、指定人或通知人因其行为或不行为而产生的责任"，[1]其中（a）款规定该责任的适用法律可由当事人合意选择，且其法律被选择的法域无需与信用证交易有任何联系。值得注意的是，UCC1 第 301 条规定了《美国统一商法典》在法律适用上的一般原则，即允许交易当事人选择适用特定法域的法律，但前提是该交易须与所选择的法域存在"合理联系"（reasonable relation）。显而易见，作为信用证法律中的特别规定，该条并不要求信用证交易与所选法域存在"合理联系"，这样的结果是，信用证交易中的当事人可以不受限制地任意选择他们想要适用的任何法律。

该条（b）款规定在当事人未作选择时默示的适用法律为开证人、指定人或通知人所在地的法律。该款也规定至少为管辖权和法律适用之目的，一家银行的所有分支机构被视为不同的法律实体。这样，中国农行上海分行如果向纽约的受益人开出信用证并指定在中国农行纽约分行兑付，受益人认为该指定行错误拒付而诉诸当地法院，依该款规定，由于此时涉及指定人的责任而不是开证人的责任，故应默示适用指定人所在地的美国法律，而不是开证人所在地的中国法律。可见，从受益人的角度看，能够向其当地银行交单的好处不只是方便，这一程序设计也使受益人在面临错误拒付的时候能诉诸当地法院并可能适用当地的法律。

该条（e）款规定信用证纠纷管辖地可按与（a）款选择适用法律相同的方式选择。这似乎也意味着，当事人可以合意选择任何管辖地。[2]

此外，申请人虽不是信用证交易的当事人，但这并不是说它在信用证交

---

〔1〕 在确定开证人、指定人或通知人的责任时也可能涉及这些人与申请人之间的关系，比如开证人付款后向申请人寻求偿付时后者认为前者作了错误付款，或申请人以欺诈为由针对保兑行向法院申请止付禁令等。

〔2〕 我国法律要求当事人协议选择的管辖地与争议具有实际联系，《中华人民共和国民事诉讼法》（以下简称《民事诉讼法》）第 35 条规定："合同或者其他财产权益纠纷的当事人可以书面协议选择被告住所地、合同履行地、合同签订地、原告住所地、标的物所在地等与争议有实际联系的地点的人民法院管辖，但不得违反本法对级别管辖和专属管辖的规定。"

易的管辖权和法律适用问题上没有任何发言权，它通常在和受益人商定信用证的条件后再依此条件向开证人申请开证。申请人一般希望信用证纠纷在开证人所在地管辖，原因是申请人往往与开证人同处一地，这样它可在必要时向当地法院就近申请禁令救济。相比传统的商业信用证而言，备用信用证下的受益人更有可能事先同意一旦产生诉讼时接受特定法院的管辖权。这是因为，备用信用证下的申请人比传统商业信用证下的申请人的地位要脆弱得多，所以作为一种平衡，受益人可能更倾向于同意申请人在管辖权方面的要求。

第七节　其他特别问题

一、付款的币种

如前所述，如果开出的信用证下的货币不同于被授权兑付的银行所在国的货币，开证人差不多总是会通过在信用证中加入偿付指示（reimbursement instructions），来允许该指定银行向开证人依代理协议在其处设有与证下货币币种相同之账户的另一往来银行提起偿付要求。有时候，偿付也可以直接通过往来银行的往来账户执行而无需通过其他银行偿付，此时作出兑付的银行往往在开证人处设有与证下货币币种相同的账户。在信用证货币与作出兑付的往来银行所在国家的货币币种相同时，直接清偿程序也同样有效，此时该行可以立即借记开证人在其处所设的账户来补偿已兑付的提示金额。当然，信用证也可规定偿付请求应向开证人本人提出，而不是向另一家偿付行提起。[1]

上述操作的默示前提是开证人以信用证中指定的货币对相符提示付款。但也可能存在因外汇管制等而无法以信用证下指定币种付款的情形。此种情形下该如何操作呢？ISP98 对此未作明文规定，UCP600 中也仅规定发票和保险单据必须使用信用证的货币，好在 URDG758 弥补了这一缺憾。URDG758 第 21 条在明确了担保人应以保函中指定货币付款的基本原则后，进而规定在保函的付款日无法以指定货币付款时，担保人有以当地货币付款的权利，且

---

〔1〕　See Jacob E. Sifri, *Standby Letters of Credit: A Comprehensiue Guide*, Palgrave Macmillan, 2008, pp. 223-224.

相应享有以付款货币或保函指定货币来从申请人处获得偿付的选择权。

二、透支的索偿要求（overdrawn demand）

透支的索偿要求是指超过了备用证下可使用金额的索偿要求，根据 ISP98 第 3.08 条（e）款的规定，这种提示构成不符，银行可以赖以拒付。但在银行未及时发出拒付通知的情况下，第 5.03 条仅适用于备用证下的可用金额，而不适用于超出可用金额之外的部分。例如，一份备用证允许支款的总金额是 20 000 美元。如果在受益人提出 25 000 美元的索偿要求后，审单员虽然发现索偿要求是透支的，却未在第 5.01 条要求的时间内发出拒付通知，此时银行没有义务支付 25 000 美元，但它必须兑付证下可用的金额即 20 000 美元。[1]

三、费用和成本的负担

在信用证业务中产生的费用和成本一般按照"谁指示、谁负责"的原则执行。依照 ISP98 第 8.02 条的规定，在备用证交易中向另一方作出指示的一方有责任负担被指示方因执行指示而发生的佣金、手续费、成本或开支等任何费用。这实际上意味着申请人有责任对开证人因从事备用证交易而发生的佣金、手续费、成本或开支等任何费用予以偿付。同样，这也意味着开证人对遵照其指示行事的任何指定人、通知人或保兑人在备用证交易下产生的任何费用负责。

URDG758 第 32 条同样确立了指示另一方提供服务的一方承担费用的原则，并明确保函规定费用由受益人承担而该费用未能收取时，最终仍由指示方承担各种费用。

四、备用证正本的处理

备用证正本本身的价值并不大，因为备用证不是流通票据，尽管在运作过程中它可能产生汇票或本票等流通票据。备用证的价值在于其中包含的开证人（或保兑人，若有）的承诺。不过，对备用证交易的当事人来说，备用

---

〔1〕 See Jacob E. Sifri, *Standby Letters of Credit: A Comprehensiue Guide*, Palgrave Macmillan, 2008, p. 89.

证正本在议付、指定人付款、款项让渡、部分支款等情形下仍具有实际的和管理上的意义。[1]

（一）备用证正本的丢失

ISP98 第 3.12 条规定，在备用证正本丢失的情况下，开证人也享有第 3.11 条赋予开证人的酌处权。因为持有备用证正本并不是在证下支款的必要条件，如有在交单时提交备用证正本的要求，也仅是为了开证人的利益或操作便利而设。故而，开证人可以自主决定不放弃提示备用证正本的要求，或者决定同意放弃提示备用证正本的要求或替换一份正本。在后一情形下，开证人可以向受益人提供一份替本或副本，并须在替本或副本上作相应标注，以警示可能因任何原因依赖备用证的人防范正本备用证持有人可能作出的欺诈性提示。

该条还规定，为避免重复付款，开证人可以自主决定从受益人处要求其认为必要的赔偿担保，以及从指定人处获得尚未付款的确认。

（二）备用证正本的保留

依 ISP98 第 9.05 条规定，在备用证已被兑付、撤销或已过期后，保留备用证正本实际上是没有意义的，也就是说，在对获得授权的人行使过支款权利之后，备用证正本的保留不影响开证人、保兑人或指定人的义务。这和流通票据作为返还证券的性质是明显不同的，由于票据与其所彰显之债权的不可分割性，如果票据债务人在支付票据金额后不将票据收回，它仍需向善意取得该票据的持票人承担票据责任。

五、偿付义务

一家意大利进口商向一个亚美尼亚的商家进口牛肉，双方同意由后者以前者为受益人开出备用信用证，允许前者在货物未如约装船或未按时运达的情况下在证下支款。货物必须通过匈牙利转船，但船只在匈牙利的港口卸货期间，匈牙利政府通过了一项法律，禁止通过匈牙利国土运输任何食品。

由于货物未能按时运达，意大利进口商在备用信用证下进行了全额支款。

---

[1] See Jacob E. Sifri, *Standby Letters of Credit：A Comprehensiue Guide*, Palgrave Macmillan, 2008, p.52.

指定银行将提示转交给开证行要求偿付，开证行也及时向申请人寻求偿付。但申请人对索赔持有异议，它认为货物已及时依约装运，延误的原因是匈牙利政府通过的新法。由于 ISP98 第 8.01 条（b）款要求申请人就由开证地所适用的或备用证所选择的法律或惯例之外的法律或惯例的施行而产生的损失向开证人负赔偿责任，故此时申请人应向开证人就其对受益人所付的款项作出偿付。[1]

国际商会 ICC 在 511 号出版物中指出，由于开证行熟悉本国情况，因此关于外国法律和惯例的免责规定不适用于开证行所在国的法律和惯例。

---

〔1〕 See Jacob E. Sifri, *Standby Letters of Credit: A Comprehensiue Guide*, Palgrave Macmillan, 2008, p. 116.

信用证欺诈及其救济

第一节　对信用证欺诈的基本认识

信用证在商业上应用的价值就在于其为受益人提供一种确定性——保证凭受益人提交的相符单据时即予兑付，而不管基础交易下的事实或纠纷。但信用证的这一特性也可能被一些受益人滥用于获取不法利益，实践中备用信用证下的申请人常常会碰到这样的情况，基础合同已经完全履行，或者履行并没有延迟，或者没有履行是因为受益人造成的，但受益人仍然出具单据毫无根据地要求在备用信用证下索偿。受益人的这种滥用显然有违备用信用证担保履约的初衷，如果听任受益人不道德地对其优势地位加以利用，把信用证作为其实施欺诈的工具，则不仅会损害申请人的利益，同样也会损害信用证在商业应用上的生命力。正如 Dynamics Corp. v. Citizens & Southern National Bank 案中法院所言："阻止欺诈所具有的公共利益与鼓励使用信用证一样"，法律也不能容忍明显的重大的欺诈的后果。于是，法律在信用证制度中设置了一种欺诈例外，以遏制受益人对信用证的此类滥用行为。

一、欺诈例外是独立性原则的例外

所谓欺诈例外（fraud exception），是指在提示的单据存在伪造或实质性欺诈等情形下，即使其表面与信用证的规定严格相符，受益人也无权获得兑付。根据"欺诈解除一切"的法理，在基础交易中存在实质性欺诈的情形下，银行在信用证下依表面相符单据独立付款的义务因受益人的这种欺诈行为而告解除，此时信用证实际上重新受制于基础合同，在满足特定的条件和程序以后，银行可以依据申请人在基础合同项下享有的抗辩权来对抗受益人的付款要求，申请人也可因其在基础合同中享有的抗辩权来要求银行对受益人作出拒付，法院也可能发布止付令对付款加以干预，受益人则因其欺诈行为失去了信用证独立性原则对它的保护。不难看出，针对受益人欺诈的这种处理构成了独立性原则的例外，这一例外也对独立性原则构成了一种必要的校正和平衡。

由于表面相符原则与独立性原则的表里关系，欺诈例外同时也构成了表面相符原则的例外。信用证交易是完成和实现基础交易的手段，信用证交易与基础交易虽然形式上独立，但实质上应该相符。形式上相符仅赋予受益人程序上的临时支款权，只有持与基础交易履行情况实质相符之单据的受益人才真正有权在信用证下支款。换个角度说，与实质性相符相比，形式上的相符只是手段而非目的，单据表面相符的意义在于以单据的形式相符推定基础交易的实质性相符，并通过这一标准化操作来提高商事交易的效率，但唯实质相符的单据才能正确传递基础交易履行情况的信息，从而使信用证的激励功能得以发挥作用，以实现促成基础交易履行这一信用证安排的终极目的。欺诈例外正是从实质相符角度来保证信用证交易的安全性和可靠性，以堵塞从形式相符到实质相符这一推定中可能存在的漏洞，即单据表面相符但实为欺诈的情况。这样，表面相符原则和欺诈例外相辅相成，共同保证基础交易在所有情况下都已被实际履行而不仅仅是看似已被履行。

也有人认为，欺诈例外算不上是信用证独立性原则的一种真正的例外，因为严格地说，欺诈性单据并不是信用证下要求的合格单据，提示这种单据并不使受益人获得支款权利。不过，应将受益人的提示和其他汇票持有人的提示区别对待，只有在前一情形下，认为欺诈性单据是不合格单据的观点才与法无悖。[1]事实上，本书认为，即使在后一情形下，善意的提示人所持有的欺诈性单据也不应被认为是合格单据，该人只是因其系善意第三人而受到法律的特殊保护，并因此获得了大于其前手即受益人的权利而已。

无论如何，不妨认为欺诈例外亦构成表面相符原则的例外，因为提示的单据如存在欺诈便不能获得兑付，即使其在表面上与信用证的要求严格相符。

---

[1] See Gordon B Graham, Benjamin Geva, "Standby Credit in Canada", *Canadian Business Law Journal*, Vol. 9, 1984, p. 180.

二、确立欺诈例外的必要性

（一）欺诈例外具有安全价值

信用证安排以追求交易效率为出发点，即通过"先付款、后争议"这一程序设计来满足受益人的快捷支款需要，但这种效率的追求必须建立在交易安全的基础上。法律不会认同一种客观上有鼓励欺诈行为效果的制度。如果听任一方以信用证独立性原则为工具欺骗和掠夺另一方，则信用证制度就不可能有真正的生命力。应该看到，独立性原则虽能保障受益人在信用证下支款的快捷性与确定性，却在某种程度上忽略了对申请人的安全保障。

前已述及，正是基于信用证下单据中对基础交易信息的记载，信用证交易和基础交易之间不仅存在牵连关系，而且也形成了反馈回路。在受益人不诚信地利用信用证交易的情况下，无论是单据记载中存在信息欺诈还是单据本身就不要求记载基础交易信息，这种牵连关系及反馈回路均被切断，此时仅从信用证交易本身已无法对受益人支款权的有无作出判断，故有必要启动欺诈例外，重新审视基础交易本身的履行情况，对信用证交易的独立性进行相应校正，以填补信用证制度安排中的安全漏洞。

（二）欺诈例外也具有效率价值

信用证下的"先付款、后争议"机制建立在这样一个假定上，即在基础交易双方就合同的履行情况存在争议。如果争议事实上并不存在，这一安排的基础也就不复存在了。在欺诈证据确凿的情况下，由于受益人的付款请求权没有任何依据，它的无权支款也就毫无争议，此时仍坚持"先付款"也就完全不必要和无效率。正如学者笪恺所指出的那样，如果后来争议的结果已经被证实，那么"先付款"（然后让申请人通过以后的诉讼程序取回已付出的款项）将是毫无意义的。[1]

信用证是付款的工具，而不是不付款的工具，但更不能是欺诈的工具。如果说基础交易下的争议未定时受益人有权获得兑付体现了信用证运作正常情况下的商业效率，那么在明知存在信用证欺诈的非常情况下，不向骗子付

---

[1]　参见笪恺：《国际贸易中银行担保法律问题研究》，法律出版社 2000 年版，第157页。

款至少避免了不必要的无效付款，且不论这种付给骗子的款项能否在事后追回。

（三）欺诈例外和独立性原则同样服务于国际商事交易

信用证安排的最终目的在于通过提供激励来促进国际商事交易的开展，而备用信用证旨在通过银行信用的介入以事前担保与事后赔偿的方式保障基础义务顺利履行，相应具体制度规则的建构均不应与此宗旨相背离。独立性原则赋予了受益人向银行作相符交单即可获得兑付的便利，大大提高了国际商事交易的确定性以及受益人对信用证的认可度。但是，银行受托向受益人付款毕竟是以基础交易中存在申请人违约等触发信用证下支款权的特定事实为前提的，而这一特定事实又记载和体现于受益人所交的单据中。如果听任受益人罔顾事实地利用虚假单据实施欺诈，信用证就会沦为不法奸商骗钱的便捷工具，这势必损害申请人的合法权益，进而影响国际商事交易的正常开展。可见，信用证的独立性为受益人提供的好处不能超过必要的限度，欺诈例外同样系为促进国际商事交易所必需，如果不以欺诈例外来制约独立性原则被滥用的风险，信用证制度本身就会丧失其在商业实践中的存在价值。

总的来说，欺诈作为独立性原则的一项例外看来已被广泛接受，但在欺诈例外的概念、范围和程度问题上，仍然存在很大的争议。

三、信用证欺诈的基本概念

（一）欺诈的一般概念

什么是欺诈，各国的解释表述不同，但基本内容相同。我国最高人民法院《关于贯彻执行〈中华人民共和国民法通则〉若干问题的意见（试行）》第68条曾规定："一方当事人故意告知对方虚假情况，或者故意隐瞒真实情况，诱使对方当事人作出错误意思表示的，可以认定为欺诈行为。"这一规定长期以来被中国法院奉为认定欺诈的权威指南。

2022年3月1日起施行的《最高人民法院关于适用〈中华人民共和国民法典〉总则编若干问题的解释》第21条规定："故意告知虚假情况，或者负有告知义务的人故意隐瞒真实情况，致使当事人基于错误认识作出意思表示的，人民法院可以认定为民法典第一百四十八条、第一百四十九条规定的欺诈。"一般而言，中国法上认定欺诈的关键在于，要求主观上存在恶意，客观上虚构事实或隐瞒真相，目的在于不付或少付代价，使受骗人"自愿"交出财物，而骗取财产的行为。事实上，欺诈制度在广义上可以理解为关于情报提供义务的制度。欺诈可以理解为向对方积极地提供不正确的情报，或妨碍正确情报的获得而被认定的欺骗行为。[1] 前者即为虚构事实，后者就是隐瞒真相。

根据英美国家一般的判例法，欺诈有三要素：（1）行为人故意对事实作出实质性的错误陈述以误导受害人；（2）受害人合理地依赖于该项错误陈述；（3）受害人因依赖而遭受损害。

（二）信用证欺诈的概念和类别

1. 信用证欺诈的概念。《美国统一商法典》与备用证公约是目前涉及信用证欺诈问题的两部重要法律。UCP 对欺诈问题采取回避态度，ISP98 则把该问题归于不予界定或规定的事项，留给适用的法律解决。因为关于欺诈的认定，法律上是需要举证的，不同法律在程序上和标准上各有不同，国际惯例在这个问题上爱莫能助，故尽量避免卷入。总的来说，在对信用证欺诈认定的问题上，各国法律都是排他的，作为合约性规则的信用证惯例在其中也难以发挥作用。

备用证公约使用了一个非常笼统，同时又带有列举性的标题"不予付款之例外"（exception to payment obligation）来涵盖可能的与欺诈相关的可能情形。备用证公约第 19 条的草案以及联合国贸易发展会议（以下简称贸发会）的文件使用了"不当索赔"（improper demand），但有意避免了"恶意"（bad faith）、"滥用权利"（abuse）或"欺诈"（fraud）这类术语，因为在不同法律制度中它们的意义含混不一，并常常受到不宜用于担保的"恶意"（malicious intent）这一刑法概念的影响。所以，"不当索偿"这一概念不要求受益人对其索偿要求的不当性有实际的或推定的知情（actual or constructive awareness）。[2] 备用证公约界定的欺诈不仅指狭义的"单据中的欺诈"即"单据是虚假或伪造的"，也包括广义的"交易中的欺诈"即"索赔无可信依据"。

---

〔1〕　参见［日］内田贵："契约的再生"，胡宝海译，载梁慧星编，《民商法论丛》（第 3 卷），法律出版社 1995 年版，第 311 页。

〔2〕　See Roeland F. Bertrams, *Bank Guarantees in International Trade*, Kluwer Law International, 2004, p. 276.

新 UCC5 也未对欺诈下定义，只是把欺诈的认定权留给了当地法律。但普通法上的欺诈与新 UCC5 规定的欺诈不尽相同。不同之一是需要救济的欺诈的程度，新 UCC5 规定信用证欺诈应是"实质性的"（material）。

另一项不同在于对信用证欺诈的认定不一定要求行为人存在主观上的"故意"或欺诈意图，也可以是基于客观存在的事实。Bertrams 曾尝试对银行担保或备用信用证中的欺诈下过一个指导性的定义，即欺诈是指"受益人的索赔在基础关系中没有令人信服的根据的情形"。他认为这一表述得到了许多法律著作以及许多判例的支持，并且比其他深奥难懂的表达更为具体和全面。[1]这一定义就未要求行为人存在主观上的欺诈意图。要正确理解这一定义，需要注意以下问题：一方面，衡量欺诈的存在与否离不开对基础合同的考察；另一方面，并非基础合同中的每项抗辩事由都成其为欺诈，只有那些实质性的及与主合同的要素（essence of the principle contract）相关的抗辩事由才可能构成欺诈。

欺诈概念的范围宽窄会直接影响法院对信用证的干预程度。有些美国法院倾向于对信用证下的欺诈问题采取灵活态度，有时尽管欺诈的证据是非决定性的（inconclusive），它们也表现出干预的意向。不过，另外一些美国法院却并未表现出这么强的干预意向。美国的主流观点似乎认为，欺诈的概念并不是静态的，而是可以随着变动中的商事交易的性质加以调整的。然而，加拿大与英国判例法在处理非信用证情形下的欺诈时倾向于持同样态度，尚无证据表明英国与加拿大的法院对信用证案件中的欺诈采取的态度较之其他场合更为严格。美国法律与英、加法律的一项重大区别在于前者有关信用证欺诈的法律是制定法，即《美国统一商法典》。一般来说，美国法院比英国法院表现出更大的干预意愿，以防止对申请人的欺诈，而加拿大法院的立场在某种程度上介于前两者之间。[2]

应当认识到，过于宽泛的欺诈概念显然会影响信用证的效益与可信度，如果申请人太容易以欺诈为理由来对抗受益人的提示，申请人就会常常主张欺诈，信用证就不再会是一种快捷（swift）和可靠（reliable）的支付机制了。

---

〔1〕 See Roeland F. Bertrams, *Bank Guarantees in International Trade*, Kluwer Law International, 2004, p. 278.

〔2〕 See Kevin P. McGuinness, *The Law of Guarantee*, Carswell Legal Pubns, 1992, pp. 825-826.

信用证这类工具作为付款方式的生命力对国际贸易是至关重要的。因此，极有必要维持公众对这类工具的信心，正如维持公众对银行汇票的信心一样。况且，在许多情况下，第三人会在此种工具下获得权利，这些权利应该得到尊重。毫无疑问及时付款对于商事交易非常重要。如果信用证的开证人不得不审查基础交易的履行问题，信用证就不再是一种有效的付款方式，而只不过起到付款担保的作用。如果法院不适当地干预信用证下款项的支付（无论其初衷如何良好），那么这类工具作为付款机制的价值势必大打折扣。在给予止付禁令，或在准许银行（无论是依客户即申请人的指示还是由其主动地）不作出支付时确实应该十分谨慎。[1]

此外，欺诈与滥用权利是两个相近的概念，一般倾向于对两者不作区分。[2]滥用权利是一个较为客观的概念，和一个人行使权利的方式有关。它预先假定存在一项权利，但对这项权利的行使有内在的限制，其含义包括超过正常人正常行使该项权利的限度和在所授权利应有目的范围以外行使该项权利。[3]而欺诈往往需要结合主观的心理状态来加以考察，即要求有知情或故意。表面上看来，似乎欺诈的认定更为严格，但是实践中对两者不加区分，因为欺诈的严格程度可以通过"推定欺诈"（constructive fraud）或"推定知情"（constructive knowledge）来加以缓和。[4]如果以主合同来衡量，受益人的索赔没有令人信服的基础，而它仍然请求付款，则可推定它具有欺诈意图。

此外，不正当请求付款（unfair calling）是指如果受益人知道或容易查明担保或信用证所包含的风险并没有成为现实，但他还是出示担保证书或备用信用证，并要求担保人付款。[5]这一概念看来与贸发会使用的不当索偿似乎没有多大的区别。

最后，要区分欺诈和违约。欺诈和违约两个概念的差别在于前者一般要考虑受益人的主观心态，而后者只关心履约状况是否与当事人之间约定的客

---

〔1〕　See Kevin P. McGuinness, *The Law of Guarantee*, Carswell Legal Pubns, 1992, p. 831.

〔2〕　See Roeland F. Bertrams, *Bank Guarantees in International Trade*, Kluwer Law International, 2004, p. 273.

〔3〕　参见笪恺：《国际贸易中银行担保法律问题研究》，法律出版社2000年版，第155页。

〔4〕　See Roeland F. Bertrams, *Bank Guarantees in International Trade*, Kluwer Law International, 2004, p. 269.

〔5〕　参见［德］罗伯特·霍恩、徐杰主编：《中国与德国——银行法律制度》，中国政法大学出版社1999年版，第196页。

观标准相符。但现今的欺诈学说已不再要求存在恶意，而只要求受益人知道某项特定事实并非真实，或其并不知某项特定事实之真假而仍声称其为真实，或其相信某项事实为真而事实上却并非如此，且法院认为其在表态之先应作更彻底的调查。之所以要区分欺诈和违约（包括根本违约），是因为两者的认定标准和救济方式均不相同，欺诈在实体上和程序上的要求都更严格，即使是根本违约也不能简单地等同于欺诈。比如说，错误地发运了并非基础合同项下要求的货物，可能构成违约甚至根本违约，却不一定构成欺诈。因此，不能使欺诈救济沦为违约救济的代用品。

就欺诈和违约的区分而言，两起涉及伊朗的判例 C. D. N. Research and Development Ltd. v. Bank of Nova Scotia[1]颇具代表性。这两起案件的当事人相同，均涉及加拿大的卖方（申请人）向国外的买方（受益人）开出备用信用证以担保货物的供应，国外的受益人在证下提起索赔后，加拿大卖方向加拿大的法院申请禁令。在其中一个案件中，自己未供货的卖方主张买方根本违约。在另一较早的相似案件中，货物则已实际交付给了买方。在未供货案件中，法院认为这属于典型的商业纠纷，原告（申请人）甚至未能证明欺诈的初步成立，故而拒绝签发禁令。在另一案件中，法院认为原告已充分证明欺诈初步成立，因为货物显然已交付，但索赔所依据的理由却是未交货（non-delivery）。据此，法院发布了禁令。[2]

2. 信用证欺诈的种类和认定标准。欺诈例外由美国的 Sztejn v. J. Henry Schroder Banking Corp.[3]这一经典判例最早确立。在该案中，原告向印度卖方购买猪鬃，被告应原告的请求向印度卖方开出了商业信用证，受益人在信用证下提交了相符单据。但原告起诉被告称单据下的货物根本不是什么"猪鬃"（hog bristles），[4]而是"牛毛"（cow hair）和其他垃圾，最后法院认定卖方的行为构成欺诈，并发布了止付禁令。

该案的欺诈是属于"单据中的欺诈"（fraud in the document）还是"交易

---

[1] (1982), 136 D. L. R. (3d) 656, 39 O. R. (2d) 13 (H. C. J. Div. Ct.), varg 122 D. L. R. (3d) 485, 32 O. R. (2d) 578 (H. C. J.).

[2] See Gordon B Graham, Benjamin Geva, "Standby Credit in Canada", *Canadian Business Law Journal*, Vol. 9, 1984, p. 180.

[3] 177 Misc. 729, 31 N. Y. S. 2d 631 (sup. Ct. 1941).

[4] 猪鬃是指猪颈部和背脊部生长的 5 厘米以上的刚毛，这是猪身上质量最佳的毛，也是工业和军需用刷的主要原料，我国民间素有"一两猪鬃一两金"的说法。

中的欺诈"（fraud in the transaction）呢？根据学者 Chhina 的观点，第一，如果不参照基础交易，很难想象法庭从一开始就能知道欺诈存在与否。第二，"单据中的欺诈"是指"基础交易中那些污染（taint）了信用证下所交单据的欺诈"，"交易中的欺诈"是指"基础交易中那些不影响信用证下所交单据的欺诈"。在 Sztejn 案中，在信用证下提示的单据——提单和发票本身即具有欺诈性质，因为这些单据将实为"垃圾"的东西描述为"猪鬃"，受益人的欺诈已在单据中表露无遗。鉴于单据中存在明显的针对事实所作的虚假陈述且受益人对此知情，故显然构成"单据中的欺诈"。[1]

其实，任何广义上的欺诈首先都是以基础交易作为参照系的、存在于基础交易之中的欺诈，差别仅在于这一欺诈是否显示于单据之中而已。如果基础交易中的欺诈显示于单据之中，此时的欺诈就是狭义的单据中的欺诈；如果基础交易中的欺诈并未显示于单据之中，则该欺诈是基础交易中的欺诈。换句话说，所有的信用证欺诈首先都属于基础交易中的欺诈，而且是基础交易中足以污染到信用证交易的性质严重的欺诈，[2]并不存在所谓的与基础交易无关的纯粹的单据中的欺诈，单据中的欺诈不过是基础交易欺诈的一种显而易见的形式罢了。单据中的欺诈与交易中的欺诈这两个概念实际上是难以截然区分的，因为所有欺诈都是利用单据进行的，所有欺诈归根结底也都是基础交易之中的欺诈。所以，严格区分"单据中的欺诈"和"交易中的欺诈"意义不大。正因如此，新 UCC5 第 109 条突出强调了"交易中的欺诈"的概念，[3]并以这一广义的概念为依据，确立了认定信用证欺诈的客观标准，即索款"绝无事实根据"。

交易中的欺诈作为一个广义的欺诈概念，其范围应如何界定，以求在欺

---

〔1〕　Ramandeep Kaur Chhina, *Standby of Letters of Credit in International Trade*, Kluwer Law International, 2013, p. 44.

〔2〕　基础交易中的欺诈并不当然构成信用证欺诈，除非如加拿大最高法院在 Angelica-Whitewear 一案中所言，"基础交易中此种性质的欺诈使信用证下的索款要求也具有了欺诈性"（fraud in the underlying transaction of such a character as to make the demand for payment under the credit a fraudulent one）。所以，"欺诈解除一切"的法理在信用证制度下是要作限制性理解的。

〔3〕　新 UCC5 第 109 条之官方评论第 1 点称，在面临欺诈主张时，法院必须总是要审查基础交易，因为"只有对该交易进行审查，才能确定单据是否具有欺诈性或受益人是否实施了欺诈，且如果答案是肯定的话，欺诈是否是实质性的"。这是因为在信用证欺诈情形下，信用证交易与基础交易下的牵连关系已被切断，不回归基础交易就无法对受益人有无合法支款权作出有效判断。

诈例外和独立性原则之间寻求一个合理的平衡呢？在原 UCC5 期间，美国法院在就交易中的欺诈发展出了两种欺诈标准，一种是客观标准即"绝无事实根据之欺诈"（fraud as absolutely no basis in fact），另一种是主观标准即"缺乏真心相信之欺诈"（fraud as no bona fide belief）。

按欺诈的客观标准界定的欺诈的主体范围相对宽泛，因为索赔绝无事实根据时依客观标准可以认定欺诈，但此时无辜的受益人如果真心相信索偿有理，则依主观标准仍不能认定欺诈。换句话说，在支款客观上并无事实依据的情况下，支款人主观上未必就知道自己无权支款，但自知无权支款的支款人的支款一定没有事实依据。这样看来，就对欺诈的证明而言，欺诈认定的主观标准比客观标准门槛更高，因为客观标准不要求证明受益人的主观意图，只需通过根据实际情况来对该意图进行推定或证明该人在事实上无权支款即可。新 UCC5 在说明何为"实质性欺诈"时，就只采纳了"绝无事实根据"这一客观标准，而对提示欺诈性单据的受益人的主观心理状态不予考虑。

总而言之，由于采用客观标准来界定欺诈，美国法上的欺诈认定的标准更宽松。相对于英国法而言，美国法院也显得更愿意介入信用证交易并认定欺诈。不过，美国的做法可谓"宽中有严"。这种宽中之严具体体现：一是通过对欺诈设定"实质性"这一高标准，从而将非实质性或不严重的欺诈排除在外。二是在禁令的取得上对受益人与银行一视同仁，即为针对受益人的禁令设置了与针对银行的禁令同样的障碍，以劝阻申请人绕过银行而去获得针对受益人的禁止提示令的做法。正是由于要获得针对受益人的禁令需要越过与针对银行的禁令一样高的门槛，所以在英国、澳大利亚等国法院适用的消极条件条款在美国无适用的余地。

英国法上认定欺诈采取的是主观标准，要求"单据中存在受益人知道为虚假的事实陈述"（the documents contained a false representation of facts that to the knowledge of the beneficiary were untrue），强调受益人对欺诈的知情或不存在重大过失，从而保护了对欺诈不知情的善意受益人。但英国法院将针对受益人的禁令与针对银行的禁令区别对待，针对前者给予的禁令标准相对宽松，从而为禁令申请人提供了绕过银行而去要求禁止受益人作出提示的机会。因此，英国的做法可谓"严中有宽"。

相对而言，美国法的做法似乎更具合理性。一是因为受益人在信用证下有义务凭不仅表面而且实质相符的单据支款，而欺诈性单据虽然表面相符但实质上并不相符，受益人对单据虚假性的不知情并不使原本不合格的单据变为合格。可见，英国法保护善意受益人的做法在一定意义上有悖于信用证交易的基本原理，且要求银行对其明知实为废纸的单据进行兑付亦欠妥当。二是因为要证明受益人存在"明知"或"知道"的主观欺诈意图并不容易，而客观标准无需考察受益人的主观意图，所以更具有确定性。

如果说新 UCC5"无事实根据"（no basis in fact）和备用证公约"无可信依据"（no conceivable basis）采取的是客观标准，则我国《独立保函司法解释》规定的欺诈标准是"受益人明知其无付款请求权仍滥用该权利"，强调受益人主观上的欺诈故意即"明知"，更接近于英国法的严格立场。[1]

第二节　备用信用证下的特殊风险与利益冲突

备用信用证主要是一种消弭风险的负反馈机制，一般用于为可能发生的否定性事项提供担保，这种否定性事项就是备用信用证所要担保的不履约风险，但它的使用本身也会给当事人特别是申请人与开证人带来一般信用证下没有的特殊风险。位于巴黎的国际商会的商业犯罪局声称，欺诈性备用信用证交易的估计金额每天达 10 000 000 美元。[2]这类情况之所以屡见不鲜，是因为备用信用证的运作机制中存在其固有的特殊风险以及潜在的利益冲突。

一、备用信用证下的特殊风险

（一）备用信用证申请人的地位非常脆弱

相对于商业信用证而言，备用信用证下申请人的地位要脆弱得多。因为在商业信用证所要求的单据中，商业发票经常是受益人出具的唯一单据，其他单据一般不由受益人单独出具，而多由第三方制作（如提单）或者由完全

---

〔1〕　在《独立保函司法解释》出台前的 2003 年，最高人民法院也曾在对江苏省高级人民法院"关于连云港口福食品有限公司与韩国中小企业银行信用证纠纷一案"的请示的复函中称：如果倒签提单并非出于受益人的主观恶意，开证申请人的利益也并未因倒签提单的行为遭受实际损害，则不应认为构成信用证欺诈，银行不能以倒签提单为由拒付信用证项下的款项。

〔2〕　See Jacob E. Sifri, *Standby Letters of Credit: A Comprehensiue Guide*, Palgrave Macmillan, 2008, p. 195.

独立于受益人之外的机构出具（如原产地证明、检验证书等），以确保单据的中立性。而根据 ISP98 第 4.05 条规定，所有备用证要求的单据必须由受益人出具，除非备用证中注明单据由第三方出具，或按标准备用证实务该单据属于由第三方出具的类型（如法院命令、邮局收据等）。实践中，备用信用证一般只规定由受益人自己出具申请人违约的声明（自杀信用证），甚至只需出具一份索偿要求（光票信用证），受益人滥用权利的可能性时刻都存在，故申请人的利益完全取决于受益人的诚信。

此外，虽然信用证安排中的一系列交易多以"一手交单、一手交货"的方式展开，但由于备用信用证下的单据本身一般无经济价值，接受单据的一方不能就单据的取得本身获得经济利益，所以在商业信用证下"一手交单、一手交货"的同时履行机制在备用信用证下就起不到应有的制衡作用，申请人也就无法在付款赎单后从受益人提交的单据中获得任何补偿，即使所交单据本身并无欺诈。所以，对于申请人而言，谨慎选择交易对手以及慎重设定付款条件均至关重要。

（二）备用信用证开证行面临更大的不获偿付风险

相对于商业信用证而言，备用信用证下的开证银行也面临着在向受益人付款后不能从申请人处获得相应偿付的更大风险。因为在一般的商业信用证下，受益人提交的单据代表货物，它本身即具有一定的经济价值，能为银行提供权利质押，从而减轻了开证银行可能面临的申请人不付款赎单的信用风险。而且，在以商业信用证为申请人从事的基础交易提供融资便利时，因为申请人从事的交易是"自我偿还的"，其从事交易的目的不是作投机之用，它通常会寻求（包括在必要时通过信托收据向开证人借单）出售信用证下取得的单据出售来取得偿付开证人所需资金。在备用信用证的场合下，受益人提交的单据多是申请人未履行其基础义务的声明，本身没有独立的经济价值，不能为开证人提供一定的担保利益，也不能被申请人用来转售而取得相应的资金，申请人也没有强烈的动机去向开证人作付款赎单。

正是因为备用信用证下的风险更大，美国法典规定国家批准成立的银行对个体贷款的最高限额适用于备用信用证，却不适用于商业信用证。[1]

---

[1] 参见游煜聪："共享备用信用证的法律风险与防范研究"，载高祥主编：《独立担保法律问题研究》，中国政法大学出版社 2015 年版，第 245~246 页。

美国银行一般视开立备用信用证为对客户的中短期贷款。1974 年美国联邦银行法规定，开立备用信用证的金额不得超过其放款限额，此限额即银行对任何一个客户的贷款不得超过该行实收资本的 10%，但如以现金、应收账款、国库券或其他流通票据作为抵押开出的备用信用证不在此限。[1]美国货币监理署则规定："向一个客户开立的备用信用证的数额不得超过开证人资本和盈余的 15%。该上限可以增长 10%（即货款余额上限是 25%），前提是增加部分需由'可变现的现金担保'进行担保，且担保的数额至少是该增加数额的 100%。"

（三）备用信用证下的欺诈更易于施行

一般来说，在备用信用证的使用中欺诈比较容易施行，因为备用信用证下受益人取得相关单据相对容易，且因此付出的成本也较低。商业信用证通常要求由三个人或多个人发出的文件，行骗要费力气。备用信用证通常只要求受益人声称有权得到款项，要行骗根本不费吹灰之力。[2]

与商业信用证相比，备用信用证下体现于单据的信用证交易与基础交易间的关联程度要低得多。商业信用证项下的积极单据要求正面——进而也要求全面地记载基础交易的履行情况，而备用信用证下的消极单据只需从反面——进而也只需笼统地描述基础交易的不履行情况，因而在备用信用证下的欺诈更容易实施。特别是在光票备用信用证的情形下，由于单据本身就不要求记载与基础交易履行情况有关的信息，所以在这类信用证下认定欺诈就更加困难，这也是信用证欺诈不得不将基础交易中的欺诈包括在内的原因。在很多情况下，不道德的受益人由于政治原因或仅仅是出于获取外汇目的而对备用信用证恶意地加以利用，致使备用信用证沦为骗子实施欺诈的一种有效手段。

此外，自杀备用信用证下的单据也只需对基础交易作笼统描述，通常只需受益人单方声明另一方未适当履行基础合同项下义务即可，故商业信用证下的单据"严格相符"之类的限制性概念在备用信用证交易中也似乎变得无足轻重，何况在备用信用证下不存在通过控制交单来控制交货的需要，严格相符原非必要。在对交易至关重要的限制因素几乎不存在的情况下，交易就

---

〔1〕　参见左晓东：《信用证法律研究与实务》，警官教育出版社 1993 年版，第 151~152 页。

〔2〕　参见何美欢：《香港担保法》（上册），北京大学出版社 1995 年版，第 142 页。

可能会沦为欺诈的温床。因此，基于欺诈而给予禁令救济的理念虽在商业信用证交易中运用不多，在备用信用证交易中却是司空见惯。[1]

例如，在申请人已经实际履行基础义务的情况下，受益人仍可能在备用信用证下提交违约声明索赔，或在光票备用信用证下提交索偿要求索赔。此时，前一索赔中的欺诈已体现于单据之中，故构成单据中的欺诈；后一索赔中的欺诈虽未体现于单据之中，但仍构成基础交易中的欺诈。

相对而言，备用信用证下如果要求提交第三方出具的单据的话，这将对受益人构成一定的制约。但根据 ISP98 第 4.05 条的规定，备用证下的单据由第三方只是例外，由受益人出具才是常态。上述光票备用信用证和自杀备用信用证均只需由受益人出具即可。

二、备用信用证下的利益冲突与平衡

银行担保特别是见索即付保函以及备用信用证都存在被滥用的风险。总的来说，信用证机制是倾向于优先保护受益人利益的，而这又集中体现于信用证的独立性原则上，独立性原则赋予受益人交单即获银行付款的确定保障，即使基础交易项下存在争议，受益人也可凭借"先付款、后争议"提供的程序便利先行获得证下款项。备用信用证下单据的易获得性又进一步强化了受益人的优势地位，使利益保护的天平进一步向受益人倾斜，这也就意味着申请人处于易受不道德受益人侵害的脆弱地位。对银行来说，独立即意味着中立，凭相符交单的独立付款责任使银行可以超然于基础交易中的纠纷，而无需充当其不擅长的基础交易监管者的角色，这也意味着银行没有担保信用证下无欺诈的责任，受益人才负有这种担保责任。[2]

正因为受益人对信用证下无欺诈负有担保责任，独立性原则的适用不是绝对的。独立性原则之发挥作用是基于以下推定，即凭借单据在基础交易和信用证交易间建立起的牵连关系，信用证交易能够实质性地反映出基础交易的履行情况。而在存在信用证欺诈的情况下，信用证交易与基础交易间的牵连关系已被切断，前一交易已无法实质反映后一交易。这就意味着独立性原

---

[1] See Ralph H. Folsom, Micheal W. Gordan, John A. Spanogle, *International Business Transaction*：《国际商事交易》，法律出版社 2005 年版，p. 159.

[2] 参见新 UCC5 第 110 条。

则适用的前提已不存在，故此时支配信用证交易的不应当再是立足于单据本身的独立性原则，而应代之以着眼于基础交易的欺诈例外。只有到单据之外或单据背后去审查基础交易的欺诈性，才能保护申请人的合法权益，进而在信用证机制下实现对受益人和申请人之利益保护的大致均衡。没有这种对受益人和申请人双方利益保护的大致均衡，信用证就不可能成为一种双方均可接受的富有生命力的支付或担保工具。

事实上，在过去的十几年里，许多国家的法院受理了大量欺诈或滥用案件。出口交易的一方当事人抱怨另一方当事人不按照担保目的使用担保函或备用信用证。例如，在有担保和备用信用证的情况下，当事人通过不正当或欺诈的方式千方百计进行集资活动。当担保或备用信用证所包含的风险还没有成为现实时，受益人没有合法根据而请求付款，这也是滥用银行担保与备用信用证的例子。由于银行是根据客户的指示出具担保，客户承担此类不当支款行为所造成的损失。因此，客户要根据银行与客户间的合同关系归还银行作为担保人为它支付的贷款。

一方面，订立出口合同后被迫提供担保的当事人对排除这些滥用担保和备用信用证的做法颇感兴趣。另一方面，受益人却希望得到与此不同的另外的担保与备用信用证，在他们认为可行使权利时，即能利用它们轻易获得付款。银行与受益人看法相同，因为银行不愿意被卷入基础交易中。正式检查书面请求和其他规定的单据后，只要有当事人请求，银行就愿意付款。

这些冲突的利益导致了不同观点，人们在如何依法规定担保人或备用信用证开证人责任问题上，分歧较大。一方面，像货物出口商、技术设备供应商或建筑安装合同当事人等出口商在履约保函和预付款保函中，经常遇到不正当请求付款的危险，他们希望制定有关担保人法律责任的法律法规。一般来说，他们希望这些法律责任应与基础交易有某种联系，以确保把权利滥用行为排除在外。另一方面，受益人和银行则喜欢严格的、独立的没有这种联系的法律责任。人们在努力促进银行担保与备用信用证担保国际化和法典化的进程中，也会发现上述利益的冲突。[1]

---

〔1〕 参见 ［德］罗伯特·霍恩、徐杰主编：《中国与德国——银行法律制度》，中国政法大学出版社 1999 年版，第 189~190 页。

三、风险、冲突与欺诈

在信用证所涉的三方基本关系中，申请人和受益人之间的关系是基础关系，两者之间的矛盾也是主要矛盾。作为开证人的银行的地位相对中立和超然，银行与申请人之间的开证合同关系或与受益人之间的信用证交易关系均由基础关系衍生而来并服务于基础关系，虽有独立性原则的存在，这两种关系事实上仍在一定程度上受到基础关系的制约。由于申请人和受益人之间的利益冲突更具有根本性，故从制度设计上更有必要寻求对这两方利益的均衡保护，独立性原则对受益人的保护以及欺诈例外对申请人的保护便体现了这种利益保护上的均衡性。从这个意义上说，欺诈例外也是信用证制度中不可或缺的重要一环。

但值得注意的是，上述银行担保或备用信用证中固有的风险与冲突不足以成为对欺诈采取宽松态度的理由，因为这种风险的分配可能正是由于基础交易当事人预先安排的结果（至少当事人对此应有充分认识），正是出于对交易中的风险进行分配或转移的需要，当事人才引入了这类机制。这类担保本身被视为一种风险的再分配机制，基于欺诈的干预不能实际上打破这种双方同意的安排。所以，只要当事人使用了这类担保，申请人就承认了受益人有权获得赔偿而无须证明申请人的违约或者自己对赔偿的实体权利。此外，这种分配风险的安排还体现在只要这类担保的条件与条款被满足，受益人就有权获得即时支付。"先付款、后争议"这一说法集中体现了当事人通过备用信用证或类似担保想要作出的安排：应当先为申请人对受益人作出支付，前者可以试图在此后的诉讼中追回款项，只要它能证明依照基础关系衡量受益人无权获得支付。[1]

银行在信用证交易中的目标主要是避免卷入申请人与受益人的争议之中，决定使用信用证的基础合同当事人的目标是要得到一种安全、可靠、管理简便、凭单即付的支付方式。一种对欺诈的宽松态度可能会使银行深陷于合同纠纷的泥潭，也会听任受益人提取现金的潜在权利因申请人只不过是出于自私的声明而遭挫败。对欺诈问题更现实的态度是对欺诈采取严格的标准，至

---

〔1〕 See Roeland F. Bertrams, *Bank Guarantees in International Trade*, Kluwer Law International, 2004, pp. 276-277.

于每一具体情况下信用证是不是合同或履行担保的适当形式，则留待当事人及其律师自行决定。一般来说，这正是法院的既定方针。慎用救济意味着在确定信用证是否适用于具体交易之时，一位潜在的申请人应当在经过深思熟虑以后才订立提供这类文书的合同。[1]如果意识到在某项交易中提供备用信用证之类担保存在较大的风险，潜在的申请人可以拒绝提供此类担保，或承担风险而对合同价格作出相应调整。

　　信用证欺诈的基本问题在加拿大的一个案例的判决中得到了较为全面的论述。加拿大最高法院审理的有关欺诈问题的代表性案件——Angelica-Whitewear Ltd v. Bank of Novag 中，Scotia. Le Dain J. 法官承认，作为一般原则，与信用证相关的基础合同的当事人之间的争议不能成为开证行拒付表面看来是根据信用证的条件开出的汇票的正当理由。但是，他继续说："已经得到公认的……这项一般原则的例外是信用证受益人欺诈的情形，只要银行在支付汇票前就此事已经被充分告知，或银行的客户请求发布阻止银行付款的中间禁令的法院就此事已经得到了确切的证据。跟单信用证自治的欺诈例外的范围及其在实践中的有效性取决于一些问题，其中最重要的似乎是如下几项：（a）应当被认定为属于欺诈例外的欺诈种类，或更具体地说，该项例外是否应限于单据属于伪造或有欺诈性的情形，或是亦应扩展至基础交易中的欺诈；（b）为解除银行兑付汇票的义务或者准予发布禁止银行作出兑付的中间禁令所需的欺诈的相关证据或确切证据问题；（c）欺诈例外是否针对汇票的正当持票人，而此人已为取得汇票付出对价且未得到欺诈的有关通知；以及（d）欺诈例外是否应限于信用证受益人的欺诈，或是亦应包括第三方的欺诈，此种欺诈的影响及于信用证交易但信用证的受益人对此并不知情。对于上述问题——尤其是欺诈的种类与要求的证据问题——的不同看法或着眼点，反映了在两种不同的政策考虑之间的张力：维护跟单信用证的自治原则并保持开证行在适用该项原则时的有限作用对于国际商务的重要性；与阻止或抑制信用证交易中欺诈的重要性。欺诈例外可能的范围不应成为信用证交易运作中制造严重不确定与信心危机的手段；同时自治原则的适用不能有利于促成或鼓励这些交易中的欺诈。"

---

[1]　See Kevin P. McGuinness, *The Law of Guarantee*, Carswell Legal Pubns, 1992, pp. 830-831.

第三节　欺诈的种类与主体

　　UCC5 承认欺诈是拒绝付款或给予止付禁令的理由。原 UCC5 第 5-114 (2) 条规定，当各项单据表面符合信用证条款，但其中某项必要单据……属于伪造、带有欺诈性或交易中存在欺诈时……开证人只要本着善意行事，即可兑付汇票或支付命令，即使客户已经发出通知，说明单据存在欺诈、伪造或其他表面不能显见的瑕疵。但有适当管辖权的法院可以禁止此种兑付。

　　新 UCC5 第 109 条 "欺诈与伪造" 规定：(a) 当各项单据表面上严格符合信用证条款，但其中某项必要单据属于伪造或带有实质上的欺诈性，或者兑付此项提示将为受益人对开证人或申请人进行实质欺诈提供便利时：(1) 开证人应兑付提示，如果提出兑付要求的是：已诚信给付价值且伪造或实质性欺诈不知情的指定人；已诚信履行其保兑责任的保兑人；信用证项下开证人或指定人已承兑汇票的正当持票人；与开证人或指定人所负延期付款义务对应之权利的受让人，[1]只要该人在开证人或指定人承担义务后已就该受让给付价值且对伪造或实质性欺诈不知情；及 (2) 在任何其他情况下，开证人只要诚信行事，即可兑付或拒付提示。

　　(b) 如果申请人宣称某种必要单据属于伪造或具有实质上的欺诈性，或者兑付提示将为受益人对开证人或申请人进行实质欺诈提供便利，具有充分管辖权的法院可以暂时或永久禁止开证人兑付某一提示，或者针对开证人或其他人采取其他相类似的补救方法，但以法院查明下述情况为前提：(1) 开证人承担的已承兑汇票或延期付款义务所适用的法律不禁止此种补救方法；(2) 因采取补救方法可给予受到不利影响的受益人、开证人或指定人以充分保护，使其不致遭受损失；(3) 按照相关州的法律使某人获得补救权的所有条件已被满足；以及 (4) 根据提交给法院的资料，提出伪造或实质欺诈理由的申请人胜诉的可能性更大，并且提出兑付要求的人不符合 (a) 款第 (1)

---

　　[1]　根据 2011 年的布莱克法律辞典（Black's Law Dictionary fourth pocket edition），"Assignee" 是指 "财产权利或权力由另一人处向其转让之人"（One to whom property rights or powers are transferred by another）。再结合上下文可知，本条 "assignee of deferred payment" 中的 "assingee" 应属财产权利的受让人，该人不是从延期付款义务人处受让延期付款义务的义务承担者，而是从对延期付款义务人享有权利的相对人处受让取得该权利的权利受让人。

项的保护资格。[1]

该条的（a）款涉及在面临欺诈指控时，开证人应如何行事，并赋予善意行事的开证人以拒付权；（b）款将禁令的申请主体限于申请人，并指示法院在申请人寻求止付禁令时应如何行事。

新 UCC5 的规定澄清了原 UCC5 规定中的三个疑点，[2]即交易中的欺诈问题；欺诈的行为人问题；开证人是否享有拒付权的问题。这三点分别涉及欺诈的种类、主体及救济问题，本节将结合 UCC 的相关规定讨论前二个问题，救济问题将在下一节作出讨论。

一、欺诈的种类

（一）UCC 对欺诈的基本分类

原 UCC5 第 114 条区分了两种形式的欺诈，即"某项所需单据属于伪造或带有欺诈性"（a required document is forged or fraudulent）或"交易中存在欺诈"（there is a fraud in the transaction）。这分别对应了"单据中的欺诈"与"交易中的欺诈"。

1. 单据中的欺诈。由于商业信用证下涉及的单据众多，故欺诈一般会反映于单据之中，所以单据中的欺诈是在商业信用证下认定欺诈的一个较为适当的概念。根据欺诈的严重程度，单据中的欺诈可分为单据伪造和单据欺诈两种具体形态。单据伪造是指单据本身虚假（tell a lie about itself）的情况，单据欺诈是指单据所载内容虚假（tell a lie about its contents）的情况。欺诈性单据比伪造性单据的外延更广，因为一份伪造的单据必然是欺诈性的，但一份欺诈性单据未必构成伪造。[3]例如，如果一张提单未正确载明其自身的签发日期，像倒签提单的情形，则这张提单既是伪造的单据，同时也是欺诈性单据；但如果一张提单虽然正确地载明了其自身的签发日期，但其中包含了

---

[1]　参见王江雨译：《美国统一商法典〈信用证篇〉》，中国法制出版社 1998 年版，第 33 ~ 34 页。

[2]　See John F. Dolan, *The Law of letter of Credit: Commercial and Standby Credits*, Warren, Gorham & Lamont, 1996, p. 165.

[3]　See Ramandeep Kaur Chhina, *Standby of Letters of Credit in International Trade*, Kluwer Law International, 2013, p. 40.

对货物描述的虚假陈述，如将垃圾描述为猪鬃等，则该提单虽然不是伪造单据，却构成欺诈性单据。

另从欺诈的指向对象来看，除申请人和受益人串通欺诈银行的情况外，一般的欺诈都是指向申请人的，但有的欺诈也可能同时指向银行。提交伪造单据直接影响到了作为单据交易的信用证交易本身，故在欺诈申请人的同时，也构成了对银行的欺诈。普通的欺诈性单据虽然内容虚假，但毕竟单据本身不是伪造的，所以这类欺诈主要针对申请人。最极端的情形是在光票信用证下受益人仅凭汇票即可支款的情形，此时由于汇票本身既非伪造亦无虚假，故该欺诈仅仅针对申请人而不针对银行，故实际上无法归入"单据中的欺诈"而只能诉诸"交易中的欺诈"。从欺诈的严重程度上说，伪造属于欺诈中程度最严重者。内容虚假的欺诈程度可能有轻有重，非实质性的轻微欺诈甚至可能不被作为信用证欺诈看待，但单据本身的欺诈只可能是严重欺诈。正因如此，新 UCC5 是将伪造和实质性欺诈置于同等地位看待的。[1]

2. 交易中的欺诈。由于"单据中的欺诈"这一范围较窄的欺诈例外不能涵盖备用信用证下的欺诈，故有必要适当扩大欺诈的适用范围。而"交易中的欺诈"一向是一个引起争议的概念，这里的"交易"指的是"银行与受益人之间的交易"还是"基础合同当事人之间的交易"呢？广义说的支持者认为交易指的是基础交易，他们将信用证交易中的欺诈等同于交单的欺诈，也就是第一种形式的所谓单据中的欺诈。这样，如果后一种形式的交易中的欺诈指的也是信用证交易的欺诈，就会成为没有意义的重复，因此，立法者既然将两者相提并论，则其显然意在使后者有别于前者，故从有效解释的角度看，此处交易中的欺诈应指存在于基础交易中的欺诈。但狭义说的支持者坚持严格遵守独立性原则，他们认为单据中的欺诈不等于交单的欺诈，因为不属伪造或带欺诈性的单据也可能是错误的或给申请人带来损害的，受益人对它的提示仍会构成受益人的欺诈。比如检验员可能无恶意地提供了一份错误但非欺诈性的检验证书，要是受益人明知它有重大错误仍然在证下提示该项证书，那么证书本身就不是伪造的或欺诈性的，但是该项单据的提示则具有欺诈性，仍然构成信用证交易中的欺诈，而立法者规定交易中的欺诈正是由于将这种情况考虑在内。

---

[1] 参见新 UCC5 第 109 条。

修订后的新 UCC5 对这个问题作了澄清。第 109 条规定的欺诈情形之一是"兑付提示将为受益人对开证人或申请人进行实质欺诈提供便利"，而受益人对申请人的欺诈显然属于在基础交易中的欺诈。光票信用证下的欺诈是这类欺诈的典型。第 109 条官方评论之第 3 点提到："受益人是否能通过在光票信用证（只要求汇票而无需其他单据的信用证）下提示汇票来实施欺诈是一个饱受争议的问题。依照现行机制，在这种情况下认定欺诈虽有可能但并不容易。如果申请人能够证明受益人在基础交易项下对申请人实施了实质性欺诈，而付款将为受益人对申请人的欺诈提供便利，就可以禁止兑付。"此类欺诈之所以属于交易中的欺诈，是因为在信用证下提交的汇票本身是真实的，故受益人欺诈的对象并非信用证下的开证人而是基础交易下的申请人。

第 109 条官方评论的第 1 点还解释说："在有实质性欺诈抗辩提起时，法院必须审查基础交易，只有对该交易进行审查，才能确定单据是否具有欺诈性或受益人是否实施了欺诈，且如果答案是肯定的话，欺诈是否是实质性的。"这就说明，广义上的欺诈都是针对基础交易而言的欺诈，完全脱离基础交易的背景而只看单据本身，是无法对欺诈的有无或程度作出判断的。特别是在上述光票信用证的情况下，如不审查基础交易就更难以认定欺诈。从某种意义上说，信用证下所有的欺诈都是以单据为手段来实施的欺诈，所有的欺诈也都是涉及基础交易的欺诈。因此，与"单据中的欺诈"相对应而言，狭义上理解的"交易中的欺诈"应该是指没有影响到所提交单据的基础交易中的欺诈。

（二）引入"交易中欺诈"的重要意义

1. "交易中欺诈"对于备用信用证而言尤其必要。商业信用证与备用信用证是不同的承诺。在商业信用证下，由于提交的单据众多且不乏由第三方出具者，故基础交易中的欺诈几乎不可能不污染（taint）到单据，所以一般来说，以"单据中的欺诈"来认定欺诈即为已足，而无需再诉诸"交易中的欺诈"。与商业信用证不同的是，备用信用证下需提交的单据极少且常由受益人准备即可。在备用信用证下如仅审查单据本身，就很难判断受益人是否存在欺诈行为，特别是考虑到备用信用证下可能只需简单地凭汇票或索款要求索赔，而不要求提交任何事实方面的陈述或声明。所以法院不能将其调查范围仅限于已经提交的单据上，而必须调查单据背后的基础交易以确定欺诈存在与否。

在加拿大的 Rosen v. Pullen[1]一案中，备用信用证被用来为同居协议提供经济上的支持。原告以被告为受益人开出了备用信用证，尽管备用信用证是无条件、凭简单要求即付的，但协议规定除非特定条件已获满足，被告不得兑用信用证。双方同意被告仅在（1）被告开始与原告共同居住；且在（2）从同居协议的签署日起算大约 11 个月——到 1982 年 3 月初为止——原告尚未娶被告为妻的情况下，方可在该证下支款。在被告提出索款要求之时，原告以支款条件不成立为由寻求禁令，因为不仅被告未与原告同居，原告也已在 1982 年 3 月 1 日之前娶了被告。

为确定被告的索赔是否存在欺诈，法院在审查了基础交易及其相关情况后得出结论说："如果表面看来（受益人）自知无权获得信用证下款项，……但她却仍然支用该款项，即构成欺诈。"

该案受益人在备用信用证下仅提示了欺诈性的索款要求，她无需以书面形式对申请人违约与否作出声明。此时能否将适用于商业信用证的"单据中欺诈"之抗辩加以套用就不无疑问，因为这里并不存在事实方面明显的虚假陈述。可见，在传统的"单据中的欺诈"不敷应用之时，适当引入"交易中的欺诈"这一概念，将备用信用证下受益人的欺诈性交单行为进行规制是十分必要的。该案中之所以颁发禁令，是因为根据所称的事实不难推知，受益人对其索款要求"缺乏真心相信"。[2]在该案中，由于所需单据由受益人自身出具即可，单据本身并不存在欺诈，但受益人对证下款项却不具有实质性的权利，所以构成"交易中的欺诈"。[3]

Henry Harfield 认为"交易中的欺诈"这一概念包含了在单据之外的欺诈（fraud that extrinsic to documents），在此种欺诈存在时应颁发禁令，即便单据准确反映了它们拟反映的事实。Raymond Jack 也认为"交易中的欺诈"是一种欺诈例外的延伸，即所提交的单据真实但基础交易中却存在欺诈的情形。这一延伸是非常有必要的，如果仅将欺诈限于"单据中的欺诈"，那么特别是

---

[1] 1981 CarswellOnt 130,（1981）126 DLR（3d）62.

[2] See Ramandeep Kaur Chhina, *Standby of Letters of Credit in International Trade*, Kluwer Law Internatioal, 2013, p. 95.

[3] 本案双方当事人在同居协议中为支款设定的条件实际上构成"消极条件"，基础合同一方在该条件未满足的情况下针对另一方申请禁令时，澳大利亚等地的法院可能以违约为由颁发禁令。而本案被告的行为不仅构成同居协议下的违约，也构成了信用证项下交易中的欺诈。

在备用信用证或保函的情况下，由于提示的单据通常是真实的，此时所谓"欺诈例外"就将变成毫无意义的空中楼阁。

当然这并不是说，备用信用证下的提示不可能涉及"单据中的欺诈"，因为尽管备用信用证下的单据相对简单，但视证下所要求单据的性质而定，受益人的虚假陈述仍可能反映于某些单据之中。如备用信用证要求受益人提交包含有申请人已在基础合同项下违约或在证下支款所需的基础合同项下之必要条件均已成就之声明的书面索偿要求，那么受益人要是在知道申请人并未违约或支款条件尚未成就的情况下作出此种声明，则该声明就属于虚假陈述，"单据中的欺诈"之抗辩也就得以适用。用 Kimball 和 Sanders 的话来说，"在严重之欺诈污损了某一交易而信用证要求的不仅是最简单的证明文件（simplest documentation）的情况下，受益人的欺诈就可能污染到单据"。[1]但如果要求受益人在备用信用证下提交的书面声明的内容为"证下金额应予支付"（the amount is due under the credit），由于该内容对申请人在基础交易项下的违约情况或违约的具体方面未作任何描述，就很难说受益人的虚假陈述已反映于单据之中。

因此，申请人不仅应争取让受益人在索偿要求之外提供更多的其他单据，还应争取在这些单据中加入特定的作为支款之限制性条件的适当措辞，这样一旦受益人在这类条件未获满足的情况下便于证下支款，就可能被认为构成"单据中的欺诈"。在英国的 Kvaerner John Brown Ltd v. Middle Bank plc & Anor 一案中，一份备用信用证向受益人开出以担保基础合同的履行，付款条件是提交一份由受益人出具的证明"原告未履行其在基础合同项下之义务，且被告已按合同第 8 条第 3 款之要求向原告发出通知"的书面声明。而合同第 8 条第 3 款要求受益人在实际支款前至少 14 天将其欲在备用信用证下支款的意图书面通知原告。当受益人在证下提出索款要求之际，原告向法院寻求禁令，理由是该索款要求具有欺诈性，因为受益人提示的声明书是虚假的——它从未在信用证下依合同第 8 条第 3 款的要求发出过任何书面通知。

显然，该案中原告所主张的欺诈属于"单据中的欺诈"，即单据中含有受益人知道为虚假的事实陈述。此时，由于欺诈已体现于备用信用证下提示的

---

〔1〕　Ramandeep Kaur Chhina, *Standby of Letters of Credit in International Trade*, Kluwer Law International, 2013, pp. 45–46.

单据之中，再诉诸"交易中的欺诈"就大可不必。

2. "交易中欺诈"对独立性原则的冲击。单据中的欺诈是体现于单据之上的欺诈，而交易中的欺诈是存在于基础交易但未体现于单据本身的欺诈。银行依据前者拒付并未突破信用证的独立性原则，因为伪造或欺诈性的单据并非合格单据，银行此时主张的是在信用证交易项下本来就享有的抗辩权；而依据后者来主张拒付则突破了信用证的独立性原则，因为银行此时是在援引申请人在基础合同项下对受益人享有的抗辩权。从这一点来看，交易中的欺诈对信用证制度的冲击更大，但独立性原则对"交易中欺诈"规则的这种让位是有其合理性的。

独立性原则实现了信用证交易与基础交易形式上的分离，使前一交易能以一种更高效（审单标准化而无需关心基础交易）、更可信（与银行交易而不依赖商业信用）的方式相对独立运作。正是在以单据中所载信息为纽带的基础上，信用证交易反映基础交易的履行状况，并凭借自身的奖惩机制促进基础交易的顺利开展。可见，看似独立的信用证交易与基础交易实际上是遥相呼应而息息相关的，而单据是联结两者的关键，单据中所载信息的基本真实则是信用证机制有效运作的前提。唯有单据中的信息基本真实，才能保证单据表面记载与单据作为证据所欲证明的基础交易的履约状况不致明显偏离，服务基础交易的目的才能得以实现。

具体来说，只有在单据不仅表面相符而且实质上合格的情况下，信用证促进基础交易履行或制裁其不履行奖惩功能才能正常发挥，兑付这种单据也才符合基础合同当事人的共同利益；在单据表面相符但实质上不合格的情况下，信息由于重大失真而无法反映基础交易的真实履行状况，信用证的奖惩机制也就完全失灵，兑付这种单据就将损害申请人的合法利益而使受益人不当获利。在存在欺诈的后一情形下，就应舍弃独立性原则而回归信用证为之服务的基础合同。信用证交易的终极目的是为基础合同服务，能否促成基础交易履行也是信用证交易有效性的终极评判标准。正如信用证是手段而基础合同是目的，单据表面上的形式相符仅具有工具性价值，而真实反映履约状况的单据实质相符才具有目的性价值。因此，表面相符的单据因存在欺诈而实质不符时，有必要启动欺诈例外，否认受益人根据独立性原则主张的证下支款权。

（三）备用证公约的欺诈分类

备用证公约虽未使用"欺诈"这一术语，但实际上也区分了单据中的欺诈和交易中的欺诈。备用证公约第 19 条规定"不予付款之例外"是："……（a）任何单据不具有真实性或是伪造的；（b）依据索赔及其附随单据，不应作出付款；（c）由承保的种类和目的去判断，索偿无可信依据。"备用证公约进一步规定（c）项所谓"索偿无可信依据"包括且仅包括五种情形，即旨在保护受益人的承保所针对的风险或意外无疑没有发生；基础义务被依法宣告无效；基础义务已按受益人的意思履行；基础义务不能履行是因为受益人的故意不法行为；反担保的受益人在原担保下恶意付款后利用反担保索偿。除前述拒付理由之外，备用证公约明确禁止法院根据其他拒付理由阻止款项的支付。

备用证公约的这些规定也清楚地表明了对索偿的不当性可以联系或能够依据基础交易来予以确定。规定中也涵盖了"单据中的欺诈"和"交易中的欺诈"，其中（a）项涉及的是单据中的欺诈，（c）项的五种情形涉及基础交易中的欺诈，而（b）项属于单据中的欺诈的一种特殊形态，其特殊之处在于：一方面，此类提示中的单据本身并不存在伪造或内容虚假，所以不属于（a）项规定的单据中的欺诈。另一方面，此类提示中的单据并不支持索赔，其欺诈性已体现于交单行为本身，无需诉诸（c）项之交易中的欺诈即可判定欺诈之存在。由于这类欺诈不存在于单据之中而存在于交单之中，故本书将之称为"交单中的欺诈"。以下试举数例对上述规定加以说明。

先假设这样一个案例：一家英国的甲公司和一家新西兰的乙公司签约为后者在新西兰的某处建房，一家英国银行开出备用信用证担保甲公司在合同项下的履行，该证由一家新西兰银行保兑。基础合同中规定如果甲公司存在违约行为，乙公司只需提交一张依据信用证开具的汇票并附随一份证下金额已到期的书面声明即可在证下支款。则（1）如甲公司愿意履行合同项下的义务，但乙公司却通过设置障碍致使甲公司几乎不可能履约。如乙公司未去争取在该地块上建房的政府许可证，而依据合同这是乙公司的义务。再如，甲公司无法履约是因为乙公司首先违反了基础合同项下的应向甲公司开出商业信用证的义务，而该义务是甲公司开具其备用信用证的先决条件。（2）如甲公司未能及时履行合同项下的义务，乙公司于是在证下支款。甲公司主张乙公司的索赔构成欺诈，因为它的签约是基于对方的欺诈性陈述。甲公司称乙公司刻意隐瞒了相关信息——这些信息能表明世纪所需的施工方式比表面看来的成本更高，从而导致了甲公司的额外劳动和重大延迟。[1]

根据备用证公约，在以上第一种情况下乙无权在备用信用证下支款，其索偿无可信依据，属于备用证公约规定的第 19 条第 1 款第 (c) 项规定的无可信依据的第 4 种情形，即受益人的故意不法行为显然妨碍了基本义务的履行。但在第 2 种情形下甲对欺诈的范围作了扩大解释，因为即使受益人在订约过程中存在欺诈，这也属于在基础合同项下的争议，依据备用证公约的规定，这类争议只有在司法机关已作裁决并判定基础义务无效的基础上，才能主张欺诈抗辩。易言之，在未经司法机关裁决之前，不得径行以基础合同下存在争议为由主张受益人存在欺诈。

再举一例来说明"交单中的欺诈"。假设备用信用证规定受益人凭法院判决书等索偿，受益人提示了真实的判决书，但判决书的内容却是判决受益人败诉或申请人在基础交易中没有责任。此时因判决书既非伪造又无虚假，而 UCP600 和 ISP98 都不要求对法律文件的内容进行审查，所以对该判决书应作为表面相符的单据予以兑付。[2] 备用证公约的此项规定，似乎正旨在针对此类漏洞。

交单中欺诈的出现，主要是由于信用证对单据的出单人及其措辞或内容未作规定或规定不明，加之银行一般只需对单据作表面上的形式审查，从而为受益人利用此类看似相符但实际上与基础合同要求相左甚至相反的单据进行欺诈留下了空间。由于这类欺诈的源头一般在于申请人对信用证的内容要求不明确，所以首要的解决办法是由申请人自己通过信用证对所需单据的内容作出明确细致的规定。备用证公约将判断把关之责加予开证人，固然加大了对申请人的保护，但也在一定程度上加重了开证人审单的责任，因为开证人不得不对单据的内容及其含义进行仔细审查以发现其中的矛盾之处。当然，结合备用证公约第 14 条的规定，在解释上可认为只要开证人秉持诚信行事，便可对其在审单过程中因疏忽大意而未发现的不符予以免责。

---

〔1〕 See Ramandeep Kaur Chhina, *Standby of Letters of Credit in International Trade*, Kluwer Law Internatioal, 2013, p. 48.

〔2〕 UCP600 规定单据只需满足其功能需要即可，ISP98 对其他单据的要求更加宽松，只需名称或功能两者满足其一即可，这样就不能排除产地证标明的产地并非要求的产地、检验证的检验结果为不合格，或判决书判决受益人败诉但仍不失为相符单据的可能。

二、欺诈的主体

（一）欺诈的行为人是否限于受益人

受益人有时可能在对伪造或欺诈不知情的情况下提交伪造的或欺诈性单据，这就涉及欺诈由受益人以外的第三人实施时能否给予救济的问题。英国的判例认为，在对申请人实施欺诈的行为人是受益人之外的第三人时不应给予救济。在一个著名的案例 United City Merchants Ltd. v. Royal bank of Canada 中，受益人的装船代理人在受益人/卖方不知情的情况下欺诈性地倒签了提单。上议院认为该代理人实施的欺诈不是发出止付禁令的适当理由。根据英国和加拿大法院的思路：（1）如果信用证要求 5 月 15 日前装船，而提单显示的装船时间是 16 日，银行必须拒付；（2）如果信用证要求 5 月 15 日前装船，而银行知道受益人不露痕迹地修改了单据，则银行必须拒付；（3）但是，如果信用证要求 5 月 15 日前装船，而银行知道某个货运代理人不露痕迹地修改了单据，银行必须付款。[1]

原 UCC5 对上述问题未作明确规定。在 Aetna Life & Casualty Co. v. Huntington National Bank[2]一案中，开证人的一名当地经理越权开出备用信用证，以支持其客户对受益人 Huntington National Bank 的还贷义务，开证人兑付信用证后，从承保其职员不当行为的尽职险（fidelity bond）保险人 Aetna Life 那里得到了赔付。后者受让了开证人对受益人的权利，并以受益人实施了原 UCC5 第 114 条第 2 款之交易中的欺诈为由提起诉讼，但没有提出受益人知道信用证被不当地取得的证据。法院判受益人胜诉，并认为开证人的经理实施的任何欺诈都不应归咎于受益人，而"普遍接受的观点是'交易中的欺诈'是指由受益人实施的欺诈"。

但新 UCC5 没有把欺诈的行为人严格地限定于受益人。该法第 109 条规定了两类不同的欺诈情形，即在单据表面虽与信用证严格相符的情况下，（1）"某项必要单据属于伪造或带有实质上的欺诈性"的情形；与（2）"兑付此项提

---

〔1〕　See Ralph H. Folsom, Micheal W. Gordan, John A. Spanogle, *International Business Transaction*：《国际商事交易》，法律出版社 2005 年版，p. 162.

〔2〕　934 F. 2d 695 (6th Cir. 1991).

示将为受益人对开证人或申请人进行实质欺诈提供便利"的情形。不难看出,第一类欺诈中的行为人不一定是受益人,第二类欺诈中的行为人才限于受益人。在上述两类欺诈情形中,就对单据中的伪造或欺诈不知情的受益人本身而言,开证人没有兑付其提示的义务。

据此,只要提示的单据中存在伪造或欺诈,无论单据系由第三方制作还是由受益人制作,无论受益人是否认识到单据中存在伪造或欺诈,欺诈均告成立而申请人有权获得救济,这实际上就采取了与上述英国的判例相反的立场。美国法选择保护的是无辜的申请人而非无辜的受益人。[1]应该说,美国法的立场相对公平合理,因为受益人的地位不同于票据法上的正当持票人,它有义务凭实质上相符的合格单据支款,而它对单据伪造或欺诈的不知情或善意并不使原本不合格的单据成为合格单据。

不过,新 UCC5 第 108 条第 (i) 款第 5 项规定了保护无辜受益人的一种特例,即在开证人兑付的单据提示中受益人的必要签名属于伪造的情况下,兑付提示后的开证人仍需对真正的受益人负责。在这种冒名欺诈的情形下,保护无辜受益人的原因:首先,此时的欺诈性提示完全由伪造受益人签名的第三人作出,受益人未以任何方式或名义参与到欺诈之中,就与受益人所作提示中存在其不知情的由第三人制作的欺诈性单据的情形区分开来。其次,由于真正的受益人未在信用证下作出过任何提示,如果仅因他人冒其之名伪造单据且已在证下支款便剥夺其在证下的付款请求权,开证人就严重违背了自己向受益人作出的凭单付款承诺,而这将严重损害信用证作为付款或担保工具的可靠性。最后,在对伪造受益人必要签名的单据提示进行兑付以后,开证人有权向申请人要求偿付,除非其未依诚信行事。[2]在向真正的受益人再次兑付之后,开证人仍有权再次要求申请人偿付。换句话说,第三人伪造受益人签名在信用证下支款这一特定风险将由申请人最终承担。值得注意的是,该条仅适用于伪造受益人必要签名这种单据本身虚假的特定情形,只要受益人的必要签名为真或提示确由受益人作出,它就对单据中存在的其他任何欺诈不能免责,即使它未真正参与这些欺诈或对这些欺诈毫不

---

〔1〕 See John F. Dolan, *The law of Letter of Credit*: *Commercial and Standby Credits*, Warren, Gorham & Lamont Co, 1996, p. 177.

〔2〕 新 UCC5 第 108 条之官方评论第 12 点允许秉诚信行事的开证人在兑付伪造或欺诈性交单后从申请人处获得偿付。

知情。

（二）对无辜第三人的保护

为了进一步缩小欺诈的适用范围，避免损害参与信用证交易的无辜第三人的合法权益，原 UCC5 与新 UCC5 都规定了对无辜第三人的相关保护措施。[1]但新 UCC5 的保护更为坚决，它将原 UCC5 规定的有权获得兑付的"人"具体化为善意支付了价值[2]的指定人、保兑人、[3]已承兑汇票的正当持票人及与开证人或指定人所负延期付款义务对应之权利的受让人，当提出兑付要求的是上述无辜第三人时，开证人仍应兑付提示。新 UCC5 第 109 条之官方评论第 6 点指出，这种保护是为使特定第三方免于欺诈风险，通过开出指定某人议付或付款的信用证，开证人（最终是申请人）诱导（induces）该指定人给付价值，因而要承担信用证项下汇票被转让至具有相当于正当持票人之地位的一方的风险，而该方理应受到免于欺诈抗辩的保护。

因此，根据新 UCC5 的规定，假如受益人向在纽约的指定行提交表面相符的单据，指定行在善意兑付提示后向在旧金山的开证行寻求补偿。即使申请人能够向开证行证明受益人向纽约指定行的提示存在实质性欺诈，开证行也必须对指定行给予补偿。UCP600 的相关规定也具有类似效果，依照该规则的第 7 条（c）款，开证行偿付指定银行的责任独立于开证行对受益人的责任。两者的差别在于，UCP600 第 7 条中"责任独立"的措辞似乎表明该规则并不要求开证行对指定银行的偿付以后者已实际支付价值为前提，而新 UCC5 下的第三人只有在实际支付了价值后才能受到保护。但需再次强调的是，

---

　　[1]　《日本民法典》第 96 条第 3 项也规定："因欺诈而进行的意思表示的撤销，不得以之对抗善意第三人。"

　　[2]　新 UCC5 第 109 条仅保护已经支付价值的无辜第三人，这就意味着已承兑受益人的汇票或已对受益人承担延期付款责任但尚未实际付款的指定人不构成该条所欲保护的无辜第三人，如果它在向开证人提示付款时受益人已被发现存在欺诈，则开证人可以对它行使拒付权、申请人也可以请求法院发出阻止它获得兑付的禁令。

　　[3]　新 UCC5 第 109（a）（1）（ii）条将"已善意履行保兑责任（honor its confirmation）的保兑人"作为无辜第三人保护。何为"honor its confirmation"呢？根据第 102 条第（a）款第 8 项对"honor"的定义，除非信用证另有规定，"honor"是指在信用证下付款或给付价值。第 107 条的官方评论第 1点也指出，即使受益人实施了欺诈，已依信用证条款作出支付的保兑人仍有权从开证人处获得偿付，且在此种意义上说，其对开证人享有比受益人更大的权利。可见，和第 109 条第（a）款第 1 项所欲保护的其他主体一样，只有已善意给付价值的保兑人才能作为无辜第三人受到保护。

UCP 等国际惯例并未规定对欺诈事宜的处理，各国国内法或国际公约才是处理欺诈问题的适宜规则。

再以延期付款信用证为例。一方面，因为新 UCC5 保护的是无辜第三人而非受益人本人，故在延期付款的承诺作出后到实际付款前的期间内如发现欺诈，只要相关权利尚未转移，申请人仍可以寻求针对受益人的禁令救济。另一方面，新 UCC5 第 109 条明确将已善意支付价值的"与延期付款义务对应之权利受让人"作为欺诈抗辩不能对之提起的善意第三人对待。因此，除非明知受益人存在欺诈，延期付款信用证下的指定银行就其提前融资而获得偿付的权利应受保护。而作为对前述 Santander 案的反弹，UCP600 第 12 条（b）款也专门规定，开证人指定一银行做出延期付款承诺即为已授权该行预付该延期付款承诺。

(三) 承兑后的禁令

在承兑信用证下，开证人或指定银行承兑受益人的远期汇票，并同意在汇票到期日对汇票进行付款。如在汇票承兑时申请人未发现任何可疑情形，但在汇票被承兑之后到期日之前发现了欺诈存在，此时申请人能获得禁令救济吗？抑或因汇票已被承兑而不得给予其救济？

如前所述，欺诈抗辩不得对无辜第三人提出，例如，为汇票善意支付了价值的指定人或汇票的正当持票人。不过，如果提交汇票的是受益人，新 UCC5 允许申请人在银行承兑汇票后到实际付款之前这一期间内寻求禁令救济。这与原 UCC5 适用的效果相同。然而，原 UCC5 和 UCC 第四篇的规定存在抵触。依原 UCC5 第 104 条第 2 款之规定，法院可以禁止"兑付"。由于原 UCC5 未对"兑付"下定义，故在原 UCC5 下要参照 UCC 第一篇中所下的定义，这些定义对 UCC 的所有各篇都是通用的。而 UCC1 第 201 条第 21 款规定"兑付"是指"付款或承兑并付款"。[1] 可见，在原 UCC5 下仅承兑受益人的汇票不构成兑付，故在承兑之后付款之前可以寻求禁令救济。但问题是，原 UCC5 第 104 条第 2 款的规定和原 UCC4 第 303 条的规定存在抵触，后者规定，如禁令之类法律程序系在银行承兑票证之后采取，该迟来的程序不影响银行

---

[1] 此处的《美国统一商法典》第一篇是指修订前的原规定。在 1972 年的各州通用版本之后，《美国统一商法典》采用分篇修订的方式，不再有统一的修订年份。第一篇经 2001 年修订后，目前的"通用定义"（general definition）中已不再有对于"兑付"（honor）的定义。

的支付票证之责。在 Union Export Co.[1] 和 First Commercial Bank[2] 等案件中，法院就都适用原 UCC4 而非原 UCC5 的相关规定，判定汇票一旦承兑就不得再颁布止付禁令。

上述结论已被新 UCC5 推翻。新 UCC5 第 109 条（b）款允许法院禁止开证人对被控有欺诈的提示作出兑付。依据新 UCC5 第 102 条（a）款 8 项（ii），除非信用证另有规定，承兑信用证下的兑付发生于"承兑汇票并在该汇票到期后的付款之时"，这一规定与原 UCC5 相似。由于新 UCC5 下的兑付也在汇票承兑之后的付款时发生，故在汇票承兑之后尚未付款之前当然可以禁止兑付。但新 UCC5 第 109 条（b）款与 UCC4 第 303 条（a）款的抵触已通过新 UCC5 的第 116 条（d）款得以解决，根据该条规定，如在第五篇与第四篇之间有任何抵触，应以第五篇为准。

这些规则一般而言是对申请人有利的，因为在承兑时申请人还不知道的欺诈情形可能会在付款之前被发现。不过，欺诈行为人很可能在汇票被承兑之后即尽快将之议付，这样申请人就无法针对为汇票支付了价值的无辜的指定银行或其他持有汇票的无辜第三人获得禁令救济。

但禁令救济之诉却为许多银行所不喜，有些银行于是试图阻止申请人在汇票承兑之后提起该类诉讼。银行可以通过变更第五篇的规则来实现这一目的。对第五篇的规则可以通过两种方式加以变更。一是直接在偿付协议中加入一个条款来让申请人放弃在承兑后寻求禁令救济的权利，比如规定"如果信用证规定了汇票的承兑，则在汇票被承兑之后，客户放弃任何其可能享有的在信用证下向法院寻求止付禁令的权利"。二是间接地在信用证条款中对"兑付"重新加以定义，比如规定"如果信用证规定了汇票的承兑，则为《美国统一商法典》第五篇之目的，兑付于承兑汇票时发生"。[3]

---

〔1〕　786 S. W. 2d. 628（Tenn. 1990）.

〔2〕　64 N. Y. 2d 287, 475 N. E. 2d 1255, 486 N. Y. S. 2d 715（1985）.

〔3〕　新 UCC5 第 102 条第（a）款第 8 项规定："信用证下的'兑付'是指开证人履行其在信用证下的付款或交付一定有价物的承诺。除非信用证另有规定，兑付发生于：（i）付款之时；（ii）承兑汇票并在该汇票到期后的付款之时，如果信用证规定承兑；或（iii）承担延期履行义务并在该义务到期后的履行之时，如果信用证规定承担延期付款义务。"通过将承兑信用证下的'兑付'重新定义为承兑之时，兑付的时间就从汇票到期后的实际付款之时提前到汇票承兑之时。鉴于 UCC5 第 109 条仅授权申请人寻求"禁止兑付"，故在这种经重新定义的"兑付"已随着开证人的承兑行为而告结束的情况下，申请人就无权再要求止付禁令。UCP600 也作出了与新 UCC5 类似的规定，该规则第 1 条将"兑

申请人可能对后一类条款并不知悉，因为它出现于信用证而非偿付协议之中。即使在仔细阅读信用证后发现了这类条款，申请人也很可能意识不到该条款放弃了它在汇票被承兑后寻求法院止付禁令的权利。但无论如何，根据新 UCC5 第 109 条官方评论第 4 点的说明，这类条款对于申请人似乎是可执行的。[1]

第四节　信用证欺诈中的银行

前已述及，银行系以自身的信用介入商事交易并促成该交易的履行，故银行信守承诺对信用证安排的效用至关重要，这一承诺既包括通过开证合同对申请人所作的承诺，也包括通过开立信用证对受益人所作的承诺，而这些承诺的共通之处或各方利益的契合点是银行凭相符提示付款，这在制度上反映于信用证的独立性原则，并体现于银行对申请人和受益人的中立立场。在面临可能欺诈的情形下，鉴于申请人和受益人的矛盾和对立趋于激化，银行更有必要严守这一中立立场，既不能为取悦客户而无理拒付以致损害受益人的利益，也不能明知欺诈存在而助成欺诈以致损害申请人的利益。

一、银行在信用证欺诈纠纷中的中立地位

一方面，申请人在防范欺诈中负主要责任。虽然欺诈性单据的提示系向银行作出，但由于是申请人选定受益人为交易对手并与之缔结基础合同，银行只是金融中介而非履约保证人，所以申请人才是欺诈风险的最终承担者，银行只要恪守开证承诺凭相符交单付款，并秉诚信行事，就可根据开证合同获得偿付。所以，防范欺诈主要是申请人的责任，银行在面临欺诈时仅负不帮

（接上页）付"定义为，（a）如果信用证为即期付款信用证，则即期付款。（b）如果信用证为延期付款信用证，则承诺延期付款并在承诺到期日付款。（c）如果信用证为承兑信用证，则承诺受益人开出的汇票并在汇票到期日付款。当然，该定义的内涵也可以通过"信用证明确修改或排除"。

　　[1]　See John F. Dolan, *The law of Letter of Credit: Commercial and Standby Credits*, Warren, Gorham & Lamont Co, 1996, pp. 177-179. 新 UCC5 第 109 条官方评论之第 4 点明确：依据本条，至少有两种在开证人承兑汇票后阻止止付禁令签发的途径。一是在特定信用证中将"兑付"（参见本篇第 102 条第（a）款第 8 项）定义为发生于承兑之时而不考虑承兑之后的付款，二是明确约定承兑之后申请人无权主张禁令——无论承兑构成兑付与否。

助受益人实施欺诈的义务。但如果银行漠视其客户的利益，不诚信地助成了欺诈实施，它就可能无法从申请人处获得偿付，同时其自身信誉也将不可避免地受到严重损害。

另一方面，银行也不宜过于热心地去维护申请人的利益，如果银行在面临欺诈时主动申请针对受益人的止付令，这种主动出击同样可能被认为有违中立性，因为这实际上又是站在申请人一方去对抗受益人，何况从表面上看这也有违银行自己向受益人所作的凭相符单据付款的承诺。除申请人和受益人串通欺诈银行的情形之外，似乎不存在任何由银行而不是申请人自己去申请止付令的理由。而且，在不存在串通欺诈的情形下，申请人将是信用证欺诈主要甚至唯一的受害人，要是申请人自己都不愿申请止付令，就说明欺诈情形未必成立，如果此时银行仍坚持自行申请止付，损害的可能不仅是受益人的利益，还可能是申请人的利益。

二、银行在信用证欺诈纠纷中的对策

（一）对欺诈性交单的定性

首先需要明确的是，欺诈性交单表面上往往是相符的，所以它不同于单据表面存在不符点的不相符交单。那么，银行是否有义务兑付表面相符的欺诈性交单呢？如果不作兑付，银行是否又违反了其在信用证下所作的凭表面相符交单付款的承诺？

应该说，银行没有义务兑付表面相符的欺诈性交单，因为这类交单与整个信用证安排的要求实质上相悖，欺诈性单据并非真正合格的单据。信用证交易建立在单据真实性的基础之上，无论是商业信用证还是备用信用证，每一份信用证都默示要求在证下提示的单据是真实的，受益人有义务提示不仅在表面上而且在实质上符合信用证要求的单据。换句话说，提交表面上和实质上都相符的真实单据是受益人获得兑付的前提，表面相符只是受益人获得支款权的必要而非充分条件。单据的表面相符并不等于实质相符或合格，只是在信用证机制下，为促进交易的效率起见，表面相符的单据被推定为合格，尽管它事实上不一定合格，例如，虚假单据就不可能是合格的。在单据的真实性或合格性问题上，受益人和银行间存在明显的信息不对称，通常前者知道单据真实或合格与否而后者对此并不知情，[1]所以表面相符原则应保护银行而非受益人的利益，受益人就其表面相符的交单也只能获得相对而非绝对的支款权。如果表面相符的单据实为伪造或存在欺诈，则银行有权拒付或在兑付后要求返还已付款项，申请人也有权在事先申请止付或事后通过在基础合同项下提起欺诈诉讼追回已付款项。

但在银行对单据的合格与否已经知情——更准确地说——在银行已掌握确凿的欺诈证据的情况下，银行就不应再以单据表面相符为由坚持兑付，此时银行甚至有法定义务对交单予以拒付，且因这一法定拒付义务高于银行在信用证下凭相符单据付款的约定义务，不应认为银行对欺诈性交单的拒付违背了其在信用证下的承诺，进而也不应认为这种拒付将有损于银行的信誉。之所以说银行对欺诈性交单有法定拒付义务，是因为从法律上看，受益人的欺诈行为不仅构成对其与申请人之间基础合同的根本性违反，也构成了对申请人的侵权，甚至有可能构成刑事诈骗，所以它在信用证下并无合法的支款权。反之，如果银行对明显的欺诈视而不见并坚持兑付，则基于这一纵容并助成受益人的欺诈并侵害申请人利益的行为，银行可能构成共同侵权。

在美国的 Old Colony Trust Co. v. Lawyers' Title and Trust Co. [2]一案中，原告以被告拒付原告在商业信用证下提示的汇票为由起诉要求损害赔偿，被告的拒付理由是原告提交的仓单中虚假地将事实上不在仓库内的货物显示为存在于仓库中。法庭驳回了原告的诉请，并在附带意见中阐明如下立场："如果信用证开证人已知某一单据虽形式上无误但实为虚假或非法，就不能要求其确认该单据与信用证条款相符。"

UCP600 第 7 条规定开证行必须兑付相符交单，但 UCP 没有也不可能对银行加予对表面相符的欺诈性交单的兑付义务。ISP98 也把以欺诈等为由对兑付提出的抗辩事项留给了适用的法律解决。备用证公约将草案中"不应付款给受益人"的措辞改成正文中的"有权不付款给受益人"，这就把拒付定性为承保人的一项权利而非义务，但这并不意味着承保人明知欺诈仍有权付款，因为备用证公约同时还规定了此种权利的行使是以承保人诚信行事为前提的，也

---

[1] UCP600 第 24 条规定银行对任何单据的准确性、真实性、虚假性或法律效力等概不负责。ISP98 第 1.08 条和 URDG758 第 27 条也有类似规定。

[2] 297 F 152（1924）.

就是说，承保人在面对欺诈时有诚信行事的法定义务，包括对明显欺诈性交单的拒付义务。新 UCC 第 109 条也规定了开证人在兑付或拒付时诚信行事的义务。

总之，在面对具有欺诈嫌疑的相符交单时，银行应秉诚信行事，既要对无明显欺诈的相符提示进行兑付，也要对明显存在欺诈的相符提示不予兑付，同时注意对无辜第三人的利益加以保护。

（二）对涉嫌欺诈的交单的实际处置

1. 对涉嫌欺诈且与信用证表面不符之交单的处置。因为银行对其客户的义务及对受益人的承诺是凭表面相符单据付款，故此时无论是否存在欺诈，银行有权利也有义务以不符点为由拒付，无需诉诸欺诈例外。例如，备用信用证规定凭随附声明申请人违约的工程师证明的书面要求付款。该证明实际表示的是申请人未违约，而"未"字显然被人为地涂抹掉了。此时的单据是否相符？根据 ISBP745 第 A7 段的规定，在非受益人出具的单据上，单据数据内容的任何更正看似由单据出具人或一实体作为其代理人或代表或代出具人进行证实。因此，涂抹以后的单据本身即使符合信用证条款，但其中对"未"字的修正如果未经作为出单人的工程师证实，银行可以将之作为不符点而予以拒付，而无需考察这种修改是否涉嫌欺诈。

2. 对涉嫌欺诈且与信用证表面相符之交单的处置。根据欺诈是否明显，又可具体分为以下两种情况：一是在单据表面相符但无明显欺诈的情况下，受不对称信息影响的银行有权兑付并对单据背后的欺诈不负责任。这一点已被 UCP 等国际惯例确认。如受益人在信用证下提交的发票虽系伪造，但因该发票表面上看来真实而使得开证人无从识别，则开证人无需就其对该伪造单据的兑付承担责任，因为它只负责审查单据的表面相符而不对单据内容的真实性负责。况且，如果银行需对看来真实而实属欺诈的单据承担责任，它就不会再在信用证业务下作出任何承诺，这对国际贸易的开展决不是一个利好消息。[1]因此，对欺诈不知情的诚信行事的银行在兑付表面相符的欺诈性交单后，仍然有权向申请人要求偿付，即使存在疏忽也不影响银行要求申请人偿付的权利。

在 R709 中，咨询者问：URDG 规定，担保人仅从表面上审核索赔是否相符。这是否意味着只要索赔表面相符，即使担保人怀疑索赔存在欺诈，也应

---

〔1〕 See Jacob, E. Sifri, *Standby Letters of Credit：A Comprehensiue Guide*, Palgrave Macmillan, 2008, p. 196.

该付款？ICC 在引述了 URDG 关于保函独立于基础合同的条款之后说，担保人不应被牵扯到来自基础交易的纠纷之中。只要索赔符合保函条款，担保人即应不延误地付款。法院止付令或冻结令不属于 URDG 的范畴。[1]

二是对于表面相符但明显存在欺诈的提示，未受不对称信息影响的银行有义务不作兑付。银行虽无义务去审查单据之外的事实，但对明显存在于单据之中的欺诈，银行具有如新 UCC5 第 109 条所言的"不得为受益人的实质欺诈提供便利的义务"。欺诈的具体情形可能千差万别，在决定是否拒付时，只要银行秉诚信行事，它所作的拒付或兑付决定均应受到尊重。所谓诚信意味着不知情，银行如对明显存在欺诈的提示予以兑付，则至少构成重大过失，从而会被认为有违诚信，并进而对欺诈的后果负责。

总的来说，除非对欺诈知情，银行既有权利也有义务对表面相符单据作出兑付，并进而从申请人处获得偿付，哪怕这一交单在事后被证明为存在欺诈。从实体上看，银行的兑付责任重于拒付责任，因为兑付责任既是对受益人而言也是对申请人而言的，而拒付责任只是针对申请人而言的。错误兑付的银行顶多不能就其向受益人的付款从申请人处获得偿付，而错误拒付的银行不仅要对受益人负损害赔偿责任，还可能要对申请人负损害赔偿责任。这可以说是银行宁愿错误兑付也不愿错误拒付的法律上的原因。从程序上看，银行不能仅仅因为申请人的声称而认定存在欺诈，欺诈必须是"清楚的"（plain）而不是"似是而非的"（colorable），故在欺诈未经证实的情况下银行仍有权付款。换句话说，在欺诈存在与否模棱两可时不得推定欺诈成立，虽有欺诈嫌疑但无确凿证据时银行仍应付款，唯欺诈清楚无疑时银行才能拒绝兑付。

诚信行事的银行拥有一定的拒付与否的裁量权，就这一裁量权的行使而言，除上述法律上的原因外，银行也往往从维护自身信誉起见，对欺诈采取"宁纵勿枉"的态度，即宁愿错误兑付也不愿错误拒付。银行之所以不情愿作出拒付，不仅是因为它不愿意被视作是信用证交易中不可靠的资金来源，也是因为它对所谓的欺诈证据无力进行评估——特别是在由申请人单方提出的情况下。银行分内的工作是处理单据，而不是充任法官和陪审团。[2]银行不

---

〔1〕 参见阎之大：《URDG758 解读例证与保函实务》，中国文献出版社 2011 年版，第 409 页。

〔2〕 See Ralph H. Folsom, Micheal W. Gordan, John A. Spanogle, *International business transaction*：《国际商事交易》，法律出版社 2005 年版，p. 160.

是法院，它缺乏调查事实所需要的充分手段和必要时间。对基础交易有关事实的调查是法院而非银行的职责，银行也不是确定欺诈存在与否的适宜机构。银行只负责对单据进行表面审查或形式审查，对单据进行实质审查是法院的工作。对以上证明标准的把握也是法院的专属领域，银行职员并非司法领域的专家，他们自以为是的判断很可能会在之后的司法程序中被视为误判而遭推翻。

不过，这并不是说错误兑付符合银行的利益，在面临欺诈不明显的表面相符交单时，银行虽然有权兑付并可从申请人处获得偿付，但事后证明是错误的兑付多少也会损害银行的信誉，这就不能不使在面临无确切证据之欺诈指控时的银行处于微妙而尴尬的境地。

3. 禁令救济是银行应对欺诈性交单的适切途径。银行在面临无确切证据之欺诈指控时需以诚信行事，可以作出拒付或兑付两种不同选择。银行一般不愿主动拒付，一方面因为认定欺诈既超出银行的职责范围和判断能力，违背开证承诺又将有损银行的信誉，且一旦构成错误拒付的话还需对受益人和申请人双重担责。另一方面，银行如果选择无视欺诈的可能性而坚持付款，就可能因其故意或重大过失行为向申请人担责，即使其付款不违反诚信，也可能因未能有效维护客户利益而累及银行的声誉。不难看出，由于对欺诈认定上的困难，使银行在面临欺诈时经常处于动辄得咎的两难境地，一个判断不慎就可能导致经济上和声誉上的双重损失。如果能借助法院来认定欺诈并给予禁令救济，银行就可以从这种两难困境中解脱出来。

根据申请禁令的主体不同，禁令救济包括申请人申请禁令和银行申请禁令。前者是银行将可疑交单的情况通知申请人，让后者来决定是否向法院申请止付禁令。这对银行来说是较好的选择，因为在申请人成功拿到止付禁令的情况下，此时的止付对银行而言就成了一项必须遵守的法定义务，银行可免予承担因自行判断不当而可能导致的责任。

那么，银行在面临可能的欺诈时有无通知申请人的义务呢？URDG758 第16条规定担保人须不延误地将保函项下收到的任何索赔进行通知，无论索赔相符与否。ISP98 "不要求开证人通知申请人收到了备用证下的提示"，[1]但也没有禁止作出这种通知。备用证公约也未规定通知义务，但规定了一般的

---

[1]　ISP98 第 3.10 条。

诚信和合理注意义务。新 UCC5 第 108 条的官方评论中说"本条并不阻止开证人在审查中与申请人联系；然而，作出兑付的决定权在于开证人，后者无义务去寻求申请人的弃权或通知申请人单据已收到"。可见，UCC 也未明确规定银行在面临欺诈时的通知义务，不过它却规定了在面临欺诈时开证人诚信行事的义务，从其中似可解读出银行在必要时对申请人负有的通知义务。总的来说，现行规则不阻止银行将提示或索赔通知申请人，这种通知在通常情况下是一种权利，在特定情况下甚至是一种义务。

相比之下，我国司法解释既未规定银行对申请人的通知义务，也未规定银行诚信行事的义务，却规定了银行具有向法院申请止付令的法律地位，这可能意味着在面临可能的欺诈时，银行甚至有权在不通知申请人的情况下单方决定申请止付，这显然是有欠妥当的。事实上，国内确有个别银行为了维护国内客户的利益，不顾国际惯例的约束，甚至主动地向法院申请禁令。与此相反，国际上一些声誉卓著的银行往往为维护自己的信誉，坚持抵制来自法院的禁令。[1]

三、银行的止付申请权与拒付权比较

(一) 赋予银行止付申请权的利弊

2005 年《最高人民法院关于审理信用证纠纷案件若干问题的规定》[2]以及 2016《最高人民法院关于审理独立保函纠纷案件若干问题的规定》均将银行列为可以向法院申请止付的主体，即赋予银行以止付申请权。这样规定好的一面是不允许银行以欺诈为由自行向受益人拒付，从而抬高了不兑付的程序门槛，同时也在一定意义上减轻了银行的责任，因为既然欺诈的判断权已经转移给了法院，银行也就无需对以欺诈为由的错误拒付承担相应责任。

但不好的一面是，允许银行作为止付申请人毕竟有悖于其中立地位，也有损于银行的信誉和形象。因为法律只可能赋予银行作为止付申请主体的资格，不可能命令银行在面临特定欺诈时必须申请禁令，故在具体案件中是否

---

〔1〕 参见李金泽：《信用证与国际贸易融资法律问题》，中国金融出版社 2004 年版，第 97 页。

〔2〕 为配合《中华人民共和国民法典》的实施，该司法解释于 2020 年被进行了一次形式上的修正，但内容并无变动。

实际启动申请止付程序仍取决于银行自身，而银行申请止付令的决定表明其不愿兑现自己凭相符单据付款的先前承诺，这当然会有损银行的对外信誉。而且，与拒付权的行使无需银行职员走出营业大厅即可完成不同，申请止付要求银行职员走出营业大厅到法院去积极寻求，同样是一旦行使不当就将损害银行信誉的行为，后者比前者似乎对银行的形象更为不利。

有学者认为，赋予银行止付申请权是有必要的。理由是，虽然在受益人欺诈索赔时通常都由申请人申请止付令，以阻止担保人付款，但是，如果受益人的欺诈是与申请人合谋进行，以骗取担保人的付款，则申请人必然不会主动向法院申请止付。因此，《最高人民法院关于审理信用证纠纷案件若干问题的规定》第 9 条规定，开证申请人、开证行或者其他利害关系人发现相关欺诈情形，并认为将会对其造成难以弥补的损害时，可以向有管辖权的人民法院申请止付令。[1]

的确，要在受益人和申请人串通欺诈时保证银行的利益不受损害，赋予银行拒付权或止付申请权这两者必居其一。在法律未赋予银行拒付权的情形下，向法院申请止付就成了银行在面临串通欺诈时自我保护的最后一道防线。事实上，正是由于我国未赋予银行以面临欺诈时的拒付权，才导致我国的两个相关司法解释都不得不采取将银行列为止付申请主体的这一次优选择。

本书认为，将银行作为止付申请主体的做法是欠妥当的。首先要考虑的是，是不是为了防范受益人和申请人串通欺诈银行的风险，就有必要赋予银行以止付申请权？其实，申请人与受益人串通欺诈的风险是开证银行既可防控也应自担的风险，审慎的银行在同意开出信用证前会对申请人进行信用评估，并要求申请人提供充分的偿付担保。如果仅出于保护银行不受串通欺诈的目的而将银行列为止付申请人，一来将减轻银行作为市场主体的自我保护之责而对其有过度保护之嫌，二来也在一定程度上扭曲了信用证的基本制度安排，因为此时银行已不再处于相对申请人和受益人而言的中立地位，而在外观上即处于与受益人相对抗的位置，这就难免让受益人对银行的立场产生怀疑。相比之下，赋予银行拒付权则既足以为面临串通欺诈的银行提供有效的安全保障，又不至危及银行的中立地位。也许正因如此，赋予银行以拒付

---

[1]　参见阎之大：《URDG758 解读例证与保函实务》，中国文献出版社 2011 年版，第 407 页。

权的备用证公约和 UCC5 等立法例在制定规则时，均未将申请人与受益人串通欺诈的情形作为专门的考量因素。[1]

有趣的是，意大利法院对申请止付的主体存在不同看法，它们认为委托人并不是保函法律关系的当事人，受益人是向银行而不是向委托人提出付款请求，银行付款是履行自己的债务而不是委托人的债务，故委托人无权提出该项请求。即使是受益人恶意的情形，也只能由银行提出止付请求。[2]但本书对意大利法院的做法不敢苟同，基于欺诈例外否认独立性原则这一一般法理，在判断实质性欺诈是否存在时仍固守形式上的独立性似已大可不必。

其次，将银行列为止付禁令的申请主体，在逻辑和程序上也是存在问题的。因为银行本身是承担付款义务的主体即被申请止付的对象，开证申请人以银行为对象申请止付顺理成章，但银行既可作为被申请止付的对象，又能作为申请止付的主体，就会导致逻辑上的混乱。因为所谓止付说到底是阻止银行付款，他人请求银行不付款逻辑上是没问题的，银行自己请求不让自己付款就有点问题了。不想付款，干脆拒付就是了，何必兜个圈子。[3]与其这样，还不如直接赋予银行拒付权，而让法院退居二线，仅在受益人以错误拒付将银行告上法院时再介入。这样也大大节约了司法资源，因为最终到法院的案件经过当事人方面的两次过滤后已经少之又少。第一次是银行方面的过滤，银行为维护自身信誉在行使拒付权前必然慎之又慎，在没有相当把握的情况下它大都不敢拒付，敢于拒付的一般是比较有把握的少数情况。第二次是受益人方面的过滤，在遭遇拒付之后，极少有骗子敢于公然走上法庭继续行骗，受挫的骗子受益人大部分会偃旗息鼓，只有极少数胆大包天的骗子和一些并非骗子的无辜受益人才可能决定诉诸法庭。

再其次，即使认为有赋予银行止付申请权确有必要，最好也应将该申请权的行使限于受益人和申请人串通欺诈的特定情形。但实际情况是，司法解释不加区别地将开证人与申请人等并列作为有权申请止付令的主体，而并未

---

[1]　有些国家的法律也对串通欺诈的情形进行了专门规定，如 2006 年修改的《法国民法典》第 2321 条第 2 款就规定："受益人明显滥用或明显欺诈的，或者受益人与指令人串通的，独立担保人不承担担保义务。"

[2]　参见李燕:《独立担保法律制度》，中国检察出版社 2004 年版，第 134 页。

[3]　我国相关司法解释明确将银行列为止付申请主体，这也从侧面印证了我国的银行在面临欺诈时不具有自主的拒付权，因为银行如果可以自主拒付，其向法院申请止付就纯属多此一举。

排除银行在非串通欺诈的情形下向法院申请止付令的可能性，这就有违银行的中立立场，不利于包括银行本身在内的各方利益的保护。如此规定，至少存在如下具体弊端：

一是减弱信用证对于受益人的可接受性。因为信用证本是一种基于银行信用对受益人作出的确定付款承诺，但银行主动向法院申请止付的做法将使受益人感觉银行可能"出尔反尔"，或者银行与国内的买方合谋，开了信用证又找借口不给受益人付款，比如 1996 年 ICC 出了一本叫作 Special Report - China Trade- the Risk Factor 的书就有类似的指责。[1]对受益人而言，这就意味着兑付的不确定性风险相应增加；二是损害银行的中立地位而置其于两难境地。一方面，它为维护自身信誉可能不愿意申请止付，它也不处于"提交证据材料"的有利地位，因为这需要银行去审查交易背景，而这不仅与单据的表面相符原则相违背，也不合理地加重了银行的责任，而且有限的审单时间也不允许进行这种耗费时日的审查。另一方面，不去申请止付则可能在事后面临申请人的索赔或至少在向申请人要求偿付时遭遇困难。三是将申请人与开证行并列为止付申请的主体减轻了申请人本应承担的自我责任。[2]是申请人自己选择了交易对手并与之缔结基础合同，它也是信用证安排的直接发起人和交易结果的最终承受者，但根据司法解释的规定它有可能无需主动去申请止付，而可以等着搭银行的便车。四是在实践上的可操作性不强。指望银行知道有欺诈存在是不现实的，通常它至多也就是接到了申请人关于欺诈存在的主张，而声称欺诈本身不足以成为银行赖以拒付之依据。[3]同样，也不能指望银行在有限的时间内以有限的资源去判断欺诈存在与否。所以较合理的做法是让银行自担风险去行使拒付权，同时给客户一个合理时间去取得

---

〔1〕 参见高祥："信用证法律的一些基本问题"，载高祥主编：《信用证法律专题研究》，中国政法大学出版社 2015 年版，第 15 页。

〔2〕 自己责任原则与契约自由原则、尊重个人财产原则共同构成近代民法上的三大原则。此三大原则此后虽经修正，迄今仍为世界各国法制之基础。自己责任原则的基本含义即为个人只对自己的行为负责，而对他人的行为绝不负责。参见梁彗星：《民法总论》，法律出版社 1996 年版，第 36～37 页。对自己的行为自负其责，在法律上是对个体权利的彰显，在经济上则是个体有效进入市场交易的前提。个体责任因他人或集体的存在而被减轻或推卸，从而导致行为效率低下的情形，在心理学上被称为"旁观者效应"（bystander effect），正所谓"两个和尚抬水吃、三个和尚没水吃"。

〔3〕 新 UCC5 第 109 条官方评论之第 2 点明确："开证人可以不顾申请人的欺诈主张而作出兑付……大部分开证人可能会选择不顾申请人的欺诈或伪造主张而作出兑付，除非申请人取得了禁令。"

禁令。但无论如何，不能仅因银行收到客户的欺诈主张，就不合理地要求它作出拒付。

综上可见，基于银行的中立地位，将其作为止付禁令的申请主体并不合适，赋予银行在诚信行事基础上的拒付权似为更好的选择。在我国未赋予银行拒付权的实际情况下，即使赋予银行止付申请权，也应将银行的申请止付明确限定于针对申请人和受益人涉嫌串通欺诈的情形，以打消受益人对信用证确定性的顾虑。在不涉及串通欺诈的情形下，银行虽不得申请止付，但可将可疑情势通知申请人，由后者来决定是否申请针对受益人的禁令，如申请人怠于行动则银行可以放心兑付，因为此时可认为银行已依诚信行事。

此外，在我国法律已经赋予银行止付申请权的实际情况下，也应同时规定银行诚信行事的义务，否则，这一权利也可能被滥用。在一定意义上说，诚信义务的设定可以引导银行在适当的场合下、针对适当的对象并以适当的方式行使止付申请权。

（二）赋予银行拒付权的利弊

1. 银行拒付权（a right to dishonor）的含义。此处所谓银行拒付权，指的是银行对具有欺诈性质的相符交单主动予以拒付的权利。这一拒付权不同于银行基于不符点的主动拒付。一般情况下银行是基于交单中的不符点作出拒付，因为银行在信用证下承诺的是凭相符交单付款，故对不符点交单予以拒付本来就属理所当然。但在欺诈时的拒付权是基于欺诈而对相符交单所作的拒付，至少从表面上来看，这种拒付与银行此前所作的凭相符交单付款的承诺是相悖的，所以银行此时是否有权拒付就不无疑问。从证据法的角度来看，在提示表面相符单据的情况下，受益人就已完成初步的举证责任，并被推定为具有信用证下的支款权。申请人或开证人欲以欺诈为由进行拒付或申请禁令止付，都应当提供相反证据来推翻这一推定。所以，对不符点交单的拒付是一种当然的权利，对欺诈性交单的拒付却是一种需以相反证据来支持的并非当然的权利，该权利的有无往往取决于适用法律的规定。

正因为两种拒付之间存在明显的差异，两者也各自适用不用的标准和规则。一般情况下银行可否拒付有需要遵循的相对明确的标准即单据的表面相符，UCP 等国际惯例为单据的相符与否设定了明确的审核标准。但面临欺诈时银行拒付权的适用前提就是单据表面的相符，此时判断单据相符与否的标准在此显然已不再适用，谁有权及以何标准来判断欺诈的有无就是需要解决的问题。这一问题在国际惯例中找不到答案，答案只存在于有关国际和国内立法当中。这些法律提供了公力救济和私力救济两种解决方案，前者将欺诈的判断权交予法院而不赋予银行拒付权；后者则赋予银行基于欺诈的拒付权并为银行设定一个指导性的行事标准。我国采取的是第一种做法，备用证公约和 UCC 采用的是第二种做法。

还需澄清的是，银行对欺诈性交单的拒付究竟是一种权利还是一种义务。备用证公约第 19 条 1 款（c）项对此的明文规定是此时凭诚信行事的担保人/开证人"有权不付款给受益人"（has a right as against the beneficiary to withhold payment），推翻了草案中"不应付款给受益人"的规定，而将之定性为开证人的一项权利。新 UCC5 第 109 条（a）款 2 项规定"开证人只要秉诚信行事，即可兑付或拒付"，虽然未明确使用"权利"（right）一词，但其官方评论第 2 点中明确说道，开证人"有权拒付"（has a right to dishonor）并不意味着它对申请人"有拒付之责"（has a duty to dishonor）。可见，对欺诈性交单的拒付主要是开证人享有的一项可依诚信行使的权利，尽管这并不排除开证人对申请人负有的诚信行事义务。通过将拒付定性为权利，信用证法律就赋予了开证人一定的裁量空间。这样，在申请人声称欺诈但未提供确凿证据的情况下，除非已对欺诈知情，开证人完全有权不顾申请人的反对而向受益人作出兑付。

2. 赋予银行拒付权的意义。一般来说，出于声誉考虑，在面临可能欺诈的情形下，开证人可能宁愿对相符交单作出付款，因为认定欺诈往往要涉及单据背后的基础交易，这种实质审查超出了银行的能力，而且还要冒判断失误的风险。相反，只要开证人凭相符交单善意付款，它仍有权获得偿付，即使事后被证明欺诈确实存在。但不管怎样，如果开证人决定不予兑付，相对于要求开证人向法院申请禁令而言，由开证人行使拒付权是成本相对较低的方式。

在 Boston Hides & Furs v. Sumitomo Bank[1]一案中，美国法院声称："如果存在具有适当管辖权的法院能赖以止付的充分证据，则开证银行也能主动进行拒付。"高祥教授也认为："请求法院止付既浪费司法资源，又增加当事

---

〔1〕 870 F. Supp. 1153（D. Mass. 1994）.

人的成本,而且效率也没有赋予开证人拒付权来得高。"[1]拒付权的相对高效还可因以下一点而得到证实,即虽然行使拒付权和申请止付禁令的目的都是不付款,但在行使拒付权以后,自知存在欺诈的受益人可能根本不会走上法庭去起诉开证人。正如国际商会银行委员会所言,"如果受益人确实有欺诈行为,他就不会对银行起诉。……受益人因为自身行为触犯了各国的法律,由于惧怕法律制裁,很少有由于欺诈不成而强烈要求法律保护的"[2]。

当然,如将拒付与否的判断权付诸银行,就存在该权利被滥用于不当拒付的风险,但对于视声誉为生命的银行来说,它们一般是宁愿错误付款也不愿错误拒付的,所以这一风险实际上很小。据说,中国的银行也曾经专门开会请法院过去,请求法院不要干预信用证的付款。[3]其实,拒付权固然可能被滥用于不当拒付,无拒付权也可能被滥用作为不当付款的理由,而对后者的考量至少和前者一样重要。一般来说,作为理性市场主体的银行是自身利益的最佳判断者,它比法院应该更清楚付款与拒付两者的利弊得失所在。无论如何,不管是为了防止银行的不当付款还是不当拒付,在赋予银行拒付权的同时,在制度上有必要为银行提供一个据以行使拒付权的行为指南或追责依据,如备用证公约规定的诚信行事或重大过失不免责等。

第五节 欺诈的证明与救济

一、欺诈存在的证明

对于备用信用证或独立担函下欺诈的证明问题,各国有不同的实践。欧洲的法院和法学著作都一致要求欺诈必须得到明白无疑的证实。而美国的判例法则相对杂乱无章,通常要取得低级法院的认同比较容易,但上诉法院则持更为严格的立场。尽管如此,总的看来,有关欺诈的证明标准不如欧洲的严格。相比之下,美国的法院准许对基础交易作更为深入和持久的调查。在

---

[1] 参见刘昀:"独立担保项下担保人的权利义务研究",载高祥主编:《独立担保法律问题研究》,中国政法大学出版社 2015 年版,第 95 页。

[2] 转引自王瑛:《信用证欺诈例外原则研究》,中央民族大学出版社 2011 年版,第 223 页。

[3] 参见高祥:"信用证法律的一些基本问题",载高祥主编:《信用证法律专题研究》,中国政法大学出版社 2015 年版,第 15 页。

美国申请到禁令的机会似乎比在欧洲更大。

（一）证明的责任及标准

1. 证明责任的负担。基于信用证运作的效率考虑，表面相符单据被推定为合格，故提交了相符单据的受益人就其支款的正当性便初步完成了举证责任，如果有人认为受益人无权支款，则该人负有提供反证以推翻受益人的表面证据的责任。

申请人首先应该证明它主张的欺诈事实。如新 UCC5 第 109 条之官方评论第 4 点明确"救济的举证责任在申请人一方"，备用证公约第 20 条也规定由申请人或指示方提出采取临时司法措施的申请并承担证明存在不予付款之例外的举证责任。此外，申请人还必须证明这些事实引起的法律后果。这一问题在很多情况下不会带来很大的麻烦。例如，合同已经完全履行或受益人根本违约的后果显然使受益人无权获得损害赔偿。但它有时也会更难处理，比如说，如果申请人主张不可抗力阻碍了合同的履行，则问题就在于导致履行不能的事实是否应被认定为申请人不能为其负责的不可抗力。这类问题应该根据基础合同的规定或者参照普遍接受的国际商法的原则予以解决。然而，如果这类问题不易决断，或者更一般地说，如果牵涉到复杂和引起争议的法律问题，或者当事人的法律地位非依某一外国的国内法不能确定，则申请人想在初步程序的限制下立即证实它的论点就极其困难了。[1]

理论上，如果银行因拒付而被告上法庭，银行也对受益人无权支款负有举证责任。但是，指望银行掌握被告的欺诈证据是不现实的，实践中申请人更有发现欺诈的信息和动力，而银行仅在申请人提供的欺诈证据清楚明确的情况下，才对申请人负有不予兑付的义务。现行规则一般都明确银行对单据的真实性或虚假性不负责任，就此而言，单据对银行而言构成最终证据。

值得注意的是，我国的法律规定与国际实践似乎不尽相同。我国两个司法解释在信用证或保函项下的止付程序中要求止付申请人"提供证据材料"证明欺诈存在，此处的止付申请人虽在多数情况下指申请开立信用证或保函的人，但由于这两个司法解释都允许开证行或开立人提起止付申请，所以在银行提起止付申请的情况下，银行对欺诈的存在也负有举证责任。这就意味

［1］ See Roeland F. Bertrams, *Bank Guarantees in International Trade*, Kluwer Law International, 2004, pp. 277-278.

着，此时单据对银行而言已非最终证据，银行需要提供额外的证据材料以证明单据的虚假性。这是因为，在单据表面相符的前提下，由单据本身几乎已不能推导出欺诈的存在，所以证据只能到单据之外的基础交易中去寻找，而这已经超出了银行在信用证业务中的常规职能。

2. 证明责任的标准。无论是开证人自行拒付提示还是由法院阻止开证人兑付提示，仅有申请人声称欺诈是不够的。一般来说，申请人不能仅仅作出与欺诈有关的声称、证言或证明文件，它至少要提供由独立第三方出具的能清楚地对申请人声称的事实加以证明的单据，或由受益人自身出具的明显抵触其支款行为的单据、声明或承认书。就具体的欺诈证明标准而言，存在不同实践：

（1）英国的主观欺诈标准。出于对证据的精确性的考虑，英国的阿克纳大法官（Ackner LJ）在 United Trading Corp. SA v. Allied Arab Bank Ltd. [1]一案中提出了一条值得推崇的准则：根据已提供的资料，能作出的唯一现实的推论（the only realistic inference）是（受益人）并不真心相信其在保函下的索偿具有有效性，则原告证实了其论点。这一经典表述在以后的案件中被反复援引，有时被简化为"能作出的唯一现实的推论是索赔是欺诈性的"。由于这一准则中的"并不真心相信"强调受益人欺诈的主观意图，可见英国认定欺诈采用的是主观标准。

（2）美国的客观欺诈标准。或许是为兼容备用信用证下单据本身可能真实的欺诈情形，新 UCC5 把"基础交易中的欺诈"明确纳入欺诈的概念中，引起了欺诈范围的扩大。这可能会导致付款的延迟以及更多的禁令救济被给予，其结果也许是信用证下付款的可靠性、快捷性与效益受到损害。作为对这种扩大的平衡，新 UCC5 提高了认定欺诈的证明标准，即要求欺诈是实质性的，并为寻求救济的申请人设定了严格的条件，以使禁令救济更难获得。

无论是针对单据中的欺诈，还是受益人的欺诈行为，新 UCC5 都要求欺诈必须是"实质性的"（material）。根据第 109 条之官方评论第 1 点，"实质性"一词的外延内涵应由法院来确定，但一般要求单据中的欺诈因素对单据购买人而言是实质性的，或者欺诈行为对基础交易当事人有重大影响。有时，受益人的行为尽管可能带有部分欺诈性，但只要不构成对基础合同的关键的

---

〔1〕［1988］2 Lloyd's Rep 554, 6, 21, 51, 106.

和重大的违约，就不被视为实质欺诈。之所以如此，是因为根据起草委员会的意见：在许多案件中，法院曾因不够充分的理由就给予了止付禁令。例如，在 Griffin Cos. v. First Nat. Bank [1] 一案中，法院就止付了一个备用信用证项下的款项，其裁决依据是原告声称有欺诈，而不是充分的欺诈证据。因此，为了避免法院对信用证的过多干预，该条要求只有对实质性欺诈才能给予止付禁令。

实质性的含义究竟为何呢？新 UCC5 第 109 条的官方评论援引一系列判例就此进行了论述，根据这些论述，只有当欺诈如此严重以至于允许受益人获得资金显然已既无意义又不公平之时；或当交易情形清楚地表明基础合同禁止受益人寻求在信用证下支款之时；[2] 或情况表明合同并未赋予受益人哪怕似是而非的支款权之时；或当合同与交易情形表明受益人的索偿要求绝无事实根据之时；或当受益人的行为污染了整个交易 [3] 以至于开证人承担独立性

---

〔1〕 374 N. W. 2d 768（Minn. App. 1985）.

〔2〕 此处的规定应结合新 UCC5 第 109 条官方评论的第 5 点来理解，不能认为受益人在基础合同下的任何违约（包括对消极条件的违反）均赋予申请人在信用证下要求止付的权利，而应理解为唯有受益人在基础合同下构成欺诈时申请人才有可能（但不一定）在信用证下取得禁令。

〔3〕 由于基础交易和信用证交易是两个完全不同的交易，前一交易中的问题并不必然成为后一交易中的问题，除非这一问题已经从基础交易传导到了信用证交易，即所谓"污染了整个交易"（vitiated the entire transaction），也就是说，特定行为不仅污染了上游受益人与申请人之间的基础交易，而且殃及下游受益人与开证人之间的信用证交易。如在"诱因欺诈"（fraudulent inducement）的情况下，尽管受益人在基础合同缔结过程中存在欺诈，这一欺诈并不当然导致基础合同本身的无效，进而受益人对其在信用证下的支款权利未必绝无事实根据或没有真心相信，因此对它在信用证下的支款行为就不一定构成欺诈。一般来说，合同法项下的欺诈属于可撤销事由而非无效事由。《中华人民共和国合同法》第 52 条曾规定以欺诈手段订立的合同在"损害国家利益"的情况下合同无效，但《民法典》第 148 条对因欺诈而签订的合同未再区分所损害的法益类型，一律按可撤销对待，即视之为相对无效。《日本民法典》第 96 条第 1 项也规定："因欺诈或胁迫而进行的意思表示，可以撤销。"可见，不能因在基础合同项下存在欺诈就得出信用证下的支款必然构成欺诈的结论。同理，根据《中华人民共和国民法典》第 151 条的规定，显失公平也属于民事法律行为的可撤销事由，所以基础合同订立时的显失公平也不构成信用证下的止付理由。相比之下，如果基础交易本身是一项绝对无效的违法交易，如走私、贩毒等，银行便可基于"违法合同自始无效"而拒绝向受益人兑付。美国法上区分事实欺诈（fraud in the factum）和诱因欺诈（fraud in the inducement）。前者指无意为某一法律行为者因受欺诈而为特定行为，如盲人被骗在一份他以为是信件的抵押合同上签字。后者指有意为某一法律行为者因受他人就某项交易的风险或责任所作的误述之影响而进入该交易。前一欺诈将使受欺诈一方从事的行为无效，后一欺诈虽损害另一方的利益但并不导致合同本身无效。上述情形如适用我国《民法典》也可得出类似结论，前一情形因违反第 143 条民事法律行为须"意思表示真实"的要求而无效，后一情形则可能属于因受欺诈或基于重大误解而实施的民事法律行为或显失公平的民事法律行为而仅可主张撤销。

义务的正当目的已无从实现之时，法院才可以阻止付款。因此，如果申请人不能清楚地证明受益人的行为达到了上述的具体标准，就不允许对其给予救济。一言以蔽之，只有在受益人没有期望兑付的似是而非的权利，或没有支持此种兑付权的事实根据的情形下，受益人才存在实质性欺诈。

因此，新 UCC5 界定的信用证欺诈是指对开证人与法院而言明显的实质性欺诈，即受益人在信用证下支款绝无事实根据。但问题在于欺诈达到何种程度就会由量变引起质变。[1] 新 UCC5 第 109 条举了一个在商业信用证下欺诈的实例：假设受益人依约应交付 1000 桶色拉油，虽然明知自己仅交付了 998 桶，受益人仍然提交了显示交货 1000 桶的发票。此时受益人的行为可能是欺诈性的，但不构成实质性欺诈，也不能据此颁发止付禁令。相反，明知只交付 5 桶却提交显示交货 1000 桶的发票就构成实质性欺诈。[2]

应予说明的是，虽然该例中假设的是受益人对欺诈明知的情况，但这并不等于说在商业信用证下受益人的欺诈要以明知为要件。不难看出，根据新 UCC5 的立场，即使本案中的欺诈性单据系由第三人出具而受益人对此毫不知情，受益人也不因此获得在信用证下支款的权利，此时受益人在证下支款仍是绝无事实根据的，因为单据具有欺诈性的事实并不因受益人的不知情而有所改变。在 Adam v. Todd[3] 一案中，法庭对新 UCC5 第 109 条官方评论中援引的案例进行归纳后说："能对该官方评论所引案例中阐述的各项标准进行统驭的是：这些案例均要求，通过对实际情况的客观审查——而非通过考察受益人的主观信念——来判定欺诈。"

根据美国的客观标准，受益人的意图并非认定信用证欺诈成立的必要条件。因此，只要在"过分的"欺诈意义上而言的"实质性"欺诈表明受益人并无主张付款的似是而非的权利，禁令就可被授予，无需调查或证明受益人的心理状态。受益人的意图（对其索款是否具有真心相信）根据基础交易的具体情况进行推断即可。[4] 易言之，根据个案的具体情况，如对在证下无权

---

[1] See John F. Dolan, *The Law of letter of Credit: Commercial and Standby Credits*, Warren, Gorham & Lamont, 1996, p. 158.

[2] 新 UCC5 第 109 条之官方评论第 1 点。

[3] 2004 WL 1664864 (Cal App 1 Dist July 27, 2004).

[4] See Ramandeep Kaur Chhina, *Standby of Letters of Credit in International Trade*, Kluwer Law International, 2013, p. 76.

支款的受益人的支款行为不能作出其他解释，则可推定欺诈成立。

（3）备用证公约规定的欺诈标准。公约第 19 条（c）款采用了与美国相似的欺诈认定的客观标准，即要求索偿"无可信依据"，这实际上是要求，受益人不具备支款权是毫无争议的，故显然有别于就基础合同项下的履约或违约（哪怕是根本违约）情形产生的争议或纠纷。在一般的合同纠纷当中，双方往往基于不同立场而各执一词。从申请人的角度看，受益人的主张可能毫无道理。但从受益人的角度看，可能又完全是另外一回事。信用证的"先付款、后争议"功能正是要在这种争议未定的情况下优先保护受益人，如果仅因存在争议就赋予申请人单方采取措施止付证下款项的权利，则信用证存在的意义和价值也就不大。但是，在存在明显欺诈时情况就不一样了，此时不再是"先付款、后争议"，而是"无争议、不付款"——受益人毫无争议地不享有在证下的支款权。

3. 其他证明要求。一般来说，欺诈的证据还必须是即时提出（produced immediately）或即时可得的（immediately available）。许多欺诈案件的诉讼发生于初步程序（preliminary proceedings）之中，因而不允许法院作冗长和彻底的调查或进一步的听证。此类担保的清偿功能要求付款条件一旦得到满足，有利于受益人的判决就须立即作出，除非欺诈的证据能即时获得。因此，如果申请人不能马上提出欺诈的明确证据，它的止付禁令申请就会被驳回。美国在这方面的实践不太一样，因其在欺诈案件的初步程序中允许更全面的甚至是多次的听证，这就会导致较大的迟延。

（二）举证责任

1. 备用证公约的规定。备用证公约第 15 条规定，只要受益人提出索款要求，即视为证明该要求并非不守诚信，且概不存在第 19 条规定的不予付款的情形。该条实际上推定了单据的真实性，只要受益人向银行作了相符交单，即认为它已初步完成在承保下的举证责任，从而具有相关的支款权。如此推定是为了保证信用证付款的快捷性，因为如果不作这样的推定甚至作出相反推定，就意味着受益人除要提交相符单据之外，还需另外证明其所交单据的真实性，这样信用证的效率优势势必荡然无存。由于单据被推定为真实，声称欺诈存在的相关方就要提供更有力的相反证据来推翻这一推定。

根据独立性原则，银行无审查基础合同的一般性义务，它对单据的真实性或虚假性也概不负责，所以"银行也没有义务调查被指控的欺诈"，欺诈及其相关证据问题主要应由申请人而不是银行来考虑并承担风险。所以，对欺诈的举证责任往往落在申请人身上，它应该提出清楚和令人信服的欺诈证据来证明受益人表面相符的交单实为欺诈。此外，它的举证应在银行或法院作出最终决策之前的较短时间内作出。

有人认为，向银行寻求救济与向法院寻求救济进行举证的标准是不一样的。出于对银行的职能、地位以及它在作出兑付与否的决策时时间短促等因素的考虑，在前一种情况下要证明欺诈应提出更为明确充分的证据。可以说，这一主张在备用证公约中至少部分得到了支持。备用证公约第 19 条规定银行拒付时应以"明显而清楚的"（manifest and clear）不予付款情形为前提，但依据第 20 条第 1 款申请人向法院申请临时措施只需证明上述不予付款情形的"大有可能"（high probability），后一标准显然低于前一标准，这种为银行拒付设置较高门槛的做法表明了备用证公约不鼓励银行主动拒付或至少是要求银行慎重拒付的态度。而备用证公约之所以只要求向法院申请临时措施时证明欺诈"大有可能"，除考虑到法院严格的司法程序有助于查清欺诈有无的事实并保障相关方的利益之外，也部分是考虑到法院为解决争议而作出确定判决的程序与关于临时救济的程序中对证据的要求是不同的，前者要求关于欺诈的明确证据，而后者的证明标准相对要低一些。[1]

2. 我国的相关规定。因为我国法律未赋予银行以独立的拒付权，故不存在银行自身以欺诈为由决定不予付款的可能性，更不存在银行以何种标准来判定欺诈存在的问题。但我国《独立保函司法解释》为法院在认定保函欺诈过程中的不同阶段——裁定止付或判决止付——设定了不同的证明标准。

其一，在发出临时止付令时，适用的证明标准是欺诈的存在具有"高度可能性"，这是一项民事领域中常见的证明标准，该标准的引入是对此前《信用证司法解释》相关规定的细化和完善，[2]同时也似乎是借鉴备用证公约第 20 条第 1 款要求证明不予付款的情形"大有可能"存在之规定的结果。该标准并不排除在欺诈与否的问题上存在争议的可能性，它只要求证明存在欺诈

---

〔1〕　参见笪恺：《国际贸易中银行担保法律问题研究》，法律出版社 2000 年版，第 287 页。

〔2〕　《信用证司法解释》第 11 条第 2 项仅要求申请人提供证据材料证明信用证欺诈存在，并未明确要求这种待证实的欺诈存在的可能性有多大，《独立保函司法解释》第 14 条第 1 项则将之明确和细化为要求止付申请人提交证据材料证明独立保函欺诈情形的存在具有高度可能性。

的可能性大于不存在欺诈的可能性即可。

其二，与备用证公约仅规定临时司法措施不同，《独立保函司法解释》进一步规定，在以终局止付判决认定存在独立保函欺诈时，应达到"排除合理怀疑"的证明标准，这是一种常见于刑事领域的证明标准，其要求明显高于常见于一般民事领域的"高度可能性"或"优势证据"的证明标准，而要求欺诈证据的清楚明确、没有争议。这反映了最高人民法院对以判决方式认定欺诈并予止付持较之裁定方式更为慎重的态度。

需要说明的是，信用证欺诈可能但不必然构成刑事上的信用证诈骗罪，后者具有更强的社会危害性。备用证公约第20条规定在承保被用于犯罪目的时，法院可以发出临时命令。我国《刑法》第195条规定，使用伪造、变造的信用证或者附随的单据、文件的，使用作废的信用证的，骗取信用证的或以其他方法进行信用证诈骗活动的，构成信用证诈骗罪。其中所谓"其他方法"包括利用"软条款"信用证和利用远期信用证进行诈骗的犯罪行为。该条规定的信用证诈骗罪主观上由故意构成，且要求具有非法占有他人财物的目的。如果行为人出于不知是伪造、变造或者作废的信用证或附随单据和文件而使用的，不构成本罪。[1]信用证欺诈的构成主观上只要求不诚信即可，故行为人的重大过失行为可能被认定为信用证欺诈，但不能构成信用证诈骗罪。例如，如果欺诈性单据由第三人出具但受益人因轻信其真实性而据以提示付款，此时受益人的支款行为可能构成信用证欺诈，但不构成信用证欺诈罪。

（三）止付令的申请主体及止付对象

前已述及，不宜将银行作为止付令的申请主体。这样止付令申请主体一般就仅限于申请人，而止付令针对的对象一般包括银行和受益人。在英国法上，原告申请禁令必须证明有诉因（cause of action）的存在，即受禁令方违背了他对申请禁令方负有的合同法或侵权法上的义务。如果原告是针对受益人或开证行申请禁令，则原告和两者之间都存在直接的合同关系而存在诉因；如果原告是针对保兑行或间接保函的担保行申请禁令，由于两者都是独立对受益人承担付款义务，所以原告和两者没有合同关系，原告对他们不具有直

---

〔1〕 参见魏克家、欧阳涛、吴雪松主编：《中华人民共和国刑法罪名适用指南》，中国人民公安大学出版社1998年版，第199~200页。

接的合同法上的诉因，此时原告只能主张侵权法上的诉因。[1]

申请人提起针对受益人的禁令是因为受益人与申请人具有实质性的基础交易关系。当然申请人也可以将银行作为止付对象，但根据英国法院的经验，以银行作为止付对象可能会在便利衡量时面临更大的举证障碍。便利衡量（balance of convenience）要求使申请人通常选择受益人作为止付对象。英国法院在颁布禁令之前通常要比较因颁布禁令可能给银行造成的损失（主要是在国际商业社会的信誉损失）是否超过因不颁布禁令而可能给原告造成的损失。而英国法院普遍认为银行受到的信誉损失往往是难以衡量的，而且是无法补救的，所以如果原告申请对银行的禁令，便利衡量的结果必然不利于原告。基于此种考虑，对银行颁布禁令就是不适当的，也是不必要的，正如 Ackner 法官判定的，即使原告已提出一个重要问题，即根据原告提供的资料，法院认为唯一的现实推论是受益人存在欺诈，法院根据便利衡量的结果仍将作出不利于原告的判决。所以为了避开英国法院在便利衡量上的偏向，原告更愿意事先申请对受益人的禁令。[2]

我国的申请人并不面临英国法上那么高的举证门槛，从而更有可能获得针对银行的止付令。因为《信用证司法解释》和《独立保函司法解释》都只要求止付申请人单方证明不止付将给自己"造成难以弥补的损害"，而不要求进行涉及申请人和被申请人双方的便利衡量，即不要求比较不止付可能给申请人带来的损害与止付可能给被申请人（有可能是银行）造成的损害，而这种比较在程序上通常也意味着被申请人要有出庭听审的合理机会。两者相较，英美法上的便利衡量制度显然更为全面、细致和精确。

二、欺诈的救济路径

申请人在面临受益人欺诈的可能时，可以寻求非禁令救济和禁令救济两种途径。非禁令救济主要是申请人向开证人寻求证下款项的拒付。如果申请人能够以清楚和令人信服的证据向开证人证明提示中存在实质性的欺诈，开证人就应当行使拒付权来拒付提示。但如果开证人不顾申请人的反对坚持兑付提示，申请人就可能请求法院介入并签发禁令。禁令可能是针对银行的旨

---

〔1〕 参见李燕：《独立担保法律制度》，中国检察出版社 2004 年版，第 180 页。
〔2〕 转引自李燕：《独立担保法律制度》，中国检察出版社 2004 年版，第 181 页。

在禁止其在争议得到司法解决之前兑付提示的止付禁令，也可能是针对受益人的禁止其在信用证下提示支款的禁止提示令，还可能是禁止受益人在支款之后转移财产的限制措施。

（一）非禁令救济之一：银行的拒付权（a right to dishonor）

1. 现行规则与拒付权。原 UCC5 第 114 条中的第三个疑点涉及开证人能否选择拒付的问题。该条规定"开证人只要本着诚信行事，即可兑付汇票或支付命令……"这就表明开证人可以在欺诈时诚信地兑付提示，但是开证人能否在此时选择拒付呢？该条没有给出明确的答案。新 UCC5 第 109 条（a）款第 2 项则明确赋予开证人以拒付权，即"开证人只要诚信行事，即可兑付或拒付提示"。

备用证公约第 19 条也规定在有不予付款之例外的情况下，诚信行事的开证人有权不向受益人付款（a right to withhold payment），同时仅规定委托人/申请人有权申请临时司法措施，但未授予担保人/开证人申请临时司法措施的权利。该条赋予银行在面临表面相符的欺诈性提示时的拒付权，但这种拒付权应当谨慎行使，特别是要考虑到该权利之行使与备用证公约第 15 条第 3 款推定受益人的索款要求并非不诚信且不存在不予付款情形的规定，以及与第 16 条担保人/开证人须凭表面相符单据付款等规定之间的兼容性。在申请人和受益人串通欺诈的情形下，银行虽不能向法院申请临时司法措施，但仍可通过拒付权的行使来维护自身利益。

拒付权应如何行使呢？简单地说就是要诚信行使。不难发现，作为现行适用的法律规则，备用证公约和新 UCC 不仅都承认银行在面临欺诈时的拒付权，而且也都为银行设定此时的诚信或善意行事义务。[1]事实上，银行的拒付权与诚信行事的原则往往相伴而行，诚信原则使拒付权的行使有标准可循，因而构成了拒付权行使的基础。诚信行事的开证人有权兑付或拒付提示，从反面理解就是，开证人无权不诚信地兑付或拒付提示。从这个意义上说，拒

---

[1] 我国《民法典》第 7 条对诚信原则的界定是"秉持诚实，恪守承诺"。一般来说，诚信具有两层含义：对己而言的"诚"，应善意行使权利履行义务，不滥用权利加害他人；对人而言的"信"，应恪守承诺，守信不欺。诚信或善意的英文原文均为"good faith"，两者含义基本相同，只存在翻译上的表达差异，就对己的行事要求而言，善意行事和诚信行事并无差异。故本书一般对诚信或善意两者不加区别地加以使用。

付权不仅是一项法定权利，也是一项法定义务，既包括诚信拒付或兑付的权利，也包括不得不诚信拒付或兑付的义务。[1]因此，如果银行诚信地兑付了事后被认定为构成欺诈的交单，银行无需负责且有权要求申请人偿付；但如果银行不诚信地兑付了欺诈性单据，则应对申请人承担相应法律责任。[2]

目前，拒付主要还是一种由法律设定的权利或义务，现行惯例均未明确赋予银行以拒付权。相反，现行惯例一般都倾向于不给银行以拒付的激励。如 ISP98 第 8.01 条（b）款规定申请人对其他人的欺诈、伪造或其他非法行为向开证人负赔偿责任。据此，开证人就其对受益人提示的与备用证条款及 ISP98 规定相符的欺骗或欺诈性索赔的兑付无需承担任何责任，且有权从申请人处获得偿付。但这不能被理解为开证人在明知索赔之欺诈性的情况下仍应兑付而无需担责，因为欺诈性索赔问题已超出 ISP98 管辖的范围，应由适用的法律解决，而没有任何法律会允许银行去帮助他人实施其已经知情的欺诈，况且 ISP98 第 1.02 条也确认适用法律的效力高于本规则。但无论如何，即便开证人对相符提示的可靠性存在怀疑，在无确切证据证实该怀疑的情况下，它仍不得拒绝兑付。

另据 ISP98 第 1.08 条规定，开证人对任何基础交易的履行或不履行不负责任，开证人对备用证下提示的任何单据的真实性不负责任。第 4.01 条规定，提示是否相符应按照提示是否表面上符合备用证而确定。所以，开证人只需对单据作表面审查以确定其是否与信用证的规定相符，而无需考察单据背后的交易履行情况。同样，如果开证人兑付了一项含有伪造或欺诈性单据的索赔，它仍有权从申请人处获得偿付，除非它已有提示系为欺诈的确证。[3]

---

[1] 依照备用证公约第 19 条 2 款（e）项，担保人如果在与反担保相关的承保下不诚信地作了付款，则其作为反担保的受益人在反担保下的索赔将被认为是无可信依据的。这也就是说，担保人负有不得不诚信付款的义务。我国相关司法解释肯定了银行善意付款的权利，根据《独立保函司法解释》第 14 条，开立人在依指示开立的独立保函项下已经善意付款的，对保障该开立人追偿权的独立保函，人民法院不得裁定止付。但司法解释并未赋予银行善意拒付的权利，而这一权利才是拒付权的关键所在。

[2] 在 Trib. com. Lyon, July 3 1991 一案中，投标保函的申请人向银行提交了确凿的证据，证明受益人在未对其授予合同的情况下仍在保函项下支取，但银行出于信誉考虑，无视该证据而选择向受益人进行付款。法院判决银行对该付款应承担责任。

[3] See Jacob, E. Sifri, *Standby Letters of Credit: A Comprehensiue Guide*, Palgrave Macmillan, 2008, pp. 17–18.

根据 UCP600 第 34 条："银行对任何单据的形式、充分性、准确性、真实性、虚假性或法律效力……概不负责。对其他任何人的诚信与否、作为或不作为、清偿能力、履约或资信状况，也概不负责。"该条虽然规定银行对他人的诚信概不负责，但这并不排除银行自身的诚信行事义务。银行如果对欺诈知情，那么银行向受益人支付后它就无权从申请人处获得偿付。

总之，如果受益人的欺诈对银行而言是明显的，银行就对申请人负有不予兑付的义务。要是银行无视这项义务，它就要对申请人承担责任，不能向后者要求偿付或者借记其账户。这项义务产生于银行本着诚信与合理谨慎来执行委托合同的辅助性义务。履行这一义务与银行对受益人负有的义务也并不冲突，因为如果欺诈已被证实，受益人就无权索偿，银行也有权拒付。毕竟，谁也没有权利或义务为他人的欺诈行为提供帮助。

但是上述原则并不意味着在声称欺诈存在的情况下银行有义务采取任何积极行动。因为银行与基础交易或申请人与受益人之间的争议和意见分歧并不相关，它没有义务调查或者确定受益人索赔的适当性。这种义务会给银行带来它不应为之负责的特定风险，即银行不得不就欺诈是否得到证实问题进行决策。一项肯定性答案事后可能被发现是错误的，这样银行就会对受益人承担责任；而一个否定性决策事后也可能被推翻，何况欺诈的概念及证据的标准都相当模糊不清。问题的关键在于让银行来负责这种决策并承担与其无关之事项的固有风险是不公平的，另外，让申请人把防止欺诈的事宜托付给银行也是不适当的。[1]

因此，在对欺诈的认定及给予救济问题上，合适的决策机构是法院而非银行。新 UCC5 虽然赋予诚信行事的银行自主地决定兑付或拒付的权利，这也不意味着银行对声称欺诈的申请人有拒付的责任，相反，为了维护自身的信誉，并避免对受益人承担错误拒付的责任，银行大多会选择兑付而对申请人提出的欺诈或伪造主张不予理会。申请人的常规救济手段是获得止付禁令，如果它不能获得禁令，则仅当证明银行非善意兑付时它才对银行享有索赔权，但这种情况极为少见。[2]

---

〔1〕　See Roeland F. Bertrams, *Bank Guarantees in International Trade*, Kluwer Law International, 2004, p. 308.

〔2〕　UCC5 第 109 条官方评论之第 2 点。

与 UCP600 和 ISP98 不同，URDG758 第 29 条规定了担保人因未依诚信原则行事（failure to act in good faith）不能免责，这与备用证公约的精神是一脉相承的。将设定的这一诚信原则具体应用到欺诈情形中，实际上就已包含了赋予担保人拒付权的意味。因为有此规定之后，在担保人明知单据伪造而仍然付款的情况下，就不再能援引第 27 条对单据有效性免责的条款。这样规定的结果，应当说是在坚持独立性原则和恪守诚信原则之间形成了一个相对的平衡，对申请人的利益也提供了一定的额外保护，具有积极意义。

2. 我国的相关规定。我国的《信用证司法解释》和《独立保函司法解释》都授权开证人向法院申请止付令，但均未明确规定开证人在面临欺诈时有径行拒付的权利。事实上，我国银行在面临欺诈时有无拒付权，学界存在不同观点。《信用证司法解释》第 5 条规定："开证行在作出付款、承兑或者履行信用证项下其他义务的承诺后，只要单据与信用证条款、单据与单据之间在表面上相符，开证行应当履行在信用证规定的期限内付款的义务。当事人以开证申请人与受益人之间的基础交易提出抗辩的，人民法院不予支持。具有本规定第八条的情形除外。"从上述规定之中，有学者推导出"该条规定存在实质性欺诈时，开证行可以拒绝付款"的结论。[1]

但该条规定的主要是开证行对相符交单的付款义务及其例外，可以说该条在实体上明确了银行对欺诈性交单无付款义务，但很难得出结论说该条赋予了银行程序上的拒付权。针对该条中"当事人以开证申请人与受益人之间的基础交易提出抗辩的，人民法院不予支持。具有本规定第八条的情形除外"这一程序性规定，就其文义作反对解释可知：当存在第 8 条规定的信用证欺诈的情形时，当事人以开证申请人与受益人之间的基础交易提出抗辩的，人民法院可以支持。据此，当事人能做的仅限于以基础交易中存在欺诈为由提出抗辩，而付款与否的最终决定权仍掌握在法院手中。该解释第 9 条是关于存在信用证欺诈时专门适用的程序性规定，其中也仅明确开证申请人、开证行或者其他利害关系人可以向法院申请止付，并未规定开证行在发现欺诈时可以直接拒付。再者，如果银行已被赋予了拒付权，由于行使拒付权更加简便易行，再要求银行向法院申请止付就显得多此一举。

类似地，有学者也认为《独立保函司法解释》第 6 条规定了"受益人欺

---

[1] 参见王瑛：《信用证欺诈例外原则研究》，中央民族大学出版社 2011 年版，第 234 页。

诈时开立人有权拒绝付款……"〔1〕而第 6 条的规定是，开立人以基础交易关系或独立保函申请关系对付款义务提出抗辩的，人民法院不予支持，但有本规定第 12 条情形的除外。同样不难推知，该条规定的意旨是，在存在独立保函欺诈情形的时候，开立人仅在诉讼中享有以存在欺诈为由对付款义务提出抗辩的权利，而非自行决定不予付款的权利。对此可资佐证的是，对独立保函欺诈情形作出规定的《独立保函司法解释》第 12 条进一步明确，有权认定独立保函欺诈的主体限于人民法院。

3. 拒付权行使的具体规则。前已述及，由于对欺诈行使拒付权不同于对不符点的拒付，所以拒付权的行使也适用不同于不符点拒付的规则。比如，拒付通知应在特定的审单时限内发出，否则就将丧失主张不符点的权利。但这一失权规则对欺诈情形是不适用的。

根据新 UCC5 第 108 条，如果开证人未能及时发出通知，或虽然及时发出通知但通知中未能包括某项不符点，则开证人无权以存在任何不符点或某项不符点为由提出拒付。但未发出通知或未在通知中提及欺诈、伪造以及逾期等事项，并不阻却开证人以欺诈、伪造或信用证逾期为由的拒付。这样规定的原因是信用证逾期已导致信用证失效，受益人交单的行为不再产生要求开证人兑付的法律效力，因此开证人不再承担审核单据的义务，按规定发出合格拒付通知的义务也就丧失了存在的基础。〔2〕而 UCC 将欺诈、伪造和信用证逾期并列规定，是因为受益人不因其欺诈性交单而在信用证下享有任何权利，所以银行也无需承担相应的通知拒付义务。

备用证公约第 16 条要求担保人/开证人在不超过 7 天的合理时间内完成审单、付款或拒付，除非承保书中另有规定，或担保人/开证人与受益人另有协议。该条还要求在拒付通知中"说明拒付的理由"，而不是列明赖以拒付的不符点。从字面上看，应说明的拒付理由既可能是单据中存在不符点，也可能包括单据相符但构成欺诈。所以，除非另有约定，备用证公约原则上要求审单、付款或拒付在不超过 7 天的合理时间内完成，基于欺诈的拒付似乎也不例外。但鉴于公约并未明确规定担保人/开证人逾期行事的失权规则，在 7

---

〔1〕　参见张勇健、沈红雨："《关于审理独立保函纠纷案件若干问题的规定》的理解和适用"，载《人民司法（应用）》2017 年第 1 期。

〔2〕　参见李垠："论信用证法上的失权规则"，载高祥主编：《信用证法律专题研究》，中国政法大学出版社 2015 年版，第 168 页。

天审单时限经过后能否提起欺诈抗辩尚不无疑问，但解释上似应认为欺诈抗辩的提起不受制于拒付通知为宜。

由于惯例规则对欺诈问题通常采取回避态度，除了新 UCC 规定对欺诈性交单无发出通知的义务、备用证公约要求在不超过 7 天的合理时间内通知受益人并说明拒付理由外，其他规则均未就基于欺诈的拒付问题提出程序要求。

（二）非禁令救济之二：申请人的自我救济

如果来不及针对欺诈性交单申请禁令，申请人可以试图以单据中存在的不符点来拒绝对银行作出偿付，此时申请人应该避免采取任何可能被认为是构成放弃这一主张的行动，如支配单据或货物、作出被视为是默示同意的行为或声明等。ISP98 下的申请人特别应注意须按第 5.09 条的要求以迅捷的方式及时向开证人提出对兑付不符提示的异议。

从另一方面来看，开证行认真审查单据以确保其与信用证表面相符就显得尤为重要。而且，银行也必须小心谨慎，不要轻易放弃单据中的不符点，也不要使自己处于因禁反言而无法主张这些不符点的境地。有些时候，仅仅延迟就足以构成弃权。[1]除非在开证合同中为自己争取到了更宽松的偿付标准，兑付了不符交单的银行就无法从申请人处获得偿付。如果银行在审单中被认定为存在重大过失的话，按照备用证公约确立的"重大过失不免责"的原则，即使开证合同中规定了更宽松的偿付标准，银行也不能获得偿付。

同样，开证行在向申请人转交单据时尽量列明其赖以拒付的不符点也是很重要的。国内甚至有这样的判例，开证行审单发现单证不符，但提示申请人时漏提了其中的一个不符点，申请人同意接受开证行提示的不符点，但随后由于市场价格下跌原因申请人反悔，于是以开证行漏提一个不符点为由起诉了开证行，让开证行承担损失，最终的结果开证行败诉。[2]开证行如在审单时未发现本应发现的不符点或虽已发现不符点但未向申请人提示的话，有可能被认为未尽注意义务而导致申请人丧失了本应享有的对有关不符点表示异议的机会，进而被要求担责。在已发现不符点但未向申请人提示的情况下，

---

〔1〕 See Jacob, E. Sifri, *Standby Letters of Credit: A Comprehensiue Guide*, Palgrave Macmillan, 2008, p. 204.

〔2〕 参见李永宏："UCP600 难道真的不需要修订吗？"，载 https://www.sohu.com/a/246192608_522926，最后访问日期：2021 年 4 月 20 日。

银行更有可能被认为存在重大过失而不能免责。

（三）法院的禁令救济之一：针对银行的止付禁令

1. 禁令（injunction）的概念。禁令是普通法上的一种衡平救济措施，通常在损害赔偿金不能为当事方提供充分救济时适用。具体而言，禁令是一种由法院发布的命令，用来禁止或强迫某人做某事。信用证中止付禁令的作用是命令开证人在申请人与受益人之间的争议得到司法解决以前不对提示作出兑付。美国《联邦民事诉讼规则》第65条规定了三种禁令救济方式：临时限制令（temporary restraining order，TRO）、初步禁令（preliminary injunction）和永久禁令（permanent injunction）。

临时限制令是一种单方禁令，无须通知对方当事人即可给予，适用于在10天之内维持现状。初步禁令在通知对方当事人并在听证之后发布。法院不就案件的实体问题（merits of the case）作出判断，但申请人必须就在终审之前维持现状的必要性作充分的举证。初步禁令禁止开证人在信用证下兑付，因而使申请人在诉讼期间成为证下金额的保管人（stakeholder）。而永久禁令只有在案件的实体问题得到审理之后才会给予。各级州法院关于这三种禁令的规则与联邦规则相类似。

2. "无止付禁令"（no injunction）与信用证的不可侵犯性（inviolability）。UCC坚持"无止付禁令"原则，要求法院通常不得为信用证签发止付禁令。只有特别的情况下作为非常重要的例外才允许给予主张信用证欺诈的一方以禁令救济，通常，这种救济只有在申请人属于无辜者而受益人为明显的不法行为人时才能获得。

在1984年美国的Itek一案中，法官说，用一个禁令来中止信用证兑付，这样一种特别的救济是极少给予的。因为，如果针对欺诈指控的禁令很容易获得，那么即使给予禁令救济时法院依据的是正确的欺诈指控，但是对于一个信赖信用证作支付方式的人来说，他将会面临一个危机；但是，如果禁令很难获得，那么无法获得禁令的人对于信用证的优先权利则无话可说。这是因为信用证所具有的接近于不可侵犯性正是信用证之所以在绝大多数国际商业交易中最受信赖的最重要因素。

信用证的不可侵犯性来源于信用证的等现金性（equal to cash）。在1985年的一个判例中，有法官引用另一个著名判例的话说，当信用证的受益人提交了和信用证本身的条件和条款相符的单据后，信用证这个东西就好像是提供了把钱放到受益人手里的一种安全无比的工具——基础合同项下各方之所以使用信用证这个工具，其目的就是确定，当信用证项下的履行出现纠纷而需要解决的时候，就好像信用证项下的钱已经在受益人的口袋里而不是还在基础合同项下的另一方的口袋里。[1]

追根溯源，由于最终的付款责任由申请人承担，可以说这一袋现金是申请人以开立信用证的方式交给开证人托管，以换取受益人的装运提单的。但对于备用信用证而言，就不能进行这种类比。[2]

新 UCC5 第 109 条的官方评论要求法院对包括止付禁令在内的对信用证独立性原则构成威胁的任何法律手段均持敌对立场，以免"衡平的圣牛践踏信用证法律的细藤"。

3. 银行对禁令的态度。信用证下的禁令可能导致银行的声誉受损。即使是声誉卓著的大银行也不愿自己的信用证轻易地被法院以禁令或扣押令冻结，以致无法向受益人——尤其是已正当付出价值的议付行付款，因为这样一来该行的声誉将被上述禁令或命令损害。巴克莱国际银行的一位高级职员在一起案件中做证说，巴克莱国际银行的声誉取决于它是否严格地遵守它的义务。这在银行实务中是非常重要的特点。巴克莱国际银行与南美地区乃至世界其他地区的银行界和商业界存在广泛的联系。它的声誉是国际贸易中的重要一环，而该声誉取决于它是否能及时而严格地履行自己的责任。银行负有信用证下不可撤销的责任这样一种机制对于国际贸易十分重要，因此除非银行兑现了该信用证项下的付款义务，否则这种在国际贸易中对信用证的信赖将不可挽回地受到损害。

因此大多数开证人不愿意拒付信用证项下的款项，这对开证人来说是明智的也是有利的。因为，如果一旦欺诈的抗辩没有事实依据，则开证人将对受益人负有错误拒付的责任。而如果一旦对信用证兑付后，后来发现兑付错误，则可能对开证申请人负有错误付款的责任。因此在面临欺诈指控的时候，开证人乐于让开证申请人去向法院申请一项禁令，使自己解脱上述两难处境，

---

〔1〕 参见金赛波："美国法上信用证欺诈与禁令"，载沈四宝主编：《国际商法论丛》（第1卷），法律出版社1999年版，第404页。

〔2〕 See Gordon B Graham, Benjamin Geva, "Standby Credit in Canada", *Canadian Business Law Journal*, Vol. 9, 1984, p. 180.

同时坐观成败。[1]

4. 禁令救济的条件。新 UCC5 第 109 条（b）款为禁令救济的给予设定了严格的条件，要求法院仅在满足以下条件的前提下才能在信用证下给予禁令救济：（1）该救济不为承兑汇票或开证人所负之延期付款义务的适用法律所禁止；（2）为可能因该救济之给予而受不利影响的受益人、开证人或指定人提供充分保护，使其不致遭受损失；[2]（3）相关州法规定中为获得该救济所需的条件均已得到满足；（4）根据向法庭提交的资料，主张伪造或实质性欺诈的申请人胜诉的可能性更大。

要满足上述第 3 项的有关州法设定的获得禁令救济的条件，申请人应当证明：（1）不签发禁令将导致不可弥补之损害（irreparable harm），或申请人并无普通法上之充分救济；（2）应当维持现状的原因；（3）申请人即将遭受的损害是否超过被申请人因禁令之给予而可能遭受的损害。[3]（4）禁令之给予不违背公共利益。

总之，要想成功地获得禁令，不管该禁令是针对开证人还是针对受益人提起，申请人都要证明以下关键两点：一是合理的胜诉可能性，二是表明损害不可弥补或在普通法上无充分救济。在这两点之中，后者尤为重要。要满足后一要求，申请人仅证明其将因被申请人所被指控的欺诈遭受经济或金钱损失是不够的，这种损失并非不可弥补，因为申请人可以在基础合同下起诉受益人违约，而损失则在申请人获得金钱损害赔偿的判决时得以追回。只要申请人能够提起金钱损害赔偿的诉讼，申请人就存在普遍法上的充分救济，因此禁令就不能给予。要构成不可弥补的损害，法院往往要求寻求救济的一方证明损害是"实际而迫近的"（actual and imminent），而非"遥远和臆测的"（remote and speculative）。[4]

在 Xantech Corp. v. Ranco Industries, Inc.[5] 一案中，上诉法院认为单纯

---

[1] 参见金赛波："美国法上信用证欺诈与禁令"，载《国际商法论丛》（第1卷），载沈四宝主编，法律出版社 1999 年版，第 407 页。

[2] 新 UCC5 第 109 条之官方评论第 7 点指出该损失包括受益人在禁令程序中支出的法律费用，而法院可以要求申请人为这些损失提供担保。

[3] 该条涉及申请人和受益人之间的便利衡量。

[4] See Ramandeep Kaur Chhina, *Standby of Letters of Credit in International Trade*, Kluwer Law International, 2012, pp. 81-82.

[5] 643 NE2d 918（Ind. Ct. App. 1994）.

的经济损失不是给予初步禁令的正当理由，因为申请人可以起诉受益人要求金钱损害赔偿，所以申请人有普通法上的充分救济。而在 General Transp. Servs v. Kemper Ins Co.[1]一案中，法庭拒绝给予禁令，是因为原告不能证明被告处于即将破产的危险之中，所以也就不存在不可弥补的损害。

同样地，如果申请人以其不得不在国外提起诉讼，或以其将丧失该争议在获得司法解决之前的资金利息为由，主张其在普通法上的救济不充分，法院也不会给予禁令。因为这正是当事人选择信用证付款机制的两项重要原因。申请人已基于信用证的提供同意承担这类风险。如果申请人能够对受益人提起金钱损害赔偿的诉讼，这类风险就不应以给予申请人禁令救济的方式转移给受益人，即使申请人可能不得不在国外进行诉讼。[2]

在 American Bell Internatioal. Inc. v. Islamic Republica of Iran[3]一案中，法院清楚地表明：由于申请人自己决定与外国客户进行交易，它事后就不能再以在国外诉讼将加大收款的风险和成本为由寻求禁令。既然申请人为获取利润而自愿负担了这一风险，此后法院就不应再行介入而加以干预。

不过，在 1979 年 11 月美国的伊朗人质事件之后，这种禁令救济不能仅因申请人必须在国外诉讼的观点受到了严峻考验，法院对禁令的立场也发生了明显的转变。伊朗的银行被国有化之后，许多案件中的开证人与受益人都属于伊朗的政府单位。在伊朗人质事件以后，至少有过 15 次临时禁令的申请，其中 13 次法院给予了禁令救济，仅有 2 次法院没有给予。在 Itek 案这一重要判例中，法院依据司法认知判定，在伊朗的法院对伊朗受益人进行追索是无益的，不签发禁令将对原告造成不可弥补的损害，且支付证下款项给原告带来的损害将远远大于阻止银行付款给银行带来的损害，故而签发了针对银行的止付禁令。

在近年的案件中，美国法院小心地将给予禁令的这四个条件适用于备用信用证，并在条件未获满足时拒绝发出禁令。如在 Re Irrevocable Standby Letter of Credit SE444393W[4]一案中，一份备用信用证依卖方 Astec 的申请向

---

〔1〕　2003 WL21703635（NDNY June 25, 2003）.

〔2〕　See John F. Dolan, *The Law of letter of Credit*: *Commercial and Standby Credits*, Warren, Gorham & Lamont, 1996, p.176.

〔3〕　474 F. Supp. 420（S. D. N. Y. 1979）.

〔4〕　336F Supp 2d 578（2004）.

受益人即买方 Toffoluti 开出，用于担保卖方在买卖合同项下的履行义务。当受益人以申请人提供的筑路设备有缺陷属于违约为由试图在备用证下支款时，申请人向法院寻求禁止向受益人付款的禁令。申请人声称其已实质性且令人满意地履行了合同义务，因此受益人的索款要求构成欺诈。

在下结论之前，法庭考虑了新 UCC5 第 109 条（b）款为发出禁令设定的四个条件。它首先审视的是如果拒绝给予禁令卖方将遭受的"不可弥补之损害"，并认为申请人所受的损害并未严重到要给予禁令的程度。法庭认为涉案金额并不巨大，而且受益人财务健全，即便事后认定其支款不当，也足以赔付赔偿金。此外，法庭也驳回了申请人的这一论点，即通过外国管辖权向受益人获得金钱赔偿的成本高、难度大，因为是当事人自行约定了在外国以调解或诉讼方式解决任何纠纷。

法庭其次考量的是如果同意授予申请人禁令，受益人可能受到的重大损害，并认为阻止受益人行使在信用证下的实体权利很可能对它造成损害。法庭随后考察了第三个条件即申请人胜诉的可能性，并认为申请人不可能证明实质性欺诈存在从而获得胜诉。法庭最后考虑的是禁令之授予是否会违背公共利益，并认为让申请人免其自愿和有意承担的风险无助于促进公共利益。故而，基于上述考虑，法庭拒绝向申请人授予禁令，因为它未能满足授予禁令所应满足的四个条件中的任何一个。

加拿大的法院似乎比英国法院更愿意援引欺诈例外。加拿大法院倾向于采用"欺诈初步成立"（prima facie case of fraud）标准，而不是英国法院的"明显欺诈"（clear fraud）标准。

（四）法院的禁令救济之二：针对受益人的禁止提示令

由于针对银行的止付禁令较难获得，所以并不奇怪的是，申请人可能会转而寻求直接针对涉嫌欺诈的受益人的禁令。那么，起诉受益人的依据何在？这类禁令是否就更容易获得呢？不同法域对这些问题可能会给出不同的答案。

1. 在支款前针对受益人的禁止提示令。新 UCC 允许但不鼓励申请人寻求针对受益人的禁止提示令的做法。为了劝阻申请人绕过银行而寻求针对受益人的禁令，新 UCC 为禁止提示令的获得设置了与获得止付禁令同样高的门槛。新 UCC5 第 109 条官方评论的第 5 点指出："尽管本法主要涉及止付禁令，但也劝阻'类似救济'的给予，在申请人或开证人意图通过禁止提示令……

来取得相同的法律效果之时，同样原则亦予适用。这类意图应面临与企图禁止开证人付款时同样的障碍。"在起诉受益人与起诉开证人面临同样法律障碍的情况下，理性的申请人当然更倾向于就近起诉通常与其同处一地的开证人。

与美国法不同的是，英国法院倾向于将针对受益人的禁令和针对银行的禁令区别对待。正如古德教授所言，针对银行发出禁令时要考虑的因素和针对受益人发出禁令时要考虑的因素不尽相同。的确，针对银行发出禁令时要考虑对银行声誉造成的潜在不利影响、银行对欺诈的知情情况以及起诉银行有无诉因等因素，而这些在针对受益人发出禁令时是无需考虑的。在针对受益人发出禁令时，法院可以"发出禁令以防止将要或正在实施违约的受益人的实际违约"。这种区别对待的结果是，获得针对受益人的禁止提示令的门槛比获得针对银行的止付禁令的门槛相对较低：获得后一禁令要考虑对信用证独立性原则的维护，故以证明清楚的欺诈之存在为前提；而获得前一禁令仅涉及基础合同，故只需证明受益人在基础合同下违反了不得在信用证下支款的约定即为已足。

既然基础合同下的违约可能成为寻求针对受益人的禁令的依据，实务中便有通过基础合同中设定的"消极条件"（negative stipulation）来限制受益人兑用信用证的做法。消极条件是基础合同中的一个条款，该条款规定备用信用证何时可由受益人兑用。比如，在基础合同中规定"备用信用证下款项仅在受益人依基础合同有权向申请人主张等额款项时方可由前者兑用"，或"只有所担保的金额已到期或已成为到期因而申请人应向受益人付款时，受益人方可要求开证行履行其无条件支付义务"等。这样一旦受益人违反该消极条件的规定而在信用证下支款，申请人便可以受益人违约为由禁止其在信用证下支款。

"消极条件"例外主要在澳大利亚得以发展，究其原因，是澳大利亚法院在将狭窄的欺诈例外适用于备用信用证时所面临的困难。于是，它们试图发展出另一种例外，即通过"限制备用信用证受益人对基础合同中明示或默示的消极条件的违反"，来为当事人提供正义。法院限制受益人兑用信用证而不是限制银行付款的这一进路在《本杰明论货物销售》（Benjamin's sale of goods）中也有述及，其中（针对英国法）提到："因为以欺诈为由阻止银行付款的禁

令难以获得，近年来逐渐发展出了阻止受益人在信用证下支款的禁令。"〔1〕

　　当然这种做法也不是毫无争议的。持反对意见者认为，无论禁令针对的是受益人还是银行，都会间接损害备用信用证的自治原则。而"默示消极条件"能否适用更是争议的焦点。在 Group Josi Re v. Walbrook Insrance Co Ltd.〔2〕一案中，法官 Staughton 就谈道："无论是限制担保人——通常是银行——的付款，还是限制受益人的支款，对于贸易生命线的影响都是一样的。不过，在限制银行兑付保函和限制受益人兑用保函之间，仍存在着一项重大差异。就前者而言，动议方寻求的是阻止银行履行其合同义务；在后一情形下，动议方却意在阻止受益人违反基础合同的规定。不难看见，在基础合同对兑用保函予以明确限制的情况下，不妨对受益人——而非银行——加以限制。从理论上说，默示限制也同样有效。但现实问题是它的认定要困难得多。这不是因为一项针对在保函下支款的默示限制必须规定得清楚明白，而是因为一项默示要是削弱甚至抵触了使用保函之目的的话，这一默示就不能成立。"

　　众所周知，当事人之间的约定就是他们之间的法律。如果受益人不希望申请人利用基础合同中的"消极条件"，那么它一开始就应拒绝将该条款列入基础合同之中。依据合同的基本原理，可以说，在阻止受益人违反基础合同中的"消极条件"之时，"法院关心的只是申请人和受益人在基础合同项下的关系以及由该关系引发的纠纷，而无需关心相关银行所承担的独立义务"。通过援引基础合同中的"消极条件"，申请人也只是在寻求执行存在于基础合同当事人之间的条款。这一论据也得到了古德教授的支持，他说，在颁布针对银行的禁令时的考虑，不同于在颁布针对（受益人）的禁令时的考虑。因为银行不是基础交易的当事方，所以，只要不存在欺诈，银行的支付责任不因（受益人）违约而受影响。这种立场在针对（受益人）的程序中则有所不同，因为……在（受益人）的交单和/或支款构成对基础合同的违反时……，依据合同的一般原理，似乎没有理由说（申请人）不能获得禁令来阻止这种预期的违约。

　　可见，针对受益人的禁令依据的是基础交易，这完全不同于旨在针对银

---

〔1〕 Ramandeep Kaur Chhina, *Standby of Letters of Credit in International Trade*, Kluwer Law International, 2012, p. 144.

〔2〕 [1996] 1 WLR 1152.

行的禁令，在后一情形下申请人能够据以起诉银行的唯一公认的理由是欺诈规则。澳大利亚法院看来已经接受了古德教授的观点。故而，基于"消极条件"例外来颁发禁令以阻止受益人支款的做法已在澳大利亚广为接受。[1]

英国法院近年来也有以基础合同中的"明示消极条件"来限制受益人在备用信用证下支款的倾向。如在 2011 年的一起涉及履约保函[2]的 Simon Carves Ltd v. Ensus UK Ltd.[3]案件中，基础合同中的一项明示消极条件清楚地说明了受益人在何种情形下有权在保函项下支款。当申请人依赖该条款寻求针对受益人的禁令时，法院基于如下理由颁发了禁令："原则上说，如果基础合同——保函的开具系为其提供担保——清楚明确地限制作为合同一方的受益人在保函项下提起索赔，法院便能阻止该人在保函项下进行索赔。"

2003 年的另一起涉及商业信用证的英国判例 Sirius Insurance Co. v. FAI Central Insurance Ltd.[4]也持类似观点，法院认为："虽然明确的合同限制并非信用证下的条款，虽然银行对与信用证条款相符的请求本来既有义务也有权利予以兑付，但这并不是说，就受益人和申请人之间的关系而言，即使基础合同中的明示条件未获满足受益人也有权在信用证下支款。"

接下来的问题是，是否应当承认"默示消极条件"的存在及适用？本书认为，应将"消极条件"例外限于"明示消极条件"条款，而限制默示消极条件的适用。限制其适用的原因首先是为了减少对信用证制度的冲击。如前所述，无论是明示还是默示的"消极条件"，都意在基于基础合同来限制受益人在信用证下作出提示，而给予禁令将或多或少地对信用证作为国际贸易生命线的效用带来冲击。如果说当事人间明示的限制性约定尚能为禁止提示令提供较充分的法理依据，那么在当事人无明确约定的情况下作的所谓默示限制，将完全取决于法官的主观解释，而此时法官的解释只能是基于基础合同所作的目的解释，即认为备用信用证旨在担保基础合同的履行，如基础合同已被履行或违约情形并不存在，则在证下支款就没有必要。但这种宽泛的目

---

[1] See Ramandeep Kaur Chhina, *Standby of Letters of Credit in International Trade*, Kluwer Law Internatioal, 2013, p. 147.

[2] 英国的履约保函（perfomance bond）与美国的备用信用证相对应，两者在法律上和概念上并无不同。

[3] [2011] EWHC657 (TCC).

[4] [2003] All ER (comm) 865.

的解释与信用证制度的精神是相悖的。为维护信用证的独立性及排除基础合同对信用证交易的不当影响，现行惯例规则通常都明确了即使信用证中含有对基础合同的援引，信用证也与基础合同无关，且不受其约束。信用证与基础合同既然无关，法院也就不得通过对基础合同作目的解释等方式来影响信用证的运作。相对而言，现行惯例规则对当事人之间明示约定的效力普遍予以尊重和确认，包括允许通过信用证或保函文本来对惯例规则本身进行排除或修改。更何况，默示限制因其在解释上的不确定性也会给信用证制度带来较大的潜在冲击。

限制默示消极条件适用的另一个原因是通过默示限制来获得禁止提示令的意义不大。因为在法官能以默示解释来认定受益人无权在信用证下支款的情况下，基础交易违约的程度往往已经非常严重，以至于无论是要求受益人的支款"绝无事实依据"，还是要求受益人对自己的支款权"缺乏真心相信"，信用证下欺诈的认定条件都已基本满足。在针对开证人的禁令本身已有类似的救济功能时，再赋予申请人利用规定不明确的基础合同去取得针对受益人的禁令的权利，似乎没有太大的必要性。

2. 在支款后针对受益人的限制措施。申请人在难以获得法院对银行的止付禁令时，仍然可以申请法院采取措施限制受益人处置其已从银行处获得的款项，从而弥补止付禁令对申请人救济之不足。[1]

备用证公约第 20 条允许法院根据立即可得的有力证据，发出一项临时命令，使受益人得不到付款，包括命令担保人/开证人扣留承保款额，或发出一项临时命令，冻结已支付给受益人的承保款项。前一命令主要是在付款前针对银行发出的止付禁令，后一命令是在付款后针对受益人发出的冻结令。这一在银行付款之后针对受益人采取的临时措施也能实现禁止受益人取得承保款额的目的，而且不会干涉银行在承保下负有的独立性义务。[2]

冻结令针对的是特定财产即"已支付给受益人的承保款项"，"冻结"（block）的含义在于维持现状而对权利归属不作判断。因此，冻结令与大陆法系国家的保全措施命令（conservatory attachment order）的作用并不相同。

---

〔1〕　参见周辉斌：《银行保函与备用信用证法律实务》，中信出版社 2003 年版，第 334 页。

〔2〕　公约虽未明确规定在付款前针对受益人申请禁止提示令的做法，但从条款中的"包括"这一表述上看似乎并未排斥该种实践，因为从效果上来看，禁止受益人在承保下作出提示，和"命令担保人/开证人扣留承保款项"一样可"使受益人得不到付款"。

保全措施命令是指法院根据当事人的申请，就有关当事人的财产作出临时性的强制措施，以保证申请人的权益，保证将来作出的判决能够得到执行。[1]

在独立承保欺诈的情况下，法院对受益人在承保下的款项采取保全措施理论上似乎不能自洽。因为保全措施系针对受益人的财产作出且以受益人有权获得支付为前提，而欺诈诉讼则建立在受益人无权获得承保款项的假设之上——欺诈一旦被证实，受益人就无权要求付款，银行也就没有可供保全的受益人的金钱。事实上，保全措施命令更多不是用于欺诈情形，而是用于受益人在承保下的权利成立时，申请人提出反请求要求行使抵销权的情况。[2]所以，在独立承保欺诈的情形中，如果银行尚未付款，取得以阻止付款为目的的止付禁令或禁止提示令更为妥当；如果银行已作付款，取得对权属不作判断的冻结令更为妥当。

在英国法上还存在与冻结令类似的所谓马利华禁令（mareva injunction）。马利华禁令是法院禁止被告转移或处分他的财产到法院管辖地之外，以防止将来胜诉的原告找不到可供执行的债务人的财产而作出的裁定。该原则已被吸收到1981年的《英国最高法院法》第37（3）条中，该条规定，英国高等法院有权作出中间裁定，禁止当事人从法院管辖区内转移财产或处置财产，不论该当事人在法院管辖区内是否有住所、居所或人在管辖区内。[3]

马利华禁令在信用证下的作用是在银行付款给受益人后阻止受益人转移或处分财产，从而不同于为阻止受益人获得支付而发布的禁令。马利华禁令并不阻止银行付款，而是阻止受益人实际获得银行支付的款项。但是，马利华禁令针对的是受益人，属于对人（in personam）裁定，而保全措施命令是对物（in rem）裁定。[4]就其是对人裁定这一点而言，马利华禁令与备用证公约规定的针对财产的冻结令也有所不同。

新版和旧版的《美国统一商法典》均未授权申请人在信用证被兑付后寻求冻结已支付给受益人的款项的冻结令。因为该法典仅授权申请人寻求"禁

---

〔1〕 参见李玉泉主编：《国际民事诉讼与国际商事仲裁》，武汉大学出版社1994年版，第347页。

〔2〕 参见笪恺：《国际贸易中银行担保法律问题研究》，法律出版社2000年版，第196~197页。

〔3〕 参见沈达明、郑淑君编著：《英法银行业务法》，中信出版社1992年版，第109页。转引自王瑛：《信用证欺诈例外原则研究》，中央民族大学出版社2011年版，第205页。马利华禁令现已被称为"冻结令"（freezing order），本书沿用马利华禁令的名称主要为行文方便。

〔4〕 参见笪恺：《国际贸易中银行担保法律问题研究》，法律出版社2000年版，第199页。

止兑付"，而无论是在新版还是在旧版的意义上，"兑付"都随着开证人的付款而告结束。可见，美国法上仅允许申请人在银行付款之前，寻求针对银行的止付禁令或针对受益人的禁止提示令。

相对而言，我国香港地区法院开出的止付令的性质较为多元，临时止付令不但可以禁止银行付款，也可以禁止受益人来索赔，甚至还可以先由银行履约付款后再马上冻结这笔款项。

最后要讨论的问题是，法院禁令的效力是否可以以约定排除？虽然法院的止付仅可以防止欺诈性索赔的发生，但保函实务中，大部分止付令并非由于实质性欺诈，而是由于基础合同出现问题形成的纠纷，如此影响了保函的独立性。针对这类问题，R709 咨询者问：是否可以在保函中加列排除止付令的条款，规定"即使收到法院止付令，担保人也必须对相符索赔付款"？

由于 URDG 只是一个合约性国际规则而非法律，ICC 的态度是法律优先于国际规则。ICC 也通过众多案例表示，信用证的开证行或保函的担保人必须服从法院的止付令。换句话说，如果保函超越 URDG 的范畴加列排除止付令的条款，由于会与适用法律"欺诈例外"的强制性规定冲突，这种条款也不会产生效力。

ICC 在 R625 及 R709 的结论中表示：保函业务中，不顾法院的命令而寻求付款的条款既不常见，也与国际标准银行惯例不相符，应予制止，因为这会给担保人或反担保人带来不合理的负担。[1] 上述相关原理在信用证业务中也是同样适用的。

（五）我国禁令救济的三方程序构造：针对银行和受益人的侵权之诉

1. 从冻结令到止付令。1989 年《全国沿海地区涉外、涉港澳经济审判工作座谈会纪要》（以下简称《纪要》）中曾就信用证欺诈救济问题作出过如下规定：（1）明确了法院在审理纠纷时需要坚守的原则，不轻易干涉的原则。信用证交易和买卖合同是两个不同的法律关系，在一般情况下不要因为涉外买卖合同发生纠纷，轻易冻结中国银行所开信用证项下货款，否则，会影响中国银行的声誉。（2）对信用证欺诈的具体救济措施，是在一定条件下给予"冻结令"。有充分证据证明卖方是利用签订合同进行欺诈，且中国银行在合理的

---

〔1〕　参见阎之大：《URDG758 解读例证与保函实务》，中国文献出版社 2011 年版，第 409~410 页。

时间内尚未对外付款，在这种情况下，人民法院可以根据买方的请求，冻结信用证项下的货款。在远期信用证情况下，如中国银行已承兑了汇票，中国银行在信用证上的责任已变成了票据上的无条件付款责任，人民法院就不应加以冻结。可是，这以后很多法院仍不考虑信用证的特殊性而不断地冻结信用证项下的款项，而我们的银行在很多情况下都会请求法院解冻，否则它们的信誉就要受损害了。[1]

要说明的是，此处《纪要》中所谓的"冻结令"实际上指的是在银行"尚未对外付款"时针对银行的止付禁令，而并非指在信用证下款项已付给受益人之后，为避免其处分财产而采取的限制措施的那种通常意义上的冻结令（freezing order）。

而且，冻结属于财产保全，其效力是对物而言的，而止付信用证下款项需要借助行为保全。在法院基于信用证欺诈冻结与该信用证有关的账户后，受益人仍可能在国外起诉中国银行，理由是法院只冻结了你这个账户，你别的账户中还有钱，你为什么不付我？因为在信用证法律中，银行付的是自己的钱。国外法院用的是禁令，即我禁止你付款，禁止你为某种行为。一旦法院发出了禁令，银行就不能付了。[2]可见，行为保全的效果接近于对人裁定，而财产保全的效果接近于对物裁定。

令人欣慰的是，2013年1月1日实施的《民事诉讼法》第100条第1款开始引进行为保全措施，即"人民法院对于可能因当事人一方的行为或者其他原因，使判决难以执行或者造成当事人其他损害的案件，根据对方当事人的申请，可以裁定对其财产进行保全、责令其作出一定行为或者禁止其作出一定行为；当事人没有提出申请的，人民法院在必要时也可以裁定采取保全措施"，这一规定在此后的历次修正中被基本保留，从而为欺诈的止付提供了明确的诉讼法依据。据此，认定欺诈存在的法院可以对银行采取行为保全措施，要求银行止付信用证或保函项下款项，而不再是简单地"冻结"与信用证或保函有关的账户。

在《纪要》之后出台的《信用证司法解释》和《独立保函司法解释》

---

〔1〕 参见高祥："信用证法律的一些基本问题"，载高祥主编：《信用证法律专题研究》，中国政法大学出版社2015年版，第14页。

〔2〕 参见高祥："信用证法律的一些基本问题"，载高祥主编：《信用证法律专题研究》，中国政法大学出版社2015年版，第19页。

中，均已不再采用"冻结令"的表述。两个司法解释都规定，在欺诈情形下有关主体可以申请"中止支付"或"终止支付"信用证或独立保函项下的款项，顾名思义，这主要指的是针对银行提起的止付禁令。[1]无论是裁定"中止支付"还是判决"终止支付"，指向的都是银行在信用证或保函下的付款行为，目的均在使受益人从一开始就得不到付款，而不是冻结或限制已经支付给受益人的相关款项。可见，这种止付令的性质属于行为禁令，是以行为禁令的方式阻止银行在独立担保下履行付款义务。

3. 欺诈救济的三方程序构造。关于保函或信用证欺诈纠纷的性质，一种观点认为保函欺诈纠纷属于保函合同履行纠纷的具体形态，实质是在开立人不愿行使抗辩权的情况下由止付申请人代位行使开立人的权利。这一观点显然忽视了保函的独立性。根据新 UCC5 的立场，为维护信用证的独立性，代位权不能被用作攻击性武器，只有完全履行了自己在信用证交易中义务的人才能享有代位权。所以申请人要想将这种具有事后救济性质的代位权用作事先止付的手段是不恰当的。另一种观点是将保函欺诈纠纷作为侵权纠纷来看待，根据这种观点，虽然受益人在保函项下的提示系向开证人作出，申请人不是保函关系的当事人，但受益人在保函下的欺诈行为会侵害申请人在开立合同项下的权利，故构成侵害债权的情形，因而申请人有主张侵权救济的权利。这一立场也是目前中国法院所持的立场。[2]

最高人民法院两个司法解释都规定，信用证或保函申请人可在欺诈诉讼中起诉受益人。[3]可见，我国法律并未区分针对银行提起的止付禁令和针对受益人提起的禁止提示令，而是在程序构造中将申请人对银行的关系和对受益人的关系放在一个侵权之诉中合并审理。因此，司法实践中的欺诈案件通

---

〔1〕　司法解释规定的有关止付申请主体中还包括银行，银行的止付申请针对的对象主要是受益人，申请禁令是为了禁止后者在信用证或独立保函下作出提示。不过准确地说，此时银行并不是在申请"中止支付"，而是在申请"禁止提示"。因为作出支付的主体是银行，所以申请"中止支付"的对象理论上来说也只能是银行，但这样的话，就会出现银行以自己为被告来申请禁令的情况。可见，将银行作为止付申请主体的做法本身就存在逻辑上的混乱。

〔2〕　参见张勇健、沈红雨："《关于审理独立保函纠纷案件若干问题的规定》的理解和适用"，载《人民司法（应用）》2017 年第 1 期。

〔3〕　《信用证司法解释》第 14 条规定，人民法院在审理信用证欺诈案件过程中，必要时可以将信用证纠纷与基础交易纠纷一并审理。《独立保函司法解释》第 19 条规定，保函申请人在独立保函欺诈诉讼中仅起诉受益人的，独立保函的开立人、指示人可以作为第三人申请参加，或由人民法院通知其参加。

常涉及三个以上当事人，银行通常作为第三人参加诉讼。

两个司法解释均要求在中止支付的裁定书列明申请人、被申请人和第三人。此处银行作为第三人是有独立请求权的第三人还是无独立请求权的第三人呢？本书认为，作为无独立请求权的第三人更为妥当。虽然在独立担保项下银行是对受益人负有付款义务的主体，但在涉及欺诈的情形下，独立性原则已经在很大程度上被欺诈例外所替代，形式审查已让位于实质审查，法院对欺诈的审查依据的是受益人与申请人之间的基础关系，而不再是银行与受益人之间的信用证关系。而相对于基础交易的当事方而言，银行处于不偏不倚的中立地位，故在程序上将其作为无独立请求权的第三人为宜。据此，我国信用证欺诈案件中银行的诉讼地位非常多样，它既可能以止付申请人的身份作为原告，也可能作为被止付对象而处于被告[1]或无独立请求权第三人的地位。

此外，为了明确银行在信用证下对受益人责任的独立性，最高人民法院在 1997 年《关于人民法院能否对信用证开证保证金采取冻结和扣划措施问题的规定》中曾明确，人民法院在审理或执行案件时，依法可以对信用证开证保证金采取冻结措施，但不得扣划。

《独立保函司法解释》第 24 条重申了这一规定："对于按照特户管理并移交开立人占有的独立保函开立保证金，人民法院可以采取冻结措施，但不得扣划。保证金账户内的款项丧失开立保证金的功能时，人民法院可以依法采取扣划措施。开立人已履行对外支付义务的，根据该开立人的申请，人民法院应当解除对开立保证金相应部分的冻结措施。"

这就明确了开立保证金符合金钱特定化和转移占有两项特征，具有金钱质权的性质。基于保函的独立性，开立人是在用自己的钱来付款，故较申请人的无担保普通债权人而言，作为申请人之债权人的受益人对该笔保证金享有优先权。因此，在保证金特定化之后，即使申请人宣告破产，这笔保证金也不能作为破产财产。[2]

---

[1] 银行如因故意或重大过失对欺诈性提示作出了付款，它也可能和受益人一起作为共同被告。依据之一是我国《民法典》第 1168 条的规定，即二人以上共同实施侵权行为，造成他人损害的，应当承担连带责任。

[2] 美国的一些申请人宣告破产的案件中，有破产受托人（trustee in bankrupty）依据《破产法》第 11 章关于破产宣告后不得作优先转让（preferential transfers）的规定，要求法院禁止开证人向受益人付款。但是基于信用证的独立性原则，法院明确银行不是用申请人的钱，而是以自己的钱在支付受益人。

余　论

备用信用证的国际实践

世界范围内统一法律及其实践的努力很少取得成功，信用证却是这一现象的一个显著例外。[1]而 UCP、ISP、URDG 等规则的重要性在于，在没有信用证方面的成文法或判例法的国家，它们事实上就是法律。进而，在没有备用信用证和保函方面法律的国家，法院可能会求诸 UCP600 来解决信用证争端，即使在该规则未被并入引发争议的信用证文本之中时亦然。有学者就认为，UCP"尽管不是法律，但它已经拥有同法律一样的强制效力"。[2]

URDG758 在初稿中也曾包含具有如下意思的规定："即使保函没有在文本中明确体现 URDG 的适用，如果法官或仲裁人认为这些规则表达了相关争议事件的贸易惯例或商业习惯，而适用法律允许使用这些规则，本 URDG 同样适用于该保函。在这样的情况下，本 URDG 将被默认为该保函的一部分。"

起草组解释说，这样规定是为了澄清一种错误认识，即认为保函在没有明确声明适用 URDG 的情况下，URDG 不能被有关方、法官或仲裁人员引用，包括作为解释的辅助工具。起草组认为，即使保函或反担保函没有明确声明适用 URDG，法官或仲裁员仍然可能引用 URDG，这一点在法国、比利时、中国及 ICC 处理的保函案例中都会见到。尽管 URDG 最终删除了上述规定，正如起草组所说，与其他成体系的 ICC 规则（UCP 等）一样，这种"规则虽未被引用，仍可能被法官或仲裁机构用来处理相关纠纷"是实务中的常见现

---

[1] See Paul Todd, *Bills of Lading and Banker's Documentary Credits*, Lloyd's of London Press, 1998.

[2] Franck Chantayan, *Choice of Law Under Revised Article 5 of the Uniform Commercial Code § 5-116*, St. Johns Journal of Legal Commentary, 1999, p. 206. 而我国《信用证司法解释》第 2 条对 UCP 的自动适用效力也作了认可，当事人没有约定的，适用国际商会《跟单信用证统一惯例》或者其他相关国际惯例。

像。[1]

总部设于巴黎的国际商会（ICC）是制订惯例规则并使之在全球银行间流通的机构。[2]"惯例规则"（rules of practice）是对国际银行界在办理信用证业务或实务时采取的行动或程序汇集和记录而来的规则，易言之，UCP600 和 ISP98 实际上代表了国际银行界在开立或通知信用证时现行的或已有的做法。ICC 制订惯例规则是出于多方面的原因，其中包括建立一个全球统一的可靠的支付系统，以保障国际商事交易中所涉各方的权益。目前这些惯例规则获得了世界范围内的广泛认可。

UCP 和 ISP 是全球通用的商业支付体系的支柱，它们由商人和银行家创造出来、用以满足他们对可靠且易变现的支付承诺的需求。这一体系并非肇端于成文法或判例法，也就是说，它不是某个优良法律体系中的法学家们的创制，所以对这些规则的解释也不能脱离商业实践的背景。这就意味着，ISP98 始终只能在以下背景中进行解释，即提供一种可靠且易变现的工具，使受益人凭简单的索赔即可获得快捷支付，而无需超出索赔书的表面之外去审查其是否与备用信用证的条款相符。换句话说，银行不能在商事法律或其他任何法律中寻找托词去说服法院颁布禁止银行向受益人付款的命令。事实上，备用信用证的精髓就在于无论有无争议都保证付款。只有在欺诈确定无疑的情形下，法院才允许在备用信用证下的止付。[3]

ISP 是 ICC 采用的第二套重要规则。它特别针对国际备用信用证，但根据规定其使用并不局限于国际场合。ISP98 是"一套旨在弥补国际商会的 UCP 之不足的惯例规则，因为 UCP 侧重调整商业信用证，所以对备用信用证并不完全适用"。ISP 用以规制备用信用证，但它也足够宽泛，可被订入包括见索即付保函在内的任何独立承诺之中。[4]

---

[1] 参见阎之大：《URDG758 解读例证与保函实务》，中国文献出版社 2011 年版，第 21~22 页。

[2] 值得注意的是，ICC 只是一个为世界商业服务的国际民间经济组织，既不是国家立法机关，也不是有权推动条约制订的政府间国际组织。

[3] See Jacob, E. Sifri, *Standby Letters of Credit: A Comprehensiue Guide*, Palgrave Macmillan, 2008, p. 12.

[4] See Jacob, E. Sifri, *Standby Letters of Credit: A Comprehensiue Guide*, Palgrave Macmillan, 2008, p. 9.

第一节　国际商会《见索即付保函统一规则》

一、相关背景

1978 年，国际商会颁布了《合约保函统一规则》(Uniform Rules for Contract Guarantees)，作为国际商会 325 号出版物，即 URCG325。规则的目的是为国际贸易中的银行担保，包括其他非银行金融机构，如保险公司和担保公司制定一个为国际社会广泛接受的规则，平衡各方利益。

规则的主要内容：担保或保函中常用术语的定义；担保人对受益人的责任；在保函下索赔的最晚日期；支持索赔所需的单据文件；文件的到期日（the termination date of the instrument）；纠纷解决和仲裁程序等。但该规则采取严格的违约证明制度，要求受益人提出付款请求必须提供能说明风险已经发生的证据，即法院判决、仲裁裁决或委托人的同意以证明其索偿有理。所以，这种付款方式大大加强了委托人的地位，保护了委托人的利益，但没有充分反映担保受益人和作为担保人的银行的利益。因此，该规则一直没有得到广泛承认。

二、URDG458

（一）URDG458 的出台

由于 URCG325 并不适用于见索即付保函这样一种银行最常开出的文件类型，URCG325 公布后，银行界在失望之余，开始酝酿新的规则。1980 年，由国际商会银行技术和惯例委员会与国际商业惯例委员会组建联合工作组，开始研究备用信用证与独立担保问题，经研究，国际商会认识到否定独立担保制度也不能从根本上解决不公平索赔问题。1981 年 12 月，他们决定在 325 号规则的基础上起草一个分开的独立担保法典。起草工作的进度缓慢，代表各方利益的代表间争论激烈。当时曾有人提议也将备用信用证纳入该规则的调整范围，但由于遭到美国银行界的反对而未采纳。1983 年第一稿草案出台，该草案首先肯定了独立担保的独立性、担保银行付款义务的独立性，并针对出口商和保险公司最担心也是独立担保最大的一个问题——受益人不公平索赔的问题作出了规定。在总结国际上的防范经验的基础上，草案在不损害担保独立性的基础上，允许债务人和担保函对索赔施加一些限制条件，以减少受益人恶意索赔的风险。草案出台后，国际商会将草案送给所有国家商会征求意见。1986 年，第二稿草案出台。最后，新规则由这两个委员会分别于1991 年 10 月和 11 月开会通过，同年 12 年由国际商会执行委员会批准，并以国际商会第 458 号出版物于 1992 年 4 月出版发行，此即《见索即付保函统一规则》（Uniform Rules for Demand Guarantees，URDG458）。

在国际商会的支持下，URDG458 得到日益广泛的应用，这使得 URDG458 作出了下述重要的贡献，即不论各自法律、经济或社会体制如何，在见索即付保函开立人和使用者之间确立了游戏领域的平等地位。

（二）URDG458 的特点

URDG 是一套适用于见索即付保函与反担保函的合约性规则，仅当见索即付保函与反担保函的当事人选择 URDG 时方适用。当事人可自行决定是否在他们的协议中援引 URDG。例如，如果在基础关系项下申请人和受益人约定保函将适用 URDG，但在之后的保函中没有提及 URDG，则 URDG 不适用于该保函。这就是说，担保人（或反担保人）如果主动在其承诺中援引 URDG，而未得到有效的指示（不论该指示是保函开立前发生还是在开立后通过修改发出），则会面临被剥夺向对其发送指示的一方的偿付请求权的风险。URDG 也是专用于见索即付保函和反担保函唯一的合约性规则，没有其他国际商会规则或政府组织的规则是专用于见索即付保函和反担保函的，包括 UCP、ISP98、URCG 等。备用证公约适用于见索即付保函和反担保函，但它不作为合约性规则供某一特定保函或反担保函的当事人来选择。[1]

与 URCG325 相比，URDG458 更容易让人接受。较 325 号规则，它具有以下特点：[2]

1. 该规则对其适用的保函的法律性质给予明确界定。它明确了所指的保函是独立的担保，保函具有不可撤销性，除非另有约定。这就避免了由于 325 号规则对保函性质进行回避，而产生含糊不清的弊端。

---

[1]　参见 Georges Affaki、Roy Goode：《国际商会见索即付保函统一规则 URDG758 指南》，国际商会中国国家委员会组织译，中国民主法制出版社 2012 年版，第 19 页。

[2]　参见贺绍奇：《国际金融担保法律理论与实务》，人民法院出版社 2001 年版，第 109 页。

2. 对于选择独立保函中哪一种保函以及保函索赔付款的条件，规则的立场是灵活的，没有作硬性的规定。按其规定，银行提供凭要求即付的担保，但在付款条件中也可以要求受益人提出索赔时附上特定的文件或声明。

3. 它充分照顾到银行利益的同时，也最大限度地平衡了各方的利益，尽量使他们承担的风险与其权利义务平衡。对于受益人：（1）它不要求必须有仲裁裁决或法院判决为其索赔条件；（2）对索赔付款条件作了非常原则性的规定，留给当事人自己协商；（3）它明确了担保人什么时候应当付款；（4）使出口商有机会解决它与受益人之间的纠纷；（5）确保索赔的请求、文件和声明在担保人付款后转交给申请人；（6）明确了延期付款时银行的责任；（7）明确了通知行在转达申请人的指示给担保人和反担保受益人的角色；（8）明确了反担保函与基础合同的独立性和担保函的独立性；（9）担保是不可转让的，虽然担保函下的受益权可以转让；（10）明确了一旦保函项下付款已经兑现，保函即告失效。

三、URDG758

URDG458 是国际商会将独立保函实务规则化的首次尝试。历经多年的实践后，其条款的适用清楚地表明：在调整、澄清、范围的扩展或修正适用标准方面，修订 URDG458 已成为必须。全世界范围内 URDG 使用者向国际商会保函工作组报告的意见对启动 URDG458 修订提供了必不可少的素材。本次修订始于 2007 年，在国际商会银行委员会和国际商会商业法律与惯例委员会（CLP）的共同领导下展开工作。

URDG758 是对 URDG458 的承继。修订后的 URDG758 于 2010 年 7 月 1 日开始实施，但 URDG458 并不同时废止，目前新旧两套规则同时适用。至于说明受 URDG 约束的保函究竟适用哪个版本的规则，URDG758 提供的方案：以2010 年 7 月 1 日这一时点为分界，在此之前开立的保函当然适用旧规则，在此日或之后开立的保函推定适用新规则。而且，如果 2017 年 7 月 1 日之后出具的保函上仅说明受 URDG 约束而未注明出版物编号，此时也自动适用URDG758。不过，如果保函上注明"适用 URDG458"或"适用 1992 版本"的情况下，则旧规则仍然适用。

URDG 也适用于备用信用证。正如人们所知，从法律上来说，备用信用证等同于见索即付保函，两者服务于同样的目的，以同样的方式运作。URDG758 对"见索即付保函或保函"所下的定义是"无论如何命名或描述，指凭提交相符索赔即付款的任何经过签字的承诺"，可见文件被冠以备用信用证之名并不影响 URDG 对其的适用。URDG458 也对保函下了与 URDG758 类似的定义，尽管 URDG458 正文并未提及备用信用证，而只是在引言中略作描述，但从技术上讲，备用信用证同样属于 URDG 条款所管辖的付款承诺。另外，由于备用信用证的用途更广，且处理备用信用证的银行实务更接近于跟单信用证惯例而不是见索即付保函惯例，所以，引言中希望备用信用证继续沿用对其更适用、规定更详细的 UCP 或 ISP98 规则。[1]Affaki 和 Goode 也认为，从技术上讲，备用信用证属于 URDG 的范畴，但备用信用证的开立者可能发现选择 UCP 或 ISP98 更为方便，因为备用信用证使用的机制与跟单信用证中使用的相似，包括通过承兑或议付汇票进行保兑和付款。[2]

URDG758 共 35 条，其最大特色是注重受益人和申请人之间利益的平衡，更准确地说，URDG758 在继续保障受益人索赔的确定性与快捷性同时，也加大了对申请人利益的保护。这主要体现在以下几个方面：将违约声明作为默示应当提交的单据；不仅允许分散交单的实践，还允许受益人和申请人双向交单；无论索赔是否相符，均要求担保人通知索赔或展期请求；在索赔相符时，要求担保人传递相符索赔副本等。

第二节　国际商会《跟单信用证统一惯例》

一、制定背景

UCP（Uniform Customs and Practices for Documentary Credits）是由商人在长期的贸易支付实践中发展起来的，而由国际商会加以成文化的一项国际惯例，它现在已经成为全世界信用证所遵循的基本规则。[3]但它只具有任意法

---

〔1〕　参见徐进亮主编：《国际备用信用证与保函》，对外经济贸易大学出版社 2004 年版，第 308 页。

〔2〕　参见 Georges Affaki、Roy Goode：《国际商会见索即付保函统一规则 URDG758 指南》，国际商会中国国家委员会组织译，中国民主法制出版社 2012 年版，第 33 页。

〔3〕　王江雨译：《美国统一商法典〈信用证篇〉》，中国法制出版社 1998 年版，第 13 页。

的效力，即在当事人同意适用时，才对当事人有约束力。这可以从其产生、发展的历史中得到说明。

制定和修改 UCP 的机构国际商会（ICC）是一个民间团体，制定 UCP 的目的只是统一信用证交易中的习惯做法，通过有关当事人的采纳来减少因业务处理上的不一致带来的不确定性和纠纷。由此可以看出，这同立法是完全不同的，UCP 不具有可强制执行的效力。正因为如此，UCP 也明确规定，只有明确表示信用证依该惯例开出，有关当事人才受其约束。按照施米托夫教授的观点，UCP 是一种合同性的贸易惯例，它的规定只有被当事人纳入他们的合同之中时，即写明信用证根据 UCP 开出的情况下，才能适用；而把 UCP 当作一种规范性的贸易惯例，即认为即便开证行在信用证中未指明适用它，该统一惯例也必须予以适用的这样一种观点，尚未有令人信服的权威性意见的支持。但规范性贸易惯例是 UCP 发展的一个"有希望的迹象"。[1]

在英国的 Forestal Mimosa Ltd. V. Oriental Credit Ltd.[2]一案中，尽管信用证中写明它"在别无明确规定的情况下"依 UCP 办理，但有观点认为由于信用证中的某些明文规定与 UCP 不一致，所以 UCP 不应该适用。上诉法院判决认为，在未对 UCP 之全部或部分明确排除适用的情况下，正确的方法是将信用证条款与 UCP 放在一起解读，而不是将合同默示地理解为排除全部或部分 UCP 之适用。进而，法院应根据 UCP 的条文来解读信用证的相关规定。因此，在规定跟单信用证依 UCP 办理的情况下，信用证的申请人和受益人应该明确排除 UCP 中他们认为与买卖合同不相符或者不能接受的特定条款。UCP600 第 1 条"除非信用证明确修改或排除，本惯例各条文对信用证所有当事人均具约束力"的规定也反映了上述立场。毫无疑问，UCP 体现了信用证交易中普遍接受的一般原则，在没有特别法律规定可以适用的情况下，即使信用证未注明依 UCP 开立，至少也可以适用其中所确立的一般原则来解释有关当事人之间的法律关系。

值得一提的是，尽管 UCP、ISP98 和 URDG 等惯例规则均属合约性规则，这些规则也都强调担保文本的优先性，并允许当事人通过担保文本对规则作

---

〔1〕　参见［英］施米托夫：《国际贸易法文选》，赵秀文选译，中国大百科全书出版社 1993 年版，第 579 页。

〔2〕　［1986］1 Lloyd' Rep 329.

出修改，但不同规则对修改方式的具体要求不尽相同。与对 UCP600 的修改或排除要求信用证文本有"明确"（expressly）规定不同，ISP98 和 URDG758 均未要求修改或排除必须是"明确"的，这可能也多少反映了 UCP 在信用证领域的影响力更深更广的现状。

ISP98 第 1.11（d）（ⅳ）条确认"本规则所有条款的效力都可以被备用证文本所改变，其中一些规则的变动可能会否认备用证在适用法律下作为一项独立承诺的资格"。ISP98 虽然持"本规则所有条款的效力都可以改变"的立场，但"某些变动可能会否认备用证在适用法律下作为一项独立承诺的资格"的表述也意在提醒有关方，修改和排除应当慎重，特别是对备用证的独立性的改变或使当事方的权利义务严重失衡的改变，是不提倡也不可行的。

URDG758 未要求以"明确"方式修改或排除的原因似乎主要是技术上的。据 URDG758 起草组在评述中的解释，删除"明确"一词是因为该词的存在可能会让人觉得只有明确声明"排除×条×款"才能起到排除相关条款适用的效果，从而误以为保函在排除 URDG 的规定时，如果没有同时援引被排除或修改的 URDG 条款，该排除就属于无效。据此，如果保函规定"禁止部分索赔"，就可被认为是对 URDG 第 17 条（a）款"允许部分索赔"规定的明确排除，无需再在保函中另行声明"排除第 17 条（a）款"。[1]

另需说明的是，以 SWIFT 方式开立的、未标明依据 UCP 的信用证仍然要适用 UCP 的规定，这并非出于 UCP 自身规定的原因，ICC 银行委员会的一项意见对此也有说明：SWIFT 手册明确规定，通过 SWIFT 开立的信用证即自动受在开立之日有效的 UCP 约束。虽然此种实践看起来与 UCP 第 1 条"适用范围"的规定不一致，但此类信用证受在开立之日有效的 UCP 约束的实践早已被广泛接受，并成为一种公认做法。在原始 SWIFT 信用证中未标明是否受 UCP 约束并不意味着该证不受其约束，通知行应依照国际商会 R101 的意见办理，该意见称："委员会认为通知行在通知以 SWIFT 开立的信用证时，应确保已依据 SWIFT 规则，在发给受益人的信用证通知中明确表明所通知的信用证适用 UCP。"[2]

UCP 最初由国际商会于 1933 年发布，即国际商会第 82 号出版物，迄今

---

〔1〕 参见阎之大：《URDG758 解读例证与保函实务》，中国文献出版社 2011 年版，第 21 页。

〔2〕 参见房沫：《信用证法律适用问题研究》，中国民主法制出版社 2012 年版，第 108 页。

已有 1951 年、1964 年、1974 年、1983 年、1993 年和 2007 年的历次修订，最新的 2007 年的修订版本被称为 UCP600。各国银行采纳 UCP 的方式有两种，一是"整体执行"（collective adherence），二是"单独执行"（individual adherence）。所谓整体执行，是指一个国家所有的银行，以银行协会的名义，决定共同执行 UCP；单独执行是指单个银行决定它将执行 UCP，并向国际商会报告。但是鉴于 UCP 具有任意法的性质，这种执行的决定向国际商会的报告并无特别的意义，报告并不表明决定执行的银行在所开立的信用证中，即使未注明依 UCP 开立也当然地适用该惯例，这里不存在强制适用的问题。

二、主要内容

由于 UCP 的制定立足于商业信用证，而备用信用证仅仅是在 1983 年修订时才列入，且其开立的目的与商业信用证相反，是违约时才使用的，所以，UCP 的条款不可能完全适用于备用信用证。事实上，UCP 中的大部分条款对备用信用证并不适用。此处主要以 UCP600 为依据，探讨其中与备用信用证有关的条款。

1. 信用证的定义。信用证（在其可适用的范围内，包括备用信用证）是指一项不可撤销的安排，无论其银行或描述如何，该项安排构成开证行对相符交单予以承付的确定承诺。

2. 信用证的分类——可撤销信用证与不可撤销信用证。在信用证的各种分类中，这是最重要的分类。与此前的 UCP 版本不同，"600"号不要求信用证本身注明是否可以撤销，而是直接将信用证定义为"一项不可撤销的安排"，从而强化了信用证的可靠性。

3. 信用证的自治性与跟单性。根据 UCP600 第 4 条，信用证是独立于基础合同之外的"自足文件"（self-sufficient instrument），即使信用证中含有对此类合同的任何援引，银行也与该合同无关，且不受其约束。另外，受益人在任何情况下，均不得利用银行之间或申请人与开证行之间的合同关系。银行在信用证业务中处理的只是单据。

4. 银行的责任与义务。（1）银行的审单标准。银行必须基于单据本身确定其是否在表面构成相符交单。对信用证未规定的单据银行不负任何审单的责任。对信用证中的非单据性条款，银行可以不予理会。（2）不符点的通知。

银行如果认为单据与信用证条款不符，决定拒绝接受单据时，必须自交单次日起的 5 个银行日内向交单人发出一份单独的拒付通知。银行在通知中须将赖以拒付的每一个不符点一次提出。这一"失权"规则的确立，使议付人和受益人的利益得到了保障。（3）银行的免责。银行的免责包括以下几个方面：对单据有效性的免责；对信息传递和翻译的免责；对不可抗力的免责；对被指示方行为的免责。

5. 信用证的转让与款项让渡。只有开证行在信用证中特别注明"可转让"字样，受益人才可以转让信用证。可转让信用证只可以垂直转让（vertical transfer）一次，即由第一受益人转让给第二受益人。但只要信用证允许部分支款或部分装运，第一受益人可以一次将信用证转让给一个或数个第二受益人，即信用证可以水平转让（horizontal transfer）给多人。可转让信用证只能转证一次是为了保护开证申请人的利益。因为，开证申请人和第一受益人打交道后订立基础合同，开证申请人只信赖第一受益人，它与第二受益人没有关系，它不希望它不了解的人有转证的权利，以防范第二受益人滥用转让权利而损害其利益。

即便信用证未注明可转让，也不影响受益人在适用法律许可的条件下，将信用证项下的应得款项让渡给其他人。因为，信用证的转让与信用证下款项的让渡是互相独立的两种事。前者发生在交单之前，是权利和义务的一并转移；后者产生于交单之后，是一种单纯的权利转让。为了强调两者的不同，UCP600 第 39 条规定该条只涉及款项的让渡，而不涉及在信用证项下进行履行行为的权利让渡。

实务当中，UCP600 适用于备用信用证的条款较少，UCP600 的第 1 条表明其在可适用的范围内适用于备用信用证，这就对备用信用证的适用范围作出了限制。UCP 本来是针对传统的跟单信用证即商业信用证的各种做法来制定的，备用信用证在做法上与一般的跟单信用证存在差别，所以其中有些条文对于备用信用证往往用不上，能用得上的就适用，用不上的就不适用。有些机构曾要求国际商会明确究竟哪些条文适用，哪些条文不适用，国际商会以 489 号文件答复说：国际商会无法具体指明哪些条文适用，哪些不适用，因为适用与不适用完全由一笔具体的备用信用证业务来决定，他们不可能知道每一个备用信用证的具体条款，所以无法具体明确哪些条文适用，哪些条文不适用。

事实上，大部分 UCP 的条款对备用信用证是不适用的，除非备用信用证的开具是为了支持涉及运输的买卖合同项下的付款义务，即便如此，对仅凭附随受益人违约声明的索赔付款的备用信用证而言，其适用余地也仍然有限。但由于银行内部一般把备用信用证交给处理传统商业信用证的部门来处理，所以，他们习惯于借助 UCP 来调整备用信用证。而且，UCP 在一些特殊的操作与程序方面也是有用的，比如说，备用信用证的保兑、银行为自己开出备用信用证、向开证行以外的第三方提交单据等，而这些做法在保函业务中很少碰到。[1]

此外，UCP 和备用信用证之间还存在如下不匹配之处。一方面，UCP 中有很多关于提交合格运输单据的条款，也有针对分期支款的要求，这些就普通的备用信用证交易而言都是没有意义的。另一方面，UCP 未涉及欺诈和法律选择等方面的问题，而这些问题对于备用信用证交易而言却是至关重要的。[2]

三、ISBP 等国际银行标准惯例

国际商会银行委员会于 2000 年 5 月开始组织编写《关于审核跟单信用证项下单据的国际标准银行实务》，并在意大利罗马召开的 2002 秋季年会上获得通过。该文件对于各国从业人员正确理解和运用 UCP500，统一和规范信用证单据的审核实务，从而减少不必要的争议无疑具有重要的意义。ISBP 之于 UCP500，就像血肉之于骨骼，二者是一个不可分割的整体。需要特别注意的是，ISBP 的大部分内容是 UCP500 没有直接规定的，因此，ISBP 是对 UCP500 的补充，但并非对 UCP500 的修订。而 UCP600 版本中的许多条款也都出自 ISBP。2002 年的 ISBP 是国际商会通过的首个《国际标准银行实务》（第 645 号出版物），该文件于 2007 年更新（第 681 号出版物）。国际商会 2013 对 ISBP 进行修订后推出第 745 号出版物（ISBP745），以期与 2007 年 7 月 1 日后开始执行的 UCP600 配套使用。但 ISBP745 并非修改 UCP600，只是

---

[1] See Roeland F. Bertrams, *Bank Guarantees in International Trade*, Kluwer Law International, 2004, p. 26.

[2] See Ralph H. Folsom, Micheal W. Gordan, John A. Spanogle, *International Business Transactions*, Law Press China：《国际商事交易》，法律出版社 2005 年版，p. 156.

解释跟单信用证从业人员如何运用 UCP600 中所列明的实务，故该文件与 UCP600 应作为整体而非孤立地去解读。为强调这一点，ISBP745 预先考虑事项的第 i 段提到"本出版物应连同 UCP600 解读，而非孤立理解"。[1]

应当指出的是，广义的国际标准银行实务，并不局限于 ICC 的出版物 ISBP，它涵盖面更广，并会随着实务的发展而不断发展。所谓国际标准银行实务，是实务，而非理论；是银行实务，而非申请人实务或受益人实务；是标准银行实务，而非个别银行的特殊实务；是国际标准银行实务，而非一国、一个地区的标准银行实务。ICC511 指出："挑剔的、不诚实的或不严谨的银行惯例总是不能持久的，而且不利于建立良好的国际标准银行实务。国际标准银行实务体现了诚实和易于把握的原则。"[2]

ISP98 第 1.11 条（a）款规定本规则参照适用的备用证惯例（applicable standby practise）作出解释。这样，在 ISP98 的条文存在两种解释的情况下，如果一种反映标准银行实务，另一种不反映标准银行实务，那么基于银行实务的解释应予适用。[3]ISP98 第 2.01 条中"由标准备用证惯例补充"（supplemented by standard standby practise）的措辞则表明，在某条备用证规则不清楚、不完整或已过时的情况下，它就应当根据标准备用证惯例来解释或补充。[4]

第三节　联合国《独立保函与备用信用证公约》

一、制定背景

在国际贸易中，提供银行独立担保的形式有两种，欧洲普遍流行的是银行见索即付的银行保函，而美国因银行监管的限制，禁止从事担保业务，而普遍采用备用信用证形式。这两种担保形式在不同的国家和地区流行。把这

---

〔1〕　参见于强编著：《UCP600 与信用证操作实务大全》，经济日报出版社 2007 年版，第 89~90 页。

〔2〕　林建煌：《品读 UCP600：跟单信用证统一惯例》，厦门大学出版社 2008 年版，第 50 页。

〔3〕　See Jacob, E. Sifri, *Standby Letters of Credit: A Comprehensiue Guide*, Palgrave Macmillan, 2008, pp. 23-24.

〔4〕　See Jacob E. Sifri, *Standby Letters of Credit: A Comprehensiue Guide*, Palgrave Macmillan, 2008, pp. 26-27.

两种担保制度统一起来的主要动机有两个[1]：一是想在全世界范围内建立一个普遍接受独立担保统一规则；二是想把独立担保制度与被国际社会普遍接受的信用证惯例联系起来，消除那些对独立担保制度不甚了解的人存有的顾虑和怀疑。URCG、URDG 等国际担保统一规则都是以欧洲惯例为核心的，起草时没有美国的参与。因此，这些规则的公布只能说在这一问题上，欧洲的统一惯例形成了，但它没有涵盖其他与独立担保类似的国际通行做法，即美国的备用信用证，从而也就把美国与其他偏好备用信用证作为合同担保的国家排除在统一规则之外了。在国际商会完成了《见索即付担保统一规则》后，联合国认为应在世界范围内推广统一规则，把欧洲的独立担保惯例与美国的备用信用证统一起来建立世界范围内国际独立担保统一规则的时机已经成熟。因为（1）见索即付的独立担保与备用信用证之间在操作程序、实体规则及法理上已基本趋同，无甚差异。早在 70 年代，欧洲法院，尤其是英国法院在有关见索即付担保的诉讼中，对独立担保的自治性和独立性的阐述都是以国际广泛接受的信用证惯例所包含的法理来进行比照说明的。而且在 URDG 的起草中，起草人有意将规则向 UCP 靠拢。而长期以来，美国的备用信用证本身就被看作是跟单信用证的一种，其在国际上也都是适用 UCP 的。（2）UCP400、UCP500 及 UCP600 号出版物，都把备用信用证直接纳入国际跟单信用证中，适用统一惯例规则。与此同时，美国也对《美国统一商法典》第五篇项下的信用证根据 UCP500 号文本的规定进行修订，使其与国际惯例保持一致。这两个前景就为联合国制定将见索即付保函与信用证合并，制定国际统一规则创造了条件。

　　考虑到这是个具有相当实际重要性的领域，且独立保函和备用信用证这两种担保方式具有共同的特点，联合国国际贸易法委员会认为有必要将两者统一起来，通过一项有关独立保函和备用信用证的公约，以帮助克服各种不同的法律制度在这方面普遍存在的不明确和不一致的情况，从而便利这两种文书在国际贸易中的广泛使用。[2]1990 年，联合国贸法会成立了由欧洲和美国专家组成的专门工作小组——国际合同惯例工作小组，负责起草工作。在

---

〔1〕 参见贺绍奇：《国际金融担保法律理论与实务》，人民法院出版社 2001 年版，第 110 页。

〔2〕 参见徐进亮主编：《国际备用信用证与保函》，对外经济贸易大学出版社 2004 年版，第 330～331 页。

起草过程中，美国代表坚决反对双轨制的多边协定，即协定由两种担保制度所共同适用的规则和分别适用的规则组成。最后，采取了单一的立法模式，即只有一套规则，两种制度都适用。实际上是将两种制度完全合并，在具体操作中，当事人偏好哪一种，由他们自己决定形式的选择。经过5年的努力，《独立保函和备用信用证公约》（United Nations Convention on Independent Guarantees and Standby Letters of Credit，以下简称公约）的草案于1995年12月11日最终完成。1996年1月联合国大会通过了50/48号决议，公布该公约供各成员国签字，并于2001年1月1日正式生效。

参与起草工作的贸法会美国代表认为，该公约的显著特点有：（1）该公约只适用于担保人单方出具的以备用信用证或保函形式提供的国际独立性担保，包括反担保，不适用从属性担保、保险或双务合同。（2）该公约对"独立"的定义推动了国际对担保非跟单性（付款请求没有提示限制性单据的要求）的理解。（3）明确了担保生效的条件，即保函或备用信用证一旦开出并脱离开出行的控制就立即生效。（4）对付款请求和收益转让的规定建立在银行长期确立的惯例基础上。（5）有关终止的日期的规定明确具体，消除了不确定性。（6）把对请求付款的审查完全建立在已普遍接受的跟单信用证付款审查惯例基础上。（7）统一了以欺诈和滥用对不当索赔进行拒付抗辩的条件。（8）规定了担保关系在法律冲突的情况下，即使不能适用此公约，应适用的准据法。此外，为了强调公约是对独立保函和备用信用证均可适用的一套共同的总规则，将二者均纳入其调整范围，同时克服术语上存在的差异，该公约使用了"承保"（undertaking）这个中性词语来泛指这两种担保方式。[1]

1997年美国总统比尔·克林顿签署了该公约，以期对通常由美国银行开出的备用信用证和通常由非美国银行开出的独立保函实现功能上的统一。如果公约经美国批准，其对所有在美国开立的备用信用证和独立保函将自动生效，因为它已成为美国的法律。与之相反，ICC的惯例规则只有通过在手头的文本中将之订入才能得以适用。

如果信用证当事人选择适用公约规定，则这些规定将由通行的UCP600、URDG、ISP98等惯例规则加以补充。公约就其与如美国的UCC5等当地法律

---

〔1〕 参见徐进亮主编：《国际备用信用证与保函》，对外经济贸易大学出版社2004年版，第331页。

的潜在冲突问题未作规定，这一立场受到批评。当然有人会说，在法律与任何其他规则相冲突时前者的恒定优先是不言而喻的，但立场鲜明也总会带来更明确的含义和更明智的决策。[1]

二、公约的主要内容

1. 适用范围。公约适用于国际性的备用信用证与独立保函，而国际性体现在信用证交易的开证人、受益人、申请人、保兑人或指示人中的任何两方的营业地处于不同的国家。而且，根据公约第1条第2款的规定，公约不仅管辖国际备用信用证，在明确表明适用公约的情况下，公约还管辖国际商业信用证。

2. 对担保法律性质的规定。它对独立担保法律性质的规定：（1）独立性。公约第3条专门给独立性下了明确的定义："就本公约而言，保证是独立的。保证人向受益人所负之义务：（a）并不依赖于任何基础交易的有效性或存在亦不依赖于任何其他保证，包括备用信用证或独立保函以及与此相关的确认书或反保函；或者（b）并不受本保证中未列之条件的拘束；亦不受任何未来、不确定行为或事件的拘束；但是在保证人经营范围内提出此类文件作出此类文件或发生此类事件者，不在此限。"（2）不可撤销性。公约第7条第4款规定，独立担保是不可撤销的，除非有明示的相反约定。

3. 规定了公约解释的原则。对公约的解释应考虑到其国际性以及促进其适用的统一和促进在独立保函和备用信用证的国际实践中遵守诚信的必要性。

4. 担保变更。公约对担保变更的规定有以下几个方面：（1）担保不能变更。除非保函或备用信用证另有规定；（2）对担保的变更只有在受益人、债务人和担保人三方达成协议并在新的保函或备用信用证开出后才生效；（3）担保人对没有事先经过受益人同意的担保的变更无效。（4）对担保的变更对申请人（包括通知行、保兑行）的权利和义务不产生效力，除非取得他们的同意。

5. 受益人请求权和收益权的转让。受益人的请求权只有在保函允许转让的情况下，才能转让。如担保书本身就是以可转让形式作出的，实际转让前仍需取得担保人的同意。

---

[1] See Jacob, E. Sifri, *Standby Letters of Credit：A Comprehensiue Guide*, Palgrave Macmillan, 2008, p. 5.

除非另有约定，受益人可以转让其在保函项下的收益权；在接到收益权转让通知以后，担保人对受让人的付款与向受益人本人的付款具有同等法律效力。

6. 担保责任的解除。在下列情况下，担保人担保责任解除：（1）担保人接到受益人解除其担保责任的声明；（2）担保人与受益人一致同意终止担保；（3）担保人已清偿了其担保项下的付款；（4）按担保书的约定，受益人退还了担保书。公约规定的担保书退还是担保责任终止的要件之一，但在担保责任已履行的情况下，担保书没有退还，受益人也不能对留置的担保书享有任何权益。（5）担保期限届满。这有三种情况：一是担保书规定有效日期已到；二是担保书规定的确定终止日期的行为或事件已经发生；三是如果没有上述明确规定的终止日期，则在担保出具 6 年后到期。

7. 担保关系中的权利义务的确定。担保人和受益人的权利义务均由担保书规定确定，包括其提到的国际惯例和规则。在对担保书的条款解释时，在这些国际惯例和规则没有明确规定的情况下，应按照普遍接受的国际惯例和统一规则进行解释。

8. 担保人付款责任。公约要求担保人在履行付款义务时应遵循国际广泛解释独立担保和备用信用证的善意和谨慎的原则，正确处理受益人的索赔。否则，就应对申请人或受益人负赔偿责任。它要求担保人在接到受益人付款请求时对其提交的请求及所附相关文件表面是否符合约定要求进行审查，决定是否付款。如决定拒付，应通知受益人，通知应说明拒付的理由。

9. 抵销权。除非另有约定，担保人有权将其享有的对受益人的债权对受益人在担保项下的索赔进行抵销，但为了维护保函的独立性，公约又规定担保人从申请人或指示方那里受让而来的债权不得用于抵销。

10. 对不当索赔的救济的规定。针对独立担保中，申请人面临的受益人不当索赔的巨大风险，公约规定了以下防范措施和救济手段：（1）对付款请求的审查期限。担保人在接到受益人的付款请求时，享有 7 天审查期。在这期间，申请人可以对受益人的请求进行评估，并作出反应。在另有约定的情况下，付款的时间在审查期限基础上还可以延长。（2）对担保人付款责任的规定。（3）明确了担保人享有的欺诈抗辩。它规定在下列情况下，担保人可以对受益人的付款请求予以拒绝：①单据是伪造的或不真实的；②根据索赔及其附随单据判断不应付款；③从担保的种类和目的来看，付款请求缺乏可信赖的基础。包括有确凿证据证明担保的事由和/或风险根本就没有发生；基础合同已被法院或仲裁机构宣布无效，除非该风险在担保的范围内；申请人已无疑义地履行了基础合同义务；有证据清楚表明基础合同义务的不能履行完全是因为受益人的故意行为所致；在反担保的情况下，反担保的受益人对担保受益人的付款是恶意的。在上述情形之下，申请人可以寻求司法救济措施阻止付款。(4) 法院在接到受益人的诉请时，若其提供的证据确实，可以采取下列措施：第一，发布阻止受益人得到付款的命令，包括要求担保人止付；第二，在考虑到款项付出难以收回，申请人会蒙受巨大损失的情况下，发出旨在阻止受益人取得担保款项的命令。

11. 法律选择。公约允许当事人选择适用的法律，在当事人未作出法律选择的情况下，公约规定将开证人营业地法作为默认的适用规则。

三、公约的重要意义

(一) 对国际银行担保法统一化的促进作用

独立担保或备用信用证作为在国际商业实践中发展起来并在国际商事合同中支持履约的一种信用工具，它的概念和原则，特别是它独立于基础交易合同的原则已被人们普遍接受，这些概念和原则被认为是一部国际统一商法、商事法或商人法的主要内容。公约正是这些被普遍接受的概念和原则的集中反映和体现。虽然公约还未被普遍接受，但它对国际银行担保法的国际化和法典化，发挥了极大的推动作用。尽管到目前为止批准该公约的国家为数不多，[1]但公约毕竟是朝国际信用担保法的国际化迈出了关键的一步。由于该公约的规则反映的是国际贸易实践中独立保函和备用信用证运作的一般惯例，即使不加入该公约，公约的规则对于运用独立保函和备用信用证的当事人的指导作用也是不容否定的。正如罗伯特·霍恩所言："不论该公约是否实施，它本身就是解释现在的国际担保和备用信用证的重要工具，因为公约规定了担保和备用信用证的基本法律原则，并且这些基本法律原则今天得到国际社

---

〔1〕　迄今签字并批准生效的国家主要有白俄罗斯、厄瓜多尔、萨尔瓦多、加蓬、科威特、利比里亚、巴拿马、突尼斯。美国虽早在 1997 年就签字，但至今未批准生效。

会的普遍承认。"〔1〕

（二）促成对独立担保独立性和单据性等本质特证统一认识的逐渐形成

从几个规则的形成来看，受益人在担保项下的索偿权越来越不依赖于其在基础合同项下的权利，担保的独立化趋势越来越明显，这些都与信用证实践中的一些概念和原则不谋而合，这自然而然地成为国际商会和贸发会将独立担保与备用信用证合并起来制定统一规则的共同基础。

虽然从整体上说，公约本身是以法律的形式存在，其效力高于国际商会制定的其他规则，但根据公约本身的规定，其适用是任意性的，而不是强制性的，所以，即使对于属于公约适用范围的当事人而言，他们仍有充分的自由完全排除公约的适用，以便适用另一法律或惯例规则，如 UCP、ISP98、URDG 等。毫无疑问，当事人也可以在任何情况下排除或更改公约中的某些规定。因此，公约与其他国际惯例具有较好的兼容性，一般不存在冲突。

（三）对不当索赔的类型化规定对各国统一对欺诈的认识和认定标准有重要参考意义

其一，公约是第一个在国际层面上对欺诈例外原则进行详细规定的文本；其二，公约对签署国来说是法律，是必须予以遵守的，这不同于国际商会制定的规则；其三，在信用证领域，公约的作用不可小觑，因为最重要的信用证使用国——美国也是该公约的签署国。〔2〕但美中不足的是，公约没有规定欺诈例外的例外，在对善意第三人的保护上存在制度上的缺失。

此外，公约的重点调整对象是担保人/开证人与受益人之间的关系，而未从更宏观的视角出发对与整个信用证安排中各交易链所涉的关系进行调整。担保人/开证人同其客户之间的关系，以及某一担保人/开证人与其指示方之间的关系大体上属于公约调整的范围之外。公约中只有少数几项规定直接触及委托人/申请人与担保人/开证人之间关系。〔3〕这就使公约无法像 UCP、

---

〔1〕 周辉斌：《银行保函与备用信用证法律实务》，中信出版社 2003 年版，第 376～377 页。

〔2〕 参见卞雯淼："英美国家欺诈例外原则的法律问题研究"，对外经济贸易大学 2003 年硕士学位论文。

〔3〕 参见徐进亮主编：《国际备用信用证与保函》，对外经济贸易大学出版社 2004 年版，第 363 页。

URDG 或 ISP98 那样成为信用证安排的各参与人可资借鉴的一个完整交易手册，进而也在一定程度上反映了公约本身的局限性。

第四节　《美国统一商法典》信用证篇

一、《美国统一商法典》简介

《美国统一商法典》（UCC）被誉为 20 世纪英美法系最杰出的一部成文法，同时也是世界著名法典之一。严格地讲，统一商法典并不是一部具有国家意志强制力的法律，它只是美国两个民间法律研究机构制定的"示范法"，需要各州通过立法程序正式采纳后才具有法律效力。统一商法典的制定者为美国统一州法全国委员会和美国法学会，它们希望各州立法机构能够不加变动地通过 UCC 示范法，虽然后者并没有这样做的义务，但是总的来说效果不错。商法典往往在经过非实质性的修改后被各州采用。[1]

UCC 的各部分即从第一篇到第九篇，形成了一个有机的整体。某一篇中的术语常常通过参照另一篇的方式来加以定义，并且第一篇包括一般条款、一般定义以及适用于所有其他各篇的解释原则。

第五篇支配信用证交易（包括传统的商业信用证与备用信用证）。一方面，UCC5 的制定者于 1995 年夏对它进行了修订。有理由相信新的 UCC5 将被所有的 50 个州所采用并最终成为美国的法律。另一方面，在某州的立法机构通过新的 UCC5 之前，原 UCC5 仍将于该州施行。因此，在新 UCC5 的生效和执行上存在一个过渡期，在此期间，将会出现不同州分别适用原 UCC5 和新 UCC5 的复杂局面。

虽然统一商法典是美国国内法，但 UCC5 一经产生就引起全世界银行界、法律界和商业界的关注。这大概源于两个原因：其一，美国是当今世界头号贸易与经济大国，它的经济规模与贸易总额无论用相对指标还是绝对指标衡量都使其他国家无可匹敌。美国拥有世界上最大的信用证业务市场，日常信用证余额超过 1800 亿美元，现在全世界每年开立的备用信用证金额每年达

---

[1] See John F. Dolan, *The Law of Letter of Credit: Commercial and Standby Credits*, Warren, Gorham & Lamont Co, 1996, p.70.

5000亿美元，其中2500亿美元金额系在美国境内签发。美国是全世界许多国家（并且包括主要贸易大国在内）的首要贸易伙伴。对美信用证业务的重要地位使各国绝不敢忽视美国的相关法律。其二，美国在成文法方面完善的立法技术为许多国家所仿效，尤其是《美国统一商法典》，其结构精巧、语词严谨，内容详略得当，富于现代性与科学性，具有巨大的国际影响。作为这一杰出法典的重要部分，UCC5亦值得各国借鉴。

二、UCC5的主要内容

1. 信用证的基础。（1）信用证的定义。信用证是指开证人应申请人的请求或为申请人之故而兑付单据提示的一项确定的付款承诺。开证人的兑付以单据表面与信用证"严格相符"为前提。（2）独立性原则。依新UCC5-103（d），信用证独立于其据以产生的或作为其基础的合同和安排，无论它们是否存在、履行或不履行。因此，信用证义务独立于基础合同的义务，它一经开立即构成一项自主文件并确定独立的交易关系。

2. 形式要求。新UCC5对信用证形式的要求很宽松。根据其第104条，它可以构成记录且能够证实的任何形式开立。再依其第102（a）（14）条，"记录"可以记载在有形载体或储存在电子或其他不特定的载体中，这就为信用证形式的未来发展留下了空间。

3. 信用证的开立与修改。只要开证人将信用证传送给受益人或通知人，信用证即为开立和具有执行力，且如无相反规定则不可撤销。信用证开立之后可以修改，但有关各方的权利不受未经其同意的修改的影响。这样，如果部分而非所有参加人同意修改，同意修改的参加人可能要承担修改对于持相反意见者不可执行的风险。例如，开证人与申请人协商减少证下金额，但开证人未就此事通知保兑人，则在受益人按原证项下全部金额获得兑付后，保兑人有权从开证人处取得全额补偿。

4. 转让和款项让渡。新UCC5允许开证人对信用证的转让加以合理限制，如果转让发生违反准据法、信用证规定或标准实务的情况，开证人可以拒绝该项转让。规定开证人或指定人不须对信用证的款项让渡做出认可。明确受转让受益人或指定人的权利独立于受益人对信用证款项的让渡，并且优先于受让渡人的款项权利。转让与款项让渡不同，前者类似于受益人的更新或替代，它所包容的不仅是付款还有受让人的履行行为；而受让渡人则完全依赖对受益人签发的汇票和发票的提示。允许受益人对可转让信用证进行转让，信用证还可以依法转让给受益人的法定继受人。受益人还可以仅仅转让信用证的收益而不转让信用证本身。

5. 开证人的义务。（1）主要责任。对受益人而言，开证人的主要责任是在提示的单据与信用证的条件相符时予以兑付；对申请人而言，开证人的主要责任是在单据与信用证不符时予以拒付。（2）审单的要求。开证人的审单行为应在最高不超过 7 个工作日的合理时间内完成，在此期间内，如果开证人未能就不符点发出通知，它就应对单据提示予以兑付；如果开证人在拒付通知中指出了不符点，此后它就不能再主张其他的不符点。（3）相符的标准。开证人审查单据和信用证相符与否应适用严格相符标准，并根据"正常开立信用证的金融机构的标准实务"来对此作出判断。

6. 开证人的免责。（1）一般原则。除"不得变更条款"之外，新 UCC5 的效力可被当事人以明示的协议或承诺加以改变，但是仅靠"一般性免责条款或一般性限制不履约救济的条款"是不够的，因为要对该篇所安排的责任或风险加以重新分配的关键在于这种免责或限制条款是否足够清楚和明确。（2）免责方式。作为一种对受益人的"确定的承诺"，信用证在商业应用中有其独特的价值，所以免责的规定很少出现于信用证本身，而常见于开证人与申请人的偿付协议之中。

7. 通知人、指定人、保兑人的义务。（1）被请求作出通知的人可以拒绝充当通知人，但接受请求的通知人有作出准确通知的义务及核查通知请求书表面真实性的义务。（2）非保兑的指定人没有就单据提示作出兑付的义务。（3）保兑人对信用证负有直接责任，并在其保兑的范围内享有开证人的权利与义务。保兑人可以限制其保兑范围，如备用信用证的保兑人可以将其对开证人作出保兑的范围限于开证人在第 1、2、3 项贷款而非第 4 项贷款之下承担的义务。

8. 受益人的担保。只有开证人兑付了提示以后受益人的担保才有可执行性，这种担保体现在两个方面：（1）向开证人、任何接受提示的其他人以及申请人担保不存在欺诈与伪造；（2）向申请人担保支款不违背申请人与受益人之间的任何协议。第 1 项担保旨在担保提示的实质相符。第 2 项担保旨在给予申请人一项明确的救济，以针对备用信用证下虚假的违约或履约证明。

例如，受益人可能是它与申请人的贷款协议中的贷款人，贷款协议也许明示或默示地规定除非借款人违约，贷款人不得在备用信用证下提款。如果借款人并未违约而贷款人仍然提交了声称借款人违约的证明，则按 UCC 的规定借款人显然有对违反担保的诉权。[1]违反担保给予有关当事人更方便的诉因，这比以欺诈为诉因更容易获得胜诉，因为证明违约无需面临像证明欺诈那么高的门槛。让申请人在兑付提示后在违反担保的诉讼中更容易获得胜诉，也可能有助于减少其在提示兑付前申请支付禁令救济的激励。

9. 欺诈及其救济。（1）欺诈的情形。新 UCC5 没有对欺诈直接进行定义，仅仅规定可能构成欺诈的情形，即某项必要单据属于伪造或带有实质性的欺诈性，或者兑付将为受益人进行实质欺诈提供便利。（2）对善意第三人的保护。对于已经善意地信赖了单据的特定第三人，开证人应其兑付要求予以兑付。这些人包括指定人、保兑人与正当持票人。（3）救济措施。新 UCC5 为采取止付禁令或其他类似的救济措施设定了严格的标准。

10. 法律适用。UCP 等国际惯例经明确并入后对信用证交易具有约束力。经并入的 UCP 等国际惯例如与新 UCC5 不相冲突，则两者均予适用；如两者存在冲突，UCP 等国际惯例优先适用，但新 UCC5 第 103 条（c）款规定的"不得变更条款"除外。这就考虑到了信用证惯例规则发展的弹性需求。正如第 116 条官方评论之第 3 点所言，尽管第五篇一般而言与 UCP500 是相符的，但它与其他规则、与 UCC 修订之后采用的 UCP 版本或与其他可能发展出来的惯例却未必相符。并入信用证或其他承诺中的惯例规则是在信用证或其他承诺开立当时有效的规则。

第五节　国际商会《国际备用信用证惯例》

一、ISP98 制定的背景及其意义

（一）制定的背景

由于 UCP 对备用信用证不能完全适用，也不适合，正如 UCP 第 1 条所承

---

〔1〕　See John F. Dolan, *The Law of Letter of Credit*: *Commercial and Standby Credits*, Warren, Gorham & Lamont Co, 1996, p. 82.

认，它规定对于备用信用证"只在适用范围内"予以适用。一方面即使最不复杂的备用信用证（只要求提示一张汇票）提出的问题，在 UCP 中都未涉及。更复杂的备用信用证（诸如涉及期限较长，自动展期，要求转让，请求受益人为另一受益人作出其自身承诺等），就需要更专门的行为规则。而另一方面，备用信用证虽然起源于美国，但自其使用以来，已逐步得到国际上的广泛认同，使用率不断上升，就是在美国，非美国银行的使用金额就超过了美国银行的使用金额，在世界范围内，备用信用证的使用也不断增加，如 1998 年全球备用信用证与商业信用证业务量之比为 7∶1，可见备用信用证已经成为一种成熟的国际性金融产品，这也足以说明在全球范围内规范备用信用证业务的必要性。此外，备用信用证的参与者众多，不仅有银行和商人，还包括与担保交易有关的法人、自然人、政府和律师等，这也要求备用信用证有一套严谨的规则，在提供各方遵循的同时，也保护各方的利益。基于以上原因，为备用信用证专门提供一套独立的国际统一惯例成了一种迫切的需要。

UCP500 在修订过程中，美国银行界曾向国际商会提议加入有关备用信用证的特殊规则，但未被采纳。由于 UCP500 对备用信用证的特殊要求未作出反应，实践中常有争讼，当事人谈判备用信用证条款亦费时费力。结果美国国务院决定另起炉灶，要求美国信用证界会同美国国际银行业委员会和国际银行法律与惯例研究所，在向全世界信用证界作出咨询后，率先制订备用信用证规则草案。在该草案制定过程中，积极寻求国际上信用证界各方面人士，包括银行家、用户、律师、监管者、评级机构、政府官员、国际机构和学者等的意见。国际商会银行委员会也应邀参加，并成立了一个临时工作小组。《国际备用信用证惯例》草案最终获得了国际金融服务协会和国际商会银行委员会的认可，并由国际商会作为其第 590 号出版物出版，但其著作权仍属于美国国际银行法律与惯例研究所（该研究所由 James E. Byrne 于 1989 年创立，专门从事美国和国际银行与金融服务方面的研究以及教育事业）。

国际银行法律和惯例学会主持下的 ISP 工作组与数以百计参加者相互合作，根据备用信用证的特点，参考 UCP、URDG、URCG 的规定，历时 5 年，经过四大洲十一国的多次会议讨论，考虑了来自个人、银行、国内与国际社团的意见，十五次易稿，最终在美国国际金融服务协会（International Financial Service Association 简称 IFSA）、美国国际银行法律与实务学会（Institute of International Banking Law and Practice，简称 INC）和国际商会银行技术与实务委员的共同努力下，《国际备用信用证惯例》终于以国际商会第 590 号出版物公布，并于 1999 年 1 月 1 日起正式实施。

（二）制定的意义

ISP98 反映了已被广泛接受的有关备用信用证的惯例、习惯和用法，为备用信用证提供了独立的规则。ISP98 对关键术语作了精确的界定；详细地体现备用信用证的运作过程；为备用信用证条款的谈判和起草节省了时间和费用；有助于避免诉讼与意外的损失；当备用信用证涉及电子方式交单时，为之提供基本的定义；为备用信用证这一迅速增长的金融工具的使用提供了一套国际标准。具体来说：（1）它的制订反映了已被广泛接受的有关备用信用证的惯例、习惯和用法，为备用信用证提供了独立的规则。（2）它提供了在大部分情况下可接受的一些中性规则，以及在其他情况下为谈判提供了一个有用的出发点。（3）它可以节约有关各方（包括开证行、保兑行或备用信用证的受益人）在商议和草拟备用信用证的条款时相当多的时间和费用。（4）它最突出的重要意义也许在于在国际范围内开辟了国际银行界和法律界进行合作的新篇章。

二、ISP98 的主要内容

ISP98 由前言和 10 组规则构成，每一规则下又分若干条目，对规则的适用范围、备用信用证的性质、各当事人的权利义务、单据的种类、单据的处理以及转让、让渡、撤销、展期、付款等事项均作了详尽的规定。

1. 规则的适用范围。ISP98 虽然为国际备用证惯例，但在适用范围上它既不限于国际场合适用，也不仅针对备用信用证。第 1.01 条（b）款规定："备用信用证或其他类似承诺，无论其名称或描述为何，用于国内或国际，都可通过明确的援引而使其受本规则的约束。"该惯例的引言中也明确，如同 UCP 和 URDG 一样，ISP 适用于按其开立的任何独立承诺。这样做可以避免将备用证和独立担保以及商业信用证进行区分。在实践中，常常很难作这样的区分。但 ISP98 不适用于非独立的保函，如附属保函等。

2. 备用信用证的性质。ISP98 没有给备用信用证下定义，但对备用信用证的性质首次作了界定。它在前言中指出，备用信用证被用于支持贷款或预付款在到期或违约时或某一不确定事件发生或不发生时产生的义务的履行。同时，ISP98 第 1.06 条（a）款规定："备用信用证在开立后即是一项不可撤销的、独立的、要求单据的、具有约束力的承诺。"可见，备用信用证是一种新型的担保工具。

首先，备用信用证具有默示的不可撤销性，也就是说，备用信用证一经开立，除非证内另有相反的规定或经对方当事人的同意，开证人不得修改或撤销其在该备用信用证下的义务。这与 UCP600 将信用证定义为一项不可撤销的安排相类似，两者都鼓励不可撤销信用证的使用。原因很简单，作为担保的一种形式，如果备用信用证可以随意撤销，那么其还有存在的必要吗？

其次，备用信用证具有独立性，即备用信用证与其赖以开立的基础交易无关，不受其约束。具体地说，备用信用证下开证人的义务的履行并不取决于：（1）开证人从申请人处获得补偿的权利和能力；（2）受益人从申请人处获得付款的权利；（3）在备用信用证中提及的任何偿付协议或基础交易；（4）开证人对任何偿付协议或基础交易的履约或违约的了解与否。这一点与 UCP600 的规定是基本一致的。

再其次，备用信用证具有跟单性质，即其项下必须有一定的单据要求，开证人的义务取决于单据的提示，以及对所要求单据的表面审查。关于单据的要求，在 UCP 中虽有详尽的规定，但多为针对商业单据的规定，不太适合于备用信用证。ISP98 不但明确了备用信用证具有跟单性质，还指出其项下的非单据条件必须不予考虑，同时详尽规定了所要求单据的种类、内容以及审单付款的标准和程序。

最后，应当指出的是备用信用证具有强制性，即无论申请人是否授权开立，开证人是否收取了费用，或受益人是否收到或相信备用信用证，其对开证人都是具有约束力的。这一规定显然是为了克服英美法上的障碍，因为如果将备用信用证视为一种担保合同，那么其就会因缺少对价而在英美法国家无法获得强制执行。为了摆脱合同对价这一传统理论的束缚，英美法系各国纷纷在司法实践中确立了"信用证无需对价"的原则，以推动信用证在商业活动中的使用。鉴于此，ISP98 明确规定了备用信用证一经开立，即对开证人具有约束力。

3. 备用信用证的种类。如前文所示，ISP98 对备用信用证作了描述性的分类。

4. 备用信用证的操作规范。ISP98 对备用信用证的操作作了详尽的规定，有些是补充 UCP 的不足，有些则具有创新意义。惯例对备用信用证的一般操作流程，如开证与修改、提示与审单、付款与偿付等均有所规定，此外对备用信用证的保兑、议付及指定也作了规定。因此，在这方面 ISP98 的规定大体与 UCP600 相同。不同之处择要分析如下：

ISP98 第 3.02 条规定收到备用证要求的并在该证下提示的单据即构成提示，开证人就应审核它是否与备用证的条款相符，不需要提示所有的单据；UCP600 则要求交足全部所需的单据，方能予以审单。ISP98 并不要求开证人通知申请人收到了备用证下的提示，这与 UCP600 下开证人一般会及时通知申请人不同。究其原因，主要在于商业信用证下的单据包括物权凭证，受益人交单是其合同义务之一，开证人要通知申请人付款赎单，以促成交易的完成；而备用信用证则不同，当其使用时就意味着基础交易出了问题，这时作为承担独立担保义务的开证人就可根据自己的判断行事而无须通知申请人。

由于备用信用证通常不要求提示可转让的单据，更有利于采用电子提示。顺应国际电子商务发展之趋势，ISP98 第 1.09（c）条专门就有关电子提示的术语进行了定义，包括"电子记录"（Electronic Record）、"证实"（Authenticate）、"电子签名"（Electronic Signature）、"收到"（Receipt），这与《联合国电子商务示范法》的规定基本一致。例如，电子记录是指一条记录——验单方面，ISP98 仍强调单证一致（第 4.01 条（a）款）、表面相符（第 4.01 条（b）款）的原则，但是对严格相符原则的掌握较为灵活，并不要求单据之间的一致，除非备用证有此要求（第 4.03 条）。对于单据上的措辞，只要意义无大出入即可接受。如果备用信用证没有要求指定精确措辞的声明，则单据中的措辞看起来与备用信用证中要求的措辞表达的是同一意思即可（第 4.09 条（a）款）。

5. 关于转让与款项让渡。ISP98 规定，除非明确注明，否则一份备用信用证不可转让；即使一份备用信用证注明其可转让，也不可以部分转让而只能全额转让，转让还应得到开证人或备用信用证中指定的人的同意，当然备用信用证中另有规定的除外。可见，ISP98 对备用信用证下支款权利的转让限制较多，并且赋予开证人较大的决定权。这主要是为了保护开证人和申请人的利益，因为开证人开立备用信用证给受益人是基于对其信赖，若允许任意转让就会削弱备用信用证存在的基础，增加开证人的风险。

与 UCP600 相比，ISP98 还增加了"依法律规定而转让"的条款，以完善备用信用证转让制度。所谓因法律规定的受让人是指依法继受受益人利益的继承人、清算人、受托人、破产财产管理人、继承的公司或类似的人，他们以自己的名义提示单据，视为受益人授权的受让人，当然他们应额外提交由公共机构签署的法律文件。

较之 UCP600，ISP98 对款项让渡的规定更为详尽，强调其必须得到开证人的确认，即开证人无办理款项让渡的义务。同时，还指出即使让渡得到确认，受让渡人也未被赋予有关备用信用证的权利，而仅对让渡的款项享有权利。也就是说，从法律角度看，款项的让渡并未导致受益人的变更，开证人只是同意向受益人指定的人付款以履行备用信用证下的义务。

6. 关于联合备用证和共享备用证。针对大宗交易，特别是融资活动中，银团开立的备用信用证日益增多的情况，ISP98 规定了联合备用证和共享备用证，体现了贷款银团内部的不同合作模式。联合备用证是数家银行共同开出备用证，在备用证中没有注明应向谁提示，各联合开证人对受益人承担连带责任，在备用证注明了向谁提示以及可支取金额时，各联合开证人对受益人按注明的内容承担个别责任。共享备用证是由一家银行开出备用证、其他银行共享证下权益的备用证。此时，对外由开证人对受益人负单一和全部的责任，开证人和其他银行之间的内部权利义务则依相互间的共享协议确定。

7. 关于分期支款的规定。UCP600 第 32 条规定："如信用证规定在指定的时期内分期支款或分期发运，任何一期未按信用证规定期限支取或发运时，信用证对该期及以后各期均告失效。"该条分期支款的规定本来是为了照顾备用信用证的特点而设立的，因为备用信用证常需分期多次交单支款，结果却适得其反，造成更大的麻烦。在商业信用证中，受益人提交的单据是其履行基础合同项下义务的证明，如一次不按期支款即意味着其有一期交货（装运）违反约定，这使得申请人有理由怀疑受益人在今后各期中是否还会履约。因此，UCP600 第 32 条的规定对商业信用证是适用的。

但备用信用证的受益人一次不支款并不对申请人造成任何损失，而纯粹是受益人对其在备用信用证下部分利益（支款权）的放弃，没有理由因此剥夺其以后在信用证下的其他利益。因此，ISP98 第 3.07 条明文规定了各次交单的独立性，依该条（a）款规定，如备用信用证中规定或允许若干次交单，一次未交单并不使之放弃或损害其作出其他及时交单的权利。而 ISP98 第3.08 条更是明确允许进行多次交单和部分支款。[1]

8. 关于到期日停业的规定。UCP600 下最后交单日银行中止营业的风险由受益人承担,该规则第 36 条规定,银行如因不可抗力中止营业,则其在恢复营业后对其在中止营业期间逾期的信用证不再承担付款责任。这种安排对商业信用证的受益人尚可接受,因为受益人对基础交易尤其是货物付运等事项有控制权,故能为自己留下充裕的交单时间以避开这种风险。

而备用信用证的受益人通常不愿意承受这种风险,因为其交单付款通常是由于开证申请人未履行基础义务引起的。在实践中,备用信用证的受益人会利用其优势谈判地位,迫使申请人订立各种条款,以保障银行重新开业后其交单期限能得以延期,这些条款规定的顺延时间长短不一,无法预见各种可能出现的情况,对各方当事人都有不利之处。有鉴于此,ISP98 规定在交单到期的营业日,若备用信用证中规定的交单处所因任何原因中止营业,且导致交单因此无法及时完成,则交单到期日自动顺延至该处所重新开业后第 31天,除备用信用证另有规定。可见 ISP98 使受益人不再承担交单到期的营业日银行中止营业的风险,不论这种风险是否由不可抗力引起,但又提醒当事人可以另行约定。[2]

与 UCP 相比,ISP98 删除了所有与运输单据有关的条款,但要求任何正式文本都被证实(any official documents be certified)。它还为受益人应予提供的信息作出了最低限度的要求。ISP98 还规定了在备用信用证下通过电子索偿(electronic demand)的规则。不过,由于 ISP98 并非制定法,而只是经援引而被订入合同的交易条件,它并未试图对欺诈和禁令救济问题作出规定。可能让人奇怪的是,它也没有法律选择方面的规定。[3]

---

〔1〕 参见聂卫东:"《国际备用信用证惯例》(ISP98)述评",载《国际贸易问题》1999 年第 12期。

〔2〕 参见聂卫东:"《国际备用信用证惯例》(ISP98)述评",载《国际贸易问题》1999 年第 12期,第 54 页。

〔3〕 See Ralph H. Folsom, Micheal W. Gordan, John A. Spanogle, *International Business Transaction*:《国际商事交易》,法律出版社 2005 年版,p. 157.

三、ISP98 与适用法律或其他规则之间的关系

（一）ISP98 与适用法律的关系

如同国际商会制订的其他统一规则一样，ISP98 是一种合约性规则，并不当然具有法律约束力，作为一种国际惯例，它要得到当事人和各国国内法的认可方有效力。按照 ISP98 的规定，只有在明确注明依据 ISP98 开立时，备用信用证方受 ISP98 的约束。也就是说，该规则是经当事人的选择作为备用信用证的组成条款而适用的，并且当事人可以变更或排除某些条款的适用。

由于 ISP98 规则仅在被明确订入备用证文本才适用，故商法、银行法、信用证法等法律较 ISP98 具有恒定的优先性。ISP98 第 1.02（a）条也明确规定："本规则对适用的法律进行补充，只要不被该法律所禁止。"据此，ISP98 只能对适用的法律进行补充而不得违反其强行性规定，适用法律相对于 ISP98 而言具有优先权，ISP98 只是在允许的范围内才可以对现行法律进行补充。

举例而言，假设一份依 ISP98 开出的美国国内的商业备用信用证要求受益人向保兑行提交索赔书和未获付款的发票的复印件用以支款，开证行、保兑行和受益人均位于加利福尼亚。但美国商法不允许银行在信用证交易中接受任何单据复印件来凭以付款。在信用证有效期内，受益人向保兑行提交了索赔书和未获付款的发票的复印件以支取证下金额，保兑行审单后认为单据与备用证条款相符，遂向受益人付款，然后再将单据寄给开证行要求偿付。开证行审单时发现了提交的复印件，并以美国法禁止在信用证交易中接受单据复印件为由，主张提示中存在不符点。因为向受益人作了无追索权的支付，保兑行无法从受益人处追回资金。在该案中，尽管提交的单据符合信用证条款，开证行仍有权不予偿付，因为法律禁止接受复印件。[1]

ISP98 对下列事项不予界定或规定：开立备用信用证的权力或授权，对使用备用信用证的形式要求，基于欺诈、滥用权利或类似情况原因的抗辩，这些都应由适用的法律来解决。

---

　〔1〕　See Jacob, E. Sifri, *Standby Letters of Credit: A Comprehensiue Guide*, Palgrave Macmillan, 2008, p. 11.

（二）ISP98 与其他规则的关系

在明确法律的效力高于本规则的同时，ISP98 又规定本规则的效力高于非法律的其他惯例，这主要是针对 UCP600 而言。根据 ISP98 第 1.02 条（b）款，在备用证也受其他惯例制约而其规定与本规则冲突时，以本规则为准。比如说，ISP 和 UCP 都可能适用于备用信用证。

UCP 虽然适用于所有的信用证，但主要是针对商业信用证的需要而制订，对备用信用证的特殊要求并未予充分考虑。UCP600 在第 1 条明文规定本惯例在可适用的范围内适用于备用信用证，但哪些规则可适用，哪些规则不可适用，则未明确。实际上，UCP600 的许多规则对备用信用证是不适宜的，而对备用信用证需要的许多规则，UCP600 均未规定。而 ISP98 弥补了 UCP600 的上述不足，对许多制度和术语作了较 UCP600 详尽、准确的规定。

如备用信用证中指明同时适用 ISP98 和 UCP600，则据 ISP98 第 1.02 条（b）款，ISP98 的条款优先，只有在 ISP98 条款没有作出相关的规定，或者信用证明确表示 ISP98 某条款不适用的情况下，才可依据 UCP600 的原则解释和操作（如在涉及提单审核的问题时，UCP600 有详尽的规定，而 ISP98 却没有）。相对于备用信用证而言，ISP 和 UCP 是特别规则与一般规则之间的关系。但这种优先适用的前提是信用证被视为一份备用信用证，因为 ISP98 旨在对备用信用证加以规范。如果一份商业信用证同时注明依 ISP98 和 UCP600 开立，情况就不一样了。此时 ISP98 的规定并不优先于 UCP600 的规定，ISP98 第 1.02 条规定的冲突规则也不再适用。[1]

另外，就 ISP98 与备用证公约的关系而言，由于 ISP98 在制订时已充分注意到其与公约的兼容性，而且备用证公约的适用不是强制性的，因而二者一般不会有冲突。当然，备用信用证中若规定同时适用备用证公约与 ISP98，则 ISP98 并不优先适用，因为对于缔约国的当事人而言，备用证公约相当于法律，而 ISP98 第 1.02 条（a）款指出，本惯例在法律未禁止的限度内用作对可适用的法律的补充，故备用证公约优先适用。

---

〔1〕 See Jacob, E. Sifri, *Standby Letters of Credit: A Comprehensiue Guide*, Palgrave Macmillan, 2008, p. 11.

五、ISP98 的优点与不足

（一）ISP98 的优点

作为规范备用信用证业务的国际惯例，ISP98 相对于 UCP600 有着明显的针对性与合理性。根据 UCP600 对信用证的定义，信用证必须由银行开出，因此，如果信用证是由非银行担保机构开出，则该信用证不是 UCP600 所定义的信用证，也就无法适用 UCP600 的规定。也就是说，备用信用证当中只有一类（由银行开出的备用信用证）可依据 UCP600 处理，其他种类的（由保险公司或其他担保人开立的）则不可依据此惯例，即使它们都已声明根据 UCP600 开立。ISP98 关于备用信用证的开证人可以不是银行的规定扩大了该国际惯例的适用范围，因而真正成为备用信用证的国际惯例。

ISP98 虽名为国际备用信用证惯例，但其第 1.01 条（b）款关于适用范围的规定和第 2.02 条对于一家信用证开证人的国内外分支机构均视为其他当事人的规定，使其适用范围从国际备用信用证扩大到国内备用信用证。这是 UCP600 所无法比拟的，也与备用证公约仅适用于国际承保明显不同。

在当初讨论 UCP500 的过程中，许多国家委员会要求对统一惯例使用的术语给予定义或澄清。他们最初建议统一惯例包括一个术语章节，对那些常见的术语给予定义，诸如信用证、受益人、通知行、指定行、议付行、开证申请人、付款或即期信用证、承兑信用证以及延期付款信用证等。这一建议终因这是一个"可怕的尝试"，将"引起许多国家委员会之间的争论"，"不能保证这些定义能取得国际的一致意见"而被放弃。但是，这个任务已由 ISP98 完成，ISP98 在第 1.09 条专门对术语定义进行了界定。这一成功经验也被 UCP600 所借鉴，UCP600 在第 2 条对常见术语进行了定义，从而大大提高了文字表达的精确性和效率，UCP 的条文也从 500 号的 49 条精简到 600 号的 39 条。

此外，ISP98 的一些规定与 UCP600 的相关条款相比更加完善和明确，避免了实务操作中的无序和混乱。以两个出版物对于信用证修改生效的有关规定为例，根据 UCP600 原则，信用证修改书开出后，当受益人未明确表示接受时，根据交单情况判定：若单据符合修改后条款，则视修改已被接受，否则为尚未接受。那么，一旦受益人所交单据符合修改后条款又与修改前条款不矛盾，银行该如何判断呢？回答是"不知道"，而此时的受益人可能尚未接到此修改书。ISP98 的相关规定则更为明确：所交单据符合修改后条款而不符合修改前条款时视为已接受修改。这样，该例中在 UCP600 不清楚的问题就有了明确答案：凡符合修改前条款的单据一律视为尚未修改，即使单据同时符合修改后条款。

许多 UCP 无法解决的问题，如单据正副本、自动修改、多次交单、违约声明、汇票代替索偿书等，在 ISP98 中都可以得到明确的回答。

（二）ISP98 的不足之处

虽然 ISP98 在对备用信用证业务的规范上较 UCP600 具有明显的优势，但它也并非完美。比如说，ISP98 未为开证人设定诚信行事的义务，相较而言，URDG758 在对银行的行为要求和责任界定上就显得更有章可循。而为强调备用信用证开证人和保兑人负有同等责任和义务，ISP98 定义的"开证人"包括"保兑人"，这一概念上的模糊可能为受益人所利用而不按信用证规定交单，从而给开证人与保兑人在具体操作上带来不便；而且，惯例在正文中"开证人"一词的含义有时特指开立备用信用证之人，有时又泛指开证人和保兑人，因此，在使用时就只能结合上下文及业务实际进行理解。

ISP98 关于单据使用的语言文字的规定虽然已经很详细，但也没能具体到实务中常见的许多问题。例如，实务中的许多单据往往使用两种文字，一种是信用证所要求的文字，并已完整正确地表达了信用证对单据内容的要求；另一种是对译过来的受益人本国文字。那么，这种单据可否接受？对于信开信用证要求在单据中严格引用的内容，是否包括字体和颜色或诸如此类的事项？对于实务中早已普遍存在的有争议的这类问题，作为新制定的国际惯例本应予以明确。再如，纸张单据是否包括类似纸张的单据（如薄塑料制作的单据）？

由于各成员国及专家的习惯与理解不同，ISP98 在典型"细化"时间规定的同时，仍继续保留一些"粗化"的时间规定。例如，其第 5.09 条规定"申请人应及时通知开证人是否接受不符点单据"的"及时"究竟是指几天呢？文本中并未明确。

随着科技水平的提高及其广泛应用，"电子化单据"距离我们越来越近，从图像到声音，从无纸到无形，外延的扩大使审单工作面临极大的困难，对此，ISP98 也没有给出一些具体的操作规范。ISP98 条款中多次提及"标准备用信用证实务"或"标准实务"，显然，ISP98 全文体现了"标准实务"的精神，但同时又没能体现其全部（客观上，所有惯例都没能避免这类问题），比如，ISP98 在第 10.02（a）款中所谓开证人可将其对申请人和交单人的部分权益出售，但未明确"部分权益"的具体内涵，那么，这种出售的权益可以是 100%的权益吗？

以上列举的一些问题之所以没能给出明确具体的解答和规定，有的是因为条件不具备，如电子化单据的有关问题；有的是因为各国做法和理解的矛盾难以统一，如申请人通知拒受单据的合理时间问题；还有的是在国际银行法律与实务学会的官方评论中另外作了解释，如单据语言的使用问题等。[1]

---

〔1〕　参见张燕玲、邱智坤编著：《ISP98 理论与实务研究》，中国经济出版社 1999 年版，第 7~10 页。

备用信用证的中国实践

第一节　相关实践与法律

一、我国的相关实践

自 20 世纪 80 年代以来，我国的银行开始开立备用信用证，但其使用的范围较窄，数量也不多。[1] 而且由于一些经办人员的经验和业务素质较低，出现了不应有的失误，甚至出现了一些诈骗案。其中，1993 年 3 月在河北省衡水市某银行支行发生的没有了解交易背景的情况下，未经上级批准，擅自越权受骗开出了 200 张总金额为 100 亿美元的巨额备用信用证，造成恶性的后果。幸而案发后在国际刑警组织和有关国家警方协助下，经过半年多时间，于 1994 年 10 月 18 日将该行被骗开出的总金额为 100 亿美元的 200 张备用信用证全部追回，有关人员也得到了应有的惩罚。《人民日报》以"罕见的大案，深刻的教训"为题发表的评论员文章指出：这起案件教训深刻，区区几个外国来的骗子，竟然制造了百亿美元的大骗局，确实触目惊心。有鉴于此，现在我国绝大部分银行对于备用信用证的开立都很严格，基本上都要由其总行审批，但这并没有阻止备用信用证的进一步推行。

目前，我国正在深化金融改革，颁布了一系列的法律法规以规范操作行为，稳定金融市场，改善经济环境，以使我国的经济正常有序地快速发展。备用信用证在我国今后的经济发展中，有很好的发展前景。如能有效地使用

---

[1]　参见方广明："备用信用证的特点及其风险防范"，载《国际经贸探索》2001 年第 1 期。

备用信用证，充分利用其特点，并注意其风险所在，相信会有利于我国的经济运行，加速经济的发展。这是因为：（1）备用信用证是当前国际所流行的信用工具，功能较多，操作手续、技术性的要求都较一般的信用证简单，费用成本也较低，不须占用太多的资金。（2）目前，我国人民币结算的主要方式是汇款、托收、托收承付，从国际结算的角度来说，以上的几种结算方式都比较落后，不同程度地存在风险，很容易因一方的违约而引起债权债务的纠纷。因此，为了避免此类风险，国际上往往通过银行开立备用信用证来解决。同样，在我国也可以通过备用信用证来促进贸易的正常进行，从而加强交易双方的信任感，使资金的支付得到保证，在一定程度上可以解决三角债的问题。（3）可以充分发挥备用信用证的融资担保作用，活跃信贷市场。（4）作为一个有生命力的业务品种，有利于银行拓展业务，增加收益。（5）ISP98 的颁布实施，犹如给备用信用证注入一支强心剂，足可以看到国际商会对它的重视和前景的看好，我国如能有效地运用备用信用证，就会更有利于参与国际贸易的竞争，与国际惯例接轨。

二、我国的相关法律

（一）独立担保的法律依据

1995 年，我国颁布了《中华人民共和国担保法》（以下简称《担保法》）。该法是在促进我国经济与国际接轨，在立法上实现国内法与涉外法统一立法的指导思想下制定的，它既适用于国内担保，也适用于国外担保。在制定过程中，它借鉴了国外有关的法律规定和国际通行做法。但《担保法》规定的主要是非独立的从属性担保，没有独立担保的明确规定。不过，《担保法》第5 条第 1 款规定："担保合同是主合同的从合同，主合同无效，担保合同无效。担保合同另有约定的，按照约定。"根据起草者的解释："担保合同另有约定的，按照约定"是一个灵活的规定，其目的就是给独立担保留下合法的空间。起草者认为，在国际贸易中，当事人如果约定担保合同独立于主合同，这种担保合同就是不可撤销的见索即付的担保，这已成为国际贸易的惯例。为了满足实际需要，所以《担保法》规定，如果"担保合同另有约定的"，就按照约定。因此，《担保法》实际上使独立担保合法化了，从而肯定了从属担保和独立担保两者并存的局面。

但鉴于《担保法》并未明确独立担保之约定于何种情形下有效，当时法院系统中存在两种司法实践：一是在国内和国际经济贸易中均承认独立担保的有效性，二是只承认国际经济活动中独立担保的有效性。最高人民法院采用的是后一司法实践，其在多个司法案例中确定了国内交易项下不允许使用独立保函的审判原则，从而造成了内外有别的现实。如在最高人民法院（1998）经终字第184号"湖南机械进出口公司、海南国际租赁公司与宁波东方投资公司代理进口合同纠纷案"中，最高人民法院认为："担保合同中虽然有'本担保函不因委托人的原因导致代理进口协议书无效而失去担保责任'的约定，但在国内民事活动中不应采取此种独立担保方式，因此该约定无效。"在其后"湖南洞庭水殖股份有限公司诉中国光大银行长沙华顺支行、湖南嘉瑞新材料集团股份有限公司、长沙新振升集团有限公司借款担保合同纠纷案"中，最高人民法院再次确认前述立场，指出"本院的审判实务已明确表明：考虑到独立担保责任的异常严厉性，以及使用该制度可能产生欺诈和滥用权利的弊端，尤其是为了避免严重影响或动摇我国担保法律制度体系的基础，独立担保只能在国际商事交易中使用，不能在国内市场交易中运用"。

2007年施行的《中华人民共和国物权法》（以下简称《物权法》）对担保法允许担保合同另行约定的立场进行了调整，该法第172条第1款规定："设立担保物权，应当依照本法和其他法律的规定订立担保合同。担保合同是主债权债务合同的从合同。主债权债务合同无效，担保合同无效，但法律另有规定的除外。"《民法典》第388条沿袭了《物权法》的规定，随着2021年《民法典》的生效和《担保法》与《物权法》的同时废止，第388条"法律另有规定的除外"的规定表明，现行法律已不再允许当事人通过约定排除担保合同的从属性，而仅在法律另有规定的情况下承认独立担保的效力。

（二）其他相关法律法规

我国涉外独立担保分为内资外保和外资内保两种情形。内资外保是指我国银行对外开立的保函，涉及外汇管制，历史上一般须经审批。因此，即便当事人约定适用了域外法，如果因此而规避了审批，实践中可能会认定其构成法律规避，从而认定此种约定无效，并最终导致适用我国法律。[1]但银行对相符索赔的付款不得以外汇局审批为借口故意拖延，否则将有损银行的形象。如外汇局在对广东发展银行的批复中提到："银行对外开立非融资项下的保函，无需外汇局核准，对外履约时无需外汇局批准。"外资内保即常见的国外银行向国内开立的保函，因其一般不涉及外汇管制，相对来说当事人的意思自治空间更大。[2]

在内资外保方面，1996 年中国人民银行根据《担保法》的规定制定了当时的《境内机构对外担保管理办法》，《境内机构对外担保管理办法》第 2 条规定，对外担保是指中国境内机构（担保人）以保函、备用信用证、本票、汇票等形式出具的对外保证和根据《担保法》第 34 条规定的财产对外抵押或者第四章第一节规定的动产对外质押和第 75 条规定的权利对外质押。该规定第一次明确将备用信用证纳入国内立法。1998 年《境内机构对外担保管理办法实施细则》第 7 条第 2 款沿袭了《担保法》第 5 条，规定"对外担保合同是主债务合同的从合同，主债务合同无效，对外担保无效，对外担保合同另有约定的，按照约定。"这些法律与法规表明备用信用证和独立担保制度在我国得到了法律的正式承认。不过，这些立法并没有为独立担保提供的运作规则，独立担保在国际贸易中的具体运作一般仍遵从国际惯例。

在外资内保方面，1998 年 9 月，中国人民银行总行与国家外汇管理局公布了《关于加强境内金融机构外汇担保项下人民币贷款业务管理的通知》（银发〔1998〕458 号）。1999 年 2 月，国家外汇管理局上海分局又配套公布了《关于境内金融机构外汇担保项下人民币贷款业务有关操作规程的通知》，前者规定了业务处理原则，后者则对登记、结汇等操作制订出了具体的规定。

2014 年 5 月 12 日，国家外汇管理局以汇发〔2014〕29 号公布了《跨境担保外汇管理规定》。2014 年 6 月 8 日，中国人民银行公布〔2014〕第 13 号公告，废止了上述《境内机构对外担保管理办法》和《关于加强境内金融机构外汇担保项下人民币贷款业务管理的通知》两个文件。

《跨境担保外汇管理规定》分总则、内保外贷、外保内贷、物权担保的外汇管理、附则，共 5 章 33 条，由国家外汇管理局解释。该规定的主要内容

---

〔1〕 参见阎之大：《URDG758 解读例证与保函实务》，中国文献出版社 2011 年版，第 342 页。

〔2〕 参见阎之大：《URDG758 解读例证与保函实务》，中国文献出版社 2011 年版，第 342~343 页。

如下：

1. 跨境担保的定义和分类。跨境担保是指担保人向债权人书面作出的、具有法律约束力、承诺按照担保合同约定履行相关付款义务并可能产生资金跨境收付或资产所有权跨境转移等国际收支交易的担保行为。按照担保当事各方的注册地，跨境担保分为内保外贷、外保内贷和其他形式跨境担保。

内保外贷是指担保人注册地在境内、债务人和债权人注册地均在境外的跨境担保。外保内贷是指担保人注册地在境外、债务人和债权人注册地均在境内的跨境担保。其他形式跨境担保是指内保外贷和外保内贷以外的其他跨境担保情形。

2. 跨境担保的主管机关。国家外汇管理局及其分支局（外汇局）负责规范跨境担保产生的各类国际收支交易。

外汇局对内保外贷和外保内贷实行登记管理。[1]外汇局对跨境担保合同的核准、登记或备案情况以及该规定明确的其他管理事项与管理要求，不构成跨境担保合同的生效要件。

外汇局对境内机构跨境担保业务进行核查和检查。对未按规定办理跨境担保业务的，外汇局将根据《中华人民共和国外汇管理条例》进行处罚。

3. 内保外贷管理。

（1）取消内保外贷的数量控制。取消境内机构融资性和非融资性内保外贷的事前审批或指标核定。

（2）取消不必要的资格条件限制。除普遍适用于所有机构的一般性限制条款外（如担保资金用途限制），取消针对特定主体（担保人、被担保人资产负债比例或关联关系要求）或特定交易（如非融资性担保）的资格条件限制。

（3）以登记为主要管理方式。利用现有资本项目信息系统对内保外贷业务进行统计、监测。

（4）取消担保履约核准。银行可自行办理对外担保履约项下对外支付，非银行金融机构和企业凭担保登记文件直接到银行办理担保履约项下购汇及对外支付。

（5）担保履约后形成对外债权的，应按相关要求办理对外债权登记。

---

〔1〕 这种登记是外汇局基于国际收支统计法定职责的汇兑登记，在目的和效力上均不同于行业主管部门的确认登记，不作为担保生效或对抗第三人的要件。

4. 外保内贷管理。

（1）明确业务资格。债权人须是境内金融机构，债务人须是非金融机构，被担保的债务只能是本外币普通贷款或信用额度。

（2）债权人集中登记。由债权人（即境内金融机构）通过资本项目信息系统向外汇局集中办理数据报备。

（3）债权人自行办理担保履约收款。境内金融机构可直接与境外担保人办理担保履约收款。

（4）担保履约后债务人办理外债登记。担保履约后形成债务人对外负债的，应办理外债登记，但可不纳入普通外债额度限制。债务人因外保内贷履约形成的对外负债，其未偿本金余额不超过其净资产的 1 倍。

5. 跨境担保其他事项管理。

（1）境内机构提供或接受的其他形式跨境担保，在符合境内外法律法规和本规定的前提下，可自行签订跨境担保合同。除外汇局另有明确规定外，担保人、债务人不需要就其他形式跨境担保到外汇局办理登记或备案。

境内机构办理其他形式跨境担保，可自行办理担保履约。担保项下对外债权债务需要事前审批或核准，或因担保履约发生对外债权债务变动的，应按规定办理相关审批或登记手续。

（2）担保当事各方从事跨境担保业务，应当恪守商业道德，诚实守信。担保人、债务人不得在明知或者应知担保履约义务确定发生的情况下签订跨境担保合同。

以上内容体现了我国在跨境担保管理中放松管制的监管思路。特别是取消所有事前审批，以登记为主要管理手段。将外汇管理与跨境担保合同的有效性判定脱钩，明确跨境担保合同的生效不以外汇局的核准、登记或备案为前提，当事人可以自行签订并履行跨境担保合同等。这就彻底消除了境内机构在提供跨境担保时潜在的法律障碍，从而大大提高了我国金融机构对外开出的信用证或保函的确定性。

此外，由于我国在独立担保方面在法律层面尚无具体而明确的规定，最高人民法院的两个相关司法解释——2005 年《最高人民法院关于审理信用证纠纷案件若干问题的规定》以及 2016 年《最高人民法院关于审理独立保函纠纷案件若干问题的规定》——在独立担保的司法实践中就发挥着重要作用，以下即对两个司法解释分别进行评述。

第二节　《信用证司法解释》评述

在各类信用证纠纷案件不断诉至人民法院且呈逐年增多趋势的大背景下，最高人民法院从 2001 年开始着手起草相关司法解释，并于 2005 年通过了《最高人民法院关于审理信用证纠纷案件若干问题的规定》（法释〔2005〕13 号），该解释于 2020 年作了形式上的修正，但内容并无变化。

一、《信用证司法解释》的基本内容

《信用证司法解释》共分 18 条，主要涵盖了以下几个方面的内容：

1. 信用证纠纷的适用范围。根据《信用证司法解释》第 1 条，本规定适用于在信用证开立、通知、修改、撤销、保兑、议付、偿付等环节产生的纠纷。这也意味着，本解释原则上不管辖基础交易的纠纷，但根据第 14 条的规定，法院在审理信用证欺诈案件过程中，必要时可以将信用证纠纷与基础交易纠纷一并审理。

2. 明确了 UCP 作为规范性贸易惯例的效力。施米托夫教授在探讨 UCP 的性质时指出，如果 UCP 属于规范性的贸易惯例，即便开证行在信用证中未指明适用它，UCP 也必须予以适用。但是，如果认为 UCP 是合同性的，那么它的各项规定只有被当事人纳入他们的合同之中时，即写明信用证根据 UCP 开出的情况下，才能适用。[1]

本解释第 2 条规定在当事人没有约定的情况下，适用 UCP 或者其他相关国际惯例。这实际上承认了 UCP 等在我国作为规范性贸易惯例的地位。故一方面，如果当事人在信用证中约定适用 UCP，UCP 即成为合同的一部分。另一方面，即使当事人未在信用证中约定适用 UCP，在不与我国参加的国际条约以及中国国内法相冲突的情况下，UCP 也具有自动适用的效力。虽然该条并未明确这一适用是"应当"、"必须"还是"可以"适用，但参照《中华人民共和国民法通则》（以下简称《民法通则》）第 142 条第 3 款"中华人民共和国法律和中华人民共和国缔结或者参加的国际条约没有规定的，可以适

---

〔1〕 参见［英］施米托夫：《国际贸易法文选》，赵秀文选译，中国大百科全书出版社 1993 年版，第 579 页。

用国际惯例"之规定〔1〕，理解为"可以"适用较为妥当。

此外，为在审单标准问题保持与国际惯例的高度一致，《信用证司法解释》第 6 条进一步明确法院在审理信用证纠纷案件中涉及单证审查的，在当事人没有约定的情况下，"应当"适用 UCP 以及国际商会确定的相关标准来判断表面相符性。第 2 条的"适用"理解为"可以"适用，与第 6 条的"应当"适用相对应，较符合体系解释和有效解释的原则。也即，一则从一般情况下的"可以"适用到审单这一特定情况下的"应当"适用 UCP 等国际惯例，从逻辑上看存在由一般到特殊的递进关系。二则如果将第 2 条中的"适用"也理解为"应当"适用，则第 2 条和第 6 条之间就存在前者对后者的包含关系，将第 6 条再作单独规定就不具有必要性。

3. 信用证纠纷的法律适用。《信用证司法解释》第 4 条规定，因申请开立信用证而产生的欠款纠纷、委托开立信用证纠纷和因此产生的担保纠纷以及信用证项下融资产生的纠纷三类纠纷应适用中国法律，但涉外合同当事人另有约定的除外。这三类纠纷涉及信用证交易之外的信用证安排下的法律关系，包括申请人与开证行之间、指定人与开证行之间以及开证行与指定银行之间的法律关系，这三类法律关系中的纠纷在不具备涉外因素的情况下依最密切联系原则应适用中国法律，在具备涉外因素的情况下则基于意思自治原则允许当事人选择适用的法律。

4. 明确信用证的独立性原则。根据《信用证司法解释》第 5 条的规定，开证行在作出开证承诺后，只要达到单单相符、单证相符的标准，开证行就应当履行付款义务。除信用证欺诈的情形外，当事人不得以存在于申请人与受益人之间的基础交易提出抗辩。但不足之处在于，《信用证司法解释》仅强调信用证独立于基础交易，而未强调信用证独立于开证合同。这一缺憾在此后的《独立保函司法解释》中作了修正，《独立保函司法解释》第 6 条规定开立人不得以基础交易关系或独立保函申请关系对付款义务提出抗辩。

---

〔1〕　虽然《民法通则》随着《民法典》的事实而告失效，但由于《民法典》编纂采用实体法与冲突法分离的立法思路，剔除了涉外民事关系法律适用的条款。这就使得民商事领域的国际条约和国际惯例目前在中国国内如何概括适用问题上，出现了尚待弥补的法律真空。但在海商法、知识产权法等民事特别法中，与《民法通则》第 142 条类似的规定依然存在并有效。且第 142 条中体现的"条约优先、惯例补缺"的立法精神短期内也不会被摒弃，故该条规定仍不失其参照意义。参见王玫黎："民法典时代国际条约地位的立法模式"，载《现代法学》2021 年第 1 期。

5. 明确信用证中的表面相符原则和严格相符标准。《信用证司法解释》第 6 条、第 7 条要求开证行以"单证相符、单单相符"的标准独立审单、自行判断单据的表面相符性并自行决定是否接受单据，并明确在表面相符与否的判断上采取严格而非绝对相符标准，即单证之间、单单之间表面上不完全一致但并不导致相互之间产生歧义的不构成不符点。此外，发现不符点的开证行可自行决定是否联系申请人放弃不符点并最终决定是否接受不符点。

6. 信用证欺诈的认定问题。这一点将在以下作出详述。

7. 法院裁定止付的条件和程序问题。《信用证司法解释》第 9 条规定开证申请人、开证行或其他利害关系人发现存在信用证欺诈情形的，可以向法院申请止付。第 11 条规定止付申请人申请止付应符合的条件：止付申请人提供的证据材料证明信用证欺诈情形的存在；不止付将使止付申请人的合法权益受到难以弥补的损害；止付申请人提供了可靠、充分的担保；不存在欺诈例外的例外情形。第 12 条、第 13 条规定法院受理止付申请的，须在 48 小时内作出裁定。当事人对裁定有异议的，可在 10 日内向上一级法院申请复议。第 15 条规定法院通过实体审理认定欺诈成立且无欺诈例外之例外情形的，应判决终止信用证下款项。

8. 信用证项下的保证问题。《信用证司法解释》第 16 条、第 17 条规定除保证合同另有约定，开证申请人的保证人以放弃不符点未经其同意为由请求免除保证责任的不予支持，信用证修改未经保证人同意的保证人对因修改而加重责任的部分不承担保证责任。

二、信用证欺诈及其例外

（一）信用证欺诈的认定

《信用证司法解释》第 8 条规定，凡有下列情形之一的，应当认定存在信用证欺诈：（1）受益人伪造单据或者提交记载内容虚假的单据；（2）受益人恶意不交付货物或者交付的货物无价值；（3）受益人和开证申请人或者其他第三方串通提交假单据而没有真实的基础交易；（4）其他存在信用证欺诈的情形。

就该规定而言：第一，应借鉴新 UCC5 的规定，将信用证欺诈的适用限于单据表面相符但存在欺诈的场合。因为虽有欺诈但单据表面不相符，可以不符点为由拒付即可，根本无需启动信用证欺诈程序，因为后者的成本显然是远远高于前者的。

第二，具体就各项而言。第 1 项规定涉及单据中的欺诈，但存在如下问题：（1）将"伪造"与"虚假"简单并列。前已述及，虚假如非重大，则不宜认定欺诈。（2）单据欺诈既可能由受益人实施，也可能由第三人实施，对无辜受益人提交由第三人制作的欺诈性单据如何处理，本项未予明确。但在 2003 年 12 月 11 日最高人民法院《关于连云港口福食品公司与韩国中小企业银行信用证纠纷一案的请示的复函》中，最高人民法院曾明确："倒签提单并不必然构成信用证欺诈，也并不必然导致银行可以以此为由拒付信用证项下的款项，应当分别情形处理。如果倒签提单的行为是出于受益人进行欺诈的主观恶意，即使倒签提单的行为是承运人所为，倒签提单作为一种欺诈手段，应当被认为构成信用证欺诈，银行可以据以拒付信用证项下的款项；如果倒签提单并非出于受益人的主观恶意，开证申请人的利益也并未因倒签提单的行为遭受实际损害，则不应认为构成信用证欺诈，银行不能以倒签提单为由拒付信用证项下的款项。"根据该复函的精神，中国法院强调受益人的主观恶意是信用证欺诈的构成要件，如果受益人对欺诈不知情，其利益仍受保护，这实际上采取的是与英国法相似的立场。但如果倒签提单出于受益人的主观恶意，但开证申请人的利益却未因倒签提单的行为遭受实际损害的情形如何处理，复函似未明确。本书认为，有无实际损害不应作为民事欺诈是否成立的要件，而是在确定是否构成刑事上的信用证诈骗罪时应予考虑的因素。

第 2 项涉及基础交易中的欺诈，因为在信用证交易中受益人只有交单的义务，交货义务是受益人在基础交易中才具有的义务。这类欺诈只能由受益人实施，而欺诈的对象既包括申请人也包括开证人。所以，此时申请人可以基础交易欺诈为由起诉受益人。

第 4 项规定的兜底条款过于宽泛。既有将欺诈例外无限扩张之嫌，也未为欺诈的认定提供一个原则性的指引。

（二）信用证欺诈例外的例外

《信用证司法解释》第 10 条规定，人民法院认定存在信用证欺诈的，应当裁定中止支付或者判决终止支付信用证项下款项，但有下列情形之一的除外：（1）开证行的指定人、授权人已按照开证行的指令善意进行了付款；（2）开证行或者其指定人、授权人已对信用证项下票据善意地作出了承兑；（3）保兑人善意地履行了付款义务；（4）议付行善意地进行了议付。

本条是关于信用证欺诈例外之例外的规定，也就是为维系信用证交易参加人对信用证制度的信心并保护善意第三人，而不得以欺诈为由止付信用证下款项的情形。本条中的四项分别对应付款信用证、承兑信用证、保兑信用证和议付信用证。从本条中可以看见新 UCC5 第 109 条的影子，但规定不如后者严谨、精确和周延。新 UCC5 第 109 条（a）项从不同主体角度切入以界定各主体相应的权利义务，其中（1）子项从信用证下应予保护的主体即无辜第三人的角度切入，明确了指定人、保兑人、已承兑汇票的正当持票人和与延期付款义务对应之权利的善意受让人四类应受保护的对象，且将并非无辜的受益人本人排除在外；（2）子项则从开证人的角度出发，赋予其诚信行事的权利。司法解释中的本条则从信用证下特定行为的角度入手来提供保护，但由于单一行为往往涉及数个主体（如对信用证下汇票的承兑行为就可能涉及承兑人和持票人等），从而出现保护对象不明确甚至错位的混乱现象。具体而言，本条规定存在如下问题：

1. 就承兑信用证而言，在考察行为人的主观意图时存在考察对象的错位。本条第 2 项规定，开证人或其指定人已在承兑信用证项下善意承兑了票据的，法院不得止付信用证下款项。由于该项考察的是承兑人而非持票人的善意，所以，按照本项的字面意思，即使在善意承兑之后发现欺诈，恶意的受益人仍然有权于承兑到期后在证下提示付款。

而新 UCC5 条在承兑信用证下保护的是"取得信用证项下已由开证人或指定人承兑之汇票的正当持票人"（a holder in due course of a draft drawn under the letter of credit that was taken after acceptance by the issuer or nominated person）。根据 UCC3 第 302 条的规定，"正当持票人"一般是善意支付了价值且对欺诈不知情的第三人，这就将受益人排除出了受保护之列。如果说新 UCC5 是通过考察持票人主观意图来决定该人是否应受保护，本项却是通过考察承兑人的主观意图来决定持票人是否应受保护。显而易见的是，承兑人的善意不能等同于持票人的善意，开证行或其指定人的善意承兑也不应赋予恶意受益人以受保护的权利。

根据票据法原理以及国际惯例，银行一旦在承兑信用证下作出了承兑，如果汇票流通到了正当持票人手中，即使在实际付款之前发现欺诈，法院也不能针对正当持票人的提示进行止付。如果在发现欺诈后汇票仍由受益人持有，则法院可以对其提示进行止付。

对于本司法解释规定中存在的这一缺陷，在实践中法院已试图通过目的解释的方式来对本项加以矫正，不失为亡羊补牢之举。最高人民法院民事审判第四庭在其调研报告中认为："信用证司法解释第十条是以保护善意第三人的利益为出发点的，这正是'信用证欺诈例外的例外'得以形成并在各国司法实践中被普遍认可进而形成为一种'制度'的法理基础。因此，只要考察是否存在善意第三人，就能正确理解和适用信用证司法解释第十条的规定，包括该条第二项的规定。实践中，在存在信用证欺诈的情况下，开证人或其指定人、授权人善意对票据作出了承兑，如果没有善意第三人存在，人民法院仍然可以裁定中止支付或判决终止支付信用证项下款项。"

2. 如何界定延期付款信用证下的"善意付款"？本条第 1 项规定"开证行的指定人、授权人已按照开证行的指令善意进行了付款的"不应止付。如果指定人在延期付款信用证下提前融资之后发现欺诈存在，这种预付是否构成本项规定的"善意付款"？本书认为对此应作与时俱进的解读。由于本司法解释最初出台于 2005 年，按当时生效的 UCP500 的规定，延期付款信用证只能"在信用证规定所确定的到期日付款"，所以提前预付就不能认定为善意。但按照 2007 年修订后的 UCP600"延期付款信用证包含对指定人的预付授权"的精神，这种预付应当可以认定为善意。因此，从促进延期付款信用证下贴现融资及与现行国际惯例保持一致的角度出发，似以应认定指定人在延期付款信用证下的预付属于善意为宜。

3. 对延期付款信用证的规定还存在不周延之处。本条第 1 项仅涉及开证行的指定人、授权人的善意付款，而未涉及开证行自身。那么，在延期付款信用证下开证行承诺付款之后实际付款之前如发现欺诈，此时开证行是否有权继续付款？或此时法院是否仍可进行干预而发出止付禁令？司法解释对此并未明确，从而留下了规则适用上的空白。虽然本条第 1 项规定将已善意付款作为对指定人、授权人提供保护的前提，并未将开证行包括在内，但这是不是说一旦延期付款信用证开立并生效，则即使面临欺诈的开证行尚未付款也不得止付呢？好像不是。因为本司法解释的基本立场似乎是只要信用证下款项尚未支付，就可基于欺诈而予以止付，而该立场也是对欺诈例外之例外的适用范围进行适度限制的合理立场。鉴于开证行与保兑行的相似地位，这一立场也可从本条第 3 项对保兑行的态度上得到验证，该项将保兑行履行付款义务而非保兑义务作为对其提供保护的前提。

其实，第 1 项规定中遗漏开证行更像是照搬新 UCC5 第 109（a）（1）条的结果，因其内容是对无辜第三人所作的界定，故不涉及作为兑付义务人的开证人本身。新 UCC5 第 109（a）（2）条则另行规定了诚信行事的开证人有拒付或兑付的权利，故在延期付款信用证下已承诺付款的开证人根据该规定可善意付款或拒付而无需负责。易言之，如果欺诈证据确凿，开证人有权拒付。不过新 UCC5 第 109（a）（2）条的规定似乎为司法解释的制订者所忽略。鉴于我国司法解释既未明确此时开证行是否应该继续付款，又未赋予开证行诚信行事的权利，开证行在此种情况下或将陷于无所适从的窘境。

4. 对议付信用证的规定逻辑上不严谨。第 10 条第 4 项将"议付行善意地进行了议付"单列为欺诈例外之例外的情形之一，但这一规定不仅多余，而且不合理。一方面，根据 UCP600 这一司法解释明确认可的国际惯例，议付人属于指定人的一种，鉴于本条第 1 项已专门规定了善意付款后的指定人应受保护，针对议付行再作另行规定似乎已无必要。[1]不仅如此，本项还为对议付行的保护设定了与第 1 项对指定人的保护不同的门槛，而后一保护门槛更具合理性。本项对议付行的保护以善意的"议付"为前提而不以"付款"为前提，根据 UCP600 的定义，"议付"是"指定银行……向受益人预付或同意预付款项……的行为"，可见"议付"不等于实际付款，它也可以是同意在将来付款。规定善意议付即予以保护，意味着一旦议付行在信用证下善意承兑了汇票或善意承担了延期付款义务，就不得再针对该行发出止付禁令，即使证下款项尚未实际支付。这样的话，即使发生欺诈，开证行此时仍须向议付行付款，议付行则须履行其"同意预付款项"的承诺，将款项付给已明知是骗子的受益人，而这显然是不利于打击欺诈的。

---

[1] 第 10 条第 3 项对保兑行所作的另行规定同样也有重复之嫌。因为 UCP600 项下的指定银行是指信用证可在其处兑用的银行，这实际上就将议付行和保兑行均已包括在内。新 UCC5 第 109 条之所以在指定人之外将保兑人作单列规定，是因为根据新 UCC5 第 102（a）（11）条的定义，第五篇项下的"指定人"不包括保兑人在内。

第三节 《独立保函司法解释》评述

随着生产力水平的不断提高，世界经济不断由短缺经济向过剩经济演变，全球市场由卖方市场格局愈益向买方市场格局转化，保障商品和服务购买方在交易中的安全和利益不仅具有微观上的重要性，在宏观上也成为一国扩大出口并实现经济可持续发展的关键。银行保函因其应用上的广泛适应性而在商事交易中愈益发挥重要作用。作为全球商品进出口国和对外劳务承包工程大国，中国已成为对外开立银行保函最多的国家之一。我国企业使用独立保函的数量和规模也大于备用信用证。

银行保函往往为商品或服务提供方的履约义务提供担保，以保障购买方的利益。在我国国内产能普遍过剩以及"一带一路"建设的大背景下，借助银行保函提供的信用支持，大力促进我国商品和服务的输出，无疑具有突出的现实意义。在这一大背景下，最高人民法院于 2016 年 7 月 11 日通过了《最高人民法院关于审理独立保函纠纷案件若干问题的规定》（法释〔2016〕24 号），该规定自 2016 年 12 月 1 日起正式施行。

一、独立保函的性质

根据司法解释，独立保函是一种开立人以书面形式向受益人作出的凭单据在限额内付款的承诺。保函项下开立人所承担的担保责任具有特定的属性，具体包括独立抽象性、条件性、付款责任的第一性和第二位以及内外一体适用性。

1. 独立抽象性。《独立保函司法解释》第 3 条第 1 款第 3 项规定："根据保函文本内容，开立人的付款义务独立于基础交易关系及保函申请法律关系，其仅承担相符交单的付款责任。"其中就涉及保函的独立性和抽象性。具体而言，独立性指保函独立于基础交易及保函申请，抽象性指开立人仅在独立保函下承担对相符交单的付款责任，而无须探究单据背后的基础交易。所谓抽象，是指基础交易项下的到期付款的事件化条件向信用证交易项下的单据化条件的抽象。单据化是遵循独立性原则的必然结果，而强调单据化特征也是最能表现其独立性的方式。

2. 条件性。独立保函与本票十分相似，都是一方对另一方的付款承诺。但独立保函是一种有条件的付款承诺，开立人的付款以受益人提交相符单据为条件，不同于具有无因性的流通票据。流通性是票据的本质特征，为促进票据的流通性，保护票据受让人的利益，票据无须通知票据债务人即可转让。而保函项下的付款请求权未经开立人的同意不得转让，否则被要求付款的风险将大大增加，因为转让一旦发生，则原保函收益人退出保函法律关系，受让人成为保函法律关系中新的一方当事人。因此《独立保函司法解释》第10条规定："独立保函未同时载明可转让和据以确定新受益人的单据，开立人主张受益人付款请求权的转让对其不发生效力的，人民法院应予支持……"但是，这并不排除受益人将保函项下的权益让渡给第三人的可能性，因为此时第三人并不加入保函法律关系，它只是保函受益人就自己在保函项下享有的权益指定的收款人而已。

3. 付款责任的第一性和第二位。保函开立人作为对受益人负第一性付款责任的主要债务人，以自身的信用（往往是银行信用）做出付款承诺，独立地履行自身的债务，而不是代替申请人偿还债务。虽然开立人一般只在申请人不履约时才承担责任，但考虑到保函的独立性，它向受益人承担责任不以违约的实际发生为前提，而是仅以受益人的相符交单为条件，因此，保函开证人的责任仍是第一性而非从属于基础合同的。根据《独立保函司法解释》第3条第2款的规定，当事人主张独立保函适用担保法关于一般保证或连带保证规定的，人民法院不予支持。

与备用信用证的情形相类似，虽然保函开立人在保函项下负有第一性付款义务，但就开立人承担保函项下义务与申请人承担的基础义务的关系而言，先应由申请人履行其在基础合同下的义务，仅在申请人违约时受益人才能转向开立人寻求补偿，所以开立人承担付款义务的位次后于申请人承担的基础义务。这种保函开立人付款义务的第一性和第二位之间的错位，也为保函项下的不当索偿提供了制度空间。因为受益人有可能会试图跳过基础合同履行这一在先步骤，而利用付款责任的第一性直接去到保函项下支款。

4. 内外一体适用性。《独立保函司法解释》出台之前，实践中只承认涉外保函的独立性。如在最高人民法院民事判决书（2007）民二终字第117号案件中，法院曾认为："考虑到独立担保责任的异常严厉性，以及该使用制度可能产生欺诈和滥用权利的弊端，尤其是为了避免严重影响或动摇我国担保法律制度体系的基础，独立担保只能在国际商事交易中使用，不能在国内市场交易中运用。"但此次司法解释贯彻平等保护原则，首次明确对国际和国内独立保函的效力认定适用统一的标准。《独立保函司法解释》第 23 条规定："当事人约定在国内交易中适用独立保函，一方当事人以独立保函不具有涉外因素为由，主张保函独立性的约定无效的，人民法院不予支持。"

"市场是天生的平等派"。对相同的保函仅因涉外因素的有无而作区别对待，不仅造成人为的市场分割，而且有失公正，因其事实上给予了接受独立保函的涉外主体以超国民待遇。以独立担保责任的异常严厉性为由进行的干预，虽被冠以保护之名，却有"好心办坏事"之嫌。这种干预否定了理性市场主体的意思自治，破坏了参与市场交易的各方的稳定预期，增加了独立保函在法律适用上的不确定性，不仅损害受益人的利益，也损害开立保函的银行的利益。独立保函项下银行的责任原本明确而有限，在独立保函被人为地降格为从属性保函之后，银行的责任未必会减轻，倒一定会更加无所适从，因为它要么被迫介入基础交易去充当裁判员，要么可能裹足不前而退出保函业务。此次《独立保函司法解释》正本清源，明确承认国内独立保函的法律效力，必将增加独立保函在国内交易中的可接受性，从而给独立保函的应用带来更为广阔的前景。

此后，《全国法院民商事审判工作会议纪要》第 54 条"独立担保"规定，从属性是担保的基本属性，但由银行或者非银行金融机构开立的独立保函除外。独立保函纠纷案件依据《最高人民法院关于审理独立保函纠纷案件若干问题的规定》处理。需要进一步明确的是：凡是由银行或者非银行金融机构开立的符合该司法解释第 1 条、第 3 条规定情形的保函，无论是用于国际商事交易还是用于国内商事交易，均不影响保函的效力。银行或者非银行金融机构之外的当事人开立的独立保函，以及当事人有关排除担保从属性的约定，应当认定无效。但是，根据"无效法律行为的转换"原理，在否定其独立担保效力的同时，应当将其认定为从属性担保。此时，如果主合同有效，则担保合同有效，担保人与主债务人承担连带保证责任。主合同无效，则该所谓的独立担保也随之无效，担保人无过错的，不承担责任；担保人有过错的，其承担民事责任的部分，不应超过债务人不能清偿部分的三分之一。

《民法典》第 388 条第 2 款规定："担保合同被确认无效后，债务人、担保人、债权人有过错的，应当根据其过错各自承担相应的民事责任。"

二、独立保函欺诈

《独立保函司法解释》第 12 条将欺诈也作了类型化，该条规定，具有下列情形之一的，人民法院应当认定构成独立保函欺诈：（1）受益人与保函申请人或其他人串通，虚构基础交易的；（2）受益人提交的第三方单据系伪造或内容虚假的；（3）法院判决或仲裁裁决认定基础交易债务人没有付款或赔偿责任的；（4）受益人确认基础交易债务已得到完全履行或者确认独立保函载明的付款到期事件并未发生的；（5）受益人明知其没有付款请求权仍滥用该权利的其他情形。[1]

这种类型化的基本思路仍然是在保留了富于中国特色的串通欺诈同时，注意区分单据欺诈和基础交易欺诈两种类型的欺诈。其中第 3 项和第 4 项主要涉及基础交易欺诈，为与基础交易违约相区分，这两项分别规定必须依据基础交易的法院判决或仲裁裁决、受益人自身确认的证据来认定欺诈。此外，考虑到独立保函欺诈在实践中的复杂多样性，《独立保函司法解释》规定了一个概括性的兜底条款。以下对该条规定逐项分析如下：

第 1 项有关串通欺诈的问题在第六章的相关部分已有论及，此处不赘。

第 2 项"受益人提交的第三方单据系伪造或内容虚假的"情形。本项属于单据中的欺诈，但其规定颇不周延，至少存在如下问题：一是对受益人提交的自己出具的欺诈性单据未作规定。受益人提交的由自己出具的单据如系伪造或内容虚假，难道不应认定为欺诈吗？须知受益人在保函下出具自己的单据乃是常态，由第三方出具单据并非常态。而且，受益人自己出具单据进行欺诈，其程度显然重于由第三方出具单据引起的欺诈，所以是前者而不是后者更应受到规制。这一重大漏洞在实践中也带来了严重的问题。如在"中国工商银行股份有限公司义乌分行与中国技术进出口总公司信用证欺诈纠纷

---

[1] 不能不说的是，本条规定在文字表述上存在着不严谨之处，特别是就其中第 3 项、第 4 项的情形而言。因为，根据本条的字面意思，在"受益人确认基础交易债务已得到完全履行"这一情形下，"人民法院应当认定独立保函欺诈"。为什么受益人确认基础交易债务已得到完全履行，法院就应当认定其构成独立保函欺诈呢？这显然是没有道理的。本条在此想要表达的完整意思显然是，在"受益人确认基础交易债务已得到完全履行"却仍"在保函下提起付款请求"这一情形下，"人民法院应当认定独立保函欺诈"。相比之下，《独立保函司法解释》征求意见稿第 18 条中"受益人的付款请求具有下列情形之一的，人民法院可以认定构成欺诈……"的表述更加准确。

案"中，二审法院就以受益人中技公司提交的单据不属"第三方单据"为由，排除了本项的适用。[1]在《独立保函司法解释》未作明确规定的情况下，受益人提交自己出具的欺诈性单据似乎只能适用第5项的兜底规定。

二是对受益人提交的第三方单据虽系伪造或内容虚假但受益人对此并不知情的情况如何处理未予明确。本项并未对受益人的主观心态作出要求，以致解释上存在两种可能。第一种解释是对本项的文字字面作文义解释，由于本项对受益人的主观心态并未提出要求，故可认为只要提交的第三方单据事实上存在伪造或内容虚假，无论受益人对此知情与否，均应认定为欺诈；第二种解释是根据本条第5项之兜底规定作体系解释，认为受益人此时如不具有"明知"第三方单据欺诈性之主观心态的，应予保护而不应认定欺诈。哪一种解释更合理呢？

不妨先对照一下2005年《信用证司法解释》关于单据欺诈的相关规定，根据该解释第8条第1项"受益人伪造单据或者提交记载内容虚假的单据"可知，该项规定的单据欺诈主体限于受益人，受益人的主观心态似应为恶意或故意，而第三人欺诈而受益人不知情的不在本项涵盖之列。第一，从受益人交单时主观心态上看。虽然从字面上看受益人提交的虚假单据有可能是由第三人提供而受益人不知情的，但由于"受益人伪造"情况下受益人显然只能是明知而伪造的，在本项将"伪造"和"提交"两种情况并列的情况下，将后一种情况理解为受益人对提交的虚假单据至少也是知情的更合乎逻辑。第二，将第8条第1项、第2项、第3项三种具体的欺诈形态结合起来看。除本项的"伪造"外，第2项中的"恶意"和第3项中的"串通"，都反映了受益人至少明知的主观心态，故从体系解释的角度，《信用证司法解释》似乎意在将"欺诈故意"作为欺诈成立的主观要件，[2]故第1项中受益人提交虚假单据也应以受益人知情为宜。最后，从受益人提交的虚假单据的提供者来看。虽从字面上看受益人提交的该虚假单据可能是由受益人自己提供，也可能是第三人提供，但受益人与第三人串通提交虚假单据的情况已由该条第3项另行规定，所以对第1项唯一的完整理解似乎只能是"受益人伪造单据或

---

[1]　(2016)浙民终922号。

[2]　《信用证司法解释》第8条4项之兜底条款未作此种归纳而显得失之宽泛，但《独立保函司法解释》第12条第5项之兜底条款中要求受益人"明知"的规定似已在一定意义上弥补了这一缺失。

者制作并提交记载内容虚假的单据"。这样解释的结果是，如果受益人的交单中含有第三人制作的虚假单据而受益人对此不知情，这种情形既未落在第 1 项也未落在第 3 项的规定范围之内，加之受益人因不知情而使"欺诈故意"这一主观要件未获满足，故依《信用证司法解释》，无辜受益人的交单行为本身似不构成欺诈。

再回到《独立保函司法解释》第 12 条，基于以上分析并结合第 5 项兜底条款的规定，对第 2 项的完整理解似应为"受益人明知其提交的第三方单据系伪造或内容虚假的，构成独立保函欺诈"。[1]只有这样解释，才能既保证本条中具体条款和兜底条款之间逻辑上的一致性，也能保持独立保函和信用证两个司法解释之间逻辑上的一致性。另从信息占有的角度看，在受益人对第三方单据中的欺诈并不明知的情况下，申请人和受益人之间并不存在信息不对称，受益人的主观心态属于善意，故不将其善意的交单行为认定为欺诈具有一定合理性。

就司法解释要求"明知"这一主观上的欺诈故意而言，这一要求与英国法上的标准是基本一致的，我国法上却没有类似英国法上将对受益人的禁令与对银行的禁令区别对待的实践。我国《独立保函司法解释》第 14 条第 2 款规定"止付申请人以受益人在基础交易中违约为由请求止付的，人民法院不予支持"，这就意味着要在我国取得针对受益人的禁令和针对银行的禁令一样，只能以欺诈而不能以违约为依据，这也意味着通过适用"消极条件条款"这一较低门槛取得针对受益人的禁令的可能性被排除在外。

三是将单据伪造与单据内容虚假作等同看待，而未考虑单据内容虚假的程度。前已述及，单据伪造的欺诈程度是高于单据内容虚假的。本项却在未对"内容虚假"的程度加以限定的情况下与"伪造"并用，从而不加区别地将"内容虚假"与"伪造"并列使用和同等看待，这种处理方式一则在逻辑上不够严谨，二则也可能不恰当地扩大欺诈认定的范围。套用新 UCC5 第 109 条官方评论中的案例，如受益人交付 998 桶色拉油却提交了显示有 1000 桶的发票，在新 UCC5 下显然因为程度轻微而不构成实质性欺诈，但在《独立保

---

　　[1]《日本民法典》第 96 条第 2 项规定："就对某人的意思表示，第三人进行欺诈时，以相对人知其事实情形为限，可以撤销其意思表示。"该规定也将相对人对第三人欺诈的知情（非善意）作为表意人撤销意思表示的前提。

函司法解释》下却可能被法院认为是"内容虚假"而构成欺诈。更适当的做法是在虚假前面加上"重大"两字作为限定语，改为"单据系伪造或内容重大虚假"。

第3项"法院判决或仲裁裁决认定基础交易债务人没有付款或赔偿责任的"情形。本项属于交易中的欺诈，似乎是借鉴了备用证公约第19（2）（b）条的规定，即"法院或仲裁庭已宣布委托人/申请人的基本义务无效，除非承保书表明这类意外属于承保的风险范围之内"这一"从承保的类型和目的可断定索偿无任何依据"的情形。由于"承保目的"显然在于担保基础交易的履行，所以"索偿无任何依据"的判断当然也以基础交易为依据，因此本项针对的是基础交易中欺诈的情形。

但本项规定比备用证公约规定的外延更广。备用证公约的规定限于因基础合同无效而使债务人免予基础交易下的责任之特定情形，而本项规定可能涉及基础交易债务人被司法机关认定为在基础交易下无需担责的各种情形，包括基础合同被解除、被确认无效或被撤销，以及基础合同有效且债务已被完全履行等。比如说，在发生不可抗力且不可抗力不属于承保风险范围的情况下，申请人在基础交易中的义务可能因不可抗力而解除，此时申请人在基础交易下理应已无付款或赔偿责任，如果这一点经判决或裁决认定后，受益人仍然在保函下提起索赔，则构成独立保函欺诈。

应予注意的是，本项中的判决或裁决指的是法院或仲裁机构就基础交易纠纷所作的判决或裁决，而不是就独立保函纠纷本身作出的判决或裁决。因为商事交易和金融交易的差异性，基础交易纠纷和独立保函纠纷涉及的当事人可能不尽一致，基础合同和独立保函约定适用的法律可能也不相同，甚至还可能涉及管辖权的不同问题。比如，基础合同约定管辖的可能是仲裁，或者管辖基础交易纠纷的是不同于管辖独立保函纠纷的另一家法院。因此，法院审理独立保函纠纷时对基础合同的审查有可能受到其他法院或仲裁机构就基础交易纠纷所作判决或裁决的影响。

此外，与《独立保函司法解释》征求意见稿中曾经的规定即"对基础法律关系争议具有管辖权的法院或仲裁机构终局裁决认定债务人没有付款或赔偿责任的"相比，本项适当降低了欺诈的认定门槛，并不要求有关判决或裁决是终局的，从而也与备用证公约的规定保持了一致。

第4项"受益人确认基础交易债务已得到完全履行或者确认独立保函载

明的付款到期事件并未发生的"情形。本项将欺诈事实的认定限于受益人一方面确认基础交易已获履行另一方面又在保函项下支款的自相矛盾的情况，适用的范围比较狭窄。从解释上说，受益人一般不会在保函项下既提交确认基础债务已经履行或付款到期事件未发生的单据，同时又提交索赔单据，即使如此提交也构成不符点。所以对本项规定的准确理解只能是，受益人曾经在保函之外对基础债务完全履行或付款到期事件未发生作出过确认，后来又提起保函索赔。举例来说，申请人已履行完毕基础交易项下的义务，如工程已竣工或货物已发运等，并取得了受益人的验收证明或收货证明，但受益人此后仍然出具违约声明在保函项下提起索赔，或在不可抗力事件发生后受益人已就工程发出变更指令（change order）确认工期顺延，此后却又以延期履行为由在保函项下提起索赔等，则该等索赔显然与受益人此前的确认相悖。在此种情况下申请人可向法院提交受益人信函、受益人与申请人之间达成的和解协议等，来证明受益人没有付款请求权。

不过，如果基础债务事实上已得到完全履行或者确认独立保函载明的付款到期事件事实上并未发生，但受益人明知这一事实却未以任何方式对此作过确认，而径行在保函项下提示请求付款，则本项规定便无适用之余地。在这种情况下，将本项规定作一定的扩张解释，不拘泥于受益人本人就基础交易之履行对申请人所作的无责确认而以客观事实本身来认定欺诈，似乎也有其合理性，不过这样做带来的问题是双方可能会各执一词而陷入争议的泥潭。可见，本项规定意在强调构成欺诈的门槛是受益人无争议地不享有付款请求权，因为受益人在确认基础债务已履行或付款到期事件未发生的情况下仍在保函项下支款，其欺诈性就是显而易见毫无争议的。这样一来，要在受益人自认之外的情况下主张基础债务已履行或付款到期事件未发生，就只能诉诸本款的第5项了。

此外，本项虽然主要可以归类于基础交易欺诈，但也可能表现为单据中的欺诈，具体视欺诈是否体现于单据之中而定。在基础债务已被完全履行或者独立保函载明的付款到期事件并未发生的情况下，受益人仍在保函项下提交关于申请人违约的声明，则受益人的提示构成单据中的欺诈，因为此时违约声明本身的内容虚假。如果受益人依保函规定只需提交汇票或付款请求书，则受益人的这种提示构成基础交易中的欺诈，因为提示的单据本身并无伪造或虚假。这也可以说明，单据欺诈和基础交易欺诈的区分只是形式上的而不是绝对的，从实质上看，所有欺诈都是基础交易中的欺诈。

第 5 项"受益人明知其没有付款请求权仍滥用该权利的其他情形"。这一兜底条款实际上也为独立保函欺诈下了一个概括性的定义，即受益人明知其在独立保函项下没有付款请求权而滥用索赔权。这一定义与英国判例法上对欺诈"缺乏真心相信"的界定比较接近，属于欺诈的主观说。

从这一欺诈定义的主观要件上看，要求受益人主观上存在明知。在认定欺诈时强调行为人的主观恶意（bad faith），是我国的一贯立场。1988 年最高人民法院《关于贯彻执行〈中华人民共和国民法通则〉若干问题的意见（试行）》第 68 条曾规定："一方当事人故意告知对方虚假情况，或者故意隐瞒真实情况，诱使对方当事人作出错误意思表示的，可以认定为欺诈行为。"最高人民法院民事审判第四庭在其一份名为《妥善审理信用证案件 应对国际金融危机》的调研报告中也说道："在司法实践中，认定是否构成信用证欺诈，不仅要从行为本身考察，更重要的是考虑行为人是否具有主观恶意，确保慎重启动信用证欺诈例外制度。"2022 年《最高人民法院关于适用〈中华人民共和国民法典〉总则编若干问题的解释》第 21 条也将"故意告知虚假情况，或者负有告知义务的人故意隐瞒真实情况"作为认定欺诈的要件。

前已述及，恶意或不诚信是指知情的主观心理状态，即本项中所谓"明知"，具体包括希望、放任和轻率三种心态。所以，根据本司法解释的规定，如果受益人主观上只存在疏忽，比如第三人出具虚假单据但受益人因失察而据以提示请求付款，或转开行因疏忽在主保函下兑付了不符提示后作为受益人在反担保函下请求付款，则不能将之认定为欺诈。

从客观上说，受益人有无付款请求权的判断应以基础交易为坐标，而不能依保函交易本身就事论事。因为仅就保函本身而言，受益人只要提交了相符单据就有权索赔。本解释第 18 条也规定："人民法院审理独立保函欺诈纠纷案件或处理止付申请，可以就当事人主张的本规定第十二条的具体情形，审查认定基础交易的相关事实。"

在国际担保实践中，对于受益人的欺诈索赔，有的国家进一步将其细分为欺诈和滥用权利两种形式：欺诈主要强调的是受益人明知申请人没有违约但仍向担保人提出索赔要求；滥用权利则指虽然存在申请人违约的事实，但申请人违约的行为完成是因为受益人的行为所引起的，受益人仍向担保人提出索赔。[1]如备用证公约第19条就明确将"受益人的故意不当行为显然妨碍了基本义务的履行"这种滥用权利的情形作为不予付款的例外情形。从本项的兜底规定来看，我国法律对欺诈和滥用权利两者未作区分。

那么我国法律是否及如何规制受益人在自己违约在先的情况下的权利滥用呢？《独立保函司法解释》第14条第2款规定："止付申请人以受益人在基础交易中违约为由请求止付的，人民法院不予支持。"这当然是因为欺诈与违约具有本质上的不同，两者的认定门槛也有高低之别。基础交易下违约与否属于基础合同项下的商事争议，即使受益人确在基础交易下存在违约，也不能以之作为止付理由。但本条是否会成为规制受益人滥用权利的障碍呢？

其实，该款排除的是止付申请人以受益人在基础交易中违约为由请求止付，并未排除止付申请人以受益人在基础交易中欺诈为由请求止付。如果受益人在先的违约行为使申请人在后义务的履行已不可能，比方说，在受益人未取得施工许可证使申请人根本无法进行正常施工的情况下，即使受益人的行为不构成备用证公约下的"故意不当行为"，申请人也有权在《独立保函司法解释》下以欺诈为由申请止付，依据便是此时受益人"明知其没有付款请求权"而仍然提起索赔。当然，对申请人而言，更稳要的做法是在保函中规定以受益人取得并提交施工许可证作为保函生效的条件。

最后，虽然本解释的兜底条款相对具体，且具有对欺诈行为的概括及对裁判的指引功能，较之《信用证司法解释》过于宽泛的兜底条款已有很大进步，但这类条款的存在本身使欺诈认定仍有扩大化之嫌。相较而言，备用证公约第19条对不予付款的例外情形就作了穷尽式的列举而没有兜底规定。

三、司法管辖和法律适用

在司法管辖和法律适用问题上，《独立保函司法解释》区分独立保函纠纷和独立保函欺诈纠纷两种情形，而加予区别对待。前者属于合同关系，因此当事人可以在法律允许的范围内事先约定司法管辖和法律适用，但后者作为侵权关系，是无法以事先约定的方式来确定司法管辖和法律适用的，所以只能以特别协议的方式来作事后的协商，无法达成一致的，则按一般的法律原则来加以确定。

---

[1] 参见阎之大：《URDG758解读例证与保函实务》，中国文献出版社2011年版，第406页。

（一）司法管辖

《独立保函司法解释》第 21 条规定："受益人和开立人之间因独立保函而产生的纠纷案件，由开立人住所地或被告住所地人民法院管辖，独立保函载明由其他法院管辖或提交仲裁的除外。当事人主张根据基础交易合同争议解决条款确定管辖法院或提交仲裁的，人民法院不予支持。独立保函欺诈纠纷案件由被请求止付的独立保函的开立人住所地或被告住所地人民法院管辖，当事人书面协议由其他法院管辖或提交仲裁的除外。当事人主张根据基础交易合同或独立保函的争议解决条款确定管辖法院或提交仲裁的，人民法院不予支持。"

就独立保函纠纷的管辖而言。首先，当事人可以通过保函来约定法院管辖或提交仲裁。但要注意的是，这种合意选择要在我国法律允许的范围内进行。我国法律要求当事人协议选择的管辖地与争议具有实际联系，我国《民事诉讼法》第 35 条规定："合同或者其他财产权益纠纷的当事人可以书面协议选择被告住所地、合同履行地、合同签订地、原告住所地、标的物所在地等与争议有实际联系的地点的人民法院管辖，但不得违反本法对级别管辖和专属管辖的规定。"其次，在保函中未约定管辖的情况下，结合《民事诉讼法》第 24 条"因合同纠纷提起的诉讼，由被告住所地或者合同履行地人民法院管辖"之规定，由于保函的履行地即为开立人的住所地，故由开立人住所地或被告住所地法院来行使管辖。最后，基于保函相对于基础合同的独立性，不得以基础合同中规定的争议条款来作为确定保函纠纷管辖的依据。

就独立保函欺诈纠纷的管辖而言。首先，当事人可以通过特定的书面协议来约定法院管辖或提交仲裁。此处的"当事人"不是指"保函当事人"，而应理解为"诉讼当事人"，因为这种就侵权纠纷所作的书面管辖协议应是事后达成的而不是事先约定的。其次，在诉讼当事人不能就管辖达成协议的情况下，应依《民事诉讼法》第 29 条"因侵权行为提起的诉讼，由侵权行为地或者被告住所地人民法院管辖"之规定来确定管辖。由于受益人在保函下作欺诈性提示的地点一般是开立人的住所地，所以开立人住所地是侵权行为发生地，可以作为行使管辖的依据。在由我国银行开出涉外保函的典型欺诈纠纷中，原告是国内的保函申请人，被告是位于国外的受益人，第三人是被申请止付的我国的银行。有了开立人住所地管辖的规定，保函申请人就可以就近在国内起诉，而无需远赴国外到受益人的住所地去打官司。最后，由于欺诈纠纷属于侵权纠纷，且涉及三个以上当事人，故无论是基础交易中还是独立保函中存在的两方间事先约定的争议解决条款，均不得作为确定保函欺诈纠纷的管辖。

（二）法律适用

根据《独立保函司法解释》第 22 条规定，涉外独立保函未载明适用法律，开立人和受益人在一审法庭辩论终结前亦未就适用法律达成一致的，开立人和受益人之间因涉外独立保函而产生的纠纷适用开立人经常居所地法律；独立保函由金融机构依法登记设立的分支机构开立的，适用分支机构登记地法律。涉外独立保函欺诈纠纷，当事人就适用法律不能达成一致的，适用被请求止付的独立保函的开立人经常居所地法律；独立保函由金融机构依法登记设立的分支机构开立的，适用分支机构登记地法律；当事人有共同经常居所地的，适用共同经常居所地法律。

此处也应区分涉外独立保函纠纷适用的法律和涉外独立保函欺诈纠纷适用的法律。就前者而言，本条也体现了《中华人民共和国涉外民事关系法律适用法》（以下简称《涉外民事关系法律适用法》）第 41 条"当事人可以协议选择合同适用的法律。当事人没有选择的，适用履行义务最能体现该合同特征的一方当事人经常居所地法律或者其他与该合同有最密切联系的法律"规定的精神，即先由当事人协议选择适用的法律，在没有选择的情况下，则适用特征履行一方的经常居所地法。由于保函法律关系中的特征履行方是开立人，故在保函无载明而开立人和受益人事后又未达成一致的情况下，应适用开立人经常居所地[1]法律。再根据 URDG758 第 3 条"担保人在不同国家的分支机构视为不同实体"的精神，独立保函由金融机构依法登记设立的分支机构开立的，适用分支机构登记地法律。综合而言，在当事人未达成一致的情况下，涉外保函纠纷适用保函开立地的法律。

就涉外独立保函欺诈纠纷的法律适用而言，同样由于独立保函欺诈纠纷属于侵权纠纷而非合同纠纷，结合《涉外民事关系法律适用法》第 44 条"侵权责任，适用侵权行为地法律，但当事人有共同经常居所地的，适用共同经

---

[1] 依《涉外民事关系法律适用法》第 14 条，法人的经常居所地，为其主营业地。

常居所地法律。侵权行为发生后，当事人协议选择适用法律的，按照其协议"的规定，在当事人未协议选择适用法律的情况下，应适用侵权行为的发生地——作为支款地的开立人经常居所地或其分支机构登记地——的法律。

四、对司法解释其他内容的评析

《独立保函司法解释》虽为独立担函的运作提供了有可操作性的具体规则，但在现行《民法典》及此前的《物权法》均要求"法律另有规定"的情况下才承认独立担保效力，而在目前似乎并无其他法律对独立担保作出明文规定的情况下，《独立保函司法解释》本身的合法性从何而来？[1]

除合法性之外，《独立保函司法解释》的内容还存在很多不够全面细致之处，由此带来的突出问题便是规则缺失以及可能因此引起的无法可依状况。

（一）关于交单的主体

为实现申请人和受益人之间的利益平衡，URDG 从 758 开始已明确许可申请人交单的实践。《独立保函司法解释》并未对这一成果加以吸收，而是在第 1 条"单据"的定义中将交单的主体明确限定为受益人，将单据也限定于索赔性单据。但是，这不等于说在我国的独立保函实践中不存在申请人交单的需要。

事实上，在《独立保函司法解释》第 11 条第 1 款第 1 项"独立保函载明的到期事件届至"，第 3 项"独立保函的金额已减额至零"，第 12 条第 5 项"受益人明知其没有付款请求权仍滥用该权利的其他情形"等规定的情形中，都可能涉及保函项下用以减少或抵销受益人之付款请求权的非索赔性单据，这些单据可能需要或者说更适宜于由申请人来提交。例如，提交发生了不可抗力的声明来证明保函载明的到期事件届至，或提交工程完工的声明来证明保函金额已减额至零，或提交受益人未按要求支付预付款的证明等。

允许申请人交单的好处在于，因为申请人通常是这类单据的原始取得人，这些单据往往也是申请人证明自己在基础交易中已不再负有义务或基础义务

---

[1]　最高人民法院在《独立保函司法解释》前言中称其制定本解释的法律依据之一是《担保法》，并未明确提及当时有效且在不一致时优先于《担保法》适用的《物权法》。前已述及，《物权法》第 172 条对《担保法》第 5 条规定的立场进行了调整，而《物权法》第 178 条明确规定"担保法与本法的规定不一致的，适用本法"，故在《独立保函司法解释》出台之际，《担保法》第 5 条的规定已经让位于《物权法》第 172 条的规定。

已全部或部分履行的证据，申请人有更大的激励去提交该类单据以免除或减轻自己的责任。如果不赋予申请人交单权，这些非索赔性单据就只能先由申请人交给受益人，再由后者交给独立保函开立人。这实际上就赋予了受益人对有利于申请人的单据的否决权。考虑到申请人和受益人在基础合同项下可能的利益冲突和对抗，如果受益人怠于提示或因其他任何原因扣留此类单据，申请人的利益就很难得到切实保障，它在保函下原本就脆弱的地位将更趋于脆弱。从另一方面说，这也进一步强化了受益人在保函项下已有的优势地位，进而甚至可能为明知没有付款请求权的受益人的欺诈性交单提供便利。

（二）关于非单据条件

《独立保函司法解释》仅规定独立保函是一种凭受益人提交的相符单据付款的承诺（第1条），并否认未载明据以付款的单据的保函的独立性（第3条），但对"保函中有、交单时无"的非单据条件却未作规定。这样，非单据条件的存在是否会影响保函本身的独立性，抑或影响保函项下单据的审核之类问题，就没有明确的规则可循。

此外，依据 URDG758，对一些对担保人而言已知的信息是无需交单人提供单据来证明的，如担保人能够从自身记录确定特定条件得以履行的，或能够从保函中规定的指数确定特定条件得以履行的，或能据以确定所交单据与保函内容之间存在矛盾的，对这些非单据条件担保人不能不予理会，而应利用其已掌握的信息资源，在诚信行事的基础上作出独立判断。这样做的效果相当于在交单人的交单之外，由担保人自己提供部分有关单据，并在此基础上全面审核单据的相符性，进而作出兑付与否的决策。这种广义上的担保人的交单事实上对受益人或申请人的交单也起到一定的制衡作用。比如说，如果申请人已通过开立人的账户将预付款退还受益人，此时受益人在预付款保函项下索赔可能就已无依据，则开立人可根据该自身记录对受益人的相关提示进行拒付。但《独立保函司法解释》中，由于缺乏类似的开立人可依自身记录等审单的弹性规定，就不能对受益人滥用支款权的行为起到制约作用。

（三）关于审单的标准

"单单相符"的规定和国际惯例的要求不太吻合。第6条规定审单标准中除要求单据与独立保函条款之间表面相符外，还要求单据与单据之间的表面相符，而后一单单相符的要求与 ISP98 及 URDG758 的规定不尽相同，这两者是不要求单单相符的。且从实践需要来看，由于保函下所提交的单据可能涉及基础交易项下的不同义务，所以无需强求单据相互之间的相符。根据《独立保函司法解释》设定的确定审单标准的顺序，是以独立保函载明的审单标准优先，其次是解释第 6 条本身的规定，最后再参照适用国际商会确定的相关审单标准。所以，如果想要排除第 6 条的法定审单标准，特别是其中的"单单相符"要求，当事人就应根据第 5 条在独立保函文本中载明适用或在一审法庭辩论终结前一致援引 URDG 规则或其中的审单标准。

（四）关于 URDG 的地位及适用

《独立保函司法解释》将 URDG 定位为独立保函交易示范规则，而未将之视为国际惯例，以致在自身空白太多的情况下，不必要地限制了 URDG 的适用。《独立保函司法解释》第 5 条规定，在独立保函未注明适用 URDG 或当事人在一审法庭辩论终结前未一致援引的，独立保函不适用 URDG 相关交易示范规则。这样规定据说是因为，司法解释对独立保函交易示范规则采契约条款说，认定其性质为国际民间性商事组织制定的定型化交易规则，因当事人的约定适用而对当事人产生法律拘束力。[1]但另一方面，《独立保函司法解释》第 7 条又规定，独立保函未载明的，可以参照适用国际商会确定的相关审单标准。这就意味着，只有在审单标准问题上，法院才可在当事人无明确约定的情况下并在不与第 6 条相抵触的前提下，参照适用包括 URDG 在内的国际商会确定的相关标准。就这一部分而言，也可以说司法解释确认了 URDG 作为规范性惯例的地位。而在其他领域，除非当事人明示同意，法院"不可以"主动适用 URDG。

与《信用证司法解释》认可 UCP 的自动适用效力不同，本解释不承认 URDG 的自动适用效力。其实，从规则起草人的角度看，URDG 与 UCP 在性质上并无差别，两者都由国际商会制订，都是经当事人明确援引而产生法律约束力的合约性规则。[2]两者的差别主要在于适用领域不同，一个适用于保

---

〔1〕 参见张勇健、沈红雨："《关于审理独立保函纠纷案件若干问题的规定》的理解和适用"，载《人民司法（应用）》2017 年第 1 期。

〔2〕 URDG758 第 1 条规定"见索即付保函统一规则（简称'URDG'）适用于任何明确表明适用本规则的见索即付保函或反担保函"，而 UCP600 第 1 条也规定其适用于"所有的其文本中明确表明受本惯例约束的跟单信用证"，就均须经明确援引才能得以适用而言，UCP 和 URDG 一样，实质上都属于任意性规范。

函而另一个适用于信用证。就接受程度而言，或许可以说 UCP 因被普遍接受而已上升为规范性贸易惯例而 URDG 目前还只能算是合同性贸易惯例，但国际惯例本身的特点就在于其属于任意性规范而非强制性规范，这也正是我国法律将国际惯例的适用地位置于国际条约和国内法律之后的原因。因此，没有证据表明我国原《民法通则》第 142 条规定的国际惯例仅限于前者而排斥了后者，而施米托夫教授对规范性惯例和合同性惯例所作的区分亦建立于两者均属国际贸易惯例这一大前提之上。所以，仅因 URDG 并非规范性惯例就排除法院主动适用该规则的可能性是没有道理的，第 142 条关于国际惯例"可以"适用之弹性规定无论与合同性的还是规范性的惯例均可兼容。

因此，在 UCP 的国际惯例地位已在《信用证司法解释》中被明确认可的情况下，不承认 URDG 的国际惯例地位似乎不太合理。鉴于我国目前尚未加入独立保函相关国际公约，而司法解释在审单时限、非单据条件、保函的通知、撤销、修改、部分支款和多次支款、款项让渡等方面均无明文规定，完全排除 URDG 适用的可能性不仅使这些领域的纠纷面临无规则可资利用的困境，也与 URDG758 起草组的初衷相悖。前已述及，起草组的意见是，即使保函或反担保函没有明确声明适用 URDG，法官或仲裁员仍然可能引用 URDG。

故本书认为，在司法实践中保函领域法无明文规定的情况下，赋予法官参照原《民法通则》第 142 条之规定，适当借鉴和引用 URDG758 相关条款的自由裁量权是有必要的。一味否认 URDG 的国际惯例属性，不仅与事实不符，也似乎缺乏动态和发展的眼光。即使目前 URDG 尚未达到普遍适用的程度，谁能保证它将来不会像 UCP 一样得到广泛应用呢？事实上，ICC 银行委员会收到的报告显示，该规则在国际交易中正得到越来越多的接受。因此，更妥当的做法是在司法解释中明确 URDG 也和 UCP 一样具有国际惯例地位，这样当事人就 URDG 的适用不能达成一致的情况下，除非当事人有不适用 URDG 的明示或默示意图，[1]法官仍可援引 URDG 作为裁判依据，以补现有相关法律资源之不足。

在司法解释已基本否认 URDG 国际惯例地位的现实情况下，当事人就 URDG 的适用要是不能达成一致，则参照原最高人民法院《关于适用〈中华

---

[1] 比方说，在存在与 URDG 不同之交易习惯的情形下，可认为当事人之间具有不适用 URDG 的默示意图。

人民共和国合同法〉若干问题的解释（二）》第 7 条的规定，如果主张适用 URDG 的一方能证明 URDG 是在交易行为当地或者某一领域、某一行业通常采用并为交易对方订立合同时所知道或者应当知道的做法，或是当事人双方经常使用的习惯做法，则 URDG 仍有可能作为交易习惯得以适用。[1]但较 UCP 作为国际惯例的自动适用而言，将 URDG 作为交易习惯来适用需经当事人的举证和法院的认定程序，故不但适用的成本较高，在适用结果上也具有较大的不确定性。

（五）关于保函金额的变动

保函金额是担保人向受益人赔付的金额，是申请人在基础交易中因违约而需要向受益人赔偿金额的反映，或者是在基础交易中因受益人的履约申请人需要向受益人支付金额的反映，因此，开立保函时，可以根据基础交易中申请人或受益人履约的进展情况，规定保函金额的减少或增加。[2]

《独立保函司法解释》仅在第 11 条第 1 款第 3 项规定 "独立保函的金额已减额至零" 时，独立保函终止。这样在履约保函下工程阶段性完工后申请人可凭完工证明相应减少保函金额，或在付款保函下如货物超装则受益人可凭发票相应增加保函金额之类的实践，就无法被本条规定所包容。相比之下，URDG758 的规定就显得线条更精确和更富于弹性，其第 13 条规定，保函金额可以在特定日期或特定事件发生时，保函金额可以减少或增加。此外，在履约保函项下，对受益人而言比较明智的做法是确保保函只是金额减少而不是全部终止，因为申请人提交的规定单据并非它已完全履约的最终证据。

（六）关于保函的转让

《独立保函司法解释》第 10 条为独立保函的转让设定了两个默认条件，即要求保函同时载明可转让和据以确定新受益人的单据，其中 "保函载明可转让" 的要求是清楚的，但 "保函载明据以确定新受益人的单据" 这一要求的含义却不甚明确。从文义角度看，保函中要求 "载明" 的究竟是 "新受益

---

〔1〕　如开立人向同一受益人开出过数份保函，以前的保函都明确说明适用 URDG，但其中之一却未说明适用 URDG，或者偶然地漏掉了此项说明；或者受益人很清楚，开立人一般都依 URDG 开具保函等情形。

〔2〕　参见阎之大：《URDG758 解读例证与保函实务》，中国文献出版社 2011 年版，第 166 页。

人"还是"单据"？具体来说，作为保函受让人的新受益人的身份信息应何时及如何明确？是要求新受益人的身份信息在保函开出时就已具体明确，还是仅默示要求保函下须提交一份包含新受益人身份信息的特定单据、新受益人的具体身份能在该单据实际提交时（或以受益人提出转让请求等方式）事后明确即可？如果是前者，则新受益人的身份应当在开出的保函中即已载明；如果是后者，则新受益人的身份在保函开出时无需明确，保函中只需载明在其项下须提交一份可据以确定新受益人身份的特定单据即可。何种理解更为合理呢？不妨先参照一下 URDG758 的相关规定。

为维护保函转让的交易安全，URDG758 第 39 条在程序上设定了保函转让的双重要求，即在要求保函载明"可转让"外，还要求担保人对转让的明确同意。至于担保人明确同意的方式，根据 Affaki 和 Goode 的观点，是在转让人提出请求后做出同意还是在保函中预先做出同意，都没有关系。预先同意的例子是保函标明为"可转让"并且说明了担保人同意转让给在保函中已注明身份的新受益人，受益人之后需要做的是发出转让请求并指出担保人在保函中已表示同意。[1]

其实，鉴于保函本身指名债权的性质，保函转让的一个关键在于使担保人保有对即使已载明"可转让"的保函之转让请求的否决权，以保护其避免因不可控的转让而不得不与其不愿合作的受益人打交道的风险。基于这样的认识，再回到《独立保函司法解释》的规定，则不难看出，只有将保函载明"据以确定新受益人的单据"理解为要求担保人对新受益人的事先同意——这就意味着，保函开出时新受益人的身份应当已能确定，而担保人对将受让保函的新受益人既心中有数也已作认可——才能不仅防范保函因转让可能导致的不可控风险，而且与国际惯例保持一致。如果按照后一种理解，则保函开出时新受益人尚不确定，而仅依靠（可能是新受益人自己）事后提交的单据来予以确定。这样的话，担保人对保函转让的否决权就完全被架空了。

此外，由于双重要求仅是保函转让的程序性条件，依据《独立保函司法解释》第 10 条后半段"独立保函对受益人付款请求权的转让有特别约定的，从其约定"之规定，当事人也有权自行设定保函转让的其他具体条件。参照

---

〔1〕 参见 Georges Affaki、Roy Goode：《国际商会见索即付保函统一规则 URDG758 指南》，国际商会中国国家委员会组织译，中国民主法制出版社 2012 年版，第 219~220 页。

新 UCC5 第 112 条的规定，开立人可以为保函转让设定任何条件，哪怕这些条件不符合惯例或不具有合理性，但前提是不至于使原本可转让的保函实际上沦为不可转让保函。

（七）关于保函的有效期

《独立保函司法解释》要求独立保函载明据以付款的单据和最高金额，但未要求独立保函必须有到期日。这样规定或许是因为保函项下有"非延即付"的实践，即使在规定了有效期的保函项下，受益人通过提起"非延即付"式的请求，可以事实上不断延长保函的期限。这样是否规定有效期似乎并无太大区别，无有效期的保函在实践中也已不多见。但前已述及，"非延即付"式请求仍对受益人形成一定的制约，而规定了有效期的保函在一定意义上有助于申请人和银行控制风险。故不宜认为我国法律认可开立无终止期限的独立保函，而且这一解释也与现行的国际惯例不符。

所以，在保函实务中，开立人应尽量开出含有到期日的保函，如保函不含有到期日，则可参照适用《民法典》第 692 条第 2 款"没有约定或者约定不明确的，保证期间为主债务履行期限届满之日起六个月"之规定，认为银行仅在主债务履行期满后 6 个月内承担担保责任。之所以说参照而不是直接适用上述第 692 条的规定，因为该条以主债务履行期届满之日开始计算保证期间，是根据从属性保证的特点作出的规定，对独立保函并不适用，要求开立人对主债务履行期届满与否作出判断，与独立保函相对于基础交易的独立性质相悖。要妥善解决未规定有效期的保函的效力问题，还需在此后可能出台的相关司法解释中作进一步明确。

（八）其他不严谨之处

如第 9 条规定："开立人依据独立保函付款后向保函申请人追偿的，人民法院应予支持，但受益人提交的单据存在不符点的除外"，但只要对不符点单据付款后就不能向申请人追偿吗？在申请人已接受该不符点的情况下，根据国际惯例开立人在付款后显然仍有权利向申请人追偿。那么本条是要排除申请人放弃或接受不符点的权利吗？显然不应作此理解，因为针对不符点拒付是申请人和开立人的一种权利，而权利可以放弃。但鉴于第 8 条第 3 款又有"开立人拒绝接受不符点，受益人以保函申请人已接受不符点为由请求开立人承担付款责任的，人民法院不予支持"之规定，却容易使人产生这种误解。

该条意在说明开立人有审单及付款义务的独立性不以申请人的意志为转移，并不是说在申请人和开立人一致同意接受不符点的情况下，该不符点也不得放弃。《独立保函司法解释》这样规定的结果，可能迫使开立人倾向于采取这样一种较为极端的立场，即由于担心一旦付款之后难以获得偿付，故无论申请人所持的立场为何，对发现存在不符点的提示一概予以拒付。

五、司法解释中规则缺失之弊的补救

对于《独立保函司法解释》中可能存在的上述规则缺失问题，可以通过当事人在开立的保函中载明适用"URDG2010 文本"、"URDG758"或"URDG"等方式来加以补救。URDG758 第 1 条（a）款明确了自身作为合约性规则的适用效力，即《见索即付保函统一规则》（URDG）适用于任何明确表明适用本规则的见索即付保函或反担保函，除有修改或排除外，本规则各条款对所有当事人均具约束力。第 1 条（d）款还明确如果 2010 年 7 月 1 日之后开出的保函仅说明受 URDG 约束而未注明文本或出版物编号，则视为系按 URDG758 开立。

《独立保函司法解释》对 URDG 适用的效力也予以肯定，第 5 条第 1 款明确："独立保函载明适用《见索即付保函统一规则》等独立保函交易示范规则，或开立人和受益人在一审法庭辩论终结前一致援引的，人民法院应当认定交易示范规则的内容构成独立保函条款的组成部分。"

值得注意的是，第 5 条第 2 款规定"不具有前款情形，当事人主张独立保函适用相关交易示范规则的，人民法院不予支持"。与《信用证司法解释》明确承认 UCP 的国际惯例地位不同，《独立保函司法解释》并未承认 URDG 的国际惯例地位，因此也不可能参照原《民法通则》第 142 条第 3 款"中华人民共和国法律和中华人民共和国缔结或者参加的国际条约没有规定的，可以适用国际惯例"之规定，来默示适用 URDG758 的相关规则。所以，在独立保函下有双向交单需要的当事人，只能以第 5 条第 1 款规定的"载明适用"或"一致援引"的方式，来实现对 URDG758 中的双向交单规定加以利用的目的。

主要参考文献

一、中文部分

（一）著作类：

1. 刘丰名：《国际金融法》，中国政法大学出版社 1996 年版。

2. 李双元主编：《国际经济贸易法律与实务新论》，湖南大学出版社 1996 年版。

3. 阎之大：《URDG758 解读例证与保函实务》，中国文献出版社 2011 年版。

4. 于强编：《UCP600 与信用证操作实务大全》，经济日报出版社 2007 年版。

5. 贺绍奇：《国际金融担保法律理论与实务》，人民法院出版社 2001 年版。

6. 林建煌：《品读 UCP600：跟单信用证统一惯例》，厦门大学出版社 2008 年版。

7. 王江雨译：《美国统一商法典〈信用证〉篇》，中国法制出版社 1998 年版。

8. 潘琪译：《美国统一商法典—中英双语》，法律出版社 2018 年版。

9. 黄飞雪、李志洁编著：《UCP600 与 ISBP681 述评及案例》，厦门大学出版社 2009 年版。

10. 李燕：《独立担保法律制度——见索即付银行保函的理论与实践》，中国检察出版社 2004 年版。

11. 高祥主编：《信用证法律专题研究》，中国政法大学出版社 2015 年版。

12. 高祥主编：《独立担保法律问题研究》，中国政法大学出版社 2015 年版。

13. 刘应民、张亮：《独立担保制度研究》，中国社会科学出版社 2017 年版。

14. 王善论：《国际商会信用证案例评析》，厦门大学出版社 2014 年版。

15. 赵丽梅主编：《信用证操作指南》，中国经济出版社 2000 年版。

16. Georges Affaki、Roy Goode：《国际商会见索即付保函统一规则 URDG758 指南》，国际商会中国国家委员会组织译，中国民主法制出版社 2012 年版。

17. 王瑛：《信用证欺诈例外原则研究》，中央民族大学出版社 2011 年版。

18. 孙鹏、肖厚国：《担保法律制度研究》，法律出版社 1998 年版。

19. 周辉斌：《银行保函与备用信用证法律实务》，中信出版社 2003 年版。

20. 李金泽：《信用证与国际贸易融资法律问题》，中国金融出版社 2004 年版。

21. 房沫：《信用证法律适用问题研究》，中国民主法制出版社 2012 年版。

22. 徐进亮主编：《国际备用信用证与保函》，对外经济贸易大学出版社 2004 年版。

23. 左晓东：《信用证法律研究与实务》，警官教育出版社 1993 年版。

24. 沈达明编著：《美国银行业务法》，对外经济贸易大学出版社 1995 年版。

25. 笪恺：《国际贸易中银行担保法律问题研究》，法律出版社 2000 年版。

26. 沈四宝主编：《国际商法论丛》（第 1—2 卷），法律出版社 1999 年/2000 年版。

27. 何美欢：《香港担保法》（上册），北京大学出版社 1995 年版。

28. 黄献全：《金融法论集》，辅仁大学法学丛书编辑委员会编辑，1991 年版。

29. 姚梅镇主编：《国际经济法概论》，武汉大学出版社 1989 年版。

30.《信用证业务监管》编写组：《信用证业务监管》，中国金融出版社 1999 年版。

31. 徐学鹿主编：《商法研究》（第二、三辑），人民法院出版社 2001 年版。

32. 张燕玲、邱智坤编著：《ISP98 理论与实务研究》，中国经济出版社 1999 年版。

33. 沈富强：《保证法律实务》，立信会计出版社 2000 年版。

34. 赵远明编著：《信用证法律实务》，中国对外经济贸易出版社 1989 年版。

35. 杨良宜：《信用证》，中国政法大学出版社 1998 年版。

36. ［德］罗伯特·霍恩、徐杰主编：《中国与德国——银行法律制度》，中国政法大学出版社 1999 年版。

37. 郭国汀、高子才：《国际经济贸易法律与律师实务》，中国政法大学出版社 1994 年版。

38. 杨良宜：《国际商务游戏规则——英国合约法》，中国政法大学出版社 1998 年版。

39. 张东祥主编：《国际结算》，武汉大学出版社 1996 年版。

40、王传丽主编：《国际贸易法》，中国政法大学出版社 1995 年版。

41. 李国安主编：《国际货币金融法学》，北京大学出版社 1999 年版。

42. 潘琪译：《美国统一商法典》，中国对外经济贸易出版社 1990 年版。

43. 顾民编著：《信用证特别条款与 UCP500 实务》，对外经济贸易大学出版社 2000 年版。

44. ［英］马克·霍伊：《国际贸易法》，李文玺译，法律出版社 1992 年版。

45. ［日］东京银行编：《贸易与信用证》，中国银行译，中国金融出版社 1989 年版。

46. ［英］施米托夫：《国际贸易法文选》，赵秀文选译，中国大百科全书出版社 1993 年版。

47. ［英］托德：《现代提单的法律与实务》，郭国汀、赖民译，大连海运学院出版社

1992 年版。

48. ［美］罗伯特·考特、托马斯·尤伦：《法和经济学》，张军等译，上海三联书店，上海人民出版社 1994 年版。

（二）论文类

1. 张勇健、沈红雨："《关于审理独立保函纠纷案件若干问题的规定》的理解和适用"，载《人民司法（应用）》2017 年第 1 期。

2. 刘贵祥、沈红雨、黄西武："涉外商事海事审判若干疑难问题研究"，载《法律适用》2013 年第 4 期。

3. 向明华："信用证项下货款支付与止付的研究"，载《法商研究（中南政法学院学报）》1997 年第 6 期。

4. 方广明："备用信用证的特点及其风险防范"，载《国际经贸探索》2001 年第 1 期。

5. 顾耀良："谈谈《跟单信用证统一规则》（1983 年修订本）对备用信用证的若干规定"，载《国际贸易问题》1986 年第 6 期。

6. 俞惟坚："欺诈与禁制令"，载《国际金融研究》1996 年第 7 期。

7. 刘雪毅："美国商业票据与中国企业海外融资"，载《国际贸易问题》1998 年第 3 期。

8. 孙光焰："跟单信用证交易所涉法律关系探析"，载《法学评论》1998 年第 5 期。

9. 王伶："UCP500：国际贸易惯例的新发展"，载《法商研究》（中南政法学院学报）1995 年第 5 期。

10. 张燕、邱达春："请勿轻'举'妄'冻'——谈外贸企业如何正确行使信用证冻结申请权"，载《对外经贸实务》1999 年第 11 期。

11. 聂卫东："《国际备用信用证惯例》（ISP98）述评"，载《国际贸易问题》1999 年第 12 期。

12. 姚毅："评《国际商会备用信用证惯例》（ISP98）"，载《国际经贸探索》2000 年第 1 期。

13. 王玫黎："民法典时代国际条约地位的立法模式"，载《现代法学》2021 年第 1 期。

二、外文部分

（一）Books

1. Philip R Wood, *Law and Practice of International Finance*, Sweet & Maxwell, 1980.

2. Philip R Wood, *Comparative Law of Security and Guarantees*, Sweet & Maxwell, 1980.

3. Roeland F. Bertrams, *Bank Guarantees in International Trade*, *Kluwer Law International*, 2004.

4. Jacob E. Sifri, *Standby Letters of Credit: A Comprehensiue Guide*, Palgrave Macmillan, 2008.

5. John F. Dolan, *The Law of Letter of Credit: Commercial and Standby Credits*, Warren, Gorham & Lamont Co, 1996.

6. Ramandeep Kaur Chhina, *Standby Letters of Credit in International Trade*, Kluwer Law Internatioal, 2013.

7. Richard King, *Gutteridge and Megrah's Law of Bankers' Commrecial Credits*, Routledge, 2001.

8. Ralph H. Folsom, Micheal W. Gordan, John A. Spanogle, *International Business Transactions*, Law Press' China, 2005.

9. Bradford Stone, *Uniform Commercial Code*, Law Press China, 2004.

10. Audi Y. Gozlan, *International Letter of Credit: Resolving Conflict of Law Disputes*, Kluwer Law International, 1999.

11. 1997 Annual Survey of Letter of Credit Law & Practice (Byrne et al. eds. 1997).

12. Trimble, *The Law Merchant and The Letter of Credit*, Harvard Law Review Association, 1948.

13. Peter Cresswell, *The Law of Guarantee*, McGuVinness Carswell, 1992.

14. Hans van Houtte, *The Law of International Trade*, Sweet & Maxwell, 1995.

15. M. Schmitthoff, *Export Trade*, Stevens & Sons, London, 1986.

16. An Examination of U. C. C Article 5 (Letters of Credit), A Report of Task Force on the Study of U. C. C. Article 5 (chairman J. E. Byrne).

17. 徐冬根:《国际金融法》(英文),高等教育出版社 2015 年版。

(二) Articles

1. John F. Dolan, " Letter of Credit: A Comparison of UCP 500 and the New U. S. Article 5", J. B. L. , 1999.

2. M. Schmitthoff, "Conflict of Laws Issues Relating to Letters of Credit: An English Perstective", in Select Essays on International Trade Law, Kluwer Law and Taxation Publishers, 1988.

3. M. Schmitthoff, "The New Uniform Customs for Letters of Credit", J. B. L. , 1983.

4. Ellinger, "Documentary Credits and Fraudulent Documents", in Current Problems of International Financing (2nd ed. Ho/Chaned. Singapore, 1990).

5. Howard N. Bennett, "Performance Bonds and the Principle of Autonomy", J. B. L. , 1994.

6. W. Seung chong, "The Abusive Calling of Performance Bonds", J. B. L. , 1994.

7. Harfield, Code, "Customs and Conscience in Letter-of-Credit Law", U. C. C. L. J. No 4, 1971.

8. Ho Peng Kee, "The Fraud Rule in Letters of Credits Transactions", in Current Problems of International Financing (2nd ed. Ho/Chaned. Singapore, 1990).

9. Boris Kozolchyk, "The Financial Standby Letters of Credit" 〔1995〕1995: 4 IBLJ 405.

10. Douglas G Baird, "Standby Letters of Credit in Bankruptcy" (1982) 49: 1 U Chicago L Rev 130.

11. Gordon B. Graham and Benjamin Geva, "Standby Credit in Canada" (1984) 9. 2 CAN BUS LJ.

三、法律规则类

国际商会第 325 号出版物《合约担保统一规则》

国际商会第 400 号出版物《跟单信用证统一惯例》

国际商会第 500 号出版物《跟单信用证统一惯例》

国际商会第 600 号出版物《跟单信用证统一惯例》

《联合国独立保函与备用信用证公约》

国际商会第 524 号出版物《合同担保统一规则》

国际商会第 458 号出版物《见索即付保函统一规则》

国际商会第 745 号出版物《关于审核 UCP600 下单据的国际标准银行实务》

国际商会第 758 号出版物《见索即付保函统一规则》

国际商会第 590 号出版物《国际备用证惯例》

《美国统一商法典-信用证篇》（第 1987 年版本）

《美国统一商法典-信用证篇》（第 1995 年修订本）

《最高人民法院关于审理信用证纠纷案件若干问题的规定》（法释〔2005〕13 号 2020 年修正）

《最高人民法院关于审理独立保函纠纷案件若干问题的规定》（法释〔2016〕24 号）

《中华人民共和国民法典》

后 记 在不经意的下一个转弯

　　有人说"一本书就是一场灾难"，这应是就读书而言的，而写一本书更是一场精神上的冒险、一场旷日持久的战争，个中甘苦，自是一言难尽。生僻的主题、较窄的切入点决定了本书只能面对小众、即使叫好也难叫座，其实这本书更像是一部"为己之作"，为给自己的博士论文画一个较圆满的句号，也为对自己的学术生涯有一个过得去的交代。在这场奥德赛式的精神远征中，可谓"五岳寻仙不辞远"。从一本书到另一本书，从一个图书馆到另一个图书馆，辗转周折，探幽索微，经常致于走得太远，而忘了为什么出发。不过窃以为学问本该如此，何妨"从吾所好""迷途而不知返"。相反，若是过于功利，怕倒只有更小的概率能行稳致远。须知投身这场无法毕其功于一役的战事，"一口吃一个胖子"绝无可能，"做一天和尚撞一天钟"才是务实之选。

　　文章一日不成，心中一日不安。这份不安中有相当一部分是担心有负师恩的惶恐。"可训有才"是先生刘丰名教授对我的认同，更是对我的期许，感愧之余，敢不日就月将？唯其如此，才能不负先生的厚望，也得偿自己的心债。一天忙碌下来，往往身心俱疲，此时倘还能在电脑上挣扎着敲出几行字，便不失为一种心灵上的慰藉。"人是会思想的芦苇"，终其一生，谁又不是恒常在与自己的心魔杂念苦苦缠斗呢？疲劳、惰性、倦怠、病痛、拖延症等不时侵袭，对此唯能以"磨"和"熬"应对。尽管每一本书背后都有作者的喜怒哀乐，但很多书的作者是隐藏于作品之后的。更不消说，在法律的王国里，理性本该摆脱情绪的干扰而独立自足。

　　当然，写作本身也是一种快乐之源，其中有条分缕析、抽丝剥茧，有勘误寻真、正本清源，有花明柳暗、豁然开朗……在不经意的下一个转弯，就可能有一个新的发现。至于在无他唯我的书斋中端坐长考、在看来冷僻的术

语中恬然自得、在看似枯燥的写作中匠心独运，这本身已是一种不寻常的体
验。正如罗素所言，从事建设性工作是一种重要的幸福之源。书写既是一种
表达，也是一种疗愈。

浮生碌碌，向死而生。人在一生中能做的事有限，其中能做好者，更是
少之又少。凡夫俗子为谋生计，自不免茶米油盐之俗，况如我辈者又生性迂
阔，不愿为赶路而忽略沿途的风景。回头想想，能坚持下来已属万幸，哪怕
是"最后一个到"。至于结果如何，倒也无须介怀。苟尽人事，夫复何求？韦
伯说过，"学术作为志业是一场疯狂的冒险"，这种无害他人的冒险即便未获
成功，专注一事至少也让我在这攘攘尘世中心有所系而不致迷途。

我生有幸，书今付梓，得与年逾九旬的先生分享成书的喜悦，内心已然
无憾。学无止境，遥望前路，尚有改进提升的无限空间，觉任重道远的同时
亦感欣然。回顾前半生劳碌张皇、东不成西不就，不免感慨系之。唯愿后半
生能守土有责，继续躬耕于这方寸的应许之地，则善莫大矣。再者，如自己
的工作对有关研究或实务能有一二之助益，那就更是额外之幸事了！言不尽
意，谨以自勉。有道是：

廿年旧债今始还，个中甘苦向谁言。

要秉大笔开新意，肯将矩步效邯郸？

得失何妨细细品，薪火终归代代传。

穷达早知身外事，读书声中又一年。